FRIEDRICH-WILHELM WENTZLAFF-EGGEBERT

KREUZZUGSDICHTUNG DES MITTELALTERS

STUDIEN ZU IHRER GESCHICHTLICHEN UND
DICHTERISCHEN WIRKLICHKEIT

WALTER DE GRUYTER & CO., BERLIN
vormals G. J. Göschen'sche Verlagshandlung — J. Guttentag, Verlagsbuchhandlung — Georg Reimer — Karl J. Trübner — Veit & Comp.

Berlin 1960

Archiv-Nummer: 45 67 60
Copyright 1960 by Walter de Gruyter & Co., vormals G. J. Göschen'sche Verlagshandlung — J. Guttentag, Verlagsbuchhandlung — Georg Reimer — Karl J. Trübner — Veit & Comp., Berlin
Printed in Germany — Alle Rechte der Übersetzung, des Nachdrucks, der photomechanischen Wiedergabe und der Anfertigung von Mikrofilmen — auch auszugsweise — vorbehalten.
Herstellung: Thormann & Goetsch, Berlin-Neukölln

VORWORT

Die vorliegenden Studien zur Kreuzzugsdichtung des Mittelalters sollen dazu beitragen, eine Lücke in der Mittelalterforschung zu schließen. Die Historiker verfügen über eine Fülle von Gesamtdarstellungen der Kreuzzugsepoche, die sich seit Prutz und Wilken bis in unsere Tage ununterbrochen erweitert. Forscher wie Grousset, Runciman, Setton und Waas haben ihr Hauptinteresse diesem Thema zugewandt. Damit zeichnet sich deutlich der Unterschied zu der Forschungssituation bei den Literarhistorikern ab, deren Beiträge zur Darstellung der Kreuzzugsdichtung kaum ins Gewicht fallen. Wohl sind ältere Einzeluntersuchungen von Bédier, Bach, Colleville, Lewent und Schindler über mittelalterliche Kreuzzugsdichtung entstanden, aber die Germanistik verfügt bisher noch über keine Gesamtdarstellung. So läßt sich nur auf bestimmte Abschnitte in den mittelalterlichen Literaturgeschichten bei Hermann Schneider, Schwietering, de Boor und auf Einzelkapitel bei Hennig Brinkmann verweisen.

Gerade jetzt beginnt die Geschichtswissenschaft die Quellen der Dichtung zu verwerten, um das Wissen vom Ablauf der äußeren Vorgänge mit dem ständisch gesehenen Bild des mittelalterlichen Menschen zu beleben. F. Heer und Waas haben versucht, durchlaufende Verbindungslinien von der politischen Geschichte zur Dichtung zu ziehen und dadurch ein farbigeres Bild der mittelalterlichen Epoche zu bieten. Wenn sie dafür auch nicht immer die volle Anerkennung der Historiker gefunden haben, so ist doch ein Anfang gemacht. Gerade in diesen beiden Darstellungen zeichnet sich die Krisis der augenblicklichen Forschungssituation deutlich ab: von der Spezialisierung strebt sie zu einer wechselseitigen Ergänzung der beiden Wissenschaften. Der Historiker braucht den Literarhistoriker genauso nötig wie umgekehrt. Für den Literarhistoriker ergibt sich dabei die besondere Schwierigkeit, daß er sich wohl auf Forschungsergebnisse der Historiker stützen kann, daß ihm aber exakte Vorarbeiten auf allen Nachbargebieten fehlen. Er müßte außer dem politischen Historiker einen Theologen, einen Mittellateiner, einen Romanisten und nicht zuletzt einen Islamisten zum ständigen Mitarbeiter haben, wenn er eine geschlossene Darstellung der Kreuzzugsdichtung des Mittelalters bieten wollte. Wenn ich es trotzdem wage, vorliegenden Abriß der Kreuzzugsdichtung des Mittelalters abzuschließen, so soll das im Untertitel gewählte Wort „Studien" eindeutig die Grenzen dieses Versuchs bezeichnen.

Ich möchte mit diesen Forschungen den Lernenden und vielleicht auch den Lehrenden die Kontinuität einer Idee und die engen Zusammenhänge zwischen geschichtlicher Situation und dichterischer Aussage soweit erschließen, daß vom Kreuzzugsgedanken her die Dichtung des Mittelalters mit der damaligen Zeit- und Geistesgeschichte als unauflöslich verknüpft erscheint und dadurch Idee und Wirklichkeit einer großen Bewegung spiegelbildlich gesehen werden können.

Erst jetzt wird der Literaturwissenschaft von der historischen und theologischen Forschung eine ausreichend breite, auf wissenschaftliche Ergebnisse ausgedehnte Darstellung des Kreuzzugsgeschehens innerhalb zweier Jahrhunderte geboten, und erst dadurch sind die Voraussetzungen für eine umfassende Interpretation der Kreuzzugsdichtung in deren Vorformen (Kreuzdeutung) und Nachwirkungen (Auflösung der Kreuzzugsidee) gegeben. Während der Kreuzzüge werden die neuen Menschheits-Werte gewonnen, die man heute mit den viel zu modernen Termini „Toleranz" oder „Humanität" umschreibt. Es handelt sich im Mittelalter nicht nur um die Duldung der religiösen Bekenntnisse, sondern um die Anerkennung des heidnischen Menschen überhaupt. Zur Durchsetzung dieser Vorstellungen von der Gleichachtung Andersgläubiger als Welt- und Menschenanschauung neben der gewaltsamen Missionierung, hat die Kreuzzugsdichtung des Mittelalters sehr stark beigetragen. Um ihren Anteil an der Bewahrung und Sicherung von Menschheitswerten genauer erkennbar werden zu lassen, ist das vorliegende Buch entstanden. Vor allem sollte die der geschichtlichen Situation nicht entgegenstehende, sondern ihr gleichgesetzte poetische Wirklichkeit als Entstehungsraum einer Idee gezeigt werden. Darzustellen, wie diese Idee sich entsprechend der Abhängigkeit von allgemeinen religiösen, politischen, ständischen, wirtschaftlichen und sogar sprachlichen Bedingungen wandelt, war mir das zweite Anliegen. Als drittes Ziel hatte ich mir den Nachweis des Mit- und Nebeneinander von lateinischer, altfranzösischer und altdeutscher Poesie im Zusammenhang mit den kirchlichen Aufrufen und Predigten gesetzt, weil nur dadurch die Differenziertheit des dichterischen Aussagestils gezeigt werden konnte. Die mehr oder minder starke objektive oder individuelle Aussagekraft der dichterischen Formen des Mittelalters ließ sich nur auf diese Weise freilegen.

Ich hoffe auch, daß durch eine auf die Kreuzzugsidee bezogene Interpretation das Bild des Menschen dieser zwei Jahrhunderte aus der Ferne vorwiegend ständisch gesehener Lebensordnungen in die Nähe leid- und freudvoller menschlicher Existenz gerückt wird. In der Kreuzzugspoesie prägt sich dieses innere Menschenbild am klarsten aus. Die Kreuzzüge bilden das Schicksal, das den einzelnen unter seine Gewalt zwingt und ihn umprägt. Das dichterische Wort spiegelt in seinen Sinnbildern vielgestaltig und farbig diese geistige Wirklichkeit wider. Die Kreuzzugsidee leuchtet in der Dichtung nicht lange in ihrer ursprünglichen Reinheit, aber es ist ein weithindringendes Licht, das die Horizontlinie Europas eine Zeitlang als geeint im christlichen Glauben erkennen läßt.

Die Methoden meiner Darstellung gehen aus der Inhaltsübersicht und aus früheren Aufsätzen hervor. Dort habe ich ausführlich begründet, warum mir der als Faktum bereits von E. Wolfram erwiesene Zusammenhang zwischen Kreuzzugsdichtungen, päpstlichen Aufrufen und Predigten für die chronologisch differenzierte Interpretation der Texte wichtig erschien. Um die jeweils veränderte geschichtliche Situation zum Verständnis der Dichtungen heranziehen zu können, habe ich das Notwendigste an historischen und theologischen Tatsachen jedem größeren dichtungsgeschichtlichen Abschnitt vorangestellt. Nur so sind diese knappen Übersichten zu verstehen und nur so konnte ich eine durchlaufende Linie in der Interpretation der Dichtungen ohne allzu weitläufige quellenkundliche Exkurse beibehalten. Hier mögen manche Verkürzungen in der Perspektive vorgekommen sein, aber ich habe mich bemüht auch die Forschungsergebnisse der Historiker, die den Blick vom Orient her auf die europäische Situation richten, mit einzubeziehen. Diese Abschnitte sollen vor allem dem Nichthistoriker den Blick für die geschichtlichen Voraussetzungen weiten. Ich hoffe aber auch, dem Historiker durch die geschichtlich gebundene Interpretation der Kreuzzugsdichtungen zu nützen. Daß ich dem Anspruch des Theologen und Kirchenhistorikers, des Mittellateiners und Romanisten nicht voll gerecht werden konnte, bedarf kaum eines Hinweises.

Ich habe bewußt auf den gesamten Komplex der Kreuzzugsthematik im chronikalischen Bericht verzichtet, weil hier eine Schwierigkeit nicht zu beheben gewesen wäre: die Unterscheidung des dichterischen vom chronikalischen Erzählstil, für die erst in jüngster Zeit durch die Arbeit von Peter M. Schon die ersten Aufhellungen gegeben wurden. Sonst habe ich wohl die heute bekannten Kreuzzugsdichtungen — wenigstens in Literaturhinweisen — soweit verzeichnet, daß man für zukünftige Spezialforschungen Ausgangs- und Leitpunkte zu den verschiedenen Einzelproblemen finden kann.

Auf germanistischem Gebiet verdanke ich den Forschern am meisten, die die Texte bereitgestellt und erste Ansätze zur chronologischen und strukturellen Einordnung gegeben haben, wenn auch augenblicklich in der kritischen Überprüfung der bisher erreichten Ergebnisse alles im Fluß ist. Hier mußte ich mich häufig auf Hinweise beschränken, da sonst der Plan der Gesamtdarstellung gefährdet worden wäre. Ebenso habe ich meinen Fachkollegen sowie den Teilnehmern meiner Münchener und Mainzer Oberseminare für viele Anregungen zu danken. Der Mainzer Akademie der Wissenschaften und der Literatur bin ich für die Durchführung eines Studienaufenthaltes in Paris zu Dank verpflichtet, über dessen Ergebnisse ich an anderer Stelle kurz berichtet habe. Vor allem danke ich meiner Frau, ohne deren treue Mitarbeit dieses Buch nicht zum Abschluß gekommen wäre.

INHALT

VORWORT

Zur Begriffsbestimmung und Methode ... III

I. TEIL
ZUR GESCHICHTLICHEN SITUATION DER ERSTEN BEIDEN KREUZZÜGE (1096—1149)

1. KAPITEL
Ausbildung und kirchenrechtliche Sicherung einer Kreuzzugsidee unter Urban II. und seinen Vorgängern

Der Begriff des heiligen Krieges und seine kirchenrechtlichen Grundlagen bei Bonizo von Sutri 3

Krieg als Widerspruch zum Evangelium — Augustins Ablehnung der Religionskriege — Der „Imperator christianissimus" im Karfreitagsgebet — Der himmlische Lohn für den Verteidiger der Kirche Christi — Die Schwertleite als kirchlicher Weiheakt — Bonizos „De vita christiana" — ethische und kirchenrechtliche Grundlagen einer Kreuzzugsidee — Die sündentilgende Kraft des Kreuzzuges

Die Kreuzzugsidee in dem Begriff „militia Christi" 6

Das starke Papsttum — Die Reinheit der christlichen Lehre — „militia Christi" — Rittertum als christlicher Stand — Gebetsdienst — Abenteuerlust — Die christlichen Ritterorden als Bewahrer der Kreuzzugsidee

Die Ausbildung einer Kreuzzugsidee in den Aufrufen Urbans II. und der erste Kreuzzug 9

Urbans II. Predigten und Briefe — Das Konzil von Clermont — Bestimmungen über die Ausführung des Kreuzzugs — Religiöse Volksbewegungen als Vorläufer der Kreuzzüge — Bußwallfahrten — Peter von Amiens — Religiöse Erregbarkeit der Massen — Visionen — Echte Leidensbegeisterung — Das Heer der Kirche

2. KAPITEL
Die Aufrufe Eugens III. und das Wirken Bernhards von Clairvaux

Die Bedeutung der Klosterreformen für die Festigung der „ecclesia spiritualis" 15

Die Stärkung des Papsttums durch Reformen — Die Ausbreitung von kirchlichen Massenbewegungen — Die Kirchenbaubewegung für Chartres — Die „nova devotio" der Laien

Aufrufspredigten und Bullen seit 1145 und das Wirken Bernhards von Clairvaux als Kreuzzugsprediger 17
Die Kreuzzugsbullen Papst Eugens III. (1144—1146) — Der Hoftag zu Vezelay und Bernhards Predigt — Bernhards erste Begegnung mit Konrad III. — Seine Aufrufspredigt zu Konstanz — Die Kreuznahme Konrads III. zu Speyer — Der von Bernhard geschaffene deutsche Landfrieden — Seine Kreuzzugsbriefe innerhalb Europas — Das Scheitern des zweiten Kreuzzuges und die Vorwürfe gegen Bernhard

Die Spiritualisierung in den Kreuzpredigten Bernhards von Clairvaux 20
Bernhards Verbindung von weltlichem und geistlichem Rittertum — Seine Rechtfertigung des heiligen Krieges — Der Kreuzzugsaufruf an den Grafen der Bretagne — „De laude novae militiae" — Die Ritterschaft Gottes nach der Benediktinerregel — Der christliche Ordensritter — „conversio morum" — Das Kreuzzeichen auf dem Mantel als Symbol des Leidens — Die Gewißheit des himmlischen Lohnes — Bernhards Kreuzzugsidee als Quelle einer religiösen Erneuerungsbewegung — Der Kreuzzugsaufruf an alle Stände — Das Mißlingen des zweiten Kreuzzuges als Strafe Gottes — Wandlungen in Bernhards Heidenauffassung — Heidenbekehrung als Ziel

II. Teil

ERSTE KREUZZUGSDICHTUNGEN UND IHRE VORFORMEN

1. Kapitel

Kreuzdeutungen in Hymnen und Pilgerliedern. Die ersten Kreuzzugslieder

Die Kreuzesverehrung in der liturgischen Feier 31
Der Reliquienkult der Kreuzesteile — Die „adoratio crucis" in den Karfreitagsfeiern — „Pange lingua gloriosi" — Kreuz- und Todessymbolik — Das Kreuz als Symbol des Imperiums Christi — Spiritualisierungstendenzen — Brotweihe — Gebetsfeier — Das 7. Kapitel der Benediktinerregel — Wirkungen der Kreuzesverehrung auf die „conversio morum"

Die Kreuzdeutungen in der frühen geistlichen Dichtung des 11. Jahrhunderts und in den Pilgerliedern 35
Das Kreuz als trinitarisches Einheitsbild — Der Doppelcharakter der Hymnen der Liturgie: Pilgerlied und geistliche Didaxe

Ezzos Gesang 36
Kreuzthematik und Kampfaufruf — Die Verbindung zur Liturgie — Heilsverkündigung — Kreuzes- und Erlösungshymnus

Summa Theologiae 38
Die neue Stellung des Menschen — Der Einheitsgedanke im Schöpfungsplan — Das Kreuz als Mitte des Heilsgeschehens — Kreuzsymbolik und

praktische Lebenslehre — Das Kreuz als Zeichen des Sieges über Sünde und Tod

Des armen Hartmanns „Credo" 40

Die Spiritualisierung des Inhalts — Die Metaphorik des heiligen Kampfes — Nachfolge und Ausharren als christliche Rittertugenden — Heilspredigt in Verbindung mit Standeskritik — Hinweis auf das „memento mori" — Selbstüberwindung als Rechtfertigung christlicher Existenz

Wilhelms IX. von Poitiers Pilgerlied und zwei provenzalische Kreuzlieder aus der Zeit des 1. und 2. Kreuzzugs 43

Der Zusammenhang der Lieder mit den Kreuzpredigten — Die Hauptgedankengruppen — Das Pilgerlied Wilhelms IX. von Poitiers — Ein Aufrufslied von 1145/46: Enge Bindung an das Predigtvorbild — Ludwig VII. von Frankreich als Vorbild christlichen Herrschertums — Aufruf an die Ritterschaft
Ein anonymes (undatiertes) Aufrufslied: Die Tageliedsituation — Betonung des christlichen Opfergedankens

Die Kreuzlieder Marcabrus und Jaufre Rudels 48

Marcabrus Lied vom Kreuzzug als „lavador" (Reinigungsbad) — Verbindung vom Streben nach Ritterehre und Dienst an Gott — Das Abschiedslied im Ton der Pastorelle
Jaufre Rudels Gedankendichtung von der Fernliebe (l'amor de lonh) — Die Pilgerfahrt als Rahmen für die Minne-Fiktion

Die Kreuzlieder der „Carmina Burana" aus der Zeit der ersten Kreuzzüge .. 52

Die Symbolik des Titelbildes und die Gruppierung der Lieder — Historische zeitbezogene Lieder — CB 46 im Zusammenhang mit Bernhards Predigten — Heidenbekehrung — Kreuzzugsidee und alltägliche Wirklichkeit — Lohnversprechen an Reiche und Arme — CB 51 und 51 A: Säkularisiertes Kreuzzugsmotiv — Historischer Bericht — CB 52: Jubelhymnus auf die heilige Stadt Jerusalem

2. KAPITEL

Die Kreuzzugsthematik in den geschichtlichen und spielmännischen Epen des 11. und 12. Jahrhunderts

Die Kaiserchronik 60

Zeitgebundenheit und Tradition der Kaisergeschichte — Zeitlose Heilsverkündigung und zeitgebundene Herrschertugend — Idee und Wert der Kreuzzüge als durchlaufendes Begleitthema in der Kaiserchronik — Die Spiritualisierung des Karlsbildes — Der Kampf um die Sicherung des Gottesstaates — Karl als Auserwählter Gottes — Gleichbewertung Karls und Konstantins — Karl als Gottesstreiter (gotes wîgant) gegen die Heiden — Karls „devotio" im gottgewollten Heidenkampf — Der kaiserliche Büßer und Verteidiger des Christentums — Kreuzzugsszenerie innerhalb der Geschichtsdarstellung: Schilderung der Aufrufswirkung wie in den historischen Quellen — Heidenkampf als gerechter Krieg — Der Opfertod Gottfrieds von Bouillon — Verwendung von Gedanken der Kreuzzugspredigt

X Inhalt

Seite

— Die Heiden als Verbündete des Teufels — Ansätze zur Anerkennung
weltlicher Ideale
Die Eraclius-Legende: Eraclius als Prototyp des christlichen Ritters — Zusammenhang seiner Rede vor dem Heidenkampf mit den Kreuzzugspredigten und Aufrufen — Die Rettung der Heiden vor dem leiblichen und seelischen Tode durch die Taufe — Die innere Wandlung des christlichen Kaisers von der „superbia" zur Bußfertigkeit — Kreuzerhöhung und christliche Selbsterniedrigung — Spiritualisierungstendenzen

Der Ludus de Antichristo 73
Die christliche Imperator-Auffassung — Die Erhebung des Heidentums gegen das Christentum — Kreuzzugswerbung — Der Kaiser als „defensor ecclesiae" — Niederlegung der Herrscherinsignien im Tempel
Das Auftreten des Antichrist — Seine Auffassung des heiligen Krieges — Die Täuschung des deutschen Königs durch Wundertaten — Die Parallele zu der Situation am unglücklichen Ende des zweiten Kreuzzugs — Vorausweisung auf den Barbarossa-Kreuzzug in der dichterischen Erhöhung der staufischen Reichsidee

Das französische und das deutsche Rolandslied 77
Das französische Lied: Geringe Einwirkung der Kreuzzugsidee — Gedanken der Kreuzpredigten in der Predigt Turpins — Kreuzfahne und Reliquienkult

Die deutsche Umdichtung des Pfaffen Konrad 79
Der göttliche Kampfauftrag an Karl und seine Helden — Bewußte Antithetik in der Darstellung von Heiden und Christen — Die heidnische „superbia" — Einflüsse von Bernhards Predigten — Der Missionsgedanke

Das Gedankengut der kirchlichen Aufrufe und Predigten des Rolandsliedes .. 82
Abhängigkeit der Ansprachen von den Kreuzzugspredigten — Der illuminative Geist Bernhards in Karls erster Rede — Parallelen zur Kaiserchronik — Der freiwillige Entschluß zur Kreuzfahrt — Die Lohnverheißung — Parallelen zu Predigten Urbans II. und Bernhards — Hohe Spiritualität in den verschiedenen Formen der „adhortatio"

Die christlich-ritterliche „adhortatio" Turpins 87
Die „heiligen" Pilger — Turpins Anwendung Bernhardischer Gedanken zur Nachfolge Christi — Forderungen nach innerer Reinheit und Gehorsam im Sinne der Benediktinerregel — Märtyrertum und Siegesgewißheit

Die „nova devotio" im Geiste Bernhards 91
Die „nova devotio" in der Kreuznahme — Die Überhöhung des Demutsbegriffes — Das Zurücktreten kämpferischer Rittertugenden — Das ideale Kreuzheer als christliche Gemeinschaft — Einmütigkeit im Glauben — Verbindung von innerer und äußerer Vollkommenheit — „vere sancta et tuta militia"

Der überhöhte Lohngedanke 96
Buße und Absolution als Vorbedingung des himmlischen Lohnes — Die „iubilatio" auf das Märtyrertum — Die Betonung des „heute" — Anklänge an die benediktinische Liturgie

Oswald — Orendel — Salman und Morolf 98
   Der Mischtypus der Epen — Wirklichkeitsgebundenheit des Erzählten — Überlagerter Spiritualismus — Verbindung von Kreuzzugs- und Frauenraubmotiven — Der Missionsgedanke
   Der Aufbruch zur Kreuzfahrt — Die Koordinierung von Kreuzpredigtthesen und Brautfahrtmotiven — Realistische Schilderung der Vorbereitungen — Jerusalem als Ziel

Der Heidenkampf 101
   Anlaß dazu bleibt der Frauenraub — Bride als Hüterin des Heiligen Grabes — Der Ausgang des Kampfes als Gottesurteil — Gegenseitiges Treueverhältnis zwischen Gott und seinem Lehnsmann

Wundergeschehen 103
   Volkstümliche Ausgestaltung der Kreuzzugsidee im Wunder — Fehlen der Märtyrergesinnung — Recht des „miles Christi" auf wunderbare Hilfe

Heidenbekehrung 104
   Die Vorstellung vom „wilden Heiden" — Unkenntnis des Orients und Intoleranz — Menschliche Züge in der Schilderung der Einzelpersönlichkeit — Die Heidin als heimliche Christin — Die Taufe als Abschluß der Heidenfahrt — Überzeugung, nicht gewaltsame Bekehrung — Irdischer Lohn für den Gotteskampf — Vertiefte Spiritualisierung im „Wiener Oswald" — Gebetshaltung und Gebet — Wandlung der Heidin zur mönchischen Gottesdienerin
   Orendel als geistlicher Ritter — Zusammenhang mit den historischen Vorgängen in Jerusalem — Der Widerstand der Tempelritter — Gebetsszenen — Verbindung von Heiligenleben und Kreuzzugsgeschehen — Kreuzzugsmotive im äußeren Handlungsablauf von „Salman und Morolf" — Der Einbruch des Komischen — Salman als christliche Herrschergestalt

Herzog Ernst 112
   Nähe zur Zeitgeschichte und zum Abenteuer — Reichsgedanke und Kreuzzugsgedanke — Innere Motivierung der Kreuzfahrt — Wiederherstellung der natürlichen Zuordnung von Mensch und Gott — Wiedergewinnung der ritterlichen Werte durch die Kreuzfahrt

König Rother 114
   Rother als Sinnbild christlichen Königtums — Verbindung pseudohistorischen Geschehens mit Abenteuer- und Kreuzfahrtmotiven — Rothers Selbstüberwindung zur Toleranz — Die christlichen Ratgeber — Die Kreuzessymbolik — Selbstanklage und innere Umkehr — Der Beginn der heilsgeschichtlichen Schau — Die Parallelszene zwischen Rother und Berker als Bestätigung der heilsgeschichtlichen Wahrheiten — Das „munichen" als Höhepunkt aller inneren Entwicklungen — Der Verzicht auf irdische Macht aus Sorge um das Seelenheil

Graf Rudolf 123
   Spielmännische Thematik — Enge Beziehungen zur politischen Wirklichkeit der Kreuzzüge — Christlich-ritterliche Motivierung der Handlung — Höfische „virtutes" bei Christen und Heiden — „milte" und „erbermde"

III. Teil
ZUR GESCHICHTLICHEN SITUATION DER KREUZZÜGE BARBAROSSAS UND HEINRICHS VI. (1187—1198)

1. Kapitel
Politische und geistige Voraussetzungen im Orient und im Abendland .. 131

> Die Machtposition Saladins — Barbarossas Imperium — Uneinigkeit der abendländischen Könige — Curia Jesu Christi — Die Kreuznahme der Könige und Barbarossas — Barbarossas Unterstützung der Kreuzzugswerbung (Der Saladinszehnte) — Barbarossas Tod — Die Fortführung des Kreuzzugs — Auswirkung orientalischer Erfahrungen auf das abendländische Rittertum — Der Islam als gleichwertige Weltmacht — Saladins heiliger Krieg — Der Kreuzzug Heinrichs VI. als Faktor seiner Machtpolitik — Blüte des Ritterstandes und der Ritterorden — Zusammensetzung des Kreuzfahrerheeres

2. Kapitel
Die kirchlichen Aufrufe und Predigten und ihre Wirkung auf das höfische Rittertum

Die Aufrufe des Papstes Alexander III. (1181) 138
> Die Systematisierung der Predigtgedanken in der Forschung — Mahnendes und aufrufendes Wort — Wachhalten der Kreuzzugsidee — terra-sancta- und haereditas-Vorstellung

Die Predigten Jacobs von Vitry 140
> Lohnversprechungen — Symbolische Kreuzdeutungen — Das freudige Opfer — Die innere Wandlung

Der Traktat und die Sendschreiben Heinrichs von Albano 142
> Lamentatio de Jerusalem — Predigtgedanken im Traktat — Die Betonung der „conversio animi" in den Sendschreiben — Die Curia Jesu Christi

Die Predigt des Bischofs Heinrich von Straßburg 144
> Die Anklage gegen den Ritterstand — Die Klage über den Verrat am Heiligen Land — Der Einsatz rhetorischer Stilmittel

3. Kapitel
Die christlichen Ideale des höfischen Ritterstandes zur Stauferzeit 147

> Entwicklung des christlichen Ritterideals während der beiden ersten Kreuzzüge — Der christliche Ritter der Barbarossazeit — Höfische und christliche Werte

IV. Teil
KREUZZUGSDICHTUNGEN DER JAHRE 1187—1198

1. Kapitel
Provenzalische und altfranzösische Lieder

Seite

Aimeric de Belenoi, Conon de Béthune und Huon d'Oisy 151
  Der predigtähnliche Charakter des Aufrufsliedes von Aimeric de Belenoi — Das Vorbild des Lehnsherrn bei der Kreuznahme — Conons Abschieds- und Aufrufslied — Die Minneauffassung in der 5. Strophe und deren Variante — Das Spottlied des Huon d'Oisy auf Conon — Die Verschiedenheit im Gesamtcharakter motivgleicher französischer und deutscher Kreuzlieder

Guiot de Dijon 156
  Die Ambivalenz von Gedanke und Empfindung in seinem Abschiedslied — Das Überwiegen der weltlichen Minne-Thematik — Die Verbindung von religiöser und erotischer Motivik

Chatelain d'Arras 157
  Das Herztausch-Motiv — Kreuzzugsthematik als Rahmenmotiv

Giraut de Bornelh, Folquet de Marseilla und Bertran de Born 159
  Die Neigung zum Moralisieren — Tadel des ehrlosen Verhaltens der Ritter — Folquets Klage über die Selbstsucht der Welt — Die Mahnung an den französischen König — Der objektive Aussagestil der französischen Kreuzlieder

2. KAPITEL
Lateinische Lieder

Die Kreuzlieder der „Carmina Burana" 161
  Das Klagelied „Heu voce flebili cogor ennarare" (CB 50). Der Übergang von historischem Bericht zur „lamentatio" und „adhortatio" — Die Aufforderung zur „conversio morum" im Sinne Bernhards — Die Argumente der Kreuzpredigt
  Das Aufrufslied „Tonat evangelica clara vox in mundo" (CB 49) — Die poetische Variation von „crux et paenitentia" — Die in der Kreuznahme erneuerte Passion
  Das heilsgeschichtlich bestimmte Kreuzlied (CB 48) — Typologie als poetische Kunstform — Die in die Heilsgeschichte verwobene Mahnung zur im Kreuzzug erneuerten „nova devotio" — Die Nähe zu Bernhards Kreuzpredigt — Hinweis auf die ähnliche Struktur in CB 47

Lateinische Einzellieder auf das Jahr 1187. Das Carmen Sangallense 168
  Das Dialogische als neue Kunstform — Bindung an den Hexameter — Die Auflösung des epischen Berichts in der „adhortatio" — Die Todesdeutung im Sinne von Bernhards „nova devotio"

De nova via novae civitatis 173
  Die doppelte Thematik der geschichtlichen Wirklichkeit: Bedrohung der Wallfahrer und Saladins judenfreundliche Haltung — Aufruf zur gottgewollten Kreuzfahrt — Der Übergang in die allgemeinen Predigt-Verheißungen

Seite

Das Salzburger Kreuzlied: „Plange Syon et Judaea" 174
    Die geschichtliche Wirklichkeit nach der Niederlage bei Akkon und nach dem Verlust von Beirut 1187 — Die Klage um den Verlust des Heiligen Kreuzes — Medea und Rachel — Die Härte der heidnischen Sieger — Die Klage um den Verlust der christlichen Ideale — Der Aufruf an die christlichen Könige der Welt — Verwendung biblischer Bilder

3. Kapitel
Deutsche Lieder

Friedrich von Hausen 179
    Die erlebte Wirklichkeit der Kreuzzüge als Thema der Lyrik — Französische Vorbilder und deren Überwindung — Die geistige Nähe zur Geliebten — Minnedienst und Gottesdienst in 45, 37 — Der Ausgleich in der Rangordnung der ritterlichen Werte — Das französische Vorbild in 47, 9 — Die Vertiefung der konventionellen Thematik des Conon de Béthune — Der „tumbe wille" — Die ethische Krisis — Bernhards Einfluß — Echte Passion und neue „devotio" — Die Synthese von ritterlicher Gottes- und Frauenminne in 48, 3 und 53, 31 — Die Kritik an den Daheimgebliebenen des ritterlichen Standes

Albrecht von Johansdorf 186
    Die neue Wirklichkeit des Abschieds-Themas in den Minneliedern — Die Angst vor der Trennung — Leiderfahrung in der Minnebegegnung — Glaubensentschiedenheit als Grundlage der Kreuzzugsdichtung — Die Bedrohung des „hôhen muotes" durch den „kranken muot" in 89, 21 — Der neue „triuwe"-Begriff — Die Frage der Vereinbarkeit von Frauendienst und Gottesdienst — Die schuldhafte Trennung von der Geliebten als Gottferne — Der Aufrufcharakter des Liedes 94, 15 — Die „triuwe"-Gemeinschaft zwischen den Scheidenden — Wendung zum einfachen Liedton — Die vor Gott gerechtfertigte Frauenminne in 87, 29

Hartmann von Aue 195
    Der Tod des Dienstherrn — Die Zweifel an den Werten der höfischen Welt — Der Dienst-Lohn-Gedanke — Das Kreuzlied 209, 24 als Aufrufslied — Die Wandlung zum „reinen muot" — Vereinigung der höfischen Werte „êre", „guot" und „gotes hulde" in der Kreuznahme — Die Lösung des Konfliktes zwischen Welt und Gott in der Vollendung christlichen Rittertums — Die „triuwe" gegen den Kaiser und gegen Gott in der Kreuzfahrt — Gott und Minne in ihrer Wesensgleichheit — Die Abwendung von der Frauenminne — Die Überwindung des Dienst-Lohn-Gedankens in der Heilsgewißheit

Heinrich von Rugge 204
    Die Minnebewertung in dem Lied 102, 1 — Die Poetisierung des Todesgedankens — Der Kreuzleich — Der „bezzer lôn" — Die Passion der Kreuznahme als Forderung des Augenblicks — Die Überwindung weltlicher Minne — Die Nachricht vom Tode Barbarossas — „starkiu maere" — Die Fürbitte für den Toten — Der himmlische Lohn des Opfertodes — „adhortatio" unter dem Gesichtspunkt des Todesgedankens

V. Teil
ZUR GESCHICHTLICHEN SITUATION DER KREUZZÜGE INNOZENZ' III. UND FRIEDRICHS II. (1198—1230) DER VERFALL DER KREUZZUGSIDEE IM 13. JAHRHUNDERT

1. Kapitel
Der Kampf zwischen Kaisertum und Papsttum 213

Neue Vormachtstellung des Papsttums unter Innozenz III. — Seine Bemühungen um die Reinheit und Strenge der Kreuzzugsidee — Die neue Machtstellung der Städte — Venedigs Einzelaktion gegen Zara und Byzanz — Die Werbung zum 5. Kreuzzug — Aufruf an alle Menschen — Organisation des Kreuzzuges — Der Kampf zwischen Gregor IX. und Friedrich II. — Das Verblassen der reinen Kreuzzugsidee in der machtpolitischen Zweckbestimmtheit — Die Ablösung des Kreuzzugsgelübdes durch Geld — Erfolglose Kreuzzugspropaganda im späteren 13. Jahrhundert — Zweifel an Gottes Zustimmung zu den Kreuzzügen — Sieg des Missionsgedankens

2. Kapitel
Die kirchlichen Aufrufe und Predigten

Die Aufrufe Papst Innozenz' III. 219

Die Erneuerung der Kreuzzugsidee — Die streng christliche „adhortatio" — Demut als Voraussetzung der Kreuznahme — Aufruf an alle Christen — Wandlung im Ton der Aufrufe — Einsetzende Kritik an den Aufrufen

Die Predigt des Martin von Paris 224

Der Beauftragte Innozenz' III. — Rhetorischer Predigtstil — Schilderung der Verluste im Heiligen Land — Forderung schneller Hilfe — Siegesaussichten und materieller Lohn — Versprechen des ewigen Lohnes — Das Vorbild des Predigers in der Kreuznahme

VI. Teil
KREUZZUGSDICHTUNGEN DER JAHRE 1198—1230

1. Kapitel
Altfranzösische und italienische Kreuzzugslieder

Hughes de Breghi (Berzé) 229

Zerstörung des Aufrufcharakters durch weltliche Minnethematik — Auflehnung gegen Gottes Forderung — Teilnahme am Kreuzzug als „folie" — Unvereinbarkeit von Frauenminne und Gottesminne

Pons de Capduelh und Elias Cairel 230

Das Aufrufslied unter der Einwirkung der päpstlichen Mahnungen — Opfergedanke und Verleugnung des Kreuzes — Elias Cairels Kritik an den „schlechten Reichen" — Anruf an Friedrich II.

Rinaldo d'Aquino und Fra Guittone d'Arezzo 232
  Auflehnung gegen die Kreuzzugsidee — Realistik der Aussageform

2. KAPITEL
Die Kreuzzugsthematik in den Sprüchen und Liedern Walthers von der Vogelweide

Die politischen Kreuzzugssprüche 234
  Die Nähe zu Rugge und Hartmann — Die Gefährdung des höfischen Ritterideals — Der Kampf gegen den Papst — Die Mahnungen an Philipp II. und Otto IV. — Die Sprüche zur Kreuzfahrt Friedrichs II. — Die Vertiefung des höfischen Ritterideals durch die Bewährung im Kreuzzug — Der Verlust von „êre" und „gotes hulde" durch die Verweigerung der Kreuznahme

Die religiösen Kreuzlieder 14, 38 und 76, 22 240
  Die Heilssymbolik im Palästinalied — Kreuzfahrt als Höhepunkt christlicher Lebensbewältigung — Die Unbeständigkeit der Welt als Thema von Walthers späten Liedern — Die „vil süeze waere minne" und das „riuwec herze" in 76, 22 — Charakteristika des Aufrufs- und Gebetsliedes — Der Marien-Anruf

Die „Elegie" 245
  Verbindung von Vergangenheits- und Zukunftsidealen — Der Anruf an das ritterliche Ideal als Kreuzzugsaufruf — Die Überwindung der Klage

3. KAPITEL
Wolframs von Eschenbach „Willehalm" als Kreuzzugsdichtung

Christliches und heidnisches Rittertum 247
  Die Frage nach dem Sinn des christlichen Rittertums in „Parzival" und „Willehalm" — Die metaphysische Bedingtheit des Heidenkampfes — Die „werdekeit" der Heiden und Christen: Noupatris und Vivîanz, Tesereiz und Willehalm, Matribleiz — Kampf der Heiden für die Minne, für den Lehnsherrn, für die Götter — Heidnische Minneritter und christliche Artusritter — Die „wîsheit" der „getouften" — Tragik des Vernichtungskampfes

Der Kampf zwischen Willehalm und Terramêr 252
  Der Kampf um Gyburc als Anlaß zum heiligen Krieg für Heiden und Christen — Der Herrschaftsanspruch der Heiden — Der Verteidigungskrieg der Christen

Die Kreuzreden im „Willehalm" 254
  Die überzeitliche Begründung des Kampfes in den Kreuzreden — Der Kreuzzugsgedanke als entscheidender Faktor innerhalb der Handlung — Parallelen zu Kreuzpredigten und Erlassen in den Kreuzreden — Die Vertiefung des ritterlichen Begriffs der „manheit" durch die religiöse Zielsetzung — Die ritterliche Umdeutung des christlichen Lohngedankens

Die drei Typen des Kreuzritters im „Willehalm" 261
    Vivîanz als Märtyrer — Die Bedeutung der Todesszene — Die Weiterwirkung seiner ritterlichen Vorbildlichkeit in der Entwicklung der Handlung — Willehalms christliches „schildes ambet" — Seine Bewährung in der leiderfüllten Wirklichkeit — Die Geborgenheit in der göttlichen Gnade — Willehalms „manheit" — Die religiöse Vertiefung des „triuwe"- und des „minne"-Begriffes — Die Wandlung der „erbermde" zur christlichen Humanität

Gyburc als Verkörperung der religiös vertieften „virtutes" 274
    Leidüberwindung in der Festigkeit des Glaubens — Höfische „zuht" und „wîpheit" — Einheit von höfischer Minne und Gottesminne — Die Forderung der „kristenlîchen êre"

4. KAPITEL

Kreuzzugsthematik in der nachhöfischen Epik des 13. und 14. Jahrhunderts

Die Fortsetzer von Wolframs „Willehalm" 278
    Der Heidenkampf als äußere Verbindung zur Kreuzzugsthematik bei Heinrich von dem Türlin und Ulrich von Türheim — Das Vivianz- und Rennewartbild — Die veräußerlichte Toleranzidee — Hinweis auf den Titurel

Der „Wilhelm von Wenden" des Ulrich von Etzenbach 280
    Züge des Legendenromans — Die Wahrnehmung Christi als mystische Berührung — Die Taufe als letzte Erhöhung der Ritterwürde — Die Kreuznahme am Heiligen Grabe — Die Bewährung in den Reihen der Tempelritter — Toleranzidee und Heilsgewißheit

Die „Kreuzfahrt Ludwigs des Frommen" 284
    Die historische Grundlage des Werkes — Fülle der Kreuzzugsmotive innerhalb des historischen Berichts — Ritterlichkeit der Heidenfürsten — Glaubensgegensatz und achtunggebietende Menschlichkeit

„Reinfrid von Braunschweig" 287
    Das erneuerte höfische Ritterideal — Werbung eines Kreuzfahrerheeres ohne Hilfe der Kirche — Inneres Schwanken beim Abschied — Realistisch geschilderte Fahrtvorbereitungen — Zwiespältige Stellung zu den Heiden — Ideelle Forderungen Reinfrids zum Segen der Christenheit — Bekehrung ohne Gewalt — Argumente der Kreuzpredigt

Der „Wilhelm von Österreich" des Johannes von Würzburg 290
    Wallfahrt und Kreuzfahrt nur als Motive der Handlung — Religiöse Gleichgültigkeit statt Toleranz — Turnierkampf und Heidenkrieg — Gegenseitige Achtung — Der Symbolwert des Kreuzes

Die Deutschordensdichtung 294
    Kolonisation und Heidenkrieg — Geistliche Waffensymbolik in Nicolaus von Jeroschins Chronik — Das Ordensvorbild der Templer und Makkabäer — Letzte Rezeption der ursprünglichen Kreuzzugsidee

5. Kapitel
Deutsche Kreuzzugslieder und -sprüche des 13. und 14. Jahrhunderts

Rubin und Hiltbolt von Swanegöi 296
Die Einflüsse Walthers — Bekannte Abschiedsmotive — Selbstbewußte Bekenntnisstrophen — Versäumte Kreuznahme als Unrecht am Ritterstand und an der Seele — Selbstprüfung vor der Kreuznahme

Der Burggraf von Lüenz und Otte von Bottenlouben 301
Kreuzzugsthematik in der Zusatzstrophe zu einem Taglied des Burggrafen von Lüenz — Minneleid als verbindendes Thema in der Abschiedsstrophe — „wân-wîse" als Stilmittel — Das Kreuzzugs-Abschiedslied als betontes Minnelied bei Otte von Bottenlouben — Säcularisierte Terminologie religiöser Vorstellungen — Die Verwendung des Begriffs „hulde"

Bruder Wernher und Meister Sigeher 303
Bruder Wernhers Mahnung an den Papst und Kaiser Friedrich II. zur gemeinsamen Kreuzfahrt — Die Kreuzfahrt des Herzogs von Österreich — Völlige Weltentsagung in den Sprüchen 40 und 41 — Die Nähe zum alten Pilgerlied — Meister Sigehers Kreuzlied für die Ostfahrt — Die verlorene Position im Orient und im Osten

Neitharts Kreuzlieder 307
Das neue Publikum und der neue Aussagestil — Die Kreuzzugslieder innerhalb der Altersdichtung — Klage über das Unverständnis der Zuhörer in der Fremde — Thema der „wandelunge" — Der Botengruß aus dem Heiligen Land — Verdrängung des religiösen Themas durch persönliche Enttäuschungen — Bindung an Gott und den Ritterstand — Realistische Aussageformen im Scheltlied auf den Kreuzzug — Der Sommerliedton im Heimkehrlied — Vorwegnahme der Heimatfreuden — Fehlen religiöser Thematik — Völlige Desillusionierung des Kreuzzugsgedankens

Freidank und Tannhäuser 311
Die Sprüche von Akkon: realistischer Ton, von eigenen Erfahrungen bestimmt — Leidenschaftliche Anteilnahme am Geschehen um Akkon — Charakteristik der für die Kreuzfahrer enttäuschenden Zustände — Der Bann des Papstes gegen den Kaiser — Freidanks Lobsprüche auf den gebannten Kaiser — Der Dank an den Kaiser — Die Lohnverheißung an die Kreuzfahrer
Tannhäusers realistische Schilderung des Schiffbruchs vor Kreta — Kunstvolle Darstellung statt religiöser Thematik — Sündenbewußtsein und Notwendigkeit der Vergeltung — Kreuzfahrt als Bußfahrt — Ironie auf den „hôhen muot"

Der Stricker 316
Der betont kirchliche Geist in A 156 — Gebetsdichtung im Zusammenhang mit der Kreuzzugsthematik in der „betevart" — Die „vart" als Vorrecht der Reichen — Der Lohngedanke — Die göttliche Gerechtigkeit — Kreuzfahrt nur als Beispiel der Bußfertigkeit — Kreuzdeutung in Verbindung mit der Passion Christi in A 163 — Erhöhte Kreuzessymbolik —

Das Kreuz als Schild gegen Versuchungen — Keine Verbindung zur Kreuzzugsthematik

ZUSAMMENFASSUNG DER ERGEBNISSE 325

ANHANG

Anmerkungen zum Darstellungsteil 329
Abkürzungsverzeichnis 371
Biographische und bibliographische Hinweise 372
Namenregister 403

I. Teil

ZUR GESCHICHTLICHEN SITUATION DER
ERSTEN BEIDEN KREUZZÜGE (1096—1149)

1. KAPITEL

Ausbildung und kirchenrechtliche Sicherung einer Kreuzzugsidee unter Urban II. und seinen Vorgängern

Der Begriff des heiligen Krieges und seine kirchenrechtlichen Grundlagen bei Bonizo von Sutri

Grundlegend für die Kreuzzugsidee war der Gedanke des „heiligen" Krieges. Jedes kriegerische Vorgehen der Kirche bedeutete grundsätzlich einen Widerspruch gegen die Lehre des Evangeliums und bedurfte der Rechtfertigung. Die Ideologie der Ostkirche hatte keinen Raum für den Gedanken des Krieges. Selbst wenn ein Kampf zur Wahrung kirchlicher und staatlicher Rechte unvermeidlich war, sah sie ihn nicht als ehrenvoll und ruhmbringend an. Der Tod im Kampf gegen die Ungläubigen galt noch nicht als Martyrium[1]. Augustin (353—430) sah die Möglichkeit eines von der Kirche zugelassenen Krieges nur unter bestimmten Voraussetzungen. Er unterschied zwischen „bellum iustum" und „bellum iniustum". Als gerechte Kriegsgründe erkannte er die Verteidigung des Staates und die Wiedererlangung geraubten Gutes an, aber er verurteilte die kriegerische Gesinnung und kannte keine eigentlichen Religionskriege zur Ausbreitung des Christentums. Je enger durch die Christianisierung der kriegerischen westlichen Völker der Kontakt der kirchlichen Ideologie mit dem heidnischen Heldenethos wurde, desto dringender wurde die Notwendigkeit, die kriegerischen Energien in Bahnen zu lenken, in denen sie der Kirche dienten. Kriege, die die Existenz der Kirche und der Kirchengüter sicherstellten, erschienen dadurch nahezu wünschenswert[2].

In einer Rechtfertigung des Krieges gegen die Heiden gipfelt auch der Glaube an die heilgeschichtliche Sendung des Imperiums. Seit der Einführung des Christentums als Staatsreligion unter Konstantin (324) war der „imperator imperii" zugleich der „imperator christianissimus" und Gott galt als „protector Romani imperii". Daraus ergab sich die Aufgabe des Imperators, die Kirche nach innen zu befrieden, nach außen aber auszubreiten. „Defensio imperii" und „defensio ecclesiae" waren eins und trugen in sich den Gedanken des Heidenkrieges. Ein frühes Zeugnis für die Verbindung zwischen dem Gedanken des Imperiums und des Heidenkrieges ist das heutige Karfreitagsgebet, das bis in die konstantinische Zeit zurückgeht und aus dem 6. Jh. belegt ist: „Oremus pro Christianissimo Imperatore nostro, ut Deus et Dominus noster subditas illi faciat omnes barbaras nationes ad nostram perpetuam pacem. — Omnipotens sempiterne Deus, in cuius manu sunt omnium potestates, et omnium jura regnorum: respice ad Romanum benignus Imperium; ut gentes, quae in sua feritate confidunt, potentiae tuae dextera comprimantur[3]." Deutlich klingt durch, daß die Aufgabe des Imperators die Wahrung und Ausbreitung des römischen und zugleich christlichen Imperiums ist, eine Aufgabe, die den Heidenkrieg mit begründet. Papst Gregor I. (540—604) betonte die Verpflichtung, heidnische Völker mit den Waffen zu unterwerfen um sie bekehren zu können[4]. Die Forderung, das Imperium zu verteidigen und auszubreiten und die Heiden im Heidenkrieg zu bekehren, blieb im deutschen Kaiserreich des Mittelalters lebendig und wurde von den Päpsten unterstützt.

Papst Leo IV. (847—855), erklärte, daß jeder, der in einem Verteidigungskrieg der Kirche fiele, himmlischen Lohn erhalten würde[5]. Die Verteidigung der Kirche gegen die Heiden wird als heiliger Krieg bezeichnet. In den liturgischen Texten der Kirche taucht der Gedanke auf, daß die im heiligen Krieg Fallenden als himmlischen Lohn das ewige Leben erwerben. Papst Johannes VIII. (872—882), erklärte die im heiligen Krieg Gefallenen zu Märtyrern, denen ihre Sünden vergeben würden, wenn sie als Bewaffnete in der Schlacht stürben[6]. Diese Erklärung bedeutet eine Erweiterung des Märtyrerbegriffs, die sich bei den Chronisten vom ersten Kreuzzug an findet, und die auch in Kreuzzugswerbung und -dichtung immer wieder auftaucht[7]. Wichtig für die spätere Verwendung des Lohnversprechens ist die Tatsache, daß schon in dieser frühen Papsterklärung das „reine Herz" Voraussetzung der Sündenvergebung ist[8].

Der Einfluß der Kirche suchte auch die Lebensform der Kämpfer im heiligen Krieg zu durchdringen. Im Zuge der Reform von Cluny war eine verstärkte Bindung der Laien an die Kirche angestrebt worden. Bei der feierlichen Aufnahme der Knappen in den Ritterstand wurden die Forderungen der Opferbereitschaft für religiöse Ziele, der Freigebigkeit und Großmut, die Verpflichtung zum Schutz der Wehrlosen und Schwachen ausgesprochen. Sie zeigen, in welchem Maße sich im Ehrenkodex des Ritters alte kämpferische Ideale mit christlichen Werten verbinden. In der Schwertleite wurde das Schwert des neu aufgenommenen Ritters gesegnet und für den Kampf geweiht. Schon im Schwertsegen des 11. Jh.s[9] ist der Kampf gegen das Wüten der Heiden erwähnt. Die Kirche gab damit den alten heidnischen Waffensegnungen eine ihren Zielen entsprechende Form. Die Schwertleite als kirchlicher Weiheakt unter Anteilnahme von Geistlichen ist seit dem 11. Jh. belegt[10]. Der junge Ritter erhält sein Schwert zum Schutz der Schwachen und zum Kampf gegen die Feinde der Kirche, den er unter Gottes Beistand führen soll.

Zur Zeit Gregors VII., der die Macht der Kirche auch nach außen hin kraftvoll zur Geltung zu bringen suchte, wurde eine eingehende kirchenrechtliche und historische Begründung des heiligen Krieges notwendig. Sein Parteigänger Bonizo von Sutri, (gest. 1090 oder 1091) Bischof von Piacenza, behandelte in seinem Buch „De vita christiana" das Leben von Klerus und Laien an Hand von Quellenexzerpten nach den Gesichtspunkten seiner Zeit[11]. Sein Werk lebt ganz in den Ideen des großen Papstes und bemüht sich, dessen machtpolitische Bestrebungen theoretisch zu unterbauen und ihre Berechtigung nachzuweisen. In seinem Buch finden sich auch für die Ideologie der Kreuzzüge Belege und Begründungen. Wie aber Gregor selbst noch nicht zu einem wirklichen Kreuzzug kam, so ist auch bei Bonizo erst die Vorbereitung einer Kreuzzugsideologie zu finden, die deutlich als Vorstufe der später von den Kreuzzugspredigern verwendeten Argumente zu erkennen ist. Bonizo vollzieht die Übertragung des Begriffes vom heiligen Krieg auf den Kampf um das Erbe Gottes im heiligen Land. Dieses ist durch das Leben Christi geweiht und gehört deshalb rechtmäßig zum Besitz der Kirche. Daher ist auch seine Verteidigung als Kirchengut gerechtfertigt. Der Satz Bonizos: „quod qui extra ecclesiam sunt, nullo iure bona ecclesiae possunt possidere" schließt die „extra ecclesiam" lebenden Heiden von dem Besitz des Kirchengutes aus und spricht ihnen damit jedes Recht auf das heilige Land ab. Die in die Pläne Gregors VII. schon mit einbezogene Befreiung des heiligen Grabes durch ein von der Kirche geführtes Heer von Rittern wird so als gerechtes Ziel eines heiligen Krieges begründet. Die Streiter für diesen gerechten Krieg im heiligen Land müssen ihrer Aufgabe würdig sein. Die Forderungen, die Bonizo an sie stellt, zeichnen das Ideal eines christlichen Ritters: „His proprium est dominis deferre, prede non iniare, pro vita dominorum suorum tuende sue vite non parcere, et pro statu rei publice usque ad mortem decertare, scismaticos et hereticos debellare, pauperes quoque et viduas et orphanos defensare, fidem promissam non violare nec omnino dominis suis periurare." Stark betont Bonizo die Pflicht, dem irdischen wie dem himmlischen Herrn treu zu bleiben. Der Lehensgedanke wird von ihm in seine kirchenpolitischen Ausführungen einbezogen. Neben der Treueverpflichtung hat der Ritter die Verpflichtung, Gott einen Zins (Dei census) ohne Vorbehalt (ex integro) zu entrichten. Diese Verpflichtung wird auf das Opfer des Lebens in dem für Gott und sein Land geführten Kreuzzug übertragen. Als solches Opfer für Gott ist jeder Kreuzzug wie jedes Gott dargebrachte Opfer geheiligt. Schon von dieser Seite her ist es nur ein Schritt zu der späteren Seligpreisung der für die Sache Christi Gefallenen, die den Märtyrern gleichgestellt werden. Von einer andern Seite her führt der Lohngedanke an diese Sonderstellung der bei dem Kreuzzug Gefallenen heran.

Der Kampf für die innere Reinheit der Kirche (schismaticos et hereticos debellare), den Bonizo als Anhänger des Reformpapsttums verlangt, nimmt die Rechtfertigung der späteren Reformkämpfe vorweg und verstärkt noch die Forderung der Heidenbekämpfung, da die Heiden als Kirchen- und Gottesfeinde eine besondere Gefahr sind.

Immer wieder betont Bonizo die Verpflichtung des Christen zum Gehorsam gegen die Kirche: „Prima ac principalis Christianorum virtus est obedientia, humilitatis filia ..."

Daher ist auch den Aufrufen der Päpste zu Kreuzfahrten und zum Einsatz für die Kirche unbedingt Folge zu leisten. Der im Investiturstreit vertretene Anspruch der Überordnung geistlicher Gewalten über jede weltliche wird auch von Bonizo formuliert: „omnes principes terre et cunctos homines obedire et capita sua submittere eorumque adiutores exsistere preciebat." Als Anhänger Gregors VII. stellt er auch dessen Geltungsansprüche als gottgewollt und der richtigen Rangordnung der Welt gemäß dar. Das Ziel des Papsttums bleibt die Ausbreitung des Gottesreiches auf Erden. Dieses Ziel soll durch die äußere Stärkung der christlichen Macht und Religion und durch die innere Umkehr des einzelnen Menschen erreicht werden.

Reinen Herzens soll die Kreuzfahrt unternommen werden, und Werke der Nächstenliebe sollen das große Opfer krönen: „Effundat ergo super nos supereminens carisma sancti spiritus, scilicet caritatem, ut diligamus cum puro corde et pura mente et omnibus viribus anime nostre." Diese Werke der caritas haben in der von der Kirche vorgeschriebenen Ordnung zu geschehen und sind in erster Linie auf die „Hausgenossen des Glaubens" (domestici fidei) zu erstrecken, ehe sie auf Fernerstehende ausgedehnt werden. Diejenigen, „qui omnia sua pro Christi nomine reliquerunt", die sich für den christlichen Glauben mit Leib und Leben einsetzen, sind die, die den ersten Anspruch auf Barmherzigkeit haben. Den Unterhalt dieser und ihrer Familien aus den Gütern der Kirche fordert Bonizo in demselben Sinn wie später die Päpste den Schutz der Familien der Kreuzfahrer und ihrer Güter durch die Autorität der Kirche zusichern.

Der Nachdruck, den Bonizo auf die Werke der tätigen Nächstenliebe als Mittel zur Sündenvergebung legt, läßt schon erkennen, wie später von den Päpsten der Gedanke des Lohnes für das große „opus compassionis" des Kreuzzuges auf das Versprechen der ewigen Seligkeit und Befreiung von den Sünden ausgedehnt wird („et caritas operit multitudinem peccatorum"). Gerade diese sündentilgende Kraft des Kreuzzuges, die aus der Verbindung des Buß- und Wallfahrtsgedankens mit dem Gedanken des heiligen Krieges stammt, ist ein Hauptargument der späteren Kreuzzugswerbung.

Die Kreuzzugsidee in dem Begriff „militia Christi"

Die Voraussetzung für die Entstehung einer religiösen Bewegung von der Gewalt der Kreuzzüge war ein starkes Papsttum. Im 10. und 11. Jahrhundert war durch innerkirchliche Reformen die Reinheit der christlichen Lehre neu gesichert worden.

Der Einfluß der Kirche formte und bestimmte das Leben von Priestern und Laien. Auf einem so gesicherten Fundament erwuchsen die Bestrebungen, die Macht der Kirche auch nach außen hin zu festigen, Ketzer und Heiden in ihren Herrschaftsbereich einzubeziehen und sie in gerechten Kriegen zu unterwerfen. Der Plan einer Bekämpfung der Muslim durch Papst Sergius IV. (1009—1012), die spanischen Maurenkämpfe unter Papst Alexander III. (1063), die Normannenkämpfe Leos IX. (1053) und die Orientpläne Gregors VII. rechneten als „heilige Kriege" schon mit einer „militia Christi" und stellten den Kämpfern himmlischen Lohn in Aussicht. Viktor III. versprach Ablaß für einen Kampf gegen die Ungläubigen in Afrika (1086)[12]. Gregor VII. schrieb in seinem Aufruf an die Christen zum Kampf gegen die Türken: „rogamus et invitamus, ut ... qui Christianam fidem vultis defendere et coelesti regi militare, ut cum eis viam favente Deo praeparemus omnibus qui coelestem nobilitatem defendendo per nos ultra mare volunt transire et quod Dei sunt filii non timent ostendere"[13]. Gregor wandte sich in seinem Aufruf bereits an die Gesamtheit des französischen und italienischen Adels.

Der Kampf gegen die Heiden als gerechter Krieg im Dienst des Himmlischen Königs, das Versprechen des Ablasses, die Bezeichnung der im heiligen Krieg Gefallenen als Märtyrer (Leo IX.)[14] — diese drei Argumente tauchen in der Kreuzzugswerbung immer wieder auf.

Bedurfte es so für das Papsttum nur noch eines geringen Anstoßes, um aus der Idee des gerechten Glaubenskrieges die Forderung eines allgemeinen Kreuzzuges zu erheben, so war es für das Gelingen eines solchen Planes entscheidend, daß ihm in dem christlichen Adel ein Stand gegenübertrat, der den Anruf begeistert aufnahm. Der erste Kreuzzug, der im wesentlichen von französischen Rittern getragen wurde, ist wie eine erste Bewährungsprobe für den neuen Stand, der sich in Frankreich in der zweiten Hälfte des 11. Jahrhunderts herausgebildet hatte[15]. Er war untereinander gebunden durch das Lehensrecht und die Verpflichtung auf einen gemeinsamen Herrn, durch die gleiche soziale Situation, durch die gemeinsame Übung einer neuen Kampftechnik, des Reiterdienstes im Heer, der außer körperlicher Gewandtheit auch einen gewissen Wohlstand voraussetzte. Die Kirche erkannte diesen Stand an durch die besondere religiöse Weihe, mit der sie die Schwertleite umgab[16] und durch die Beeinflussung der vorher von heidnischen Heldenidealen bestimmten ritterlichen Lebenslehre im christlichen Sinne. Selbstaufopferung für ideelle Güter, Schutz der Wehrlosen und Schwachen, Freigebigkeit und Wahrhaftigkeit — auf diese christlichen Lebenswerte wurde der Ritter verpflichtet. Auf sie konnte die Kirche auch in den Kreuzzugsaufrufen zurückgreifen[17]. Friedrich Heer hat gezeigt, welchen Anteil die cluniazensischen Klöster an dieser christlichen Formung des Ritterstandes hatten. Sie umfaßten in einer großen religiösen Erziehungsbewegung im 10. und 11. Jh. den westlichen Adel. „Durch die religiöse Durchformung der barbarischen Adelscliquen des Frühmittelalters wird hier zum erstenmal — und sehr zielbewußt — eine größere

Volksschicht (die in eben dieser Zucht zum „Stand" heranreift) tiefergehend christianisiert, ihre Kräfte werden gesammelt und gebunden — nicht nur für äußere Entladungen (wie im I. Kreuzzug) sondern auch für innere Wandlungen"[18]. Durch eine bis ins einzelne gehende Weisung für ein diszipliniertes „geistlich-feudales" Leben im Schutz des Klosters wurde der Adel daran gehindert, seine Kräfte in vielen kleinen Fehden untereinander zu verzehren. Die Nöte einer von Weltuntergangsfurcht und Gewalttaten bestimmten Zeit wurden aufgefangen von der Sorge um das Heil der Seele. Die große Zahl der Schenkungen an cluniazensische Klöster und Kirchen[19], der Zustrom junger Adliger zu den Klöstern, in denen das Leben durch liturgische Formung geregelt war, schuf ein festes Band zwischen Klöstern und weltlichem Adel, das noch verstärkt wurde durch die Betonung des Totendienstes. Jeder Tag begann mit einem Totenoffizium, das das Seelenheil der Verstorbenen sichern sollte, jede Sippe war bemüht, einen der Ihren zu diesem Gebetsdienst zu verpflichten[20]. Der Gedanke des stellvertretenden Gebets erscheint auch in der Kreuzzugswerbung. Wie der Kampf im heiligen Land in seiner Erlösungswirkung auf diejenigen übertragen wird, die selbst nicht daran teilnehmen können (Hartmann), so kann die Fürbitte den Kämpfer auf seiner Fahrt unter himmlischen Schutz stellen. „Die cluniazensische Liturgie ... wird zum stärksten Anziehungspunkt für den Adel und seine Sehnsucht nach einem ‚geordneten' Leben, welches in soldatischer Zucht und Disziplin das himmlische Reich schon auf Erden erleben läßt und gleichzeitig in mächtiger Einheit die auf Erden kämpfenden Glieder einer adligen Sippe mit ihren Hausgenossen im Himmel und mit ihren in Tod und Fegefeuer ringenden Verwandten verbindet"[21]. Wie die adligen Mönche im Kloster zu einer disziplinierten geistigen militia Christi herangebildet wurden, so wurde dem weltlichen Adel in der „Vita des Grafen Gerald von Aurillac" durch den ersten großen Abt von Cluny, Odo (926—942), ein Lehrbuch in die Hand gegeben, das die Möglichkeit zeigte, weltlicher Fürst und Gottesdiener zugleich zu sein. Die Verbindung von siegreichem Heldentum, weltlicher Gerechtigkeit, humanistischer Bildung und christlicher Lebensführung, die sich später im Ritterideal der höfischen Dichtung ausprägt und die ihren höchsten Ausdruck in Wolframs „Willehalm" findet, ist hier schon im Ansatz vorgezeichnet. Ein Ritterstand, der dieser cluniazensischen Erziehung schon mehr als 100 Jahre ausgesetzt war, mußte den Kreuzzugsaufrufen aufgeschlossen gegenüberstehen. Auf die innere Wandlung des Ritters im christlichen Sinn, die der Einfluß der cluniazensischen Klöster erstrebte, greifen die späteren Kreuzzugsaufrufe zurück. Sie gipfelt in der Forderung einer „nova devotio".

Wenn auch nicht übersehen werden darf, daß für die weltlichen Ritter der ersten Kreuzzüge Abenteuerlust und Kampfesfreude, Hoffnung auf Besitz und Ruhm mitbestimmend waren[22], so gingen doch aus ihren Reihen gleichzeitig unter dem direkten Einfluß der kirchlich formulierten Kreuzzugsverpflichtung die Ritterorden der Templer und Hospitaliter hervor. Sie zeigen, indem sie von ihren Mitgliedern gleichzeitig die Unterwerfung unter eine mönchische Ordensregel und die Erfüllung der höchsten ritterlichen Werte fordern, den von der Kirche propagierten Typus des miles christianus in seiner reinsten Ausprägung. Die bewußte Selbstaufopferung in der Nachfolge Christi im Kampf um sein heiliges Erbe und die Stärke ihres Glaubens stempeln sie zu einer geistigen Macht, in der sich die Idee der ersten Kreuzzüge ihre lebendigsten Vertreter schafft, während ihre weltliche Unabhängigkeit, ihre nur dem Papst untergeordnete selbständige Stellung, sie zu einem politischen Machtinstrument von größter Wirkungsmöglichkeit bestimmen, das imstande war, Sieg oder Niederlage der Expeditionen ins heilige Land entscheidend zu beeinflussen. In ihrem Kreis erhielt sich die Kreuzzugsidee lange Zeit in ihrer ursprünglichen Reinheit, begünstigt durch den ständigen Zustrom neuer begeisterter Mitglieder aus dem Abendland, und wurde bewußt in der ganzen Konsequenz der Gedanken der Buße, des persönlichen Opfers und der inneren Erneuerung gelebt.

Die Ausbildung einer Kreuzzugsidee in den Aufrufen Urbans II. und der erste Kreuzzug

Der Glaubenseifer des christlichen Ritterstandes, aber auch sein Mut und seine Abenteuerlust wurden angesprochen, als Papst Urban II. seine berühmte Rede auf dem Konzil von Clermont hielt. Die Gesandten des byzantinischen Kaisers Alexius hatten den Papst auf dem Konzil von Piacenza im Mai 1095 von der Notwendigkeit einer Hilfeleistung gegen die Seldschuken überzeugt. So begann er auf einer Reise durch Frankreich für den Gedanken eines heiligen Krieges zu werben[23]. Er rief ungefähr 300 französische Geistliche auf dem Konzil von Clermont zusammen. Dieses Konzil hielt am 27. 11. eine öffentliche Sitzung ab, zu der sich eine Menge Geistliche und Laien versammeln mußten. Den Geistlichen drohte der Verlust der Pfründe, wenn sie nicht erschienen, und die Bischöfe wurden beauftragt, die großen weltlichen Herren zur Teilnahme an dem Konzil zu veranlassen[24]. Die Kathedrale war zu klein, um die Menge aufzunehmen. Auf offenem Feld vor den Toren der Stadt hielt der Papst seine große Kreuzpredigt. Diese Predigt ist im Wortlaut nicht erhalten, aber in verschiedenen Chroniken der Zeit überliefert[25]. Selbst die Chronisten, die dem Konzil von Clermont angeblich beigewohnt haben, geben nicht vor, einen genauen Text der Papstrede aufgezeichnet zu haben. Nur die Hauptargumente lassen sich aus den verschiedenen Fassungen der Chronisten Fulco von Chartres, Robert der Mönch, Baudri (Historia Jerosolimitana), Guibert von Nogent und William of Malmesbury (Gesta Regum, 30 Jahre später geschrieben) herauslösen[26]. Urbans Argumente ordnen sich nach den überlieferten Texten folgendermaßen: Der Papst forderte die Christen auf, das Kreuz zu nehmen, um den unterdrückten Mitbrüdern zu helfen: „membra Christi flagellantur, opprimuntur"[27]. Die Heiden schänden außerdem die Orte „in qua Jesus Christus pro nobis passus est"[28]. An das düstere Bild, das der Papst von der Verlassenheit der heiligen Stätten malte, schloß er seinen Aufruf zur Hilfe: „ad defendendam orientalem ecclesiam velocius concurrite"[29]. „Pulchrum sit vobis in illa civitate mors pro Christo in qua pro nobis Christus mortuus est"[30]. Das weltliche Rittertum, das seine christlichen Pflichten vernachlässigte, wurde besonders streng ermahnt, sich dem Kreuzzug anzuschließen:

„Ihr, welche Witwen und Waisen beraubt, die Unschuldigen unterdrückt, die Kirchen mit Waffengetümmel erfüllt und entehrt, und des Rittertums Gürtel nur tragt als ein Zeichen, daß ihr gewohnt seid, nicht die Kirche und ihre Diener, wie ihr gelobt, zu schützen, sondern des Erlösers Schafstall zu verwüsten, euch einander selbst zu zerfleischen und wie die Geier den Leichnamen, so den Kriegen und Fehden in entfernte Gegenden nachzuziehen, legt ab den Gürtel eines solchen Rittertums, welches von Gott fern ist, werdet Ritter Christi und eilt herbei zum Schutze der morgenländischen Kirche, welche die Milch des göttlichen Wortes in Euren Mund träufelte"[31].

Die einzigen authentischen Quellen, die Briefe des Papstes an die Gläubigen in Flandern (Dezember 1095) und in Bologna (September 1096) entsprechen in ihrer Argumentation den von den Chronisten gegebenen Berichten in den wichtigsten Punkten. Urban schildert in dem Brief an die Gläubigen in Flandern die Wut der Heiden, die die christlichen Kirchen zerstört haben (barbaricam rabiem ... ecclesias devastasse). Er weist auf das durch Christi Leiden geheiligte Land hin (sanctam civitatem Christi passione et resurrectione inlustratam) und verspricht den Kämpfern für Gottes Land Ablaß der Sünden (pro remissione omnium peccatorum). Diese Argumente sind Gemeingut der Kreuzpredigten aller Zeiten geblieben und werden auch in Urbans Rede enthalten gewesen sein.

Wichtig für die Ausbildung einer neuen Frömmigkeit ist der Brief an die Bologneser, der die Voraussetzung für den Kreuzzugsablaß nicht um des irdischen Gewinnes sondern nur um der Seele willen und zur Befreiung der Kirche näher festlegt. Er fordert, daß der Kreuzzug unternommen werden soll „non terreni commodi cupididate sed pro sola animae suae salute et ecclesiae liberatione". Er verspricht den Ablaß nur für die Sünden, die aufrichtig und vollständig gebeichtet worden sind (paenitentiam totam peccatorum de quibus veram et perfectam confessionem fecerint). Die Sünden können vergeben werden, da die Kreuzfahrer Leben und Besitz aus Liebe zu Gott und dem Nächsten aufs Spiel setzen. Hier knüpft Urban das Versprechen des himmlischen Lohnes also an strenge Bedingungen. Nicht der Einsatz des Lebens allein ist entscheidend, sondern die innere Erneuerung durch das Sündenbekenntnis, die Absage an alles irdische Streben und die Hinwendung allein auf das Heil der Seele[32]. Der Erfolg der Predigt übertraf alle Erwartungen. Unzählige nahmen das Kreuz[33]. Das Konzil legte daraufhin die praktischen

Einzelheiten für die Ausführung des Kreuzzuges und für die weitere Werbung fest. Ein allgemeiner Ablaß für die zeitlichen Sündenstrafen wurde ausgeschrieben für alle, die in frommer Absicht an dem heiligen Kriege teilnahmen. Die weltlichen Güter der Kreuzfahrer sollten bis zu ihrer Heimkehr unter dem Schutz der Kirche stehen. Das Kreuz aus rotem Stoff als Zeichen des heiligen Krieges sollte die Kreuzfahrer kenntlich machen[34]. Wer das Kreuzfahrergelübde nicht erfüllte, wer die Fahrt nicht antrat oder zu früh zurückkehrte, sollte mit dem Bann belegt werden. Niemand durfte teilnehmen, ohne vorher seinen Geistlichen zu befragen. So konnte den Kranken und Schwachen von der Fahrt abgeraten werden. Jeder sollte am 15. August des folgenden Jahres, nach der Ernte, bereit sein. Die Heere würden sich in Konstantinopel treffen[35].

Der Kreuzzug stand unter der Führung der Kirche. Zum Anführer wurde als päpstlicher Legat der Bischof von Le Puy, Adhemar de Monteil, ernannt[36]. Urban II. setzte seine Kreuzzugswerbung fort und predigte in der Kathedrale von Limoges (Weihnachten 1095), in Tours (März 1096), in Bordeaux und Toulouse. Die Beschlüsse des Konzils von Clermont wurden an die Bischöfe des Westens geschickt, Urbans Brief aus Limoges rief die Gläubigen in Flandern auf, der Bruder des Königs von Frankreich schloß sich an und viele Mitglieder des französischen Adels[37]. Die gleiche Begeisterung erweckten die Aufrufe des Papstes in Italien. Auch aus entfernten Ländern wie Schottland, Dänemark und Spanien eilten Kreuzfahrer herbei. Doch ist es in diesem Kreuzzug vorwiegend die französische Ritterschaft, die dem cluniazensischen Einfluß schon am längsten ausgesetzt war, die dem Ruf des Papstes Folge leistete. Das Heer, über dessen Größe die Angaben schwanken, wurde in seinem Erfolg begünstigt durch die Zwistigkeiten der Mohammedaner untereinander und durch die Unterstützung der unterdrückten christlichen Bevölkerung Syriens. Mit der Eroberung Jerusalems 1099 war das politische Ziel erreicht: die Patriarchate von Jerusalem und Antiochia wurden der römischen Oberhoheit zurückgewonnen[38].

Nicht nur das gut ausgerüstete Ritterheer war nach dem Orient gezogen. Die Kreuzzugsbotschaft hatte auch das Volk ergriffen. Schon vor den Kreuzzügen hatten sich im 10. und 11. Jahrhundert religiöse Volksbewegungen herausgebildet. Die Wallfahrt wurde seit früher christlicher Zeit als Werk der Buße von der Kirche anerkannt. Bis zur Mitte des 12. Jahrhunderts konnte der Priester als Sachwalter Gottes auf Erden die Absolution erteilen. Gott nahm „an Stelle der ewigen Höllenstrafen die zeitlichen Strafen der freiwilligen Buße an — der frühmittelalterliche Mensch schloß ... sein Rechtsverhältnis mit Gott ab: durch seine Buße auf Erden vergütete er Gott seine jenseitig metaphysische Schuld"[39]. Nach dieser Rechtsauffassung war die sündentilgende Wirkung einer Bußwallfahrt besonders groß. Die Hauptwallfahrtsorte, auf die sich die Bewegung der Massen konzentrierte, „Jerusalem, Rom, Compostela, Chartres ... waren die wahren Hauptstädte der mittelalterlichen europäischen Christenheit"[40]. Seit der Jahrtausendwende, zu der man die

Wiederkunft Christi erwartete, hatten die Pilgerfahrten nach dem heiligen Land zugenommen. Wenn diesen Pilgerscharen auch die kriegerische Haltung der Kreuzfahrerheere fehlte, so schufen sie doch die erste lebendige Verbindung zum heiligen Land und hielten die Verantwortung der abendländischen Christen wach für die Stätten christlicher Verehrung in Jerusalem. Insofern können die Pilgerfahrten als Vorstufe der Kreuzfahrten gelten. Die Pilger wurden wie die Kreuzfahrer in einer feierlichen Zeremonie durch die Hand des Priesters mit dem Pilgerhemd bekleidet, das das Kreuz trug[41]. Tausende unternahmen im 11. Jahrhundert die Wallfahrt zum heiligen Grab als Werk der Buße. Schwere Vergehen, wie der Bruch des Gottesfriedens, konnten seit 1041 nur durch eine Fahrt ins heilige Land gesühnt werden[42]. Die zeitgenössischen Chronisten beschreiben die Wallfahrten der Fürsten und Bischöfe, darunter die Fahrt Roberts von der Normandie (1035) mit einer großen Anzahl von Rittern und Baronen, und die Fahrt des Bischofs Gunther von Bamberg 1065[43]. Sie berichten von Pilgerliedern, die die Verehrung des heiligen Kreuzes und die Erlösungssehnsucht widerspiegeln.

Auch in dem einfachen Volke lebte eine religiöse Aufbruchsbereitschaft, der nur eine feste Zielsetzung gegeben werden mußte. Der wandernde Mönch Peter von Amiens, der schon vorher im Rahmen der Armutsbewegung[44] begeisterte Scharen um sich gesammelt hatte, begann im Jahre 1095 ebenfalls das Kreuz zu predigen. Er sprach im Orléannais, in der Champagne und Lorraine, in Aachen und Köln. Durch die Kraft seiner Rede und das Vorbild seines asketischen Lebens überzeugte er seine Hörer von der Notwendigkeit der Kreuzfahrt zu ihrem Seelenheil und begeisterte sie für die Befreiung Jerusalems. Sein Zeitgenosse Guibert von Nogent[45] beschreibt die Wirkung seiner Worte als halb göttlich[46]. Die besondere Erregbarkeit der Massen um die Jahrtausendwende unterstützte die Wirkung seiner Rede. Ungewöhnliche Naturereignisse der Jahre 1095/96 riefen eine aufgeschreckte, verängstigte Stimmung hervor[47].

Die Chroniken der Zeit sind voll von Berichten über ungewöhnliche Himmelserscheinungen, Kreuzes- und Marienvisionen[48]. Daß religiöse Visionen eine so wichtige Rolle spielen wie es nach den Chroniken scheint, ist ein Zeichen für die ekstatische Erlebnisbereitschaft der Zeit. Auch in den sachlichen zeitgenössischen Kreuzzugsberichten der Chroniken werden Visionen als kriegsentscheidendes Moment gewertet.

Die Auffindung der heiligen Lanze auf Grund der Vision des französischen Bauern Petrus Bartholomäus feuerte den Mut des Heeres im Kampf um Antiochia wieder an, der Priester Stephan von Valence erhielt von Christus selbst ein Versprechen, dem Heer Hilfe zu bringen. Diese schon damals von einem Teil der Ritterschaft (Bohemund von Tarent und seinem Gefolge) als Zweckbetrug angezweifelten Visionen hatten großen Einfluß auf die Stimmung des Kreuzfahrerheeres und bezeugen durch ihre Wirkung den überwiegend gefühlsmäßig religiösen Charakter der Bewegung. Auch bei der Belagerung von

Jerusalem soll die Vision eines himmlischen Ritters mit leuchtenden Waffen den letzten Anstoß zur Eroberung der Stadt gegeben haben (15. VII. 1099). In eine ähnliche Richtung deutet die häufige Erwähnung von Engeln und Heiligen als Mitkämpfer im Kreuzfahrerheer. Ritter in weißen Rüstungen kommen dem Heer zu Hilfe, Engel und Heilige eilen ihm voran[49]. Die Erzengel Michael und der hl. Georg, die als Mitstreiter christlicher Heere schon vor den Kreuzzügen verehrt wurden, werden zu besonderen Schutzheiligen der Kreuzfahrer[50].

Peter von Amiens selbst berief sich in seiner Werbung (nach einem Bericht des 12. Jahrhunderts) auf eine Vision, in der er von Christus den direkten Auftrag erhalten habe, den unterdrückten Pilgern Hilfe zu bringen[51]. Berichte über die Leiden der Pilger im heiligen Land, Zeugnisse zurückgekehrter Pilger, die die gefahrvolle Wallfahrt unter Gunther von Bamberg mitgemacht hatten, wendeten sich an das Mitgefühl der Massen und betonten die Notwendigkeit schneller Hilfe. Gegenüber den schlechten Lebensverhältnissen im eigenen Land erschien der Menge der sozial Schwächeren die Fahrt außerdem als eine Rettung aus materieller Not. Robert Prutz[52] weist neben dem religiösen Moment des Entscheidungskampfes zwischen Islam und Christentum besonders auf die „Fülle der wirtschaftlichen, sozialen und politischen Notstände" hin, die dem Einzelnen eine Flucht aus seiner bedrängten Lebenssituation ratsam erscheinen ließ. Die abenteuerliche Fahrt in den Orient, die durch die kirchlichen Lohnverheißungen zu einem gottgewollten Dienst umgeprägt wurde, erschien der großen Masse und selbst den durch allzu strenge Klosterregeln der cluniazensischen Reform bedrängten Mönchen als einziger Weg zur schnellen Änderung der Notstände des täglichen Lebens[53]. Schon das irdische Jerusalem galt als ein gelobtes Land, und wer die Fahrt dorthin unternahm, gewann zugleich das himmlische Jerusalem. In der Vorstellung dieser Massen stellte sich der Kreuzzug als eine Art bewaffneter Pilgerfahrt dar, als eine wirksame Buße durch ein Wanderleben in Armut und Entsagung. In blindem Vertrauen auf die Führung Gottes, dessen Willen sie befolgten, verzichteten sie auf Waffenausbildung und genügende Ausrüstung. Sie warteten auch den Auszug der Ritterheere nicht ab und wurden ohne deren militärische Führung fast vernichtet, bevor sie im heiligen Land ankamen. Trotzdem offenbarte sich in ihrem Zug die religiöse Begeisterung so rein wie in dem Aufbruch der ersten Kreuzritter. Die Mahnung zur Opferbereitschaft, die Anrufe zum Verzicht auf irdische Güter um des Seelenheiles willen müssen in den Predigten des Peter von Amiens ebenso lebendig gewesen sein wie in der von der Kirche gelenkten Kreuzzugswerbung der großen Prediger. Der Wille zur religiösen Erneuerung, zu einer neuen Frömmigkeit, ging auch von dieser mit Abenteurern durchsetzten Schar der einfachen Pilger aus[54]. Dem Charakter der gefühlsgebundenen Massenbewegung entspricht auch die Steigerung des durch die Unterdrückung der Christen in Palästina hervorgerufenen Hasses gegen die Ungläubigen zu einem religiösen Fanatismus, der nach völliger Vernichtung der Andersgläubigen strebte. Darauf sind die Judenverfolgungen und das furchtbare Blutbad unter den Mohammedanern bei der Einnahme Jerusalems zurückzuführen. Hier liegt die Quelle für die literarischen Darstellungen des Heiden im vorhöfischen Epos des 12. Jahrhunderts, in dem nur der unedle, um jeden Preis zu vernichtende Feind gesehen wird. So bietet dieser erste Kreuzzug das Bild einer religiösen Massenbewegung, die von echter Begeisterung getragen wurde.

Ein Heer der Kirche, nur ihrem Befehl gehorsam, zog aus, um den Gott gehörenden Besitz im heiligen Lande den Ungläubigen zu entreißen. Die Krone des eroberten und neu gegründeten Königreichs Jerusalem wurde zwar einem weltlichen Fürsten angeboten, doch Gottfried von Bouillon lehnte es ab, sie zu tragen; er nannte sich „Advocatus Sancti Sepulcri" und nahm die Herrschaft von dem Partiarchen zu Lehen. Machtpolitische Ziele spielten in diesem ersten Kreuzzuge eine verhältnismäßig geringe Rolle. Unabhängig davon, wie die Kreuzzugsidee im Lauf des Jahrhunderts in steigendem Maße einerseits realpolitischen Zielen dienstbar gemacht, andererseits in der Auswirkung vertieft und vergeistigt wurde, bleibt die von der Idee ausgelöste Bewegung bestehen. Sie läuft als breite tragende Unterströmung in der Entwicklung der Zeit mit. Gelegentlich stellt sie einen großen Einzelnen aus ihrer Mitte heraus, in dem sich die Idee rein und vollkommen verkörpert.

2. KAPITEL

Die Aufrufe Eugens III.
und das Wirken Bernhards von Clairvaux

Die Bedeutung der Klosterreformen für die Festigung der „ecclesia spiritualis"

Nach den Erfolgen der ersten Kreuzfahrt bemächtigte sich die Kreuzzugsidee immer weiterer Kreise. Neue Pilgerscharen und Ritterheere brachen nach dem heiligen Lande auf. Aber diese Massen meist ungeschulter Kämpfer ohne einheitliche Führung[1], die aus vielen Ländern, auch aus Deutschland und Italien, kamen, hatten im Orient keine Erfolge. So verebbte der Zustrom größerer Gruppen nach 1101 völlig.

Im Abendland dagegen hatten die politischen Erfolge des Papsttums, besonders im feudal-kirchlichen Raum von Cluny, eine zunehmende Stärkung des Ansehens der Klöster im Gefolge. Gegen ihre rasch wachsende weltliche Machtstellung wandten sich Reformbestrebungen innerhalb der Kirche, die zu den neuen Ordensgründungen der Prämonstratenser und Zisterzienser führten. Asketische Gegenströmungen gegen die zunehmende Weltlichkeit der Kirche mehrten sich, und ihre Ziele bestimmten die im engen Zusammenhang mit der Liturgie entstehende geistliche Dichtung der Zeit. Die inneren Reformen der neuen Orden stärkten neben der äußeren Machtposition das Ansehen der Kirche und verhalfen ihr zu ihrer beherrschenden Weltstellung um die Mitte des 12. Jh.s.

Der große politische Gegner des römischen Papsttums, das deutsche Kaisertum, hatte mit dem Ende der salischen Dynastie an Macht verloren. Durch Thronstreitigkeiten, die der höhere Adel förderte, wurden nicht nur die deutsche, sondern zur gleichen Zeit auch die englische und französische Monarchie in ihrer Macht beschränkt, so daß dem starken Papsttum dieser Zeit eine Reihe geschwächter weltlicher Reiche gegenüberstand. Otto von Freising schließt in seiner stark eschatologisch bestimmten Chronik „Historia de duabus civitatibus" aus dieser politischen Situation, daß die Ausbreitung des Gottesreiches auf Erden und die Zertrümmerung der weltlichen Monarchien nahe bevorstehen. Ein Gefühl des nahen Weltendes und die Furcht vor dem jüngsten Gericht beherrschten zunehmend die Reformbestrebungen der Klöster und übertrugen sich auch auf die Masse des Laienvolkes. Wie in der Zeit vor dem ersten Kreuzzug berichteten die Chroniken um die Mitte des 12. Jahrhunderts von Wunderzeichen, die zur Buße mahnten[2]. Neue Bußbewegungen entstanden. Dazu gehören auch die Kirchenbaubewegungen, die sich in Frankreich schon im 11. Jh. abzeichneten, und die in der Mitte des 12. Jh.s zu einem Höhepunkt gelangten[3]. Der Aufruf zum Kirchenbau in Chartres 1140 löste eine ähnliche Welle der Begeisterung aus wie die Predigten des Peter von Amiens. Ein Brief (um 1145) des Abtes Haimo an englische Nonnen zeigt, wie das Erlebnis einer inneren Erneuerung ein ganzes Geschlecht erfaßte: „Quis enim vidit umquam, quis audivit in omnibus generationibus retroactis ut tyranni, principes, potentes in saeculo honoribus et divitiis inflati, nobiles natu viri et mulieres, superba ac timida colla loris nexa plaustris summitterent et onusta vino, tritico, oleo, calce, lapidibus, lignis ceterisque vel vitae usui vel structurae ecclesiarum necessariis ad Christi asilum, animalium more brutorum, pertraherent?"[4] „Wer nämlich sah und hörte jemals in allen vergangenen Generationen, daß Tyrannen, Herrscher, große Feudalherren im Glanz ihrer Würden und Reichtümer, adlige Männer und Frauen, ihre stolzen Nacken dem Karren beugten und alles, was zum Lebensunterhalt der Bauleute und zum Bau als Material selbst nötig ist, wie Zugvieh herbeischleppten?"[4a]. Wie im ersten Kreuzzug wurden hier die Menschen über alle Standesgrenzen hinweg in einem großen religiösen Erlebnis zusammengefaßt. Eine mitreißende, ekstatische Freude (mira laetitia, immènsa exultatio) erfaßt die Menge der Beteiligten und verbindet sie. Die Schilderungen des Heerlagers der Baubegeisterten bedienen sich der gleichen Terminologie wie die Berichte über die Jerusalemfahrten[5]. Die Beteiligten fühlen sich als Heer des Herrn (exercitus Domini); am Bauplatz stellen sie ihre Lager wie geistliche Feldlager auf (velut castra spiritualia), sie beginnen ihre Arbeit wie eine religiöse Feier mit Psalmen und Prozessionen und stellen sich unter den Schutz des himmlischen Königs und seiner Mutter[6]. Gebetstiefe und Wunderglaube verbinden sich mit dem Willen zur Leistung eines demutvollen körperlichen Dienstes zur Ehre Gottes. Eine „nova devotio", die aus der Tiefe des Laienvolkes unabhängig von kirchlicher Form und Gelehrsamkeit aufbricht, nimmt in diesen Bewegungen ihren Anfang. Die persönliche Verantwortung des Einzelnen für das Heil seiner Seele führt ihn zu diesen besonderen Dienstleistungen, zu den Beweisen seiner Demut vor Gott. Mit der inneren Wandlung des Menschen, die die kirchlichen Kreuzzugsaufrufe in den Vordergrund stellen, wird in der Kirchenbaubewegung von der Masse der Laien Ernst gemacht. Damit erwächst aber auch die Gefahr, daß diese Begeisterten sich der führenden Hand der Kirche entziehen können.

Die Kreuzzugspredigten um die Mitte des 12. Jh.s haben eine doppelte Aufgabe. Sie sollen diese nova devotio wachhalten und stützen, sie sollen aber auch zugleich eine zu selbständig werdende Laienfrömmigkeit den Zielen der Kirche dienstbar machen und damit in ihren Bereich zurückführen.

Aufrufspredigten und Bullen seit 1145 und das Wirken Bernhards von Clairvaux als Kreuzzugsprediger

Den äußeren Anstoß zum zweiten Kreuzzug gaben die Sammlung der bisher zersplitterten mohammedanischen Kräfte im Orient und der Angriff auf die dort lebenden Christen, der zum Fall von Edessa führte (1144). Am 1. 12. 1145 erließ Papst Eugen III. eine Kreuzzugsbulle, die sich zunächst an Frankreich als das Mutterland der lateinischen Kolonie im Osten wandte und den König zum Kreuzzug aufrief. Diese Bulle, deren Vorbild eine Kreuzpredigt Urbans II. ist, trägt den Titel: „Carissimo filio Ludovico, illustri et glorioso Francorum regi, et dilectis filiis principibus et universis Dei fidelibus per Galliam constitutis" und das Datum: Vetrallae, Kalendis Decembris[7]. Sie versprach den Reuigen vollen Ablaß der Sünden, allen Kreuzfahrern apostolischen Schutz, Zinsfreiheit und das Recht, ohne Rücksicht auf sonstige Pflichten durch Verpfändung ihrer Habe sich das Geld für den Auszug zu verschaffen, sie verbot aber den Rittern und Fürsten, durch Pomp in den Kleidern und Rüstungen Gott zu versuchen und befahl im übrigen, den Anordnungen des Abtes Bernhard von Clairvaux Folge zu leisten[8]. Eugen III. hat dann am 1. März 1146 eine zweite Bulle, die nur wenig von der Dezemberbulle abweicht, an die Franzosen gesandt. Sie trägt den Titel „universis fidelibus per Galliam constitutis" und das Datum: Trans Tiberim, Kalendas Martias[8a]. Während in der ersten Ludwig und die Franzosen angesprochen werden, wendet sich die zweite nur an die Franzosen. Vermutlich wußte Eugen III. bereits von der wohlwollenden Antwort Ludwigs auf die erste Bulle, wollte aber den französischen Adel noch einmal besonders auffordern, das Kreuz zu nehmen. Der französische König Ludwig VII. hatte die Bischöfe und Barone seines Reiches Weihnachten 1145 zur Feier seiner Krönung nach Bourges gerufen. Dort hatte er seinen Entschluß verkündet, das Kreuz zu nehmen und auch den Adel dazu aufgefordert, allerdings ohne Erfolg. Man einigte sich lediglich, Ostern 1146 in Vezelay wieder zusammen über diesen Punkt zu beraten.

Bernhard von Clairvaux stand um diese Zeit auf der Höhe seines Einflusses. Unter ihm hatte der Orden der Zisterzienser, dessen Abt er von 1115—1153 war, einen einmaligen Aufschwung genommen. Bei Bernhards Tod bestanden über 300 Zisterzienserklöster in allen Ländern Europas. Die in ihrer Verwaltung selbständigen Klöster traten jährlich einmal auf der Versammlung des Generalkapitels in Frankreich miteinander in Verbindung und empfingen die Weisungen des Mutterklosters. Dadurch wurde eine internationale Gemeinschaft der Zisterzienserklöster unter französischer Vorherrschaft gesichert und der Einfluß Bernhards konnte in allen Ländern wirksam werden.

Auf dem Hoftag zu Vezelay 1146 rief Bernhard von Clairvaux die Gläubigen zum Kreuzzug auf. Ob er dazu außer durch die allgemeine Bulle durch einen besonderen Brief des Papstes aufgefordert war, steht nicht fest. Es ist aber anzunehmen, daß er bei seiner strengen Beobachtung der Ordensregel eine direkte Anordnung Eugens III., der dem Zisterzienserorden angehörte und sein Schüler war, befolgt hat[9], zumal der Papst wegen der römischen Revolution nicht selbst nach Frankreich kommen konnte wie zuvor Urban II.

Die Predigt, die Bernhard in Vezelay gehalten hat, ist im Wortlaut nicht überliefert, doch läßt sich der Inhalt aus Chroniken und den Zeugnissen der Biographen erschließen. Zu Beginn verlas Bernhard die Bulle Eugens III. Dann predigte er selbst.

Es ist zu vermuten, daß er die Gedanken des Papstes ausgeführt und auf seine beredte Art erläutert hat. Die Versammlung war von seiner Rede begeistert. Seine Worte, die er „mit himmlischer Stimme" vortrug (organum coeleste) wurden von allen aufgenommen „wie der Blumenkelch den Tau trinkt" (divini verbi rorem)[10]. Sein Erfolg war so groß, daß er sein Gewand in Kreuze zerschneiden mußte[11]. Aus der königlichen Familie waren unter den Kreuzfahrern Alienor von Guyenne, die Gemahlin Ludwigs VII., der Graf von Dreux, der Bruder des Königs, und sein Onkel, der Graf von Maurienne, dazu eine große Anzahl Barone und die Bischöfe Gottfried von Langres und Arnulph von Lisieux. Über den großen Erfolg, den Bernhard mit seinen Kreuzpredigten hatte, schreibt er selbst in einem Brief vom 1. Mai 1146: „oboedivi, et fecundavit oboedientiam praecipientis auctoritas. Siquidem annuntiavi et locutus sum, multiplicati sunt super numerum. Vacuantur urbes et castelle, et paene iam non inveniunt quem apprehendant septem mulieres virum unum, adec ubique viduae vivis remanent viris"[12].

Danach trat Bernhard eine Predigtreise durch das Rheingebiet an, wohin man ihn wegen der Judenverfolgungen zu Hilfe gerufen hatte, und predigte auch in Worms und Mainz erfolgreich den Kreuzzug. Aus dieser Zeit stammt der Brief, den er an den Erzbischof von Köln, den Bischof von Speyer und deren Diözesanen gerichtet hat[13]. Der schwierigsten Aufgabe bei der Verbreitung des Kreuzzugsgedankens in Deutschland sah sich Bernhard gegenüber, als er Konrad III. für eine Fahrt ins heilige Land begeistern sollte. Der deutsche König hatte mit den Schwierigkeiten im Innern des Reiches und mit den Feindseligkeiten der Sizilianer zu kämpfen. Als sein Brief nach Köln und Speyer die Empfänger erreicht hatte, ging Bernhard nach Frankfurt am Main, um Konrad zur Kreuznahme aufzufordern. Der König lehnte ab, worauf sich Bernhard wegen seines „kühnen" Verlangens entschuldigte[14]. Diese Entschuldigung war rein formal; Bernhard war über seinen Mißerfolg so enttäuscht, daß er sich ins Kloster zurückzog. Als aber Bischof Hermann von Konstanz ihn bat, in seiner Diözese zu predigen, nahm er das Angebot an. Zu der Bevölkerung, die weder die französische noch die lateinische Sprache beherrschte, konnte er hier nur mit Hilfe eines Dolmetschers sprechen. Sein Biograph schreibt dazu, daß weniger die Übersetzung seiner Reden, als vielmehr sein beredter Vortrag und seine Gebärden die große Wirkung erzielten[15]. Dann wandte sich Bernhard nach Speyer. Dorthin hatte Konrad zu Weihnachten einen Reichstag einberufen. Für Bernhards Pläne war gerade diese Stadt sehr günstig, da er dort durch seinen Brief bei Klerus und Volk schon für den Kreuzzug geworben hatte.

Bernhard war auf dem Reichstag anwesend. Nach den Feierlichkeiten stieg er auf die Kanzel und rief Konrad zum heiligen Krieg auf, „er möge mit dem Kreuzzug nicht die Gelegenheit zu einer leichten, kurzen, ehrenvollen und heilsamen Buße von sich weisen"[16]. Er versuchte es einige Tage danach noch einmal in einem Privatgespräch. Konrad bat sich einen Tag Bedenkzeit aus. Als Bernhard am gleichen Tag in Gegenwart des Hofes eine Messe las, ergriff er „gegen alles Herkommen und ohne darum gebeten zu sein" das Wort. Er forderte den König auf, vor Gott über sein Verhalten Rechenschaft abzulegen und erinnerte ihn daran, daß Krone, Reichtum und Macht Geschenke des Himmels seien. Er sprach nicht mehr nur von seinem Standpunkt aus, sondern als wäre er Gott selbst oder zumindest sein Sprecher: „O Mensch, was hätte ich für dich tun sollen, das ich nicht getan habe?" Seine Beredsamkeit und seine Suggestionskraft waren so groß, daß Konrad „wider alle Bedenken der Vernunft"[17] das Kreuz nahm. Seinem Beispiel folgten die meisten Anwesenden.

Daß es Bernhard gelungen war, den König zum Kreuzzug zu bewegen, nennt sein Biograph „das größte Wunder"[18], denn Konrad III. war wegen der innerdeutschen Schwierigkeiten schwer abkömmlich. Außerdem war er vom Papst, der ihm die Kaiserkrönung versprochen hatte, nach Rom zu Hilfe gerufen worden, wo die römische Revolution die päpstliche Macht zu untergraben drohte. Der Papst war mit Bernhards Tat nicht einverstanden, aber die Wirkung von Bernhards Beredsamkeit war so stark, daß sie eindrucksvoller als der Wille des Papstes zu überzeugen wußte. In dem durch die Gegensätze zwischen Staufern und Welfen zerrissenen Deutschland gelang Bernhard die Organisation eines Landfriedens, indem er die weltlichen Kräfte in einem Kreuzzug gegen die Wenden band und den Teilnehmern an dieser Fahrt die gleichen Vorteile versprach wie den Kreuzfahrern im Morgenland. Von seinem Kloster aus versuchte Bernhard, durch Briefe auch Italien, England, Spanien, Polen und Böhmen für den Kreuzzugsgedanken zu begeistern. In England nahm der Sohn des Königs das Kreuz. In die Vorbereitungen zum 2. Kreuzzug griff Bernhard noch einmal ein, als am 2. und 3. Februar 1147 in Etampes zwischen Ludwig VII. und den Botschaftern Konrads und Rogers von Sizilien über den Weg, den die Kreuzfahrer nehmen sollten, verhandelt wurde. Im März 1147 nahm er an den Verhandlungen in Frankfurt teil.

Die Führung lag in diesem Kreuzzug wiederum in den Händen der Kirche. Religiöser Idealismus erfüllte die Predigten Bernhards; die politischen Ziele der weltlichen Herrscher mußten dahinter zurücktreten. Die Werbung wurde diesmal nicht nur an den Ritterstand, sondern in erster Linie an die Könige gerichtet. Mit großen Heeren nahmen Konrad III. und Ludwig VII. von Frankreich an dem Kreuzzug teil.

Der Erfolg des 2. Kreuzzuges war dennoch äußerst gering. Im Orient trat den christlichen Heeren diesmal eine geeinte mohammedanische Kriegsmacht entgegen. Sie wurden auch nicht wie im 1. Kreuzzug von den Christen Syriens als Befreier begrüßt, sondern kamen für die den orientalischen Sitten angepaßten Nachkommen der ersten Kreuzfahrer eher störend in die guten Beziehungen zu den mohammedanischen Nachbarn. Den Heeren, belastet durch eine Menge kampfuntüchtiger Pilgerscharen, fehlte der einheitliche Oberbefehl. Ihre Kräfte, die zum Teil schon auf dem beschwerlichen Weg verbraucht wurden, waren getrennt nicht stark genug, um einen Erfolg zu erzwingen. Mehr wurde in dem von Bernhard angeregten Kreuzzug gegen die Wenden erreicht, der unter Heinrichs des Löwen kluger Kolonialpolitik zu einer christlichen Durchdringung der neu gewonnenen Gebiete führte. Auf europäischem Boden war die Eroberung Lissabons aus der Hand der Mauren, an der sich ein Teil des Kreuzheeres beteiligte, das wichtigste Ergebnis[19].

Nach dem Scheitern des 2. Kreuzzuges wurden Bernhard von Clairvaux schwere Vorwürfe gemacht. Er bemühte sich auf Anordnung des Konzils von Chartres einen neuen Kreuzzug zu organisieren, den der Kanzler Ludwigs VII. 1150 mit einem disziplinierten Heer unternehmen wollte. Aber der Plan scheiterte an dem Widerstand des deutschen Königs und des Papstes selbst, der neue Verluste fürchtete und seine eigene Stellung gefährdet sah. Bernhard hatte bis zu seinem Tod die Hoffnung, daß das heilige Land wieder befreit werden würde: „Wehe unseren Fürsten! Im Lande des Herrn haben sie nichts Gutes getan, und in ihrem eigenen, in das sie schnell zurückgekehrt sind, treiben sie unvorstellbar Schlimmes ... Wir aber vertrauen, daß der Herr sein Volk nicht verstoßen und sein Erbe nicht preisgeben wird. Die Rechte des Herrn wird ihre Kraft entfalten, und sein Arm wird ihm dabei zu Hilfe kommen, damit alle erkennen, daß es gut ist, auf den Herrn zu vertrauen und nicht auf die Fürsten[20]."

Die Spiritualisierung in den Kreuzpredigten Bernhards von Clairvaux

Während man für die Beurteilung der Werbung zum 1. Kreuzzug auf die beiden Briefe Urbans II., sowie auf die Berichte in den Chroniken angewiesen ist, und sich die Ideologie der späteren Kreuzzüge in einer Vielzahl von Predigten bedeutender Redner spiegelt, konzentriert sich die allgemeine geistige Wirkung der Aufrufe zum 2. Kreuzzug auf die Persönlichkeit Bernhards von Clairvaux. Im Auftrag des Papstes und — wie im Fall der Überredung Konrads III. — diesen Auftrag selbständig überschreitend, hielt er alle Fäden in seiner Hand und wußte selbst die weltliche Politik so zu beeinflussen, daß sie seinem großen Werk nicht hinderlich sein konnte.

Seine Herkunft aus burgundischen Adelskreisen, die von benediktinischer Religiosität beeinflußt waren, ermöglichte ihm das Verständnis ritterlicher Werte. Er vollzog die Verbindung zwischen weltlichem und geistlichem Ritterdienst[21]. Die Art, in der er die Probleme beurteilte, die für alle ernsthaften

Christen aus der Aufgabe des Kreuzzuges entstehen mußten, hat weit in die spätere Zeit hineingewirkt und muß deshalb ausführlicher dargestellt werden.

Bernhard setzt sich mit der sittlichen Berechtigung des Krieges im Rahmen der Lehre des Evangeliums auseinander. Er geht wie Bonizo von Sutri von der Definition des Augustin aus, der als gerechte Kriegsgründe die Verteidigung und die Wiedererlangung geraubten Gutes anerkennt. Wie Augustin verurteilt er die kriegerische Gesinnung und damit auch die Eroberungs- und Glaubenskriege zur Ausbreitung des Christentums. Er betont ausdrücklich, daß es unrecht sei, die Heiden zu töten, wenn man sich ihrer auf friedliche Weise erwehren könnte: „Non quidem vel Pagani necandi essent, si quo modo aliter possent a nimia infestatione et oppressione fidelium cohiberi. Nunc autem melius est ut occidantur, quam certe relinquatur virga peccatorum super sortem iustorum, ne forte extendant iusti ad iniquitatem manus suas" („Es wäre sogar verboten, selbst die Heiden zu töten, wenn man sie auf andere Weise daran hindern könnte, die Christen allzu heftig anzugreifen und zu bedrängen. Jetzt aber ist es besser, sie niederzumachen, damit nicht die Geißel ihrer Schandtaten das Haupt der Gerechten treffe, und damit nicht durch sie die Gerechten zur Ruchlosigkeit greifen")[22].

Der Kreuzzug gegen die Heiden ist in doppeltem Sinn ein Verteidigungskrieg: er schützt die im heiligen Land lebenden Christen vor den Grausamkeiten der Heiden und verteidigt das heilige Land, das durch die Leiden Christi ein geweihter Besitz der Christenheit geworden ist, gegen die Ungläubigen, die keine Berechtigung haben, dort zu wohnen: „Suam (sc. terram), inquam, in qua est, Verbum Patris sui, docere visus, et annis plusquam triginta homo cum hominibus conversatus est ... suam (sc. terram) utique, quam illustravit miraculis, quam dedicavit sanguine suo proprio, in qua primi resurrectionis (flores) apparuerunt" („Sein Land, sage ich, in dem man ihn, das fleischgewordene Wort seines Vaters, lehren sehen konnte und in dem er über 30 Jahre wie ein Mensch gelebt hat ... Sein Land also, das er durch seine Wunder verherrlicht hat, das er mit seinem eigenen Blute geweiht hat, und in dem die ersten Zeichen (flores) der Auferstehung offenbar geworden sind")[23].

Der haereditas-Gedanke — im Sinne der Verwaltung eines göttlichen Erbes — wird auch von Bernhard betont und bereitet seine spätere Kreuzzugswerbung vor: „dissipentur gentes quae bella volunt, ut abscindantur qui nos conturbant, et disperdantur de civitate Domini omnes operantes iniquitatem, qui repositas in Jerosolymis christiani populi inaestimabiles divitias tollere gestiunt, sancta polluere, et haereditate possidere sanctuarium Dei. Exeratur gladius uterque fidelium in cervices inimicorum" („... es wäre Pflicht des Soldaten, zu vernichten die Ungläubigen, die den Krieg wollen, und zugrunde zu richten alle, die über das Reich Gottes Ungerechtigkeit verbreiten und darauf ausgehen, die unschätzbaren, in Jerusalem vorhandenen Werte des christlichen Volkes zu rauben, die Heiligtümer zu besudeln und das Heiligtum Gottes als

Erbe zu besitzen. Mögen beide Schwerter der Gläubigen über dem Haupte der Feinde schweben!")[24].

In mitreißender Beredsamkeit werden diese Gedanken in einem Kreuzzugsaufruf an den Grafen der Bretagne und seine Vasallen ausgeführt: „Commota est et contremuit terra, quia Rex caeli perdidit terram suam, terram ubi steterunt pedes eius: inimici crucis eius unanimiter simul adversus eum testamentum disposuerunt, et qui oderunt eum extulerunt caput. Dixerunt in corde suo cognatio eorum simul: Haeriditate possideamus sanctuarium eius. Officines redemptionis nostrae evertere moliuntur, et loca Christi sanguine dedicata profanare contendunt. Praecipue autem illud christianae religionis insigne, sepulcrum, inquam, in quo sepultus est Dominus maiestatis ... Agitant manus suas super montem filiae Sion, et nisi Dominus custodierit, prope est ut irruant in civitatem sanctam Jerusalem, in civitatem Dei viventis. Populi christiani partim coniciuntur in vincula, partim trucidantur sicut oves occisionis. Videt et dissimulat ille magnus providentiae oculus, ut videat si est intelligens aut requirens Deum, si sit qui doleat vicem eius, qui restituat haereditatem suam sibi ... Nolite deserere solum regem vestrum, Regem Francorum, imo Regem caelorum, pro quo ipse tantum viae et laboris suscipit" („Es bebt und zittert die Erde, weil der König des Himmels sein Land verloren hat, das Land, auf dem seine Füße standen. Die Feinde des Kreuzes nämlich haben sich einstimmig gegen ihn aufgelehnt, und die ihn hassen, sagen zusammen mit diesen erhobenen Hauptes: Wir wollen von unserem Erbe, seinem Heiligtum, Besitz ergreifen. Die Stätten unserer Erlösung wollen sie verwüsten und die Orte, die durch das Blut Christi geheiligt sind, entweihen. Besonders aber das Wahrzeichen unseres christlichen Glaubens, das Grab, in dem der Herr bestattet worden ist ... Sie erheben ihre Hände gegen den Berg Sion, und wenn der Herr nicht wacht, ist es bald soweit, daß sie sich gegen die Hl. Stadt Jerusalem wenden, gegen die Stadt des lebendigen Gottes. Ein Teil der christlichen Völker ist in Fessel geschlagen, ein anderer wird gequält wie die Schafe im Schlachthaus. Das große Auge der Vorsehung sieht dies, greift aber nicht ein, um zu erkennen, ob jemand da ist, der dies versteht und Gott sucht, der Schmerz empfindet mit seinem Los und sich sein Erbe zurückholt ... Verlaßt Euern König, den König der Franken, nicht; verlaßt noch weniger den König des Himmels, für den er diese Fahrt mit großen Strapazen unternimmt")[25].

Der Träger dieses gerechtfertigten Krieges gegen die Ungläubigen ist für Bernhard der Tempelritter. Im Auftrage des apostolischen Legaten Hugo von Payns redigierte Bernhard die erste Version der Ordensregel für den Orden der Tempelritter, der im heiligen Land zur Zeit des 1. Kreuzzuges gegründet worden war. Um 1135 verfaßte er eine Schrift zum Lobe der neuen Ritterschaft „De laude novae militiae", in der er das Idealbild des Kreuzritters zeichnet. Er hebt ihn ab von dem weltlichen Ritter, der in der luxuria verweichlicht ist und mit seiner von Gold und Edelsteinen überladenen Rüstung in frechem Leichtsinn dem Tod entgegenreitet[26]. Diese Ritter sind Diener des Teufels.

Sie gehören der wahren militia Christi nicht an. Sie sterben für weltlichen Ruhm und irdische Güter und haben keinen Anspruch auf himmlischen Lohn. Bernhard erfüllt demgegenüber den Begriff der militia Christi mit neuem Leben.

Hier muß darauf verwiesen werden, daß die Forderung der militia Christi schon vorbereitet war. In der Terminologie der Benediktinerregel bedeutete sie für den frühmittelalterlichen Menschen den sehr real aufgefaßten Kampf gegen das Böse im eigenen Herzen[27]. Dieser Kampf gegen die Sünde, der die Pflicht jedes Menschen ist, wird mit den Ausdrücken des irdisch-weltlichen Kampfes umschrieben. Unter Gregor VII. begann man diesen Begriff auf die zum Schutz der Kirche um himmlischen Lohn kämpfenden weltlichen Ritter anzuwenden[28]. Mönche und Ritter wurden in gleicher Weise „milites Christi" genannt. Bernhard vollendete in seiner Schrift „de laude novae militiae" das Bild des christlichen Ordensritters, der als miles Christi die bösen Mächte im eigenen Innern ebenso bekämpft wie die Ungläubigen, die das Reich Gottes auf Erden angreifen.

Der christliche Ritter begeht keine Sünde, wenn er die Ungläubigen im Kampf tötet, er vollzieht nur die Strafe Gottes und rächt Christus an denen, die ihm Unrecht getan haben. „At vero Christi milites securi praeliantur praelia Domini sui, nequaquam metuentes aut de hostis caede peccatum aut de sua nece periculum: quandoquidem mors pro Christo vel ferenda, vel inferenda et nihil habeat criminis, et plurimum gloriae mereatur ... miles, inquam, Christi securus interimit interit securior. Sibi praestat cum interit, Christo cum interimit. Non enim sine causa gladium portat. Dei etenim minister est ad vindictam malefactorum, laudem vero bonorum. Sane cum occidit malefactorum, non homicida, ut ita dixerim, malicida, et plane Christi vindex in his, qui male agunt, et defensor Christianorum reputator. Cum aurem occiditur ipse non perisse, sed pervenisse cognoscitur. Mors ergo quam irrogat, Christi est lucrum, quam excipit, suum" („Die Streiter Christi aber kämpfen in völliger Sicherheit den Kampf des Herrn, ohne daß sie die Sünde, den Feind zu töten, oder die Gefahr, selbst zu sterben, zu fürchten brauchten. Denn für Christus zu töten oder den Tod zu erleiden ist durchaus kein Verbrechen, es ist im Gegenteil äußerst ruhmvoll ... Ein Soldat Christi tötet sicher, stirbt aber noch sicherer. Für ihn nämlich ist es gut, wenn er stirbt, für Christus aber, wenn er tötet. Nicht ohne Grund trägt er sein Schwert: als Diener Gottes ist seine Bestimmung, das Böse zu rächen, das Gute aber zu verherrlichen. Wenn er nun einen Übeltäter tötet, dann tötet er, wenn dieser Ausdruck erlaubt ist, nicht den Täter sondern das Übel. Man muß in ihm den Rächer Christi gegen die, die Böses tun, sehen und den Verteidiger der Christen. Wenn er aber selbst stirbt, dann muß man erkennen, daß er nicht zugrunde gegangen, sondern an sein Ziel gelangt ist. Der Tod, den er zufügt, ist ein Gewinn für Christus, der, den er erleidet, sein eigener Gewinn")[29].

Dieses alte Ideal des christlichen Ritters, das im 1. Kreuzzug als Vorbild die

Kämpfer begeisterte, das in Bernhards Version der Ordensregel als verbindlich für den Templerorden aufgestellt wurde, blieb in seinen Forderungen an die Disziplin, die Glaubenskraft und die Reinheit auch für die weltlichen Kreuzfahrer gültig, die Bernhard zum zweiten Zug in das heilige Land aufforderte. Die Wandlung der inneren Haltung, die das Ordensgelübde von dem Templer verlangt, ist auch für den Laien die entscheidende Voraussetzung, um der Segnungen der Kreuzfahrt teilhaftig zu werden. Der Entschluß, das ganze Leben nur noch auf das Heil der Seele auszurichten, bewirkt die Entscheidung zu einer conversio morum. Die Benediktinerregel verlangte diese Wendung von den neuen Mitgliedern des Ordens. Durch Bernhard wird jeder einzelne Kreuzfahrer vor diese Entscheidung gestellt. Der Ritter, dem Gott seine Gnade zusagt, erkennt ihn dafür als Herrn über sein gesamtes Leben an und gelobt ihm Gehorsam. Schon Urbans II. Brief an die Bologneser verknüpft den mit der Kreuzfahrt verbundenen Ablaß mit dem Sakrament der Beichte. Die Forderung Urbans, den Kreuzzug nur um des Seelenheils willen zu unternehmen, wird von Bernhard ausführlich begründet und unterstrichen. Der Kreuzfahrer nimmt als Büßender die Leiden Christi auf sich und hat Teil an seiner Passion. Als Symbol des Leidens trägt er das Kreuz auf seiner Schulter. Diese Nachfolge Christi wird bei Bernhard aber auch im feudalen Sinne verstanden als Bindung des Vasallen an seinen Dienstherrn. Der Kreuzfahrer, der den Kampf für Christus im heiligen Land führt, hat ihm die gleichen Heeresdienste zu leisten wie einem irdischen Lehensherrn. Der Mensch ist durch die Kreuznahme rechtmäßig zum Eigentum Christi geworden[30].

Jedem Kämpfer gilt aber ein Lohnversprechen, das auch bei Bernhard als Hauptargument in seiner Kreuzzugswerbung erscheint. Wer in den heiligen Krieg zieht, gewinnt auf jeden Fall Lohn. Irdischer und himmlischer Ruhm sind ihm sicher, ob er nun als Sieger heimkehrt oder im Kampf fällt. „... accingimini et vos viriliter, et felicia arma accipite Christiani nominis zelo, cesset pristina illa non militia sed plane malitia, qua soletis invicem sternere, invicem perdere, ut ab invice consumamini ... nec audaciae, sed amentiae potius est adscribendum. Habes nunc, fortis miles, habes, vir bellicose, ubi dimicas absque periculo: ubi et vincere gloria, et mori lucrum. Si prudens mercator es ... suscipe crucis signum, et omnium pariter, de quibus corde contrito confessionem feceris, indulgentiam obtinebis. Materia ipsa si emitur parvi constat: si devoto assumitur humero, valet sine dubio regnum Dei". („Umgürtet eure Lenden und nehmt die erfolgreichen Waffen, um den Namen Christi zu verteidigen. Hört auf mit eurer alten — ich möchte nicht sagen — Streitlust, sondern Bosheit, durch die ihr euch gegenseitig niederdrückt und zugrunde richtet und einander ausrottet ... Nicht eurem Mut, sondern eurer Dummheit ist es zuzuschreiben. Jetzt, tapfere Krieger, habt ihr eine Gelegenheit, ohne Gefahr zu kämpfen. Siegen nämlich bedeutet Ruhm, sterben aber Gewinn. Wenn du ein kluger Kaufmann bist ... nimm das Kreuz, und du wirst für alles Ablaß erhalten, was du reumütigen Herzens bekennst. Die Ware (das Kreuz) kostet wenig, wenn man sie (es) erwirbt: wenn man es mit frommer Gesinnung nimmt, gilt es ohne Zweifel soviel wie das Reich Gottes")[31].

Gerade dieses Bild von dem klugen Kaufmann, der für einen geringen Preis an irdischem Leid ein großes Gut, die ewige Seligkeit, erwirbt, kehrt in der späteren Kreuzzugspredigt und im Kreuzlied der höfischen Dichtung häufig wieder.

Für Bernhard führt die Gewißheit des himmlischen Lohnes noch zu einer anderen Konsequenz. Nicht der tatsächliche Sieg des christlichen Heeres über die Ungläubigen ist das Entscheidende, sondern der Sieg der Christen über die Sünde in ihrem Innern. Wichtiger als die Eroberung des heiligen Landes ist die des „himmlischen Jerusalem". Die Kreuzfahrt ist nicht das Höchste, was sich ein Christ erwerben kann[32]. Sterben ist für den Kreuzfahrer Gewinn, denn es befreit ihn von den Versuchungen der Welt. In solchem Sinn wird der Kampf vergeistigt und ins Innere des Menschen verlegt. Selbst die Niederlagen im Kampf mit den Heiden sind in Wahrheit Siege, denn die Gefallenen gehen als Märtyrer in den Himmel ein.

So erhält bei Bernhard die Kreuzzugsbewegung den Charakter einer religiösen Erneuerungsbewegung. Sie bietet dem der Sünde und dem ewigen Tod verfallenen Menschen ohne sein Verdienst die Gelegenheit, dem Heil der Seele zu dienen. Daraus folgte für Bernhard, daß die Teilnahme am Kreuzzug nicht auf einen bestimmten Stand beschränkt werden durfte (wie es bei den späteren Kreuzzügen der Fall war); Bernhard hatte auch die Aufnahme in den Templerorden, trotz der hohen Anforderungen, die er an die Ordensritter stellte, nicht von besonderen Bedingungen abhängig gemacht und sich deswegen verteidigt: „Nisi utique sceleratos et impios, raptores et sacrilegos, homicidas, periuros, adulteros: de quorum profecto perfectione sicut duplex quoddam constat provenire bonum, ita duplicatur et gaudium; quandoquidem tam suos de suo discessu laetificant, quam illos de adventu quibus subvenire festinant ... Sic Christus sic novit ulcisici in hostes suos, ut non solum de ipsis, sed per ipsos quoque frequenter soleat tanto gloriosus, quanto et potentius triumphare ... faciatque de hoste militem, qui de Saulo quondam persecutore fecit Paulum praedicatorem". („Wie bei Verbrechern, Gottlosen, Entführern, Kirchenräubern, Mördern, Meineidigen und Ehebrechern ... kommt hier in zweifacher Hinsicht das Gute zum Vorschein, und so wird auch unsere Freude verdoppelt: die Christen im Abendland freuen sich über deren Abfahrt, und die im Morgenland, denen sie zu Hilfe kommen, über ihre Ankunft ... So weiß Christus, sich an seinen Feinden zu rächen. Und er triumphiert häufig, entsprechend seiner Macht, nicht nur über sie, sondern gerade durch sie selbst ... Aus einem Gegner mache er einen Anhänger, der einst aus dem Verfolger Saulus den Apostel Paulus gemacht hat")[33]. Gerade den Sündern wollte er in der strengen Zucht des Ordens und in dem Bußwerk des Heidenkampfes die Gelegenheit zur Umkehr bieten. So stellte er auch die Teilnahme am Kreuzzug jedem frei und rief nicht nur die Ritter dazu auf, sondern auch Greise, Frauen und Kinder.

Jedem sündigen Menschen bietet Gott durch den Kreuzzug eine Gelegenheit zur Erlösung. „Quid est enim nisi exquisita prorsus et inventibilis soli Deo occasio salvationis, quod homicidas, raptores, adulteros, periuros ceterisque olligatos criminibus ... Nolite diffidere, peccatores: benignus est Dominus. Si vellet punire vos, servitium vestrum non modo non expeteret, sed nec susciperet quidem oblatum ... Necessitatem se habere aut facit, aut simulat, dum vestris necessitatibus subvenire". („Ist es nicht eine ausgezeichnete und seiner würdige Gelegenheit zur Rettung, wenn er Mördern, Räubern, Ehebrechern, Meineidigen und sonstigen Verbrechern eine Gelegenheit bietet zum Heil? ... Vertrauet, Sünder, auf den Herrn, denn er ist gütig. Wenn er euch bestrafen wollte, würde er euern Dienst nicht begehren; dann würde er ihn nicht einmal annehmen, wenn ihr ihn ihm angeboten hättet ... Wenn er es also so einrichtet, daß er euch braucht, oder vorgibt, euch zu brauchen, dann tut er es, um euren Bedürfnissen abzuhelfen")[34]. Papst Eugen III., in dessen Auftrag Bernhard für den Kreuzzug warb, hatte sich in seiner Kreuzzugsbulle ursprünglich nur an den kriegstüchtigen Adel gewandt („maxime potentiores et nobiles"). Bernhards beherrschender Einfluß auf die geistige Organisation des zweiten Kreuzzuges erklärt die ungünstige Zusammensetzung des Kreuzzugsheeres, die dann die Hauptschuld an seinem Mißerfolg trug. Reiner Glaubenseifer läßt Bernhard die wirklichen Schwierigkeiten allzu gering achten. Er widerlegt den häufigen Einwand, Gott könne sein Land auch ohne die Hilfe der Menschen verteidigen, der in Predigt und Dichtung immer wieder auftaucht: „Ecce nunc, fratres, acceptabile tempus, ecce nunc dies copiosae salutis ... Quid facitis, viri fortes? quid facitis, servi crucis? Itane dabitis sanctum canibus et margaritas porcis ... numquid abbreviata manus Domini, aut impotens facta est ad salvandum, quod ad tuendum et restituendum sibi hereditatem suam exiguos vermiculos vocat? Numquid non potest mittere plus quam duodecim legiones, aut certe dicere verbo, et liberabitur terra? ... sed dico vobis, tentat vos Dominus Deus vester. Perspicit filios hominum, si foret sit qui intelligat, et requirat, et doleat vicem eius ..." („Jetzt Brüder ist die günstige Zeit, jetzt der Tag des vollkommenen Heils ... Was tut ihr, tapfere Männer? Was tut ihr, Diener des Kreuzes? Wollt ihr das Heilige vor die Hunde, die Perlen vor die Säue werfen? ... Glaubt ihr, die Hand des Herrn reiche nicht so weit oder sei zu schwach, weil er euch, kleine Würmer, aufruft, sein Erbe zu schützen und wiederherzustellen? Könnte er nicht mehr als zwölf Legionen Engel schicken oder nur ein Wort sprechen, und das heilige Land wäre befreit? ... Ich aber sage euch, euer Herr und Gott versucht euch. Er schaut auf das Menschengeschlecht, ob nicht einer da sei, der begreift und ihn sucht und mit seinem Los Schmerz empfindet ...")[35].

Das Versagen des zweiten Kreuzzugs ist aus dieser religiösen Sicht Bernhards als eine Strafe aufzufassen, die die sündigen Menschen von der Gerechtigkeit Gottes verdient haben. In seiner Schrift „De consideratione", die er zwischen 1149 und 1153 an Papst Eugen richtete, sagt er darüber: „Dominus provocatus peccatis nostris ante tempus visus est iudicasse orbem terrae in aequitate quidem, sed misericordiae suae oblitus. Non pepercit populo suo, non suo nomini. Nonne dicunt in gentibus: ubi est Deus eorum. Ecclesiae filii ... prostrati sunt in deserto aut interfecti gladio, aut fame consumpti. Effusa est contentio super principes et Dominus errare fecit eos in invio". („Es scheint, als wenn der Herr, herausgefordert durch unsere Sünden, seine Barmherzigkeit vergessen hätte und vor der Zeit gekommen sei, diese Welt nach seiner Gerechtigkeit zu richten. Er hat nicht sein Volk und seinen Namen verschont. Unter den Heiden aber ruft man: Wo ist der Gott der Christen? Die Kinder der Kirche ... sind in der Wüste umgekommen, entweder im Kampf oder vor Hunger. Unter den Fürsten ist Zwietracht ausgebrochen, und der Herr hat sie ungangbare Wege geführt ...")[36].

Auch Bernhards Einstellung zu den Heiden wird durch das Scheitern des Kreuzzuges entscheidend beeinflußt. Sie war zunächst bestimmt durch das begrenzte geographische Wissen und durch das allgemeine Weltbild seiner Zeit. Die Botschaft des Christentums war bis an die Grenzen der bekannten Welt getragen worden. Bis zu den friesischen Inseln, nach Skandinavien und zu der iberischen Halbinsel war sie gelangt. Die Berichte der Pilger von den Heiden in Kleinasien bewiesen, daß am Rande der östlichen Welt Völker lebten, die sich hartnäckig gegen die christliche Botschaft wehrten. Nicht aus Unkenntnis sondern aus bewußter Ablehnung blieben sie unversöhnliche Feinde der Christenheit. Bernhard kannte die Gefahr, die sie darstellten, nicht nur aus den Erfahrungen des ersten Kreuzzuges, er war auch persönlich gut informiert durch die Berichte des Abtes Pierre le Vénérable von Cluny. Dieser hatte 1141 eine Reise nach Spanien unternommen und hatte den Koran übersetzen lassen, um die Lehre Mohammeds zu widerlegen (Contra sectam Saracenorum). Die Lehre des Islam, die den heiligen Krieg zur Ausbreitung der Religion Mohammeds forderte, machte aus den kriegerischen Scharen der Ungläubigen eine „Armee der Hölle", die die Rechte der christlichen Kirche und des christlichen Glaubens bedrohte. Gerade diese Bedrohung, gegen die sich die Christenheit verteidigen mußte, löste die neue Kreuzzugsbewegung aus und veranlaßte die scharfen Predigten Bernhards.

Im Verlauf des zweiten Kreuzzuges zeigte sich die geistige Macht des Islam und seine kriegerische Überlegenheit deutlich. Gerade in ihrer hartnäckigen Feindschaft gegen das Christentum sah Bernhard nun einen Beweis ihrer Verlorenheit. So kam er zu einer neuen Einstellung zu den Heiden. Er erkannte die Pflicht der Christen, sie aus ihrer Verdammnis zu erlösen, sich um ihre Bekehrung zu bemühen. Gott offenbarte einen anderen Weg zu ihrer Gewinnung: ihrer Unkenntnis des Evangeliums sollte ein Ende bereitet werden. Man konnte ihnen aus ihrem Unglauben keinen Vorwurf machen. Die Verpflichtung, sich ihrer Seelen anzunehmen, traf besonders den Papst. Sein Herrschaftsbereich erstreckte sich über die gesamte christliche und heidnische Welt. Als Erbe der Apostel hatte er auch ihre Aufgabe der Verbreitung der christlichen

Lehre und der Heidenmission übernommen. Die Barmherzigkeit und die Mitverantwortung für das Seelenheil der Mitmenschen erforderte, daß man den Heiden immer von neuem die Botschaft des Evangeliums bringen mußte, ohne sich von ihrer Feindseligkeit abschrecken zu lassen. In diesem Gedanken der Mitverantwortung für die Heiden, der in Bernhards Schrift „De consideratione" mehrfach ausgesprochen wird[37], liegt die entscheidende Wendung zur Toleranz, die der Dichtung der Zeit sonst fremd ist und die erst in Wolframs „Willehalm" ihren dichterischen Ausdruck findet.

Bernhard schafft in seinem Werk das Vorbild des Ritters, der einen von irdischer Eitelkeit und selbstsüchtigen Zielen freien und geheiligten Krieg im Dienste Gottes führen soll. Dabei steht der Kampf gegen die Ungläubigen gleichwertig neben dem Kampf gegen Ketzer und innere Feinde der Kirche. Über beiden bleibt als Bedingung der ins Geistige gewendete Kampf gegen das Böse im Menschen: die innere Wandlung. Die starke Betonung dieser Wandlung im Sinne einer nova devotio, die nicht nur von den Rittern, sondern von allen Menschen erstrebt werden sollte, führt (in der Linie der Massenbewegungen) die Idee des Kreuzzugs als religiöser Bewegung, nicht als kriegerischer Unternehmung fort. Für die Entwicklung von höfischer Kreuzzugswerbung und Dichtung ist Bernhards Bild des christlichen Ritters bestimmend geworden[38].

II. Teil

ERSTE KREUZZUGSDICHTUNGEN
UND IHRE VORFORMEN

1. KAPITEL

Kreuzdeutungen in Hymnen und Pilgerliedern
Die ersten Kreuzzugslieder

Die Kreuzesverehrung in der liturgischen Feier

Die „adoratio crucis" in Deutschland beruht auf der kultischen Verehrung von Kreuzreliquien. Wallfahrten und Pilgerfeiern nehmen daraus ihre Bestimmung und erhalten aus dieser Feier ihre Bedeutung. Das Kreuz, als Symbol des Liebesopfers, verlangt die „conversio morum", die innere Wandlung der an der Kreuzfeier Teilnehmenden. Oft wird die Ausgestaltung einer solchen Feier des Kreuzes zum Anlaß für früheste poetische Formen, wie sie seit dem Kreuzhymnus des Venantius Fortunatus aus dem 6. Jh. bis in die heutige Zeit immer wieder erneuert werden. Kreuzhymnen bilden noch in unseren Tagen den Mittelpunkt der großen Karfreitagsfeierlichkeiten.

Man hat dabei zwei Hauptthemen zu unterscheiden: die hymnische Feier des Kreuzes selbst, als des Symbols des Opfers Christi und die Mahnung zur conversio morum. Anfangs bleibt die adoratio crucis bestimmend. Wohl kommt es früh zur differenzierten Chorausgestaltung, bei der die Aufteilung in Responsorien kennzeichnend ist, aber die Texte sind ganz auf den Lobgesang abgestimmt, wofür die Worte des „Crucem tuam adoramus" und des „Ecce lignum" kennzeichnend sind. Die Steigerung liegt in der Verkündung der Erlösung durch das Kreuz, die für die gesamte Christenheit Gültigkeit hat:

> Ecce enim propter lignum venit,
> gaudium in universo mundo.

Die Verkündigung der Erlösung trägt zur Ausgestaltung des Jubelhymnus auf das Symbol des Liebesopfers am Kreuzholz sehr stark bei. Darum beginnt auch die liturgische Ausgestaltung der Kreuzesfeier (in dem 2. und 3. Teil der Karfreitagsmesse) mit dem sechsfach wiederholten „crux fidelis" und „dulce lignum" innerhalb der Hymne des Venantius Fortunatus (550—600) „Pange lingua gloriosi". Prüft man die Wortwahl dieser ältesten Kreuzhymnen und ihrer Refrainstrophen, so fällt der tiefe Symbolgehalt der erwählten Bilder auf. Die Beiworte zu „crux" sind so gewählt, daß sie das Kreuzholz im Ansehen der Gläubigen erhöhen, so daß die irdische, wirklichkeitsbezogene Bedeutung der einzelnen Adjektiva ausgeschaltet erscheint. Damit ist für die sprachliche Wirkung in die Zukunft Entscheidendes geschehen. Die Allegorisierung der Wortbedeutungen bedingt ihre Zeitlosigkeit und ihre Rezeption in den folgenden Jahrhunderten. Für alle späteren Kreuzzugsdichtungen, besonders für die lateinischen, ergibt sich ein Vokabularium, das bis in die Frühzeit der Liturgie zurückzuverfolgen ist. Allerdings muß dabei sehr sorgfältig die „jubilatio" von der „adhortatio" getrennt werden.

Von der reinen Kreuzesverehrung spricht schon die Heraushebung des Kreuzholzes mit der Bezeichnung „fidelis". Die ewige Gültigkeit der darin liegenden Treue- und Glaubensvorstellungen braucht nicht besonders betont zu werden. An diesem Zeichen des Kreuzes trennen sich die „fideles" und die „infideles". Der Kreuzesstamm stellt den höchsten Wert unter allen aus Holz geformten Symbolen dar. Jedes Wort in den bekannten Zeilen erhöht die Einmaligkeit dieses Wertes. Die Unvergleichbarkeit des Kreuzes, die „nobilitas crucis", gehört eng zusammen mit der Vorstellung von „dulce lignum", „dulces clavos" und „dulce pondus", in der die durch das Kreuz eröffnete Seligkeit angedeutet wird. Wenn schon in diesen liturgischen Texten der Symbolgehalt auffällt, so vertieft sich dieser Eindruck bei all den Strophen, die die eigentliche adoratio crucis enthalten. Die in diesen Zeilen verwendeten Sinnbilder sind in das allgemeine geistliche Sprachgut eingegangen. Eine Strophe wie

> Vexilla regis prodeunt
> Fulget crucis mysterium
> Qua vita mortem pertulit,
> Et morte vitam protulit.

enthält das Mysterium des Kreuzes in einer ewiggültigen Symbolsprache. Die „vexilla regis" finden sich in dem Sprachgebrauch aller Kreuzzugsepochen; ebenso lebt über alle Zeiten die Todessymbolik, die im zeitlichen Leben den ewigen Tod und im Kreuzestod das ewige Leben sieht. Daß die sich daran anschließenden beispielhaften Anbetungsstrophen „o crux, ave, spes unica" unvergänglich geblieben sind und in Notzeiten des Kreuzes aus der Liturgie herausgenommen und anderen Aufrufen beigegeben wurden, bedarf keiner Erklärung. Diese Sinnbildlichkeit des Kreuzes als Zeichen der Gnade und des Todes beruht auf der diesem Symbol eigenen geistigen Kraft, die sich jedem vom Geist Gottes belebten Gläubigen mitteilt. „Te ... laudet omnis spiritus, quibus crucis victoriam, largius ad depraemium." Im Ezzolied finden wir bereits die fast wörtliche Rezeption in deutscher Sprache, aber wir stoßen dort auch auf eine andere Wirkung der Kreuzesverehrung, auf die conversio morum, die sich innerhalb der liturgischen Karfreitagsfeier sichtbar im Empfang der Kommunion bezeugte.

Solange Kreuzfeier und liturgische Kreuzesverehrung innerhalb der Kirchenmauern beschlossen blieb, bewahrte sich Wortlaut und Zeremoniell ohne besondere Änderung. Erst als mit der cluniazensischen Erneuerungsbewegung die Kreuzfeier auf breitere Wirkung zielte und Strophen der Karfreitagsliturgie als Reise- und Pilgerlieder ihre erste Umwandlung oder auch nur Verwendung als Refraingesänge erfuhren, dehnte sich die ursprünglich heilsgeschichtliche Symbolik des Kreuzes auf weltpolitische Sinndeutung aus. Die „christologische Kreuzesverehrung" verband sich mit einer Bewertung des Kreuzsymbols als Zeichen des Imperiums Christi. Als ein Beispiel dafür dient die Tatsache, daß Benedikt VIII. dem deutschen König Heinrich II. eine goldene Weltkugel, die mit einem Kreuz geziert war, schenkt. Heinrich gibt sie an Cluny, den klassischen Ort der Kreuzesverehrung, weiter[1]. „Cluny weist neue Wege. Es wird vor allem ein Quellgrund vertiefter und weithin anziehender Frömmigkeit. Der Chordienst, die Meßfeier, das Erleben der Passion, der Kult der Eucharistie, nicht minder die ars moriendi wollen hier erwähnt sein. Es bereichert zudem die Welt der Symbole. Längst vor den Kreuzzügen entwickelt sich eine betonte Kreuzeskultur[2]."

Die Wendung zu einer über die kirchlichen Regeln hinausweisenden inneren Frömmigkeit, die außer der Werkheiligung eine „conversio morum et animi" verlangt, wird als Forderung häufig gestellt und genau formuliert. Darin begegnen sich alle Mönchskongregationen und ihre Führer. So fordert St. Anselm in „De similitudinibus"[3]: „Porter extérieurement l'habit religieux ne sert de rien à personne, si l'on ne s'efforce pas en même temps d'être intérieurement ce que l'on paraît"[4]. Das gleiche schreibt eindeutiger und genauer formuliert Pierre le Vénérable in einem Brief an Bernhard von Clairvaux (1123/24)[5]: „L'important désormais ce n'est plus la pratique intégrale extérieure et intérieure, l'observance concrète, c'est l'esprit dans lequel on les accomplit: le détachement, la conformité de la volonté, le développement de la charité: on s'oriente vers une spiritualisation de plus en plus marquée[6]."

Mit dem Kreuzessymbol verbindet sich eine allgemeine Tendenz zur Spiritualisierung kirchlicher Einrichtungen. Die bildliche Vorstellung vom kreuztragenden Christus hat ihren allgemeinen Sinn in der Beugung unter das Kreuz. Die Vorstellung von der Kreuznahme verbindet sich immer fester mit der Forderung des Gehorsams unter Gottes Gebot und dem christlichen Sinn jedes Opfers zu Ehren Gottes. Damit bieten sich viele neue Möglichkeiten der inneren Motivierung des Opfers, so daß alle Stände und Schichten darunter vereinigt werden können. Jede selbstauferlegte Passion wählt das Kreuz zum Symbol. Jede Pilgerfahrt wird mit dem Kreuzzeichen bedacht[7]. Ein Kreuz schmückt die Epitaphien derer, die von der Jerusalemfahrt nicht zurückkehrten[8]. Das gesegnete Brot (Brotweihe und Brotgabe-Eulogie) diente als Ersatz für die Kommunion und galt als höchster Besitz des Ritters, der diese heilige Stärkung auf dem Schlachtfeld den Todwunden reichte oder sich selbst reichen ließ[9].

Von besonderer Bedeutung wird in der Zeit der Kreuzzüge die in Cluny gestiftete Gebetsfeier für die auf der Fahrt Befindlichen. Gebetsverbindungen entstehen, die als „speciales familiaritates" den König, den Herzog, den Grafen, den miles umfassen[10]. Das stellvertretende Gebet der Zurückbleibenden findet später eine zelebrale Erhöhung in der Feier „pro anima ... omnium fidelium christianorum", die dann die Sanktionierung des Gedächtnistages aller Verstorbenen einleitet[11]. In dieser geistlichen Fürsorge für die, die in der Ferne weilen, durch Gebetsgemeinschaften, Brotsegnung und öffentliche Fürbitte bahnt sich eine bewußte Spiritualisierung aller kirchlichen Riten an. Damit vertieft sich aber auch der geistige Zusammenhang innerhalb der Ordensgemeinschaften sehr stark. Die Symbole, die der heiligen Schrift entnommen sind, erhalten durch die gelebte Frömmigkeit, durch die Heilsfürsorge im Gebet, durch Brot- und Waffensegen neue Bereicherung. Diese setzt sichtbar ein, als die Rolle Clunys als Vorbild geistigen und geistlichen Lebens im Lauf der 1. Hälfte des 12. Jh.s von Citeaux übernommen wird[12]. Während Cluny „am Ausgang des 11. Jh.s als eine große Wirtschaftsmacht" erscheint und als „Großkirchenbesitz anzusprechen ist"[13], geht Citeaux andere Wege. Die Reform der Cisterzienser wirkt wie „ein leidenschaftlicher Vorgriff" auf den Franziskanerorden. Mit der Wiedereinführung der Benediktinerregel (1099) verstärkt sich die Rezeption alter Bräuche und Lebensordnungen[14]. Die Vorbildlichkeit in der Armut celebrierenden Lebensweise, im Verzicht auf feudalherrschaftlichen Anspruch, vor allem der Entschluß zur Demut wirkt mächtig auf die Masse des Volkes[15]. Das 7. Kapitel der Benediktinerregel, „Von der Demut", wird richtungweisend für die Entwicklung der inneren Haltung der Pilger und Kreuzfahrer des 12. Jh.s. Der in der Praeambel dazu festgelegte Satz, „daß man durch Selbsterhöhung abwärts und durch Demut aufwärts steige", erfüllt die Herzen aller Kreuzzugsprediger und Dichter. Die einzelnen Stufen der Demut sind der Himmelsleiter als 12 Sprossen zum Hinaufsteigen eingefügt[16]. Die zwölf Hauptregeln über Gottesfurcht, Besiegung des Eigenwillens, Gehorsam, Ausharren in Geduld, Bekenntnis der Schuld, Bescheidenheit im Wünschen, Erniedrigung, Befolgung der Vorschriften, Beherrschtheit im Reden, Ausgeglichenheit, Bedachtheit und freiwillige Beugung vor Gott enthalten die Hauptwerte des Vollkommenheitsideals, das dem christlichen Ritter für die Kreuznahme von den abendländischen Predigern aufgerichtet wird. In Deutschland gehen diese hohen christlichen Werte als wesentliche Bestandteile in das sogenannte „ritterliche Tugendsystem" des 12. Jh.s ein und werden später den Hauptforderungen höfisch-ritterlicher Haltung angeglichen. Die „conversio morum" als zweite Auswirkung der Kreuzesverehrung zeigt sich deutlich als hohes Ziel in den beiden Reformbewegungen. Man erkennt unter diesem Gesichtspunkt, daß die Reformen von Cluny sich mit denen von Citeaux eng berühren und von hier allgemeiner Verbindlichkeit zugeführt werden. War von Cluny im Rahmen der liturgischen Durchdringung des gesamten Lebens ein starker Impuls zu immer neuen Buß- und Wallfahrten ausgegangen, so wurde durch die Errichtung des Generalkapitels des Cisterzienserordens und durch die straffe Organisation und internationale Zusammenarbeit aller Klöster ein Muster auch für viele übernationale weltliche Zusammenschlüsse gegeben. Die erste Kreuzfahrt begann in ihrer Zusammensetzung als ein rein französisches Unternehmen, das eroberte Königreich Jerusalem galt als französische Kolonie. Die Predigten des hl. Bernhard wenden sich dagegen betont nicht nur an alle Schichten der Gläubigen seines Volkes, er zieht auch selbst über die Landesgrenzen hinaus, um in Deutschland zu predigen und ist stolz auf das Wunder aller Wunder, dem deutschen König das Kreuz angeheftet zu haben. Im dritten Kreuzzug stehen dann englische, französische und deutsche Ritterheere gleichwertig nebeneinander[17].

Die Kreuzdeutungen in der frühen geistlichen Dichtung des 11. Jahrhunderts und in den Pilgerliedern

Das Kreuzholz, so läßt es sich aus der Liturgie, aus der Benediktinerregel und aus Bernhards von Clairvaux Kreuzdeutungen erkennen, vereinigte in seiner Symbolik das frühmittelalterliche Welt- und Gottesbild[18]. Im Kreuz erscheint die Einheit der Trinität von Gott-Vater, Gott-Sohn und Gott-Heiliger Geist. In der Kreuzform veranschaulicht sich aber auch die frühmittelalterliche Lebenssituation. Die Kreuzenden trennen in der Querrichtung Himmel und Hölle. In der Längsrichtung bezeichnen sie die mögliche Verbindung der Gegenbezirke, denn sie geben die Richtung des Aufwärts und Abwärts eines Lebensweges an[19]. Der Gedanke an den Opfertod Christi am Kreuz läßt die Vorstellung der Gnadengabe Gottes an den Menschen in der Sündenvergebung und der Errettung vor der Verdammnis von selbst entstehen. Das Kreuzzeichen ist in der Form der Selbstbekreuzigung „das vornehmlichste liturgische und außerliturgische Bekenntnis zur Trinität und reicht in frühmittelalterliche Zeit zurück"[20]. In diesem Zeitraum sind darum „alle Gedichte gleichermaßen tief in der Liturgie verwurzelt"[21], während später mehr einzelne Teile der Liturgie (zu besonderen Festen des Kirchenjahres und zu besonderen Messen) für die Kreuzesverehrung wirksam werden.

Die Kreuzesverehrung in den gottesdienstlichen Feiern spiegelt sich deswegen in der religiösen Lieddichtung der Zeit vielgestaltig wider. Lieder und Hymnen, die im Preis des Kreuzes oder in der Heilsdeutung gipfeln, gab es in lateinischer Sprache schon seit frühchristlicher Zeit[22]. Um 1060 gewinnt deutschsprachige religiöse Dichtung neben der lateinischen ihren Platz in der Literatur[23]. Sie beziehen die Heilsgeschichte als Vorgeschichte der Erlösung mit ein und bereiten durch ihre geistliche Didaxe den Doppelcharakter späterer Pilgerlieder vor. Das große Beispiel dafür ist im 11. Jh. das Ezzolied.

Ezzos Gesang

Aus der Überlieferungsgeschichte des Liedes[24] gewinnt nach der neuesten Forschung für unsere Fragestellung die Tatsache Bedeutung, daß — nach der neu hinzugefügten Eingangsstrophe in B — ein scolasticus Ezzo das Lied gedichtet habe, daß es auf der Kreuzfahrt des Bischofs Gunther von Bamberg, die besser als eine bewaffnete Pilgerfahrt bezeichnet wird, verfaßt und nach einer Melodie Willes gesungen worden sei. Zwei Ziele verfolgt das Gedicht: es will die Geschichte des Heils erzählen, und es will die Erlösung durch das Kreuz verkünden. Es lebt aus dem Geist einer im Leben verwirklichten Gläubigkeit und erreicht eine dichterische Realität, die im einfachen Stil der Verkündigung ohne besondere Verfeinerung bleibt. Die wirkungsstarke Klarheit der Komposition ermöglicht die Herausnahme einzelner in sich geschlossener Partien, um sie zu besonderen Feiern oder zur Ausgestaltung der Liturgie zu verwenden. Das Lied ist wohl dazu bestimmt, alle Helfer zu sammeln, die sich als treue Diener Gottes fühlen und bereit sind, den Weg zu Gott durch Anfechtung zu gehen. In solchen Grundgedanken verbindet sich das Gedicht mit Pilgerliedern der Zeit, deren Existenz aus der Chronik des Gerhoh von Reichertsberg belegt ist[25].

Das bei Kehren zitierte Pilgerlied:

> Haec est clavis secretorum
> Hoc in fronte signatorum
> Signum est victoriae:
> Hoc sigillum summi regis,
> Haec est scala novae legis
> Hoc vexillum gloriae.

beweist seine enge Zugehörigkeit zu diesem Zwischentypus, der das Liedhafte mit dem Hymnischen der Liturgie verbindet. Ezzos Lied zeigt besonders deutliche Anklänge an die im Karfreitagsgottesdienst gesungenen Hymnen des Venantius Fortunatus, besonders an die als Refrain gesungenen Teile[26].

Die Kreuzesthematik bildet bei Ezzo den Mittelteil und Schwerpunkt des Liedes[27]. In steter Steigerung vollzieht sich der gedankliche Aufbau bis zum hymnischen Preis des Kreuzes. Nicht nur der auffällige kreuzförmige Grundriß des Gedichtes weist darauf hin. Das Lied ist ein echter Kreuzeshymnus, in dem der Erlösungsgedanke nacherlebt erscheint und an den Kreuz-Hymnus des Hiob erinnert. „Crux quippe est arx virtutum et revissio peccatorum, ipsa scilicet de his infimis atque caducis ad coelestia provehit omnes qua per fidem et spem atque charitatem dignos esse aeterna visione Dei Christi electio comprobaist" (Sp. 279), „quia sancta crux collatrix virtutum et initium ac perfectio est salutis nostrae et per ipsam fit salvatio et resurrectio nostra" (Sp. 282). Er steigert sich bis zur Verheißung der Sündenvergebung. „Anegenge" und „urlôse" werden nicht getrennt gesehen, sondern sind im Zeichen des Kreuzes verbunden.

Die einzelnen Heilsversprechungen fügen sich zu einem festen hochgeführten Bau zusammen. Alle Glückseligkeit geht vom Kreuzessymbol aus und wird für alle Gläubigen in deutscher Sprache anschaulich. — Auffällig ist die Häufung von Kampf-Metaphern, die Christi Sieg über den Teufel in Erinnerung rufen sollen. Das Beiwort vom „wîgant" (343), der die „alt erbelant" wiedergewann (352), rückt Christi Leben und Sterben in die Nähe der späteren Kreuzfahrtideologie. Der Aufruf steigert sich zu der Mahnung, dieses Land Christi nicht leichten Herzens preiszugeben. Der Teufel, der alte Feind, macht den Christen das heilige Erbe streitig (363/4). Er verkörpert hier, wie auch später im Rolandslied, das Heidentum und bildet die Gegenmacht zu Christus und dem Christentum. Der uralte Pilgerweg in das heilige Land muß mit dem Schwert gesichert werden: „den wec suln wir mit wîge varen" (366), denn Christus ist der „herzoge", dem alle vertrauen können und sollen; mit ihm ist der Sieg so gut wie erzwungen, da keiner seiner Kraft zu widerstehen vermag. Dafür ist und bleibt das Kreuz ewiges Zeichen, denn an diesem Kreuz vollendete sich das irdische Leben Christi, um sich nach der Erfüllung der Passion zum ewigen Sein zu erheben.

Daß der Inhalt des Liedes und die darin ausgesprochene Mahnung zur Nachfolge Christi sich der Symbole bedient, die von der Liturgie her den Gläubigen geläufig waren, gehört zum Charakter dieses Heilshymnus. Aber nicht nur in der Auswahl von Bild und Symbol („Baum" und „Segel"), sondern bis in den Gleichklang der Worte, die dann auch in Kreuzliedern lateinischer Sprache beibehalten werden, erweist sich die bewußt angestrebte Nähe zur Liturgie:

> O crux benedicta
> aller holze bezziste[28]

heißt es im Anschluß an den Wortlaut der Karfreitagsliturgie:

> Crux fidelis, inter omnes
> arbor una nobilis.

Das Kreuzesholz wird in seiner Symbolik zur Außerordentlichkeit und Einmaligkeit erhöht[29]. „Din wuocher ist suoze unde guote"[30] bedeutet nichts anderes als die Wiederholung des Grundgedankens von „dulce lignum" mit allen Variationen des „dulce pondus". Auch die Rezeption der Kreuzesanbetung in „O crux salvatoris"[31] und ihre Beziehung zu den lateinischen Vorbildern der „vexilla regis", die Ezzo in breiter und absichtsvoller poetischer Ausschmückung nutzt, kann nicht übersehen werden. Nichts bleibt bei Ezzo an diesem Bild unerklärt. Jedes Wort erhält seinen übertragenen Sinn, jedes Teilchen der Bildbeschreibung seine Bedeutung. Das am Kreuzbaum befestigte Segel treibt das Lebensschiff über das Meer zum eigentlichen Heimathafen:

> O crux salvatoris,
> du unser segelgerte bist.
> disiu werlt elliu ist das meri,

mîn trehtin segel unte vere,
diu rehten werch unser segelseil,
diu rihtent uns dî vart heim.
der segel de ist der ware geloube,
der hilfet uns der zuo wole.
der heilige âtem ist der wint,
der vuoret unsih an den rehten sint.
himelrîche ist unser heimuot,
dâ sculen wir lenten, gote lob"[32].

Alles zielt auf die Heilsverkündigung: „Unser urlôse ist getan"[33]. Das Pilgerkreuzlied schließt in schöner Steigerung mit einer letzten Deutung des Kreuzessymbols ab, die zugleich ein Bekenntnis zur Trinität ist:

wir gelouben daz di namen drî
ein wariu gotheit sî[34].

Daß die Gottheit in der Trinität in diesen Zeilen auf das Kreuz bezogen ist, läßt sich aus der Kreuzsymbolik einer etwas späteren, noch stärker didaktischen Dichtung erkennen, aus der sogenannten „Summa Theologiae".

Summa Theologiae

Wollte man die auf die Kreuzesdeutung zielenden Stellen in Ezzos Lied und der Summa Theologiae vergleichen, so ergäbe sich manche überraschende Ähnlichkeit zwischen beiden Texten[34a]. Vor allem verführt die zentrale Stellung der Kreuzproblematik und ihrer Exegese dazu. Aber eine solche auf Ähnlichkeiten gerichtete Interpretation geht an der Eigenart der Texte vorbei, weil nicht nur der Unterschied der Entstehungszeit, sondern auch die Verschiedenheit der theologischen Tradition zu beachten ist. Inzwischen hat sich die scholastische Theologie durchgesetzt und damit die heilsgeschichtliche Welt- und Gottschau verändert. Der Mensch steht jetzt mit im Blickfeld, das sonst nur auf Gott hin orientiert war. Der Mensch hat sich nicht mehr nur vor Gott zu beugen, er hat Aufgaben zu bewältigen, die ihm von Gott gestellt sind. Als Teil der gottgeschaffenen Natur ist er in Ordnungen hineingestellt, die ihm nicht mehr nur als Heilsgewißheiten oder Heilsbedrohungen erscheinen. So sieht auch der Dichter der Summa Theologiae das Kreuz in wesentlich anderer Bedeutung als Ezzo. Die Darstellungen von Schöpfung und Sündenfall umschließen den Hauptteil des Gedichtes, eine Kreuzesdeutung, die nicht frei von speculativen Zügen ist. Erstaunlich wirkt bei dem Dichter die genau durchdachte Auffassung von der „Einheit".

Die Form des Kreuzes ist von Gott vierteilig bestimmt:

Got wolti daz crûci in vîr spaltin,
disi werlt alli gihaltin:
dô wart er unschuldig irhangin.

er habiti vîr enti dirri werilti bivangin,
daz er sîni irwelitin alli zi imo zugi,
swenn er den vîant bitrugi[35].

Damit wird die Richtung der gesamten Kreuzdeutung bestimmt. Auch ohne Einzelanalyse der Zahlensymbolik[36] erscheint hier der Einheitsgedanke im Sinne des Schöpfungsplans. Mit seinen vier Enden deutet das Kreuz die Einheit des Kosmos an, die Himmelsrichtungen nach den vier Enden der Welt sind darin symbolisiert. In diesem Kreuz wollte Gott den Raum andeuten, in dem der Mensch sich zu halten hat, gleichzeitig aber die Mitte des Heils- und Erlösungsgeschehens, denn an diesem Kreuz wurde Christus „unschuldig" geopfert. Der Gedanke an Christi Unschuld ist vorbereitet (143). Der große Erlösungsplan Gottes besteht darin, daß alle Menschen aus den vier Richtungen der Welt, soweit sie „sîni irwelitin" sind, zu ihm zurückkehren in die einzige große Einheit. Das Kreuz steht demnach als Zeichen der größeren Einheit von Schuld und Gnade zwischen „anegenge" und „urlôse". Um der Schuld des Knechtes (scalchis nôt), also des Menschen willen, der zu früh in die Sünde verfiel, mußte Gottes eigener Sohn schmachvoll sterben.

Eine solche verborgene Bildlichkeit um das Kreuz scheint wie „eine Auflösung der Heilstatsachen in Speculation"[37]. Die scholastische Zwischenschicht, die Ezzos Lied von der Summa trennt, wird noch deutlicher, wenn wir diese Theologie des Kreuzes auf ihre dogmatischen Ansätze hin prüfen. Das Kreuz scheint auch im engeren theologischen Sinne mit seinen Enden nach oben und nach unten, zum Himmel und zur Hölle, zu weisen, wobei die Querbalken einen durch den Kreuzmittelpunkt verlaufenden Schnitt zwischen Himmel und Hölle andeuten. Es erscheint nicht nur als Zeichen des Leidens, keineswegs nur als Sinnbild der Passion, sondern als bildlicher Ausdruck einer inneren Weltordnung, wie diese sich in der Kreuzdeutung Bernhards abzeichnete. Aber der Symbolwert des Kreuzes vertieft sich, wenn dieses die große gottgewollte Ordnung andeutet, die vom Dichter erkannt wird. Das Kreuz steht dann als Siegeszeichen über Sünde und Tod:

unsir heilî was vrû bidâcht:
Crist in crûci joch in douffi hât si brâcht,
von des wundin wir birin giheilot,
der uns zi vestî mit brôdi wart virdeilot [38].

Eine solche Stelle wirkt dann wie der Anfang eines theologischen Traktats. Schwer und dunkel lasten die Bilder, vorerst unerschlossen wie die Thesen einer gelehrten Abhandlung. Dem Weltenplan einer geordneten Naturschöpfung entspricht also ein wohlüberlegter Heilsplan Gottes, dessen tieferer Sinn sich nur dem enthüllt, der das Spiel mit der Drei- und Vierzahl, das ja immer in diesem Zusammenhang von der Kreuzform her entwickelt ist, zu deuten versteht. Wie am Schluß des Ezzo-Liedes liegt auch hier der Schlüssel in der Auflösung von des „giloubin drû wort", die als dreifaches Bekenntnis zu Gott dem Vater, dem Sohn und dem Heiligen Geist zu verstehen ist, während das vierte, das die Einheit des Bekenntnisses umfaßt, unausgesprochen im Glauben beschlossen bleibt: die Trinität:

> das undir ist daz vîrdi
> der drîir ein gimeiniu redi[39]

Die Tatsache der vorbestimmten Erlösung des Menschen durch den Glauben an die Trinität erscheint hier in das Kreuzsymbol verhüllt. Dafür, daß diese Auflösung des Symbols ihre Berechtigung hat, spricht die wenig später folgende Mahnung zur Umkehr, die Aufforderung an den Menschen, selbst die Folgen zu ziehen und sich unter das Kreuz zu stellen:

> Swer sô wolli Cristis wegi volgin,
> der dragi sus sînin galgin,
> an dem er allin sînin willin
> von ubilin werchin mugi gistillin,
> sîn selbes werdin ungiwaltig,
> goti gihôrsam undi êhaltig[40].

Dieser Abschnitt enthält die klar erkennbare adhortatio zur willentlichen Selbstbezwingung, zur Aufgabe des Eigenwillens und zum Gehorsam unter das Gebot Gottes. Aus der rein bildlichen Exegese entwickelt sich die praktische Lebenslehre. Gültige und verstehbare Einsichten häufen sich, so daß am Schluß der homiletische Charakter die Tiefe der Spekulationen ausgleicht[41].

Gerade in diesen zwischen Spekulation und praktischer Theologie beheimateten Partien der Dichtung des frühen 12. Jh.s leuchtet die zukünftige Wirkkraft der Kreuzzugsmahnung auf. Von hier aus wird sie erst überprüfbar. Heilsgeschichte und Kreuzzugsgeschehen gewinnen ihre Einheit in der dichterischen Form erst durch die Sprache, deren Ausdrucksmöglichkeiten in diesen frühen Dichtungen nur langsam und vor allem durch intensive Spiritualisierung ihres Inhalts entwickelt werden.

Des armen Hartmanns „Credo"

Das beste Beispiel für die Bereitstellung eines bildlich verfeinerten Vokabulars, das bereits sehr stark in die Terminologie der Kreuzlieder der Generation des dritten Kreuzzugs vorgreift, aber noch ganz aus der inneren Haltung des weltfeindlichen Klerikers verstanden werden muß, bietet der leider nicht vollständig erhaltene Traktat des „armen Hartmann", seine „Rede vom Glauben"[41a]. In diesem Gedicht geht es bereits um Gottes Huld, deren Gewinnung abhängt vom recht verstandenen Bekenntnis des eigenen Glaubens. Die drei Artikel des Credo sind in diesem Gedicht ungleich lang kommentiert. Auf den 1. Artikel, der von Gott handelt, entfallen bei der Deutung nur 118 Verse (v. 61—178), auf den 2. Artikel, in dessen Mittelpunkt Christus steht, mehr als das zehnfache (v. 179—1641), auf den 3. Artikel und den hl. Geist fast 2400 Verse, von denen allerdings ca. 400 verloren sind (v. 1642—3630). Schon diese äußere Einteilung des Stoffes beweist, wie stark sich hier der Einfluß der Ecclesia Spiritualis auswirkt. Zwar dringt Hartmann nicht wie Ezzo in die Tiefe des theologischen Dogmas ein. Sein eigentlicher erzieherischer Auftrag lenkt ihn in eine andere, der Erzählung nähere Richtung. Trotz aller eingewobenen Legenden und Heiligengeschichten sucht er immer den Zusammenhang mit der Gegenwart[42]. Ich betone hier nicht so stark seine an Heinrich von Melk erinnernde Vergänglichkeitspredigt, sondern die mutige Freilegung der sozialen Verantwortungslosigkeit der oberen Stände. Hartmann wirft ihnen vor, daß sie sich auf die oberflächliche Erfüllung kirchlicher Forderungen durch Almosengeben und „gute Werke" beschränken und dabei die Verantwortlichkeit vor Gott außer acht lassen. Er tadelt den mangelnden Willen zum Verzicht auf weltliche Ehre, das Fehlen echter innerer Hingabe und demütiger Opferbereitschaft vor dem Anruf Gottes und setzt Beispiele früherer Bußbereitschaft dagegen. Der Wärme seines Tones und der Eindringlichkeit seiner Sprache merkt man die persönliche Bereitschaft zum Vorleben und Vorstreben an. Wäre diesem Mann der Ruf zum Kreuzzug erklungen, er hätte — wie er es als Klausner oder Mönch tat — seinen Besitz und sein Heim verlassen und sich dem Heerzug der Kreuzfahrer angeschlossen. Die Kämpfer, die im Auftrag Christi gegen den Teufel zu Felde ziehen, werden bei ihm so beschrieben, wie wir es in den Chroniken der ersten beiden Kreuzzüge und später im deutschen Rolandslied sehen. Der Gedankenkreis, der sich im Frühmittelhochdeutschen um die militia Christi schließt, findet sich in Hartmanns Beschreibung jener reckengleichen Kampfgemeinschaft wieder, die mit Christus als Herzog den Teufel mit seinen Scharen besiegt. Die Metaphern eines heiligen Kampfes gegen die Macht des Teufels reihen sich so dicht aneinander, daß der Eindruck einer Kreuzritterschaft entsteht, auch wenn sich das Gedicht nicht direkt auf einen Kreuzzug bezieht. Die Helfer Gottes rüsten sich zum Kampf wie die Ritter, die das Kreuz genommen haben:

>   si taten uber ir bruste
>   das geistliche geruste
>   die geistlichen wafen
>   newolden si niwit lazen.
>   di waren vil wol gare
>   gezeichen so der gotis schare,
>   in dem volcwige
>   newolden si nit entwichen.
>   si newolden niwit flihen danen.
>   si volgeten vaste dem vanen,
>   den da truc vagere
>   crist ir venere
>   zaller fordrist an der scare[43].

Die gleichen Tugenden, die von dem Kreuzritter gefordert werden, beweisen hier die Kämpfer Christi[44]: 1. die treue Nachfolge Christi, der selbst in der ersten Reihe kämpft und die Fahne voranträgt, 2. das Ausharren in der Nähe Christi, der am Kreuz den Tod und den Teufel besiegt, 3. das unbeirrbare Festhalten im Glauben an das in Christo allen gewährte ewige Leben:

vaste yleten si dare
zo dem cruce frone,
da crist scone
den grimmigen tot ane nam
da er den tubil mit verwan.
si warten irme herren
mit michelen eren.
si ne worden sin niwit irre
si newolden sih von ime niwit verren,
wande si mit ime wolden beliben
in dem ewigen libe[45].

Auch der Gedanke des Märtyrertodes, der in allen Kreuzzugsreden und Bullen so bedeutsam ist und solche Anziehungskraft besitzt, wird hier mit der Zusicherung des ewigen Lebens eng verknüpft:

daz si da mite irworben
do si hie irstorben,
daz si hine quamen
zo den ewigen gnaden[46].

Wenn in diesem Beispiel einer Bereitstellung sprachlicher Ausdrucksmöglichkeiten für die Kreuzzugsthematik auch die scholastisch-theologische Vertiefung Ezzos fehlt, so führt es doch unmittelbar an die erzählende Dichtung heran. Mitten in eine eifernde Glaubensauslegung wird eine solche gegenwartsnahe Beschreibung der wahren militia Christi eingeschoben, die eine Gegenüberstellung von aufrechter ritterlicher Nachfolge Christi und heuchlerischer Christusgesinnung im Ritterstand ermöglicht. Heilspredigt verbindet sich mit einer Standeskritik, bei der Wirkungen aus den Kreuzzugsbewegungen vor 1150 deutlich spürbar werden. Hartmann will nicht nur kluniazensische Askese predigen. Er will Laien über wahre Christlichkeit vor dem Kreuz belehren. Es geht ihm um ein „rechtes" Leben im Diesseits, nicht nur um den Ruhm einer asketischen Lebenshaltung. Ein vom Heiligen Geist gelenktes und von Gott bestimmtes Dasein ist die Summe seines Glaubens. Der Gedankengang erinnert an den des früher liegenden „Memento mori" (1080). Auch in diesem geht es nur scheinbar um weltabgewandte Askese[47]. Vielmehr wendet sich der Verfasser mit dem Bild eines echten Gottesstreitertums gegen die „Reichen", die Gottes Recht dadurch beugen, daß sie nur äußerlich im Almosengeben der Kirche und Gott dienen und die echte Gesinnung der militia Christi verloren haben. Wie im „Memento mori" geht es auch bei Hartmann um den gerechten und von Gott geordneten, vom Heiligen Geist belebten Weltbau, in dem Diesseits und Jenseits verbunden bleiben durch die christliche Lebensgesinnung im Dasein selbst. Der Kreuzzugsgedanke tritt bei Hartmann nicht im propagandistischen Sinne auf, zumal er kaum durch bestimmte historische Ereignisse im heiligen Land wachgerufen ist; seine Ideologie bestimmt sich selbst in dem Bemühen, dem Laien einen Weg zu zeigen, der in der Selbstüberwindung im Dienst an Gott eine Rechtfertigung christlicher Existenz darstellt und zugleich als Weg zu Gott erscheint.

Wilhelms IX. von Poitiers Pilgerlied und zwei provenzalische Kreuzlieder aus der Zeit des 1. und 2. Kreuzzugs

Für die kritische Beurteilung der Ausbreitung der Kreuzzugsidee in der Dichtung zur Zeit der ersten beiden Kreuzzüge sind wir auf Vergleiche von Einzelgedichten und Gedichtgruppen angewiesen, die in zeitlicher Zuordnung unter festen Gesichtspunkten erfaßt werden können. Erst aus der Festlegung verschiedener Gedichtstrukturen unter den heute bekannten Liedern französischer, lateinischer und deutscher Herkunft ist eine genaue Herausarbeitung des in Bullen und Predigten verwerteten Gedankengutes möglich. Die früher von E. Wolfram[48] aufgestellten Gedankengruppen müssen genauer differenziert werden, weil besonders in der französischen und lateinischen Lieddichtung völlig verschiedene soziologische Voraussetzungen für die Rezeption dieser Gedanken bestanden. Erst dann erweitert sich die Vergleichsbasis so, daß die gedankliche Abhängigkeit vom Predigtvorbild und andererseits die persönliche Ausdrucksform in den verschiedenen Publikumsschichten festgelegt werden kann. In zehn Thesen lassen sich diese Inhalte der Predigtvorbilder zusammenfassen[49]:

1. Das Land, das Christus durch sein Leben und Leiden geheiligt hat, ist in größter Gefahr.
2. Gottes Allmacht kann auch jetzt helfen.
3. Vor Gottes Gericht kann nur der bestehen, der jetzt das Kreuz nimmt.
4. Gott prüft euch jetzt; jetzt könnt ihr euch auszeichnen.
5. Wir verdanken alles dem gütigen Gott, jetzt müssen wir ihm seine Gnade vergelten durch unseren Dienst.
6. Gott hat seinen Sohn für uns den Tod erleiden lassen; wir müssen ihm jetzt bis zum Tode getreu sein.
7. Wir erwerben für uns und unseren Nächsten die ewige Seligkeit.
8. Für alle Kreuzzugsteilnehmer ist der Tag des Heils angebrochen.
9. Jeder, der will und kann, soll das Kreuz nehmen.
10. Alle Angehörigen stehen unter dem Schutz der Kirche.

Diese Gedankenkreise ließen sich zwar noch erweitern, würden dann aber nur als Variationen der aufgestellten Hauptthesen wirken. Sie tauchen sowohl in den Predigten als in den Dichtungen aus der Zeit der ersten Kreuzzüge auf. Aus der Zeit des ersten Kreuzzuges ist auch in der französischen Troubadourdichtung kein typisches Kreuzlied erhalten. Das Wilhelm IX. von Poitiers zugeschriebene Lied trägt mehr den Charakter eines Pilgerliedes. Alle Beziehungen zu den Predigtinhalten fehlen ebenso wie die kennzeichnenden Aufrufsgedanken. Trotzdem hat es in diesem Zusammenhange einen besonderen Wert, weil es eine Frühstufe der Absage an weltliches Rittertum darstellt. Nach einer allgemeinen Abschiedsklage beginnt in der 7. Strophe eine Pilgerthematik, die der Kreuzliedstimmung sehr nahe kommt:

Strophe VII.
De proeza de joi fui,	Ich liebte Kühnheit und Freude,
Mais ara partem ambedui;	Doch jetzt muß ich mich von beiden
Et eu irai m'en a scellui	Um fortzugehen zu dem, [trennen;
On tut peccador troban fi.	Bei dem alle Sünder Frieden finden.

Strophe VIII.
Mout ai estat cuendes e gais,	Ich war sehr froh und glücklich,
Mas nostre Seigner no'l vol mais;	Aber das will unser Herr nicht mehr;
Ar non puesc plus soffrir lo fais,	Jetzt kann ich die Last nicht mehr
Tant soi aprochatz de la fi.	So nahe bin ich dem Ende. [tragen,

Strophe IX.
Tot ai guerpit cant amar sueill,	Ich habe alles verlassen was mir lieb
Cavalaria et orgueill;	Ritterschaft und Stolz; [war,
E pos Dieu platz, tot o acueill;	Da es Gott gefällt, nehme ich alles auf
E prec li que'm reteng' am si.	Und bitte, daß er mich bei [mich
	[sich behält[49a].

In den hier wiedergegebenen Schlußstrophen des Liedes ist es doch mehr die Bereitung zum Tode als zum Kreuzzugsopfer, die den Gebetston bestimmt. Andererseits fehlt trotz der Beziehung auf die Wallfahrt die für das Pilgerlied charakteristische Auseinandersetzung mit der christlichen Heilsthematik oder der Kreuzdeutung. So muß dieses Lied wohl als ein persönliches Dokument einer inneren Wandlung am Lebensende gesehen werden, zu der die Teilnahme an einer Kreuzfahrt Veranlassung gegeben hat. Diese Fahrt, die mit der Katastrophe eines großen französischen Heeres endet, ist für die Zeit um 1101 bezeugt[50].

Ein frühes Beispiel für die Übereinstimmung von Predigtgedanken und Gedichtinhalt bleibt ein anonymes französisches Gedicht. Es bezieht sich auf die Ereignisse, die dem 2. Kreuzzug vorangingen: Edessa (afr. Rohais) ist Weihnachten 1144 in die Hand der Ungläubigen gefallen. Am 25. 12. 1145 will der französische König Ludwig VII. in Bourges das Kreuz nehmen, aber die Fürsten des Reiches leisten Widerstand. Erst auf dem Hoftag von Vezelay, Ostern 1146, an dem Bernhard von Clairvaux seine berühmte Kreuzpredigt hält, nimmt Ludwig mit großem Gefolge das Kreuz. Das Gedicht ist zwischen 25. 12. 1145 und 12. 6. 1146 entstanden[51]. Es ist ein typisches Aufrufslied und beginnt mit der Anklage, daß die Heiden Gottes Besitz geraubt haben (terra sancta-Gedanke): Rohais ist genommen, dort wird Gott nicht mehr geopfert.

Kreuzdeutungen in Hymnen und Pilgerliedern 45

Deshalb bietet Ihr, Ritter, Euer Leben Gott dar, der sich für Euch hingegeben hat (Opfergedanke). Der Hinweis auf König Ludwig, der mit gutem Beispiel vorangegangen ist, unterbricht diesen Passionsgedanken, der genau der Predigt-Adhortatio folgt. Rein höfisch ist die 5. Strophe gesehen:

Deus ad un turnei empris	Gott hat ein Turnier einberufen
Entre Enfern e Pareis,	zwischen der Hölle und dem Paradies,
Si mande trestuz ses amis	so fordert er alle seine Freunde auf,
Ki lui volent guarantir	die ihn verteidigen wollen,
Qu'il ne li seient failliz.	daß sie ihn nicht im Stich lassen.
	(Lehnsgedanke)

In Rohais ist auch der große Tag der Entscheidung:

Char le fiz Deu al Creatur	Gottes des Schöpfers Sohn
Ad Rohais estre ad un jorn mis:	hat einen Tag festgesetzt, um in Rohais
La serunt salf le pecceur	Dort sollen die Sünder [zu sein.
...	[gerettet werden,
Ki bien ferrunt e pur s'amur	die gut handeln und aus Liebe zu ihm
Irunt en cel besoin servir	[hingehen werden,
...	um in dieser Not zu dienen
Pur la vengeance Deu furnir.	und die Rache Gottes auszuführen.
	(Lohn- und Gerichtsgedanke).

Der Refrain betont nach jeder Strophe die Gewißheit des höchsten Lohnes:

Ki ore irat od Loovis,	Wer nun mit Ludwig gehen wird,
Ja mar d'enfern avrat pouur,	wird niemals mehr vor der Hölle
Char s'alme enïert en pareis	[Furcht haben,
Od les angles nostre Segnor.	denn seine Seele wird in das Paradies
	[eingehen
	zu den Engeln unseres Herrn.
	(Ewige Seligkeit)

Ludwig wird als Führer der Heere zur Befreiung des Heiligen Landes genannt. Sein Name wird zum Symbol christlichen Königtums und echter Opferbereitschaft.

Prenez essample a Lodewis,	Nehmt Euch ein Beispiel an Ludwig,
Ki plus ad que vus n'en avez:	der mehr Besitz hat als Ihr.
Riches est e poesteiz,	Reich ist er und mächtig,
Sur tuz altres reiz curunez:	seine Krone steht über allen anderen
Deguerpit ad e vair e gris,	[Königen.
Chastels e viles e citez:	Er hat alles verlassen — Pelzwerk,
Il est turnez a icelui	Schlösser, Dörfer und Städte:
Ki pur nus fut en croiz penez.	er hat sich dem zugewendet,
	der für uns ans Kreuz geschlagen
	[wurde.

In dem gleichen Sinne wird ihm in dem nach jeder Strophe wiederholten Refrain die Gewißheit des ewigen Lohnes zugesichert. Bei dieser Stelle ist auf eine in jener Zeit verbreitete Prophezeiung hinzuweisen, die mit dem Namen Ludwigs von Frankreich verbunden wird und die besagt, daß er seine Herrschaft durch die Präeminenz seines Königtums bis an die Grenzen der Welt tragen wird. Die namentliche Erwähnung König Ludwigs, des rex francorum, ergibt die Verbindung zu dem gleichzeitigen Kreuzlied aus den Carmina burana[52]. Die Zusammenhänge zwischen dem französischen und dem lateinischen Lied ergeben sich aus Parallelen, die durch den Endkaiserglauben zu erklären sind, der sich mit der Person Ludwigs VII. verband[53].

Die enge Bindung an das Predigtvorbild tritt in diesem Lied klar genug hervor, auch wenn die Abfolge der Gedanken immer wieder von einer ritterlichen Thematik durchbrochen wird. Es wendet sich ausdrücklich an die Ritterschaft, es soll die Ritter zur Kreuzfahrt veranlassen. Deswegen wählt der Dichter für den Heidenkampf das Bild des von Gott einberufenen Turniers zwischen Himmel und Hölle, zu dem sich die Streiter Gottes in Rohais versammeln sollen. Auch die rechtliche Festlegung des Lohnes gehört in diese Sphäre, die Vorstellung von Tag und Ort der Schlacht als Tag und Ort des Gerichts, das über die Rettung und den Lohn der Sünder entscheidet. Ritterliches Standesbewußtsein und ritterliche Ehre werden in diesem Kreuzlied angesprochen.

Einen anderen Liedtypus zeigt ein ebenfalls anonymes Kreuzlied des 12. Jh.s, dessen Entstehung schwerlich genauer bestimmt werden kann, aber wohl später liegt. Der Anfang bleibt in der Taglied- und Alba-Situation und ermahnt diejenigen, die Gott mit wahrer Liebe lieben, zu erwachen und sich auf den Tag der Kreuznahme vorzubereiten, den Gottes Güte ihnen zu einem Tag des Friedens machen will.

Vos ki ameiz de vraie amor,	Ihr, die ihr mit wahrer Liebe liebt,
Esveilliez vos, ne dormeiz pais;	Erwachet! Schlaft nicht!
L'aluète nos trait lou jor,	Die Lerche bringt uns den Tag
Et si nos dist an ces retraiz	Und verkündet uns in dieser Einsamkeit,
Ke venus est li jors de pais,	Daß der Tag gekommen ist [des Friedens,
Ke Deus, par sa tres grant dousor,	Den Gott in seiner übergroßen Güte
Donrait a ceals ki por s'amor	Denen schenken wird, die aus Liebe zu ihm
Pranront le creux et por lor fais	Das Kreuz nehmen werden und durch ihre Taten
Sofferront poine nuit et jor,	Nacht und Tag Mühsal ertragen werden,
Dont verrait il ses amans vrais[54].	Worin er seine wahren Liebhaber [erkennen würde.

Gott will den wahrhaft Liebenden, die um des amor dei willen das Kreuz nehmen, den Frieden auf ewig schenken. Unter betontem Hinweis auf die Passion, auf die Wundmale Christi, die seinen Opfertod für jeden einzelnen Menschen bekunden, erfolgt der Aufruf zu Dienst und Nachfolge. Ein dunkles Bild der Strafen, die den Verweigerer der Kreuzfahrt treffen, wird entworfen. Unmittelbar auf das Bild der Kreuzigung folgt eine sehr realistische Strophe, die das von Bernhard von Clairvaux und Otto von Freising verwendete Bild vom klugen Kaufmann auswertet[55]:

J'ai oït dire an reprovier:	Ich habe sagen hören als Ratschlag:
« Boins merchiez trait de vorse argent »,	ein guter Handel zieht Geld aus der [Börse.
Et cil ait moult lou cuer legier,	Der ist sehr leichtsinnig,
Ki lou bien voit et lou mal prant.	der das Gute sieht und das Schlechte [nimmt.
Saveiz ke Deus ait an covant	Wißt Ihr, was Gott denen [versprochen hat,
A ceals ki se vorront creusier?	die das Kreuz nehmen werden?
Si m'aist Deus, moult bial luier:	Bei Gott, er verspricht, sie sehr schön [zu belohnen:
Paradis permenablement!	das Paradies auf ewig.
Sil ki son prout puet porchaiscier	Wer seinen Profit gut wahrzunehmen [versteht,
Fols est se a demain s'atant[56].	ist ein Narr, wenn er bis morgen [wartet.

Ritterliche Thematik fehlt in diesem Gedicht. Es könnte an Laien jeder Volksschicht gerichtet sein, wie es der Absicht Bernhards in seinen Predigten entsprach. Zwar erinnert die dichterische Einkleidung der ersten Strophe an die Formen der Troubadourdichtung. Aber der in der zweiten Strophe anklingende Lehnsgedanke wird in die Vorstellung des Mitleidens mit der Passion Christi gewendet und leitet zum Opfergedanken über, der in der 3. Strophe ganz in geistlichem Sinne ausgelegt ist. Auf die realistische, volkstümliche Lohnstrophe folgt am Schluß die Forderung schneller Hilfe, die aber nicht auf die Not des Heiligen Landes bezogen wird, sondern auf ein an jeden einzelnen gerichtetes memento mori:

Nos nen avons point de demain,	Wir haben kein morgen,
A certes lou poons savoir:	sicher können wir nur dieses wissen:
Teis cuide avoir lou cuer moult sain,	der glaubt klug zu handeln,
Qu'ains lou quart jor tot son savoir,	der nicht sein Gut und sein Können
Neprixe pais ne son savoir,	in den Dienst der Kreuzfahrt stellt.
Quant voit la mort lou tient a frain,	Wenn er aber erkennt, daß der Tod [ihn am Zügel hält,
Si qu'il ne quet ne pié ne main	so daß er weder Fuß noch Hand
A lui saichier ne removoir,	an sich ziehen oder bewegen kann,
La keuse lait, si prant l'estrain;	
Mais trop vient tart a percevoir[57].	so erkennt er, daß er Stroh genommen

und den Weizen liegen gelassen hat
Aber er kommt zu spät dazu, es zu
[bemerken[58].

Man erkennt sehr deutlich, daß in diesen frühesten Kreuzliedern der „adhortatio"-Charakter überwiegt und die geschichtliche Wirklichkeit zurücktritt. Sie bleiben in enger Verbindung mit den Predigtgedanken und spiegeln etwas von der Aufrufsstimmung der ersten beiden Kreuzzüge wider. Es fehlt ihnen die auf eine individuelle Kunst deutende persönliche Gestaltung, deren erste Ansätze die Lieder der großen Einzelnen unter den Provenzalen erkennen lassen.

Die Kreuzlieder Marcabrus und Jaufre Rudels

Zwei Namen provençalischer Troubadours verbinden sich mit Liedern, die zum Kreuzzug enge Beziehungen haben und zugleich individuelle Aussagen über Gedanken und Empfindungen der Abschiedsstunden vor der Fahrt wiedergeben. Bei beiden erscheinen die Themata Minne und Kreuzzug in spannungsgeladener Beziehung zueinander: Jaufre Rudel erfindet oder erlebt die Problematik der „Fernliebe", Marcabru den Schmerz der plötzlichen Trennung, der sein erstes großes Dialoglied zwischen den Scheidenden entstehen läßt. Ihm verdanken wir aber auch das erste persönliche Aufrufslied, selbst wenn bei dem frühen „Lavador"-Lied Marcabrus an den Zug gegen die Sarazenen zu denken ist. „Die Wirkung dieses Meisterliedes geht aus der Breite in die Tiefe, umfaßt die ganze Christenheit, packt die Säumigen beim Gewissen, die Zaudernden bei der Ritterehre, mahnt zur Buße wie zu Freude und Vergnügen (Joy e Deport) und gilt für alle wie für bestimmte Personen." Die Charakteristik Vosslers[59], die sich vor allem in der Schlußstrophe bestätigt, faßt die verschiedenen Motive in Marcabrus Kreuzlied zusammen: die Mahnung an das christliche und das ritterliche Ehrgefühl, die Aufforderung zur Buße und zum freudigen Opfer, Motive, die sich in dieser engen und ernsthaften Verbindung in Deutschland erst in der Lyrik zum 3. Kreuzzug finden. Marcabru deutet den Sinn des Kreuzzugs im Bild eines Reinigungsbades:

Pax in nomine Domini!
Fetz Marcabrus lo vers e'l so.
  Auiatz que di:
Cum nos a fait par sa doussor
Lo seingnorius celestiaus
probet de nos un lavador,
C-anc fors outra mar no'n fon taus
En de lai enves Josaphas;
E d'aquest de soi vos conort. (Str. I)

Marcabru machte Wort und Ton.
Hört zu! Ich sags:
es schuf in seiner Huld und Gnad'
des Himmels Herrscher hoch und hehr
für uns ein wunderbares Bad.
Das gibts nur jenseits über'm Meer
zu Josaphat im tiefen Tal.
Ich komm zu Euch als Gottes Bot.
(Übers. v. Samuel Singer, S. 72)

Jeder soll diesem Ruf zum „lavador" folgen[60]. Nur im Reinigungsbad des Kreuzzuges entgeht er der ewigen Verdammnis. Es folgt die Aufzählung aller derer, die sich diesem Anruf entziehen wollen. Sie werden sehr deutlich genannt. Alle Hochmütigen, Glaubenslosen und Geizigen haben hier eine letzte Möglichkeit der Rettung. Als Lohn für einen raschen Entschluß zur Hilfeleistung wird Gott seinem Heere den Sieg und Ruhm geben. Niemand lasse sich durch Aberglauben, Trägheit oder Genußsucht abschrecken:

Del primeiran home fello,	Die anderen bleiben ruhmesleer
A tans aissi,	daheim zurück in Sorg und Not.
C'us a Dieu non porta honor. (Str. 5)	(Singer S. 73)

Besonders die „jungen" und die „reichen" Herren werden angesprochen. Sie verlieren Ehre und Ansehen und damit den Gewinn ihres ritterlichen Lebens, wenn sie etwa zu Hause bleiben:

En Espaigna e sai lo marques	Den spanischen Marquis minder nicht
E cill dell temple Salomo	als die vom Tempel Salomon
Sofron lo pes	drückt das Gewicht
E'l fais de l'orguoill paganor,	vom stolzen Heiden Kalifat.
Per que jovens cuoill avol laus.	Drum holt sich Jugend wenig Ehr,
E'l critz per aquest lavador.	wenn sie nicht hinzieht zu dem Bad.
(Str. 7)	(Singer S. 73)

Es wird angespielt auf die Kämpfe Raimon Berengars IV. von Barcelona (1131—1162) gegen die Araber. Spanien leidet ebenso wie Antiochia, Guyenne und Poitou. Deshalb ist es eine schwere Sünde, Gott in der Not die Hilfe zu verweigern.

Desnaturat son li Frances,	Der Frank ist ein entarter Wicht
Si de l'afar Dieu dizon no	der, wenn ihn Gott braucht, läuft
Qu'ieus ai comes. (Str. 8)	und hört mich nicht. [davon
	(Singer S. 73)

Mit der Gebetsfürbitte für den Grafen von Poitou schließt das Lied, das trotz der Verwendung üblicher Werbungsargumente doch stark die Eigenart Marcabrus zeigt. Die Selbständigkeit der Aussage tritt weniger durch die damals übliche Namensnennung hervor, als durch die Wahl der Bilder und der drängenden Imperative, die über den allgemeinen Adhortatio-Charakter hinausgehen. Die Verbindung von individueller Beteiligung am Zeitgeschehen und universeller Bekenntnisfreudigkeit zu christlichen Anliegen schließt bei Marcabru die Betonung des Nationalgedankens aus. In diesem frühen Kreuzzugslied eines provenzalischen Dichters verbinden sich — wie in der deutschen ritterlichen Kreuzzugsdichtung nach 1187 — das persönliche Streben nach ritterlicher Ehre und Glück mit dem überpersönlichen Dienst für Gott in der Kreuznahme.

4 Wentzlaff-Eggebert, Kreuzzugsdichtung

Die gleiche doppelte Thematik enthält ein Gedicht, das auf die Kreuzzugssituation in Spanien und im Orient bezogen ist. Der Ruf „ad ops d'Espagna e del vas" (zu Hilfe für Spanien und das heilige Grab) charakterisiert seinen Inhalt. Es ist stärker auf die Notlage in Spanien bezogen und wohl vor der Eroberung Cordobas (1137) entstanden[61].

Durch die Kreuznahme Ludwigs VII. von Frankreich ist ein thematisch anders akzentuiertes Gedicht Marcabrus veranlaßt, das das Minne-Thema mit der Kreuznahme des Ritters verbindet und die Trennungssituation eindringlich wiedergibt. Der zurückgelassenen Geliebten bleibt nur die Angst um den scheidenden Ritter. Davon befreit sie auch nicht der Trost eines ihr zugedachten himmlischen Lohnes:

„Senher", dis elha, „ben o crey	„Herr", sprach sie drauf, „das mag wohl
Que Deus aya de mi mercey	daß Gott von aller Not und Pein [sein,
En l'autre segle, per j assey,	in jener Welt mich will befrein,
Qu' on assatz d'autres peccadors;	er, der den Sündern gern vergibt,
Mas say mi tolh aguelha rey	doch hier büß ich den Liebsten ein.
Don joys mi crec; mas pauc mi tey,	Auch ihn muß ich der Kälte zeihn,
Que trop s'es de mi alonhatz." (Str. 6)	da er so weit von dannen zieht."
	(Singer S. 74)

Der Ton der Pastorelle, der im Eingang anklingt, schwindet in der engen gedanklichen Beziehung auf die geschichtliche Wirklichkeit des Aufbruchs zum zweiten Kreuzzug. Der Dialog zwischen dem scheidenden Ritter und seiner Geliebten wird zu einer Wiedergabe aller Gedanken zur Kreuznahme, die aber nicht den Schmerz der Dame zu lindern vermögen, sondern sich zu einer Anklage gegen Ludwig und sogar gegen Christus steigern[62]:

„Jhesus", dis elha, „reys del mon,	„Herr Jesus", sprach sie, „großer Gott,
Per vos mi creys ma grans dolors,	Von Euch kommt all mein schweres Leid,
Quar vostra anta mi cofon,	
Quar li mellor di tot est mon,	Denn Eure Schmach ist meine Not,
Vos van servir mas a vos platz."	Weil all die Besten Euch zulieb
(Z. 17—21)	Gegangen sind. So wollet Ihrs."
	(Übers. v. K. Vossler, S. 57)

„Ay mala fos reys Lozoicx!	„Verflucht der König Ludwig sei!
Que fai los mans e los preziex	Mit seinem Ruf und Aufgebot
Per que'l dols m'es el cor intratz."	Hat er das Herz mir wund gemacht."
(Z. 26—28)	(Vossler, S. 57)

Die Wirklichkeit des Kreuzfahrer-Abschieds hat hier eine realistische, den Trennungsschmerz bis zur Gottferne steigernde Ausgestaltung gefunden. Man erkennt deutlich, daß auch in den ersten beiden Kreuzzügen geschichtliche und dichterische Wirklichkeit sich ergänzen, wenn die Individualität des einzelnen

Dichters dem allgemeinen Aufrufscharakter der Lieder das persönliche menschliche Schicksal übergeordnet und mit dem höfischen Ton konfrontiert.

Das persönliche Schicksal läßt bei dem zweiten provenzalischen Kreuzfahrer dieser frühen Epoche, bei Jaufre Rudel[63], Lieder entstehen, die nur mittelbar mit dem Kreuzzugsthema verbunden bleiben. Wie bei Marcabru verlieren sich die Aufrufsgedanken in das Thema der Minne, erreichen hier aber eine so persönliche Vertiefung, daß sich daran über die Jahrhunderte hin die Geschichte einer Liebe zur fernen Prinzessin im Heiligen Lande in immer neuen poetischen Fassungen ausbildete, von der Gaston Paris feststellt: „ce n'est qu'une touchante légande inventée d'après certains passages librement interprétés des oeuvres du poète: c'est cette légende ... du Prince de Blaye et de la Princesse Lointaine".

Dieser Geschichte einer Liebe liegen die Lieder zugrunde, die der Ritter Jaufre Rudel um 1147 kurz vor seiner Ankunft im Heiligen Lande oder dort selbst dichtete und nach Hause sandte, denn er wird dort den Tod gefunden haben. Diese Gedichte brauchten im Zusammenhang mit den Kreuzzugsdichtungen kaum erwähnt zu werden, wenn nicht in ihnen jene später so hoch entwickelte Gedankendichtung ihre erste Ausformung gefunden hätte, die eine seltsame Mischung von Phantastik und Schwermut darstellt und gerade den Minnegedichten den persönlichen Ton verleiht — wie bei Hausen und Johannsdorf. Mit echtem Sinn für die poetische Verhüllung des Liebesgeheimnisses arbeitet Jaufre Rudel diese Verlorenheit an die Sehnsucht zur Dame seines Herzens heraus. „L'amor de lonh" bleibt nicht nur Stichwort für dieses Fernweh der Liebe, sondern Anlaß zu wiederholter Variation der Fiktion einer Liebeserfüllung. Daß hinter einer solchen Intensität der Minnegedanklichkeit das Kreuzzugsthema zurücktritt, ist verständlich, zumal die ganze sprachliche Kunst auf die Belebung der Irrealität gewendet ist. Der Dichter sieht sich selbst außerhalb der üblichen Thematik, weil er es genug sein läßt mit der Traum-Liebe von jener Dame fern überm Meer (autramor):

Nuils-hom n.os meravill de mi	Find keiner mich verwunderlich,
Sieu am so que ja no·m veira,	Wenn mich entzückt was ich nicht seh';
Que l cor jor d'autramor non ha	Nur ihrer, die mir fern von je,
Mas de cela qu'ieu anc no vi,	Erfreut mein Herz in Liebe sich,
Ni per mill joi aitan no ri',	Nur ihrer Lust ergötz ich mich
E no sai quals bes m'en venra ...	Unkund, welch Glück mir von ihr nah.
(Edition Pléiade S. 782)	(Übers. Fr. Wellner, S. 13/14)

Enger auf den zweiten Kreuzzug bezogen ist das Lied, das in vielen Untersuchungen als Kreuzlied mit Minnethema umstritten ist: „Langnau le jorn son lonc en may", dessen zweite Strophe als Rahmen des Liedes die Fahrt ins Heilige Land wählt. Mit der Beteuerung des Gottvertrauens setzt die Strophe ein: „Be tenc lo senhor per veray", die die Irrealität der Begegnung mit der

4°

fernen Geliebten zum Thema hat und dabei die Möglichkeit des realen Begegnens im Heiligen Land offen läßt, wenn die Pilgerfahrt dorthin begonnen hat:

Ai! car me fos lai pelegris,	Ach, gern zög ich als Pilger fort,
Si que mos futz e mos fapis	Daß mich ihr schönes Auge dort
Fos pel sieus belhs huels remiratz.	Mit Stab und Mantel wandern säh.
(Edition Pléiade S. 780)	(Übers. Fr. Wellner S. 12)

Diese Gedichte leben gegenüber Marcabrus Kreuzliedern aus der Welt des Gedankens und des absoluten Ideals. Sie spiegeln eine sehr frühe Welt reiner Minne-Gedanklichkeit, die, an den südfranzösischen Höfen aus der curtoisie hoch entwickelt, im Zusammenstoß mit der Wirklichkeit der Kreuzzüge bei einzelnen Dichtern verfeinerte Ausdrucksmöglichkeiten erfahren hat. Neben diesen provenzalischen Liedern entsteht in der Zeit der ersten Kreuzzüge eine mittellateinische Kreuzzugsdichtung, die in steter Anonymität an historische Ereignisse anknüpft. Eine differenzierte künstlerische Aussageform wird in diesen, in der Sammlung „Carmina burana" überlieferten, Liedern noch nicht erreicht.

Die Kreuzlieder der „Carmina burana" aus der Zeit der ersten Kreuzzüge

Das Titelbild des Codex Latinus 4660 in der Münchener Staatsbibliothek enthüllt in seinem Symbolgehalt die Grundthematik der Zeit und der in dieser Sammlung enthaltenen Lieder. Es stellt das Rad der Fortuna dar, das durch vier Gestalten in der schwingenden Aufwärts- und Abwärtsbewegung festgehalten wird. Dabei bleibt das Imperator-Bild bestimmend und gewinnt — wie in einigen Kreuzzugsliedern — Verbindung zum großen Königsspiel des „Ludus de Antichristo". Ein Herrscher, die Krone auf dem Haupt, hält sich hoheitsvoll auf seinem Thron, ein anderer, die Krone verlierend, neigt sich dem Absturz zu, die dritte Figur fällt fast senkrecht ins Bodenlose, von der Wucht des Rades in diese Richtung gepreßt, eine vierte zeigt sich nach oben klimmend. Dem Auf und Ab des Glücksrades ist ein Sinn mitgegeben in dem Wort: „regno-regnavi-sum sine regno-regnabo". Der Wechsel des Glücks in der Welt soll so veranschaulicht werden mit der Möglichkeit des rauhen Absturzes aus königlicher Macht, aber auch des Aufsteigens und des Bleibens im Lauf der Welt. Dem Vergänglichkeitsbewußtsein formt sich ein Gegenbild. Es kann gesteigerte Diesseitsfreude sein, aber auch erhöhte Jenseitssehnsucht. So versinnbildlicht das Titelbild den Inhalt der Liedersammlung. Die Carmina „Seria" sind getrennt von den „Amatoria" und den „Potentoria". Aus den Gruppenüberschriften der „Seria" hört man deutlich die ernste Zielsetzung heraus: de avaritia, de invidia, de correctione hominum. In der 14. Gruppe erscheint die Überschrift: de cruce signatis[64].

Man darf diese Gruppierungen in Sammelhandschriften nicht für zufällig halten. Man sollte auch nicht aus dem Vergleich der Carmina seria mit dem

Reichtum an Hymnen des 11. Jh.s oder der ernsten Verantwortungspoesie des frühen 12. Jh.s den Schluß ziehen, daß es sich bei den Seria, besonders bei den Kreuzliedern nur um „bestellte Arbeit" handle. Wenn sie auch formal hinter den funkelnden weltlichen Liedern weit zurückstehen, so geben sie doch inhaltlich reichen Aufschluß über die verschiedenartige Thematik der Kreuzzugslyrik, besonders wenn man sie in ihrer zeitlichen und gattungsmäßigen Differenziertheit betrachtet.

Jedes der Lieder steht für sich und muß als Einzellied gesehen und beurteilt werden. Selbst die Aufrufslieder sind in ihrer Thematik verschieden. Alle aber sind durch bestimmte historische Ereignisse veranlaßt und in ihrer Chronologie festgelegt. Gerade diese Nähe zur historischen Darstellung gibt allen mittellateinischen Kreuzzugsliedern ihre Eigenart gegenüber dem hymnischen Charakter der frühesten Pilgerlieder, in denen die Heilsgeschichte den Hauptinhalt ausmacht und den späteren Abschiedsliedern, in deren individueller Prägung vom höfischen Rittertum her das Charakteristische liegt.

In den Carmina burana sind aus der Zeit vor dem zweiten Kreuzzug drei Kreuzlieder überliefert. Alle drei beziehen sich auf die historischen Ereignisse im Heiligen Land und bleiben im Mittelfeld von Geschichts- und Legendendichtung, wobei ihre Form wenig Eigenart zeigt. Sie beleuchten die Situation des Menschen in der ersten Hälfte des 12. Jh.s. Was hier im Latein des Mittelalters entstanden ist, war für den Vortrag gedacht. Gehobene Sprache, bilddurchsetzte Anschaulichkeit und gelegentlich gesteigerte Rhythmik verhelfen der kirchlichen Symboltradition zur Wirkung. Altes und Neues Testament bestimmen die Bildlichkeit; Endkaiservorstellung und Wunderglaube heben die Gedichte aus der reinen Berichtsphäre. Der Dichter verleugnet nie seine geistliche Herkunft und verbindet die Heilsgeschichte mit dem erregenden Gegenwartsgeschehen.

In dem Lied Carmina burana Nr. 46 geht es um den Kampf von Fides und Ydolatria, allegorisiert in den beiden Gestalten der Ecclesia und der Synagoge:

>   Fides cum ydolatria
>   Pugnavit, teste gratia,
>   agresti vultu turbida,
>   mundi non querit tegmina,
>   sed forti fidens pectore,
>   dives unacum paupere. (Str. 1; CB S. 90)

Mögen die einzelnen Strophen in ihrer jetzigen Anordnung willkürlich aneinandergereiht sein, es würde sich auch in anderer Reihenfolge immer die gleiche Thematik ergeben, die typisch für die Zeit der ersten Kreuzzüge ist. Die Fides — jedes weltlichen Schutzes bar — liegt im Kampf mit der Ydolatria. Sie vertraut ihrer inneren Stärke und erscheint als reich, gerade weil sie sich der freiwillig entsagenden äußeren Armut verschrieben hat. Ihr steht die reiche und furchtbare Macht Babylons gegenüber, die vom Untergang bedroht ist:

> sed tempus adest calicis
> ad feces usque sceleris. (Str. 3, Z. 5 u. 6; CB S. 90)

Diese aus der Offenbarung Johannis entnommene Prophezeihung wird in dem Lied mit dem Bild des Mannes verknüpft, der den Kreuzzug der Fides gegen die Ydolatria führt. Er wird als „princeps principum" bezeichnet (Str. 4; CB S. 90), der die rosenfarbige Fahne bis zu den Säulen des Hercules tragen soll. Es ist ein von Gott bestimmter Herrscher, dem der Sieg und ein Friede ohne Ende geschenkt wird. Sein Name ist in dem Gedicht nicht genannt. Diese in anderen Quellen auf Ludwig VII. von Frankreich gerichtete Prophezeihung[65] unterstreicht die Heilsverheißung für die Christen und bedeutet zugleich eine Warnung an die Heiden. Die Stellung zu den Ungläubigen ist in diesem Gedicht toleranter als in der sonstigen frühen Kreuzzugsdichtung. Hier wird nicht die tiefe Kluft aufgerissen, die nur durch den Vernichtungskampf geschlossen werden kann. Gott lädt alle, auch die Heiden, zu sich ein. Auch an die Heiden ist der Ruf gerichtet:

> revertere, revertere,
> factoris opus respice! (Str. 6, Z. 5 u. 6; CB S. 90)

Die Heiden sind nicht die von Grund auf Verworfenen, sie sind nur die Verführten und Getäuschten. Ausdrücklich unterscheiden die ersten Verse der 6. Strophe zwischen „gentilitas" und „confusionis civitas", zwischen Führern und Geführten. Diese Haltung entspricht der von Bernhard von Clairvaux in den „Libri V de Consideratione ad Eugenium III" zum Ausdruck gebrachten Toleranzidee. Diese Schrift, die zwischen 1149 und 1152, also nach dem Scheitern des 2. Kreuzzuges entstanden ist[66], fordert die Heidenmission. So könnte sich das Lied auch auf den neuen Kreuzzug beziehen, den Bernhard auf Anordnung des Konzils von Chartres 1150 organisieren sollte. Die Prädikate freilich, die den Heiden in anderen Strophen des Gedichtes beigelegt sind, scheinen gegen die versöhnliche Haltung zu sprechen. Eine genaue Prüfung zeigt aber, daß sie auf den biblischen Wortschatz und auf traditionelle Vorstellungen zurückgehen. Das in 46, 13, 3 gebrauchte „canis" erscheint seit Rhabanus Maurus' Werk „De rerum natura" geradezu identisch mit dem Begriff des Heiden. Es ist ebensowenig abwertend zu beurteilen wie umgekehrt die Bezeichnungen für die Kreuzritter. Darum klingt auch der Anruf an diese Kreuzritter einfach und realistisch. Die Waffen der Kämpfer Christi sind gesegnet und werden unter dem Heilszeichen des Kreuzes über die Heiden siegen.

> Beati sunt mucrones,
> Quos portant Christi milites
> suffulti crucis tegmine,
> sub cuius gaudent robore,
> quorum felix atrocitas
> constringit te, Gentilitas. (Str. 8; CB S. 90 ff.)

Aber zugleich mit der Verheißung des Sieges der Christen über die Heiden wird auch das Erbarmen Christi für die Heiden ausgesprochen, das in der für alle bestimmten Speise von Christi Brot und Wein beschlossen liegt. Alle, aus denen der böse Geist gewichen ist und die auf die Freuden der Welt verzichtet haben, sind zu diesem Gastmahl geladen. Darum bleibt auch den Heiden diese Hoffnung[67]. Sehr deutlich ist die Anlehnung an den Bibeltext: Eine Heidin bat den Herrn, den bösen Geist aus ihrer Tochter auszutreiben. Er sprach zu ihr: Laß zuerst die Kinder satt werden, denn es ist nicht recht, das Brot der Kinder des auserwählten Volkes, der Christen, zu nehmen und es den Hunden vorzuwerfen. Hier wird das Bild für die tolerante Haltung den Heiden gegenüber verwendet:

> Nam panis filiorum
> fit cibus catulorum
> sub mensa pii Domini
> de verbis evangelii,
> gaude Syrophenissa!
> iam venit tua filia. (Str. 10; CB S. 90 ff.)

Rasch stellt der Dichter die unmittelbare Beziehung zur Gegenwart wieder her. Jerusalem ist der Platz, an dem man die wahre Freiheit erwerben kann. Dort gewinnt man die Seligkeit, dort erkauft man sich das ewige Leben:

> mercator prudens aderit,
> qui vitam velit emere,
> festinet illuc currere! (Str. 11, Z. 4—6; CB S. 90 ff.)

Bernhard von Clairvaux gebraucht dasselbe Bild[68]. „Si prudens mercator es ... magnas quasdam tibi nundinas indico[69]."

Allen Kreuzliedern der Carmina burana vor 1150 ist gemeinsam, daß sie sich nicht an den Ritterstand allein wenden; stets wird eine große, alle Menschen umfassende Gemeinschaft angesprochen. An den Einzelnen ergeht die Aufforderung, daß er diese Gemeinschaft verläßt und in die höhere und völlig neue des Kreuzheeres eintritt. Die adhortatio stellt Kreuzfahrt und Kreuzheer nicht über den Alltag, sie will den gewohnten Kreis der Vorstellungen nicht durchbrechen und sucht sich dem einfachen Menschen verständlich zu machen, der sein Hauswesen besorgt, der das Nützliche liebt, der mehr als an Ruhm, Sieg und Ehre an die Gefahren denkt, die ihn erwarten. Sie spricht deshalb auch von der seltenen Ware der Freiheit und des ewigen Lebens, die der „mercator prudens" zu kaufen nicht versäumen wird. Verständlich erscheint dieses Abgleiten ins Alltäglich-Realistische nicht nur im Hinblick auf die Kreuzpredigt. Es ist auch zu verstehen aus der Neigung mittelalterlicher Dichtung, Hohes und Niederes, den „sermo gravis" und den „sermo humilis" zu verbinden. Diesem praktischen Willen entspricht es auch, wenn in der 12. Strophe der Kreuzzugsgedanke in den Hintergrund gerückt wird, um die Sorge für Frau und Kind als Voraussetzung zu betonen:

> Non tamen ita properet,
> Quin coniugi provideat
> de rebus necessariis
> una cum parvis liberis,
> quod quidem nisi faciat,
> ignoro quid proficiat. (Str. 12, CB S. 90 ff.)

Auch dieser Gedanke der Versorgung der zurückbleibenden Angehörigen gehört zum Predigtgut der Zeit. Eine Wendung Bernhards wird in den letzten Zeilen der 13. Strophe aufgenommen:

> Sepulcrum gloriosum
> prophetis declaratum
> impugnatur a canibus,
> quibus sanctum non dabimus,
> nec porcis margarite
> mittuntur deridende.

Die letzten Zeilen klingen wie eine Antwort auf eine Frage aus der Kreuzpredigt Bernhards: Quid facitis, servi crucis? Itane dabitis sanctum canibus et margaritas porcis?[70].

Strophe 14 bringt das Gleichnis von den Arbeitern im Weinberg (Math. 20, 1 ff.) und knüpft wieder an das „mercator"-Motiv von Strophe 11 an. Die Kreuzfahrt wird hier im Sinne des Lohngedankens als ein Dienstvertrag dargestellt. Die Arbeit ist mühsam, aber ein ewiger Lohn ist dafür gewiß.

> nec gravet operatio:
> pondus diei preterit,
> merces perennis aderit (Str. 14, Z. 4—6; CB S. 90 ff.)

Dann geht die adhortatio ihren aus den Werbepredigten bekannten Weg. Keiner kommt zu spät, allen wird der gleiche Lohn zuteil[71]:

> Novissimus fit primus
> et primus fit novissimus
> dispar quidem vocatio,
> sed par remuneratio,
> dum cunctis laborantibus
> vite datur denarius. (Str. 15, CB S. 90 ff.)

Dieser Lohn ist das ewige Leben, in dem alle Unterschiede zwischen Arm und Reich, Hoch und Niedrig ausgeglichen sind, in dem Friede und Eintracht herrschen:

> Non hic mutatur sedes,
> non corrumpuntur edes,
> non maior hic minori,
> non pauper ditiori,
> non obstat alter alteri,
> nec locus est opprobrii. (Str. 16; CB S. 90 ff.)

Gerade dieser Schluß beweist — außer der verwerteten Prophezeihung und den Anklängen an den Brief Bernhards von Clairvaux — die Zugehörigkeit des Gedichts in die Zeit der ersten Kreuzzüge[71a]. Die Lohnversprechungen gelten allen, der Preis für das Opfer der Kreuznahme ist gleich hoch. Hier endet der Streit um Vorteile und Bevorzugte. Wenn auch in die Negation gekleidet, leuchten die großen jenseitigen Werte, die errungen werden können, weithin als lockendes Ziel eines allgemeinen Opferganges, der nicht nur dem Ritterstand, sondern der ganzen Christenheit nahegelegt wird. Die unmittelbare Nähe dieses Gedichts zur Kreuzpredigt ist nicht zu übersehen.

Das Lied Nr. 51 A nimmt stärker Bezug auf die geschichtliche Wirklichkeit und auf die Kämpfe der Christen mit den Türken in Ägypten. Betrachtet man allgemein den Aufbau einer adhortatio, so ist darin die allen Liedern eigene Gemeinsamkeit festzustellen, durch eine Vorbereitung Herz oder Verstand in möglichst starkem Maße zu treffen. So könnte Lied 51 gut als vorbereitende Klage zu 51 A verstanden werden, wenn es dem Verfasser auch nicht gelang, die Teile folgerichtig zu verbinden und eine innere Einheit herauszustellen[72]. Das Lied 51 A verzichtet völlig auf die Erregung des Gefühls und beschränkt sich auf eine nüchterne Schilderung der Rüstungen und Waffentaten des griechischen Kaisers Manuel und seines Verbündeten Amalrich I. von Jerusalem. Das Kreuzzugsmotiv erscheint hier säkularisiert, der Kampf gegen die Heiden nur als militärische Operation. Nur der griechisch-lateinische Mischrefrain, der eine verderbte Form des Trisagion der Karfreitagsliturgie darstellt, ermöglicht eine Beziehung zum Religiösen.

> Ayos
> o theos athanathos,
> ysma sother yskyros!
> miserere kyrios,
> salva tuos famulos! (CB, S. 104)

Über die Vorgänge im Heiligen Land wird sachlich berichtet. Der griechische Kaiser Manuel rüstet zum Krieg gegen die Heiden:

> Imperator rex Grecorum,
> minas spernens paganorum,
> auro sumpto thesaurorum
> parat sumptus armatorum. (Str. 1, CB S. 104)

Amalrich, der König von Jerusalem, hat die Türken in Ägypten geschlagen:

> Almaricus miles fortis
> rex communis nostre sortis,
> in Egypto fractis portis
> Turcos stravit dire mortis. (Str. 2, CB S. 104)

Jeder Christ soll für einen glücklichen Ausgang der Kämpfe beten. Möge der Heidenkönig vernichtet werden:

> Omnis ergo Christianus
> ad Egyptum tendat manus!
> semper ibi degat sanus,
> destruatur rex paganus! (Str. 2, CB S. 104)

Das Lied klingt uneinheitlich, abschnittweise fragmentarisch, und die Zusammenfügung von historischem Bericht und liturgischem Aufruf ist wenig überzeugend.

Dagegen wirkt der Jubelhymnus 52, der die Gruppe der Kreuzlieder in den Carmina burana abschließt, sehr einheitlich. Er feiert die Wiederkehr des Tages der Eroberung von Jerusalem im ersten Kreuzzug, indem er die heilige Stadt preist und zur Festfreude auffordert. Seine Entstehung ist in die erste Hälfte des 12. Jahrhunderts zu verlegen, bevor das Scheitern des zweiten Kreuzzuges die Erinnerung an die Erfolge des ersten überschattete. Zwei Gedanken bestimmen das Lied: die allgemeine Festfreude und das Lob Jerusalems. Alle sollen sich freuen und dem Herrn für die Errettung des Heiligen Landes danken:

> Exultemus et cantemus
> canticum victorie,
> et clamemus quas debemus
> laudes regi glorie,
> qui salvavit
> urbem David
> a paganis hodie! (Str. 2, CB S. 104)

Der Refrain unterstreicht mit biblischen Bildern die heilsgeschichtliche Bedeutung Jerusalems, der Stadt des neuen und des alten Bundes:

> Festum agitur,
> dies recolitur,
> in qua Dagon frangitur,
> et Amalec vincitur,
> natus Agar pellitur,
> Ierusalem eripitur
> et Christianis redditur,
> diem colamus igitur!

Die Stadt ist geheiligt durch das erste Ostern und das erste Pfingsten. Die Passion und die Ausgießung des Hl. Geistes haben sie zur Stadt aller Christen gemacht. Als die Gottesstadt wird sie in der mystischen Terminologie der lauretanischen Litanei als Sinnbild des neuen Sion gepriesen, zugleich aber auch als Zuflucht der verfolgten Christen, „hospitale pauperum", in der niemand sich zu fürchten braucht.

Urbs sacrata celitus,
adamate superis,
legis tabernaculum,
templum arche federis,
hospitale pauperum
et asylum miseris!
non timebis aliquod,
dum in ea manseris. (Str. 5, CB S. 105)

Die auserwählte Stadt Gottes überstrahlt Sonne und Mond:

Tanta lucis claritate
superatur sol et luna
tanta vicit sanctitate
omnes urbes hec urbs una. (Str. 6, CB S. 105 f.)

Zwei Möglichkeiten inhaltlicher Ausgestaltung zeigen sich in diesen drei lateinischen Kreuzliedern aus der Zeit vor dem dritten Kreuzzug: erstens die überwiegend geschichtliche Bezogenheit und die nur lose Verbindung mit der Heilsverkündigung, mit Liturgie und frühester Hymnik, zweitens die dem Aufrufscharakter solcher Lieder naheliegende Tendenz zur Belehrung über die Pflichten vor der Kirche, vor dem Kaiser und vor Gott. Von besonderer künstlerischer Formgebung kann nicht gesprochen werden.

2. KAPITEL

Die Kreuzzugsthematik in den geschichtlichen und spielmännischen Epen des 11. und 12. Jahrhunderts

Die Kaiserchronik

Der Generation der großen geistlichen Geschichtsschreiber und Legendendichter verdankt das deutsche Mittelalter die beiden Werke, in denen uns heute noch die Wirkung Clunys und Citeaux mächtig berührt: die Kaiserchronik und das Rolandslied. In beiden Werken lebt die Spiritualisierung des frühen Gottesstreitertums, wirkt die Kraft der Ideen aus den Reformbewegungen der Klöster und der Gottesstaatslehre Augustins. Die christliche Vorstellung vom Gottesstaat beherrscht die Kaiserchronik, die größte — wenn auch fragmentarische — Geschichtsdichtung des 12. Jahrhunderts. Ohne den dichterischen Charakter des Werkes, der in Einzelpartien zugleich wirklichkeitsnahen und zeitbedingten Abglanz trägt, bliebe seine Bedeutung für die Kreuzzugsthematik gering. Tradition und Zeitgebundenheit ermöglichen das kunstvolle Mischungsverhältnis von historischer Vorbildzelebration und zeitloser Legendenauswertung. Dem geistlichen Redaktor der Kaiserchronik steht das Gottesgnadentum des Imperators einer christlichen Welt als dichterisches Motiv zur Verfügung, das er frei und vielfältig für die Gegenwartspropaganda verwendet. Darum lebt jedes Kaiserbild von der aus der antiken Geschichtsschreibung übernommenen Vorstellung von der Unübertrefflichkeit der allerchristlichsten Kaiser, denen im Darstellungszusammenhang der Heiligenschein des Gottesgnadentums beigegeben wird. Wirkungsvoll hebt sich der milde Glanz der christlichen Herrscherportraits von dem grellen, realistisch gezeichneten Vordergrund der Heidendarstellung ab. Aber nicht so sehr das heute oft willkürlich und unhistorisch scheinende christliche Gesamtbild der Kaisergeschichte soll hier besonders betont werden, eher das Formgesetz der „Typologie", das gerade im Zusammenhang mit der Kreuzzugsthematik Bedeutung gewinnt. Die biblische und meist alttestamentliche Heilsverkündigung in ihrer Zeitlosigkeit und die geschichtliche Erfüllung in ihrer Zeitbedingtheit bilden die Grundstruktur dieser für die Dichtung des 12. Jahrhunderts kennzeichnenden Darstellungsform. Hier begegnen sich Gehalt und künstlerische Gestalt so glücklich, daß eine Sonderform der Geschichtsdarstellung entsteht, die Vergangenheit und Gegenwart in der Form von geschichtlichem und legendenhaftem Bericht zu vereinigen vermag. „Legende" als heilsgeschichtliche Realität und „Epos" als beispielgebende Herrschergeschichte sollen auf die Gegenwart wirken. Dabei verbindet die in beiden Erzählformen lebende christliche Ideologie die Geschichte des frühchristlichen Glaubens mit der damaligen gefährdeten Machtposition des christlichen Imperiums[1]. Die Vorstellung von der notwendigen Ausbreitung des christlichen Gottesstaates unter dem Kaisertum römisch-germanischer Prägung — wie es sich im Bild Karls des Großen gefestigt hatte — läßt Idee und Wert der Kreuzzüge zum Begleitthema der Kaiserchronik werden. Die Spiritualisierung prägt sich hier zum ersten Male im Kaiserbild selbst aus, während im deutschen Rolandslied — eine Generation später — bereits die Spiritualisierung des Ritterstandes beginnt, die dann in der Dichtung des Hochmittelalters dichterische Vollendung erreicht.

Die durch Clunys Reformen wiederhergestellte Einheitlichkeit der Vorstellungen von einem Gottesstaat auf Erden — auf denen auch die Anerkennung des bellum justum beruht — führt zu einer ideell und politisch gefestigten einheitlichen Auffassung von Kaisertum und Papsttum. Augustins Werk „De civitate Dei libri XII"[2] bietet die Begründung für die neue Ordnung, die Cluny der Welt und der Kirche gibt, in der Weltmacht und Gottesstaat vereinigt werden sollten. Träger dieser Ordnung sind Propheten, Patriarchen und Päpste. Sie haben die höchste Stufe in der civitas Dei inne. Die Stellung des Kaisers bleibt offen. Sie wird bestimmt durch die Gegenkräfte dieses Gottesstaates, die im Heidentum jeglicher Art, von den Assyrern bis zu den Römern reichend, in der „civitas terrena" zusammengefaßt sind. So erscheint es für jeden Geschichtsschreiber selbstverständlich, den Sieg des Gottesstaates über die Welt zu verherrlichen und so die von Gott befohlenen Heidenkriege und Kreuzzüge als Ausdruck des Kampfes um die Sicherung der civitas Dei in den Vordergrund zu rücken. In dem Moment, in dem die Kreuzzüge scheitern, bricht der Verfasser der Kaiserchronik seinen Bericht ab. Denn die Kaiserchronik ist keine das Detail berücksichtigende Zeitgeschichte, sondern ausdrücklich eine Kaisergeschichte. Nach der Auffassung des Dichters ist in der Gestalt des Kaisers die Geschichte verkörpert, so wie sich Wechselspiel und Spannung des Geschichtsablaufs im Verhältnis Kaiser—Papst widerspiegelt. Kaiser bedeutet immer Reich, civitas terrena, und Papst heißt immer Kirche, civitas Dei. Der Kaiser ist der Verwalter des Imperiums, er hat seine Macht von Gott. Bezeichnend ist in dieser Hinsicht, daß nach dem Ende des Römischen Reiches (14 283) die Krone auf dem Throne Petri in der Peterskirche in Rom ruht, also in ihrer eigentlichen Heimstatt. Dem Dichter der Kaiserchronik ist die Verbundenheit zwischen Kaiser und Papst der Wertmaßstab. Wie sich der Kaiser zum Papst verhält, so wird der Wert seiner Person, seiner Regierung, seines Reiches eingeschätzt; symbolisch wandelt sich der Idealkaiser Karl zum leiblichen Bruder des Papstes Leo (14 308 ff.). Die Art der Darstellung der einzelnen Kaiser wird für das Kreuzzugsthema aufschlußreich. Besonders wichtig ist die Darstellung Karls des Großen. Er genoß im Mittelalter eine überaus große Verehrung, sein Bild als Heidenkämpfer war festgelegt. Der Dichter der Kaiserchronik widmet ihm fast 1000 Verse.

Die Geschichte Karls ist eingebettet in wunderbare Fügungen, die ihn als Auserwählten Gottes unter den Menschen erscheinen lassen. Seine Wahl zum König ist durch göttlichen Willen herbeigeführt worden: eines Nachts hört er eine Stimme, die ihm befiehlt nach Rom zu gehen. Dort wird er gekrönt. Karl empfindet selbst seine besondere Sendung. Der Dichter erwähnt bei jeder Gelegenheit, daß er sich zu Gebet und Gottesdank zurückzieht. In schwierigen Entscheidungen steht ihm Gott zur Seite: der Kampf gegen die Römer (14 589), die sich gegen Papst Leo erhoben haben, wird durch eine überirdische Stimme befohlen. Die Beispielhaftigkeit seines Wesens dokumentiert sich dem Dichter in der genauen Gegenüberstellung seines Tuns mit dem des bis dahin allerchristlichsten Kaisers: Konstantins. Beider Charakter und beider Heidenkämpfe entsprechen einander und erfüllen das Vollkommenheitsideal in der Ordnung der civitas Dei[3]. Man könnte das typologische Gestaltungsprinzip in diesem Parallelismus der Zwei-Kaiser-Charakteristik wiedererkennen — hier angewandt auf weltliche Historiographie. Denn alles was für die Charakterentwicklung Konstantins als noch nicht vollendet erscheint, ist bei Karl als erfüllt gesehen, repräsentiert in den Tugenden eines in sich vollendeten christlichen Kaisers. Diese Tugenden werden bei der Beschreibung Konstantins im Hinblick auf Karl genau aufgezählt:

>   wis deumuote,
>   rihte wol der diete,
>   nim nehaine miete,
>   uber die armen
>   lâ dû dich erbarmen!
>   witwen unde waisen
>   hilf ûz den fraisen,
>   vesten den gelouben,
>   habe got vor ougen!
>   sô gît dir got ze lône
>   die himeliscen crône,
>   unde sîn rîche
>   bûwest dû iemer êweclîche,
>   dû unt alle dîne holden. (13 610—13 623)

In den Imperativen kommt der Hinweis auf die Zukunft erst deutlich zum Ausdruck. Kaiser Konstantin muß sich der Liebestat Gottes, die ihn zum Christentum erweckte, würdig erweisen. So werden die Tugenden, nach denen er streben soll, genau benannt; sie erscheinen hier in einer beachtenswerten Reihenfolge, bei der mit dem summum bonum begonnen wird, mit der Demut.

Darauf folgen Gerechtigkeit, Unbestechlichkeit, Mitleid, Festigung des Glaubens. Das Bild des idealen Weltenherrschers rundet sich aber erst im Lob Karls des Großen, der als christlicher Imperator, als oberster Priester und als Richter erscheint. Alle Kennzeichen eines wahrhaftigen Gottesstreiters, wie sie aus kirchlicher Forderung und germanischer Überlieferung bekannt waren, verbinden sich in seiner Person. Verantwortung vor Gott und seinem Volk steht über allen seinen Entscheidungen. Unauflöslich bleibt damit die devotio im Sinne christlicher Opferbereitschaft verknüpft. Als Dienst an Gott und der Menschheit gilt der Schutz aller Christen, aller Armen und Unterdrückten, vor Angriffen weltlicher und heidnischer Übermacht. Karl ist „rihtaere unde voget", er ist der „wâre gotes wîgant", der die Heiden „ze der christenhaite getwanc" (15 073). Weil er der „voget" von Rom ist, wächst er zum Beschützer der Kirche und zum Richter über Krieg und Frieden. Er repräsentiert die Einheit von göttlichem und weltlichem Imperium, in ihm erscheint die Gottesstaat-Idee zum ersten Male in der Kaisergeschichte verwirklicht. Es heißt von ihm:

>   Karl was chuone,
>   Karl was scône,
>   Karl was genaedic,
>   Karl was saelic,
>   Karl was teumuote,
>   Karl was staete,
>   unt hête iedoch die guote.
>   Karl was lobelîch,
>   Karl was vorhtlîch,
>   Karlen lobete man pillîche
>   in Rômiscen rîchen
>   vor allen werltkunigen:
>   er habete di aller maisten tugende. (15 075—15 087)

In der Kaiserchronik nimmt diese Aufzählung wegen der oben erwähnten weltlichen Typologie eine Sonderstellung ein. Sie bietet auch in der Häufung der Adjektive eine an dieser Stelle höchst wertvolle Persönlichkeitscharakteristik im Sinne des idealisierten Ritterbildes der kommenden Zeit. Von der späteren Wortbedeutung her, vom Höhepunkt ritterlicher Adelskultur gesehen, gewinnen die Tugendattribute ihren tiefen Sinn. Sie sind nicht im Sinne Ciceronianischer laudatio imperatoris gebraucht, sondern bewußt angewandt auf frühchristliche fränkische Eigenart. Wieder erscheint unter den später als höchste Ritterwerte anerkannten Tugenden der staete und Tapferkeit, der Kühnheit und der triuwe die höchste Herrschertugend der Demut, unter der die selbstgesetzte Einschränkung der weltlichen Macht und die freiwillige Beugung unter das göttliche Gebot verstanden wird; sie läßt Karls Vorbildlichkeit in der ganzen Welt unwiederholbar erscheinen.

Ebenso vorbildlich wirkt Karl als Beschützer der Kirche. Seine Auffassung von Heidenbekehrung und Heidenkrieg gründet in Augustins Auffassung vom „bellum iustum". Nur der Krieg zur Wiedererlangung und Verteidigung geraubten Gutes gilt als gottgewollter Kampf, ebenso der gegen Häretiker und Widersacher des Christentums.

> Karl dô hêrlîche sprach:
> 'ich waen, es ie in der werlte geschah,
> daz einer durch got gaebe,
> daz daz der andere naeme,
> daz waere ain offen roup. (14 390—14 394)

Um diesen „offen roup" führt Karl den Krieg, und der Sieg ist auf seiner Seite. Auch seine Kämpfe gegen die Westfalen, Sachsen und Friesen sind gerechte Kriege, denn diese Stämme sind Heiden, die er dem Christentum zuführen will. Nachdem er sie besiegt hat, stiftet er ein Bistum:

> Ain bistuom stift er ze Breme.
> sente Willibolt bekerte dô die Tene
> mit sîner suozen lêre. (14 873—14 875)

Es bleibt auch unter Karl nicht bei diesen sanften Christianisierungsversuchen, der Chronist weiß auch von gewaltsameren Methoden der Bekehrung:

> von dem tage iemer mêre
> so wuhsen Karle sîn êre,
> want er mit sînem swerte uberwant,
> daz er Rômaere betwanch,
> daz sie gote wurden undertân,
> vil manige sêle er dem tievel benam. (14 821—14 826)

Schon für Augustinus war diese Weise der Christianisierung problematisch, denn die Bekehrung war nur wirksam, wenn sie innerlich und nicht unter Gewalt vollzogen war. Darum zeigt die Schilderung der Kaiserchronik soviel Einsicht in Karls eigene Unvollkommenheit als christlicher Kaiser. Seine „devotio" wird stark herausgehoben; sein Bild als Herrscher vollendet sich in der Gestalt des kaiserlichen Büßers, der in den Kirchen Roms um Gottes Gnade und die Segnung seines Tuns fleht. Wie eine Vorwegnahme des idealisierten staufischen Ritterbildes wirkt darum auch die Verkündigung, daß sein Bußgebet erhört worden sei, und daß er die Vollendung seines christlichen Kaisertums in der Gewährung höchster weltlicher Ehre und der Huld Gottes erlangt habe. Als Friedensfürst und machtvoller Verteidiger des Christentums geht er im 12. Jahrhundert in die deutsche Kaisergeschichte ein. (So findet er seinen Platz in den deutschen Domen. Zürichs Kathedrale bewahrt dieses Bild heute noch im Innenraum.) Kreuz und Schwert bleiben die Insignien dieses Karlsbildes, das dichterisch erhöht in diesem Symbolreichtum zum

Die Kreuzzugsthematik in den Epen des 11. und 12. Jahrhunderts 65

ersten Mal in der Kaiserchronik erscheint, aber mitgeformt ist durch die zeitgegebenen Voraussetzungen der Kreuzzugsbewegung.

Kreuzzugsszenerie innerhalb der Geschichtsdarstellung

Die Kreuzzugsthematik setzt sich an mehreren Stellen der deutschen Kaiserchronik durch. Für manche historische Szenen nimmt der Chronist vom Zeitgeschehen die Intensität der Farben und die mitreißende Bewegtheit der dichterischen Ausgestaltung. Ich denke dabei an die von echter Kreuzzugsstimmung getragenen Schilderungen des Aufbruchs zu Karls Rachefeldzug gegen Rom. Dieser Romzug Karls ist in seiner Ausgestaltung von der Stimmung der ersten Kreuzzugsaufrufe getragen, wie sie in den historischen Quellen bestätigt ist[4]. Karl zieht nach Rom, um das Verbrechen am Papst (die Blendung) zu rächen. Der Papst gilt in dieser Szene als Vertreter der gesamten Christenheit, die in seiner Person angegriffen worden ist. Darum lautet Karls Racheschwur:

> mit dem swerte sol ich die christenhait bescirmen. (14 537)
> ...
> Ich geriche iwer ougen,
> oder ich wil mich des swertes gelouben. (14 539—14 540)

Wie beim ersten Kreuzzug erhebt sich auch hier die gesamte Christenheit ohne Unterschied des Standes oder der Landeszugehörigkeit, um dem Ruf Gottes zu folgen:

> Vil michel wart ir jâmer unt ir clage.
> Die boten îlten flîzeclîche
> von rîche ze rîche
> von hêrren ze manne;
> vil willich wâren si im alle.
> bûliute unt koufman
> die nemahte niemen ûf gehaben,
> sie liezen alle ir habe,
> si huoben sich ze wege.
> jâ huop sich in der cristenhait
> michel jâmer unde lait
> von volke ze volke.
> si sigen zuo sam diu wolken
> uber monte Jôb:
> hai wie daz her dar uber zôch
> durch Triental!
> der scar nehât daz buoch nehain zal.
> daz was diu aller maiste hervart
> diu ie ze Rôme gefrumet wart[5]. (14 552—14 570)

5 Wentzlaff-Eggebert, Kreuzzugsdichtung

Nach dem Sieg und dem Wunder an Papst Leo fällt alles zum Gebet nieder:
> als er daz wort volle sprach,
> der chunich viel in crucestal,
> sam tet daz volc uber al.
> omnis clerus
> sungen 'Te deum laudamus'[6]. (14 746—14 750)

Die gleiche Verschmelzung von erlebter Kreuzzugsstimmung und geschichtlichem Vorgang[7] begegnet in der Darstellung von Hadrians Rachezug gegen Damaskus und seinem siegreichen Einzug in Jerusalem. Deutlich tritt auch hier die durch Aufrufe und Predigten bestimmte Auffassung hervor, daß der christliche Friedensfürst sich nur dann zum christlichen Kriegsherrn wandeln darf, wenn es um die Erhaltung und Verteidigung des Gottesstaates, der civitas Dei, gegen die Angriffe des Heidentums geht. So erhalten die Ungarn- und Hunnenkämpfe wie die Sarazenenkriege den Charakter des heiligen Krieges. Mehr und mehr bildet sich in der Kaiserchronik der Kontrast heraus zwischen den Gottesstreitern und den unedlen Tyrannen, den Genießern der Welt, wie z. B. Heinrich IV. Gerade sein Bild wirkt besonders düster, da neben ihm die Gestalt Gotfrids von Bouillon, des Kämpfers für das Heilige Grab, besonderen Glanz ausstrahlt. Gotfrid hat die Ehre der Welt und die Gnade des Himmels errungen, denn er ist gefallen „dem waren gote zêren". Er wird als Vertreter der christlichen Ritterschaft gesehen, der die hoffnungsvolle Schau auf Gott Sicherheit und Siegesbewußtsein verliehen hat. Mehrfach wird in der Kaiserchronik die Formel von der Hilfe Gottes in höchster Not verwendet:
> got half den sînen an der zît. (16 711)

> alsô relôste got sîne scalke
> mit sînem gotelîchem gewalte. (16 687—16 688)

Gotfrid hält seinen Rittern eine Rede:
> Mîn trähtîn hât ain guoten sit,
> daz er die sîne niemer verlât,
> swer im ze der nôte gestât.
> wir sulen den weg mit im tailen.
> so megen uns die vaigen
> niemer entrinnen. (16 719—16 724)

Dieses „swer im ze der nôte gestât" gehört zu den Hauptgedanken der Kreuzzugspredigten: das Heilige Land, das Heilige Grab sind in Not und Gefahr. Wir sind aufgerufen, es zu beschützen. Die Kreuzritter sind Verteidiger Gottes. Einen weiteren Gedanken der Kreuzzugspredigten spricht Gotfrid aus, wenn er sagt: wir sollen den Weg mit ihm teilen. Damit ist nicht nur die räumliche Nachfolge zu den Stätten gemeint, die Christi Fuß einmal betreten hat, sondern vor allem die Nachfolge auf dem Leidensweg, das Martyrium und die erhoffte Erlösung.

So heißt es von Gotfrid nach dessen Tod vor dem Heiligen Grab:

> als ich iu nû sage:
> dâ ze dem hailigem grabe
> dâ ruowet sîn gebaine.
> diu sêle ist hailig unt raine. (16 786—16 789)

Die Zeilen klingen so, als sollte darin zum Ausdruck gebracht werden, daß sich der Gedanke vom himmlischen Lohn für die Kreuzfahrt endgültig durchgesetzt hat.

Die Heiden werden als die Feinde des Glaubens, als die Verbündeten des Teufels gesehen, deren Vernichtung ein Gott wohlgefälliges Werk ist. Mit einer wahren Freude berichtet der Schreiber von den grausamen Niederlagen der Heiden:

> si sluogen in ainer luzelstunt
> der haiden mêr denne fiunfzech tûsunt. (16 676—16 677)

> Alse di haiden vernâmen,
> daz di cristen begunden nâhen,
> ze fluhte huoben si sich,
> âne slach unt âne stich
> lac ir cehenzec tûsent tôt
> vor durstes nôt. (16 740—16 745)

Heiden gelten nicht als ebenbürtige Gegner, die eines ritterlichen Kampfes wert sind. Sie sind die „vaigen", die zum Tod bestimmten. Ungerührt wird über ihre Vernichtung berichtet:

> die haiden dâ vor
> wurden retret und reslagen,
> daz man iu vur wâr wol mac sagen,
> daz der haiden lant
> von dem âse restanch.
> diu froude under den cristen wart,
> si huoben sich wider in di hailigen stat. (16 755—16 761)

Dieser Ton läßt sich nur aus dem festen Glauben an die Berechtigung des bellum iustum erklären. Die Christianisierung der Heiden scheint nur von ihrer Niederlage abhängig zu sein.

> da gezwîvelt elliu haidenisciu craft,
> sine versuochten ez an si niht mêre.
> dô braite sich die gotes lêre. (16 767—16 768)

Man erkennt, daß die Kaiserchronik noch weit entfernt ist von der toleranten Wertung des „edlen Heiden", wie sie in der höfischen Zeit beginnt.

Der Kreuzritter erringt auf der Kreuzfahrt in der Nachfolge Christi nicht nur himmlischen Lohn, er gewinnt auch weltliche Ehre. Zwar opfert er für die Fahrt „alle sine habe", seinen weltlichen Besitz, aber er gewinnt höchstes Ansehen vor der Welt. Zum ersten Mal taucht in der Kaiserchronik der Gedanke auf, daß für Gott sein nicht gegen die Welt sein bedeutet. In der Karlsgeschichte trat dieser Gedanke ähnlich formuliert auf:

> er diget umbe di sêle.
> des behielt er ouch alle werltlîch êre. (14 366—14 367)

Wohl erinnert das Wort an die Parallele aus dem Neuen Testament: „Trachtet am ersten nach dem Reiche Gottes .." Daß aber daneben der weltlichen Ehre eine so hohe Bedeutung zugemessen wird, ist aufschlußreich für die Einstellung der Zeit. Die Erkenntnis, daß diese Welt einen Wert in sich birgt, den zu erwerben sich lohnt, ist die Voraussetzung für die weitere Entwicklung des Ritterstandes. Neben die geistlichen überweltlichen Ideale treten irdische: die vollkommene Erziehung, der Ruhm im Kampf, die Gunst der geliebten Frau. Später werden diese Ansätze zur Betonung des Irdischen so einseitig weiter entwickelt, daß sie für die höfische Epik sehr schnell problematisch werden. Die Kaiserchronik bleibt eine Dichtung des Übergangs, auch in der Vertiefung der Kreuzzugsthematik. Wie alle Werke, die an der Wende zweier Strömungen stehen, trägt sie die Spuren der Tradition ebenso wie die Ansätze einer neuen Epoche. Der Kreuzzugsgedanke ist in der Kaiserchronik nicht selbständig wirksam. Die Kreuzzüge werden, wenn auch mit starker Anteilnahme, als historische Ereignisse nur vermerkt.

Nur selten gelingt es dem geistlichen Erzähler, die geschichtliche Wirklichkeit in eine dichterische zu verwandeln. Selbst in der Schilderung einer so mächtigen Bewegung des Abendlandes wie sie der erste Kreuzzug darstellt, überwiegt ein trockener Berichtstil. Nur in wenigen Abschnitten tritt die historische Thematik auffällig deutlich in den Kreis der Dichtung: in der Legendenerzählung.

Die Heracliuslegende

Ein besonders geeignetes Beispiel dafür ist die Geschichte von dem römischen Kaiser Heraclius und dem heidnischen König Codras, der im frevelhaften Übermut nach Jerusalem aufbricht, um den Christen das Heilige Kreuz zu entführen und das Grab des Herrn zu zerstören (111 38 ff.). Die Vermessenheit des Heiden (vil gerne wolt er got sin) wird als Gegenbild der Demut christlicher Herrscher ausführlich geschildert. Der Dichter weist nicht nur allgemein auf seine Untaten an den Christen hin (111 72), seine Teilnahme gilt dem Schicksal der heiligen Symbole der Christenheit, dem Kreuz und dem Grab Christi:

>   daz hailige crûce vuort er dan,
>   dâ got selbe di marter lait an.
>   daz hailige grap wolt er ouch zevuoren;
>   iedoch nemaht erz niht geruoren,
>   wand ez im der gotes engel selbe werte.
>   die stat er alle samt verherte.
>   vil luzel dar inne genas
>   daz nuzze oder vrum was.
>   da gescach vil grôz jâmer. (111 60—111 68)

Der christliche Kaiser Heraclius wird von vornherein als der Idealtypus des christlichen Ritters eingeführt, der den Forderungen Gottes und der Welt gerecht wird:

>   der gewan Rômaeren michel êre
>   unt ernerte iedoch die sêle. (111 40—111 41)

Wie Karl wird er von einer himmlischen Stimme zum Kreuzzug gegen den Feind der Christenheit aufgerufen. Der Angriff des Heiden und der Raub des Kirchengutes werden von der Stimme als Begründung für den Krieg ausdrücklich genannt. Die Liebe zu Gott hat Heraclius zum Empfang der göttlichen Botschaft befähigt:

>   Herâclîus hête ze gote michel minne:
>   von himel ain stimme
>   sprach im vorhtlîche zuo:
>   „ich sage dir, chunich, wie dû tuo:
>   île dû dich gerechten,
>   ain volcwîch muost dû vehten
>   mit samt dem chunige Cosdrâ.
>   daz hailige crûce gewin dû wider dâ,
>   des er got hât beroubôt.
>   daz gebiutet dir von himele der waltinde got." (111 76—111 85)

In der danach einsetzenden Schilderung der Vorbereitungen zum Kampf ist die Kreuzzugsstimmung nicht zu übersehen. Gottes Befehl ist für Heraclius höchstes Gebot, er selbst trägt die Fahne, er spricht zu seinen Helden und verweist sie auf Gott als den obersten Gebieter dieses Feldzuges:

>   Herâclîus der tiurlîche hêrre,
>   er netwalte dô niht mêre:
>   durch die vil grôze nôt
>   ain hervart er sâ gebôt
>   in der haiden lant.
>   er nam selbe den vanen in die hant
>   waiten unde gruone;
>   er was ain helt vil chuone,
>   alse des tages wol wart anscîn. (111 86—111 94)

Die Rede die er vor dem Kampf an sein Heer richtet, zeigt den für die Kaiserchronik typischen Aufbau. Das alttestamentliche warnende Beispiel, das Heraclius gebraucht, gipfelt in dem Hinweis auf den Ungehorsam des hebräischen Volkes, das sich aus Furcht Gottes Befehl widersetzt (111 210—111 245). So wie das auserwählte Volk damals am eigenen Ungehorsam zugrunde ging, so kann es auch dem römischen Heer geschehen, wenn es nicht mit aller Kraft kämpft, um Gottes Gebot zu erfüllen. Wortlaut und Wirkung der Rede entsprechen den Kreuzzugsaufrufen. Es ist eine Gnade Gottes, daß er die Gelegenheit zum Kampf bietet, durch den man das Himmelreich erwerben kann. Nach dieser Mahnung und dem Lohnversprechen heben alle die Hand zum Kampfschwur.

> „nu gedenchet, helede Rômaere,
> daz got selbe des geruochte,
> daz er sîn dienest an iu suochte.
> dienet ir im hiute flîzeclîche,
> er lônet es iu mit sînem rîche."
> Rômaere racten ûf ir hant
> unt gelobeten, daz er daz lant
> niemer mêr mit in gewunne,
> swer sô dannen entrunne,
> oder geswiche an ir nôt.
> do gefrowete sich manich helt guot. (11 247—11 257)

Die Niederlage der Heiden ist damit besiegelt, Gottes Beistand verleiht den Christen den Sieg. Trotzdem stellt sich Heraclius noch einmal ausdrücklich dem Urteil Gottes, indem er den Heiden zum Einzelkampf fordert:

> der chunich was gerehte
> daz sîn dâ werden solte,
> swes got uber in verhengen wolte. (11 269—11 271)

Auch dem Heiden wird noch die Möglichkeit der Rettung geboten. Nach der Parole, die Bernhard von Clairvaux in seinen ersten Kreuzpredigten vertrat: Tod oder Bekehrung, spricht hier Heraclius zu Cosdras. Erst die hochmütige Ablehnung des christlichen Glaubens (Cosdras' Sohn, der sich taufen läßt, wird gerettet [11 304—11 309]) läßt den Heiden dem Tode verfallen. Gottes Urteil entscheidet sich für Heraclius und stellt ihn damit noch einmal deutlich als sein Werkzeug heraus (11 280—11 296). Das Schicksal des Heiden erfüllt sich nach seiner Weigerung ohne Kampf. Der Dichter verzichtet auf jegliche Spannung, die Entscheidung liegt allein bei Gott. Er allein erscheint als Rächer der heidnischen Freveltat.

Aber die Superbia, die dem Heiden zum Schicksal wurde, duldet Gott auch bei den christlichen Helden nicht. Die Hauptforderung der Demut, die auch an die siegreichen Gotteskämpfer gerichtet wird, ist am Schluß der Legende in ein eindrucksvolles Bild gefaßt. Als sich das Heer des Heraclius mit dem wiedergewonnenen Kreuz Jerusalem nähert, drängen die einzelnen Heerführer „mit grozer ubermuote" (11 312) zum Tempel und zu der heiligen Pforte (ad speciosam portam, 11 317). Da erscheint ein Engel und verwehrt den Ungestümen den Eintritt, der sich in der Art eines Triumphzuges zu vollziehen scheint. Die Rede des siegreichen Kaisers ist Wort für Wort bedeutsam. Er stellt die Frage an den Engel, die einen geheimen Vorwurf gegen Gott enthüllt:

> er sprach: „want mir, hêrre, dise hervart
> von himel her nider geboten wart
> unt ich daz hêre cruce wider gewan,
> waz hân ich nû wider gotes hulden getân?" (11 324—11 327)

Die Frage der letzten Zeile verrät den Unwillen des Kaisers. Er glaubt mit seinem Zug gegen die Heiden Gottes Willen erfüllt zu haben und erkennt seine Schuld nicht von selbst. Auch die Antwort des Engels ist in eine Frage gekleidet:

> „vernaeme du aver ie mêre,
> dô got selbe durch sîne miltechait
> ainen esel hie durch rait
> durch dise porte?" (11 329—11 332)

Aber aus dieser Frage klingt eine Verkündigung, die mächtige Wirkung tut. Die entscheidende innere Wandlung des Kaisers zur Demut vollzieht sich im gleichen Augenblick. Barfuß und im Büßergewand, das Kreuz auf der Schulter, durchschreitet er das Tor:

> vil frôlîche er durch die porte gie. (11 337)

Das Kreuz wird an seinen alten Platz getragen von einem Kaiser, der sich selbst demütig darunter beugt und dem Gottesfurcht oberstes Gesetz bleibt. Sein Beispiel soll der Christenheit aufgezeichnet werden in der Reihe der großen christlichen Kaiser. Die Ergebenheitsformel verbindet sich mit dem Morale wie die Legende mit historischer Wirklichkeitsschilderung:

> daz ist uns armen gesaget ad exemplum:
> von diu suln wir unseren hêrren
> vurhten unde flêgen
> mit zuhten unt mit guote,
> mit grôzer deumuote.
> ubermuot ist sô getân:
> diu gescendet ie den man. (11 339—11 345)

Diese Schilderung des kaiserlichen Demutsbeweises enthält zwar nur Anklänge an die eigentliche Kreuzzugsstimmung, aber sie kennzeichnet beispielhaft die Art der Ausgestaltung der Kaiserlegenden. Die Darstellung zeigt einen ganz anderen Stil als die trockene Wiedergabe des historischen Kreuzzugsgeschehens. Man sieht deutlich, daß die Legende den größeren Raum für die beginnende Spiritualisierung bietet. Hier klingt bereits die devotio an, die zum Hauptthema des deutschen Rolandsliedes und der Dichtung der höfischen Zeit wird. Der Weg der Überlieferung dieser christlichen Spiritualisierung läßt sich nur dann genau genug verfolgen, wenn man den von E. F. Ohly[8] herangezogenen Text der Heracliusrede des Montecassinischen Legendars auswertet. Der besondere Charakter der lateinischen Rede wird erst deutlich, wenn man sie als Aufrufsrede vor einem Kreuzfahrerheer versteht. Der Kaiser weist seine Ritter nach der Erinnerung an ihre Kämpfertugenden eindringlich auf die von Gott und Christus kommende Stärkung durch den Geist hin. Nicht das Vertrauen auf die eigene Kampfkraft und Erfahrung ruft den Sieg herbei, sondern das gläubige Vertrauen auf Christi Beistand:

> Aderit pugnatoribus suis rex gloriae. Virtutem dominus, fortis et potens, potens in prelio. Et in eo potius quam in proprii viribus brachii confidentibus deesse non poterit jhesus christus dominus; qui a seculi orientis initio in se sperantes juvit, confortavit, defendit[9].

Derartige Verbindungslinien unterstreichen die zunehmende Spiritualisierung der Geschichtsdarstellung in den Kreuzzugsreden der Kaiserchonik[10].

Eine bedeutsame Beziehung zum Kreuzzug liegt auch darin, daß die Chronik bei der Beschreibung der Vorbereitungen zum zweiten Kreuzzug abbricht. Mitten in der Wiedergabe einer Predigt von Bernhard von Clairvaux legt der Chronist die Feder aus der Hand. Das Zeitgeschehen greift hier in die Geschichtsschreibung ein. Das Scheitern des zweiten Kreuzzuges, mit dem von dem Chronisten selbst erlebten tragischen Ausgang des Kampfes um die civitas Dei, erschwerte ihm vielleicht die Möglichkeit einer Fortsetzung. Die Übernahme von Kreuzzugsideologien in seine Schilderung auch historisch fernliegender Ereignisse zeigt, daß er mit den Zielen der Bewegung vertraut war und ihnen zustimmte. Die Kreuzzugsidee wurde von ihm als verbindende ideelle Kraft in seiner Kaisergeschichte gesehen; an Märtyrertum und Gottgehorsam im Leiden, an der Übernahme von freiwilligen Opfern und Pflichten hatten sich die einzelnen Gestalten seines Werkes zu bewähren, ebenso die „Ritter"[11] an die viele der Reden gerichtet sind. Der äußere Sieg des heidnischen Heeres über die Christen konnte in ein Werk mit solcher Zielsetzung schwerlich aufgenommen werden, und für die Erneuerung der Kreuzzugsidee durch Barbarossa lagen noch keine Anzeichen vor.

Es muß mit Nachdruck darauf hingewiesen werden, daß es sich bei den angeführten Beispielen für den Einfluß der Kreuzzugsthematik in der Kaiserchronik — wie in der Heraclius-Legende — nur um Einzelcharakteristika handelt. Die Festlegung der Gesamtkonzeption einer mittelalterlichen Dichtung durch den Kreuzzugsgedanken läßt sich erst im deutschen Rolandslied nachweisen. Eine Vorstufe dazu könnte man im Ludus de Antichristo sehen.

Der Ludus de Antichristo

Von der Kaiserchronik führen Verbindungslinien zum ersten Teil des Ludus de Antichristo, dem Kaiserspiel. Es stellt eine Summe der christlichen Imperator-Auffassung dar, wie sie umrißhaft im Karlsbild der Kaiserchronik niedergelegt war. Das römische Kaisertum deutscher Nation wird im ersten Teil des Ludus verherrlicht, dazu seine Verantwortung für den Schutz der Ecclesia gegen die Gentilitas. Erst der zweite Teil, das Antichristspiel, handelt von der leichten Verführbarkeit der christlichen Herrscher durch den Antichrist. Die Synagoge erscheint als Gegenspielerin der Ecclesia, unter den der Ecclesia dienenden Königen werden der Rex Francorum, der Rex Grecorum und der Rex Jerosolimorum genannt. Damit sind die großen Spieler und Gegenspieler im Drama des Machtkampfes des 12. Jahrhunderts bezeichnet. Der Verfasser, ein Geistlicher, muß ein hochgebildeter, in kirchlicher und weltlicher Politik erfahrener Mann gewesen sein, der einen scharfen Blick für die Fragen seiner Generation hatte.

Das zeigt bereits die Struktur des Ganzen. Beide Teile beginnen mit einer Art Vorspiel. Es treten zuerst die Personifikationen der drei Weltreligionen auf: Gentilitas, Synagoge und Ecclesia. Jede vertritt in einem Auftrittslied ihre Gottesauffassung und begibt sich dann zu ihrem Bühnenort. Im Gefolge der Gentilitas befindet sich der Rex Babyloniae, in dem der Synagoge die Judaei. Die Ecclesia wird begleitet von der Barmherzigkeit mit dem Ölkrug und von der Justitia mit Waage und Schwert. Zur Rechten folgt ihr der Pater Apostolicus mit dem Klerus, zur Linken der Kaiser mit seinen Rittern. Sie alle beziehen einen gemeinsamen Bühnenort, das Imperium. Nach ihnen ziehen der Rex Francorum, der Rex Grecorum und der Rex Jerosolimorum mit ihren Rittern ein. Die Handlung beginnt damit, daß der Imperator seine Boten aussendet, um die Könige wieder dem römischen Reich zu unterwerfen, wie es der geschichtlichen Überlieferung nach seit alten Zeiten üblich war. Der König der Franken verweigert die Heeresfolge, da die Franken die rechtmäßigen Erben des römischen Reiches seien. Doch der militärische Sieg des Imperators bekehrt ihn. Er unterwirft sich und empfängt seine Krone aus den Händen des Kaisers als Lehen. Während er in sein Reich zurückkehrt, stimmt er einen Hymnus auf den Glanz und die Stärke des Imperiums an. Die Könige von Griechenland und Jerusalem unterwerfen sich sofort. Auch sie erhalten Land und Krone mit denselben Worten zurück wie der fränkische König und preisen den Kaiser mit denselben Huldigungsversen. Die Preisstrophe wird insgesamt achtmal wiederholt, wodurch die Würde des Reiches jedem Hörer besonders eindrucksvoll vor Augen geführt wird.

Nun ist die ganze Christenheit im Römischen Reich vereint. Da erhebt sich das Heidentum mit seinem Vorkämpfer, dem König von Babylon, zum großen Angriff gegen das Christentum. Er bekämpft es an der Stätte seines Ursprungs, in Jerusalem. Der König von Jerusalem sendet an die Christenheit Boten mit der Bitte um Hilfe. In diesem Hilferuf des Rex Jerosolimorum ist die Argumentation der Kreuzzugswerbung nicht zu verkennen:

> Defensor ecclesiae nostri miserere,
> quos volunt inimici domini delere.
> Venerunt gentes in dei hereditatem,
> obsidione tenent sanctam civitatem.
> Locum, in quo sancti eius pedes steterunt,
> ritu spuricissimo contaminare querunt[12].

Die Heiden wollen Gottes Königreich zerstören. Sie sind in Gottes Erbland eingefallen, dessen Besitz ihnen rechtmäßig nicht zusteht. Sie belagern die Heilige Stadt. Mit ihrem Götzendienst entweihen sie die Stätte, die der Fuß des Heilands betreten hat. Die Argumentation der Werbung wendet sich in diesem poltischen Spiel allerdings nur an den Verstand; vor allem das Rechtsbewußtsein wird angesprochen, von Sündenvergebung und himmlischem Lohn ist nicht die Rede. Der Kaiser wird von vornherein als „defensor ecclesiae" angerufen. Während die ersten beiden Kreuzzüge unter der Leitung der Kirche organisiert worden waren, zeigt der Ludus Papst und Kaiser zwar nebeneinander in Begleitung der Ecclesia, aber die Verpflichtung zum Handeln und die Macht zum Schutz der Kirche liegt allein beim Kaiser. Der Papst hat in diesem Spiel nur eine stumme Rolle. Auch der König von Jerusalem wendet sich zwar an die ganze Christenheit, aber nicht ausdrücklich an den Papst. Im Romanus Imperator sieht er den künftigen Befreier:

> Ite hec ecclesie mala nuntiantes,
> nobis auxilium ab ipsa postulantes.
> Hec dum cognoverit romanus imperator,
> ipse noster erit ab hoste liberator[13].

Dem Aufruf zur Kreuzfahrt leistet der Kaiser mit den christlichen Königen sofort Folge. In dreifacher Betonung — durch den Kaiser, durch die Boten und durch den Engel Gottes — wird den Bedrängten die Hilfe der Christenheit zugesagt. Der Sieg über die Heiden gilt unter dem Schutz Gottes von vornherein als gesichert. Die Gentilitas und der König von Babylon ergreifen die Flucht. Der Höhepunkt der Macht des römischen Kaisers ist erreicht. Die Welt ist der Christenheit unterworfen und befriedet. Das Amt des Kaisers als „defensor ecclesiae" ist damit erfüllt. Er reicht im Tempel Szepter und Krone, die ihm von Gott zur Verteidigung der Kirche verliehen waren, dem König der Könige, Christus, zurück:

> Suscipe quod offero nam corde benigno
> tibi regi regum imperium resigno,
> Per quem reges regnant, qui solus imperator
> dici potes et es cunctorum gubernator[14].

Das ist das Ende des ersten Teiles. Das nun folgende eigentliche Antichristspiel entspricht im Aufbau genau dem ersten Teil. Es wird durch dieselben

Gesänge von Ecclesia, Synagoge und Gentilitas eingeleitet. Dann tritt der Antichrist auf, denn die Kronentsagung des Imperators, der nun nur noch deutscher König ist, gilt nach der Antichristsage als Zeichen für den Beginn der Endzeit. Heuchelei und Ketzerei begleiten den Antichrist bei seinem Aufzug, so wie Gerechtigkeit und Erbarmen die Kirche begleitet hatten. Die Heuchelei soll ihm helfen, die Gunst der Laien zu erringen, die Ketzerei soll die Lehre der Geistlichkeit zerstören. Beide wissen, wer er ist, und unterstützen ihn bewußt. Anders ist es bei seinen menschlichen Helfern, den Hypocritae, die ihm den Boden bei dem König von Jerusalem in einer stummen aber eindringlichen Szene „sub silentio et specie humilitatis inclinantes circumquaque et captantes favorem laicorum" bereitet haben. Sie sind ehrlich überzeugt, daß der Antichrist gekommen sei, um die Kirche zu erneuern und aus der Verweltlichung und vanitas zu einer neuen sacra religio zu bringen. Sie krönen ihn in Jerusalem, nachdem sie den Rex Hierosolimae vertrieben haben. Von der civitas Dei nimmt das Reich des Antichrist im Ludus seinen Ausgang, von dort verbreitet es sich über die Welt. Der aus Jerusalem verjagte König flieht zum deutschen König, dem ehemaligen Kaiser, und klagt ihm sein Leid.

> Romani culminis dum esses advocatus
> sub honore uiguit ecclesiae status.
> Nunc tue patens est malum discessionis.
> uiget pestifere lex superstitionis[15].

Wieder wird damit die Verantwortung des deutschen Herrschers für das Schicksal des Heiligen Landes betont.

Der Antichrist zeigt nun sein wahres Gesicht. Er steht in voller Waffenrüstung da, bereit, die Welt mit Gewalt zu unterjochen. Schimpflich jagt er die Kirche, die im Tempel verblieben war, davon. Sie flieht zum Sitz des Papstes. Der Antichrist entsendet nun, wie der Imperator im ersten Teil, seine Boten in alle Welt und fordert Unterwerfung. Während der griechische und der französische König sofort huldigen, weigert sich der deutsche König zunächst und besiegt dann den Antichrist und seine Hilfstruppen in der Schlacht. Die Boten des Antichrist verwenden in ihrem Aufruf zum Kampf gegen den deutschen König ebenfalls das Heilsversprechen der Kreuzzugswerbung:

> Ecce noster dominus et deus deorum
> per nos exercitum conuocauit suorum.
> Ut perhos Teotonicum condempnet furorem
> in bello martyrum consignabit cruorem[16].

Der Kampf gegen den deutschen König wird von den Anhängern des Antichrist als heiliger Krieg gesehen:

> Deus nobiscum est, quos tuetur potenter.
> pro fide igitur pugnemus confidenter[17].

Auch der Krieg, den der deutsche König, nachdem er, von den Wundern des Antichrist überzeugt, sich diesem gebeugt hat, in dessen Auftrag gegen die

Heidenschaft führt, wird (im Sinne Bonizos) als heiliger Krieg zur Ausbreitung des christlichen Glaubens begründet.

> Potestas domini maneat in eternum,
> que adoranda quasi numen sempiternum:
> Condempnat penitus culturam idolorum,
> precipit abici ritus simulacrorum[18].

Die Herrschaft des Antichrist wird — parallel zum ersten Teil — bis zur Unterwerfung der gesamten Welt geführt. Erst auf dem Höhepunkt seiner Macht, als er sich als deus deorum von den Königen anbeten läßt[19], kommt es zu seiner Entlarvung.

Die Bedeutung des Ludus de Antichristo liegt in der Verherrlichung der staufischen Reichsidee. Der Kreuzzugsgedanke spielt daneben nur eine untergeordnete Rolle. Aber er gehört als selbstverständliche Voraussetzung zu dem politischen Zeitbild, von dem der Ludus ausgeht. Das Amt des christlichen Kaisers schließt die Schirmherrschaft über das Heilige Land mit ein, den Schutz des von den ersten Kreuzfahrern gegründeten Königreichs Jerusalem. Die Terminologie der Kreuzzugswerbung wird an einigen Stellen verwendet[20]. Auch für die besondere Situation nach dem Mißerfolg des zweiten Kreuzzugs könnte man im Aufbau des Ludus eine Entsprechung finden. Der Zug war 1145 im Namen Gottes von der Kirche organisiert und von den christlichen Königen unternommen worden. Der heilige Bernhard und der Papst hatten dazu aufgerufen. Als er trotzdem scheiterte, gab man nicht so sehr den besonderen politischen Verhältnissen im Heiligen Land und der Rivalität der weltlichen Führer die Schuld. Man begann an der Legitimität der geistlichen Führung zu zweifeln. In den Würzburger Annalen wird von den falschen Propheten gesprochen, die „die Christen mit leeren Worten verführt hätten"[21]. Die Brauweiler Annalen „stellen die Frage, ob Bernhard von menschlichem oder von göttlichem Geist getrieben worden sei, als er zum Zug aufrief"[22]. Bernhard selbst schreibt in einem Brief an Papst Eugen III.: „Die Leute könnten fragen: Woher wissen wir denn, daß dies Wort von Gott ausgegangen ist? Welche Zeichen tust du denn, daß wir glauben sollen[23]?"

Im Aufbau des Ludus könnte man diese zweifelnde Haltung versinnbildlicht finden. Beide, Kaiser und Antichrist, unternehmen einen Kreuzzug, beide gebrauchen die Rechtfertigungsgründe des heiligen Krieges, beide siegen über die Heiden. Das Auftreten des Antichrist ist in dieser Frage so überzeugend, daß selbst der Gläubigste ihn nicht durchschauen kann. Der Antichrist, dem es im Ludus gelingt, den König von Jerusalem zu täuschen, der die Ecclesia aus dem Tempel des Herrn vertreibt und der als falscher Prophet die Gefolgschaft der christlichen Könige gewinnt, kann auch die Führer des zweiten Kreuzzuges getäuscht haben. Gerade der zunächst so unvermittelt und wenig ausgeführt scheinende Schluß, die plötzliche Vernichtung des Antichrist auf dem Höhepunkt seiner Hybris, läßt Raum für ein breites Ausmalen der Parallelen zwischen dem Inhaber des höchsten christlichen Weltamtes und seinem Widersacher. Die Zweifel im Herzen der Zuhörer, die nach einer Katastrophe von den Ausmaßen der Vernichtung des Kreuzheeres von 1147 gewiß noch ein Jahrzehnt lebendig blieben, werden erst in dem beide Teile überhöhenden Schluß durch die Entscheidung Gottes endgültig zerstreut.

Daraus ergibt sich die Frage nach der Entstehungszeit. Die frühere Forschung verlegte die Entstehungszeit des Ludus auf die Jahre um 1188[24]. Neuere Forschungen, zuletzt K. Hauck und K. Langosch setzen ihn mit überzeugenden Begründungen zwischen 1152 und 1160 an[25]. Auch die hier gegebene Interpretation kommt zu einer Datierung, die in das Jahrzehnt nach dem unglücklichen Ausgang des zweiten Kreuzzuges zu setzen ist.

Gerade die Verbindung der Kreuzzugsthematik mit der kulturellen und politischen Situation der Zeit scheint für die Jahre nach 1152 zu sprechen. Bestimmt weist der Gesamttenor des Ludus voraus auf die gänzlich andere Organisation eines neuen Kreuzzugs, der in Übereinstimmung mit der geistlichen Führung als weltlich organisierte politische Unternehmung des mächtigen Staufer-Reiches schon damals als notwendig erkannt wurde.

Das französische und das deutsche Rolandslied

Aus wenigen, im Verhältnis zum ganzen Werk fast unbedeutend scheinenden Anzeichen tritt in der „Kaiserchronik" und im „Ludus de Antichristo" die Einwirkung des Kreuzzugsgeschehens in einem sehr frühen Entwicklungsstadium hervor. Von einer durchgehenden Kreuzzugsideologie für das christliche Rittertum, in der weltliche und geistliche Ideale unter der Forderung der Kreuznahme zusammengefaßt werden, kann noch nicht gesprochen werden.

Ein anderes Bild ergibt sich aus der Bearbeitung der Roland-Sage. Die Beschäftigung der deutschen Dichter des Mittelalters mit französischen Stoffen der Sage und Geschichte läßt nicht nur für den Wandel in der Auffassung der historischen Probleme, sondern auch für die Unterschiede im französischen und deutschen Gesamtstil wichtige Schlüsse zu. Schon über die allererste Nachdichtung einer französischen Chanson de geste läßt sich vom Inhalt her feststellen: diese Dichtung eines französischen Geistlichen trägt nur wenige Merkmale der Kreuzzugsidee, obgleich sie wohl bald nach dem ersten Massenzug der bewaffneten Pilger zum Heiligen Land um 1066 vollendet ist. Sicherlich wurde nach dem ersten Kreuzzug — vielleicht schon von jenem Bischof Turoldus von Baieux um 1066 — der Gedanke des heiligen Krieges als Erklärung des Eroberungszuges der Franken eingewoben und so dem Werk der Charakter der christlichen Dichtung aufgeprägt. So gut wie nichts aber erinnert an die tragende Idee der Kreuzzüge, wie sie in der später entstandenen deutschen Fassung am gleichen Sagenstoff als Wiedergabe der damaligen Zeitstimmung vom Pfaffen Konrad gestaltet wird.

Von der Form her, besonders in der Sprachgestaltung und Wortwahl, zeigt sich ein ähnlicher Grundunterschied. Beim Vergleich der deutschen und französischen Fassung des Rolandsliedes unter sprachkünstlerischen Gesichtspunkten eröffnet sich ein Gegensatz im Darstellungsstil. Er ergibt sich als Konsequenz aus der Feststellung von der nachträglichen Sanktionierung des fränkischen Heerzuges. Die französische Darstellungsweise lebt ungleich intensiver aus der ratio, wenn sie auch keineswegs auf temperamentvolle und wirklichkeitsnahe Steigerungen verzichtet. Dem „rationalen Naturalismus" der Chanson[26] steht im deutschen Rolandslied ein „emotionaler Idealismus" gegenüber, der seine Eindringlichkeit aus religiös-weltanschaulich bestimmter Gefühlsbeteiligung bezieht. Die deutsche Dichtung zielt viel stärker auf die Ausformung eines in die Zukunft weisenden Idealbildes des christlichen Rittertums, während das französische Epos die Gestalten der großen Vergangenheit in ihrer geschichtlichen Einmaligkeit, ihrer im Sinne romanischer „Chevalerie" abgeschlossenen Vollendung, wirklichkeitsnah und zugleich als vergangene Beispiele nationaler Größe herausarbeitet. Für das französische Rolandslied gelten noch die Charakteristika, die Léon Gautier[27] als Kennzeichen vorhöfischer Ritterlichkeit erkannt hat und die als kirchlich bestimmte Forderungen anzusehen sind:

1. Tu croiras à tout ce qu'enseigne l'église et observeras tous ses commandements.
2. Tu protégeras l'église.
3. Tu feras aux Infidèles une guerre sans Asêve et sans merci.
4. Tu aimeras le pays où tu es né!

Die Chanson zeigt darum nur in wenigen Abschnitten einen Zusammenhang mit dem Kreuzzugsgeschehen. Erst im zweiten Teil der Baligant-Episode, die von der Forschung nicht übereinstimmend als spätere Zutat angesehen wird[28], gewinnt der Kreuzzugsgedanke das Übergewicht, während im ersten Teil der Hinweis auf die notwendige, von Gott befohlene Ausbreitung des christlichen Imperiums im Vordergrund bleibt. Dem Machtstreben des heidnischen Herrschers Marsilius steht der von Gott gegebene Kampfauftrag an Karl zum Schutz des Christentums gegenüber. Karls Helden sterben zwar den Märtyrertod, aber ihre Taten werden im Lehensdienst Karls vollbracht und als Summe ritterlichen Heldentums gesehen. Die Gebete Karls und Rolands haben zwar Ähnlichkeit mit der Sterbeliturgie und enthalten wörtliche Entlehnungen aus dem „Ordo commendationis animae"[29], tragen aber nicht den Charakter von Kreuzzugsgebeten. Anders liegt die Situation in der berühmten Predigt des Bischofs Turpin. Hier sind die Ähnlichkeiten mit einer Kreuzzugspredigt nicht zu übersehen. Sie enthält den Aufruf zur Hilfe: Chrestientet aidez a sustenir! (Vers 1129), zur Buße: Clamez vos culpes, si preiez Deu mercit (Vers 1132) und endet mit der Verheißung des sündentilgenden Märtyrertodes: Se vos murez, esterez seins martirs (Vers 1134)[30]. Es folgt der Segen (Absolution). Damit sind die Hauptmerkmale der Kreuzpredigten und päpstlichen Bullen gegeben. Mit Recht wird deswegen in der Forschung auf die Zusammenhänge mit dem ersten Kreuzzug und auf die Erlasse Urbans II. verwiesen[31]. Für diese Zusammenhänge sprechen auch die Reliquien im Schwertknauf Karls und Rolands (Vers 2346), die dem heiligen Petrus geweihte Fahne mit der „orieflambe", wie sie auch in den Heidenkämpfen mitgeführt wurde[32]. Doch bleiben diese Einzelheiten, die an das Kreuzzugsthema erinnern, im ersten Teil der Chanson von sekundärer Bedeutung. An keiner Stelle erscheint die Kreuzzugsidee streng auf das Thema bezogen. Das Beispiel nationaler Größe überwiegt deutlich in den Hauptgestalten Karl und Roland.

Die deutsche Umdichtung des Pfaffen Konrad

In der deutschen Nachdichtung des Rolandstoffes hat der sogenannte Pfaffe Konrad den religiösen Gegensatz von Franken und Sarazenen herausgearbeitet. Er greift den am Schluß der Chanson (Vers 3993) betonten Gedanken des göttlichen Auftrags an Karl auf und stellt ihn an den Anfang seines Gedichts (55—58). Der Kampf der Franken gilt dem Heidentum schlechthin und damit dem Reiche der Dämonen und des Teufels (805—814). Die ganze Welt ist das Schlachtfeld. Das Abendland als Vertreter der Christenheit steht wie im „Ludus de Antichristo" gegen den Orient mit seinen Verbündeten, gegen die gesamte Heidenschaft (2702; 4691—4705). Zwei große Gestalten führen die Völker: Karl, jetzt nicht mehr allein Frankenkaiser, sondern Herrscher der Christenheit, und sein Gegner Paligan, König von Persien, als Oberhaupt der Heiden[33].

Damit sind die nationalen und ritterlichen Züge des französischen Gedichtes schon sehr zurückgedrängt. Das christliche Element durchsetzt das ganze deutsche Gedicht. Die Helden als Einzelkämpfer und genauso ihre Mannen sehnen sich nicht mehr nach dem „süßen Frankreich", sondern nach dem himmlischen Reich Gottes. Man sieht deutlich, wie sich mit dem Aufbruch der bewaffneten Scharen zum zweiten Kreuzzug der Gesamtstil der Dichtung geändert hat. Für alle geht es um die Existenz des Christentums und um die Erfüllung von Gottes Auftrag. Zum ersten Mal in der abendländischen Dichtung offenbart sich darin die alles verwandelnde Kraft der Kreuzzugsbewegung. Man spürt aus jeder Zeile des deutschen Gedichtes, daß es nicht mehr um die Eroberung eines feindlichen Reiches geht, sondern vor allem um die Bekehrung der Ungläubigen, die als Dienst an Gott aufgefaßt wird. Um Gottes und Christi willen verlassen die Helden alles, was sie an das Irdische bindet. Ihre Ehre erfordert es — ein nicht unwesentlicher Zug — daß sie zu dieser neuen Gemeinschaft der Kreuzkämpfer gehören, aus der jeder ausgeschlossen ist, dem persönliche Motive höher stehen als der göttliche Auftrag. Der nationale Heidenkrieg der Chanson ist zum gottgewollten Vollzug christlichen Glaubenseifers umgewandelt. Aus dieser neuen Zielsetzung entspringt die Gesamtstruktur der vertieften Kreuzzugsthematik im deutschen Rolandslied, die als beispielhaft für die Gestaltung der Kreuzzugsidee in vorhöfischer Zeit gelten kann.

Dabei hat Konrad den weltlichen Imperiumsgedanken der Chanson zwar beibehalten, aber von allen nationalen Elementen befreit. Er hat ein rein christliches Reich dargestellt, dem in scharfer (augustinischer) Antithetik das Reich der Heiden unversöhnlich und zum Glaubenskampf zwingend gegenübersteht[34]. Dies wurde vor allem erreicht durch wesentliche Erweiterungen des Textes und durch Einfügung von drei ganz neuen Abschnitten in die erhaltene Chanson[35].

Es handelt sich bei diesen neuen Abschnitten um die Vorgeschichte (1 — 360), worin Karl durch den Engel Gottes den Auftrag zur Heidenbekämpfung erhält, um die Beratung Karls mit seinen Helden über diesen Kampf (891—1537), endlich um die Schilderung der Bethäuser der heidnischen Götter (3490—3530) und deren Zerstörung durch Roland (4167—4216). Auch der geistliche Charakter der Gesandtschaft des Blanscandiz gehört hierher, da er inhaltlich dem römischen Taufritus entspricht (711—838).

Was in der Chanson nur andeutungsweise über den Imperiumsgedanken hinauswies, ist besonders in den genannten Stellen reich ausgeführt, außerdem in vielen kleineren Zusätzen dieser Art. Das Kampfziel ist ein rein geistiges:

> die haidenscaft zestoren,
> di cristin gemeren. (85/6)

Persönliche und politische Machtziele spielen dabei keine Rolle mehr. Damit stellt die Kampfeshaltung im deutschen Rolandslied ein Idealbild der wahren Kreuzzugshaltung dar.

Der Gegensatz zwischen Heidenschaft und Christenheit wird von Konrad auch dadurch zu einem Grundelement seines Werkes gemacht, daß er ihn in formaler Antithetik immer wieder aufgreift:

> Targis uacht umbe ere,
> Anseis umbe di sele,
> Targis umbe ertriche,
> Anseis umbe daz himilriche. (4719—4722)

Hier wird der Gegensatz der Zielsetzung des Kampfes bei Heiden und Christen eindeutig klargestellt. Nach jeder Aussage über die Christen folgt eine Darstellung der Heiden im entgegengesetzten Licht.

> Christen: .. si haizen alle gotes chint (3444)
> Heiden: Haiden di uerworchten .. (3465)

> Christen: .. mit grozer demûte (3433)
> Heiden: ... mit grozer hochuart si furen (3468)

Christen: si heten zucht unt scam
chuske unt gehorsam (3421/2)
Heiden: di got nine uorhten (3466)

Christen: si uielen ir uenie
si riefen hin ze himele (3399 f.)
Heiden: si uielen fur Machmet (3469)

Diese Gegenüberstellung einzelner Verse zeigt Konrads Bemühen, die Antithetik zwischen Christen und Heiden theologisch zu vertiefen. Während er die Christen wegen ihrer Gottesfurcht und Demut preist, wirft er den Heiden stets Hochmut und Hoffart vor. Wie in der Kaiserchronik die Demut an der Spitze der Herrschertugenden steht, so wird sie auch von Konrad als Charakteristikum der christlichen Haltung gegenüber der heidnischen gesehen. Die superbia gilt in der geistlichen Literatur als Hauptsünde[36]. Diese vor allem hindert die Heiden daran, sich Gott zu unterwerfen, sie verfallen in den Irrtum, durch ihren prunkvollen Götzenkult den Teufel selbst anzubeten. Konrad bemüht sich, dem Verhältnis der Heiden zum Teufel eine theologische Deutung zu geben:

si uerlait ir groz ubermût
di Luciferen den alten,
hibeuor ualte:
alle di sich ir unterwindent,
di werdent alle hi geschendet;
di sint sine genoze,
di werdent zu im uerstozen.
mit ubermûte chomen si dar. (4604—4611)

Zweimal wird hier ausgesprochen, daß ihr „ubermût" sie in Irrtum und Verderben bringt, gerade so wie es Lucifer ergangen ist, dessen Gefährten sie dadurch geworden sind. Augustinus sah die Ursünde in dem Stolz des Teufels, der sich weigerte, die Würde des Menschen anzuerkennen, dessen Gestalt doch Gott selbst annahm[37]. Der Teufel ist in der christlichen Tradition der erbittertste Feind des Erlösungswerkes und des Gottesreiches (Joh. 8, 44, Matth. 13, 39). Zu seinen Anhängern gehören alle, „die den Weg des Herrn nicht anerkannt haben oder ihn zwar erkannt, aber in mancherlei Auffassungen verlassen haben[38]". Auch Bernhard von Clairvaux vertrat in seinen Kreuzzugspredigten die Auffassung[39], daß die Heiden die ihnen bekannte christliche Lehre bewußt ablehnten und deshalb zu bekämpfen seien. Er bezeichnet sie als „filii diffidentiae" und damit als Verbündete des Fürsten der Finsternis: ".. ut unde tunc in fortitudine manus suae tenebrarum principes exturbavit, inde et modo ipsorum satellites, filios diffidentiae in manu fortium suorum dissipatos exterminet[40]." Er spricht auch von der falschen Anmaßung (altitudo), die sich höher dünkt als die Weisheit Gottes: „.. ad destruendam omnem altitudinem extollentem se adversum scientiam Dei, quae est Christianorum fides[41] .." „Diffidentia et altitudo" sind für ihn die Hauptsünden der Heiden, durch die sie zu Genossen des Teufels werden. Der Pfaffe Konrad geht von den gleichen Grundsätzen der christlichen Überlieferung aus.

Auch in dem Beginn der Vorgeschichte ist ein Gedanke Bernhards enthalten. Konrad betont ausdrücklich die Unwissenheit der Heiden:

>sine wessen e nicht
>wer ir schephere was (22/23)

Bevor von den Greueln der Heiden die Rede ist, vor denen die Christenheit geschützt werden muß, beklagt Karl ihr sündiges Leben, aus dem sie ohne Gottes Gnade nicht erlöst werden können. Er bittet Gott um den Auftrag zur Heidenbekehrung:

>er mante got uerre,
>daz er durch mennisken geborn wurde,
>an deme cruce irsturbe,
>daz er di sine erloste,
>daz er getroste
>di manicualdigen haidenschaft,
>den diu nebil uinstere nacht
>den totlichen scat pare,
>daz er si dem tuvil bename. (38—46)

Gottes Engel befiehlt ihm die Bekehrung und gewährt damit den Heiden die Möglichkeit, durch die Taufe ihre Seele zu retten. Nur diejenigen, die sich dem Erlösungswerk widersetzen, sollen für immer verloren sein und als Verbündete des Teufels bekämpft werden. Hier klingt Bernhards Gedanke der Heidenmission an. Gerade Bernhard betont immer die Notwendigkeit, jeden Angriffskrieg zu vermeiden, erst zu kämpfen, wenn die Möglichkeit friedlicher Bekehrung gescheitert war. (Non quidem vel Pagani necandi essent, si quo modo aliter possent a nimia infestatione et oppresione fidelium cohiberi[42].) Von persönlichem Haß gegen die Heiden ist in Konrads Einleitung zunächst nicht die Rede, der Teufel ist der eigentliche Feind, nicht die Heiden.

Das Gedankengut der kirchlichen Aufrufe und Predigten des Rolandsliedes

Alle Ansprachen im deutschen Rolandslied tragen den Charakter von Kreuzreden. Aus den Kampfreden der Chanson werden bei Konrad christliche Adhortationen, die vor einem Kreis ausgewählter gläubiger Ritter gehalten werden. Karls (87 ff. und 181 ff.), Rolands (146 ff.) und Turpins (245 ff.) Ansprachen könnten als Kreuzpredigten gelten, so genau entsprechen sie nach Inhalt und Aufbau den historischen Vorbildern. Auch kleinere eingeschobene Aufrufe variieren jedesmal einen der großen Predigtgedanken. Allen gemeinsam ist die schon angedeutete Spiritualisierung, die aber in verschiedener Gestalt erscheint, weil jeder der Redner der Aufnahmefähigkeit eines bestimmten ihm vom Dichter zugewiesenen Publikums gerecht zu werden sucht. Dadurch ergibt sich eine klar erkennbare Differenzierung des sonst einheitlichen Predigtgedankengutes, das im Hinblick auf historische und dogmatische Parallelen zu Urban II. und Bernhard gelegentlich eine genauere Textinterpretation verlangt.

Als Auftakt und episches Spannungselement hat Konrad eine Rede K a r l s vor seinen Paladinen gewählt, in der er den göttlichen Auftrag zur Teilnahme an dem Heidenkampf als Thema in den Vordergrund stellt. Karl befragt seine Ratgeber: „uweren willen west ich gerne" (106). Hier liegt ein großer Unterschied von Karls Predigt zu den historischen Kreuzpredigten. Diese sollten in einer Menge gewöhnlichen Volkes die Begeisterung zum Kreuzzug erst wecken. Von Karls Zuhörern dagegen heißt es schon vorher, daß sie nichts mehr begehrten als für Gott zu sterben (80 ff.). Besonderer Beredsamkeit bedarf es deshalb nicht, denn die innere Entscheidung zum Kreuzzug ist bereits gefallen. Deshalb zielt Karls Rede vor allem auf die innere Haltung der Gottesstreiter:

> Nu scul wir gote dinin
> mit luterlichin mûte. (88/9)

Auch den Päpsten erschien diese Geisteshaltung als selbstverständliche Voraussetzung für den Dienst an Gott[43]. Hierauf beruft sich auch Bernhard in seinem Brief an den Klerus und das Volk der Ostfranken[44]. Karl verbindet darum seine Forderung mit dem überhöhten Lohngedanken, wie ihn Bernhard herausgestellt hatte. Er verwendet dieses Motiv in seinen beiden Predigten und schmückt es in seinen sonst so nüchternen Reden mit poetischen Bildern aus. In der ersten Predigt steht die Erwähnung des Lohnes für erduldete Mühsal (95 f.) zunächst in Beziehung zum letzten Gericht. Gott, der „keiser allir hiemele" wird am jüngsten Tage zurückfordern, was er verliehen hat. Damit ist der Lehensgedanke vom Kaiser auf Gott selbst übertragen; durch die Erinnerung an den jüngsten Tag gewinnt eine solche adhortatio Kreuzpredigtcharakter[45].

Bei Karl breitet sich der illuminative Geist Bernhardischer Frömmigkeit in der Rede aus. Er sagt „frolichen ir vor im stat" (100). Derselbe Hinweis, der sonst als zerknirschende Drohung wirkt, wird hier zum Ausdruck der Freude. Die Angst vor dem Richtspruch Gottes ist der freudigen Zuversicht im Dienst-Lohnverhältnis gewichen. Der Lohn besteht in der Einreihung unter die Märtyrer der Kirche.

> swer durch got irstirbit,
> ich sage iu waz er da mit erwirbit:
> eine kůnincliche chrone
> in der marterere chore;
> diu luchtet sam der morgen sterne. (101—105)

Auf die Predigtformel „ich sage iu" folgt das seit Paulus (2. Tim. 4, 8) so häufig wiederholte Wort von der Krone, die den Gerechten und vor allem den Märtyrern zuteil wird, wie es im Commune der römischen Liturgie für die Märtyrer immer wieder heißt. Auch Urban II. gebrauchte dieses Bild: „Via brevis est, labor permodicus est, qui tamen immarcescibilem vobis rependat coronam[46]." Sie wird als Inbegriff aller Freuden des Himmels hingestellt und daher gern mit dem Licht des Himmels in Verbindung gebracht. Den dichterischen Vergleich „sam der morgen sterne" hat Konrad selbständig eingeführt, während der Anfang des Satzes fast wörtlich aus der Kaiserchronik übernommen ist[47].

Rolands Rede beantwortet und bestätigt geradezu die Worte Karls. Er stellt nach der Beratung der Paladine untereinander noch einmal die beiden Möglichkeiten der Entscheidung nebeneinander: das Streben nach weltlichem Gut und weltlicher Ehre neben den Entschluß zur Heerfahrt gegen die Heiden. Beide Entscheidungen haben die Zustimmung des Kaisers, niemand wird zur Kreuzfahrt gezwungen. Die Freiwilligkeit des Entschlusses wird dadurch unterstrichen:

> wi salic der geborn wart,
> der nu dise heruart
> gerŏmit willicliche!
> dem lonet got mit sineme riche,
> des mager grozen trost han. (147—151)

Das Wort „salic" bedeutet hier Auserwähltsein zum höchsten Glück, denn nach dem Evangelium wird der Mensch zur Seligkeit berufen (Math. 20, 16; Luk. 18, 7; Röm. 11, 25 ff.). Roland sagt an anderer Stelle noch einmal ganz ähnlich:

> wi salic der ist geborn
> den got da zu hat erchoren,
> daz er in sinim diniste beliget,
> want er im daz himilriche zelone gibet. (3885—3888)[48]

Aber zu dieser Auserwähltheit muß der freie Wille des Menschen kommen, der die von Gott verlangten Opfer auf sich nimmt. Gott bietet dem Menschen die Möglichkeit der Bewährung, indem er ihn zum Kreuzzug auffordert. So formuliert es auch Bernhard in seiner Botschaft an die Ostfranken[49]: Gott ließ das Heilige Land deshalb verloren gehen, damit die Christen Gelegenheit erhielten, sich im Kreuzzug das Heil zu erwerben[50]. Zu der Sohnschaft Gottes wird der christliche Ritter auserwählt geboren. Daß er sich aber als ein Auserwählter beweist, hängt von seinem freien Willen ab, der den göttlichen Forderungen nachkommen muß, so wie es Roland in seiner Rede ausspricht.

Die Wirkung dieser Worte tritt in der Schilderung der allgemeinen Kreuznahme hervor, auf die nachdrücklich hingewiesen wird:

> si zeichinoten sich mit chrucen (167)

Aber nicht nur im Äußeren wirkt sich der Entschluß zur Nachfolge Christi in diesem Kampf aus. An jeder Stelle, an der ein solcher Hinweis möglich erscheint, wird die Forderung der inneren Wandlung zum christlichen Ritter betont. **Die zweite Ansprache Karls** dient dieser Forderung. Der Kaiser spricht zu dem versammelten Kreuzheer. Die Ermahnungen, die von allen Teilnehmern am Heidenkampf beherzigt werden sollen, haben Entsprechungen in den aus dem ersten und zweiten Kreuzzug überlieferten Predigten. Daher erklären sich auch die vielen Bibelstellen und indirekt die Parallelen zur Kaiserchronik, deren christliches Karlsbild dem deutschen Bearbeiter des Rolandsliedes gut bekannt gewesen sein muß. Der Kaiser spricht in dieser zweiten Rede nicht nur als oberster Kriegsherr, sondern auch als geistliches Oberhaupt seines Heeres:

> der keiser uf eine hohe trat,
> er sprach: „alle di uz chûmin sin,
> den lone selbe min trechtin,
> also er uns geheizen hat.
> swer wip oder kint lat,
> hus oder eigen,
> daz wil ich iu bescaiden,
> wi in got lonen wil:
> er git im zehenzec stunt samuil,
> dar zu sin himilriche. (180—189)

Diese Gedankenfolge des ersten Abschnittes der Predigt findet sich in der Matthäusstelle 19, 29, die schon in der Kreuzpredigt Urbans II. in Clermont und in der Kaiserchronik verwertet ist[51]. Die Übereinstimmung des Inhalts besteht in der offen ausgesprochenen Lohnverheißung, deren feierliche Form schon im Neuen Testament auffällt. „Wer immer Häuser, Brüder, Schwestern, Vater, Mutter oder Kinder und Äcker um meines Namens willen verläßt, der wird Hundertfältiges erhalten und ewiges Leben erben" (Matth. 19, 29). In den beiden diesem Text nachgeformten Poetisierungen ist die gleiche Antithetik der Lohnverheißung verwendet, die durch die Bezogenheit auf das „hier" und „dort" im diesseitigen und jenseitigen Leben gegeben ist. In der Kaiserchronik bleibt der Sinn der Bibelstelle voll erhalten, auch die Aufzählung aller Werte, die zurückbleiben müssen, soweit damit „guot" im Sinne des Besitzes oder Lehens gemeint ist. Dem hundertfachen diesseitigen Lohn wird der höhere jenseitige, das Himmelreich, gegenübergestellt.

> swer hi in siner zit
> verlaet kint ode wip
> aigen ode lehen
> durh willen unsers herren
> ode iht des er hat,
> dem vergiltiz got hie zehenzecvalt
> unt dort sin himelriche. (Kaiserchronik 71, 11—17)[52]

Konrad wiederholt diesen Predigteingang fast wörtlich. Aber er berücksichtigt die Situation Karls genauer. Karl hat Kampfeseifer zu wecken und Glaubenssicherheit zu stärken. Der Gedanke an den himmlischen Lohn beherrscht bis zuletzt den Aufbau seiner Rede. Das „hie" (Vers 188) ist ausgelassen, dafür werden Wendungen eingefügt, die seiner Rede Nachdruck verleihen und die Lohnverheißungen wirkungsvoll vorbereiten. Diese Einfügungen verstärken den Predigtcharakter der Rede:

> daz wil ich iu bescaiden (186)
> nu wil ich iu clagin (199)
> ich bit iu alle durch got (212)

In diese erhöhte Stilisierung fügt sich die durchlaufende Ermahnung, das Opfer des Lebens freudig zu bringen:

> Nu scul wir froliche
> im ophferen den lib .. (190/1)
> nu scul wir heim gahen
> an unser alt erben (194/5)
> des scul wir gote wol getruwen (198)

Der Predigtstil der Kreuzpredigten ist genau eingehalten. Aus Urbans II. Predigt stammt die Aufforderung zum fröhlichen Mut und zum festen Vertrauen auf Gott bei diesem Opfergang: „Ite ergo feliciter, ite confidenter ad inimicos Dei persequendos[53]!" Genauso geht die in allen Predigten und Aufrufen wiederholte Bezeichnung des Heiligen Landes als Erbland Christi schon auf Bonizo (vgl. diese Arbeit S. 5) und Urban II. zurück: „et in ipsis suis domibus haereditariis ab alienis dominis mancipatur[54]." In diesem Zusammenhang läßt sich auch wieder Bernhard heranziehen, der den Tempel Jerusalems als „Erbe Gottes" bezeichnet. „Quibus expulsis revertetur ipse in hereditatem domumque suam, de qua iratus in Evangelica: ecce, inquit, relinquetur vobis domus vestras deserta (Math. 23, 38) et per prophetam ita conqueritur, reliquit domum meam dimisi hereditatem meam (Jerem. 12, 7)[55].

Dem Anruf an die christlichen Gottesstreiter entspricht in Aufbau und Stil die Klage über die Heiden und ihre Untaten. Sehr geschickt versteht es der deutsche Bearbeiter des Rolandsliedes, die notvolle Situation des Heiligen Landes auf die von den Ungläubigen bedrohten Provinzen Karls zu übertragen. So wirkt die Klage auf das gefährdete fränkische Imperium bezogen, wenn auch die Situation der Kreuzzüge die Intensität der Klage bestimmt. Die Worte Urbans II.: „Condoleamus et compleamur fratribus nostris in lacrymis[56]" erscheinen in dem letzten Teil der Karlspredigt als Leitmotiv. Nicht nur die Worte Urbans werden verwertet, sondern Argumente aus der zeitgenössischen Predigt werden aneinandergereiht, um den Heidenkrieg Karls als bellum justum erscheinen zu lassen.

> si ritent in diu lant,
> si stiftint rub unde brant.
> di gotes hus si storent,

daz lut si hin furent
unt opherent si den apgoten,
daz ist des tuvelis spot. (201—206)

Mit der letzten Zeile unterstreicht der deutsche Bearbeiter des Rolandsliedes die Gleichsetzung der Heiden mit der Gefolgschaft des Teufels. Seinem Rat folgen die Heiden mit der Zerstörung der Gotteshäuser, der Anbetung der Götzenbilder, der Verfolgung aller Christen. Wieder muß auf Urbans II. Predigt verwiesen werden: „ecce in ipsa ecclesia gentilis suas collocaverunt superstitiones[57]." Wieder hat aber Konrad wahrscheinlich auf die Kaiserchronik zurückgegriffen, denn die oben zitierten Zeilen 201—204 entsprechen wörtlich der Kaiserchronik, 478, 1 ff., nur daß sie dort auf das „Baierlant" gemünzt sind. Der Pfaffe Konrad verweilt bei dieser auf Teilnahme am Schicksal der verfolgten Christen eingestellten Schilderung länger, um den Gedanken an deren Befreiung möglichst wirkungsvoll herauszuheben. So dient diese absichtsvoll düstere Darstellung zur Verstärkung des Gegensatzes von Heiden und Christen. Die Einwirkung der scharfen Predigten Bernhards wider die Heiden und seine Parole „Bekehrung oder Vernichtung" liegt hier offen zutage und die christliche Handlungsweise der Karlsritter tritt um so sichtbarer hervor.

Jetzt folgt die eigentliche adhortatio an die zur Schlacht bereiten Kämpfer (212—220), deren Gehalt bereits ausführlich besprochen wurde. Wieder zielt der Kaiser auf die Gehorsamspflicht vor Gott, auf die freiwillige Bereitschaft zum Martyrium, auf die von Bernhards Geist inspirierte nova devotio. Wichtig scheint dabei der Hinweis auf die Übereinstimmung mit Bernhards Forderung in „De laude": „Primo quidem utrolibet, disciplina non deest, oboedientia nequaquam contemnitur[58]." Auch bei Bernhard wird also die Unterscheidung zwischen disciplina und oboedientia gesehen. Die ganze Schlußermahnung Karls könnte durch diese Forderung Bernhards angeregt sein, da der Zusammenhang zwischen Benediktinerregel und Bernhardischer Predigthomiletik als sehr eng angesehen werden kann (vgl. S. 24). Die Werte ritterlichen und mönchischen Gehorsams, die in dem Begriff „demut" vereinigt sind, steigern die üblichen Ermahnungen. Sie gewinnen durch die vom Pfaffen Konrad vorgenommene Differenzierung der geistigen Voraussetzungen für die Erfüllung der disciplina und oboedientia eine hohe Spiritualität und ähneln dadurch Bernhards Forderungen an die Tempelritter. Diese Stelle im Rolandslied wirkt wie eine feierliche Verpflichtung auf die christlich-ritterlichen Ideale, wenn das ganze Heer dem Kaiser mit „Amen" antwortet.

Die christlich-ritterliche „adhortatio" Turpins

Die Rede des Bischofs Turpin ist in ihrer Ausgestaltung am engsten mit dem Kreuzzugsgedanken verbunden. Sie steht an einer Stelle, die durch die vorhergehende Ansprache des Kaisers herausgehoben ist und stellt eine Ergänzung zu dieser im kirchlichen Sinne dar. Noch stärker tritt darin die ritterliche Thematik zurück und so trägt die Ansprache den ausgeprägten Charakter einer Kreuzzugspredigt. Als Redner von gewaltiger Wirkung erscheint der Bischof Turpin neben dem Kaiser, aber auch als einer der zwölf Paladine, die Christus und dem Kaiser die Treue halten und den Weg der Märtyrer für die Sache des Glaubens gehen.

Schon der epische Eingang weist auf die weltliche und geistliche Würde des Bischofs hin:

>   Vf stunt der erzebiscof;
>   er zirte wol des keiseres hof,
>   er was der zwelue einer,
>   die sich niene wolten gescaidin;
>   si ne uorchtin uûr noch daz swert.
>   got hat si wol gewert
>   des si an in gerten,
>   die wile si hi lebeten.
>   **an der martir si beliben,**
>   ze himele sint si gistigin. (223—232)

Er redet als Erzbischof und zugleich als bewaffneter Streiter. Seine Anrede ist berühmt geworden, denn er verwendet das Motiv der Pilgerschaft zugleich mit dem der Heiligkeit der Kreuznahme. Da es sich im Krieg Karls gegen die Mauren in Spanien nicht um Stätten des Heiligen Landes handelt, wirkt die Anrede „heilige pilgerime" ungewöhnlich. Sie gewinnt erst ihre rechte Situationsbezogenheit daraus, daß dieser Heidenkampf auch zur Sicherung der großen Wallfahrtsstätten geführt und damit als Kreuzzug gesehen wird und daß darum seine Kämpfer als Kreuzritter gelten:

>   wol ir heiligin pilgerime
>   nu lat wol schinin
>   durch waz ir uz sit komen
>   unt daz heilige cruce habet genûmin. (245—248)

Mit dieser Kreuzzugsanrede will der Pfaffe Konrad die historische Wirklichkeit des Karlsepos in die Nähe seiner Zeit rücken. Die Erfüllung mit dem Geist des Opfers, der beispielhaft das Dunkel der Welt erhellen soll, wird in das Bild des von innen her leuchtenden Glanzes gefaßt, dem das Gleichnis vom Licht, das man nicht unter den Scheffel stellt, zugrunde liegt (Matth. 5, 15). Die Kreuznahme soll eine echte Nachfolge Christi in der Passion darstellen, denn dadurch wird dem Teufel am meisten geschadet.

>   daz ist des tuvelis ungemach,
>   want im nie so leide gescach,
>   also er des wirdit innen,
>   so muz er entrinnen.
>   iz truc selbe unser herre.

> di sine uil sûze lere
> hater uns vor getragen.
> wir sculn ime allez nachvaren. (249—256)

Das heilige Kreuz, das Christus voran trug, hat den Teufel überwunden. Wie der arme Hartmann in seiner „Rede vom Glauben" sieht Konrad den Kreuzestod Christi als geistigen Endkampf mit dem Teufel. Während Hartmann die Möglichkeit zur Nachfolge Christi im Leben des Klausners sieht, erreichen die Ritter Konrads dasselbe Ziel, indem sie sich das Kreuz anheften und dadurch „den selbin ganc" gehen, den Christus ging und „den kelh, den er tranc", trinken (256, 257; vergleiche diese Arbeit S. 41). Mit der Betonung der Kreuznahme als Kampf gegen den geistigen Erbfeind der Christenheit verbindet Konrad die Forderung der christlichen Demut. Seine Vorstellungen sind von denen Bernhards beeinflußt. Der eigentliche Kampf vollzieht sich im Innern des Menschen. Ein doppelter Auftrag ist dem Kreuzritter von Gott erteilt. Er ist Vernichter der Heiden, aber mehr noch Vernichter des Bösen in jeder Gestalt und damit ein Rächer Christi am Teufel und seinen Helfern. „Dei etenim minister est ad vindictam malefactorum, non homicida sed, ut ita dixerim, malicida .. et plane Christi vindex in his qui male agunt ...[59]" Dieser Satz bliebe als Ausspruch Bernhards unverständlich, wenn man nicht seinen doppelten Gehalt erkennen würde. Konrad geht noch einen Schritt weiter in der Auslegung, als sie in der Schrift Bernhards überliefert ist. Er verlegt den Kampf ausschließlich in das Innere des Menschen. Wenn die Ritter Christus in allem nachfolgen sollen, so müssen sie sich vor allem an seine Lehre halten. Deshalb besteht der ganze zweite Teil von Turpins Predigt aus Ratschlägen, wie dies zu verwirklichen sei. Dabei zeigt sich, daß die Lebensweise der Mönche der konkreten Nachfolge Christi am nächsten kommt. Gleich der erste Ratschlag bezieht sich auf das siebenmalige Chorgebet der Mönche, wie es die Regel vorschreibt[60] und wie es auch der Psalmist David (Psalm 119, 164) rät[61]:

> minnet siben tagezit (260)

Weiter heißt es dann:

> uwer spise si gemeine
> daz herze machet reine.
> ze ware sagen ich iz iu:
> der brode lichename ist diu deû,
> die sele ist diu frûwe.
> ir scult gote uil wol getruwe,
> welt ir mit gûten werken nach gen,
> so ste uber uch der gotes segen. (265—272)

Alle Forderungen Turpins zielen auf den inneren Menschen. Sie gehen wieder auf zwei Quellen zurück, auf die Benediktinerregel und das Kapitel „de conversatione militum Christi" in Bernhards Schrift „De laude novae militiae". Beide gehören zusammen, da Bernhard als Zisterzienserabt die Benediktinerregel in ihrer ganzen Strenge wieder eingeführt hat. Vers 265: „uwer spise si gemeine" bezieht sich auf Kapitel 39 und 40 der Benediktinerregel. Sie sind den Speisen und Getränken gewidmet und ermahnen zu Mäßigkeit und Einfachheit. Ebenso sagt Bernhard: „et in victu et vestitu cavetur omne superfluum soli necessitati consulitur[62]."

Vers 266: „das herze machet reine" entspricht dem Prolog der Regel: „Ein solcher stößt den bösen Teufel, der ihn verlocken will, mitsamt seiner Lockung von seinem Herzen weg und macht ihn zunichte[63]." Im Kapitel über die Demut: „... gesteht der Mönch alle schlimmen Gedanken, die im Herzen aufsteigen und das Böse, das er im Verborgenen begangen hat, in demütigem Bekenntnis seinem Abte[64]." Auch Bernhard verkündet den hohen Wert eines reinen Gemütes, indem er sagt: „.. et puras diliget mentes super auratos parietes[65]." Der darauf folgende Vergleich von Seele und Leib mit einer Herrin und ihrer Magd kommt ähnlich in der „Summa Theologiae" vor[66]. Die Stelle dort lautet:

Gotis brût, dû sêli adilvrouwi ...
der lîchami ist der sêli chamerwîb: (Waag, Z. 275 u. 277)

Die Auffassung, daß der Leib der geringere Teil des Menschen ist, der dem Wohl der Seele zu dienen hat, war ein beliebter Gegenstand in den Bußpredigten der Zeit[67]. Besonders eindrucksvoll hat ihn Heinrich von Melk in seinem Gedicht vom gemeinen Leben ausgeführt. Diese wertende Gegenüberstellung ist als Grundhaltung für den Kreuzritter der ersten Kreuzzüge unerläßlich.

Die Zeile 271 „welt ir mit gûten werken nach gen" kann sich auf das 4. Kapitel der Regel „Von den Instrumenten der guten Werke" beziehen[68]; es besteht aus einer Aufzählung all dessen, was der Mönch tun und was er lassen soll. Eine ähnliche Stelle findet sich auch bei Bernhard, wenn er die milites Christi ermahnt: „Honore se invice, praeveniunt; alterutrum vera portant, ut si adimplerent legem Christi. Verbum insolens, opus inutile, risus immoderatus, murmur vel tenue sive susurrium nequaquam, ubi deprehenditur, relinquitur inemendatum[69]."

Gegenüber der auf Entsagung und Weltverachtung gerichteten Predigt Turpins wirken einzelne Abschnitte des deutschen Rolandsliedes mit ihren Rüstungs- und Waffenbeschreibungen befremdend weltlich. Dazu wäre auf den Darstellungsstil der Kaiserchronik zu verweisen[70]. Zu erklären sind solche Widersprüche aus den verschiedenen Entstehungsphasen und durch Einschübe aus verschiedenen anderen Quellen.

Der Einfluß Bernhards auf die Kreuzzugsthematik im deutschen Rolandslied läßt sich noch an folgenden Stellen nachweisen:
1. in Rolands predigtähnlichen Reden (3115—3132) bei der Übernahme der Nachhut und während der Kämpfe im Tal von Roncevalles (5808—5820),
2. in Olivirs Kampfansprache (3851—3863),
3. in der Rede des Anseis (4691—4708).

An all diesen Stellen wiederholen sich die Hauptgedanken früherer Kreuzzugspredigten. Lohn- und Heilsversprechungen verbinden sich mit dem Lobpreis des Märtyrertums und der Siegesgewißheit. Sie werden besonders geschickt immer auf das „heute" bezogen (3905 ff.). Wiederholt werden die Gedanken ausgesprochen, daß Gott der Kriegs- und Schutzherr der Gottesstreiter ist, daß Christus die „Seinen" (di minen willen hant getan, 7693) selbst in seine Herrlichkeit geleiten wird (Joh. 17, 24. 7691 ff., 7724 ff.).

Der Tod im Heidenkampf gilt als Sühne und Reinigung (5260 ff., 3127 ff.). Die freiwillige Aufnahme des Kreuzes Christi symbolisiert diesen Kampf (5819 ff.), die Passionsbereitschaft des ganzen Heeres beweist dessen Heilswürdigkeit (5792 ff.)[71]. Die Heiden können selbst in zehnfacher Überlegenheit den Christen nicht widerstehen (6240 und 6707 ff.), weil Gott und Christus diese führen und schützen (3809 ff.). Die Vernichtung der Heiden als Diener des Teufels ist Gottes Wille (4692 ff.; 5808 ff.), Gut und Böse stehen einander gegenüber und der Sieg des Guten ist gewiß[72]. Für die widerrechtliche Erhebung der Heiden gegen Christus zieht der Pfaffe Konrad eine Weissagung des Psalmisten David heran, die er fast wörtlich übersetzt (7711 ff., ähnlich 3911 und 4695). Die Psalmstelle lautet: „Astiterunt reges terrae et principes convenerunt in unum adversus Dominum et adversus Christum eius." Psalm 2, 2. Entsprechend ruft Bernhard die Tempelritter auf zum Kampf gegen alle die „extollentem se adversum scientiam Dei quae est Christianorum fides[73]". Mit der Siegesgewißheit des Psalmes fährt Konrad fort:

> got mit sinem gewalte
> hat unsich da zu gehalten,
> daz wir daz hiute rechen:
> ir gedwanc scûle wir zebrechen,
> ir ioch werfen wir zetal.
> der des himeles waltet über al,
> der zetailet si mit siner craft:
> er tût unsich lobelichen sigehaft. (7715—7722)

Die „nova devotio" im Geiste Bernhards

Alle Kämpfe gegen die Heiden werden in einem neuen Geist geführt, in der „nova devotio" des heiligen Bernhard.

Dem Wort „devotio" liegt als Grundbegriff das Verbum devovere in der Bedeutung des sich Bindens durch ein Gelübde zugrunde. Die ursprünglich an ein Sühneopfer erinnernde mythische Vorstellung hat sich in der Kriegersprache früh mit der des Opfertodes verbunden. So gewann die Begriffseinheit „devotio" in der Literatursprache den Sinn des auf Tod und Leben sich zu eigen Gebens. Sie gehörte damit zum festen Vokabular für den christlichen Treuebegriff.

Im Zeitalter der Kreuzzüge begegnet der Gebrauch des Wortes in neuer Verbindung. Sobald das Beiwort „nova" dem Hauptbegriff der devotio hinzugefügt wird, leuchtet die Bedeutung in einem anderen Licht auf, und trägt damit zur Wertbestimmung einer christlich-ritterlichen Haltung bei. Aus dem Halbdunkel ungenau unterschiedener Selbstverständlichkeit gewinnt die „nova devotio" kennzeichnenden Wert für die auf bedingungslose Opferbereitschaft gerichtete Kreuznahme. Die Erhebung der Helden der Karlssage in eine „nova devotio" des Kreuzrittertums in der deutschen Bearbeitung des Rolandsstoffes unterscheidet den Typus des christlichen Gotteskämpfers klar von den tapferen Recken der französischen Chanson.

Deutlich wird die Unterscheidung aber erst durch die Herausarbeitung der Spiritualisierung, die diesem neuen devotio-Begriff anhaftet und bei der ein Einfluß Bernhardischen Geistes nicht zu übersehen ist. Unter „devotio" versteht der Pfaffe Konrad weit mehr als nur „Demut". Handelte es sich nur um eine Formel, um den christlichen Topos für die Unterwerfung unter den Willen Gottes, so erschiene das Wort nicht so häufig im Zusammenhang mit der Märtyrergesinnung. Die Frömmigkeit der Gottesstreiter wird durch den christlichen Demutsbegriff überhöht. Erst die in der Beichte bewiesene Demut des Kämpfers ist die Voraussetzung für die Errettung der Seele und die Sündenvergebung:

> daz wizzen die herren,
> die nach werltlichen eren
> tagelichen ringent
> daz si got dar unter minnent
> unt ir ougen cherent ze gote:
> so chumt in der himilische bote
> unt irloset si uon allen noten,
> suchent si in mit deumûte. (3012—19)

Die innere Wandlung, die auf eine Bereitung zum Tode zielt, bewahrt die Demutsforderung vor glanzlosem Abgegriffensein. Die Kämpfer Karls empfangen vor der Schlacht die Sakramente, sie beugen die Knie im Gebet:

> Do sich di gotes degene
> mit salmen unt mit segene,
> mit bichte unt mit gelouben,
> mit trahenden ougen,
> mit grozer demûte,
> mit maniger slachte gûte
> sich ze gote habeten, ... (3429—3435)

So heben sie sich von den heidnischen Gegnern ab, deren Übermut ihre Unchristlichkeit erst recht deutlich werden läßt (3366). Die Christen schreiten schon auf Erden dem Himmel entgegen; die Heiden stürzen zur Hölle hinab. Das sind die Auswirkungen von christlicher Demut und heidnischem Stolz:

> ... daz diu deumût hin ze himele stiget,
> daz di ubermût nider niget
> in di uinsteren helle ... (3509—3511)

Solchen Einzelstellen geht eine Charakteristik allgemeiner christlicher Kreuzesverehrung voraus. Es geht dem Bearbeiter des französischen Stoffes um mehr als um formelhafte Wertreihungen und um Aufrufe zur Beugung unter Gottes Gebot. Die Aufforderung: „wesit got untertan" wiederholt sich in der näheren Bestimmung der vom Kreuzritter geforderten besonderen Demut. „wesit" — so muß die Aufforderung ergänzt werden — „wesit .. uwir meisterschefte untertan!" (218/19). Das ist die allerletzte und höchste Forderung an den Gottesstreiter. Erst so gesehen wandelt sich der Begriff der „devotio" zu einer „nova devotio" im Sinne der stärkeren Leidensbereitschaft vor dem Kreuz. Dahinter treten die ritterlichen „Tugenden" zurück. Sie sollen nur mitwirken, das höchste Ziel lauterster Demut zu erreichen:

> ich bit uch alle durch got
> daz irz willicichen tût:
> habet stetigen mût,
> habet zucht mit gûte,
> wesit demûte,
> wesit got unter tan,
> uwir meisterschefte unter tan;
> welt ir also uol komen,
> so uindit ir dar ze hiemele daz lon
> der ewigin genaden. (212—220)

Erst aus einer solchen Vertiefung des Geistes christlicher Demut erwächst die Einheitlichkeit des Geistes der Christenheit. Erst daraus festigt sich „ain geloube" und „ain warheit" (3463) aber auch „ain truwe", so müßten wir ergänzen. Denn die Fahne, die diese Einheit symbolisiert, ist die des Kreuzes und zugleich die des Petrus, dessen Bildnis darauf angebracht ist. Ein einheitlicher christlicher Geist beseelt die Kämpfer. Entgegen den schlimmen Erfahrungen der beiden ersten Kreuzzüge vollendet der Pfaffe Konrad das Idealbild eines Heeres, das sich in der Liebe der Mitkämpfer für die Sache des Kreuzes untereinander die stärkste Waffe selbst geschmiedet hat. Von Vers 3419 an häufen sich die Hervorhebungen der Bindung durch die gleiche Gesinnung:

> si heten alle ain mût .. (3419)
> si waren alle samt fro (3442)
> si haizen alle gotes chint (3444)
> do si daz cruce an sich namen (3447)

Unter dem Zeichen des Kreuzes verdichtet sich das Gemeinschaftsgefühl, aus dem heraus die brüderliche Gesinnung und Verbundenheit im Dienst für das Kreuz erwächst.

> sine wolten ain ander nicht geswiche:
> swaz ainen duchte gŭt,
> daz was ir aller mŭt. (3450—52)

Mit einem deutlichen Hinweis auf den 132. Psalm endet die Charakteristik der christlichen Gemeinschaftsgesinnung. Nicht nur die Einmütigkeit des Geistes, sondern die Liebe zum Mitstreiter macht erst das christliche Gottesstreitertum aus. Darin erreicht die „nova devotio" ihre Vollendung, denn dieses Zurücktreten der eigenen Erwartungen und Ansprüche hinter denen des Mitkämpfers für das gleiche hohe Ziel erhöht die christlich-ritterliche Haltung ins Beispielhafte. In diesem Sinne verweist der Pfaffe Konrad auf die Psalmenstelle zum Beweis der Einheit von biblischer und gegenwärtiger Gesinnung:

> Dauid psalmista
> hat uon in gescriben da:
> „wi groze in lonet min trechtin,
> di bruderlichen mit ain ander sin!
> er biutet in selbe sinen segen,
> si scŭlen iemir urolichen leben.
> ain zu uersicht unt ain minne,
> ain geloube unt ain gedinge,
> ain trŭwe was in allen;
> ir nehain entwaich dem anderen.
> in was allen ain warhait:
> des frŏt sich elliu di cristinhait. (3453—3464)[74]

Die Parallelen zu dem Bibeltext sind greifbar nahe. Im Psalm 133 lautet die Stelle: „Ecce quam bonum, et quam jucundum, habitare fratres in unum .. quoniam illic mandavit Dominus benedictionem, et vitam usque in saeculum." Nicht nur Einmütigkeit im Glauben, sondern auch brüderliche Liebe kennzeichnen nach Konrad ein ideales Christentum. In den Predigten des ersten Kreuzzuges wird der Gedanke nicht verwertet. Vielleicht ist das der Grund, warum auch Konrad in den eigentlichen Predigten des Rolandsliedes diese Tugend noch nicht besonders heraushebt. Bernhard dagegen fordert sie in seiner Schrift von den Tempelherren: „Dicas universae multitudinis esse cor unum et animam unam, ita quisque non omnino propriam sequi voluntatem sed magis obsequi satagit imperanti[75]." Für ihn wird die Eintracht dadurch hergestellt, daß der einzelne seinem eigenen Willen nicht folgt. So heißt es auch in der Benediktinerregel: den Eigenwillen hassen (Kap. 4/5). Nur auf diese Weise kann die vollkommene Liebe und Eintracht der Brüder zustande kommen, der in der Benediktinerregel das 71. Kapitel gewidmet ist: „Daß die Brüder sich gegenseitig gehorchen sollen."

Ganz in diesem Sinne faßt auch Konrad die Einmütigkeit auf. Sie ist zu einer wahren Gottesliebe geworden, die die Helden miteinander im Leben und im Tode verbindet. Bevor sie in die Schlacht ziehen, nehmen sie voneinander Abschied:

>   zesamne si gingen,
>   ain ander umbe uingen.
>   si peswieffen ze den brusten,
>   ain ander si chusten.
>   daz pace si ainander gaben. (5779—5783)

Mit dem „pace" spielt Konrad hier wahrscheinlich auf den Friedenskuß der römischen Liturgie an, der im feierlichen Hochamt von dem zelebrierenden Priester an den Diakon und von diesem an die Meßdiener weitergegeben wird mit den Worten: „Pax tecum". In den Benediktinerklöstern wird der Friedenskuß von einem Mönch zum anderen weitergegeben. Mit dieser Anspielung weist Konrad auf die Heiligkeit und Geistigkeit der Liebe zwischen seinen Helden hin. Eine solche Liebe verbindet auch Roland und Olivir, denn die letzten Worte des sterbenden Olivir sind ein Gebet für das leibliche und geistige Heil Rolands (6517 f.).

Konrad rühmt an seinen Helden, daß sie Forderungen erfüllt haben, die ein kirchlich hierarchisches Lebensgefühl formen und insofern von cluniazensischem Geist erfüllt sind. Dafür spricht die Stelle:

>   unser herre sagete sinin iungeren daz:
>   „so der same nicht erstirbet in der erde,
>   sone mac des wůcheres nicht werde.
>   ist daz er irstirbit,
>   michel wŏcher errewirbet."
>   die herren wrden wŏcherhaft,
>   der heilige gaist gab in di craft.
>   daz was ain angestlicher champ,
>   da der gaist das ulaisc ŭber want. (7884—7892)

Dieses Gleichnis ist Joh. 12, 24 entnommen: „Wenn das Weizenkorn nicht in die Erde fällt und stirbt, so bleibt es für sich allein; wenn es aber stirbt, so bringt es viele Frucht." An dieses Bild schließen sich in der Bibel die Worte an, die für den Kreuzzugsgedanken so bedeutsam geworden sind: „Wer sein Leben liebt, wird es verlieren, doch wer sein Leben in dieser Welt haßt, der wird es für das ewige Leben bewahren." Konrad betont, daß der Mensch von Natur aus sein diesseitiges Leben liebt und daß jeder Verzicht auf das Leben ihn einen harten „angestlichen" Kampf kostet, der nur durch den Geist zum Siege geführt wird. Daraus erwächst dann die Freude über diese Selbstüberwindung, die den ritterlichen Kämpfern auch den inneren Glanz verleiht:

>   si furten gut gesmide
>   uon golde unt uon gimmen,
>   si luchten uzen unt innen
>   sam diu brinnenden oleuaz. (7880—7883)

Innere Heiligkeit vereinigt sich mit weltlichem Glanz. Konrad nimmt hier für seine Helden das Gleichnis der Bibel in Anspruch, das bei Math. 5, 14/16 lautet: „Vos estis lux mundi ... Sic luceat lux vestra coram hominibus: ut videant opera vestra bona et glorificent patrem vestrum, qui in caelis est."

Der Zustand innerer und äußerer Vollkommenheit ist für Konrad der Idealzustand des Menschen. Er verwirft die äußere Pracht nicht, aber am Beispiel Geneluns zeigt er deutlich, daß sie wertlos wird, sobald der innere Glanz fehlt (1962 ff.). So wird Genelun mit einem Baum verglichen, der außen grün erscheint, innen aber dürr und von Würmern zerfressen ist, ein Bild, das an Heinrich von Melk erinnert.

Am Jenseits werden die Werte des Diesseits gemessen. Darum fehlen alle Bezüge auf den höfischen Minnedienst. Minne bedeutet im Rolandslied stets die Liebe zu Gott.

Erst ein Mensch, der innen und außen vollkommen ist, gewinnt durch das Martyrium den Charakter der Heiligkeit. Wie Bernhard die Tempelritter als „vere sancta et tuta militia" anredet[76], so bezeichnet auch Konrad seine Helden als „heilige pilgerime" (245). Sie sind für die Ewigkeit auserwählt (147, 3886, 4975), sie stehen im Buch des Lebens (3259 ff., 3265 f.) und erstrahlen durch das Martyrium im Glanz der Reinheit wie die unschuldig erschlagenen bethlehemitischen Kinder:

> si waren lutter unt raine
> ane rost und ane mailen,
> sam diu heiligen chindelin
> di durch selben minen trechtin
> Herodes hiez erslahen. (5767—5771)

Konrad scheint dieses Bild besonders geliebt zu haben. Von ihrer Reinheit gleich neugeborenen Kindern ist in den Predigten Turpins zweimal die Rede (3932; 5269). Diese hohe Bewertung der Reinheit und Heiligkeit seiner Helden offenbart sich auch in Konrads Vergeistigung des Lohngedankens im Sinne der ecclesia spiritualis.

Der überhöhte Lohngedanke

Das Wort „lon" umschließt im deutschen Rolandslied eine Vielfalt von Bedeutungen. Sie liegen zwischen Verheißung des ewigen Lebens und Erteilung der Absolution. Am deutlichsten wird die predigthafte Anwendung im Beginn des Liedes und an seinen Höhepunkten vor den Entscheidungsschlachten. In der Erteilung der Absolution erhält der aus den Predigten geläufige Gedanke des himmlischen Lohnes eine besondere Erhöhung. Erst nach diesem Akt der Sündenvergebung, der die Buße voraussetzt, bereitet der Bischof Turpin das Heer auf die eigentliche Heiligung seines kriegerischen Tuns vor, indem er den bevorstehenden Kampf als Beginn des Märtyrertums und den Tod in der Schlacht als Märtyrertod hinstellt. Damit gewinnt der Lohngedanke die letzte Spiritualisierung, die den allgemeinen Vorstellungen von der

Heiligung nahekommt. Mit allerlei poetischen Ausdrucksmitteln erreicht der Pfaffe Konrad diese außerordentliche Steigerung der göttlichen Lohnversprechungen in der letzten Predigt Turpins. Der Schluß dieser Predigt klingt wie ein einziger Jubelruf über das Geschenk des Martyriums, das ihm und dem ganzen Heer schon so bald zuteil werden soll:

>wir werden hiute geboren
>zu der ewigen wunne:
>hiute werden wir der engel kunne,
>hiute sculen wir frolichen uaren,
>hiute werden wir liutere wester parn;
>hiute ist unser froude tac,
>want sich sin frouwen mac
>elliu die heilige cristinhait;
>hiute uergilt man uns die arbait:
>wir werden hiute enphangen
>mit dem engelsange
>zu den himilischen eren.
>hiute gesehe wir unseren herren:
>da piren wir iemir mere fro.
>si sungen gloria in excelsis deo! (5264—5278)

Das achtmal gehäufte „hiute" sowie das „gloria in excelsis deo" erinnern stark an die Magnificat-Antiphon der zweiten Vesper vor Weihnachten:

>hodie Christus natus est:
>hodie Salvator apparuit:
>hodie in terra canunt angeli laetantur archangeli:
>hodie exsultant justi, dicentes:
>gloria in excelsis deo. (Röm. Missale)[77]

In diesen Antiphonen herrscht die gleiche jubelnde Freude über den Tod der Heiligen, der ihr Eingehen in das ewige Leben bedeutet, wie bei Konrad. Hier wie dort finden sich Ausdrücke der Freude: gaudiis, feliciter — wunne, frolichen, froude, fro und der Ehre: gloria, a Domino coronari — zu den himilischen eren. Die beiden Erwähnungen der Engel bei Konrad entsprechen den beiden Stellen in den Antiphonen des Benediktus und Maurus:

>hiute werden wir der engel kunne (5266)
>hodie in gloria ab Angelis susceptus est.

>enphangen mit dem engelsange (5273/4)
>choris comitatus angelicis.

Dem Hinweis auf die Ewigkeit „iemir mere fro" (5277) entspricht in der Antiphon vom Fest der heiligen Scholastica: „meretur perfrui in sempiternum." In zwei der Antiphonen findet sich das Wort „meretur, meruit[78]", das auf den Begriff des Verdienens hinweist. Konrad sagt statt dessen: „hiute vergilt

7 Wentzlaff-Eggebert, Kreuzzugsdichtung

man uns die arbait" (5272). Beides sind ähnliche Gedankengänge. Diese Anklänge an die benediktinische Liturgie sind so auffallend, daß man daraus schließen muß, daß Konrad das monastische Brevier benutzt hat.

Unerläßlich bleibt auch der Hinweis auf die Bernhardsstelle, die den Überlebenden und Sterbenden Freude verheißt: „quam gloriosi revertuntur victores de proelio, quam beati moriuntur martyres in proelio Gaude fortis athleta si vivis et vincis in Domino, sed magis exulta et gloriare si moriris et iungeris in Domino[79]."

Im Rückgriff auf Bernhards Predigten und in Anlehnung an die Liturgie erreicht der Lohngedanke bei Konrad eine noch stärkere Vergeistigung als in der allgemeinen Kreuzpredigt. Als Folge seiner inhaltlichen und poetischen Ausgestaltung gewinnt der hymnische Ton der Siegeszuversicht und der Preis des Märtyrertums eine Intensität, die nur durch die Wortgewalt in Bernhards Predigten und Briefen übertroffen wird. Zu erklären ist dieser starke Einfluß der Kreuzpredigt, der sich bis auf Stilprobleme erstreckt, durch die geistliche Verfasserschaft, die bei den Geschichts- und Legendendichtungen der frühmittelhochdeutschen Epoche anzunehmen ist. In den sogenannten Spielmannsepen wirkt dieses Predigtvorbild weit schwächer nach, und die geschichtliche Wirklichkeit mit den Abenteuermotiven aus Orientfahrten gibt der Kreuzzugsthematik darin eine neue Richtung.

Oswald — Orendel — Salman und Morolf

Die Kreuzzugsthematik in den sogenannten Spielmannsepen[80] erscheint verhüllt und zugleich eingeschränkt durch die auf Unterhaltung gerichtete Erzählweise dieser Dichtungen. Trotzdem halten sie streng an einer von Gott gesetzten Weltordnung fest, wie sie in der „Kaiserchronik" und im „Rolandslied" das Weltbild des ganzen 12. Jahrhunderts bestimmt. In beiden Dichtungen hatten sich die Grenzen von Imperium und Sacerdotium im christlichen Kaisertum Karls des Großen verwischt. Der Kreuzzugsgedanke hatte die Konfrontation von Christentum und Heidentum so verschärft, daß die Christen als von Gott berufene Gegner des Heidentums erschienen. So entstand die Vorstellung von Gottesstreitern, die vor den vom Teufel aufgebotenen Heiden das göttliche Erbe der Menschheit zu verteidigen hatten. Unter diesem Erbe wurde das Heilige Land und im weiteren Sinne jeder von Christen bewohnte Raum verstanden.

Die Thematik der Spielmannsepen bleibt vorwiegend eine „heldische": die Besiegung oder Vernichtung der Heiden. Die Freude am Kampf und das Abenteuer in der Fremde verlocken die Teilnehmer zur Kreuzfahrt; als vom Dichter betonter ethisch religiöser Wert erscheint allein die Treue Gott gegenüber. Das Streben nach Ehre vor Gott und Menschen verpflichtet die Heidenkämpfer zu ritterlicher Haltung. Durch das Miterleben der Kreuzzugsgeschehnisse öffnet sich die ursprünglich heilsgeschichtlich bestimmte Thematik sehr schnell einer wirklichkeitsgebundenen der damaligen Gegenwart. Der Dichter verbindet oft geschickte Eroberung und Verteidigung des Heiligen Landes mit der Verteidigung der in Lebensgefahr schwebenden Christen, die er seinen Hörern spannend darstellt. Dabei ergibt sich notwendig ein neues Mischungsverhältnis von Belehrung und Unterhaltung, das in kurzer Zeit die im deutschen Rolandslied einsetzende Spiritualisierung des Ritterbildes überlagert, so daß mit der ständischen Umschichtung in der Stauferzeit ein Rückgriff auf die „Ecclesia spiritualis" und das hochstrebende Gottesstreitertum unerläßlich wird (Rother).

Im Spielmannsepos bleibt von den Predigtgedanken neben der ausgebreiteten Heilsgeschichte der christliche Lohngedanke erhalten. Der Heidenkampf wird als „bellum iustum" angesehen. Christus erscheint als Kriegsherr, der das Kreuzbanner aufrichtet. Aber die Kämpfe haben zugleich noch ein anderes Ziel: den Frauenraub. So wird es bei manchen Epen schwierig, das uralte Thema der Gewinnung einer Frau durch Kampf von dem der Wiedergewinnung des Heiligen Grabes so zu trennen, daß wenigstens der Legendencharakter erhalten bleibt. Die Kreuzzugsthematik verbindet sich eng mit dem Brautraubmotiv. Die Heilsgeschichte bleibt nur als Rahmen erhalten. Hinzu kommt der Missionscharakter eines solchen Zuges, durch den die allzu unchristlichen Mordtaten an den Heiden in ihrer Grausamkeit abgeschwächt werden.

Überprüft man die Verbindungslinien zur Kreuzzugsthematik genauer, so zeigt sich, daß in der Spielmannsepik der Missionsgedanke die sichtbarste Linie bleibt, die von dem Brautraubthema immer wieder zur Zeitstimmung der Kreuzfahrten hinführt. Die Braut ist stets von heidnischer Abstammung, im Herzen aber oft schon Christin. Sie soll mit den Ihren dem Christentum gewonnen werden. Dieses Ziel verbindet die abenteuerliche Brautfahrt mit der Kreuzfahrt.

Es geht also nicht an, für die Herausarbeitung des engen thematischen Zusammenhangs von Abenteuerlust und Heiligenleben die üblichen Gesichtspunkte der Kreuzzugspredigten als Ordnungsprinzip zu wählen. Dazu fehlt die wichtigste Voraussetzung: die dichterische Darstellung einer echten christlichen devotio. Vielmehr muß für die Geschehnisse in den Spielmannsromanen als Einteilungsprinzip gelten: Aufbruch zur Kreuzfahrt, Kampf mit den Heiden, Wundergeschehen und Heidenbekehrung. Die drei legendenhaften Dichtungen „Oswald", „Orendel" und „Salman und Morolf" lassen sich unter diesen Gesichtspunkten zusammen sehen, während der „Rother" als Dichtung einer Übergangsepoche gesondert behandelt werden muß.

Alle Aufbruchsschilderungen zur Kreuzfahrt beginnen mit einem predigtähnlichen Aufruf. In unserem Zusammenhang können nur Partien herausgehoben werden, die eine den Kreuzzugsaufrufen verwandte Struktur zeigen. Im „Oswald" kommt ein gottgesandter Engel und gibt Oswald den Auftrag:

> „ich wil dir raten edeler vurste guot:
> nim dir dehein vrouwen in den landen din
> ich wil dir ez raten uf die triuwe min,
> du muost varen uber mere
> mit eineme kreftigen here
> nach einer heidnischen kuniginne
> die solt du über mere her bringen
> du muost in die heidenschaft keren
> unde kristlichen gelouben meren:
> nim dir ein heidnische kunigin
> das ist gotes wille und der lieben muoter sin." (60—70)

In diesen wenigen Zeilen überblickt man leicht die bekannte Kreuzzugsthematik: Gott als oberster Befehlshaber gibt durch seinen himmlischen Boten den Auftrag zum Kampf gegen die Heiden und zur Missionierung, zur Fahrt über das Meer. Als weltliches Ziel lockt die Braut. Auch die Werbung erscheint als Gebot und Wille Gottes. Damit wird das ganze Geschehen in einen größeren Rahmen gestellt und gleichzeitig der Dichtung eine Doppelseitigkeit in ihren Schilderungen abverlangt. Das Neben- und Ineinander von Abenteuer und Heilsgeschehen läßt sich nicht besser begründen. Der Dichter kann jetzt dem geistlichen wie dem weltlichen Publikum gerecht werden. Die Vergangenheit des Sagenstoffes bleibt mit dem gegenwärtigen Zeitgeschehen unauflöslich verbunden.

Aus dem Zeitgeschehen fließt der Darstellung die Farbigkeit des Kolorits und die Zeichnung der Konturen der Helden zu. Oswald und Orendel werden in der gleichen Situation gezeigt, wie sie über die Durchführung des göttlichen Auftrags nachdenken. Sehr realistisch werden sie dabei als ruhelose Kämpfer für ihren göttlichen Auftrag beschrieben. Der Dichter des 12. Jahrhunderts kennt die Situation aus den Kreuzzugsvorbereitungen und gibt sie in seinen Schilderungen wieder. Wie bei diesen werden Briefe und Aufrufe versandt, bis die Schar der Mitkämpfer versammelt ist:

> Nu lac sant Oswald aber in sorgen
> die naht uns an den morgen
> wie er ime eines sinnes erdachte
> und sene dienestliute zusamene brachte ...
> er lie nicht beliben
> und hiez im balde briefe schreiben
> unde entbot mit grozen eren
> allen sinen landesherren ... (Oswald 1471)

> er sprach: „wa sint ir, kunige frome,
> die ... wollen komen,
> die durch got und des heiligen grabes willen
> mit mir uber den wilden se wellent?" (Orendel 292—295)

Daran schließen sich die Vorbereitungen und der Aufmarsch des Heeres sowie die Ausstattung der Schiffe. Die ganze Freude der Verfasser an Übertreibungen äußert sich dabei. Im „Oswald" werden 12 Könige, 36 Grafen, 9 edle Bischöfe mit ihren Leuten in Bewegung gesetzt. Zusammen sind es 72 000 Mann, eine der stehenden Zahlen in diesen Dichtungen. Die Ritter im Oswald heften sich das Kreuz an, das Zeichen des Kreuzritters. Oswald läßt die Goldschmiede 72 000 Kreuze wirken:

>Ir sult mir wurken schone uz golt
>darumbe gibe ich iu richen solt
>zwei unde sibenzic tusent kriuze guldin. (Oswald 1457 ff.)

Deutlich ist hier ein Niederschlag der Kreuzzugsthematik in den Vorbereitungen zur Fahrt zu sehen, denn die Chroniken und Annalen verzeichnen genauso mit übertriebenen Zahlen- und Rüstungsangaben sowie Standesbezeichnungen die Einzelheiten der Aufrufswirkungen. Die Fahrt selbst geht über das Meer ins Heidenland. Jerusalem ist das Ziel der Heerfahrt, Bari ist schon damals, wie in den letzten Kreuzzugsdichtungen des Spätmittelalters, der Ausfahrtshafen. Die Geschichtsquellen bestätigen, daß sich dort die Kreuzfahrer zur Abfahrt sammelten.

Der Heidenkampf

Weltliches Ziel dieser Heidenkämpfe bleibt in allen drei Epen die Erringung der Frau. Der Missionsgedanke tritt dahinter zunächst völlig zurück. Der alte Sagenstoff scheint uneingeschränkt über die fromme Geisteshaltung des Dichters zu triumphieren. Es wirkt aber nur auf den ersten Blick so, denn diese Kämpfe im „Oswald" sind durchgehend unter dem Gesichtspunkt der Auseinandersetzung Christentum-Heidentum gestaltet. Die Christen sind die Streiter Gottes, sie verteidigen das Christentum, nicht die geraubte Frau.

>„nu ir werden kristen guot
>nemet alle an iuch festen muot
>lat iu niht wesen leide
>und wert iuch der heiden" (Oswald 2841)

Im „Orendel" ist es ähnlich. Dort ist Bride, um die sich der Kampf abspielt, zugleich die Königin von Jerusalem, die Hüterin des Heiligen Grabes. Es deckt sich somit der Kampf um die Frau völlig mit dem Kampf um das Heilige Grab. Kreuzzugsthematik und Brautraubsage gehören eng zusammen. Der Riese Liberian fordert Bride auf, Orendel auszuliefern:

So gevet uns den graroc (Orendel)	so gebent uns den Grawen Roc
herus uph den tempelhof,	her uz uf den tempelhof! [nen,
oder das graf wir brennen,	oder daz heilige grap wil ich verbren-
die kristenlude wir quellen.	die kristenlude quellen dar inne."
(Orendel 1574—1577)	

Eigentlich sind die Heiden nur gekommen, um Bride zu entführen, aber es entsteht daraus eine Auseinandersetzung um das Heilige Grab, das die Ungläubigen verbrennen wollen. Damit erheben sie sich wider Gott, denn sie wollen die Ordnung der Welt stören. Die Christen müssen, das ist der Sinn des Kampfes, diese Streiter des Satans zurückwerfen, das Heilige Grab schützen und die Christenheit damit retten. Wichtiger als die Frage, ob der Brautraub gelingt, ist das Problem, ob den Christen oder den Heiden der Sieg zufällt. Morolf ruft seine Leute zum Kampf und spricht:

> ir vil stolzen helde guot
> wir sollen [einander] nit entwichen
> so vil als umbe einen fuoz.
> diz ist ein ungetoufte diet
> got lat uns under wegen niet
> umb die kunniginne her
> er lat uns unser truve geniezen
> und hilfet uns wider uber se. (Salman 4039—4046)

Der Ausgang des Kampfes gleicht in der Spielmannsdichtung einem Gottesurteil. Nach solcher Auffassung kann der Kampf für die Christen nur siegreich ausgehen. Das Gute soll siegen. Da die Christen die Streiter Gottes sind, so muß auch der Sieg auf ihrer Seite sein. Ist das Gegenteil der Fall, so haben sich die Christen in Schuld verstrickt und Gott hat seine schützende Hand von ihnen gezogen. In der Niederlage und im Tod sühnen sie ihre Schuld. Der Triumph ist aber immer auf der Seite der Christen. Die Überzahl der Heiden mag noch so groß sein, sie werden auf jeden Fall erschlagen. Wenn die Christen in Not kommen, so hat ihnen nach Auffassung der Verfasser Gott daraus zu helfen. Das hängt zusammen mit dem auf Gott übertragenen Lehensgedanken und dem damit verbundenen gegenseitigen Treueverhältnis. Wie der Ritter seine Lehenspflicht seinem Herrn gegenüber erfüllt, so hat dieser seinerseits die Verpflichtung, zu seinem Untertanen zu stehen, wenn er in Bedrängnis gerät. Im Spielmannsepos wirkt sich das so aus, daß der Kreuzritter Gott und Christus häufig fordernd an ihre Pflicht mahnt:

> drut sun vil gude,
> hilf dem kunige Orendel uz noden
> drut sun, lieber here,
> durh dines heiligen graves ere
> durch des willen er sich hat uzgehaben
> drut sun, du salt ez ime unz nit versagen. (Orendel 814—819)

Sofort sendet ihm Gott durch einen Engel neue Kraft und er erschlägt die Heiden. Derselbe Vorgang vollzieht sich im „Salman". Morolf erhält einen „slag, daz der degen edele uf den knuwen lag". Da erhebt er die Hände und bittet Gott:

> here nu hilf mir uzer not,
> mir ist von slegen worden we
> laz mich miner truwe geniezen
> daz ich in dem ellende iht beste. (Salman 4130—4133)

Das bedeutet, daß Gott verpflichtet ist, helfend einzuschreiten. Hier wird das Verhältnis zu Gott so in den menschlichen Bereich gezogen, daß eine Steigerung nicht mehr möglich ist. Der Held im Spielmannsepos führt seinen Kampf gegen die Heiden in erster Linie auf Grund seiner Lehensverpflichtung. Er fordert dafür Lohn auf Erden und Hilfe im Kampf. Diese Forderung an Gott kann sich bis zur Drohung steigern. Im „Orendel" kündigt Bride die Zerstörung des Heiligen Grabes an, wenn Gott dem Orendel nicht Beistand leistet. Sie würde damit im Sinn der Heiden handeln. Das würde bedeuten, daß sie Gott die Treue gekündigt hätte und Lehensträgerin des Satans geworden wäre. In der schlichten Gläubigkeit der Verfasser kommt Gott aber einer solchen Aufforderung stets nach.

Wundergeschehen

Die Hilfe Gottes im entscheidenden Augenblick kann im Spielmannsepos meist nur noch durch ein Wunder in Erscheinung treten. Dabei wird dieses Wunder häufig mit Märchenmotiven verbunden. Eines davon geht direkt aus dem Gefolgschaftsgedanken hervor. Orendel droht bereits zu unterliegen, da sendet ihm Gott die drei Erzengel, Gabriel, Michael und Raphael (1695 ff.). Wie im Märchen der Ruf an die gütige Fee oder den schützenden Geist die Erfüllung des Wunsches herbeizaubert, so erfolgt hier auf das Gebet hin sogleich die Erfüllung des Wunsches durch die Gnade Gottes. Die Engel tauchen auf, verhelfen dem Helden zum Sieg und verschwinden wieder. Niemand hatte sie erkannt, nur ihre prachtvollen Erscheinungen und ihre Kampfkraft erwecken Bewunderung und Furcht. Neben dem Gedanken, man könne Gottes Beistand fordern, führte aber noch ein anderer zu diesem Motiv, der bezeichnend ist für die Gedankenwelt der volkstümlichen Kreuzzugsidee. Gott hat Engel genug um sein Grab zu schützen. Wenn schon Menschen diese Aufgabe übernehmen, so soll er ihnen wenigstens in der höchsten Not mit seinen Engeln zu Hilfe kommen. Die Frage, warum Gott in seiner Allmacht die Menschen zur Verteidigung der Heiligen Stätten aufruft, die von der Kreuzzugswerbung so beantwortet wurde, daß Gott den Menschen damit eine Gelegenheit zur Buße geben wollte, wird in der Spielmannsdichtung nur aus dem Lehensgedanken heraus entwickelt. Die Spielmannsdichtung kennt keine Märtyrergesinnung. Im Rolandslied ist der Tod Übergang zum ewigen Leben, die Überwindung des Irdischen ist für die Seele ein Gewinn. Im Spielmannsepos wird zwar auch in einigen Einschüben vom Tod als Übergang ins ewige Leben gesprochen. Die Handlung aber widerlegt diese Worte. Der Tod bedeutet das Ende, den Verlust der Welt mit all ihren Wundern und Abenteuern. Daher muß Gott auch seine Getreuen durch direkten Eingriff aus der Gefahr des Todes erretten, er muß Wunder tun und seine Engel senden. Der Tod hat in der Märchen- und Wunderwelt keinen Platz, es sei denn der Tod des Bösen, der Heiden. Sie werden zu Tausenden erschlagen, vom Tod eines Christen wird kaum ein Wort erwähnt. Um die Spannung zu erhalten, müssen die Helden stets von neuem in Todesgefahr geraten (Orendel 1400, 1665, 2800). Gott befreit aus der Not entweder durch einen rein geistigen Akt, indem er neue Kraft und neuen Mut verleiht oder häufiger durch Wunder, wodurch der Dichter die größte Wirkung bei seinem Publikum erzielt. Durch die Gnade Gottes greifen Märchen- und Sagengestalten in den Alltag ein, um dem miles Christi zu helfen.

Heidenbekehrung

Ist der Sieg über die Heiden errungen, so beginnt die Heidenbekehrung mit dem Ziel der Taufe[81]. Diese vollzieht sich auf zwei Wegen: man will den besiegten Feind zum eigenen Glauben zwingen, wobei man ihm völlig intolerant mit dem Schwert gegenübersteht oder man erbarmt sich seiner Unerlöstheit und möchte ihm aus christlicher Gesinnung das wahre Heil bringen. Dabei muß der Gedanke der Toleranz berührt werden.

In der Spielmannsdichtung überwiegt die Vorstellung vom „wilden" Heiden, der Götzen anbetet, grausam herrscht und seine Tochter den christlichen Freiern wieder raubt. Es ist ein gutes Werk, einen solchen Heiden in blutigem Kampf zu vernichten. Solche Intoleranz ist aber nicht allein religiös bestimmt, sondern auch Erbgut der alten Heldensagen. Die Intoleranz, die aus dem Kampf um die eigene Existenz entsteht, hat sich erhalten. Darin bleibt das Spielmannsepos dem Geist des ersten Kreuzzuges verbunden, in dem sich die Unkenntnis über den Orient auswirkte. Man lebte von dem Bild, das aus Berichten zur Zeit des ersten Kreuzzuges entstanden war. Dieses Bild konnte sich solange halten, als von heidnischen Massen gesprochen wurde. „35 000 freisame heiden", das ist eine Formel, unter der man sich keine einzelnen Menschen vorstellte. Anders wird es, wenn es sich um Persönlichkeiten handelt. Dann gewinnt der einzelne an Plastik und Individualität. Langsam entsteht das Bild vom „wilden" Heiden mit menschlichen Zügen. Aron im „Oswald" ist eine solche Gestalt: er ist schön, stolz und jagdliebend. Besonders wichtig ist die Figur der heidnischen Prinzessin im „Oswald". Sie glaubt bereits heimlich an Christus. Wenn ihretwegen die Fahrt ins Heidenland unternommen wird, so ist dabei die alte Brautraubsage mit ganz neuem Gehalt erfüllt. Ritterlichkeit gegen die Frau führt dazu, daß sie, obwohl sie Heidin ist, geachtet wird. Im „Oswald" ist sie darüber hinaus die schönste und edelste Frau des Erdkreises, allein würdig, den Thron an der Seite des mächtigen Königs zu besetzen. Im „Orendel" ist dasselbe der Fall. Bride ist zwar Christin, aber sie lebt mitten unter Heiden. Auch Salme, die Königin von Jerusalem, schwebt in großer Gefahr, für immer in die Hände der Heiden zu fallen. Dann würde auch ihre Seele verloren sein. Im „Salman" tritt dieser Gedanke hinter den äußeren Abenteuern zurück, im „Oswald" und „Orendel" wird das Thema stark herausgearbeitet. Da im „Oswald" die Frau Heidin ist, tritt hier der Bekehrungsgedanke in den Vordergrund.

Es wurde schon gesagt, daß dieser Bekehrungsgedanke wesentlich zur Verknüpfung von Kreuzzugsidee und Brautfahrt beiträgt. Es geht nicht allein darum, die Frau zu gewinnen, es geht darum, ihre Seele zu retten. Im „Oswald" kann das nur geschehen, wenn ihr die Taufe gebracht wird. Der Auftrag Gottes lautet, den christlichen Glauben zu mehren. Dadurch wird die Brautfahrt zum Kreuzzug. Der Braut fehlt zur letzten Vollkommenheit nur noch die Taufe. Daher sucht Oswald sie wirklich von innen heraus zum Christentum zu gewinnen. Ein beliebtes Motiv ist es, sie schon vor der Taufe an Christus glauben zu lassen. So schenkt im „Oswald" die Prinzessin dem Helden nicht zuletzt des Glaubens wegen ihre Liebe. Das Märchenmotiv von der gefahrvollen Brautfahrt, bei der ein dritter sich gegen die Vereinigung zweier Liebender wendet, ist hier in die Kreuzzugsthematik gestellt. Der religiöse Gegensatz ist entscheidend. Die Heiden möchten den christlichen Freier zurückweisen, die Braut liebt ihn wegen seines Glaubens. Die Taufe der innerlich zur Christin gewordenen Prinzessin bildet den krönenden Abschluß der Heidenfahrt. Die besiegten Heiden aber stehen dem Christentum weiterhin fremd gegenüber. Sie haben nur die Wahl, getauft oder getötet zu werden. So kommt es zu den Massentaufen (Orendel 2825 ff. und Oswald 2845 ff.). Der Verfasser des „Oswald" mag gespürt haben, wie kläglich es um eine solche gewaltsame Bekehrung bestellt ist. Oswald sucht daher Aron von der Macht des Christengottes zu überzeugen. Aron ist als einziger Überlebender dem Kampf entkommen. Er widersetzt sich der Taufe:

an dinen got geloube ich niht
wi halt mir darumbe geschiht (Oswald 2951—2952)

Zwar könnte Oswald ihn zur Taufe zwingen, denn:

ih bin an dir worden sigehaft (Oswald 2957)

aber er will ihn überzeugen. Der Heide hat keine Achtung vor dem Christentum, die Ehre Gottes muß verteidigt werden. Überall will der Kreuzfahrer Gott, das heilige Grab und die Glaubenssätze vor den Schmähungen der Heiden schützen. Das Spielmannsepos setzt zu diesem Zweck wieder den ganzen Wunderapparat ein. Oswald bittet Gott, die gefallenen Heiden vom Tod zu erwecken. Das geschieht auch, aber Aron ist weniger von der Macht Gottes überzeugt als von der Tatsache, daß er den Kampf nun wieder aufnehmen kann. Als er zum zweiten Mal geschlagen wird und noch immer widerstrebt, entspringt aus dem harten Stein eine Quelle. Beide Motive stammen aus der Bibel. Es sind Wunder, die zur Festigung des Glaubens dienen sollen. (Oswald 2900 ff.).

Den Abschluß der Kreuzfahrt bildete die Heimkehr. Die Heiden sind besiegt, das Heilige Land ist befreit. Aber die Gefahr eines neuen Angriffs bleibt bestehen. In den Spielmannsepen wird eine stete Erneuerung des Kampfes geschildert. Dabei hat sicherlich der Gedanke mitgespielt, die unermeßliche Kraft der heidnischen Völker darzustellen und damit die stete Gefahr für das Christentum. Ein Ende dieser Gefahr ist nicht abzusehen. Die einzige Möglichkeit, sie zu bannen, liegt in der ständigen Verteidigungsbereitschaft der Christen. Die Belehnung eines zuverlässigen Vasallen mit Jerusalem nach dem Abzug des Heeres ist daher von entscheidender Bedeutung. Die Belehnung ist zugleich Lohn für den Kampf im Dienste Gottes. Auch in der Predigt wurde den Kreuzfahrern irdischer Lohn neben dem himmlischen verheißen. Im Spielmannsepos steht der irdische Lohn im Vordergrund: für den König die Braut, für den tapferen Dienstmann ein Lehen und für die übrigen Fahrtteilnehmer die Schätze des Morgenlandes. Die wahrscheinlich geistlichen Überarbeiter haben dann diese allzu weltliche Auffassung durch ihre Zusätze einzuschränken versucht und Züge hineingenommen, die die Heilsthematik behandeln.

Ein Zwielicht liegt über diesen Dichtungen. Die Dunkelheit des unerlösten, aber der göttlichen Gnade offenen Heidentums wird nur von Strahlen erhellt, deren Lichtquelle nicht erscheint. Die Heilsverkündigung bleibt verborgen unter Wundergeschichten und abenteuerlich überhöhten Legenden, in denen das göttliche Wunder neben der menschlichen List seinen Platz hat. Die List dient dem hohen Ziel der Glaubensausbreitung. Die Wunder lösen ausweglose Situationen. Gebete erhalten nur bei den Hauptgestalten den Charakter eines Persönlichkeitsattributes, sonst bleiben sie Formeln praktischer Gläubigkeit. Hinzu tritt die Komik, die der Erzähler zur Steigerung der Spannung braucht. Die Gegnerschaft von Christen und Heiden steht unter dem wachsamen Auge Gottes. Die Gnade der Taufe wird dem besiegten Heiden wiederholt angeboten. Nur den unbelehrbaren Gegner trifft die tödliche Vernichtung:

> unde wilt du daz niht balde tuon
> ...
> slahe ich dir abe daz houbet din. (Münchner Oswald 3093, 3096)

Wunderwelt und Leidenswelt bleiben besonders im „Münchner Oswald" verbindungslos aber auch widerspruchslos nebeneinander. Im „Wiener Oswald" findet sich in etwas tieferer Schichtung, von oberflächlicher Abenteuerschilderung und Situationskomik verdeckt, eine verinnerlichte Frömmigkeit, der die Herkunft aus Clunys Raum anzumerken ist. Selbst in der Erzählung von der Gewinnung Spanges, die nur durch eine Orientfahrt möglich ist, bleibt das Unterhaltungsthema der Brautwerbung von Anfang verbunden mit der Frage der Taufe. Die Taufe bedeutet die erste Notwendigkeit. Aus der Taufe Spanges entsteht die zweite Notwendigkeit: die Heidenbekehrung. Damit aber verdichtet sich die Lebenswelt, die in mönchischen Bezirken beheimatet ist. In diesem Raum beginnt die bedeutsame Thematik, die weit in die

Kreuzzugssphäre hineinreicht. Allerdings müssen dabei besondere Stilkennzeichen beachtet werden. Das Ehethema, das immer wieder die castitas und virginitas umkreist, verdeckt oft die feineren Züge einer inneren Charakteristik. Sie beginnt bei Spange, der Tochter des Heidenkönigs. Diese hat einen Wunderring erhalten, der drei Steine von höchstem Wert enthält: Demut, Gerechtigkeit und Lauterkeit. Wir wissen aus den Eingangskapiteln von der Kraft der Idealisierung, die aus diesen Werten auf eine Person übergehen kann. Die Kaiserchronik zeigte, daß von diesen Werten das Idealbild des christlichen Kaisers abhängig war.

Im „Wiener Oswald" geht solche Spiritualisierung tiefer. Spanges Hinwendung zum christlichen Glauben erreicht mit diesem Zauberring absolute Vollkommenheit. So wird auch ihr Vater nicht unter dem Zwang tödlicher Bedrohung, sondern durch göttliche Einwirkung zum Christen. Als Heide begreift er in einer Vision von Himmel und Hölle die Rettung seiner Seele. Die Qualen der Hölle erscheinen ihm so, wie sie in den steinernen Tiergestalten frühchristlicher Kirchen dargestellt sind, während er im Blick nach oben bereits den Himmel sich öffnen sieht, in dem neben dem Thron der Gottesmutter die Stühle für die Heilige Dreieinigkeit bereit stehen und ihn den Himmel als die Wohnung Gottes und der Heiligen erkennen lassen. Die seelische Wandlung vollzieht sich in ihm so mächtig, daß er eine Art Glaubensbekenntnis für sich und sein irregeführtes Volk ablegt:

>   do sach der geselle
>   nider in di helle.
>   da sach her ligen inne
>   eine groze wolfinne,
>   di tufel stunden umbe di,
>   swefel und pech guzzen si
>   in den hals ane underlaz,
>   ir pin gar groz waz
>   von hitze, stanke unde rouch. (Wiener Oswald 1272—1280)
> ...
>   do her sach uber sich
>   in daz hohe himelrich,
>   do wart her gewar
>   dri stule offenbar
>   stan bi Marien schone
>   an des hoen himels trone. (1291—1296)
> ...
>   mir ist hint vorkomen
>   wi ich habe vernomen
>   daz wunderliche mere,
>   wi ein guter got were,
>   der wonet in dem himelrich.

> wir haben geloubet torlich
> daz wir alle sunder wan
> den tufel gebetet haben an:
> ich habe irkant an diser frist
> daz ein warer got ist. (1316—1325)

Allzu leicht überdeckt die komische Art der Erzählung im „Wiener Oswald" — Erweckung der gefallenen Heiden zur Taufe — diese Feinheiten. Es ist darauf zu achten, daß sich hier einzelne heilsgeschichtliche Charakteristika abzeichnen, die zusammengesehen werden müssen. Mitten in überraschender Erzählerrealistik stehen Szenen, die die innere Bereitung der Hauptgestalten für ihre eigentliche Bestimmung erst verständlich machen. Oswald und Spange heben sich aus der Masse der Personen durch ihre Art der Gebetshaltung heraus. Innere Beteiligung, ja Entrückung wird gezeichnet. Spange trifft Oswald im Gebet an:

> si fant Oswalden an sime gebete
> (inniglichen her daz tete)
> vor dem cruze si in ligen fant,
> sine andacht was gote bekant,
> den her stetigliche
> bat umbe daz himilriche. (Oswald 1338—1343)

Echte Gottesverehrung und freiwillige tiefe Demut sprechen aus seiner Haltung. Ausgestreckt vor dem Kreuz findet ihn Spange. Dabei heißt es, daß er das „himlriche" erbittet, nicht die Erfüllung seiner Wünsche. Die Sprache der Dichtung lebt nicht aus der Erzählertradition allein. Sie gewinnt ihre Eigenart aus der kirchlichen Andachtspoesie. Ton und Charakter der Marienverehrung werden hineingenommen, um der ersten Begrüßungsszene Festigkeit und Klang zu geben. In dem sechsfach wiederholten „got gruze dich"

> her sprach „got gruze dich, juncfrou,
> got gruze dich, lilgen, ein rosentou,
> got gruze dich, lichter morgenstern,
> mine ougen di sehen dich gern,
> got gruze dich meienris,
> got gruze dich bluendez pardis,
> got gruze dich edele kunigin
> vor Spange libe juncfrou min." (Oswald 411—418)

liegt ebensoviel Wärme wie in der aus dem 11. Jahrhundert bekannten Häufung von Reinheitssymbolen, die sonst auf das Wunder der reinen Gottesmutterschaft Marias angewendet werden.

Alle rhythmischen und bildlichen Fügungen zielen auf Heraushebung der Besonderheit der Hauptgedanken, auf Idealisierung und Überhöhung, die das

Gegengewicht bilden soll zu den nur spannungssteigernden Kampf- und Fluchtschilderungen. Spange erreicht schließlich eine solche Vollkommenheit der inneren Gebetshaltung, daß ihr Wesen dem einer klösterlichen Heiligen nahekommt. Der Opfertod Christi, seine Kreuzespassion, aber auch die Schmerzen Mariens werden von ihr nachgelitten. Die völlige Wandlung von der Heidin zur mönchischen Gottesdienerin erscheint an ihr vollzogen. Hier wird das Kreuzzugsthema durch die Schilderung solcher Frömmigkeitsvertiefung verdrängt. Wollte man weitere Kennzeichen einer beispielhaften christlichen Verinnerlichung nennen, so müßte man auf die gottesdienstlichen Einrichtungen, auf christliche Grußformeln, auf Wunderglauben, Engelserscheinungen und Verkündigungen näher eingehen. Auf eine Formel gebracht bleibt festzuhalten, daß die alte Volksfrömmigkeitserfahrung auch hier als Lebenslehre und Weisheit wiedererscheint: Dienst an Gott bringt Lohn, Nichtbefolgung seines Wortes Strafe. Aber gerade eine so handfeste Schlußfolgerung verwehrt den Einblick in das Wesentliche der Frömmigkeitsverfeinerung, der beginnenden Spiritualisierung in den Spielmannsepen.

Deutlicher noch wird die Vertiefung der religiösen und zugleich ritterlichen Haltung im „Orendel"[82]. In der Nacherzählung vom grauen Rock zu Trier, deutet sich die enge Verbindung zur Kreuzzugsthematik schon in der Struktur des äußeren Vorgangs an. Orendels Weg führt über die Stationen des Kreuzritters. Seine Berufung dazu beginnt mit der Schwertleite und der dabei erlebten Vision. Nach dem Schwertempfang betet Orendel in der Abgeschiedenheit einer Kapelle und gelobt, die ritterlichen Tugenden auszuüben und ein Beschützer der Witwen und Waisen zu sein. Die himmlische Gnade, die ihm durch die Verleihung des Schwertes erwiesen wurde und die damit verbundene Verpflichtung zum christlichen Ritter werden hier besonders durch die Bindung an die Gottesmutter betont. Wie im Rolandslied und in der Kaiserchronik wird außer der vollkommenen Ritterschaft auch die Gerechtigkeit als Richter verlangt. Die Brautwerbung muß im „Orendel" zurücktreten hinter dem ritterlichen Dienst an Gott und dem Heiligen Grab und ermöglicht damit den Eintritt der Kreuzzugsthematik in die Erzählung. Vervollkommnung von innen her, Selbstvollendung in Opferbereitschaft sollen über allen weltlichen Zielen stehen.

> du soltest werden nunmer so here
> dune soltest dinen lip und (ouch) dine sele
> oppern dem (heiligen) grabe unsers heren. (Orendel 229—231)

Heidenkämpfe beweisen Orendels geistliches Rittertum. Die Gewinnung des grauen Rockes erfolgt im direkten Auftrag der Gottesmutter. Das spannungsreiche, aber oft zerrissene Handlungsgeschehen wird durch Prophezeihungen zusammengehalten, die Orendel zum Gatten Brides und zum künftigen Herrscher von Jerusalem bestimmen. Orendel wird nach der ersten Befreiung des Grabes und der Gewinnung Brides noch einmal von Trier nach Jerusalem zurückgerufen, eine nicht zu übersehende Parallele zu dem wiederholten Aufbruch christlicher Ritter in das Heilige Land. Bride bittet ihn:

>   daz heilge grap stunde in der heiden gewalt.
>   edeler kunic schone und here
>   hilf mir wider uber den sewe. (Orendel 3193—3195)

Bis in äußere Züge benutzt das dichterische Bild die Kreuzzugs-Wirklichkeit in Jerusalem. Wohl ist Frau Bride die Hüterin des Heiligen Grabes, aber die Tempelherren sind Orendel feindlich gesinnt und nicht bereit, mit ihm die Heiden zu bekämpfen. Es fehlt ihnen die echte devotio, die Orendel bei den aus der Heimat mitgeführten Kriegern voraussetzen kann. Er fordert, jeder Teilnehmer an der Fahrt müsse

>   sinen lip und sine sele
>   oppern dem (heiligen) grabe unsers heren.
>   ist ez, daz ir deheinen man twingent
>   uber sin selbes mutwillen
>   und erdrunke er uf dem wage
>   ...
>   so versaget ime Krist sin riche. (Orendel 270—276)

Diese echte devotio zeigen Orendel und Bride. Darunter ist weniger die toposähnliche castitas-Bewertung innerhalb ihrer Ehe zu verstehen, als die beispielhaft gezeigte Frömmigkeitsvertiefung im Gebet. Vor jedem Kampf steht eine ernste Gebetsszene (1929, 2195, 3248). Auch die Gottesmutter soll eingreifen und mit ihrer Fürbitte die verwegenen opferbereiten Kämpfer schützen. Maria fleht darum zu Gott:

>   drut sun vil guder,
>   hilf dem kunige Orendel uz noden.
>   drut sun, lieber here,
>   durch dines heiligen grabes ere,
>   durch des willen er sich hat uz gehaben
>   drut sun, du salt ez ime nit versagen. (Orendel 1398—1403)

Auch die Antwort Christi fehlt nicht. Sie ist genauso natürlich gehalten wie die flehende Bitte Marias mit der dreifachen Anrede „drut sun". Maria wird in ihrer gottgewollten Eigenschaft als Fürbitterin in dieser Antwort bestätigt:

>   muder, du ime dine helfe schin!
>   du bist ein rehte nothelferin ...
>   du maht ime wol zu staden komen
>   dem ellenden man so fromen. (Orendel 705—709)

Gott sendet himmlische Heere, Geld, Naturgewalten und selbst Erzengel zu Orendels Hilfe (389, 1696 ff.). So gelingen die Heldentaten, die das Spielmannsepos braucht und die aus den Berichten der Heimkehrer aus dem Heiligen Land geläufig sind. Heidnische Grafen und Könige ergeben sich Orendel, unzählige Gegner tötet er. Von Schonung der Heiden ist nur die Rede, wenn sie zur Taufe bereit sind. Listen werden auf beiden Seiten gebraucht und sind gerechtfertigte Kampfmittel, Pilgertrachten dienen zur Verkleidung und Rettung. Damit verbindet sich Heiligenleben und Kreuzzugsgeschehen, ohne daß die Form der Erzählung gestört wird. So erfüllt die Dichtung die Erwartung des Publikums, das in einer abenteuerlichen Heiligenerzählung beides zu finden wünscht: Bestätigung der Heilsgeschichte und der darin beheimateten Personen (Engel, Heilige und Gottesritter) und Kreuzzugsschilderung als gegenwärtiges Erlebnis gesehen. Damit wird zwar der Charakter der Heiligenvita als Erzählform aufgelöst, aber der Legendeninhalt wird mit der Wirklichkeitsschilderung eng verbunden[83].

In „Salman und Morolf" ist der Zusammenhang mit der Kreuzzugsthematik durch den äußeren Handlungsablauf bereits gegeben[84]. Salman lebt in Jerusalem als Herrscher. Er ist mit der getauften Heidin Salme verheiratet und hat mit Heidenkönigen zu kämpfen, von denen seine Frau entführt wird. Entführung und Wiedergewinnung, Anwendung von List und Gegenlist beleben den epischen Bericht, der aus dem heilsgeschichtlichen Rahmen nur mit Mühe ausgespart ist. Heidentaufe und Heidenbekehrung erfolgen im göttlichen Auftrag und sind mit Salmans Stellung als Herrscher von Jerusalem verbunden. Die Beziehung von Heidenvolk und Christenheit erschöpft sich in diesem Spielmannsepos in einfachen Feststellungen. Wiederholungen sind unvermeidlich und werden in apodiktischen Aussagen von allgemeiner Wahrheit aufgefangen. Der Lohngedanke (485, 1), die schonungslose Heidenvernichtung (774, 3), das Zusammenströmen von asiatischen Heiden und Christen vom europäischen Festland (68, 9) bleiben als Themen ohne tiefere Auswertung. Von einer Verinnerlichung der Charaktere kann nicht gesprochen werden. Statt dessen werden List und Betrug breit ausgeführt (Scheinbegräbnis Salmes, um fliehen zu können, 143). Selbst kirchliche Riten werden komisch dargestellt (Tonsurschneiden der Heiden durch Morolf, 298, 315, 328). Die Pilgerschaft verliert ihren Bußwert, weil sie ins Komische und Groteske verzerrt wird (Morolf als Pilger, 207, 216, 666). In dieser Geschichte werden Christen und Heidenwelt als nebeneinanderbestehend gezeigt. Nicht die Heidenbekehrung, die Taufe oder gar die innere Wandlung einzelner Heidenkönige verbinden thematisch diese beiden Fronten. Die Kämpfe ergeben sich aus der Realität des Neben- und Gegeneinander. Wohl hilft Christus den Christen, aber nur, um der christlichen Gemeinschaft willen, nicht wegen der Notwendigkeit des Sieges über die Heiden (71, 3). Taufe, Beichte und Gebete bleiben als Bestandteile des kirchlichen Rituals bestehen, werden aber im Erzählungsablauf bis an die Grenzen des Komischen geführt (Taufe 589, 4 und Beichte 273, 2). Das Christliche erscheint noch als überlegene Macht, gemessen am Heidnischen. Salman wirkt mehr als machtvoller christlicher Herrscher, weniger als Legendengestalt[85].

Herzog Ernst

Alle Bruchstücke des „Herzog Ernst" aus verschiedenen Handschriften[86] bezeugen die Herkunft des ursprünglichen Gedichtes aus dem 12. Jh. In allen noch so stark der jeweiligen Gegenwart angepaßten Bearbeitungen der Spätzeit zeichnet sich als Gemeinsames die Doppelstruktur der Vorgänge ab: die Geschichtswelt des Herzogs Ernst von Schwaben und die Abenteuerkette der Orientfahrten[87]. Die „Geschichtsnähe" des Stoffes verlockte jeden Bearbeiter zur Angleichung an seine damalige Gegenwart, die „Abenteuernähe" zur Belebung durch Kreuzzugsgeschehnisse. Nimmt man mit de Boor[88] an, daß in den geschichtlichen Vorgang der Zusammenstoß zwischen Barbarossa und Heinrich dem Löwen einzubeziehen ist, dann rückt diese Bearbeitung in unmittelbare Nähe des dritten Kreuzzugs, in die Jahre 1176—1180. Damit wäre auch eine für die Charakteristik der Dichtung entscheidende und sehr glaubwürdige Festlegung erreicht, die der Interpretation einen genauen Weg in die Vorsituation des dritten Kreuzzugs weist. In diesen Umkreis fügen sich zeitlich und räumlich die Anklänge an die Kreuzfahrt Heinrichs des Löwen fast nahtlos ein, selbst wenn man sich die Abenteuer Heinrichs vom Dichter Herzog Ernst zugeschrieben denken muß. Vom Reich her werden Heinrich wie Ernst als Rebellen, von der eigenen Heimat aus als Verteidiger angestammter Rechte gesehen, aber das Ende mündet in Versöhnung, ein Schluß, der dem Reichsgedanken wie dem Kreuzzugsgedanken gerecht wird. Es ist das gegenwärtige Reich, das seine Ordnungen wiederfindet, nicht das theokratische Universalreich, das dem Pfaffen Konrad im deutschen Rolandslied vorschwebte. Die Kreuzzugs-Kaiserthematik stützt diese These de Boors entscheidend. Die tragenden Kräfte des Reiches, Kaisertum und Stammesfürstentum, kommen jetzt durch Zusammenstoß zum Ausgleich: „Der Rebell wird Ratgeber ... solche bedeutende, politische Vision mochte sich wohl einem denkenden Kopf aus der Zeit des großen Zwists zwischen Staufern und Welfen als beglückendes Zukunftsbild auftun[89]." Dadurch, daß die Schuld dem Verleumder zugewiesen wird[90], erfahren Kaiser und Rebell Entlastung. Das Reich wird in seiner Würde und Höhe auch von dem Rebellen geachtet, der sich nur in höchster Bedrängnis zum Empörer wandelte. Dadurch wiederum gewinnt die geschichtlich zeitnahe Handlung das Übergewicht über die spielmännische Thematik. Der Dichter konnte Aufmerksamkeit für seine so vermittelnd gesehene Darstellung des schweren politischen Konflikts bei allen Lesern erwarten, besonders wenn er die Kreuzzugsthematik mit hineinnahm und die abenteuerlichen Züge einer Orientfahrt mit verwertete. Daß dieses Gedicht in der Zeit zwischen zwei Kreuzzügen entstand, in der Kreuzzugspredigten und Aufrufe weniger im Brennpunkt des Interesses standen, zeigt auf den ersten Blick die hier keineswegs tief im Religiösen verankerte Form der Kreuzzugsthematik. In diesen Zwischenzeiten der Erzählung führt die Orientfahrt als Abenteuerthema unterhaltender Poesie notwendig zu den Kreuzzugswegen und Stätten, die dem Publikum aus allen Berichten bekannt waren. Der lange Weg führt über den Balkan nach Konstantinopel und Jerusalem. Heidenkämpfe, die Rückkehr über Bari nach Rom geben dem Erzähler den Kreuzzugsrahmen und die Verbindung zur Gegenwart. Wäre das Gedicht nach 1187 entstanden, so hätte sich durch den Tod Barbarossas für den Dichter die Notwendigkeit einer ernsten beispielgebenden Darstellung der Kreuzfahrt ergeben, so wie sich der Vorgang der Kreuznahme Barbarossas in allen späteren poetischen Quellen spiegelt.

Für unsere engere Thematik sind zwei Gesichtspunkte bedeutsam: die Beweggründe für den Entschluß des Herzogs Ernst zur Kreuzfahrt und die Darstellung seiner inneren Haltung gegenüber Gott und dem Kaiser. Die Beweggründe zur Kreuzfahrt liegen keineswegs an der Oberfläche. Weil es dem Rebellen nicht gelingt, den Kaiser von den guten Gründen seiner Empörerhaltung zu überzeugen, weil er im Kampf um sein Recht Macht und Ansehen, guot und êre, preisgegeben hat, entschließt er sich, sein Ansehen durch einen Orientzug wieder herzustellen.

> „nu lit mir wuste min lant,
> dat is beroubit ind verherit.
> nu han ig garwe verzerit
> alliz dat ig ie gewan.
>
> ...
>
> mir is de kuninc here
> vil wunderliche gram,
> darzu alle sine man,
> di radent an min ere.
> nune mag ig niet mere
> deme riche langer widerstan
>
> ...
>
> nu muz ig ime entwichen
> wand ig helfe niet inhan.
>
> ...
>
> nu wil ig varen over mere
> ind suchen dat heilge graf
> ind wil da jar inde dag
> an godes diniste sin[91]."

Seine Kreuzfahrt ist also weniger eine Bußfahrt als ein persönliches und ritterliches Anliegen. Sie ist 1. eine weisheitsvolle Tat, 2. ein Akt des Mutes, 3. eine Tat zur Ehre Gottes, 4. ein ehrenvoller Abschied vom „rîche", 5. ein Akt der Reue. Nach diesen Erwägungen erfolgt nun der Aufruf Herzog Ernsts zur Kreuzfahrt. Er verspricht reichen Lohn: almôsen, êre, guot. Entscheidend wichtig ist die Möglichkeit, durch die Kreuzfahrt das geordnete Verhältnis zu Gott und der Welt wieder herzustellen. Das vorherige Elend des geächteten Herzogs wird überdeckt von dem Glanz des Kreuzfahrerheeres

(1882—85) und die negative Haltung Herzog Ernsts ins Positive gekehrt (1894—1905).

Wichtig bleibt der Gedanke, daß die Kreuzfahrt adelt. Herzog Ernst wird der große ritterliche Held. Fremde Ritter bitten ihn um der Ehre willen, ihnen gnädig zu sein, sie mitzunehmen. Herzog Ernst wird wieder zum Herrn, den man um Gunst bittet, zum Schutzherrn für die Bedrängten. Sein Vergehen der Empörung gegen das Reich scheint ausgelöscht zu sein (V. 1935—45). Eine innere Wandlung hat sich in ihm vollzogen, seit er das Kreuz nahm.

Die wesentlichste Frage ist die, ob Herzog Ernst als Kreuzfahrer Gott und seinem Kaiser gegenüber eine andere Haltung einnimmt. Hier spielen weltliche und religiöse Elemente ineinander. Der mit der Geschichte vertraute geistliche Erzähler weiß Licht und Schatten gut zu verteilen. Die neue Aufgabe adelt nicht nur den Herzog, sondern auch die Gesinnung seines Heeres. Es heißt von diesem Kreuzfahrerheer:

>   sin schar was so breit (2000)
>   ... ein vil kreftigez her (2002)
>   si fuoren frôliche dan (2003)
>   sie fuoren so wêrliche
>   daz si muosen fride han. (2008/9)

Das klingt ähnlich den Berichten des dritten Kreuzzuges. Es ist eine starke vor Überfällen sichere Kampfgemeinschaft, die sich Ansehen verschafft. Selbst mit dem Vater versöhnt sich Ernst. Er gibt ihm sicheres Geleit durch das Land (V. 2028). Der Gedanke, daß der Held durch die Kreuznahme eine innere Wandlung erfährt, zeigt sich auch in der Ausgestaltung der Abenteuer. Herzog Ernst kämpft für das „megetin von Indîâ" (V. 3512) und zeigt vor jeder Not, die ihm begegnet, Erbarmen (V. 3264), er empfindet „riuwe" (V. 3273) und „herzen wê" (V. 3274). Das Ethos des Mitleides, das durch die Schwertleite in der Lebenslehre des christlichen Ritters eine entscheidende Rolle spielte, das die höfische Dichtung der nächsten Generation durchdringt, bestimmt auch hier die Haltung des ritterlichen Kreuzfahrers. Daneben wird in der Haltung des „megetin von Indîâ" die Demut als gottgefällige Tugend gezeigt und das Gottesbild stark erhöht[92].

Aber im ganzen wird das Christliche nicht entscheidend betont. Ohne echte heilsgeschichtliche Züge gleitet die Erzählung zu häufig und zu schnell in die Abenteuerdarstellung ab und verliert die Gewichtigkeit, die sonst in den Legendenromanen trotz aller Freude am Erzählen gewahrt bleibt.

König Rother

Versteht man unter Heilsgeschichte die „geschichtlichen Taten des ewigen Gottes an der Menschheit"[93], so erkennt man deren Wirkung besonders deutlich an den Partien der sogenannten Spielmannsdichtung, die der Zeitnähe und dadurch auch der Kreuzzugsbewegung viele ihrer Motive verdanken. Heilsgeschichte in der Dichtung soll in Beispielgestalten zum Menschen jeder Epoche und jeder Nationalität sprechen. Ihr Thema ist die unmittelbare Begegnung Gottes mit den Menschen in der Geschichte. Aus dem Geist dieser Begegnung gewinnt das Bild einer Dichtung die Farben persönlicher Frömmigkeit. Aber diese Farben müssen zu den Konturen des Zeitgemäldes oder der Beispielgestalt, die oft in einem Herrscher gesehen wurde, stimmen. So ist es eine wichtige Frage, wie weit der Dichter oder die Bearbeiter eines Sagenstoffes den ausgeprägten Sinn für die heilsgeschichtliche Thematik besaßen und wie sie diese Farben aufzutragen vermochten[94].

Sieht man von den Wundern und den märchenhaften Partien im Rother ab, so könnte das epische Geschehen der Kreuzzugswirklichkeit entnommen sein. Etwas von dem Kreuzzugseifer des Rolandsdichters ist dem Erzähler der Rother-Geschichte eigen. Er ist fromm und von echter Begeisterung für den heiligen Krieg der Christen gegen die Heiden erfüllt. Er will in erster Linie erzählen und weniger Heldenepik als geschichtliche Sinnbilddichtung durch die Herausarbeitung einer großen Herrschergestalt — hier Rothers — schaffen.

Der Schauplatz ist zunächst Unteritalien (Bari), dann Konstantinopel. Später werden auch Spanien, Frankreich, die Schweiz, Schottland, die deutschen Lande vom Rhein bis an die Elbe, die Niederlande, Ungarn, Böhmen und Polen in den Raum des Geschehens einbezogen. Dabei verbindet sich das Epos mit der Sage und gibt pseudohistorisches Geschehen. Gesandte übernehmen die Werbung für König Rother. Die Brautfahrt führt Rother selbst durch. Er tritt als vertriebener und verkleideter Ritter an Konstantins Hof auf. Durch diese List kann er die eingekerkerten Werber befreien, die Tochter Konstantins entführen, nachdem er diesem gegen die Heiden beigestanden hat. Konstantin holt seine Tochter jedoch zurück. Jetzt wiederholt sich der erzählte Vorgang. Die zweite Überseefahrt Rothers bringt ihn in Todesgefahr. Inzwischen wirbt ein heidnischer Freier um seine Frau. Nur die Treue seiner Mannen rettet alle, die Heiden finden ein schmähliches Ende. Für immer scheint ein Schutzwall gegen die Heiden errichtet zu sein. Konstantin erhält Verzeihung. Von Bari und Rom aus begründet sich durch Rothers Ehe die karolingische Dynastie. Hier verbinden sich Sage und Geschichte. Rother erscheint als mächtiger, kluger König, zugleich aber auch als Krieger gegen die Heiden, schließlich als Pilger und Mönch. Seine besten Mannen sind zugleich Helden des Schwertes und des Kreuzes (Arnolt). Berker tritt auf als Krieger und Mahner zur Buße. An allen scheint sich christliche Heilserfahrung ausgewirkt zu haben und in entscheidenden Situationen noch auszuwirken. Rachegefühle wandeln sich in Erinnerung an Christi Opferwillen und Gnade in Milde und Verzeihen gegenüber den Feinden. Bessere Einsicht entsteht aus Erinnerung an Christi Vorbild und an die Heilsoffenbarung in der Geschichte der Menschheit. Die Erneuerung christlicher Werte vollzieht sich ununterbrochen und bestimmt das Geschichts- und Herrscherbild zur Zeit der Kreuzzüge, besonders während der Intervalle in deren Abfolge. Darum hebt sich auch Rothers Königsbild sichtbar von dem Konstantins ab, der selbst zeitweise mit den Heiden im Bunde ist. Aber selbst Rothers Gloriole christlicher Vollkommenheit überstrahlt erst langsam den Glanz seiner Weltmacht, erst dann als er, der König, sich zum Verzicht auf Rache an Konstantin und seiner Stadt entschließt und sich selbst überwindet[95]. Dem Ablauf des äußeren Geschehens im „Rother", der Brautraubgeschichte, ließ sich die Kreuzzugsthematik leicht einflechten. Heidenkampfszenen wiederholen sich. Ymlot und Rother sind die Gegenspieler. Rother siegt trotz der Übermacht in beiden Heidenkriegen, denn sein Kampf ist Gottesdienst:

> Ja wore wir godis recht.
> Swer hie hute wirt ir sclagin.
> Des sele sal genade hauen.
> Die heiden sulwir slan.
> Dar denke scante ylien an.
> Vnde sanctus iohannes der tovfere.
> Daz rothere were.
> Der aller turiste man
> Der ie koninriche gewan.
> (4064—4072)

Die aus den Kreuzzugspredigten bekannten Formeln tauchen auch hier wieder auf. Aber darüber hinaus heißt es:

> Nu horet gote knechte,
> War umbe wir hute uechtin.
> Vns sint gebotin zvei lon;
> Wi mugin iz deste gerner ton.
> Daz ist sichirliche
> Daz schone himelriche;
> Swe hie ligit tot,
> Des sele wirt geledigot
> In daz wunnichliche leven. (4117—4125)

Es geht um den ewigen Lohn, das „himelrîche". Darum bleiben im Kampf gegen die Heiden die Christen siegreich. Die Lohnversprechen der Kreuzzugsaufrufe wirken deutlich bis hierher.

Aber ein besonderes Anliegen ist dem Dichter oder Nachbearbeiter dabei die innere Entwicklung seiner Hauptgestalten. Diese eigentlich dichterische Aufgabe wird im „Rother" mit besonderer und für das 12. Jh. erstaunlicher Sorgfalt gelöst. Die Szene, in der sich König Rother zu einer Haltung christlicher Toleranz überwindet, ist voll innerer Dramatik. Sie spielt vor Konstantinopel. Der Kaiser Konstantin ist noch im Bunde mit den Heiden, denen er seine wiedereroberte Tochter, Rothers Frau, überlassen will. Rother hat sich durch die Hilfe seiner Getreuen vor dem Galgentod, den Konstantin mitverschuldet hatte, retten können, hat aber seine Frau noch nicht zurückgewonnen. Danach strebt er mit allen Kräften. Er will aber auch an ihrem Vater Rache nehmen. Hier liegt ein entscheidender Wendepunkt in der Charakteristik Rothers, der durch den in ihm wachen christlichen Glauben und die daraus erwachsenden Entscheidungen bedingt ist. Hier soll die beispielhafte Haltung des christlichen Helden und Königs gezeigt und dieser in seiner Christlichkeit als Gegentypus zur heidnischen Umwelt erhöht werden.

Rothers anfängliche Gesinnung, die ganz auf Rache gerichtet ist, gibt der Riese Grimme wieder. Er sieht Konstantins Schicksal voraus: seinen Tod in der brennenden Burg, den Raub seiner Tochter, den Untergang seiner Mannen:

> Dar moz he sprach grimme
> In der burich brinnen.
> Nu neme wir die thocter sin.
> Na der wir geuaren sin.
> Vnde tragen daz uur an.
> Widolt sal uor die dure stan;
> Sver dan dar uz gat,
> Wie wol uns de gerichit dat. (4379—4386)

Dem entgegengesetzt führen Asprian, Widolt und der greise Ratgeber Berker die innere Wandlung Rothers herbei und bekehren ihn und seine Gefolgschaft zum Erbarmen an ihren Feinden. Die Forderungen der christlichen Heilslehre, die in der Aufreihung an dieser Stelle das Erzähltempo des spannenden Vorgangs hemmen, hört man aus ihren Argumenten deutlich heraus. Asprian rät, aus heiliger Pietät die Stadt zu schonen, in der sieben der zwölf Boten (wohl ein Hinweis auf die Apostel und deren Reliquien) geweilt hatten und Helena, die Mutter Konstantins, die das heilige Kreuz des Erlösers fand. Er verweist damit deutlich auf hohe Ziele der ersten Kreuzzüge:

> Entrowin — sprach asprian,
> Ir lazit die burc stan.
> Sich hauent dar gelazin nidere
> Der zuelff boden siuene
> Unde die uile gode
> Constantinis moder,
> Helena die das cruze uant,
> Dar got die werlt ane intbant,
> Nach der ufferstande
> Loste mit siner hande. (4389—4398)

Hier zeigt sich nicht nur der Einfluß der Kreuzpredigten, sondern stärker noch der der Liturgie des Kreuzes in ihrer gefestigten Heilsgewißheit. Der vom Kreuz ausgehende Erlösungsgedanke wird ausdrücklich betont „dar got die werlt ane intbant". Aber die Gewalt Gottes über Himmel, Erde und Hölle wird ausführlicher beschrieben. Die Heilsbotschaft, die in weiträumigen Dimensionen alles Geschehen vom „anegenge" bis zur „irlôse" umfaßt, fordert vom Menschen innere Umkehr. Die beherrschende Macht Gottes ist der Schlüssel aller Dinge und die Ausrichtung für menschliches Handeln. Sie wirkt wie zu Adams oder der Apostel Zeiten auch in der Gegenwart, und wie in den Urperioden müssen die Menschen ihren Geboten gehorchen. Die Sicht des Dichters geht an dieser Stelle — trotz der drängenden Geschehnisse — von der Geschichte und ihrem heilsgeschichtlichen Gehalt (Apostel, Helena und das heilige Kreuz) über den zentralen Begriff Gott zu den Anfängen der Menschheit (Schöpfung und Sündenfall) zurück und leitet daraus die menschliche Abhängigkeit her. Der Kreis wird geschlossen durch die heilsgeschichtliche Verpflichtung in der gegenwärtigen Situation, die Schonung des unchristlichen Konstantin auf Grund seiner Zugehörigkeit zur Menschenfamilie:

> Nu sconit des aldin herren
> Sprach der riese asprian.
> Daz dunkit mich got getan. (4412—4414)

Die Lehre dieser Tat beruht darin, daß jeder gottesfürchtige Dienst des Menschen nach dem Gesetz der Schöpfung diesen zu Gott zurückführt. Zu dieser Einsicht soll König Rother gebracht werden. Darum greift Widolt das Thema von sich aus noch einmal auf. (Er „uorchte den heilant", heißt es von ihm). In Widolt hat sich bereits die von Rother erwartete Wandlung vollzogen. Darum folgt erst sein Beispiel für innere Umkehr. Er erkennt seine persönliche Schuld und die der Welt im Nachdenken über sich selbst. Es geht ihm um die Errettung seiner sündigen Seele. Unermüdlich strebt er nach der Huld Gottes:

> Ich hette dine hulde.
> Gerne, trechtin here. (4428/29)

Er weiß aber, daß der Rettung der Seele die Erkenntnis der eigenen Schuld vorausgehen muß:

> ... heiliger trechtin.
> Waz woldis du minis armen man,
> Nu ich die wize nine han.
> So der lif irsteruit,
> Waz sal der selen werden? (4418—4422)

Hier ähnelt die blitzartige Erkenntnis der möglichen persönlichen Verlorenheit dem naiven Erkennen der eigenen Schuld in des Armen Hartmann „Rede vom Glauben" und erinnert an die Spiritualisierungsbestrebungen des heiligen Bernhard. Aus dem Begreifen der eigenen Blindheit im Sündenbewußtsein erhebt sich die Selbstanklage:

> Owi daz ich ie geborin wart,
> Mir riet der tuuel sine uart.
> Daz ich arme tore.
> Die burc wolde ze storen.
> Groz sint mine sculde. (4423—4427)

Das Beispiel zeigt eines deutlich: die eigene Einsicht in die Sündhaftigkeit des Menschen und seine Abhängigkeit von teuflischer Versuchung haben Widolt erschüttert und gewandelt. Aus dieser Besinnung heraus findet er die notwendige und einzig mögliche Lösung: zu bekennen und um Verzeihung zu bitten. Seine Zuversicht im Glauben erweist sich schon als göttliche Huld. Der Augenblick der Besinnung eröffnet eine universale heilsgeschichtliche Schau. Er bildet aber auch einen Angelpunkt in dem dichterischen Geschehen. Eine neue Situation ist geschaffen, das christliche Sein in seiner Vorbildlichkeit gefestigt. Widolts Rede wirkt weit in die Allgemeinheit dieses Heeres und auf den König. Die kämpfenden Riesen lassen jetzt von ihrer Zerstörungswut:

> Die riesen allent sament
> Worfin die stangin uz der hant.
> Durc den ewigengot
> Der in ze leuene gebot,
> Liezen sie Constantinople stan;
> Iz neware anders niht getan. (4445—4450)

Entsprechend diesem Geschehen zieht Berker die Konsequenzen für Rother. Er bittet den König um Schonung Konstantins und um Überwindung der Feindschaft. Der Verzicht auf irdische Vergeltung bringe genug Belohnung von Gott. Der Kampf gegen Konstantin würde zu ewiger Schuld führen, denn Gott dulde nicht, daß der Mensch sich in seine Vergeltung einmische:

> ... nu scone, koninc herre,
> Godis unde diner sele,
> Des hastu groze ere
> Vnde heiz die burc lazin stan.
> Wirt constantino icht getan,
> So si wir sculdich irkorn
> Vnde sin eweliche uerloren.
> Constantinum den richen
> Vorchich ureislike;
> Nu sal he des geniezen.
> Der uns gewerden hieze,
> Got der gildit harde uil.
> Swenne sich der mensche ouir wil,
> So tut he unrechte.
> Ja, sprichit unse trechtin,
> Sver in bit truwen meine
> Der si in ewin reine.
> Nu sende trut herre min.
> Na deme wiue din. (4455—4474)

Jeder Gläubige ist Gott anheimgegeben. Wer sich aus dieser engen Bindung löst, stürzt sich ins Unglück. Nur dem der sich Gott ohne Vorbehalt ergibt, steht der Weg zur göttlichen Liebe offen. Rother ist tief ergriffen von der Treue Berkers und von dessen gottesfürchtiger Weisheit. Immer will er dem frommen Ratgeber folgen, solange dieser am Leben bleibt:

> Is daz ich dich ouer leue,
> Sene mochte mir nimir leyder wesin (4491—92)

Man sieht: die drei Reden enthalten wichtige Aussagen. Asprian spricht hauptsächlich von der heilsgeschichtlichen Verknüpfung vom „anegenge" her. Widolt sieht sich selbst an einem Wendepunkt seines menschlichen Seins. Die Entscheidung vor Konstantinopel bedeutet für ihn die höchste Versuchung, die er überwinden muß. Seine persönliche Einsicht in die menschliche Unwürdigkeit ist entscheidend. Berker mahnt zum rechten Handeln im Hinblick auf die Allmacht, die Treue und Gerechtigkeit Gottes. Diese Schau Gottes wird auch Rother zuteil und führt ihn zur Selbstüberwindung und zum christlichen Handeln an seinem Feinde. Auf Rother — als ein Beispiel christlichen Königtums in seiner Vollendung — bezogen, gewinnt die Dichtung ihre besondere poetische Wirklichkeit, besonders wenn man in Rother ein Sinnbild Barbarossas oder gar Heinrich VI. sehen könnte, das sich aus dem Willen zur Erneuerung der Idealität Karls erklären ließe[96].

Man könnte diese Interpretation mit ihren heilsgeschichtlichen Folgerungen aus der Kreuzzugssituation für eine Überforderung des Textes halten, besonders die herausgestellte Beispielhaftigkeit der Entscheidung, wenn nicht eine vorhergehende Szene — auch zwischen Berker und Rother — die gleiche Augenblicksentscheidung zum vorbildlich christlichen Handeln zeigte. In dieser Szene wird allerdings die dichterische Unzulänglichkeit in der Komposition des Ganzen noch sichtbarer. Auch der Einschub einer so langen Rede stört die Konzentration auf den berichteten Vorgang. Die äußere Situation ist ungeeignet zur Einflechtung einer langen heilsgeschichtlichen Erörterung, aber diese erscheint dem Dichter oder Bearbeiter so wichtig für die Erkenntnis der inneren Entscheidung eines Menschen und Königs zum christlichen Handeln, daß er sie nicht unterdrücken kann. Berker und Rother haben sich bei einem Gastmahl Konstantins eingeschlichen und werden entdeckt. Berker rät vorzutreten und sich zu erkennen zu geben, im Vertrauen auf Gott, der sie vor den Heiden behüten wird, wie er es auch zur Zeit des Moses getan habe. Wieder taucht hier die große Verbindungslinie auf, die das Bewußtsein der heilsgeschichtlichen Kontinuität im Glaubensbereich sichtbar werden läßt:

> Do sprach der herzoge von meran.
> Wir sulin hie uore gan.
> Inere des himiliskin koningis.
> Vnde alles sinis heris.
> **Daz her uns beide be hode.**
> Durch sin othmote.
> Von der heidenin.

> Die mit sinir crefte.
> moysen. Heiz gan.
> Durch daz rote mere ureissam.
> Mit der israhelischen diet,
> Dar nelevit ein barin nit.
> Andes meres grunde.
> Got der hat gebundin.
> Beide ouil unde guot.
> Svonnez widir ime dout.
> Iedoch si wir reckin.
> Widir unsin trethin.
> Beide lutir uñ liht.
> Her in leciz uns under wege nit.
> In sante gilies namen.
> So wil ich endeliche uore gan. (3925—3945)

Gottes Schutz wird deswegen aus dem Glauben erwartet, er ist verbürgt durch die Tradition der geoffenbarten Heilsgeschichte. Gott hat den Seinen schon zur Zeit des Moses vor den heidnischen Verfolgern Schutz gewährt. Berkers Zuversicht gründet sich außer auf die in den heiligen Büchern bezeugte Hilfe auf die eigene Rechtschaffenheit, das ständige Bemühen im Dienst des Herrn. Auch darin stärkt ihn das Vertrauen zu einem Heiligen (St. Gilien). Vergangenheit und Gegenwart werden zusammen gesehen, das Ägypten des Alten Testaments und der Hof von Constantinopel in damaliger Gegenwart. Der Glaube allein ist es, auf den Berker und Rother ihre Sicherheit gründen. Weil beide so fest auf diese christlichen Glaubenserfahrungen bauen, können sie so ungeschickt im Sinne einer poetischen Realität handeln.

Diese Tischszene am Hof Konstantins ist nur erst als ein Auftakt zu der religiösen Auseinandersetzung mit der realen Welt zu werten. Den Höhepunkt bildet wohl die Belagerungsszene vor Konstantinopel, die wiederum eine Schlüsselstellung in dem ganzen Geschehen einnimmt. Ein letzter Wendepunkt findet sich noch einmal am Ende des Epos. Selbst wenn er auf der absteigenden Linie des Geschehens liegt, so birgt er dennoch soviel Kraft in sich, um zu einer Lebensentscheidung für die beteiligten Personen, für Rother, seine Frau und Berker, zu führen. Es ist der Entschluß, sich zu „munichen". Die Tat greift nicht umgestaltend in die Vorgänge ein, aber sie besitzt dafür um so mehr beispielhafte Strahlungskraft des Christlichen im Gesamtepos.

Ein besonderer Abschnitt beginnt, dessen Aufbau in der zielbewußten Komposition auf den Höhepunkt des „sich munichen" hinweist. Rother hat jetzt alle weltliche Macht erlangt, seine Lehensmannen regieren von Schottland bis nach Spanien und Ungarn. Die Parallele zu Barbarossa oder Heinrich VI., mit Sicherheit aber zum erneuerten christlichen Karlsbild, liegt offen da. Sein Sohn Pippin zählt 24 Jahre und hat in Aachen die Schwertleite erhalten.

Das Land — wohl das christliche Abendland — und dessen Zukunft scheinen gegen jeden Angreifer, auch gegen die Heiden, gesichert. Da mahnt der greise Berker Rother, nun auch selbst an das ewige Leben zu denken und für das Heil seiner Seele zu sorgen. In einem längeren gedankenreichen Gespräch bittet Berker, der Hüter Rothers von Kindheit an, um Befolgung seines Rates. Am Ende des irdischen Lebens ist es gut, bewußt nach dem Wesentlichen zu greifen. Die Sorge für die Seele ist die Krone aller Bestrebungen. Dazu gehört die Lehre von der vanitas vanitatum mit der Endmahnung, an den Tod zu denken. Wohl leuchtet die Reihe der Erfolge im Irdischen, aber alle Dinge, auch die großen, vergehen einmal:

> Du grawist, herre min.
> Daz dinc nemac immir niht sin. (5117—5118)

> Din dinch stunt groze. (5123)

> Vn̄ helf der armin sele.
> Daz ist tugint aller erin. (5115—5116)

> Iz stan den gotin knectin.
> Inir aldere rechte.
> Daz sie mit gote uirdieneten.
> So sie uon diser werlde endin. (5119—5122)

Das ist ein klar gesetztes Lebensziel, eine deutlich ausgesprochene und an einen König gerichtete Lebenslehre. Berker weiß sogar menschlichen Trost für seine ungewohnte Forderung, auf dem Höhepunkt der Macht sich dieser zu begeben:

> So bistu aller node.
> Ir lazin immir mere.
> Vnde helf ist och der sele. (5138—5140)

Während des irdischen Daseins ist es unmöglich, die Seele rein zu erhalten. Jedes Verdienst fließt dahin, das lehrt jeder einzelne Tag des Menschen:

> Ia his der schaz alse ein hor
> Leider unreine.
> Wir ne uindin sin nicht dar heime.
> Swe uil der man gewīnit,
> Wie schire ime zerinnit.
> Daz ist us alle Tage schin. (5146—5151)

Darum heißt Berkers Gebot:

> Vn̄ helf der armin sele.
> Die levet immir mere. (5153—5154)

Noch einmal erscheint der Hinweis auf die arme Seele und damit schließt sich der Ring um die Dichtung, die trotz ihres gemischten Stil-Charakters den Geist der großen christlichen Reform aus dem 12. Jh. atmet. Berker warnt noch ein letztes Mal vor einem Rückfall in das lockende Reich der Macht:

> Nu ne laz dich nicht betragin. (5155)

Hatte es bei den ersten Ausführungen Berkers über die Vergänglichkeit alles Irdischen, über die Dienstpflicht der Mannen gegen Gott und über die Aufgabe der persönlichen Sorge für die Seele geheißen: „Rother swigete do" (5148), so wird diese Haltung des Schweigens und der Inaktivität überwunden. Rother handelt jetzt nach seiner inneren Erkenntnis:

> Rother bi der hant nam.
> Die urowen also lossam.
> Vnde sagete ir sin gemochte.
> Do sprach die urowe gote
>
> Iz ist der beziste rat
> Den Berker getan hat. (5173—5178)

Berkers Wort:

> Swer der gotis genadin
> Rechte wirdit innin,
> Der moz si immir minnin. (5156—5158)

erklingt an dieser Stelle schon von einer höheren Ebene. Es deutet auf das neue Leben, das den im Jenseits erwartet, der den von der Heilsgeschichte bestimmten Plan schon im irdischen Leben erfüllt und auch als König in Demut vor Gott bleibt. Notwendig muß hinter einer solchen Eindringlichkeit christlicher Lebenslehre das äußere Geschehen einer Kreuzfahrt zurücktreten oder in Motiven verblassen. Die hohen Werte der Demut und der selbstbestimmten Entscheidung auch von Weltenkönigen zur christlichen Handlungsweise treten dafür um so deutlicher hervor.

Graf Rudolf

Das auf 14 Pergamentblättern recht lückenhaft überlieferte Gedicht vom Grafen Rudolf[97] ist durch die Wahl des Stoffes eng mit der Spielmannsdichtung verbunden. Es verwendet ihre beliebtesten Motive: die Brautraub-Erzählung, gefährliche Botengänge des Helden im Dienste des heidnischen Königs, Gefangenschaft, Flucht, das erregende Sich-Verlieren und Wiederfinden zweier Liebenden. Die Taufe der heidnischen Königstochter, die dem Helden in geheimer Minne verbunden ist, fehlt ebensowenig wie der Tod des getreuen Neffen und Mitkämpfers.

Aber diese auf den einzelnen Blättern behandelten Motive, über deren Anordnung und innere Verknüpfung verschiedene Vermutungen aufgestellt worden sind[98], zeigen gegenüber der übrigen Spielmannsdichtung eine Besonderheit. Stärker noch als diese sind sie in die geschichtliche Wirklichkeit der Kreuzzüge hineingestellt, in die heidnische und christliche Welt der höfischen Zeit.

Von allen Herausgebern wird der Kreuzzugsaufruf eines Papstes an den Anfang des Gedichtes gesetzt[99].

> (β) der
> pabes boten sante. witene after deme lande. zu den armen un den richen. allen gelichen. daz sie zu rome quemen unde sine wort virnemen. ... her sprach vrunde vil lieben. ich biete vch ander sunne. durch die heiligen himel wune. daz ir wollet ledegen daz grap. da got selbe inne lach. diez wol getun mugen. vnde ouch ze vechtene tugen. alle. geliche. arme vn riche. daz sie ane rve. daz himelriche bven[100].

Dieser Aufruf wendet sich ausdrücklich an alle, „arme vn riche", die „ze vechtene tugen". Die päpstlichen Aufrufe zum 2. Kreuzzug wendeten sich ohne Einschränkung an alle Christen, Kämpfer und Nichtkämpfer, um allen die Möglichkeit der Erlösung zu geben. Die Aufrufe zum 3. Kreuzzug dagegen galten dem Ritterstand, der kämpfen konnte und die Mittel hatte, sich im fremden Land zu erhalten, nicht den „Armen". Erst Innozenz III. (ab 1199) verzichtete in seinen Kreuzzugsaufrufen wieder auf den im 3. Kreuzzug geforderten Vermögensnachweis[101], er verlangte aber im Gegensatz zu Bernhard ein kampftüchtiges Heer. (Nichtkämpfer wurden 1204 zurückgewiesen.) Der Papst fordert im Anfang der Dichtung die Christen auf, sie sollen „ledegen daz grap". Das Heilige Grab war erst seit 1187 verloren, als Saladin Jerusalem eroberte. Auch Askalon, in dem Gedicht von den Heiden besetzt und von den Christen belagert, fiel 1187 in die Hand der Heiden. 1192 hatte Richard Löwenherz in einem Kompromißfrieden mit Saladin erreicht, daß die Christen das Recht erhielten, ihre Heiligen Stätten zu besuchen, auch wenn das Binnenland des Königreichs Jerusalem und die Stadt selbst in der Hand des Sultans blieb. So ließe es sich erklären, daß die christlichen Ritter vor Jerusalem mit Glockengeläut und „heilictum vn cruce" feierlich empfangen werden, und daß der Patriarch nach dem Friedensschluß mit den Heiden die Christen zu einem Dankgottesdienst in Jerusalem versammelt.

Der Inhalt des Kreuzzugsaufrufes könnte demnach für eine Entstehung des Gedichtes nach 1199 sprechen, wenn man nicht die Interpretation der Stelle D^b 15—17, die nach Grimm auf 1173 weist, für entscheidend hält[102]. Die Aufforderung zum Kreuzzug geschieht durch die Übersendung eines päpstlichen Briefes direkt an den Grafen von Arras. Auch Innozenz III. wendet sich, um seinen Kreuzzug militärisch straffer organisieren zu können, an die weltlichen und geistlichen Fürsten in Frankreich, Deutschland und England.

Der Papst verspricht den Kämpfern — wie in allen Bullen und Aufrufen — himmlischen Lohn. Der Bote beschränkt sich in seiner „starken nuwen mere"[103] auf die Schilderung der Not der Christen im Heiligen Lande:

> (α)
> Der bote antwerte ime do. ich liez da manigen unfro. do ich nehest schit dannē. der cristenē was geuangē. also unmaze vil ir slagē. daz v́ nieman ne kan gesagē. vmme die not die man in tud. do wart deme iunchere gut. viel leide an sinem mute. er sprach here durch dine gute. hilf mir wider minen vater. daz er wolle mir gestaten daz ich dir da mvze dienen. durch diner muter liebe. here himelische got. nv verhenge nicht daz sinen spot. der tuuel mit den sinen habe. sente marien ich iz clage. der himelischen kuniginnē. daz sie in genedic wolle sin. weinender daz wort er sprach. so daz iz nieman nesach. die trahene ime vielen ze tale. der bote nam sin eine ware[104].

Den Grafen bewegt zum Kreuzzug nicht so sehr der Gedanke an himmlischen Lohn, nicht das Bewußtsein seiner Sünden oder die Verpflichtung zu ritterlicher Tat im Dienste Gottes, sondern hauptsächlich die christlich-höfische Tugend der „erbermde". Er ist tief bewegt von dem Schicksal der verfolgten Christen und empfiehlt sie dem Schutz der Himmelskönigin.

Aus den folgenden Bruchstücken spricht die harte Wirklichkeit der Kreuzfahrt: die beschwerliche Reise ins Heilige Land, von Abenteuern unterbrochen, auf der die Helden so ermatten, daß sie noch während des Essens einschlafen:

> ... der ruwe was in harte not. do sie solden ezen daz brot. do sliefen sie in den stunden. vn̄ hatē ez in dem munde[105].

Dazu gehört ebenso der feierliche Empfang durch den Patriarchen von Jerusalem mit Glockengeläut, Heiligtum und Kreuz[106] und der Aufbruch nach Askalon, in dem sich der heidnische König aufhält. Graf Rudolf, der neu angekommene Kreuzritter, ruft die Christen am Hof des Königs von Jerusalem zum Kampf gegen die heidnische Besatzung Askalons auf:

> (B^b) Deme kunige
> sagete man die rede. wir suln ein nvwez ir hebe. vffe die gotis gnadin. sprach der iunge greue. herre mir retet min sin. iedoch ich aller tumbest bin. dar zv trostet mich min mvt. ob iz vch alle dunket gut. daz wir schafen unse schare wir suln dare vroliche vare. vn̄ in besizzen in der stat. got durch sin heilige grap. helfe vns daz wir in gelezzen. vn̄ wir in ir gezzen. daz er vns leides

> hat getan. er mvz vns me der gisele lan. Des sagete ime der kunic
> danc. ir sit kumen in daz lant. herre durch gotis ere. zv irwegene
> uwer sele. ir habent degentlichen mut ...[107].

Es ist ein Rachefeldzug, der hier im Namen Gottes unternommen werden soll und zu dem Rudolf aufruft. Der freudige Entschluß zum Kampf, der seit den ersten Kreuzzugsaufrufen verlangt wird, der auch im Rolandslied und im „Herzog Ernst" hervorgehoben wird, kennzeichnet auch hier die Aufbruchstimmung (B^b 9). Die Beweggründe Rudolfs werden von dem König von Jerusalem genannt. Er kämpft 1. für Gottes Ehre, 2. um seine Seele zu erretten und 3. aus „degentlichem mut". Das sind die Kampfgründe des christlichen Kreuzritters, von denen sich die des Königs von Jerusalem abheben, der den ständigen Feindseligkeiten der Heiden ausgesetzt ist. Dieser will mit „roup un brant" ein ihm angetanes Unrecht rächen und die Untaten der Heiden mit Gleichem vergelten. Rudolf beteiligt sich nicht aktiv an dem schweren Blutbad, das der König zu Jerusalem unter den Heiden anrichtet. Der Dichter betont ausdrücklich das Recht des christlichen Königs zu seinem grausamen Vergeltungskrieg (8—10)

> zv den selben stunden. huben sie sich an die vart. da manic man
> irslagen wart. Der greue mit den sinē. be gonde vur yle. mit ime
> manic ritter stolz. die legeten sich nider in daz holz. der selben
> burch also na.... Der kunic reit in daz lant. er stifte roup vn̄ brant.
> vaste an die heidenschaft. er was des vil wol bedacht. daz er ime
> schaden wolde. alser von rechte solde. er hete ime alsame getan.
> do muste al in ouwe gan. beide wip vn̄ kinder. die sluc man alse
> rinder. er herete in daz lant[108]

Ohne die Christen zu idealisieren, wird hier der Kleinkrieg unter den Parteien im Heiligen Land geschildert. Die Chroniken berichten ebenfalls von Grausamkeiten der Christen[109], die denen der Heiden nicht nachstehen.

Auch die Friedensverhandlungen, die geführt werden, als trotz großer Verluste keiner der Gegner einen entscheidenden Sieg erringen kann, haben ihre historische Parallele in den Kompromißlösungen, die sich nach dem 3. Kreuzzug ergaben. Sie werden auf gleicher Basis geführt, beide Parteien glauben sich im Recht. Nirgends wird von einer Überlegenheit der christlichen Seite oder von einem erhöhten christlichen Rechtsanspruch auf die Heiligen Stätten gesprochen, wie ja in dem Kreuzzug des Gedichtes der Kampf, der die Befreiung des Heiligen Grabes zum Ziel hatte, auf die Belagerung einzelner Städte des Königreiches Jerusalem abgelenkt wird — auf örtliche Konflikte, die sich aus dem engen Zusammenleben verschiedener Völker und Religionen ergeben. Auch diese Abwendung von dem großen ideellen Ziel zur Erlangung kleiner Einzelvorteile hat ihre Parallelen in den historischen Ereignissen, besonders in der Kriegführung des 3. und 4. Kreuzzuges. Als der Versuch fehlschlägt, die Heiden durch Geiseln zum Räumen des Landes zu bewegen (C 7—12), wird trotzdem wegen der hohen Verluste auf beiden Seiten ein Frieden geschlossen. Auch ohne Ergebnis bringt er „ere ane schande" (D 18) und wird von dem Patriarchen mit Dankgebeten gefeiert (D 18—23).

In dem weiteren Handlungsablauf des Gedichtes, soweit er aus den Bruchstücken zu erkennen ist, findet sich keine direkte Kreuzzugsschilderung mehr. Aber die Handlung bleibt eingeordnet in die geschichtliche Wirklichkeit des Zusammenlebens zwischen Christen und Heiden. Für beide gilt nach der Auffassung des Dichters das gleiche höfische Bildungsideal[110]. Zu einem großen Fest werden vom König von Jerusalem auch die Heiden eingeladen (γ^b 24—27). Die freundlichen Beziehungen, die sich während der Kampfpausen zwischen den Gegnern anbahnen, sind auch in den Chroniken erwähnt[111]. Den Heiden werden die gleichen höfischen Eigenschaften zuerkannt wie den Christen. Der Ratgeber des heidnischen Königs wird an zwei Stellen als „der gute, der stete gemute" bezeichnet. Als der Heidenkönig Halap von dem König von Jerusalem gebeten wird, den „untruwen" Grafen auszuliefern — über Grund und Art dieser Untreue ist in den erhaltenen Bruchstücken nichts gesagt — hält er diesem die Treue und liefert ihn nicht aus (E^b 25—27).

Rudolfs Dienst bei dem heidnischen König hat wenig mit seinem Glauben zu tun. Er dient dem heidnischen Herrscher zwar in einem neuen Konflikt mit den Christen als Kundschafter, aber er schont die Christen aus Mitleid im Kampf (F^b 25—26). Die Taufe der heidnischen Königin wird mit ihrer Minne zu Rudolf motiviert (daz tet sie alliz durch den degen [G 23]). Durch Almosengeben sucht sie Gottes Gnade für sich und den Grafen zu gewinnen. Von dem religiösen Gehalt der Taufe, wie ihn Wolfram im „Willehalm" ausdeutet, wird nichts gesagt. Die Taufe ist ein glanzvolles höfisches Fest, das der König der Heidin bereitet, mit vornehmen Taufpaten (zwei Könige, drei Herzöge, Fürsten und Grafen). „groz ere ire da geboten wart" (G^b 4/5). Milde und Erbarmen erscheinen hier dem Dichter als die wesentlichsten Tugenden, die die Aufnahme der Heidin in die Gemeinschaft des christlichen Glaubens rechtfertigen. Noch einmal wird diese christliche Tugend dargestellt im Bild des Pilgers, der den verwundeten Grafen findet und ihm zu helfen sucht (H^b). Auch die Klage Rudolfs um den toten Bonifait zeigt die Haltung des Erbarmens. Wie Willehalm den toten Vivianz beklagt, so nimmt auch Rudolf das Haupt des Erschlagenen in seinen Schoß und beweint dessen frühen Tod (K^b 18—29), aber der Dichter unternimmt keinen Versuch einer tieferen Deutung. Er leitet auch aus dem von ihm geschilderten Nebeneinanderleben der verschiedenen Völker und Religionen keine Toleranzidee ab. Nur die Tatsache, daß in den wenigen erhaltenen Bruchstücken an vier entscheidenden Stellen (bei der Kreuznahme, der Taufe der Heidin, der Pilgerszene und der Klage um Bonifait) die christliche „erbermde" zur Motivierung des höfischritterlichen Geschehens verwendet wird, zeigt, daß sich in der Dichtung vom Grafen Rudolf die Überhöhung ritterlicher Tugenden durch die christlichen anbahnt, die sich in Wolframs „Willehalm" im Sinne einer Toleranz gegenüber den Heiden vollendet[112].

III. Teil

ZUR GESCHICHTLICHEN SITUATION DER KREUZZÜGE BARBAROSSAS UND HEINRICHS VI.
(1187—1198)

I. KAPITEL

Politische und geistige Voraussetzungen im Orient und im Abendland

In den Jahrzehnten nach dem mißlungenen zweiten Kreuzzug hatten sich nur vereinzelte kleine Gruppen nach dem Heiligen Land aufgemacht, deren Unternehmungen — wie der Zug Heinrichs des Löwen — mehr Wallfahrtscharakter trugen und keine Eroberungen anstrebten. Im Orient vollendete sich in dieser Zeit die Zusammenfassung aller islamischen Kräfte unter Saladin. Er stellte ein geeinigtes Heer unter seiner Führung auf, das nun auf der Gegenseite der Gedanke des Heiligen Krieges, den schon Mohammed gefordert hatte, auch innerlich zur Einheit zusammenschloß. Das fränkische Königreich Jerusalem konnte sich diesem Ansturm gegenüber nicht behaupten. Die Hilferufe, die von den Christen aus dem Heiligen Land nach Europa drangen, hatten zunächst wenig Erfolg[1]. Adel und Könige waren in politische Streitigkeiten verwickelt. Erst unter dem Eindruck der großen Niederlage der Franken in der Schlacht bei Hattin 1187 begriff das christliche Abendland die Notwendigkeit schneller Hilfe. Die Päpste Urban III., Gregor VIII. und nach dessen Tod Klemens III. übernahmen die Werbung für einen neuen Kreuzzug. Als Legat wurde Heinrich von Albano, dessen vorbildliche Persönlichkeit die Chroniken rühmen[2], zu den europäischen Fürsten gesandt. Da der Kardinal nicht Deutsch konnte, predigten für ihn in Deutschland Heinrich von Straßburg und Gottfried von Würzburg.

Die politische Situation in Deutschland war gekennzeichnet durch das Wiedererstarken des Imperiums unter Friedrich I. Nachdem die weltlichen und geistlichen Fürsten Deutschlands gewonnen waren, hatte er den kaiserlichen Herrschaftsanspruch auf Italien erneuern können. Die Ausdehnung des Reiches bis nach Italien, in Wiederbelebung des römischen Imperiumsgedankens, auf den schon Karolinger und Ottonen zurückgegriffen hatten, war nach hartem Kampf mit dem Weltgeltungsanspruch des Papsttums erreicht worden. Der Sieg über Heinrich den Löwen 1180 hatte die Stellung Friedrich I. in Deutschland endgültig gesichert. Der Aufruf zum Kreuzzug erreichte ihn auf der Höhe seiner Macht.

Für Friedrich verband sich in dem Kreuzzugsplan persönliches Frömmigkeitsstreben mit dem Wunsch nach einer letzten krönenden Dokumentierung seiner kaiserlichen Macht. Nach den ausschließlich von der Kirche angeführten ersten Kreuzzügen trat hier zum ersten Mal die Kreuzzugsidee in Verbindung mit der Machtpolitik eines weltlichen Herrschers. Noch hielten sich — wie in der harmonischen Persönlichkeit Friedrichs I. — religiöse und politische Beweggründe die Waage. Doch wurde hier der Schritt getan, der auch vor der Welt Recht und Pflicht zum Kreuzzug aus dem ausschließlichen Bereich der Kirche in die Sphäre des jeweils Mächtigsten rückte.

Als Heinrich von Albano im Auftrag des Papstes nach Deutschland kam, war der Kaiser zunächst nicht zur Kreuznahme bereit, da sich der Erzbischof von Köln gegen ihn aufgelehnt hatte. Die wichtige Kreuzzugspredigt des Bischofs Heinrich von Straßburg, deren Wortlaut wir genau kennen, brachte zwar einen ersten Propagandaerfolg, aber sie genügte nicht zur Auslösung eines allgemeinen großen Kreuzzuges. Auch die Zusammenkünfte Friedrich Barbarossas mit dem König von Frankreich in Ivois und Mouzon führten noch nicht gleich zum Ziel, denn die Gegnerschaft der Könige von Frankreich und England mußte erst ausgeglichen werden. Damals trafen im Gefolge Barbarossas und Philipps von Frankreich nachweislich auch ihre treuesten Vasallen zusammen, darunter ihre Hofdichter, die Minnesinger Friedrich von Hausen, Albrecht von Johansdorf, Guiot de Provins, Conon de Béthune u. a.

Immerhin gelang es dem päpstlichen Legaten Heinrich von Albano, den Kaiser zur Einberufung eines Hoftages nach Mainz zu veranlassen (27. März 1188). Schon damals gab der Legat in seinem Einladungsschreiben diesem Reichstag den Namen, der ihm bis heute geblieben ist: „Curia Jesu Christi", denn es sollte dabei nur um den neuen Kreuzzug, nur um die Sache Christi gehen. Kurz vorher gelang es Heinrich von Albano, im Januar 1188 in Frankreich die Könige von England und Frankreich zu versöhnen und ihre Heere unter dem höheren Ziel des Kreuzzugs zu vereinigen. Damit war die Hauptaufgabe gelöst. Die Kreuznahme der Könige von Frankreich und England wirkte sich propagandistisch sehr rasch aus. Heinrich von Albano konnte innerhalb eines Monats, vom 21. Februar bis 27. März 1188, die berühmtesten Namen des Hennegaus, Lüttichs und Kölns in seine Liste der Kreuzfahrer aufnehmen. Auf dem Mainzer Hoftag im Frühjahr 1188 krönte er dann seinen Auftrag durch die Versöhnung des Kaisers Friedrich mit dem Erzbischof von Köln. Nun war der Weg frei für die Beschlußfassung über den großen Kreuzzug.

Die Entscheidung für Deutschland fiel mit der Kreuznahme des Kaisers auf dem Hoftag in Mainz. Die Berichte über diese Stunde der Entscheidung liegen vor. Es sind die berühmte Aufrufsbulle des schon vor dem Mainzer Hoftag verstorbenen Urban III., die die Untergangsstimmung im Heiligen Land festhält, und die Predigt des Bischofs Gottfried von Würzburg, die die Kreuznahme des Kaisers und 68 weiterer Fürsten auslöst. Das Heer der in

Mainz versammelten Kreuzritter wird von der Forschung jetzt — im Gegensatz zu früheren viel zu hohen Schätzungen — auf 4000—6000 beziffert[3]. Das Kreuzheer sollte am 23. April von Regensburg aus aufbrechen.

In Deutschland war es — wie in Frankreich und England — das Vorbild des Herrschers, das die Kreuzzugsbegeisterung aufflammen ließ. Nachdem er das Beispiel gegeben hatte, scheint keiner der Adligen und Ministerialen von der Begeisterungswelle unberührt geblieben zu sein. Alle Annalen des rheinfränkischen Raumes verzeichnen, daß es als eine Schande galt, nicht das Kreuz zu tragen. Der Aufruf des Lehnsherrn wirkte zusammen mit der geistlichen Predigt. Die Kreuzzugswerbung wurde von dem Kaiser durch Verordnungen unterstützt; die Erhebung des Saladinzehnten, der Abgabe von $1/10$ des Vermögens, wurde von den Fürsten durchgeführt. Die Auswahl der Kreuzfahrer beschränkte sich auf die im Waffenhandwerk geübten Kämpfer, die außerdem eine bestimmte Geldsumme zu ihrem Lebensunterhalt für zwei Jahre nachweisen mußten. Außerdem wurden alle Kreuzfahrer auf eine strenge Disziplin im Heer verpflichtet[4]. So wurde ein einheitliches Ritterheer gebildet und die große Menge der Nichtkämpfer, die die ersten beiden Kreuzzüge belastet hatte, ausgeschaltet. Realpolitische und militärische Erwägungen traten an die Stelle des blinden Vertrauens auf eine direkte Führung Gottes. Friedrich versuchte, durch Verträge mit den Herrschern, deren Länder das Heer durchziehen mußte, die Kräfte seiner gut ausgerüsteten Streitmacht für den entscheidenden Kampf im Orient zusammen zu halten. Daß unter diesen Fürsten auch der Sultan von Konja war, ein muslimischer Fürst, dessen Unterstützung Friedrich sich in seinem Kampf gegen die Ungläubigen sicherte, zeigt, daß es sich für ihn nicht mehr in erster Linie um einen kirchlichen Glaubenskrieg, sondern um die Wiedererlangung geraubten Kirchenbesitzes handelte. Friedrich kündigte dem Sultan Saladin, mit dem er seit Jahren Gesandtschaften und Geschenke getauscht hatte, das Freundschaftsverhältnis auf[5]. Ein Angebot Saladins, das Heilige Kreuz zurückzugeben und christliche Gottesdienste in der Heiligen Grabeskirche zu gestatten, wenn man ihm die letzten christlichen Städte auslieferte, lehnte er ab und brach 1189 mit seinem Heer auf dem Landwege nach Palästina auf[6]. Aber das Heer hatte bereits auf dem langen beschwerlichen Anmarsch viele Verluste, und als endlich die Schwierigkeiten überwunden schienen, brach durch den plötzlichen Tod Friedrichs die Einheit des ganzen Heeres auseinander. 1191 starb auch sein Sohn Friedrich von Schwaben an einer Seuche und der Rest des deutschen Heeres ging in dem englisch-französischen auf, das unter Führung von Richard Löwenherz und Philipp II. von Frankreich stand.

Die beiden ursprünglich feindlichen Könige von Frankreich und England hatten nur zögernd unter dem Einfluß des Kardinallegaten ihre Streitigkeiten beigelegt und waren mit gut organisierten Heeren erst 1191 aufgebrochen. Zwar scharten sich auch hier mächtige Adlige und begeisterte Ritter um ihre Lehnsherrn, doch fehlte es an einem einheitlichen Ideal und zugleich an politischem Weitblick. Persönlicher Ehrgeiz und ritterliche Freude am Kampf bestimmten — unter Zurücksetzung der religiösen Ziele — die Kriegführung Richard Löwenherz', des späteren Führers des dritten Kreuzzuges. Sie trugen zur Zersplitterung der Kräfte seines Heeres in erfolgreiche Einzelunternehmungen ohne einheitlichen strategischen Plan bei und vereitelten so einen friedenstiftenden Enderfolg. Gegen das starke Heer Saladins konnten sich die christlichen Kräfte nicht durchsetzen, zumal auch die miteinander im Kampf liegenden Großmeister der Ritterorden und die lateinischen Barone nicht zur vollen Unterstützung des abendländischen Heeres bereit waren. So blieb das Ergebnis dieses ursprünglich so gut vorbereiteten und politisch gut fundierten Kreuzzuges gering: ein Waffenstillstand auf drei Jahre, der den Pilgern den ungestörten Besuch der geweihten Stätten zusicherte.

Die Ritter, die zum dritten Kreuzzug aufbrachen, waren im Gegensatz zu den Kreuzrittern der ersten beiden Züge nicht nur geistlichen Bildungseinflüssen ausgesetzt gewesen. Die Verbindung zum Orient war ihnen schon selbstverständlicher geistiger Besitz geworden. Begierig hatte man kulturelle Einflüsse aus dem Orient aufgenommen. Morgenländisches Bildungsgut hatte sich der Dichtung und Wissenschaft mitgeteilt. Die Lebensweise wurde nach orientalischem Vorbild verfeinert. Von den Adelshöfen Südfrankreichs breitete sich diese Laienkultur auch in die nördlichen Länder aus. Gleichgerichtete Ideale und eine einheitliche Kultur verbanden den gesamten Adel des Abendlandes über die Landesgrenzen hinweg zu einer Einheit[7]. Kaiser Friedrich erscheint in allen deutschen Chroniken der Zeit als die ideale Verkörperung dieses Rittertypus. Das Pfingstfest zu Mainz 1184, mit dem er die Schwertleite seiner Söhne feierte, lebt in der Dichtung fort als Symbol einer Hochblüte ritterlicher Kultur und ritterlichen Wesens. Die Höfe Heinrichs II. von England und Philipps II. von Frankreich galten in ihren Ländern als kultureller Mittelpunkt. Eine gleichgestimmte, von den gleichen Idealen getragene Ritterschaft versammelte sich dort.

Die Unüberwindbarkeit des Islam, die die Kämpfe des 2. Kreuzzugs aller Welt vor Augen geführt hatten, bewirkte, daß man den Orient mehr und mehr als in sich gefestigte Weltmacht anerkannte, deren Eigengesetzlichkeit man gelten ließ. Das Begegnen mit dem Islam als einer ebenbürtigen geistigen Macht, deren Kampf von der gleichen religiösen Begeisterung getragen war wie der der christlichen Heere, ermöglichte eine erste Stufe menschlicher und religiöser Toleranz. Viel trug dazu die Persönlichkeit des Sultans Saladin bei, der in der zeitgenössischen Überlieferung als eine kultivierte ritterliche Gestalt erscheint. Wie die Christen führte er einen heiligen Krieg um die Kultstätten seines Glaubens in Jerusalem. Seine Milde und Gerechtigkeit sowie sein Edelmut gegenüber den Bewohnern von Jerusalem werden von den Zeitgenossen gerühmt[8].

Aus solcher Erkenntnis der Gleichwertigkeit des Gegners erwächst auch die Achtung vor ihm. Die Verträge Friedrichs I. mit mohammedanischen Fürsten und die Waffenstillstandsverhandlungen Richard Löwenherz' am Ende des dritten Kreuzzugs zeigen eine Haltung, die der Vernichtungsparole der ersten beiden Kreuzzüge genau entgegengesetzt ist. Eine zeitgenössische Quelle[9] berichtet von Verhandlungen Saladins und Richards mit dem Ziel einer Heirat von Saladins Bruder mit Richards Schwester während der Kämpfe 1191/92. Dadurch sollte ein moslemischer Staat mit der Möglichkeit christlicher Religionsübung gegründet werden. Wenn derartige Berichte auch mit Vorsicht gelesen werden sollten, so sind sie doch charakteristisch für die allgemeine Einstellung. Islam und Christentum werden bereits als nebeneinander bestehende gleich mächtige Religionen und Kulturen anerkannt und damit auch die ersten Zweifel an dem unbedingten Herrschaftsanspruch der christlichen Religion, wenn auch nicht an ihrem Glaubensinhalt, geweckt. So verlieren die Kreuzzüge den Charakter reiner Glaubenskämpfe und gleichen sich allmählich den Machtkämpfen weltlicher und kirchlicher Herrscher an, in denen häufig günstig erscheinende Einzelunternehmungen der Konzentration auf das große Ziel der Befreiung Jerusalems vorgehen.

Der Kreuzzug Heinrichs VI., des Sohnes Friedrichs I., unterscheidet sich in Werbung und Durchführung von den vorangegangenen Kreuzzügen. Zwar trat auch Heinrich VI. die Fahrt als Schützer des heiligen Reiches an. Er hatte mit der Kaiserkrone auch die Verpflichtung zur Befreiung von Christi Erbland übernommen. Aber er ließ sich nicht vom Papst zur Erfüllung dieser Pflicht aufrufen. Der Kaiser begann mit der Kreuzzugsorganisation, ehe noch der Papst Coelestin III. seine Einwilligung gegeben hatte. Heinrich nahm das Kreuz schon Ostern 1195 und ließ in Bari ohne Wissen des Papstes zum Kreuzzug aufrufen. Der päpstliche Aufruf erfolgte erst einige Monate später, am 25. Juli 1195. Die politische Lage im Orient war günstig. Der dreijährige Waffenstillstand, der den dritten Kreuzzug beendet hatte, war abgelaufen. Der Tod Saladins 1193 und die Streitigkeiten unter seinen Nachfolgern schwächten die Macht des Islam und schienen einem neuen Kampf der Christen um die Heiligen Stätten Erfolg zu versprechen.

Gleichzeitig bedeutete der Zug einen wichtigen Faktor in der Machtpolitik Heinrichs VI. Als Erbe Barbarossas hatte er das staufische Reich an einem Höhepunkt seiner Entwicklung übernommen. Die Stellung der Staufer in Oberitalien war gefestigt, dazu vereinigte Heinrich Deutschland und Sizilien unter seiner Herrschaft. Die Kirche mußte diese Umklammerung durch das staufische Imperium als dauernde Gefahr empfinden und das Bestreben haben, sich dagegen zur Wehr zu setzen. Die Kreuznahme diente Heinrich dazu, Verhandlungen mit dem Papst zu erzwingen und gleichzeitig seine Herrschaftsansprüche im Orient durchzusetzen. Wie wenig er sich selbst in den Rahmen eines Kreuzzuges einfügte, zeigt seine Haltung gegenüber Richard Löwenherz. Obwohl dieser als Kreuzfahrer Anspruch auf kirchlichen Schutz hatte, nahm ihn Heinrich aus politischen Gründen gefangen.

Die religiöse Begeisterung wurde jetzt in den Dienst der Orientpolitik des Kaisers gestellt. Dazu stimmt die Tatsache, daß neben der geistlichen Kreuzzugswerbung, die sich an die Ritter wendete, eine eigene Organisation des Kaisers bestand. Er schuf ein eigenes Söldnerheer, das aus Rittern und Knappen bestand, einen festen Lohn in Geld und Getreide erhielt und durch einen Heereseid auf den Kaiser und seine Heermeister verpflichtet wurde[10]. Bei der Werbung dieser Soldritter war von religiösen Motiven nicht die Rede. Aber neben dieser politischen Truppe stand die große Zahl derer, die in diesem Kreuzzug die Möglichkeit zur ritterlichen Tat im Dienst des irdischen und himmlischen Lehnsherren sahen.

Im Orient wie im Abendland erlebte der Ritterstand während der kurzen Regierungszeit Heinrichs VI. eine Hochblüte. Im Heiligen Land festigte sich nach den unbedeutenden Ergebnissen des dritten Kreuzzugs, der den Glauben an einen endgültigen Sieg über die Mohammedaner noch mehr erschüttert hatte, die Macht der Ritterorden. Die geringe Möglichkeit, sich des Islams zu erwehren, veranlaßte viele weltliche Fürsten, sich von ihrem Landbesitz in Palästina zurückzuziehen. Die Orden, von denen man die Fortsetzung des Kampfes am ehesten erwartete, traten ihr Erbe an. Weltliche Fürsten, die selbst nicht mehr an den Zügen in den Orient teilnehmen wollten, unterstützten sie durch Schenkungen von Geld und Ländereien. Die starke Stellung der weltlichen Ritterschaft des Abendlandes, die in die Rolle des wichtigsten Kulturträgers hineingewachsen war, wurde durch die Machtposition Heinrichs VI. nun auch für Deutschland besonders hervorgehoben. Bezeichnend für diese Entwicklung ist die Tatsache, daß aus der 1190 bei Akkon begründeten Spitalbruderschaft[11] vor dem Abzug der Kreuzfahrer eine deutsche mönchische Ritterschaft im Orient nach dem Vorbild der romanischen Templer- und Johanniterorden gebildet wurde (1198). So wie hier stellte sich zu dieser Zeit das deutsche Rittertum in jeder Beziehung neben das romanische und wurde unter der Regierung Heinrichs VI. für kurze Zeit führend. Der Kaiser hat die Bedeutung dieses Standes noch durch Belehnung mit Gütern und durch Überordnung über die eroberten italienischen Gebiete betont.

Die Masse des Kreuzfahrervolkes blieb wie im dritten Kreuzzug ausgeschaltet. Auch die Werbung für die Fahrt lag nicht mehr ausschließlich in den Händen von Geistlichen, die Ritter selbst beteiligten sich daran in der ihnen gemäßen Form, in der lyrischen und epischen Dichtung. Die Argumente der geistlichen Kreuzzugswerbung wurden in die Forderungen der ritterlichen Lebenslehre hineingenommen und erhielten in dieser Verbindung ihre tiefste und reinste Ausprägung im Bereich des Laientums. Was von der religiös begeisterten Masse der ersten Kreuzzüge unklar gefühlt und von den Predigern vom geistlichen Standpunkt aus gefordert wurde, das fand jetzt in einem Stand des weltlichen Laientums eine vertiefte Anwendung auf das Leben des einzelnen in der Welt und vor Gott. Die von machtpolitischen Zielen bestimmte Haltung Heinrichs VI. ändert nichts an der Tatsache, daß sich unter seiner Herrschaft die Kreuzzugsidee vertiefte und zu einer reinen Form verdichtete, die sich später den großen einzelnen, die von ihr erfüllt sind, nur noch als fernes Ideal darstellt.

Der gut organisierte, nur von Rittern aus aller Welt unter Führung einer deutschen Kerntruppe unternommene Kreuzzug, der wie ein Siegeszug begann, wurde nach dem plötzlichen Tod Heinrichs VI. abgebrochen. Als Erfolg blieb die erneute Sicherung der palästinensischen Küste und der Heiligen Stätten für die Christen.

II. KAPITEL

Die kirchlichen Aufrufe und Predigten und ihre Wirkung auf das höfische Rittertum

Die Aufrufe des Papstes Alexander III. (1181)

In den bisherigen Auswertungen der Kreuzzugspredigten für die Zusammenhänge mit der zeitgenössischen Dichtung blieb die historische Bedingtheit der einzelnen Predigt nahezu unberücksichtigt. Seit Wolframs Aufsatz „Kreuzpredigt und Kreuzlied" ist es in der Forschung zur Gewohnheit geworden, die systematische Ordnung der Gedanken einer Kreuzpredigt ohne zeitlichen Unterschied für Abhängigkeitsfragen zu verwerten[1]. So blieb es bei einer groben Systematik der Predigtinhalte, die eine Differenzierung der Einflußfragen auf die jeweilige Dichtung unmöglich machte. Die Texte Bernhards für 1147, die Alexanders III. für 1181, Heinrichs von Albano und Heinrichs von Straßburg für 1187 und die Innocenz' III. für 1198 wurden zusammen gesehen und summarisch ausgewertet. Sie ergaben in ihren Übereinstimmungen die bekannte Kongruenzhäufung für den Lohn-, Opfer-, Lehns- und Erlösungsgedanken, ohne daß die Nähe des historischen Aufrufs zur Dichtung überprüft wurde. Für den ersten und zweiten Kreuzzug wirkte sich diese Systematisierung weniger nachteilig aus, weil die Ausprägung der Kreuzzugsdichtung noch unscharf und die Überlieferung der Predigten ungenau ist. Aber für den dritten Kreuzzug sind einige Predigten in genauerem Wortlaut überliefert und die Differenzierung der Kreuzzugsdichtungen ist verfeinert worden. Wir haben in französischer, lateinischer und deutscher Sprache besondere Liedtypen vor uns, in denen sich der charakteristische Stil der Zeit und des Dichters — auch in der nachweisbaren Abhängigkeit von großen zeitgenössischen Predigern — deutlich abhebt. Die allgemeine heilsgeschichtliche Deutung tritt jetzt in der Predigt stark zurück, dafür gewinnt die Ermahnung an erzieherischer und rednerischer Intensität. Eine noch stärkere Spiritualisierung als in der Epoche Bernhards ermöglicht eine Verbindung von ritterlich-höfischen und ritterlich-christlichen Werten.

Der Ton der zwischen den beiden ersten Kreuzzügen entstandenen kirchlichen Aufrufe ist ein anderer als der bei der Werbung für den dritten Kreuzzug. Die Dringlichkeit des Anliegens bedingt den Unterschied zwischen dem ermahnenden und dem aufrufenden Wort. Auch die soziale Stellung der Empfänger beeinflußt den Stil der Schreiben und Aufrufe. Es wird jetzt genau unterschieden, ob ein Schreiben an die Gesamtheit der Fürsten oder an die Prälaten der Kirchen gerichtet ist.

Papst Alexander III. sendet im Jahr 1181 zwei wichtige Erlasse an die weltliche und geistliche Ritterschaft des Abendlandes. Die Sorge um die Heiligen Stätten und die dort lebenden Brüder soll die christlichen Ritter dazu veranlassen, freiwillig das Opfer einer Fahrt in das Heilige Land zu bringen in frommer bußfertiger Gesinnung:

Hi autem, qui ex vobis fortes sunt, et bellis exercendis idonei, non minus scuto fidei et lorica iustitiae, quam materialibus armis induti, tam pium, quam necessarium opus, ac laborem huius peregrinationis assumant[2]	Die aber von euch, die mutig sind und zum Kriegführen geeignet, die mögen dieses so fromme wie notwendige Werk und die Strapazen dieser Fahrt auf sich nehmen, angetan nicht nur mit weltlichen Waffen, sondern auch mit dem Schild des Glaubens und dem Panzer der Gerechtigkeit.

Der Beweis dafür, daß nicht nur die ritterliche Waffenhilfe gemeint ist, liegt in der ausführlichen Mahnung, daß mit dieser Fahrt die Erinnerung an Christi Vorbild erneuert werden und eine Tat des Glaubens geschehen soll. Rechtfertigung des Zuges und Erweckung zu neuem Leben müssen zugleich erreicht werden. Nicht unabsichtlich werden deswegen theologische Begriffe gegeneinandergestellt: „mortificatos quidem carne iustificatos (vivificatos) autem spiritu."

Cum enim Christus pro salute opprobria multa, et demum crucis patibulum sustinuerit, ut nos offerret Deo, mortificatos quidem carne, iustificatos (vivificatos) autem spiritu: expedit admodum saluti fidelium, ut pro ipso corpora nostra periculis et laboribus exponamus, ne pretium sanguinis, quem pro nobis effudit, videamur obliti[3].	Dem Wohl der Gläubigen kommt es sehr zustatten, daß Christus für unser Heil große Schmach und sogar das Kreuz ertragen hat, um uns zu Gott zu führen, wenn unser Fleisch zwar getötet ist, unser Geist aber gerechtfertigt (zum Leben erweckt). Deswegen wollen wir für ihn unsern Leib Mühen und Gefahren aussetzen, damit man nicht meinen könnte, wir hätten den Preis seines Blutes, das er für uns vergossen hat, vergessen.

Eine ruhige, weniger exzitatorische Haltung liegt im Berichtstil der beiden Sendschreiben Alexanders III. Vor allem verrät der Brief an den geistlichen Stand die Absicht, die Kreuzzugsidee rein und wach zu erhalten. Wohl spricht Besorgnis um die dienenden Brüder in Jerusalem daraus und um die Erhaltung der terra sancta, aber ebenso wichtig ist die Mahnung zur Fürsorge für alle, die sich in den Dienst des Kreuzes stellen und für ihre Familien.

uxores quoque, et filios eorum, et bona et possessiones suas sub beati Petri et nostra nec non et archiepiscoporum, episcoporum et aliorum praelatorum Ecclesiae, decernimus protectione manere[4].	Ebenso sollen die Frauen und Kinder mit ihrem Hab und Gut unter dem Schutz des hl. Petrus und unter unserem Schutz stehen, aber auch unter dem der Erzbischöfe, Bischöfe und der anderen kirchlichen Würdenträger.

Auch dieses Schreiben stammt aus dem Jahre 1181. Es ist selbst in diesen knappen Proben bezeichnend für die damalige Situation. Solange nur Hilfe für die Verteidiger des Heiligen Landes erforderlich ist und dieses nicht selbst bedroht wird, bleibt der Ton der Mahnung in den Papstbullen gemäßigt. Das Rechtsdenken wird stärker wachgerufen als das Rachegefühl. Die Kreuznahme zu verwirklichen — auch für eine bewaffnete Pilgerreise — bleibt eine menschliche Pflicht des Gläubigen gegen Gott. Der terra-sancta-Gedanke behält den Charakter allgemeiner ethischer Hinweisung, solange nicht der Augenblick drängt. Er bleibt die geistige Voraussetzung der Kreuzzugsidee. Im Moment der Gefahr des Verlustes dieses christlichen Erbes an die Heiden — wie im Jahre 1187 — erreicht die haereditas-Vorstellung entflammende Gewalt. Der Gedanke, daß Besitzrecht auf Erbrecht beruht, erscheint dem Pilger und dem einfachen Krieger einleuchtend, mehr noch dem Ritter, dessen Ansehen und Ehre darin gesichert erscheint. Trotzdem bedarf es bei der Werbung zum dritten Kreuzzug außer den Sendschreiben der Päpste der ganzen Gewalt der Rede, um die Masse des christlichen Rittertums auf den Kampfplatz vor Jerusalem zu rufen. Damit ist die Stunde der rhetorisch bis zum Kunstwerk verfeinerten Kreuzpredigt gekommen, die dann die große Kreuzzugsdichtung wachruft.

Die Predigten Jakobs von Vitry

Über die Werbung zum dritten Kreuzzug liegen zahlreiche Berichte aus zeitgenössischen Chroniken vor. Jedes europäische Land stellt seinen Meister in der Reihe der großen Prediger. Wir wissen von der weitreichenden Wirkung der Predigten des Balduin von Canterbury, Fulco von Neuilly, des Heinrich von Albano und Jakob von Vitry. Leider ist keine Kreuzpredigt von Balduin von Canterbury oder Fulco von Neuilly im Wortlaut erhalten. Von dem italienischen Legaten Heinrich von Albano besitzen wir dagegen zwei wichtige Sendschreiben und einen Traktat, von Jakob von Vitry vier Kreuzpredigten.

In diesen Kreuzpredigten des Jakob von Vitry[5] liegt dem Prediger das Thema der Lohnversprechung im weitesten Sinne am Herzen. Das Geldopfer für den Kreuzzug wird in allen Einzelheiten geregelt, die Höhe des Betrages wird bestimmt, so daß es fast scheint, als könnte das Geldopfer die Kreuznahme ersetzen[6]. Aber daneben wird auf die Notwendigkeit der inneren Wandlung verwiesen. Beichte und Kommunion bleiben als äußere Beweise dieser Bußabsicht nachdrücklich gefordert.

Für unsere Zusammenhänge sind die symbolischen Kreuzdeutungen in diesen Predigten wichtig. Hier wirkt die Tradition der Kreuzessymbolik aus der frühmittelalterlichen Zeit nach[7]. Engverbunden mit Textstellen des Alten und Neuen Testamentes breitet sich die gegenwartsbezogene Symbolik in der zweiten Predigt Jakobs von Vitry am dichtesten aus. Das Kreuz Christi als Zeichen der Passion ist für alle Gläubigen aufgerichtet. Es ist das Banner des himmlischen Königs, der wie ein irdischer Herrscher diejenigen strafen kann, die seine Fahne verlassen. Das Kreuz prangt auf dem Mantel und dem Banner aller Christen[8]. Man erkennt deutlich den Charakter der Predigt, die im Bildgebrauch auf Nachfolge in der Kreuzespassion angelegt ist. Die Kirche bietet das Kreuz jedem zur Stütze, der diese Kraft sucht. Das Kreuz ist die Jakobsleiter, die Hauptfestung, der Rettungsanker, die letzte Planke im Schiffbruch der Welt, die Rute der Züchtigung, der Stab der Hilfe, das blutgetränkte Panier Christi. Die Intensität der Aufrufe wird abgeschwächt durch die übermäßige Häufung der Symbole. Sätze wie dieser: „Nur durch das Kreuz könnt ihr vorwärts kommen durch diese Welt und in die himmlische gelangen" gehen in dem folgenden Vergleich unter „wie Jakob den Jordan mit seinem Stabe durchschritt." Die helfende Kraft der Kirche wird betont: „Sie leitet mit dem Kreuzholz durch den Strom des irdischen Lebens in die Ewigkeit hinüber. Das Kreuz ist die Kraft, die Gott der alternden Welt verlieh."

Ähnlich exegetisch ist der Ton der dritten und vierten Predigt. Beide handeln von der erlösenden Kraft des Kreuzes. Das freudig dargebrachte Opfer macht die Kreuzfahrt zu einem Fest für den wahren Christen, der mit echter Reue im Herzen dem Ruf des Herrn folgt[9]. Der schon bei Bernhard auftretende Gedanke, daß die Teilnahme am Kreuzzug in jedem Fall ein Gewinn für den Menschen ist, wird bei Jakob von Vitry in eine bilderreiche Predigtsprache gefaßt. Der Ton liegt auf der inneren Wandlung des Menschen, auf Reue und Sündenbekenntnis, die der Fahrt vorausgehen müssen, und auf dem Beharren in dem neuen Leben, das die Kreuzfahrt einleitet. „Wir sollen als Wandergeräte die Tasche der Liebe und den Stab des Kreuzes mitnehmen, außerdem müssen Reue und Sündenbekenntnis uns begleiten. Alle sollen zu diesem Pilgerfeste sich sammeln, die Zeit, von der die Propheten Joel und Jesaias gesprochen haben, ist erfüllt. Christus ruft seine Treuen um sich. Eine Wallfahrt verliert ihren Nutzen, wenn nicht Beharrlichkeit ihr folgt[10]." Wirklichkeitsnähe beweist die Predigt mit dem in der Dichtung der Zeit vielfach aufgenommenen Gedanken der Verachtung der Abtrünnigen: „Wie elend sind die, welche das Kreuz wieder ablegen oder heimlich tragen — beides heißt Gott verspotten (vgl. Jes. 28, Kap. 22) —, ebenso die, welche nach vollbrachter Fahrt wieder in ihr altes Leben zurückfallen[11]."

Der Traktat und die Sendschreiben Heinrichs von Albano

Den Predigten Jakobs von Vitry kommt inhaltlich der Traktat des Heinrich von Albano „De peregrinante civitate Dei" nahe. Die darin enthaltene „Lamentatio de Jerusalem ab infidelibus capta[12]" erreicht wohl in der Gedankenführung die Intensität der Aufrufe zum Kreuzzug, wenn auch nicht deren rhetorische Form. Die Klage über den Verlust Jerusalems geht über in die Seligpreisung derer, die als Märtyrer bei der Verteidigung gefallen sind. Gott will mit dem Fall der Heiligen Stätten alle christlichen Herzen prüfen. Die Wirkung zeichnet sich bereits ab: die Menschen tun Buße, sie nehmen das Kreuz. Hohe und Niedere verlassen ihren Besitz und folgen Christus nach. Alle drängen zum Kampf gegen den in Saladin verkörperten Teufel. Die militia Christi wird siegen; dafür sprechen geschichtliche Beispiele, denn schon früher wurde das Kreuz verloren, aber von Heraclius wiedergewonnen. Auch Karl der Große und die Helden des ersten Kreuzzugs waren siegreich. Die Zeit des Gerichts ist gekommen. Jetzt müssen die Menschen dem Herrn ihr Gelübde bezahlen und ihm die Treue halten, sonst werden sie verdammt werden.

Weniger um den Aufruf als den Gedanken der inneren Wandlung geht es in dem Sendschreiben des päpstlichen Legaten Heinrich von Albano „ad universos ecclesiae praelatos" aus dem Jahr 1187[13]. Dem äußeren Zeichen des Kreuzes entspricht eine demutvolle innere Haltung:

Litteris itaque, dilectissimi, non modo inscribi frontibus signum Thau, signum Dominicae passionis, sed et cordibus imprimis his praesertim diebus oportet[14].	Deswegen, Christen, müßt ihr nicht nur nach außen hin das Kreuz, das Zeichen des Leidens unseres Herrn, tragen, sondern gerade in unsern Tagen auch in eurem Herzen.

Noch stärker betont Heinrich von Albano diese Forderung der inneren Wandlung in seinem zweiten Schreiben: „Henrici Albani episcopi, legati apostolici, litterae quibus convocat ad comitia praesules Germaniae per portitorem ad deliberandum de bellis sacris adversus Saracenos, ad vindicandam crucem et loca Christi pedibus consecrata[15]." Die schwere Heimsuchung des Heiligen Landes hat Gott nur zugelassen, um die Christenheit aufzurütteln und um ihr Gelegenheit zu geben, ihren Gehorsam Gott gegenüber zu beweisen. Die Klage über Leiden und Verluste des Heiligen Landes soll zur conversio animi führen, die Erschütterung darüber müßte in jedem einzelnen den Sinneswandel hervorrufen:

Quis crucem salvificam captam non deploret, et conculcatam ab ethnicis et sanctuarium Domini profanatum[16]?	Wer wollte nicht beklagen, daß das heilbringende Kreuz in fremder Hand ist und von den Heiden geschmäht wird, und daß das Heiligtum des Herrn geschändet wird?

Cuius ergo vel saxeum pectus auditus iste non emolliat[17] ...	Wessen steinernes Herz nun sogar diese Nachricht nicht erweichen kann ...

Ein Wunder göttlicher Gnade hat sich darin ereignet, daß der einzelne den Tag des Heils für sich selbst anbrechen sieht. Der Brief bleibt ganz im geistlichen Raum, es geht um das „mysterium nostrae redemptionis". Das Kreuz Christi steht im Vordergrund aller Gedanken. Gott hat weder auf seinen Namen — den des Allmächtigen — Rücksicht genommen, noch auf das Kreuz selbst, als er es seinen Feinden in die Hand gab, so wie er es mit seinem eigenen Sohn tat. Für die Menschheit begab er sich seiner Allmacht, die die Feinde hätte vernichten können:

Ecce videmus iteratum redemptionis nostrae mysterium, dum pro nobis suo nunc nomini non pepercit vel cruci, qui quondam proprio filio non pepercit, sed pro nobis omnibus tradidit illum. Non enim abbreviata est manus Domini nec brachium Domini infirmatum est, ut salvare non possit[18],	Seht, wir erleben noch einmal das Geheimnis unsrer Erlösung, weil Gott für uns weder auf seinen Namen noch auf das Kreuz Rücksicht nimmt, er, der damals seinen eigenen Sohn nicht geschont hat, sondern ihn für uns alle ausgeliefert hat. Denn die Hand des Herrn reicht immer noch weit und sein Arm ist nicht geschwächt, daß er uns nicht erlösen könnte,

Solche Handlungsweise liegt in dem Willen Gottes. Sie dient aus Erbarmen mit der Menschheit nur dem einen Zweck: der Mahnung zur inneren Wandlung.

sed operatur misericordiam suam inscrutabilis altitudo Dei ut torpentem mundi devotionem sic excitet, atque per obsequium vestrum et aliorum quos ad hoc eligere dignatus fuerit, nobis salubriter et sibi gloriose de barbarae nationis hostilitate triumphet[19].	sondern Gott in seiner unergründlichen Größe schenkt uns sein Erbarmen, um so die erlahmende Frömmigkeit wachzurufen und mit Hilfe des Gehorsams von euch und den anderen, die er für diese Aufgabe erwählt und gewürdigt hat, über die feindlichen Heiden zu triumphieren, uns zum Heil und ihm zum Ruhm.

Solange bleibt das Sendschreiben im Stil der üblichen Traktate. Den Predigt- und Aufrufs-Charakter gewinnt es erst mit der Betonung des „nunc et hoc". Für die milites Christi ist jetzt der Tag des Heiles angebrochen. Weltliches ritterliches Kämpfen blieb in der Sinnlosigkeit befangen, aber das Schwert, das jetzt im Kampf für das Kreuz geführt wird, bringt Gewinn:

Ecce nunc tempus acceptabile, ecce nunc dies salutis, in quibus utinam milites Christi abiciant opera tenebrarum[20].	Seht, jetzt ist der Gott wohlgefällige Zeitpunkt da, jetzt der Tag des Heiles. Wollten doch die Streiter Christi jetzt die Werke der Finsternis vernichten!

Wer aber den Entschluß zur Fahrt in der Absicht auf irdische Güter faßt, wer den Sieg über sich selbst noch nicht errungen hat, dem wird der himmlische Lohn nicht zuteil:

Felix eis abest militia, in qua est vincere gloria, sed mori lucrum. Ad hanc invitat nos hodie[21].	denen bleibt fern jener Kriegsdienst, bei dem Siegen Ruhm bedeutet, mehr aber noch Sterben Gewinn. Dazu lädt er uns heute ein.

Der Schluß des Schreibens spielt auf die curia Jesu Christi an, auf das Zusammentreffen aller Ritter und Herren auf dem Hoftag zu Mainz. Hier wird von der „gravitas" und „modestia" gesprochen, von der Zurückstellung jedes Gedankens an weltlichen Ruhm. Nur wer die echte Demut vor der Passion Christi mitbringt, ist auf diesem Hoftag Jesu Christi willkommen.

Illud etiam universitati vestrae duximus nominandum, ut ad curiam Jesu Christi in ea gravitate et modestia qua convenit, evectionum necessitate et omni curiositate et gloria temporali postposita, studeatis accedere[22].	Dies auch glaubten wir euch allen gegenüber erwähnen zu müssen, daß ihr euch bemüht, zur Curie Christi mit dem gehörigen Ernst und Anstand zu kommen und der Notwendigkeit der Ausfahrt jede Wißbegier und zeitlichen Ruhm hintanzustellen.

Es handelt sich in diesem Sendschreiben nicht um eine Predigt. Dazu bleibt der Stil zu sehr in der Reflexion des Zeitgeschehens befangen. Zur adhortatio im Sinne eines Predigtaufrufs fehlt die große rhetorische Ausschmückung. Der schnelle Rhythmus des Sprechers ist an keiner Stelle erkennbar, das verlesene, nicht das gesprochene Wort bestimmt den Charakter. Nur Anklänge an die Gewalt der Predigt Heinrichs von Albano lassen sich heraushören. Die Quellen vom Straßburger Hoftag berichten, daß die Wirkung dieser dort verlesenen adhortatio des päpstlichen Legaten gering blieb.

Die Predigt des Bischofs Heinrich von Straßburg

Die Worte wären wirkungslos verhallt, wenn in diesem Augenblick nicht der Bischof Heinrich von Straßburg die gefährliche Situation erkannt und eine leidenschaftliche Predigt[23] gehalten hätte, die einen Umschwung in der Stimmung herbeiführte. Seine Anklage gegen den Verfall der christlichen Ritterschaft wirkt höchst realistisch, fast grob in einer solchen adligen Gesellschaft. Er bezeichnet die Haltung der Ritter als recht verwunderlich, als „res miranda", und er wiederholt diesen Ausdruck seiner Verwunderung mehrfach, um seine Kritik noch deutlicher zu machen: „Miramur plurimum" und nochmals „miratione dignum est". Dann erst fährt er mit seiner Anklage fort, die darin gipfelt: „quod in tanta necessitate erga Deum sic modo turpiter alget et torpescit vestra devotio." Das bedeutet nichts anderes als die Herabwürdigung des ganzen Standes, denn die Anrede lautete ja ursprünglich: „Milites egregii, quos animositas et probitas innata, armosa exercitio famosos reddidit." Mut, aufrechter Sinn, Waffenübung hätten diesen Stand einst vor allen Völkern berühmt gemacht und ausgezeichnet (prae ceteris gentibus insignivit). In den letzten Monaten, nachdem die Hiobsbotschaft von Hattin eingetroffen war, sei es anders geworden, und der Grund dafür bliebe unverständlich. Der Vorrang aller Waffenträger in der Welt würde verspielt sein, „quod obliti estis virtutis assuetae velut degeneres et ignavi". Sie verstehen nicht einmal die Worte Gottes, „quae tam difficili et surdo percipitis intellectu". Nun bricht eine Klage hervor, die mit allen rhetorischen Mitteln arbeitet. „Proh dolor — proh pudor", Schmerz und Scham bestimmen die Wahl der Worte für die Charakteristik dieser Ritterschaft. Als ob Christus sich selbst beklagte, so sind die Worte des Bischofs gesetzt. „In corde omnium charitas refriguit ... omnes declinaverunt ... torcular calcavi solus et de gentibus non est vir mecum. Non est qui ..." niemand gibt es, den das Unrecht an dem Heiland rührt.

Es ließe sich Gedanke für Gedanke, in fast wörtlicher Anlehnung und Wiederholung, der Inhalt der Botschaft des Legaten Heinrich von Albano aus dieser Predigt des Bischofs von Straßburg herausinterpretieren, aber hier geht es nicht um den Inhalt sondern um den Predigtstil. Der Stil ist ein völlig anderer. Er ist allein von der notvollen Wirklichkeit des Augenblicks bestimmt. Vergegenwärtigen wir uns die Situation. Der Kaiser ist anwesend, dazu viele hohe geistliche Herren. Bisher ist niemand von den Rittern zur Kreuznahme bereit gewesen. Dabei waren doch die erschütternden Botschaften aus dem Heiligen Land verlesen worden: Verlust des Heiligen Kreuzes, Verlust ganzer Heere, Mordtaten der Heiden an Gefangenen und Verwundeten. Nichts rührt die Anwesenden, so scheint es: nicht die Not der Kreuzritter im Heiligen Land, nicht das Geheimnis der zweiten Sündenerlösung, das sich im Augenblick der Kreuznahme offenbaren würde. Dem Entschluß Christi, den Kreuzestod zu erdulden, und dem Entschluß der Ritter, jetzt das Heilige Kreuz zu nehmen, wird der gleiche Sinn gegeben. „Operatus est salutem vestram in medio terrae", und ihr, als Ritter, empfindet nichts? Auch wenn eure Mutter, die Kirche, die Ernährerin eures Glaubens, zur Magd erniedrigt wird (ecclesia ancillatur)? Eine kühne Schilderung des Verrats am Heiligen Land beginnt bei dem Prediger. Sie endet mit der rhetorischen Frage „et de tot militibus vix unicum Dominus sibi militiam acquisivit"? Damit spielt der Prediger nochmals auf die Situation des Augenblicks an. An dieser Stelle hören erst die offenen Angriffe gegen die Ritter und gegen ihren Stand auf. Der Bischof kommt am Schluß seiner adhortatio noch einmal auf die Verheißungen des ewigen Lohnes zurück, wie sie am Anfang der Predigt standen. Ein letztes Mal nennt er die Adligen „milites egregii". Ihnen verspricht er die ewige Seligkeit, die den Heiden versagt bleibt. Wenn auch die Wirkung der Rede des Bischofs Heinrich in Straßburg zunächst gering erscheint, so bereitet sie doch die Kreuznahme der Ritter am Tag der Curia Jesu Christi in Mainz entscheidend vor. Dort erreicht der Bischof von Würzburg, daß sich der Kaiser das Kreuz anheften läßt. Seinem Beispiel folgen Florenz, Graf von Holland, Otto, Graf von Geldern, der Herzog von Böhmen und die anwesenden Bischöfe[24]. Von diesem Zeitpunkt an scheint keiner der Adligen und Ministerialen von der Begeisterungswelle für den beschlossenen Kreuzzug unberührt geblieben zu sein. Es galt als eine Schande, nicht das Zeichen des Kreuzes zu tragen. So verzeichnen es alle Annalen des rheinfränkischen Raumes[25].

III. KAPITEL

Die christlichen Ideale des höfischen Ritterstandes zur Stauferzeit

Zu Beginn der Kreuzzüge hatten sich die Aufrufe an das Laienvolk in seiner Gesamtheit gerichtet. Die Betonung des Buß- und Opfergedankens brachte es mit sich, daß die in der Kreuznahme enthaltene Erlösungsmöglichkeit allen Menschen geboten wurde. Inzwischen hatte sich aber auch in Deutschland allmählich eine ständische Neuordnung vollzogen. Ein christlicher Ritterstand mußte sich unter dem Einfluß einer bewußten kirchlichen Erziehung aus der alten feudalen Herrenschicht entwickeln. Die Erziehungsarbeit der cluniazensischen Klöster hatte erreicht, daß sich die Feudalherren an kirchliche Formen gebunden fühlten. Das kirchliche Jahr mit seinen Festen und liturgischen Zeiten begann ihr Leben zu durchdringen[1]. Ihre Kampfkraft und Abenteuerlust wurde in den Dienst der Kirche gestellt. Wie der König und Kaiser zum Verteidiger und Schützer der Kirche berufen erschien, so wurde auch das Schwert all derer gesegnet, die für die Kirche zum Kampf auszogen[2]. Die Gottesauffassung des Mittelalters, die in Christus den König und Herrscher eines ständisch gegliederten Weltreiches sah, forderte den Dienst an dem himmlischen König mit dem gleichen Ernst wie den Dienst an dem irdischen Lehnsherrn[3]. Am Ende der frühmittelalterlichen Zeit, in der die Kirche es vermochte, dem Reich des himmlischen Königs den alleinigen Herrschaftsanspruch über die irdischen Reiche zu sichern, war ein mönchisches Ritterideal aufgestellt worden, wie es am geschlossensten von Bernhard von Clairvaux in seiner Schrift „De laude novae militiae" niedergelegt und von den Ritterorden in Jerusalem nachgelebt wurde.

In der Stauferzeit bildete sich bei Geburts- und Lehns-Adligen ein höfisches Ritterideal aus, dessen Lebenslehre sich aus einem einzigartigen Zusammenfluß weltlicher und christlicher Ideale ergab, gefestigt von den Motiven der Kreuznahme. Gerade im Hinblick auf die Dichtung erscheint dieses soziologische Moment bedeutungsvoll, da sich unter solchen Gesichtspunkten eine Wandlung in der Kreuzzugsthematik zwischen den ersten beiden und dem dritten Kreuzzug von selbst ergibt. Man könnte in etwas zugespitzter Formulierung soweit gehen, daß man den christlichen Opfergedanken der Kreuzzüge als Grundlage für ein mönchisches Ritterideal ansieht, während auf dieser Grundlage weiterbauend der christliche Lohngedanke der Kreuzpredigten und -Aufrufe, eng verbunden mit den Vorstellungen des ritterlichen Lehnswesens, als Grundlage des christlich-höfischen Ritterideals erscheint. Von hier aus gewinnt man das ideelle Fundament des Kreuzzugsgedankens zur Stauferzeit. Viele Einzelzüge der Kreuzpredigt weisen darauf hin und viele Prediger scheinen in voller Absicht ein solches Ziel angestrebt zu haben.

Das höfische Ritterideal im Zeitalter Barbarossas war aus den ständischen und kulturellen Grundlagen einer soziologisch veränderten Zeit erwachsen. Zu dem Geburtsadel waren die Ministerialen getreten. Diese adelte das Schwert. Sie wuchsen mit dem Geburtsadel zu jener Macht zusammen, auf die sich der Kaiser stützte. In der klar umrissenen ritterlichen Ethik, die die Weltschau dieses Standes trägt, ist ein Einfluß der Antike mit Sicherheit als vorhanden anzunehmen[4]. Aber er ist nicht allein bestimmend für die ritterliche Lebenslehre der höfischen Zeit. Der Abstand von einem aus der lateinischen Literatur überlieferten ethischen System wird an dem Abbild der gelebten Ethik in der Stauferzeit sichtbar. Diese Tradition einer eigenen ritterlichen Vorbildlichkeit wurzelt auch im Germanentum. Sie umfaßt Begriffe wie den der „staete" und der „triuwe", selbst wenn die Vokabeln dafür aus den älteren germanischen Dialekten nicht mehr gleich lauten. Allerdings ist es ein anderes Bild des Ritters, das sich in der höfischen Dichtung auftut gegenüber dem alten Recken aus dem Hildebrandslied, dem Frauendienst nichts galt, während der Ritter der Stauferzeit seinen Kampf im Zeichen der Herrin führt. Die gesamte innere und äußere Zucht wird gelenkt durch diese Herrin, und so gewinnt die Minne ihre Bedeutung als erzieherische Kraft für dieses Rittergeschlecht. Vor der frouwe und vor Gott liegt die Verantwortung für alle ritterlichen Taten ausgebreitet. Die erstrebte Verbindung vom „summum bonum" im religiösen Sinne und dem „honestum" im weltlichen Sinne kennzeichnet das Weltbild jener Zeit, und so gewinnt auch die „staete" den kennzeichnenden Sinn, in dem das unbeirrbar stetige Verharren in den Schranken und Bindungen der ritterlichen Gesellschaft zum Ausdruck kommt. Dieser einmalige unübersetzbare Begriff umfaßt in der ritterlichen Haltung die niemals schwankende Gesinnung gegenüber Gott, Kaiser und Herrin, zusammen mit den Forderungen, die Welt und christliche Lehre stellen. Aus der „staete" erwächst dem einzelnen jenes unbeirrbar hohe Lebensgefühl, für das die Bezeichnung „hoher muot" die formelhafte Prägung findet. Die „mâze", die in der zuchtvollen Haltung in der Minnebegegnung mit der Herrin ihre höchste Steigerung erfährt, gehört wie die „staete" zu den Voraussetzungen dieses Rittergeistes, der darüber ein unbeugsames höchstes Gesetz aufrichtet: das der „êre". Die rechte Bewährung aller dieser Forderungen ist die Aufgabe des Ritters in seinem Verhältnis zu der ritterlichen Gesellschaft und zu Gott, die er nun durch die Teilnahme am Kreuzzug zu erfüllen hat.

IV. Teil

**KREUZZUGSDICHTUNGEN
DER JAHRE 1187—1198**

IV. Teil

KREUZZUGSDICHTUNGEN
DER JAHRE 1187—1198

I. KAPITEL

Provenzalische und altfranzösische Lieder

Aimeric de Belenoi, Conon de Béthune und Huon d'Oisy

In den meisten altfranzösischen, lateinischen und mittelhochdeutschen Kreuzliedern dieses Zeitraumes sind die Predigtgedanken Bernhards von Clairvaux und der großen Päpste wiederzuerkennen. Gelegentlich bestimmen sie allein den Charakter eines Liedes. In der Kreuzzugslyrik der Provenzalen liegt ein typisches Beispiel dafür in dem Liede des Aimeric de Belenoi vor[1].

Tiefe Anteilnahme an dem schrecklichen Geschehen im Heiligen Land bei Hattin geht durch das ganze Lied, das von Str. 3—5 in lückenloser Folge die Predigtgedanken verwertet, wie sie seit Heinrichs von Albano Aufrufsfahrt bekannt waren. Sie sollen hier nicht noch einmal aufgezählt werden. Der Anfang ist dadurch bedeutsam, daß darin ganz konsequent ein Lob auf den Lehnsherrn angestimmt wird, dessen Kreuznahme für alle in seinem Dienst stehenden Ritter vorbildlich geworden ist.

Str. 1

Cossiros — cum partiz d'amor	Betrübt, wie wenn ich von der Liebe geschieden wäre,
chant mes clatz de ioy e de plor;	singe ich in einer Mischung von Freude und Weinen;
quar dols e plors e pietatz	[leid denn Schmerz und Weinen und Mitkommt mich an, betreffs meines Herren,
mi ve del comte mo senhor,	
qui es per dieu servir crozatz;	der sich, um Gott zu dienen, mit dem Zeichen des Kreuzes angetan hat;
et ai ioy, quar dieus l'enanza —	und doch habe ich Freude, denn Gott fördert ihn,
e vol que la crestiandatz	und will, daß die Christenheit durch ihn zur Freude zurückkehre,
torn per lui en alegrausa,	
e sian dieus grasitz e lausatz.	und dafür sei Gott gedankt und Lob gespendet.

Str. 2

E pus dieus per sa gran doussor	Und da Gott in seiner großen Milde
nos baylha tal capdelhador,	uns einen solchen Führer schenkt,
ben es recrezeus e malvatz	so ist wohl feige und schlecht
qui rema, e partitz d'onor,	und der Ehre bar, wer zurückbleibt
e qui vai, grazitz et honratz;	und wer auszieht, geliebt und geehrt;
que l'anars es esperausa	denn der Zug ist Hoffnung
de bene e de ioy e de gratz	auf Gut und Freude und Dank
e de valor e d' onransa	und Tüchtigkeit und Ehre
e de lieuramen de peccatz.	und Befreiung von Sünden[1a].

Der Zwiespalt der Gefühle löst sich, denn Freude und Trauer, die aus der Anerkennung der Kreuznahme und aus dem Scheiden von der Minne entstehen, münden in das Lob des Ritters, dessen Vorbild die Nachfolge aller Ehrliebenden fordert. Wer sich von der Fahrt ausschließt, ist ehrlos vor dem eigenen Stand und vor Gott, er wird von dem irdischen und dem himmlischen Herrn vergessen werden. So darf es kein Zögern geben, denn der göttliche Lohn im Seelenheil und die letzte Erhöhung höfisch-ritterlicher Werte verbinden sich in der Kreuznahme für jeden einzelnen.

Das Lied Aimerics kann im übrigen in seiner gedanklichen Geschlossenheit als Beispiel für die Wirkung der Aufrufspredigten und für die Bedeutung der vorbildlichen Kreuznahme bei führenden Gestalten des hohen Adels gesehen werden. Selbst in diesem Lied klingt noch das Minnethema in der ersten Strophe an. In den meisten französischen Kreuzzugsliedern überlagert die Minnethematik jedoch den Kreuzzugsgedanken. Zwischen die fast stereotype Abfolge der bekannten Aufrufsformeln schiebt sie sich in zahlreichen Variationen ein.

Das Kreuzlied *Conons von Béthune* bezeugt diesen von der Minnethematik geprägten Liedcharakter so genau, daß es bei meinen früheren Verweisen bleiben könnte, wenn nicht in diesem Zusammenhang die Eigenart des französischen Liedes gegenüber dem lateinischen und deutschen hervorgehoben werden müßte[2]. Conons Gedicht trägt zweierlei Kennzeichen: das des Abschieds- und das des Aufrufsliedes. Die „departie" führt zum Thema der Trennung von Leib und Seele. Die erste Strophe ist deswegen auch häufig im Zusammenhang mit Friedrich von Hausens Kreuzlied „mîn herze und mîn lîp diu wellent scheiden" (M. F. 47, 9) genannt worden. Aber bereits von der 2. Strophe an herrschen die bekannten Predigtgedanken vor: Ich darf meinen Herrn und Schöpfer nicht verlassen, wenn sein Land bedroht ist. Mit der Kreuzfahrt kann man ritterliche Ehre, das Paradies, Ruhm und die Minne der Dame erwerben. Gottes Erbe ist bedroht. Alle die müssen ihm helfen, denen er durch seinen Kreuzestod den Weg aus der Finsternis ins Paradies wies. Schande wird über alle kommen, die jung, gesund und reich sind, aber trotzdem nicht mit auf die Kreuzfahrt ziehen. Dieses Argument ist typisch für den dritten Kreuzzug. Geistliche und Alte, die die Fahrt nicht antreten können, werden durch Fürbitte an dem Segen der Pilgerfahrt teilhaben, ebenso die Damen, wenn sie inzwischen den Kreuzfahrern die Treue halten. Tapferkeit, die bisher nur im Turnier und in persönlichen Streitigkeiten bewiesen werden konnte, findet endlich ein sinnvolles Ziel, wenn sie eingesetzt wird, um das Unrecht an Gott zu rächen. Wenn aber das Heilige Land in den Händen der Heiden bleibt, wird es für keinen Ritter mehr ein Leben ohne Schande geben.

Aus diesem Überblick über den nahezu predigtgleichen Inhalt scheint sich der Charakter eines Aufrufsliedes eindeutig zu ergeben[3]. Aber die voneinander abweichenden Überlieferungen des Textes der 5. Strophe des Liedes lassen verschiedene Möglichkeiten der Interpretation zu.

Liest man diese Strophe in der Fassung von Wallensköld[4], so schließt sie sich den übrigen in Form und Inhalt ohne bemerkbaren Unterschied an. Die darin hervorgehobene freudige Todesbereitschaft erinnert an Bernhards hymnischen Preis des Märtyrertodes. Auch die beiden Schlußzeilen, die das Glück des ehrenvoll zurückkehrenden Kreuzritters zum Ausdruck bringen, wirken völlig organisch:

> Ki chi ne velt avoir vie anuieuse,
> si voist por Dieu morir liés et joieus,
> ke cele mors est douce et savereuse
> dont on conquiert le Resne presieus;
> ne ja de mort n'en i morra uns sels,
> ains naisteront en vie glorieuse.
> Ki revenra, moult sera ëureus,
> a tos jors mais en iert Honors s'espeuse.

(Celui qui ne veut pas mener ici une vie d'ennui, qu'il s'en aille, gai et joyeux, mourir pour Dieu. La mort est douce et savoureuse par laquelle on conquiert le Royaume des Cieux. De cette mort-la, pas un ne sera irrémédiablement mort; tous au contraire, en seront nés à la Vie éternelle. Et celui qui sera rentré dans son pays sera heureux, car il gardera pour toujours la Gloire pour épouse[5].)

Diese Geschlossenheit von Inhalt und Form löst sich aber auf, sobald die letzten Zeilen der Strophe in einer anderen Textvariante gelesen werden, die die Kreuzzugsthematik in Minnethematik verwandelt. In der Variante lauten diese zwei Zeilen:

> Et saciés bien (Je n'i sé plus), ki ne fust amereus
> Mout (Trop) fust la voie et boine et delitieuse[6].

Dem Sinne nach lautet die Stelle: Diese Fahrt wird für den, der nicht von der Minne zu einer Herrin bewegt ist, lohnend und angenehm sein. Demnach wird der Sinn der Kreuzfahrt abhängig gemacht von der Minne, genauer von dem Grad der Leidenschaft zu einer Dame. Damit wird das hohe Thema des Opfertodes für Christus dem höfischen Minnegedanken untergeordnet. Dieser Bruch in der Darstellung erklärt auch, warum z. B. in der Überlieferung des

Chansonnier de Zagreb die 5. und 6. Strophe fehlen[7], und warum moderne Anthologien auf die 5. Strophe verzichten oder einen stark veränderten Text wiedergeben[8]. Die auffällige Minne-Pointe paßt nicht in ein religiöses Aufrufslied, zumal die hinzugedichtete darauffolgende Strophe dem französischen Adel noch einmal vor Augen führt, wie sich ein christlicher Ritter in diesem Augenblick der Not des Heiligen Landes zu verhalten hat.

Auch den Zeitgenossen ist das Zwiespältige dieses Gedichts aufgefallen. Die Minnethematik erscheint darin trotz der Predigtgedanken nur oberflächlich verdeckt. Darum eröffnet das *Huon d'Oisy* zugeschriebene Spottlied auf Conon de Béthune seine Anklage mit dem Hinweis auf das von Conon gegebene aber nicht gehaltene Versprechen der Kreuznahme. Ein Kreuzzugsversprechen verpflichtet zur Zeit des dritten Kreuzzuges zur Teilnahme an der Fahrt, es verlangt das persönliche Opfer. Nach Huons Ansicht hat Conon damals sein Wort nicht gehalten. Er hat wohl andere zum Kreuzzug begeistert, ist aber selbst nicht auf die Fahrt gegangen. Darum trifft ihn der Spott seines Zeitgenossen:

Honiz soit il et ses prechemans	Verwünscht sei er und seine Predigten,
Et honiz soit ki de lui ne dit „Fi"!	Und verwünscht sei jeder, der nicht „Pfui" über ihn sagt!
Quant De verra que ses besoins ert [granz,	Wenn Gott sehen wird, daß seine Not groß ist,
Il li faudra, car il li a failli.	Wird er ihn im Stich lassen, denn er hat Gott im Stich gelassen.
Ne chantes mais, Quenes, je vous en pris,	Singt nicht mehr, Conon, ich bitte euch darum,
Car voz chançons ne sont mes avenanz.	Denn eure Lieder sind nicht mehr angenehm.
Or menrez vous honteuse vie ci;	Nun werdet ihr hier ein Leben in Schande führen,
Ne vousistez por Diu morir joianz.	Denn ihr wolltet nicht fröhlich für Gott sterben.
Or vous conte on avoec les recreanz,	Nun zählt man euch zu den Feigen;
Si remaindroiz avoec vo roi failli	Wenn ihr mit eurem wortbrüchigen König hierbleibt,
Ja Damediex, qui seur touz est puissanz,	Möge auch Gott, der allmächtig ist
Do roi avant et de vouz n'ait merci!	Mit eurem König zuerst und auch mit euch kein Erbarmen haben.
Mout fu Quenes preus, quant il s'en ala,	Sehr tapfer war Conon, als er fortzog,
De sermouner et de gent prechier,	um zu predigen und den Leuten Reden zu halten,
Et quant uns seuz en remanoit deca,	Und wenn ein einziger von ihnen hier zurückblieb,
Il li disoit et honte et reprouvier,	Sagte er ihm Schande und Tadel.

Or est venuz son lien recouchier,	Jetzt ist er gekommen, seine Fessel
Et est plus orz que quant il s'en ala;	niederzulegen
Bien poet sa croiz garder et estoier,	Und ist ehrloser als damals, als er
K'encor l'a il tele k'il l'en porta.	fortging;
(Bédier S. 62)	Gut kann er sein Kreuz behüten und hier bleiben,
	Denn noch hat er es so, wie er es mitnahm.

Hier sind zunächst unter dem Gesichtspunkt der ritterlichen Ehre die Predigtgedanken in satirischer Schärfe verwendet: Gott wird dem nicht helfen, der ihn im Stich läßt. Wer nicht fröhlich für Gott sterben will, wird sein Leben in Schande verbringen müssen. Man zählt ihn zu den Feigen. Wer mit dem wortbrüchigen König zurückbleibt, (gemeint ist Philipp II. August von Frankreich) mit dem wird Gott kein Erbarmen haben. Damit trifft Huon d'Oisy vor allem die Urheber der Verzögerung, die beiden feindlichen Könige von Frankreich und England, deren Fehden die Teilnahme am Kreuzzug unmöglich machen[9]. Danach erst wendet sich der Spott vom Allgemeinen ins Persönliche. Jetzt hat Conon öffentlich Spott zu tragen, weil er selbst nicht auf die Kreuzfahrt gehen kann. Weniger blanker Hohn als bitteres Mitgefühl spricht daraus. Ein solches Lied zeigt als Typus klar genug die Bedeutung der Kreuznahme für die Öffentlichkeit.

Wenn sich in einem so betonten Aufrufslied wie in dem des Conon de Béthune das Minnethema so kräftig neben dem Aufruf durchsetzt, so erhärtet das Spottlied des Huon d'Oisy auf das Kreuzzugsversprechen des Dichters die ausschließliche Bezogenheit auf eine rein ritterliche Publikumsschicht in der Epoche des dritten Kreuzzugs.

Prüft man die Parallelerscheinungen in der deutschen Kreuzzugsdichtung, so läßt sich zwar mit Recht die Ähnlichkeit in den Motiven der deutschen und französischen Abschiedslieder hervorheben[10]. Daraus aber verallgemeinernd auf die Abhängigkeit ganzer deutscher Lieder von französischen Vorbildern zu schließen, führt leicht zu Vereinfachungen. Manches Motiv ist bereits damals zum „Topos" geworden, erlaubt aber keineswegs immer den Schluß auf Abhängigkeit, selbst bei der Motivübereinstimmung des Herz-Seele-Themas bei Hausen und Conon[11]. Vergleicht man diese Lieder als ganze, so fehlt dem französischen Lied die entscheidende Vertiefung in die Problematik des Scheidens. In den deutschen Gedichten überwiegt der Charakter der Gedankendichtung. Das Herz-Leib-Thema bleibt im französischen Lied ohne die reine Vergeistigung wie bei Hausen (MF 47, 9) und ohne die letzte Gefühlsintensität wie bei Johansdorf (MF 87, 15)[12].

Guiot de Dijon

Besonders kennzeichnend für den französischen Ausdrucksstil in seiner Ambivalenz von Gedanke und Empfindung wirkt das bekannteste Lied des Guiot de Dijon (um 1190) „Chanterai por mon corage"[13]. Durch seinen Refrain ist ihm schon der Stempel des Kreuzzugslieds aufgeprägt. Ein betonter Realismus unterstreicht darin die Not der Heidenkämpfer:

Dieus, quant crieront outree,	Gott, wenn sie „Outree" rufen werden,
Sire, aidiés au pelerin	Herr, dann hilf dem Pilger,
Por ciu sui espoventee,	Um den ich zittere,
Car felon sont Sarazin[14].	Denn die Sarazenen sind Schurken.

Gott wird um Hilfe für die christlichen Streiter angerufen. Nach jeder Strophe wiederholt sich dieser Hilferuf, der durch den Gleichlaut der Zeilen jedesmal die inzwischen neu geschaffene Sphäre der Minnesehnsucht jäh unterbricht. Der Situation des im Heiligen Land kämpfenden Ritters und der einer in der Heimat wartenden Frau gilt die dichterische Aussage von Refrain und Strophe. Aber nicht nur die Not der beiden Getrennten wird zum Thema des Gedichts, auch die gegenseitige Tröstung in dieser Trennung. Den Anfang des Gedichtes erfüllt die wie eine Selbsttröstung wirkende Reflexion der Dame, nicht in völlige Verzweiflung zu stürzen, wenn der Ritter etwa nicht aus dem Heiligen Land zurückkehren sollte. Sie wird in Treue auf seine Rückkehr warten, entgegen allen Bemühungen der Verwandtschaft, diesen Entschluß zu ändern. Erst nach dieser Treueversicherung wendet sich der Blick nach innen. Die Reflexion über die von Gott gewollte Trennung setzt mit der Frage nach der Unabwendbarkeit dieses Schicksals ein.

Sire, por quoi le feis?	Herr Gott, warum hast Du das getan?
quant l'uns a l'autre atalente,	Wenn der eine sich nach dem anderen sehnt,
Porquoi nos en departis[15]?	Warum hast Du uns getrennt?

Eine tröstliche, tief religiöse Antwort auf diese Frage gibt der Dichter nicht. Sie würde den Stil des ganzen Gedichtes sprengen. Deswegen bleibt es auch von nun an außerhalb der Einflußsphäre der Kreuzpredigten. In den deutschen Gedichten (Johansdorf) kommt die Antwort aus der gläubigen Gottverbundenheit. Der französische Dichter entscheidet sich für die Beibehaltung des Minne-Themas. Er weicht der eigentlichen religiösen Problematik aus und beschränkt sich auf die Antwort, die sein liebendes Herz gibt; er verweist nur auf die bleibende Verbundenheit über die augenblickliche Trennung hinaus:

De ce sui en bone entente	Ich bin deshalb voll Vertrauen,
Quant je son homage pris.	Weil ich seine Huldigung empfangen habe,
Quant l'alaine douce vente	Und wenn der sanfte Wind weht,
Qui vient dou tresdouz pais	Der aus diesem süßen Land kommt

Ou cil est qui m'atalente,	Wo der ist, nach dem ich mich sehne,
Volontiers i tor mon vis;	Dann wende ich gerne mein Gesicht
Dex, m'est vis que je le sente	dorthin.
Par desoz mon mantel gris[16].	Dann ist mir, als ob ich ihn fühle
	Unter meinem grauen Mantel.

Das ist ein Bild echter Empfindungssteigerung innerhalb der Minnethematik. Hier unterscheidet sich das französische Lied am sichtbarsten von einem deutschen mit gleicher Motivik. Die Dame fühlt sich um ein Erleben von höchstem Wert betrogen. Die Abschiedsgabe des Ritters ist ihr überbracht worden, „un vêtement symbolique revêtu par les croisés le jour de leur départ". Hier wird die Empfindung der unerfüllten Sehnsucht mit der ganzen erotischen Anteilnahme geschildert, die nahezu die Stileinheit eines Kreuzliedes sprengt:

De ce sui molt deceue	Ich bin sehr betrogen worden
Quant ne fui au convoier,	Daß ich nicht dabei war, um ihn zu
Sa chemise qu'ot vestue	begleiten.
M'envoia por enbracier:	Sein Hemd, das er getragen hat,
La nuit, quant s'amor m'argue,	Schickte er mir, um es zu umarmen:
La met avec moi couchier	In der Nacht, wenn die Liebe zu ihm
Molt estroit a ma char nue,	mich bedrängt,
Por mes maus assoagier[17].	Lege ich es nahe zu mir.
	Ganz eng an meinen nackten Leib
	um meinen Schmerz zu lindern.

Das ist der Schluß eines Minne-Abschieds-Liedes, zu dem der realistische Refrain in hartem Gegensatz steht, selbst wenn auch aus ihm der Anruf um den Schutz Gottes für den Geliebten aufklingt.

Chatelain d'Arras

Ein Beispiel für das stark gedanklich bestimmte Minnelied in Frankreich ist das Kreuzlied des Chatelain d'Arras. Hier ist das Thema des Herzenstausches voll durchgeführt:

Sans cuer m'en vais el regne de Surie:	Ohne mein Herz gehe ich fort in das
Od vos remaint, c'est ses plus dous osteus.	Reich Syrien:
Dame vaillans, conment vivra cors seus?	Bei euch bleibt es zurück, das ist sein süßestes Obdach.
Si le vostre ai od moi en compaignie,	Edle Herrin, wie wird der Leib allein leben?
	Wenn ich euer Herz bei mir zur Gesellschaft habe,

Ades iere plus joiaus et plus preus:	Werde ich immer viel froher und tapferer sein.
Del vostre cuer serai chevalereus[18].	Durch euer Herz werde ich ein echter Ritter sein.

Die Gedanken der adhortatio treten ganz in den Hintergrund. Die Kreuzfahrt ist nur von der Minne her gesehen. Sie gilt als die Bewährungsprobe für die Zuneigung des Ritters. Er unternimmt die Fahrt in der Hoffnung darauf, daß die Minne den Heimkehrenden belohnen wird, der mit Schmerzen und doch mit Freude auszieht. Eine Vertiefung der Idee der Minne durch die Kreuznahme wie bei Hausen, Hartmann, Johansdorf und Wolfram fehlt. Eher gerät das Gedicht in die Nähe der Didaxe, wie die Strophe zeigt:

Del gentil cuer Genievre la roine	Durch das edle Herz der Königin Ginevra
Fu Lancelos plus preus et plus vaillans;	wurde Lanzelot tapferer und kühner;
Pour li emprist mainte dure aatine,	für sie unternahm er manch schwere Tat
Si en souffri paines et travaus grans;	und litt dadurch Schmerzen und große Mühe,
Mais au double li fu gueredonans	aber doppelt belohnte ihn
Apres ses maus Amors loiaus et fine:	nach diesen Leiden eine treue und schöne Liebe.
En tel espoir serf et ferai tous tans	In dieser Hoffnung diene ich und werde es immer tun,
Celi a cui mes cuers est atendans.	der, der mein Herz vertraut.

Der höfisch-ritterliche Ton überwiegt in diesem Lied den religiösen, und das Herzenstausch-Motiv bleibt ganz im Symbolbereich der Artus-Dichtung. Die Minne-Thematik gewinnt Leben und Vorbildlichkeit erst aus den Namen der großen Liebenden Lanzelot-Ginover, aber die Parallele bleibt schwach, denn der Lohngedanke wird nur auf den Minne-Lohn bezogen. Das Gedicht schließt mit der ganz allgemein gefaßten Feststellung:

Li chastelains d'Arras dit en ses chans	Der Chatelain d'Arras sagt in diesem Lied:
Ne doit avoir amour vraie enterine	es kann keine ganz wahre Liebe geben,
Ki a la fois n'en est lies et dolans:	die nicht gleichzeitig voll Freude und Trauer ist.
Par ce se met del tout en ces comans.	Deshalb stellt er sich ganz unter ihren Befehl.

Auch hier verliert sich jede Kreuzzugsthematik in dem allgemeinen Minnethema. Wäre in diesem Lied nicht im Anfang der Hinweis auf das Heilige Land gegeben und auf die Abschiedssituation, so bliebe es ein Minnegedicht,

Die provenzalischen und altfranzösischen Lieder 159

in dem das Bild vom Leid-Ertragen in der Minne variiert und auf den Abschied bezogen wird. Auch in diesem Lied ist die Kreuzzugsthematik nicht so tief in das bestehende ritterliche Weltbild eingedrungen, daß sie es umzuformen vermocht hätte.

Giraut de Bornelh, Folquet de Marseilla und Bertran de Born

Diese drei Namen können beispielhaft für die altprovenzalische Kreuzzugsdichtung dieses Zeitraumes genannt werden. Die Nähe zur Kreuzpredigt spürt man genauso wie den Hang zum Moralisieren. Bei *Giraut de Bornelh* versperrt diese Neigung zur Belehrung seines ritterlichen Publikums geradezu den Weg zur freien dichterischen Form[19].

Das erste Kreuzlied (Gr. 242, 6) ist wohl nach dem 21. 1. 1188 entstanden, nach der Kreuznahme Philipps II. von Frankreich[20]. Weil die Verantwortlichen miteinander im Streit liegen — angespielt wird auf die gespannte politische Situation zwischen Philipp II. und Heinrich II. von England und deren Beseitigung in Gisors — wechselt der Tenor zwischen Klage und wiedergewonnener Freude. In der Schluß-Strophe wird von Richard Löwenherz (coms Richartz) als tatkräftigem Helfer gesprochen. Gerade in Verbindung mit dieser Gestalt wirkt die im Mittelteil des Liedes betonte Klage über das ehrlose Verhalten des Ritterstandes besonders stark. Selbst das Wirken des Heiligen Geistes (Sanhs Esperitz [Str. IV]) scheint erfolglos zu sein, der sonst die Zwietracht unter den Christen bezwang. Erst die Nachricht von der Versöhnung der Könige läßt Giraut zu seinem Dichten zurückkehren:

A l'onor Deu torn en mo chan,	Zur Ehre Gottes kehre ich zu meinem
Don m'era lonhatz e partitz.	Sang zurück,
(Str. 1)[21]	von dem ich mich entfernt und getrennt hatte.

Das zweite Kreuzlied Girauts (Gr. 242, 41), das zum vierten Kreuzzug gehört[22], entfernt sich kaum von dem Ton des ersten. Die noch gesteigerte Klage über reiche und jugendliche Ritter überwiegt darin. Es fehle den einen am Mut zur Entsagung, den anderen am Mut zur Entscheidung. So zögern beide, wenn sie auch wissen, wie unvergänglich Gottes Hilfs- und Heilsversprechen für einen Kreuzfahrer ist. Die Klage um den Verlust der Tapferkeit, die sich auch vor dem Allmächtigen bewähren sollte, erinnert bereits an Walthers „Elegie". Vor Gott, dem „Reis omnipotens", stimmt der Dichter seine Klage um die so verwandelte Jugend an. Aber an keiner Stelle gelingt ihm der Zusammenklang von innerster persönlicher Anteilnahme und allgemeiner Verpflichtung im dichterischen Aufruf.

Auch in einem an historische Tatsachen so eng gebundenen Aufrufslied wie dem *Folquets de Marseilla* (1194) „Cantars mi torna ad afan[23]" überwiegt die weltanschauliche Thematik ritterlich-höfischer Tendenz gegenüber dem Kreuzzugsanliegen. Es kommt im französischen Lied nicht zu der ganz persönlichen Teilnahme an den geschichtlichen Ereignissen. Der Kreuzzugsgedanke begleitet die höfische Thematik: den Tod des Lehnsherrn und die damit verbundene Trauer, die sogar den Minneenthusiasmus überlagert und das Dichten selbst zur reinen Pflicht erniedrigt, so daß es weder gut noch schlecht genannt werden kann (Str. 1). Die Klage über die „Selbstsucht der Welt" steht noch über der Kreuzzugsnot. Sie habe so weit um sich gegriffen, daß ihr kein Stand mehr zu widerstehen scheint, selbst wenn — wie zu diesem Zeitpunkt — schlimme Nachrichten aus dem Heiligen Lande herüberkommen wie die von der Schlacht bei Alarcos, in der die Christen besiegt wurden[24]. Der Angriff Folquets gilt der Ritterschaft Frankreichs, die solche Klagen aus dem Orient überhören möchte und damit die Ehre des Landes in Gefahr bringt. Ganz allgemein richtet sich die Anklage gegen die, die ihres Standes und Ranges wegen verantwortlich sind, gegen die Barone und Könige. Selbst der französische König wird offen gemahnt, sich endlich der guten Sache des Kreuzzugs zu widmen.

Al rei frances lan que fassa	Dem französischen König rate ich,
tornor c'om no'l ten a bo;	er möge abwenden (?) das, was man
per qu'en die, s'err'i socor	ihm zum Guten anrechnet;
qu'es ops qe nos don paor,	darum sage ich ihm, daß, wenn er
e, s'ar no' i vai q'es saisos,	jetzt dabei hilft,
die c'ounit es per un dos[25].	es nötig ist, daß er keine Furcht hege,
	und wenn er jetzt nicht dorthin zieht,
	da es Zeit ist,
	sage ich, daß er doppelt geschändet ist[26].

Obgleich Folquet seine Strophen zu so schweren Anklagen steigert, mangelt dem Gedicht als Kreuzzugsaufruf die innere Beteiligung, der drängende Impuls und die dichterische Erhöhung durch Bild und Vergleich. Die kalte Feststellung der Unbeteiligtheit des Ritterstandes genügt dem Dichter anstatt eines glühenden Aufrufs, dem die persönliche Anteilnahme den mitreißenden Schwung verleiht. Dem französischen Kreuzlied dieser Epoche fehlt der große Dichter, dessen Individualität die historische Wirklichkeit in die poetische zu erheben weiß.

Auch bei *Bertran de Born* (Gr. 80, 30) findet sich keine echte persönliche Problem-Vertiefung. Selbst wenn er Konrad von Montferrat besingt, der dem siegreichen Saladin als einziger nach der Schlacht bei Hattin erfolgreich Widerstand leistete, bleibt es bei einer laudatio und exemplificatio des Helden. Wie bei Giraut de Bornelh verklingen seine Klagen über den Verfall der höfischen virtutes rasch. Bei keinem dieser Dichter kommt es zu der starken persönlichen Verinnerlichung des Entschlusses zur Kreuznahme wie bei den gleichzeitigen mittelhochdeutschen Dichtern.

II. KAPITEL

Lateinische Lieder

Die Kreuzlieder der Carmina Burana

Im Vergleich zu den französischen Kreuzzugsliedern mit ihrer vordergründigen Minnethematik wirken die mittellateinischen Lieder der Carmina Burana wie die auf den ersten und zweiten Kreuzzug bezogenen sehr stark historisch und zugleich religiös bestimmt. Aufruf und Klage überwiegen darin. Als reines Klagelied verdient „Heu voce flebili cogor enarrare[1]" besondere Aufmerksamkeit. Die elegische lamentatio der ersten Zeile bestimmt alle Strophen des Liedes. Es hebt sein Thema schnell in eine höhere religiöse Ebene und verweilt dort in ausführlicher Reflexion. Außer den üblichen Motiven der Kreuzzugspredigten lebt in diesem Lied viel von dem Gedankengut der großen Gruppe innerhalb der Serie, die die Überschrift trägt „De conversione hominum". Der eigenartige Übergangsstil von den genauen historischen Angaben der ersten Strophen (das Gedicht bezieht sich auf die Niederlage von Hattin) zum reinen Klage- und Gebetslied zeigt in dem 25-strophigen Gedicht eine durchaus überlegte Konzeption, die zu einem klugen Aufbau und einer geschickten Gesamtkomposition führt. Anfangs- und Schlußstrophe entsprechen einander im elegischen und adhortativen Ton. Von der 2. bis zur 14. Strophe werden die kriegerischen Ereignisse dargestellt, soweit sie Saladins Angriff betreffen; Strophe 15 bildet den Mittelpunkt für die nun einsetzende adhortatio, die bis zum Schluß einheitlich durchgeführt wird und in der Mahnung „convertamur" endet. Dieser Abschnitt enthält Hauptgedanken der Kreuzzugspredigt. Es geht um die Besinnung auf das Walten Gottes und die Folgerungen, die sich für die Menschheit daraus ergeben. Die Gedanken sind folgende: das Land, das Saladin jetzt verwüstet, ist geheiligt durch das Leben und Sterben Christi. — Wehe, daß es in der Hand der Feinde ist. — Die Christen müssen durch Reue und Besserung des Lebenswandels Gottes Zorn zu versöhnen trachten. — Weint alle um den Verlust der Heiligen Stätten und bessert euch; wer seine Sünden in der rechten Weise bereut, den nimmt Gott wieder in Gnaden an. — Gott hat einst in seinem Zorn die Bundeslade in die Hand der Feinde gegeben; dann hat er diese aber gezwungen, sie wieder zurückzubringen. — Darum laßt uns unsere Sünden bereuen und Buße tun, damit Gott unser Gebet erhöre. Damit schließt dieses Lied, ohne direkt zu einem neuen Kreuzzug aufzufordern. Es entstand wohl unter dem unmittelbaren Eindruck der schweren Niederlagen und der Dichter konnte sich vorläufig keine Reaktion mit den Waffen vorstellen. Er nahm daher seine Zuflucht zunächst nur zur Klage und zum Gebet.

Eine solche Gedankenreihe entspricht der Haltung der Kreuzzugsprediger vor Barbarossas Aufbruch. Achtet man auf die Form, so fällt auf, das jedesmal ein neues Thema in zwei Strophen behandelt wird, die innerhalb des Ganzen enger zusammen gehören. Strophe 15 und 16 rufen die Erinnerung wach an Christi Leben im Heiligen Land. Er wird als der Heilsbringer gepriesen, als der „fabricator celi". Seinen Namen verkünden seine Wunder, das Betreten der Meeresoberfläche und die Speisung der Fünftausend. Erwähnt wird Johannes als sein Wegbereiter. Nur Strophe 17 betont die Heilsbedeutung des Kreuzes:

> Cruci demum fixus est
> Deus homo natus, ...
> quo ac tali pretio
> mundus est salvatus
> qui per primum hominem
> fuerat damnatus. (Strophe 17)

In den nächsten beiden Strophen kommt dann der elementare Klageruf „Heu" in einer Anrufung an den Herrn zu vielfacher Anwendung, die Klage steigert sich von der wehmütigen Schilderung der Schönheit des gelobten Landes zu der Empörung über die Schande, die ihm angetan ist. Unmittelbar nach der Klage des Dichters erhebt sich in den beiden Strophen 20 und 21 der Anruf an die Christenheit, in diese Klage einzustimmen. Dreimal heißt es „flete", aber nach der Reue fordert der Dichter die echte conversio morum:

> mutate in melius
> vitam atque mores,
> nam de caelo prospicit
> Deus peccatores. (Strophe 21)

Hier vollzieht sich der fast unmerkliche Übergang in die heilsgeschichtliche Sphäre. Die Strophe 22 nimmt wieder eine Sonderstellung ein — entsprechend den Strophen 17 und 25 — denn darin sind die Werte genannt, um die es in der Werbung zum dritten Kreuzzug geht:

> humiles glorificat,
> deicit potentes,
> recipit ut filios
> digne penitentes. (Strophe 22)

Die Verheißung des Neuen Testamentes für die von Gott Gestützten und Erhöhten verbindet sich mit der Vorstellung von der „nova devotio", die allein Gottes Zorn zu besänftigen und seine Hilfe im Heidenkampf herbeizurufen vermag. Die Voraussetzung dafür bleibt die conversio hominum. Der Aufruf zur gemeinschaftlichen Sinnesänderung klingt in den kollektiv-bestimmenden Pluralformen auf:

> Convertamus igitur,
> et peniteamus,
> mala que commisimus
> fletu deleamus,
> atque Deo munera
> digne offeramus,
> ut placatus lacrimis
> donet quod rogamus, (Strophe 25)

In der Heilsgewißheit klingt das Lied aus. Die nova devotio, die Bernhard von Clairvaux in seinen Predigten forderte, ist auch in dieser an ein breites Publikum gerichteten Vagantendichtung zum beherrschenden Thema geworden, das alle Herzen bewegen soll.

Auch der Kreuzzugsaufruf „Tonat evangelica clara vox in mundo" (Carmina Burana 49), der in derselben Zeit entstanden sein muß, wählt aus den Gedanken der Kreuzpredigt hauptsächlich die Mahnung zur inneren Umkehr und zur Abwendung von der Welt in der Nachfolge Christi aus und wandelt sie in 12 Strophen ab.

Dieses Kreuzlied gehört zu den typischen Aufrufsliedern der Carmina Burana, denn es verbindet die Erinnerung an das Kreuz mit der Aufforderung zur Reue. Beide Vokabeln, crux und penitentia, erscheinen in fast jeder Strophe und nehmen den großen Appell Bernhards an seine Zeit wieder auf. Die nova devotio vor dem Kreuz als dem Zeichen der Passion und dem Zeichen des Heiligen Krieges ist eine Forderung an die Christenheit, die jeden angeht, Junge und Alte. Es ist die „vox evangelica", die sich über die Welt verbreitet wie ein Wächterruf, in dem schon die große Verheißung der Sündenvergebung mitklingt[2]:

> Tonat evangelica clara vox in mundo:
> „qui dormis in pulvere, surge de profundo!
> luce sua Dominus te illuminabit
> et a malis omnibus animam salvabit. (Strophe I)

Mit dem Tag des Verlustes der Heiligen Stadt ist auch der Tag des Heiles angebrochen. Der Mensch soll sein Haupt aus dem Staube erheben zu dem Licht, das Christus schenkt. Er wird ihn erleuchten und seine Seele von allem Übel erretten. Die Zeilen sind einfach gefaßt, sie sind jedem verständlich, der überhaupt zuhört. Der Anruf verstärkt sich: „memor esto .. crux Christi te moneat ... cape mente, cogita corde .." Verstand und Herz werden aufgerufen. Unaufhörlich reihen sich die Ermahnungen zur Sinnesänderung aneinander. Die darin enthaltenen Werte ergänzen sich, ohne die echte (vera) Buße verliert die Kreuznahme ihren Wert:

> ... vobis est oblata
> vera penitentia   cruce Christi data. (Strophe 3)

Erst in diesem Sinnzusammenhang wird die Botschaft des Liedes deutlich. Die Bedingung der Reue knüpft sich an die Verheißung der Gnade und so steigert der Dichter seine Mahnungen:

> carnem crucifigite ...
> et in psalmis dicite: „miserere mei!" (Strophe 4)

Die Besinnung auf das Kreuz Christi und die Versenkung in die Passion kann die sündige Seele reinigen (Str. 5). Die aus der Karfreitagsliturgie bekannte Symbolik des unter dem Kreuz Christi glücklich segelnden Lebensschiffes füllt die Strophe 7. Wer das Zeichen des Kreuzes trägt, der wird auch vor dem harten Richter Christus bestehen, wenn er von Flammen umloht das Endurteil spricht:

> eius omnis crucifer   erit tunc securus
> gratulans cum angelis,   candidus et purus, (Strophe 8)

Die Haltung des einzelnen in den Tagen der Not des Heiligen Landes entscheidet darüber, ob der Kreuzfahrer einst frei von aller Schuld vor Gott bestehen kann:

> In die iudicii   cum sol obscuratur
> et lumen fidelibus   crucis Christi datur,
> tunc in peccatoribus   hostis dominatur;
> sed ab hoste crucifer   tunc omnis liberatur. (Strophe 9)

Die getreuen Verteidiger des Kreuzes soll in der Dunkelheit des jüngsten Tages ein strahlendes Licht umleuchten, während die Sünder von dem Feind überwunden werden. Wenn einst die Summe des ganzen Lebens gezogen wird, leuchtet das Bild des Kreuzritters vor dem dunklen Grund einer erneuerten Passion hell auf. Mit einem solchen Bild der Verklärung erhebt sich dieses sonst kunstlose Lied zur Verkündigungsdichtung an alle Kreuzfahrer:

> Ergo Christi milites   fugite beati
> huius mundi gloriam   cruce iam signati,
> in qua Christus moriens   mortem superavit
> atque suo sanguine   peccata nostra lavit. (Strophe 10)

Etwas von dem großen Heilsgeschehen lebt in diesen Zeilen. Seine Wirkung vervielfacht sich aber, wenn nach der adhortatio an alle der Anruf an den einzelnen beginnt, wenn Christi Stimme vom Gerichtssitz ertönt, in der Anklage und Verurteilung zugleich liegen:

> ...... quid fecisti?
> pro te crucem subii;   quare non subisti
> hanc loco penitentie?   vade, iam peristi!" (Strophe 11)

Crux und penitentia bleiben in solcher sich gegenseitig bedingenden Einheitlichkeit der Heilsbegriffe bis zur letzten Strophe erhalten. Sie erreichen machtvolle Wirkungskraft, wenn sie von Christi Mund dem einzelnen hörbar werden und schließlich im Beispiel des Lazarus verklingen (Strophe 12).

Entsprechend früheren Versuchen ließen sich auch in diesem lateinischen Aufrufslied die Gedanken der Kreuzpredigt im einzelnen nachweisen. Sie liegen, wie auch in dem ähnlich angelegten „Crucifigat omnes" (Carmina Burana 47) in fast jeder Strophe offen zutage. Aber mit der einfachen Feststellung der Rezeption dieser Gedanken in den Carmina Burana wäre nicht viel mehr gewonnen, als schon bewiesen wurde. Es geht aber um etwas anderes: läßt sich diese auffällige Betonung der inneren Wandlung zum Gottesstreiter in einer neuen devotio wirklich als ein allgemeines Kennzeichen der inneren Haltung in den Aufrufsliedern zum dritten Kreuzzug nachweisen?

Dazu kann das Lied Carmina Burana 48 dienen „Quod spiritu David precinuit". Es ist wie Carmina Burana 50 veranlaßt durch den schweren Verlust der Christenheit in der Schlacht bei Hattin: das Heilige Grab und das Kreuz Christi sind in die Hand der Sarazenen gefallen. Das Lied lebt ganz aus der Symbolwelt des Mittelalters. Die Bibel dient als literarisches Vorbild, die Gestalten des Alten Testamentes als Präfigurationen, als Deutung der eigenen Zeit. Mit einer Beziehung auf das Alte Testament wird das Kreuzlied eingeleitet. Der Verlust des Heiligen Grabes erscheint durch die Weissagung Davids in dem göttlichen Heilsplan vorgesehen. Das Motiv der biblischen Voraussage bildet den Rahmen des Gedichts. Die Schändung des Grabes Christi und der Raub des Kreuzes lassen die Passion Christi als vergebliches Opfer erscheinen. Seine Leiden, seine Entschlossenheit, für die sündige Menschheit zu sterben, waren umsonst. Der Nachdruck liegt hier auf dem Gedanken — der auch formal durch die Wiederholung des „quantum nobis" herausgehoben wird — daß dieses Leiden für die Menschheit geschehen ist und deshalb zur Nachfolge und Vergeltung verpflichtet. Mit solchen Gedanken folgt der Verfasser der Tradition der Kreuzzugsbullen und Predigten, aber er unterscheidet sich von dem üblichen Schema dadurch, daß er nicht unmittelbar die Mahnung anschließt, für Christus zu kämpfen, sondern die passio von der adhortatio trennt und erst durch Erweiterungen, Umschreibungen und Bilder des Alten Testaments auf sein eigentliches Anliegen, den Mahnruf, hinführt. Die ersten beiden Strophen sind durch den Refrain eng verbunden: „Exsurgat Deus!" (Strophe 1), „et dissipet hostes quos habuit" (Strophe 2) (Psalm 68, 2: „exsurgat Deus et dissipentur inimici"). Wieder wird in der zweiten Strophe auf die von Gott selbst geplante Besetzung der Heiligen Stätten durch die Sarazenen hingewiesen. Zeile 4—6 wiederholen die Zeilen 8—10 der vorhergehenden Strophe und schließen sie zu einer Einheit zusammen. Das Bild der Sareptina fügt sich in diesen Zusammenhang ein: wie die arme Witwe die duo ligna vermissen würde, so vermißt die Ecclesia schmerzlich die beiden Kreuzeshölzer. Das Bild erfüllt seine Funktion dadurch, daß es neben der Klage um den Verlust erstmals den Gedanken der Wiedergewinnung einführt (dolebit dum rehabuerit). Wie in der ersten Strophe der Hinweis auf das Opfer Christi bereits auf die adhortatio vorausdeutete, so wird diese jetzt durch die Andeutung der Wiedergewinnung erneut vorbereitet. Die dritte Strophe enthält einen neuen, wiederum auf die adhortatio vorausweisenden Aspekt durch die Einführung des Propheten Elias. Dabei zeigt die Art der Einführung, wie durch die klare Entwicklung, die sich in den großen Linien des Gedichts vollzieht, auch die kleinen Partien sinnvoll gegliedert werden. So wird die Klage der Sareptina um den Verlust der duo ligna aufgenommen durch die Klage der sunamitischen Frau um den Sohn, den Elias zu neuem Leben erweckt[3]. Ohne den Propheten Elias wäre dieser Sohn der Sunamitis nicht wieder zum Leben erwacht, ohne einen neuen Elias wird auch die Ecclesia das verlorene Kreuz Christi nicht wiedererlangen. Damit erst wird der Kreuzzugsgedanke, für den bis jetzt die Voraussetzungen geschaffen wurden, hingeleitet auf die letzte Frage nach dem Verhalten der Christenheit. Das „Exsurgat Deus" des Refrains überträgt zunächst Gott allein die Befreiung des Heiligen Grabes, aber mit der Einführung des Elias geht der Dichter von der Anrufung Gottes über zu einem Aufruf der Christenheit. Gott bleibt in die adhortatio mit eingeschlossen, denn das „Exsurgat Deus" steht am Ende aller Strophen. Aber er braucht die Menschen als seine Werkzeuge, um Grab und Kreuz wiederzugewinnen. Demnach lassen sich zwei Linien feststellen, die das Kreuzlied durchziehen: die erste dient unter Verwendung typologischer Motive der Vertiefung des Kreuzzugsgedankens, sie schafft die Voraussetzungen zum besseren Verständnis der Notlage im Heiligen Land, indem sie die Nennung der historischen Ereignisse mit der Klage um den Verlust von Christi Kreuz und Grab verbindet und daran den Gedanken der Wiedergewinnung anschließt. Die zweite will den Weg zur adhortatio eröffnen. Sie beginnt mit der vierten Strophe und führt unmittelbar hin zum eigentlichen Anliegen des Dichters, zum Aufruf.

Die erste Zeile lenkt mit dem Anruf Gottes auf den bezeichnenden Mittelpunkt: ein Heer soll die Schändung der Heiligen Stätten rächen und Gott soll dieses Heer unterstützen. Das „Exsurgat Deus", das mit der ersten Zeile der vierten Strophe syntaktisch eng verbunden ist, erweist sich von hier aus gesehen als Bitte um Unterstützung von Anfang an: nicht Gott soll die Rache vollziehen, sondern das Heer mit Gottes Hilfe. Zur Werbung dieses Heeres verwendet der Dichter Formeln und Gedanken der Kreuzpredigt: die Zeit der Vergebung ist gekommen — die Kreuzfahrt bringt die Erlösung für die Sünder. Aber es genügt nicht, nur das Kreuz zu nehmen. Jeder muß seine Sünden erkennen und sie bereuen oder, wie Heinrich von Albano sagt: „litteris non modo inscribi frontibus signum Thau, signum dominicae passionis, sed et cordibus inscribi inprimis his praesertim diebus oportet[4]." Ohne Reue und Buße kommt die sündentilgende Kraft der Kreuzfahrt nicht zur Wirkung. Die daraus entstehende nova devotio zeigt die echte Bereitung zur Kreuznahme:

   iam venie tempus advenerit,
        quo potuerit
  se salvare, qui crucem ceperit.
  nunc videat quisque, quid fecerit,
  quibus et quot Deum offenderit!
        quod si viderit
   et se signet, his solutus erit (Strophe 4, S. 95, 96)

Der Ton liegt auf dem: „nunc videat quisque ..."

 Noch einmal verbindet der Kehrreim die Strophe eng mit der folgenden, die die adhortatio krönt. Dem „Exsurgat deus" folgt im Beginn der fünften Strophe das „Exsurrexit". Durch dieses Wort des Engels (Matth. 28, 6) wird das Bild des Heiligen Grabes wieder dem Publikum vor Augen gerufen, um die Verpflichtung zur schnellen Hilfeleistung zu unterstreichen. So schließt die fünfte Strophe den Kreis zurück zur ersten. Nach der Feststellung im Anfang des Gedichts, daß das Heilige Grab geschändet ist, antwortet sie auf die dabei in jedem Christen auftauchende Frage: warum hat Gott das zugelassen? Der Dichter führt jetzt die bereits in der zweiten Strophe „Postquam prebuit Sarracenis locum" angedeutete Antwort in der fünften Strophe weiter aus, indem er sagt: der Fall Jerusalems ist von Gott nur deswegen zugelassen, damit die Menschen die Gelegenheit haben, sich selbst zu erkennen und den Kreuzzug für das Heil ihrer Seelen zu unternehmen[5]:

   Exsurrexit! et nos assurgere
        ei propere
  iam tenemur atque sucurrere.
  Ierusalem voluit perdere,
        ut hoc opere
  sic possemus culpas diluere.
  nam si vellet, hostes destruere
  absque nobis et terram solvere
        posset propere,
  cum sibi nil possit resistere.
     Exsurgat Deus! (Strophe 5, S. 96)

Er ist auferstanden! Und wir sind nun
verpflichtet, für ihn geschwind
uns zu erheben und ihm zu Hilfe zu
eilen!
damit wir durch dieses Werk
so unsere Schuld tilgen können!
Denn wenn er nur wollte, dann vermöchte er die Feinde zunichte zu
machen,

>auch ohne uns und das Land eilends
>zu befreien,
>da ihm nichts widerstehen kann.
>Gott stehe auf!

Diese Schlußantwort erwächst aus der mittelalterlichen Auffassung vom Wesen der Geschichte als Heilsgeschichte. Alles was geschehen ist und noch geschieht, ist von Gott bestimmt, es ereignet sich nach der in seinem Heilsplan vorgesehenen Ordnung. Darum soll jetzt dem Glauben die Tat folgen: die Kreuznahme. Auch die Wiedergewinnung von Christi Kreuz und Grab sind in Gottes Weisheit lange vorausbestimmt. Darum bleibt die Gewißheit: wie Christus auferstanden ist, so wird er in jedem, der das Kreuz in einer erneuerten Devotio nimmt, wieder auferstehen. Es bedürfte sonst der Kreuzzüge überhaupt nicht, denn Gottes Gewalt vermag niemand standzuhalten.

Dieses Lied hat deswegen eine besondere Stellung innerhalb der lateinischen Kreuzlieder, weil es zwar die heilsgeschichtlichen Motive der zurückliegenden geistlichen Poesie verwertet, andererseits aber zukunftsweisend die Forderungen an den einzelnen Kreuzfahrer in einer erneuerten inneren Bereitschaft zur Passion herausstellt, die auch in anderen Liedern ausgesprochen werden. So in dem einseitig auf die Klage um das verlorene Jerusalem gestimmten Lied Carmina Burana 47. Darin wird zwar auf eine Herausarbeitung einzelner Predigtgedanken verzichtet, aber am Schluß steht deutlich die Forderung einer reinen Gesinnung des einzelnen:

Legi nichil sit astrictum	Dem Buchstaben des Gesetzes und
iuri nichil sit addictum!	des Rechtes sei nichts weggenommen,
sanciatur hoc edictum tibi.	nichts hinzugefügt. Diese Bestimmung
Ubi virtus est delictum,	soll dir heilig sein, denn dort, wo die
Deo nichil est relictum ibi.	Virtus verletzt ist, bleibt kein Raum
(Strophe 2, S. 94)	mehr für Gott.

Höchst kunstvoll sind im Spiel mit Länge und Kürze, mit Langzeile und Einzelwortzeile die oft sich wiederholenden Gedanken vom Verlust des Heiligen Grabes miteinander verbunden, aber sonst bleibt an dem Aufrufs- und Klagelied nichts Gewichtiges außer im Schlußteil die klare Wertsetzung von Recht und Gesetz und deren Bedrohung durch die Unchristlichkeit der Kreuzfahrer selbst.

Lateinische Einzellieder auf das Jahr 1187
Das Carmen Sangallense

Dieses schon im Mittelalter von Gerardus de Vino Salvo als Beispiel für eine „prosopopoe" bezeichnete Gedicht[6] fällt unter den lateinischen Kreuzzugsliedern durch seine Form auf. Die Hexameter wirken ungewöhnlich unter den sonst gereimten Liedern. Besonders bemerkenswert ist aber die in den Hexametern spürbare Zerschneidung der Perioden, die dem Stil des Aufrufsliedes eine große Eindringlichkeit gibt. Sie führt nahe an das reine Dialoglied heran. Abschnittweise wird ein Zwiegespräch zwischen einem Ritter und dem anthropomorph gesehenen Kreuz tatsächlich gestaltet[7]. Dagegen spricht höchstens die grammatische Konstruktion des ersten Teiles, in dem nicht einmal das entscheidende Beziehungswort „me" auftaucht. Immer spricht nur das „Kreuz" selbst. Dadurch gewinnt dieses Gedicht seinen besonderen Charakter, denn die Stimme des Kreuzes klingt wie die eines Mahners, mit dem wohl der Dichter selbst zu identifizieren ist. Es handelt sich um eine höchst kunstvolle Form der adhortatio. Diese wirkt deswegen so persönlich, weil die Du-Form keine nur grammatische, sondern eine äußerst fein gestimmte poetische ist. Es fehlen die üblichen Propaganda-Gedanken, die den meisten Liedern wohl eine allgemeine Verbindlichkeit des Inhalts aber keine Unausweichlichkeit vor der gebotenen Argumentation verleihen. Das ist hier neu und wirkt darum ungewohnt eindringlich. Die rhetorische Frage schneidet jeden auch nur gedachten Einwand ab. Die kurzen Sätze und das geistreiche Spiel mit den Verben verhindern jede Unterbrechung der Mahnung. Die Stunde äußerster Not gebietet, und diese Stunde ist festgelegt durch den neuerlichen Verlust des Heiligen Kreuzes nach der Niederlage bei Hattin. In diesen Zeitraum gehört das Kreuzlied, dem man den Beinamen „Carmen Sangallense" (nach dem Besitzort der Handschrift) lassen sollte, wie es Hagemeyer bei der ersten Veröffentlichung überschrieb[8], da es eine Sonderstellung unter den lateinischen Kreuzliedern einnimmt.

Weil das Heilige Kreuz Christi verlorenging, ertönt jetzt der Wächterruf: Quid dormis? vigila! Dieser Anfang des Gedichtes bestimmt den weiteren Ablauf der adhortatio. Die Unmittelbarkeit der Frage, der gleich der Imperativ folgt, wirkt stark, wenn man den Eingang des Liedes C B 49 aus den Carmina Burana heranzieht: „Tonat evangelica...". Der angefügte Konditionalsatz birgt in sich bereits den Kausalsatz, der eine Antwort erübrigt, denn das Kreuz selbst enthüllt die Erlösung der Menschheit in der Passion Christi. Die Stimme des Kreuzes, die hörbar wird, wendet sich an den ganzen Menschen, an sein Herz, seine Sinne und seinen Verstand. Sie sucht das Gefühl des Dankes wachzurufen, das die Vergeltung als selbstverständliche Pflicht erscheinen läßt. Darauf folgt die Mahnung, mit dem Schwerte das Kreuz zu erlösen, und endlich richtet sich das Wort an den Verstand, dem der Nutzen der Kreuzfahrt nahegebracht werden soll. Dabei läßt sich noch genauer die beabsichtigte kunstvolle Stilform des lateinischen Gedichtes erkennen. Die Möglichkeiten des lateinischen „redimere" in der Sinnbedeutung der Wiedergewinnung von Verlorenem sind sehr sorgfältig ausgenutzt, ohne an gedanklicher Kraft zu verlieren. Alle Verbformen bleiben in der zweiten Person und bilden so eine Klammer, aus der kein Gedanke sich wieder verlieren kann, der mit der Erlösung durch das Kreuz zusammenhängt. Selbst in der Übersetzung wirkt sich diese

Fügung von strengster grammatisch geschlossener Form und äußerster Freiheit in der Sinngebung des Erlösungsgedankens aus:

... Si te crux sancta redemit	... Hat dich das Heilige Kreuz erlöst,
Ense crucem redimas, et fias inde redemptor	So erlöse das Kreuz mit dem Schwert, und du wirst von dort her Erlöser sein;
Unde redemptus eras! ...	Woher du erlöst worden warst!

Nur an dieser Stelle des Gedichtes findet sich eine so leichte Auflösung des epischen Maßes der Hexameter-Langzeile in die dramatische Bewegung des Aufrufs. Hier fügt sich der Vers — in kleine und kleinste Einheiten zerschlagen — einem fremden, stoßweise drängenden Rhythmus ein. Viele tief einschneidende Pausen erfüllen das einzelne Wort mit einer Spannung und Bedeutung, die ihm in der Prosarede nicht zukommt. Die Sätze stehen oft wie Blöcke nebeneinander und gegeneinander. Auch dort, wo längere Perioden sich bilden, wird der Fluß nach kurzen Ansätzen gestaut. Dazu verhilft die häufige Verwendung des künstlerischen Enjambements. Der Satz greift über das Zeilenende hinaus, findet aber schon nach den ersten Worten des nächsten Verses sicheren Halt, so daß nun zusammen mit dem natürlichen Einschnitt, den die Versgrenze bildet, eine ständig zwischen Spannung und Hemmung wechselnde Bewegung entsteht, die das enggebundene epische Satzgefüge geradezu zerreißt. Das angesprochene Du kann sich den Worten, die stets zum Ausruf hindrängen, ebensowenig entziehen, wie den alle Einwände abschneidenden rhetorischen Fragen. Die Sprache erreicht damit eine Ebene, die den Forderungen einer adhortatio an die Form voll entspricht. Die adhortatio hat hier eine neue Stilform gefunden, die von der ersten bis zur letzten Zeile durchgehalten ist. Dabei ist sie aufgelockert durch die genaue Proportion der Passions- und Todesthematik, die dann in der Forderung der „nova devotio" endet.

Der Übergang zur Passion Christi gelingt auf diese Art in einer halben Zeile: Wer einmal den Glauben an die im Kreuz ruhende Gnade verloren hat, der soll an den jetzt gebotenen Nutzen der Kreuznahme denken: „Quis sanus ad utile torpet?" Die freie Übersetzung würde heißen: Welcher Mensch mit gesundem Menschenverstand zögert noch, wenn es um Nützliches geht? Nach diesem Anruf der Verstandeskräfte wird durch das Bild des leidenden Christus das Herz des Hörers getroffen, der als Diener im Gegensatz zum Herrn gesehen wird. Nach der knappen Passionsformel: „in cruce sudavit dominus" bringt eine rhetorische Frage neue Bewegung in die Langzeile: „servusne quiescet?", aber diesmal machen Reihen von Imperativen die Eindringlichkeit der Mahnungen aus. Die Gegenüberstellung dominus—servus paßt sich stärker als die sonst in Aufrufsliedern übliche Antithetik miles-dux der geistlichen Sprache der adhortatio an. Es soll zum Ausdruck kommen, daß der Abstand, der zwischen Herrn und Knecht herrscht, dem Knecht die Nachfolge im Leiden zur Pflicht macht. Wenn der Herr unter der Last des Kreuzes leiden mußte, soll dann der um so viel geringere Knecht verschont bleiben? Wenn der

Herr das Kreuz getragen hat, dann trage Du es auch, wenn der Herr den Durst mit Essig stillen mußte, willst Du dann Besseres haben? Immer wird also eine bedeutsame Situation der Leidensgeschichte gewählt und daran unmittelbar der Aufruf zur Nachfolge angeschlossen:

>Tolle tuam! tulit ipse suam; gustavit acetum:
>Fac et idem! num maior erit reverentia servi
>Quam domini? Si vis suus esse secutor, oportet,
>Tormentis tormenta sequi; ... (Z. 5—8)

Wer sich auf seinen Glauben beruft und Christus nachstreben will (vgl. CB 47 ... fidem factis assere), der soll mit seinem Glauben ernst machen und die Leiden des Herrn auf sich nehmen, denn nur durch die Nachfolge im Leiden wird er den Weg in den Himmel finden:

>... non itur ad astra
>Deliciis, ideo mortem ...

Mit diesem Hinweis auf den Tod hebt eine bisher in den lateinischen Kreuzzugsgedichten nicht verwertete Thematik an. Der Todesgedanke wird hier weiter gedacht als sonst in der damaligen Dichtung. Wie am Schluß des ersten Teiles des Gedichtes der Hinweis auf die Selbstverständlichkeit einer Handlung im irdischen Dasein in der fast sprichwörtlichen Frage zum Ausdruck kam „quis sanus ad utile torpet", so steht an dieser entscheidenden Stelle einer neuen Reflexion der Hinweis auf den Gedanken:

>„...ideo mortem, quam solvere debes
>Nature, persolve Deo, moriaris in illo,"

Der Gedanke, daß niemand dem Tod entfliehen kann, findet in diesem Abschnitt eine neuartige Verwertung. Er hat von der antiken Literatur bis zur heutigen Zeit eine feste Sinnbedeutung. Man darf sich aber dadurch nicht verleiten lassen, hier lediglich die Übernahme einer Redensart zu erkennen. Denn wenn in der antiken Literatur dieser Topos dazu dient, über den Tod eines Angehörigen hinwegzutrösten, so steht hier der Gedanke in einer ganz anderen Umgebung, weil er dem „transeat in formam virtutis" untergeordnet wird (Z. 12). Der Tod, den der Mensch der Natur schuldig ist, soll zu einem Tod für Gott werden. Gott soll, so wird gemahnt, die Ursache des Todes sein. Der Standpunkt von Gewinn und Nutzen wird hier im Verbgebrauch sichtbar. Damit verbindet sich dann, kühn vorbereitet durch den Bernhardischen Gedanken, daß besiegt werden mehr sei als siegen, der übliche Hinweis auf den Lohn, der den Gefallenen im Himmel erwartet[9].

Auch diese für alle Kreuzzugslieder typische Wendung des Lohnversprechens ist neuartig eingekleidet. Ungewöhnlich wirkt der Hinweis, daß der Tod aus seiner naturnotwendigen Gesetzlichkeit in die freiwillige Opferbereitschaft des Kreuzesmartyriums übergeleitet werden könne. Auf den Tod als Todesgeschehen bezieht sich die großartige Erhebung dieser Naturgesetzlichkeit in die geistliche Ordnung.

„Transeat mors in formam virtutis." Wird dieser Satz so verstanden, dann eröffnet sich in den nächsten Zeilen die Sinndeutung des Kreuzes und des sich selbst Besiegens.

„Sim tibi causa martis, adhuc etiam mortis." So beginnt die Anknüpfung an den Gedanken von der sich erst im Opfertode vollendenden virtus. Hier kann man mit Faral[10] von dem Beginn eines Dialoges zwischen dem Kreuz Christi und einem Kreuzfahrer sprechen. Dann erhält die Stelle ihren tiefen Sinn und die Möglichkeit des Wortspiels wird voll ausgenutzt. Dann leuchtet außer dem Opfergedanken der spirituelle Grundcharakter dieses Kreuzzugsgedichtes hell auf, wenn die als Voraussetzung für den gelobten Opfertod geforderte „nova devotio" des christlichen Ritters erkennbar wird. Dies soll die neue Haltung des zur Kreuzfahrt entschlossenen Ritters sein, daß er in der freiwilligen Nachfolge der Passion Christi die Grundlage einer neuen Frömmigkeit erkennt:

... Si vis suus esse secutor, oportet, Tormentis tormenta sequi, non itur ad astra Deliciis, ideo mortem, quam solvere debes Nature, persolve Deo, moriaris in illo, Quandoquidem mortem non est vitare necesse Transeat in formam virtutis. Sim tibi causa Martis, adhuc etiam mortis, si vinceris ex hoc, Vincis: sed vinci plus est quam vincere: victor Sola spe, victus fruitur mercede corone. (7—15)	Willst du sein Nachfolger heißen, Dann müssen Qualen den Qualen folgen. Der Weg zum Himmel führt nicht über das Vergnügen, daher löse den Tod, Den du der Natur schuldest, Gott ein, stirb im Herrn. Da nun einmal der Tod nicht zu vermeiden ist, so soll er doch in der Art höchster Vollkommenheit geschehen. Laß mich die Ursache deines Kampfes und auch deines Todes sein. Wenn du aus diesem Grunde besiegt wirst, bist du Sieger: Denn besiegt werden ist mehr als siegen: der Sieger erhofft, Der Besiegte hat das ewige Leben.

Man sieht deutlich, daß in diesen wenigen Hexametern eine innere Haltung gezeigt und verlangt wird, die einer Änderung der gesamten geistigen Einstellung gleichkommt. Sie fordert die sofortige Entscheidung. Wenn diese gefallen ist, bleibt sie endgültig. Eine letzte Reihung von Imperativen unterstreicht den Aufruf, die gewonnene Einsicht in den Entschluß zur Kreuznahme umzusetzen:

Rumpe moras igitur! impone silencia carni,
Delicias suspende tuas et currat ad arma
Prompta manus! plangatque moras alata voluntas! (16—18)

De nova via novae civitatis

Dem Carmen Sangallense läßt sich kein lateinisches Gedicht von ähnlicher gedanklicher Eindringlichkeit an die Seite stellen. Kein anderes zeigt eine so wohlüberlegte Struktur, eine so kunstvolle Rhetorik unter den lateinischen Gedichten, die die Geschehnisse des Jahres 1187 entstehen ließen. Doch muß hier noch auf ein anderes Lied hingewiesen werden, um zu zeigen, in welchem Maße historisches Geschehen den Gedankengang sonst in den lateinischen Liedern bestimmt. Es trägt den Titel: „De nova via novae civitatis."

Hagemeyer hat es aus dem Ms. 471 Blatt 64 der Stadtbibliothek in Laon abgeschrieben und zusammen mit dem Carmen Sangallense veröffentlicht[11]. Er hat bereits die Eigenart des Gedichtes vom Inhaltlichen her betont und erkannt, daß es sich um einen Hilferuf der Einwohner von Jerusalem an das christliche Abendland handelt. Die Klage beginnt mit dem Hinweis, daß Jerusalem früher die Wallfahrtsstätte der gesamten Christenheit gewesen sei. Jetzt beginne der Angriff auf die Wallfahrer, die bis dahin unbelästigt die Heiligen Stätten besuchen konnten. Saladin zeige sich den Juden gegenüber freundlich, die Christen dagegen verfolge er. Das Gedicht hat unter diesen geschichtlichen Voraussetzungen zwei Aufgaben zu erfüllen: die westlichen Völker der Christenheit zum Kampf gegen die Heiden unter Saladin aufzurufen und die Juden aus Jerusalem und aus allen christlichen Staaten zu vertreiben[12]. Diese doppelte Thematik bestimmt auch den Aufbau des Gedichts. Im ersten Teil, bes. Z. 13—24, bleibt die Begründung für die feindliche Einstellung den Juden gegenüber im Vordergrund. Sie werden als die Ungläubigen, die Unbelehrbaren gesehen, die die alten jüdischen Sitten wieder einführen wollen[13]. Sie glauben nicht an die immaculata virginitas, an die Gottessohnschaft Christi, sie achten nicht das Erbe, das Gott den Christen schenkte. Trotz aller Prophezeiungen, die Gott zu ihrer Erleuchtung schickte, lassen sie sich nicht bekehren. Diesem verblendeten Geschlecht der Juden (hos excecat sua malitia Z. 65) wird das der Christen gegenübergestellt, das als Geschlecht Gottes in treuem Glauben zu ihm steht. Diesem gilt der Anruf Christi, sich im Kampf gegen die andringenden Barbaren zu bewähren:

> Ad nos transit fides et gratia;
> Nos vocamur Christi discipuli,
> Fide fortes et corde creduli.
> Viri fortes, audacter surgite!
> Arma, arma potenter sumite!
> Arma ferte et ferri facite!
> Hos a vestris regnis depellite! (66—72)

Diesem Volk bringt Christus Hilfe im Kampf gegen die Heiden. Sowie Gott den Söhnen Israels beigestanden hat, so wird er auch jetzt seinem getreuen und gläubigen Heere beistehen. Diese Verheißung wird auch äußerlich in dem 100 Zeilen langen Gedicht hervorgehoben und in achthebigen Langzeilen angeordnet. Das Lohn- und Hilfeversprechen soll deutlich hervortreten:

> Illos duxit et reduxit fortis Dei dextera,
> Sic vos ducet et reducet regnans super ethera.
> Dabit victum, dabit vestes, dabit vobis omnia,
> Que migranti et pugnanti novit necessaria. (85—88)

Von einem so sichtbar gottgewollten Kreuzzug kann sich niemand fernhalten. Jeder Stand, jedes Lebensalter ist zu dem Rachefeldzug aufgerufen:

> Non excusetur clericus,
> nec retardetur laicus!
> Omnis etas, omnis ordo accingantur milicia!
> Ut per eos perfidorum atteratur malicia. (89—92)

Am Schluß steht das Versprechen aller Kreuzzugspredigten, daß den irdischen Leiden und Kämpfen himmlischer Lohn winkt:

> Preliemur hic Dei prelia!
> Muneremur illic in Patria,
> Ubi dantur bona stipendia
> Militibus, et vera gaudia. (97—100)

Damit fügt sich das Gedicht dem üblichen Rahmen ein, ohne daß die doppelte Thematik des Anfangs noch einmal aufgenommen wird. Der Warnruf dieses Liedes verhallt fast ungehört. Im gleichen Jahre unterliegt die nova civitas Saladin.

Das Salzburger Kreuzlied „Plange Syon et Judea"

Bei beiden bisher erwähnten lateinischen Einzelliedern lag der Höhepunkt in der adhortatio zur Kreuznahme. Dabei spielte die Wirklichkeitswiedergabe des geschichtlichen Vorgangs für die poetische Figuration eine entscheidende Rolle. Ein nahezu auf den Tag festzulegendes geschichtliches Ereignis gab der Gedankenfolge und der Realistik der Beurteilung des Geschehens die Prägung. Auch in dem Kreuzlied „Plange Syon et Judea" bestimmt dies Wirklichkeitserlebnis oder das Nacherleben auf Grund von Augenzeugenberichten der Eroberung von Beirut durch die Heiden sichtbar die Wortwahl[14]. Der anonyme Verfasser, ein guter Kenner der Mythologie und der Geschichte des jüdischen Volkes, zumindest des Alten Testaments, kennzeichnet in der letzten Strophe die allgemeine und persönliche Situation nach der Katastrophe sehr eindringlich:

> Destructa sic Syria
> Suscepit Sicilia
> In misericordia
> Lacrimas THARSENSIS.

Demnach ist Syrien zerstört. Sizilien hat voller Mitleid die Tränen eines Mannes aus Tharsus aufgenommen. Vielleicht hat der Dichter als Flüchtling aus Tharsus in Sizilien Aufnahme gefunden. Hier stimmt er ein Trauerlied an und entfacht in den versammelten Heeren die Flamme des echten religiösen Eifers für den dritten Kreuzzug. Für diese Interpretation spricht die in dem Lied genau bezeichnete historische Situation in den Monaten Juli bis September 1187 im Heiligen Land. Sie soll hier als Beispiel einmal genauer gegeben werden, da das Gedicht bisher noch kaum erklärt wurde. Das Ganze ist ein Klagelied über den Verlust der Heiligen Stätten in Jerusalem und spielt an auf die Heimsuchung Beiruts durch die Ägypter und auf die Belagerung Akkons[15]. Die beiden Kontrahenten im Heiligen Land waren in der 2. Hälfte des 12. Jh.s Balduin IV. und Saladin. Balduin IV. hatte trotz schwerster Krankheit (Lepra) und seiner Jugend glänzende Siege gegen Saladin errungen. 1180 hatte er mit Saladin einen Waffenstillstand geschlossen. Diese Ruhepause war für das Königreich und die christlichen Staaten von großer Wichtigkeit. Das Abkommen wurde aber schon 1181 von Renaud de Chatillon gebrochen. Der Fürst des Staates Antiochien war aus einer 17jährigen heidnischen Gefangenschaft entkommen und durch Heirat zum Fürsten von Transjordanien geworden. Er überfiel eine Karawane nach Mekka und brach damit den Vertrag. In dem neu entbrennenden Kampf errang Balduin IV. Siege über Saladin in Galiläa, bei Beirut, und schlug ihn bis nach Damaskus zurück (Sommer 1182). Aber Renaud de Chatillon reizte erneut das religiöse Gefühl des Islams, als er Mekka und Medina bedrohte. Der empörte Saladin belagerte Renauds Hauptstadt Crac de Moab und nur durch Intervention Balduins rettete sich dieser (Nov. 1183). Akkon und Beirut waren damals noch in der Hand der Christen. Am 16. 3. 1185 starb Balduin 24jährig. Sein Nachfolger Balduin V., ein sechsjähriger Knabe, starb im folgenden Jahr. Seine Mutter Sybille, Schwester Balduins IV., wurde Königin. Nicht Raymond III., der Verwalter des Thrones, der über gute Beziehungen zu Saladin verfügte, wurde König, sondern Guido von Lusignan, der Mann Sybilles. Die Kriegspartei unter Renaud de Chatillon gewann die Oberhand. 1187 fiel Saladin in Galiläa ein, nachdem Renaud erneut eine ägyptische Karawane belästigt hatte. Am 4. Juli 1187 erlitt das vereinte christliche Heer bei Hattin eine totale Niederlage. Die Fürsten wurden gefangen, Renaud getötet. Nach diesem Sieg fielen die Hafenstädte dem Sultan zu. Am 10. Juli Akkon, am 6. August Beirut. Am 20. September begann Saladin den Angriff auf Jerusalem, am 2. Oktober besetzte er es, nachdem den Christen der Abzug gesichert war. Letztes Bollwerk für die Christen war die Hafenstadt Tyrus, die von Conrad von Montferrat gehalten wurde. Saladin entließ 1188 den König Guido von Lusignan aus der Gefangenschaft, weil er dessen Ungefährlichkeit erkannte. Conrad öffnete ihm auch nicht die Tore von Tyrus. Guido belagerte nun Akkon vom 28. August 1189 bis 12. Juli 1191. Erst mit der Unterstützung der Heere des dritten Kreuzzuges, der inzwischen angelaufen war, gelang die Rückeroberung Akkons. Auf diese historische Situation beziehen sich die Zeilen in den beiden letzten Strophen:

> Peccatorum pro offensis
> telo cadit Aconensis (Strophe 9, 1—2)

Für die Beleidigungen, die wir durch unsere Sünden verursacht haben, fallen durch die Geschosse die Verteidiger von Akkon:

> Militibus comprehensis
> capitur urbs Peritensis ... (Strophe 10, 1—2)

Die Stadt Beirut wird genommen, von Soldaten (Saladins) eingeschlossen. Diese Angaben stehen zwar am Schluß des Liedes, aber sie werden in der ersten Strophe als eine Kunde, die inzwischen allen Christen zuteil wurde, vorausgesetzt. Sie bilden den Anlaß zu den ersten Zeilen des Aufrufs:

> Plange, Syon et Judea!
> plangant quotquot sunt ex ea,
> quod triumphat idumea
> et egyptus fert trophea.
> amalech invaluit.
> jerusalem corruit.
> loca sacra polluit
> proles chananea. (Strophe 1)

Das ganze Heilige Land ist zur Klage aufgefordert, denn die Heiden triumphieren. Jerusalem ist unter ihrem Angriff zusammengebrochen. Das Kananäergeschlecht — proles als Beiwort bezeichnet hier deutlich den peiorativen Sinn — hat die Heiligen Stätten geschändet. Damit fällt der Blick auf die heidnischen Angreifer. Die Schilderung benutzt Bilder aus der Antike und dem Alten Testament. Amalek, der Sohn Esaus, wird stellvertretend für die Heiden genommen. Die alte ungebrochene Kraft, wie sie in Esau, dem Stammvater der Amalekiter lebte, ist neu erwacht (invaluit). Medeas Grausamkeit erscheint beispielhaft für die Grausamkeit der Heiden, Rachels endlose Klage für die Klage der Christen um ihre Gefallenen.

Man braucht die in der zweiten Strophe gegebenen Schilderungen nicht auf die historischen Vorgänge in Jerusalem selbst zu beziehen, denn wir wissen, daß Saladin seine Rache nicht auf die Bürgerschaft ausdehnte. Eher passen die realistischen Darstellungen auf Vorgänge, die sich an anderen Orten abspielten und von heimkehrenden Flüchtlingen erzählt wurden. Die letzten Strophen, die von Akkon und Beirut sprechen, lassen geradezu Selbsterlebtes und Selbsterlittenes vermuten.

Die Schilderung der Brutalität der heidnischen Sieger, der infidelis gens, erhält von den Leiden der besiegten Christen die Farben. Aber auch der Wandel einstiger kämpferischer Vollkommenheit in Schwäche soll deutlich hervortreten. Man achte in diesem Gedicht auf die genaue Komposition der Blickfelder in der vierten und fünften Strophe. Von dem entehrten Kreuz Christi gleitet der Blick über die geschändeten Leiber der Gefangenen und der Toten. Jeder trägt sein Martyrium allein, Christus und die gequälten Christen. Niemand aus der übrigen christlichen Welt will sein Auge zu dieser schrecklichen Häufung von Leiden erheben. Niemand will die Hilfeschreie hören. Man geht am Kreuz und an den Gemarterten vorbei. Es fehlt an der christlichen Teilnahme am Leiden der Verfolgten. Die vom Geist der misericordia und der echten devotio getragene innere Hilfsbereitschaft fehlt genauso wie die kämpferische Kraft. Stellt man einmal die Werte, um deren Verlust sich die Klage erhebt, in der Abfolge der genannten Begriffe zusammen, so sieht man deutlicher, daß das Gedicht nicht nur eine Klage um die verlorenen Heiligen Stätten ist, sondern vor allem eine Klage um die Vernichtung der Ideale des Christentums und der Antike. Substantiva und Verba bezeugen in der wohlüberlegten Zuordnung diese bewußt gewählte Thematik des Dichters. In Strophe 2 bis 4 sind diese gefährdeten Werte aneinandergereiht: probitas evanuit, nostra virtus aruit, alethia (die Wahrheit) superatur, nomen Christi blasphematur, aurum Christi conculcatur. Jesus sine titulo, nomen (Christi) sauciatur. Man sieht, noch werden die summa bona der Antike und des Christentums genannt, aber sie scheinen dem Untergang preisgegeben, denn ihre letzten Träger werden von den Heiden hingemordet. Hier setzt die große Klage ein, die sich aller stilistischen und realistischen Mittel der Schilderung bedient: Rachel weint über ihre ermordeten Kinder. Der bethlehemitische Kindermord hat sich ein zweites Mal ereignet. Gottes Kinder liegen tot auf den Straßen der von den Heiden eroberten Städte. Aber noch Schlimmeres hat sich damit zugetragen: das große Beispiel des Opfertodes Christi hat seinen Sinn verloren. Das „Gold Christi" ist in den Staub getreten, die heilige Wahrheit wie eine Ehebrecherin geschändet. Selbst die Erinnerung an Jesu Namen und Königtum ist ausgelöscht (INRI). Namenlos hängt er wie ein Schächer am Kreuz. Nicht nur Jesu Name ist verwundet, geschmäht, auch der seiner Jünger und Nachfolger. Die Heiligen Stätten liegen jetzt verlassen da. Aus der Vorstellung eines so unbeschreiblichen Elends erwächst der Gedanke des Mitleids, der Anruf an die Vorübergehenden: Bleibt stehen! Wieder folgt der Dichter einer biblischen Vorstellung: „O ihr alle, die ihr des Weges kommt, merkt auf und schaut, ob je ein Schmerz wohl meinem Schmerze gleichet" (Klagelied 1, 12). Ein Leiden ohne Grenze ist angebrochen. Hilflosigkeit und Hunger breiten sich aus. Verstärkt wird das Bild der Marter in Str. 6: „et pro pane stridor dentis." Es ist genommen aus der Höllenvorstellung (Matth. 8, 12, Luc. 13, 28): „ibi erit fletus et stridor dentium." Der unglückliche Zustand der gefangenen Christen kann kaum realistischer geschildert werden.

An dieser Stelle folgt nun der Anruf an die christlichen Könige der Welt, vor allem des Abendlandes: Erlöset die Gefangenen! Der Aufruf zu einem neuen Kreuzzug gipfelt hier in der Aufforderung: Conterite caput Christum conterentis! Zerschmettert das Haupt dessen, der Christus mit Füßen tritt! Aber auch der Ägypterkönig wird angeklagt und vor das Gericht des höchsten Königs gestellt. Dort erweist sich sein Handeln als Verachtung Gottes und seiner Gesetze. Die „flores campi summi regis" sind die christlichen Ritter. Der Gedanke an die Blumen und das Gras, das frühe blühet und schnell verwelkt, verbindet sich mit dem Bild vom guten Hirten, der die Schafe seiner Herde bewacht. Gott ist der höchste König und der gute Hirte, der nun seiner bedrängten Herde beistehen soll. So mündet dieses Lied ein in ein flehendes Gebet zu Gott (7. Str.). Die Worte sind ganz aus dem liturgischen Text einer Fürbitte geflossen. Gott möge seine Hand, die schwer auf der Christenheit lastet, ihr helfend zuwenden (cf. Hosea, 6, 1 f.: „Er hat uns gezüchtigt, er wird uns auch heilen. Er hat uns geschlagen, er wird uns auch pflegen.") In der großen Trostlosigkeit bleibt das Vertrauen auf Gottes Hilfe die einzige Hoffnung.

Wieder fällt der Ton zurück in die Traurigkeit der Lage. Der Gedanke an die babylonische Gefangenschaft taucht auf. „Pendet in salicibus organum cum lyra." Das Klagelied der israelitischen Propheten in der Gefangenschaft ertönt: „Super flumina Babylonis, illic sedimus et flevimus, cum recordaremur Sion in salicibus suspendimus organa nostra" (Psalm 137, 1 ff.). Auch jetzt schmachten die Diener Christi in den Kerkern, die Städte erliegen der Übermacht, ihre Verteidiger fallen unter den heidnischen Speeren und Säbeln oder werden in die Gefangenschaft geführt, wie ehedem das Volk Israel.

Der Schluß fügt sich in seiner Bezogenheit auf Erlebtes jetzt wirkungsstark an. Dem, der soviel Leid sah, bleibt nur das Trauern und die Träne. So wird in diesem Liede aus der Klage der Aufruf, der die Zögernden und Abwartenden treffen und mit der Schar neuer Kreuzfahrer vereinigen soll.

III. KAPITEL

Deutsche Lieder

Friedrich von Hausen

In der Dichtung Friedrichs von Hausen vollzieht sich sichtbar der Einbruch der Kreuzzugs-Wirklichkeit in eine formal gewandte, an französischen Vorbildern geschulte Minnedichtung. Er ist einer der wenigen Dichter, deren ritterliches Leben sich in seinen äußeren Stationen und in der engen Beziehung zum Kreuzzugsgeschehen seiner Zeit genauer überblicken läßt. Vom Jahre 1171 an, in dem er zuerst als Zeuge in einer Urkunde Erzbischof Christians von Mainz erwähnt wird, bis zu seinem Tod auf der Kreuzfahrt Barbarossas im Jahr 1190 läßt sich das in zahlreichen Zeugnissen verfolgen[1]. Es ist das Leben eines hochgestellten Ministerialen und Diplomaten, der im Gefolge des Kaisers durch Deutschland, Frankreich und Italien reitet, bei wichtigen Verhandlungen zugegen ist und sein Leben bis in den Tod mit dem seines Lehnsherrn verbindet. Alle Voraussetzungen für ein höfisch-ritterliches Leben sind hier gegeben: die hohe Geburt, die soldatische Befähigung, die enge Bindung an den Lehnsherrn, die abenteuerlichen Ritte von Land zu Land, die persönliche Tapferkeit und echt ritterliche Haltung verlangen. Seine Herkunft aus dem rheinfränkischen Grenzgebiet, in dem sich romanische und deutsche Kultur begegnen, sichert seine enge Zugehörigkeit zu der übernationalen Einheit des Ritterstandes, die sich bei manchem anderen Dichter nur erschließen läßt. Das Zusammentreffen mit französischen Dichtern in Mouzon[2] erklärt die Aufnahme und Verarbeitung provenzalischer Vorbilder in seinen Liedern.

Schon in der Minnedichtung Hausens, die von höfisch-zurückhaltender Werbung und unbelohntem Frauendienst singt, beginnen persönliche Töne anzuklingen, wenn er in den beiden Reiseliedern MF 51, 33 und 45, 1 die zwiespältigen Empfindungen des Ritters schildert, der auf der „vart" im Dienst des Lehnsherrn die Trennung von der Herrin durch die „staete" der inneren Haltung zu überwinden sucht. Gedanken über Trauer und Freude, über Sehnsucht und Erwartung werden in diesen Liedern ausgesprochen. Ob sich die „vart" in die Ferne des Heiligen Landes richtet oder dem Gesetz der ritterlichen aventiure folgt, wird nicht deutlich gesagt. Aber wer Hausens Leben kennt, das sich lange Monate fern der Heimat im Dienste seines Lehnsherrn abspielte, der wird ergriffen von dem echten Klang in der Aussage der Empfindungen.

Die Überwindung der räumlichen und zeitlichen Entfernung von der Herrin bilden das eine Hauptthema des Gedichtes 51, 33, die verschlossene Bewahrung des Bildes der Ersehnten das andere. Mit diesen beiden Motiven kommt Hausen der allgemeinen Tendenz des frühen Minnesangs entgegen. Immer ging es um die Erhebung der Herzen, um das Werben, das Suchen nach der Bestätigung der erwiesenen Minne. Erdachte Gespräche waren in den frühen Minneliedern die Wechselreden zwischen Ritter und Herrin[3]. Aber Hausen gibt ihnen einen eigenen Grundton des Gedankenerlebnisses mit. Sein „im Sattel" entstandenes Erinnerungslied scheint geradezu beispielhaft dafür zu stehen, daß die Dichtergeneration des dritten Kreuzzugs auch in der weltlich-höfischen Minnesangsproblematik neue Töne findet.

Raum und Zeit, Trennung und Abschied, Trauer und Sehnsucht werden überwunden in der einen Gewißheit, daß die geistig-seelische Verbundenheit im Gedanken erhalten bleibt.

> Ich denke under wîlen
> ob ich ir nâher waere,
> waz ich ir wolte sagen.
> daz kürzet mir die mîlen,
> swenn ich ir mîne swaere
> so mit gedanken klage.
> mich sehent mange tage
> die liute in der gebaere
> als ich niht sorgen habe,
> wan ichs alsô vertrage. (51, 33—52, 6)

Wieviel Unausgesprochenes zwischen den durch die Minne Verbundenen lebt in dem „waz ich ir wolte sagen"! Kunstvoll und doch an dieser Stelle notwendig scheint der weiterführende Gedanke, daß durch das Heimdenken allein die lastende Schwere der von Meile zu Meile sich steigernden Entfernung gebannt werden kann und das Verbergen der zunehmenden Trauer vor den Blicken der Gefährten allein so möglich wird.

Die Rettung durch die geistige Nähe tritt damit als Grundgedanke des ganzen Gedichtes deutlich hervor. Dieses auf der „vart" erlebte Wunder zieht andere, bisher nicht erfahrene nach sich: unbegreiflich erscheint es, daß die vorher zurückhaltende, ja ablehnende Herrin nun als innig ersehnte Geliebte dem Ritter alle Gedanken raubt. Das treue Bewahren ihres Bildes hat es bewirkt, daß das Herz sich nicht von ihr lossagen kann. Daraus wächst auch die Schlußfolgerung: „ich erlebe mit vollem Bewußtsein die Freude, ,daz mir sîn niemen kan erwern', daß ich ihr in Gedanken nahe bin, wohin mich auch meine ,vart' führt." Dichterisch gesehen rückt hier das gedankliche Innenerlebnis von der höfischen Konvention ab und nähert sich echten Wirklichkeitsempfindungen. Hier klingen Töne an, die über höfische Aussageweise hinausgehen. Modern und zeitlos zugleich wirkt dieses Gedicht, in dem hinter der höfischen Gesellschaftskunst der lebendige Pulsschlag zu spüren ist.

Der Kreuzzugsgedanke prägt vier der achtzehn erhaltenen Lieder Hausens. Sie sind uns hier weniger durch die Übernahme von Gedanken aus der zeitgenössischen Predigtliteratur wichtig, als durch die persönliche Auseinandersetzung des Dichters mit den einander widersprechenden Forderungen von Minnedienst und Gottesdienst.

Dem Versuch der Zusammenordnung dieser beiden Forderungen ist das Gedicht 45, 37 gewidmet. Von den Gedanken der Kreuzzugspredigt verwendet es nur den des himmlischen Lohnes (46, 38)[4]. Doch ist die Problematik, um die es darin geht, die Stellung des Ritters zwischen Frauendienst und Gottesdienst, nur durch den Anruf, den die Kreuzzugswerbung an den Menschen richtet, zu erklären. Die erste Strophe, die sich wie der Ton des Liedes an das Vorbild des Folquet von Marseilla anlehnt[5], geht aus von der Haltung des minnenden Ritters, der allein seiner Herrin dient und in diesem Dienst jeden Sinn für die Wirklichkeit des Lebens, für das Maß und die Zucht verliert. Die Verwirrung durch die Minne, die bis zur Verletzung der äußeren Sitte führt, wird von Hausen in Übersteigerung des provenzalischen Vorbildes dargestellt. Die zweite Strophe setzt diese maßlose Minne in Beziehung zu Gott. Nur schwer gibt das Herz den Kampf um die Minne der Geliebten auf (mîn herze unsanfte sînen strît lât ...). Aber die Besinnung auf Gott, die durch den Ruf zur Kreuzfahrt erfolgt, stellt das Maß und die rechte Ordnung der Werte wieder her. Zwar wird der Dienst an der Frau auch in der Ferne weitergehen (46, 13/4), aber der Dienst an Gott rückt an die erste Stelle: „swenn ich vor gote getar, so gedenke ich ir." Diese maßvolle Minne steht nicht im Gegensatz zu den Forderungen Gottes, er selbst hat den Grund zur Minne damit gelegt, daß er die Geliebte so schön erschaffen hat (46, 17/8; auch in anderen Liedern). Die Freude am Diesseits, die Verehrung der Schönheit haben ihre Berechtigung im Leben, solange sie in das Ganze der Weltschau einbezogen und nicht einseitig überbetont werden. Die Sünde liegt in dem Verstoß gegen die mâze (3. Str.). Die übergroße Bewertung der weltlichen Minne entfernte den Ritter von der „wîsheit", die ihm den rechten Weg zwischen Welt und Gott hätte zeigen können:

  dazn liez mich nie an wîsheit kêren mînen muot.

Nur die überzeugte Hinwendung zu Gott kann die Not lindern, die aus dieser Verschiebung des Gleichgewichtes entstand, nur sie vermag auch das Heil der Seele in der ständigen Bedrohung durch den Tod zu sichern. Auch in diesem memento mori, das in den Mittelpunkt des Gedichtes hineingestellt ist, könnte man einen Widerschein der „wîsheit" aus den Kreuzzugspredigten sehen, die stets die Sündigkeit und Verlorenheit des Menschen betonen, um dadurch die Notwendigkeit der sühnenden Tat der Kreuzfahrt zu unterstreichen. Nicht umsonst ist diese Stelle in den metrischen Höhepunkt des Gedichts verlegt, zu dem die Gedanken hinleiten, von dem sie ihren Ausgang nehmen. Sie führen nun denselben Weg zurück: die Hoffnung auf irdischen Minnelohn für seine übermäßige „triuwe" und „staete" im Dienst an der Frau hat den Ritter getrogen. Die Frau nahm seinen Dienst an, ohne ihn zu lohnen. Seine bedingungslose Hingabe an sie hat ihm die erhoffte Erlösung nicht gebracht:

vor aller nôt sô wânde ich sîn genesen,
dô sich verlie mîn herze ûf genâde an sie,
der ich dâ leider funden niene han. (46, 34—37)

Es ist der gleiche „wân", die trügerische Hoffnung auf irdischen Lohn und irdische Liebe, die auch Hartmann beschreibt und von der Gottesminne abhebt (218, 25/27). Auch bei Hausen erfolgt die gleiche Wendung:

nû wil ich dienen dem der lônen kan.

Wie in der vorhergehenden Strophe wird der weltlichen Minne in ihrer verderbenbringenden Ausschließlichkeit die Gottesminne, der Sünde die Erlösung, der Weltlust die wahre Seligkeit gegenübergestellt. Aber Hausen bleibt in diesem Lied nicht bei der Offenbarung des Zwiespaltes stehen. Das Weltbild des staufischen Ritters bietet Raum für beides, für Frauendienst und Gottesdienst. Wie im Anfang des Liedes nicht die Minne als solche die Sünde ist, sondern nur ihre Übersteigerung ins Maßlose, so wird auch nicht ihre völlige Ablehnung gefordert, sondern nur ihre Einordnung an den Platz, der ihr in der göttlichen Weltordnung zugewiesen ist. Minne und Minnenot besitzen ihren Wert und ihre Berechtigung als Elemente des ritterlichen Lebens, solange sie den Menschen nicht dahin bringen, daß er „gotes vergaz". In der Stufenfolge der „gradualistischen" Weltordnung steht Gott an der Spitze; aller weltliche Dienst und alle weltlichen Sorgen haben ihr Gewicht nur im Hinblick auf ihn[6]. Der Entschluß zur Kreuzfahrt bewirkt zwar eine innere Wandlung, so wie sie von den Predigern gefordert wird, indem er die gegebene Rangordnung der Lebenswerte wieder herstellt, aber er läßt einen schweren Konflikt offen zwischen Frauenminne und Gottesminne. Die Grundsätze der weltlichen höfischen Ethik werden nicht umgestoßen. Sie laufen den Forderungen der Kirche nicht zuwider, solange die „mâze" sie regelt. Von Hausen werden die Übersteigerungen einer rein weltlich gerichteten Lebensauffassung durch den Aufruf zum Kreuzzug in die Ordnung eines gleicherweise diesseitig wie jenseitig gerichteten Weltbildes zurückgeführt.

Noch ein anderes auf die Kreuzfahrt bezügliches Lied Hausens lehnt sich an ein französisches Vorbild an (47, 9). Es übernimmt das Motiv des Zwiespaltes zwischen herze und lîp aus dem Kreuzlied des Conon de Béthune, das als Aufruf zum 3. Kreuzzug Ende 1187 oder Anfang 1188 entstand[7]. In Conons Lied ist das in der 1. Strophe angeschnittene Thema des Zwiespalts von herze und lîp nicht ausgeführt. Unmittelbar nach der Schilderung des Abschiedskonfliktes beginnt die adhortatio im Sinne der Kreuzpredigt, in der alle Argumente der kirchlichen Werbung verwertet sind. Die ritterliche Ehre führt den Ritter in den heiligen Krieg, die Treue zum himmlischen Lehnsherrn, die Verpflichtung, Gott im Kampf um sein Erbe zu helfen, die Aussicht auf irdischen und himmlischen Lohn. Der Konflikt, der sich zwischen der Ehre und der Minneverpflichtung ergibt, ist nur kurz angedeutet. Der Gedanke an den Abschied ruft bei Conon elegische Gefühle hervor, die er kunstvoll und geistreich auszudrücken sucht:

> Dieus me ramaint a li par sa douçour,
> Si voirement, com j'en part a dolor!
> Las! qu'ai je dit? Ja ne m'en part je mie!
> Se li cors ... (Pléiade Bd. 52, S. 865)

Das Bild von der Trennung des Herzens und des Leibes stellt nur den Höhepunkt einer effektvollen Schilderung dar[8].

Hausen dagegen setzt unvermittelt an den Anfang des Gedichtes die Feststellung

> Mîn herze und mîn lîp diu wellent scheiden,
> diu mit ein ander varnt nu manige zît.

Die Bewußtheit, mit der herze und lîp („der lîp wil gerne vehten an die heiden") die Trennung vollziehen, ist scharf hervorgehoben, und diese Ausgangssituation ist durch das ganze Lied — wenn man von der letzten Strophe absieht — beibehalten. Es ist des Dichters ausschließliches Bemühen, den Zwiespalt in der eigenen Brust in Worte zu fassen. Das ist eine Vertiefung, die durch den Kreuzzugsgedanken hervorgerufen ist. Aus Conons einmaliger, völlig konventioneller Erwähnung des Herzens ist bei Hausen ein ganzes „Gedicht" auf das Herz geworden. Bei Conon fand sich die höfisch-höfliche, zu nichts verpflichtende Versicherung, daß das Herz des Dichters der Dame zur Verfügung bleibe, während der Ritter in den Kampf zieht.

Hausen nimmt diesen nur angedeuteten Dualismus zum Anlaß einer Auseinandersetzung zwischen Gottesdienst und Frauendienst[8a]. Gedanken aus der Kreuzpredigt werden dabei nicht verwertet. Die Entscheidung des Ritters zum Kreuzzug ist gefallen. Er hat mit Freuden dem Ruf seines himmlischen und irdischen Lehnsherrn Folge geleistet und mit dem Kaiser das Kreuz genommen. Doch die Lösung von den irdischen Bindungen, die der Kreuzfahrer ersehnt, die Auflösung des Zwiespaltes zwischen Minne und Gottesdienst, auf die er einen Anspruch zu haben glaubt, ist nicht eingetreten:

> Ich wânde ledic sîn von solher swaere,
> dô ich daz kriuze in gotes êre nam. (47, 16—17)

Die beiden Verpflichtungen, unter die er sein Leben gestellt hat, geraten immer wieder miteinander in Konflikt. Im Gegensatz zu der französischen Vorlage, die lediglich die Unmöglichkeit einer inneren Trennung von der Geliebten in dem Bild des Kampfes von cuers und cors versinnbilchen will, spricht Hausen von einem regelrechten „Streit" zwischen diesen beiden, den nicht er zu verantworten hat und den nur Gott schlichten kann. Der „lîp" will seiner Pflicht getreulich nachkommen, aber das Herz hat einen Sonderwillen. Die erste Strophe stellt die Konfliktssituation dar, die zweite wendet sich ganz dem Verhalten des Herzens zu, dessen „tumber wille" verhindert, daß der Dichter als „lebendic man", als voller, ganzer Mensch zu handeln vermag. In der Bezeichnung „tumber wille" liegt Kritik, und zwar Kritik aus der Sphäre der Pflicht, sie nimmt scheinbar Partei, aber alle Parteinahme gegen das Herz erschöpft sich auch in dem Worte „tumb", d. h. „töricht, unerfahren", also in gemindertem Maße verantwortlich. Um eben dieser Eigenschaft willen muß es schließlich der besonderen Fürsorge Gottes anempfohlen werden, des Gottes, dessen Aufruf Folge zu leisten es sich weigert. In der dritten Strophe erscheint das Herz unter einem weiteren Aspekt: es scheint eine völlige Einung mit der geliebten Herrin vollzogen zu haben. Denn die letzten Worte, mit denen der Dichter es anspricht, können indirekt nur der Geliebten selbst gelten. Wie soll sie, nur noch von seinem Herzen beschützt, fertig werden mit den Mühen und Gefahren dieser Welt! Die höfische Geste Conons hat sich hier in eine starke und beseelte Gebärde gewandelt, mit der der Dichter in ganzer Person seine innerste Sorge ausdrückt. Der „Stimmungskonflikt" Conons ist zu einer ethischen Krisis geworden, in der die Freiheit der Entscheidung dem Betroffenen benommen ist. Der Entschluß, das Kreuz zu nehmen, erscheint wie ein Sichfügen in ein Unabweisbares. Gott hat den Ritter in diese Lage und den sich aus ihr ergebenden Konflikt geführt, Gott möge nun eingreifen und helfen!

Der Kampf geht um Gottes Ehre auf dieser Welt. Aber dafür konnte mit dem Schwert bisher nur kämpfen, wer ausschließlich dieser Welt angehört. Das Herz, der innerste Sammelpunkt aller Empfindungen, das, was Seele und Gemüt zugleich ist, des Menschen innerster Kern und darüber hinaus das, was an ihm nicht sterblich ist, lebt in einem anderen Bereich und folgt anderen Impulsen. Selbst die Ansprüche des Überirdischen in der Zeitlichkeit scheinen für das Herz nur begrenzte Verbindlichkeit zu haben. Dennoch erscheint es durchaus im Einvernehmen mit diesem Überirdischen, da es ja, trotz seiner Eigenstrebungen, für würdig gehalten wird, von diesem Hilfe zu empfangen. Im Kontrast zu Conon[9] fällt besonders der seelische Individualismus auf. Dieser Zug zeigt Hausen viel tiefer den geistigen Strömungen seiner Zeit verbunden. Die Bernhardsche Frömmigkeit mit ihrer hohen Bewertung der seelischen Kräfte war es, die die Herz-Jesu-Mystik ausbildete und dadurch bewirkte, daß die Welt des menschlichen Herzens in der Dichtung immer stärkeren Ausdruck gewann und daß sich auch in der Kreuzzugsbegeisterung der Blick für die echte Passion und die wahre Devotion öffnete. Dem Herzen Jesu, als dem Symbol göttlicher Leidensliebe, sucht sich das Herz des Kreuzfahrers anzugleichen. Die Konzeption des höfischen Minnedienstes, die Möglichkeit, sich durch beständiges Dienen um eines Zieles willen, dessen Erreichung nicht erwartet werden darf, sittlich zu vervollkommnen, steht diesen Bestrebungen nicht fern. Bei Gottfried von Straßburg finden wir zwei Jahrzehnte nach Hausens Gedicht die Ausprägung des Begriffes der „edelen herzen", die zwar ganz dem irdischen Bereich verhaftet, doch in ihrer Leidensbereitschaft dem göttlichen Herzen nahestehen und durch den Adel ihrer Empfindung und des sie beseelenden Geistes in der Menschenwelt eine Sonderstellung einnehmen[10]. Hausens „herze" nimmt von dieser Vorstellung schon vieles voraus, weil ja das, was es zum Beharren in seiner Eigengesetzlichkeit veranlaßt, eine letzten Endes adlige Tugend, nämlich die „staete" ist. Auch sein Herz ist leidensbereit, wie sich aus den letzten Zeilen des Gedichtes ergibt. Diese religiöse Verpflichtung steht über der irdischen Verpflichtung zur „staete", die durch den Aufbruch zur Kreuzfahrt verletzt wird, aber sie hebt diese nicht auf[11]. Dem Menschen ist keine Möglichkeit gegeben, diesen Zwiespalt zu lösen. Die Einheit des Lebens ist damit gestört, denn das Herz läßt sich von seiner Verpflichtung zur „staete" und „triuwe" der Herrin gegenüber nicht abwenden. Das Herz bleibt von nun an einsam seiner Minnenot überlassen, Gottes Gnade allein kann ihm Hilfe gewähren:

> sô bite ich got daz er dich ruoche senden
> an eine stat dâ man dich wol enpfâ. (47, 27—28)

Aber diese Gnade ist keine Gewißheit, Not und Sorgen sind das Schicksal des Herzens (47, 29—36):

> owê wie sol ez armen dir ergân!
> wie torstest eine an solhe nôt ernenden? (47, 29—30)

Hier wird die Wirklichkeit des Kampfes sichtbar, in dem diese höfische Ausgeglichenheit erworben werden muß. Der Zusammenstoß der idealisierten Minnewelt mit der harten Realität, der durch die Kreuznahme hervorgerufen wird, ist deutlich aus diesen Wendungen zeitbestimmter Dialektik herauszuhören.

Eine Synthese in dem Streit weltlicher und göttlicher Forderungen findet Hausen nicht[12]. Der Zwiespalt löst sich durch eine immer ausschließlichere Hingabe des Dichters an das Ziel des Kreuzfahrers. In 48, 3 ist der Abschied von den „lieben friunden" vollzogen. Die Heimat „alumbe den Rîn", von der auch das Reisegedicht 45, 1 sehnsüchtig spricht, liegt bereits in der Ferne. Die Trennung von der Heimat und von der Herrin wird in ihrer ganzen Schwere empfunden. Wenn auch die irdischen Bindungen denkbar stark sind (48, 7), so hat sich doch der Kreuzfahrer bereits von ihnen gelöst. Er legt die Sorge um die Zurückbleibenden in Gottes Hand. Der besondere Schutz Gottes, den die Kirche den Kreuzfahrern und ihren Familien zusichert, wird von dem Dichter für die erbeten, die er zurücklassen mußte (48, 11/12)[13]. Im Gegensatz zu Hartmann (211, 20) und Johansdorf ist Hausen ohne die Erfahrung weiblicher triuwe auf die Fahrt gezogen. So bezieht sich auch die Warnung an die Frauen, die er seinem Abschiedslied mitgibt, auf die Aufrechterhaltung wahren Minnedienstes und die Ehre höfischen Lebens. Es ist die Warnung eines schon Entfernten, dem die eigene Rückkehr ungewiß ist (48, 21), der aber doch noch die Ehre des Standes zu wahren sucht. Sein Tadel trifft in 48, 14 ff. und 53,

51 die Feigen, die dem Ruf zur Kreuzfahrt nicht folgen. Sie haben sich nicht nur den himmlischen Lohn verscherzt (53, 36—28), sondern auch die ritterliche Ehre verloren. Die Frau, die ihren Dienst annähme, würde ihre eigene Ehre beflecken (48, 16), ihre Schande trifft den ganzen Stand. Es ist der gleiche Gedanke, der sich bei Rugge 96, 13 und Walther 13, 7 findet[14]. Wer sich dem irdischen Tod zu entziehen sucht, wird den ewigen Tod dafür erleiden. Wer Gott zu belügen versucht, indem er sich der versprochenen Fahrt entzieht, der hat damit auch die irdische Ehre verloren. So wie er Gott verleugnet hat, so wird Gott auch ihn am Tag des Gerichtes verleugnen, wenn er seine treuen Dienstmannen belohnt. Es ist eine Warnung aus dem Mund eines Standesgenossen, der durch die eigene Kreuznahme sich das Recht zu einer solchen Mahnung erworben hat; sie wirkt deshalb eindrucksvoller als die Worte eines Predigers.

Der Entschluß zur Kreuznahme hat bei Hausen die innere Wandlung ausgelöst, die die Prediger forderten. Die von Gott gewollte Rangordnung der Werte ist wiederhergestellt. Die Grundsätze der ritterlichen Lebenslehre sind nicht umgestoßen, aber sie erhalten, wenn das Kreuz ruft, wieder den ihnen zukommenden Platz in der im Mittelalter gültigen Stufenfolge der gradualistischen Weltordnung. An der Spitze aller Werte steht Gott. Gottesminne siegt über Frauenminne, erst durch die Teilnahme am Kreuzzug findet weltliches Rittertum seine höchste Sinngebung im Dienst an Gott.

Albrecht von Johansdorf

Johansdorfs Lyrik gehört nahe zu der Hausens. Besonders unter dem Gesichtspunkt des Kreuzzugsgedankens müssen den Betrachter immer wieder die Strophen anziehen, die unter dem dichten Gespinst höfischer Ornamente das leidvolle oder überselige Herz des Dichters erkennbar werden lassen. Wie im Taglied das Gefühl stärkere Töne und leuchtendere Bilder findet, so auch in den Kreuzliedern, in denen es um den Abschied, um Trennung und Fernsein geht. Bei Hausen klangen solche Motive zahlreich an, aber ihre Variation wurde ganz von der gedanklichen Kraft bestimmt. Selbst in diesem Gedankenspiel mit den Empfindungen der Herrin erschloß sich die Deutung des Wunders einer beginnenden Gefühlsvertiefung, die im dichtenden Wort bisher verhüllte Wesensschichten aufdeckte[15]. Während die innere Spannung der höfischen Minnelyrik in der Erhebung der Herzen und in der Hinführung zur „mâze" lag, wenn es in „fröide" und „trûren" um die „staete" der gegenseitigen Bindungen ging, dann mußte sich für den scheidenden Kreuzritter, dessen Abschied erbarmungslose Wirklichkeit war, eine neue Problematik ergeben. Eine Vertiefung der höfischen Minne im Sinne der „herzliebe" bereitete sich in dieser Situation vor. Diese neu erkannte Wirklichkeitsnähe der Kreuzzugslieder fordert eine neue Betrachtung auch jener Abschiedslieder, in denen nicht unmittelbar von der Kreuzfahrt die Rede ist.

Wie alle Strophen aus dem Umkreis der Minnelyrik fordern auch diese Lieder die Berücksichtigung des höfischen Umweltstones. Wie man Rugges Kreuzleich nicht angemessen zu deuten vermag ohne Kenntnis seiner Minnelieder, so muß man auch die Abschiedslieder Johansdorfs innerhalb eines größeren Zusammenhangs sehen. Die Lieder Johansdorfs wachsen aus einer neu entdeckten Mitte seiner inneren Welt und geben in ihrer Einheitlichkeit damit der Gesamtheit der höfischen Minnelyrik einen neuen Schwerpunkt, wie er bisher erst mit dem Beginn von Walthers Mädchenliedern angesetzt wurde. Hier kann man wohl mit Recht von Liebesliedern sprechen, denn alle Formen des höfischen Minneliedes sind nur als Mittel einer auch jetzt noch versuchten Objektivierung des Ich-Erlebnisses zu werten. Nicht das Bild der entfernten, unnahbaren Herrin, die in weitem Abstand — wie eine der starren Gestalten eines Uhrenspiels auf hohem Turm — vor den Augen des Ritters vorüberzieht, lenkt den Blick auf sich. Aus der höfischen Ferne nähert sich die Gestalt der angerufenen Geliebten und tritt dem Liebenden unmittelbar gegenüber. Der Gegensatz von strenger abgemessener Huldbezeugung und warmer inniger Sehnsucht scheint ausgeglichen, wenigstens für den Augenblick der Gefühlseröffnung, für den Gott selbst zum Zeugen angerufen wird. Volksliedeigene Töne, von Schlichtheit und Wahrheit des Ausdruckswillens bestimmt, durchdringen die höfische Melodie.

Ein neuer Klang echter Innerlichkeit dringt aus der Angst vor der Trennung der Liebenden bei Beginn der Kreuzfahrt (91, 22). Hier droht das Leid die anerzogene „mâze", die eine Verhüllung jedes Schmerzes fordert, zu zerbrechen. Nur mit Vorsicht wagt sich der Dichter an die Charakteristik dieses sich gefährlich auftuenden Abgrundes des Gefühls. Als hielte sich sein Denken noch ganz an die bisher gewohnten Vorstellungen, versucht er die erste Zeile auf einen bekannten höfischen Grundton zu stimmen:

    wie sich minne hebt, daz weiz ich wol ... (91, 22)

Aber weiter als bis zu dieser Erinnerung an den freudebringenden Tag der ersten Minne-Entfaltung gelangt er nicht. Wie dieser Anfang enden soll, das weiß er nicht, denn die Angst vor der möglichen Trennung ergreift ihn gerade dann, als ihm das beglückend-bedrohende Geschenk der wahren „herzliebe" zuteil geworden ist. Die volle Echtheit und Unmittelbarkeit der Empfindung, wie sie vorher nur in Strophen des altheimischen frühen Minnesangs zu finden ist, verströmt sich in diesem äußerlich höfisch klingenden Gedicht, das aber doch mit neuem Maß die Empfindungen mißt:

    Swâ zwei herzeliep gefriundent sich
    unde ir beider minne ein triuwe wirt,
    die sol niemen scheiden, dunket mich,
    al die wîle unz si der tôt verbirt.
    waer diu rede mîn, ich taete alsô:
    verlüre ich mînen friunt,
    seht, sô wurde ich niemer mêre frô. (91, 29—35)

Darum läßt der Dichter diese nur vom Gefühl getragenen Worte wohl auch eine Frau sprechen, denn die schon bei dem Gedanken an einen möglichen Abschied empfundenen Schmerzen und Ängste klängen allzu unmännlich und unritterlich. So wie bei Wolfram von Eschenbach das Wort „triuwe" in seinem Gehalt eigentlich unmeßbar erscheint in seiner bis zur religiösen Bedeutung reichenden Vielfalt, weil es aus dem mythischen Erzählgut des Volkes herkommt und alle Variationen einer Wortwandlung in sich birgt bis zur philosophisch-theologischen Verfeinerung im Sinne des fides- und amor dei-Begriffs, so wird es bei Johansdorf als tiefste Bestimmung des „herzliebe"-Begriffs verwendet. Über eine in der wahren „triuwe" gefestigte Bindung sollte niemand ein Recht haben außer Gott, der dem Tode befehlen kann, diese Einigung aufzuheben. Denn damit würde der Sinn des Lebens für den Zurückbleibenden zerstört, weil er den Zustand der höfischen „fröide" nicht mehr erreichen könnte.

Vor dieser Erfahrung der „herzliebe" steht eine lange Zeit des Werbens und der Bewährung:

> Dâ gehoeret manic stunde zuo
> ê daz sich gesamne ir zweier muot (91, 8/9)

Erst aus einer solchen im Glück und Leid der Liebesbegegnung erwachsenen Einigung ergeben sich die Maßstäbe für die Gefahr einer Trennung. Das Scheiden der in gegenseitiger „triuwe" Verbundenen ist an Leiderfahrung nur dem Scheiden in der Todesstunde gleichzusetzen. Diese Strophen wirken wie ein Vorklang zu dem späteren Höhepunkt von Johansdorfs Kreuzzugsdichtung (87, 5/6). Sie erhalten ihre letzte Vertiefung durch die Schlußstrophe, die als Antwort auf die Empfindungen der Liebenden zu verstehen ist. So männlich entschlossen sie wirkt, so tiefgründig ist auch ihre Gedanklichkeit.

> Der ich diene und iemer dienen wil,
> diu sol mîne rede vil wol verstân.
> spraeche ich mêre, des wurd alze vil.
> ich wil ez allez an ir güete lân.
> ir genâden der bedarf ich wol.
> und wil si, ich bin vrô;
> und wil si, sô ist mîn herze leides vol. (91, 15—21)

Selbstverständlich und fast nicht erwähnenswert klingt das an den Anfang gerückte Treue-Versprechen. Die höfische Seinsphäre legt sich wieder wie ein dichter Schleier über das vorher frei geoffenbarte Empfinden des Herzens. Nur soll die Angeredete die Worte des Ritters bis in die letzte Möglichkeit durchdenken. Die Grenze höfischer Gefühlsmitteilung scheint erreicht, der Ritter ruft sich in das eigene Schweigen zurück. Die Entscheidung wird der Herrin überlassen. Sie muß die Verantwortung tragen für das, was sie mit ihren eigenen Worten vorausahnend andeutete, für das, was beider Schicksal sein wird: unendliche Freude oder unendliches Leid.

Der Eindruck des Gedichtes rundet sich erst, wenn man die letzten beiden Zeilen auch mit den vorhergehenden Frauenstrophen in Verbindung setzt. Erst dann erfüllt sich der volle künstlerische Sinn, die ganze Eigenart des zwischen „herzliebe" und „minne" schwingenden Gehalts. Entscheidend ist, daß der Leidgedanke so nahe an das Minneglück herangeführt ist. Wie die Herrin auch immer entscheidet, der Bogen der Empfindungen wird sich immer zum Leide kehren. Wenn sie ihre „genâde" in diesem Augenblick des Abschieds zusagt, bricht der Schmerz noch mächtiger über den Dichter herein als bei einer Absage, denn das Gedicht steht von der ersten Zeile an unter dem Gedanken des Scheidens. Wirkt dies sich in der erwähnten lebenzerstörenden Kraft aus, so erfüllt sich das letzte Wort ohne Einschränkung:

> sô ist mîn herze leides vol. (91, 21)

Die Bedrohung der „herzliebe" durch die Trennung steht darum auch als unausweichliche Wirklichkeit hinter dem ersten eigentlichen Kreuzlied Johansdorfs (89, 21—90, 15). Der Entschluß zur Kreuzfahrt ist gefaßt. Aber er ist dem Dichter zu schwer geworden. Alle Argumente, mit denen Predigten und kirchliche Erlasse die Ritter zum Kampf aufrufen, muß er sich in ihrer tiefsten Bedeutung vergegenwärtigen, um die Kraft zur Trennung zu finden. Die Not des Heiligen Landes erfordert die Hilfe der Ritter. Die Kreuzzugsgegner, die meinen, Gott könnte sich auch selbst helfen, wenn er nur wollte, werden mit scharfen Worten zurechtgewiesen. Sie sind die „tumben", die Törichten, die den rechten Glauben nicht erfahren haben. Auch Christus hätte sich am Kreuz selbst helfen können, wenn es nicht um den sichtbaren Beweis von Gottes Erbarmen mit den Menschen gegangen wäre:

> der grôzen marter was im ouch vil gar unnôt,
> wan daz in erbarmet unser val. (89, 28/9)

Wem diese Offenbarung des Caritas-Gedankens nicht zur Glaubensgewißheit wurde, der wird immer abseits stehen in der Gemeinschaft der Gläubigen, er gehört zu den „saelden armen", denen die ewige Seligkeit versagt bleibt. Er versündigt sich nicht nur gegen die Gebote der Kirche, er verstößt auch gegen die ritterliche Forderung der „erbermde"[16]. Die ritterliche Tugend der „erbermde" umfaßt sehr viel mehr als nur „Erbarmen". So wie sie Wolfram von Eschenbach im „Parzival" und im „Willehalm" zum entscheidenden Maßstab der Bewertung des Menschen erhebt, so wird sie auch von Johansdorf im Sinne einer vertieften „triuwe"-Auffassung Gott gegenüber gefordert.

> swen nu sîn crûce und sîn grap niht wil erbarmen,
> daz sint von im die saelden armen. (89, 30/31)

Die Verpflichtung zur helfenden Tat wird in der zweiten Strophe überhöht durch die Verpflichtung zum Kampf für den Glauben. Die Reinheit der Lehre ist bedroht, die Zweifel der Heiden an der unbefleckten Empfängnis Mariae treffen sie an einem entscheidenden Punkt. Die Gefährdung des christlichen

Glaubens wiegt schwerer als die Gefährdung der Heiligen Stätten, sie muß jeden Christen im Innersten erregen.

> swem disiu rede niht nâhen an sîn herze vellet,
> owê war hât sich der gesellet! (90, 2/3)

Wer sich trotzdem nicht für den Kreuzzug entscheidet, der hat nicht den rechten Glauben, dem wird auch Gott im Tode seine Hilfe versagen.

Die Gründe, die in den beiden ersten Strophen für die Teilnahme am Kreuzzug angeführt werden, scheinen so gewichtig, daß es für den Ritter kein Ausweichen mehr gibt. Das Heil seiner Seele steht auf dem Spiel, die „hulde" Gottes, des himmlischen Herrn. Johansdorf wagt es trotzdem, diesen Argumenten die ganze Not seiner „herzliebe" entgegenzusetzen.

> Mich habent die sorge ûf daz brâht
> daz ich vil gerne kranken muot von mir vertrîbe.
> des was mîn herze her niht frî.
> ich gedenke mange naht
> „waz sol ich wider got nu tuon, ob ich belîbe,
> daz er mir genaedic sî?" (90, 5—10)

Die Möglichkeit des Daheimbleibens, die von allen anderen ritterlichen Dichtern der Barbarossa-Zeit als den Gesetzen der „êre" und „werdekeit" widersprechend getadelt und mit den schärfsten Ausdrücken der Verachtung belegt wird, ist hier von Johansdorf als ernsthafte Versuchung gesehen worden. Sie hat ihm den „hôhen muot" genommen und den „kranken muot" gebracht und ihn damit aus der ritterlichen Standesgemeinschaft ausgeschlossen. Dieses Eingeständnis eines unhöfischen Verhaltens zeigt am deutlichsten, wie hier die verhüllende Schicht der Konvention durchbrochen wird und der menschliche Konflikt zwischen „herzliebe" und Gotteskampf in seiner ganzen Schwere durchlebt wird. Ehre und Lehnsverpflichtung sind nicht imstande, den Ritter aus dem Widerstreit seiner Verpflichtungen zu lösen. Nur Gottes Gnade kann für ihn der entscheidende Maßstab sein. Dem Daheimgebliebenen wäre es für immer unmöglich, Gottes Gnade zu erringen, möge sein Leben auch noch so untadelig im Sinne der ritterlichen Lebenslehre verlaufen sein, möge auch seine einzige Schuld in der übergroßen Liebe zu seiner Herrin bestehen. So kann an der endgültigen Entscheidung zur Kreuznahme kein Zweifel sein. Aber das stolze Bekenntnis zur Minne bleibt bestehen. Auch wenn diese zur „triuwe" gewordene „herzliebe" Sünde wäre, sie könnte doch nicht aufgegeben werden. Die Not der Trennung muß auf der Kreuzfahrt erlitten werden. Aber der „muot" bleibt erfüllt von der „minne", sie wird mit unter Gottes Gnade gestellt:

> alle sünde lieze ich wol wan die:
> ich minne ein wîp vor al der werlte in mînem muote.
> got herre, daz vervâch ze guote. (90, 13—15)

Der „kranke muot" ist durch den Entschluß der Kreuznahme „vertriben", die höfische Haltung des „hohen muotes" wieder hergestellt. Auf einem anderen Weg als Hausen, nach der Aufdeckung viel tieferer Gefühlsschichten, gelangt Johansdorf zu einem ähnlichen Ergebnis, zu einer durch Leiderfahrung errungenen Ausgeglichenheit der höfischen Haltung, die der „minne" wie der „triuwe" gegen Gott gerecht wird.

Noch verhüllt in diesen beiden Gedichten das Bild des weiten Mantels mit dem Kreuz die Herzensnot des Dichters so gut, daß sich die Schwere der Entscheidungen und die Ernsthaftigkeit des Entschlusses nur ahnen läßt. Weit unbefangener, fast unhöfisch offen gibt sich der Dichter in dem berühmten Kreuzzugsgedicht 87, 5—28. Das Hauptziel des Gedichts bleibt die Frage nach der Vereinbarkeit von Frauendienst und Gottesdienst. In fast jedem von Johansdorfs Liedern wird diese Frage bejaht, aber in keinem mit einer solchen inneren Beteiligung, einer solchen menschlichen Größe in der Überwindung des Abschieds. Sie ist nicht durch besondere Charakterzüge der beiden Liebenden begründet, sondern dieses Ineinsbleiben von Trennung und Gegenwart beruht auf der Anschauung des Mittelalters, daß Weltliches und Göttliches einander nicht ausschließen, sondern im Innern des Menschen zur Einheit verschmolzen werden können. Auch in Wolframs „Parzival" ist das Bestehen in der Welt und vor Gott das höchste Ziel menschlicher Entwicklung. Himmlische und irdische Minne durchleuchten sich gegenseitig und verklären die Kraft der menschlichen Seele.

Mit einem deutlichen Bekenntnis zur Liebesverbundenheit hebt das Gedicht an:
>   Mich mac der tôt von ir minnen wol scheiden;
>   anders nieman: des hân ich gesworn. (87, 5—6)

Nicht unabsichtlich erhält dabei das Personalpronomen am Anfang einen Akzent, dessen Wirkung über die ganze erste Strophe anhält. Die persönliche Entscheidung des Ritters für seine Herrin hat ihre unanfechtbare Gültigkeit vor den Menschen und vor Gott. Würde er an der Herrin schuldig, so wäre er auch vor Gott verflucht wie die, gegen die er die Fahrt in Gottes Namen unternimmt:
>   swenne ich von schulden erarne ir zorn,
>   sô bin ich vervluochet vor gote als ein heiden. (87, 9—10)

Die Schuld gegen die Minne wird der Schuld gegen den Glauben gleichgesetzt. Wer vor Gott verflucht ist, für den gibt es keine Erlösung. Aber die Geliebte steht in ihrer höfischen Vollkommenheit zu hoch, als daß sich menschliches Unrecht ihr nahen dürfte. Nur Tod und Trennung können sie bedrohen. So schließt sich der Kreis der Gedanken. Alle Not der Zukunft wird unter die Gnade Gottes gestellt:
>   Mich mac der tôt von ir minnen wol scheiden ...
>   ...
>   heiliger Got, wis genaedic uns beiden! (87, 5 und 87, 12)

Die Bewährung des „hôhen muotes" muß in der Stunde des Abschieds erfolgen. Wie im Wechselgespräch des Tagliedes dringt die Stimme der Herrin zu dem mit dem Kreuz gezeichneten Ritter und deckt mit ihrer einfachen Frage die unauflösliche Widersprüchlichkeit himmlischer und irdischer Liebe auf:

"wie wiltu nu geleisten diu beide,
varn über mer und iedoch wesen hie?"
si sprach wie ich wolde gebârn umbe sie (87, 15—17)

An diesem Höhepunkt, der mit ganz schlichten Worten die Verlorenheit und Ratlosigkeit der Zurückbleibenden schildert, fehlen zwei Zeilen des Gedichts. Wahrscheinlich enthielten sie weitere Umschreibungen der unvorstellbaren Verlassenheit der beiden zueinander Gehörigen. Darauf deutet die Schlußzeile:

ê was mir wê: dô geschach mir nie sô leide. (87, 20)

Der Konflikt der zwiespältigen Verpflichtung ist hier bei Johansdorf nicht breit ausgeführt wie in den romanischen Vorbildern[17]. Aber er bleibt auch nicht offen wie bei Hausen. Johansdorfs Antwort ist eindeutig und entschieden im Sinne des Kreuzritters gegeben und doch menschlich warm in der Einfühlung in die Lage der Zurückbleibenden. Die Macht der reinen Empfindung sprengt hier jede Formel konventionellen Trostes. Höfische Minnewerte sind zu schwach, um der harten Wirklichkeit der Kreuzfahrt standzuhalten. Nur die vertiefte Liebesauffassung, die über Werbung und Gewährung hinausgehend Mann und Frau unauflöslich aneinanderbindet, kann Trost bringen:

Nu mîn herzevrouwe, nu entrûre niht sêre:
dich wil ich iemer zeim liebe haben. (87, 21/22)

Der einfache Liedton dringt hier durch und umrahmt die echt menschlich empfundene Liebesstimmung der Scheidenden. Daran schließt sich ganz organisch die einzige Begründung der Trennung, die jede Gegenrede ausschaltet: der Hinweis auf die selbstverständliche Ritterpflicht zur Teilnahme am Kreuzzuge. Die Fahrt für die Ehre des mächtigen Herrn, des „rîchen gotes" verleiht „hôhen muot". Das freiwillige Opfer des eigenen Lebens zum Schutz des Heiligen Grabes bietet die sicherste Gewähr für den Lohn der ewigen Seligkeit. Märtyrertum und Kreuzzugsidee vereinigen sich zur Vollkommenheitsvorstellung im Jenseits[18].

Unter solchen Gesichtspunkten wird der neue Liedtypus sichtbar. In scheinbar lockerer Strophenfügung birgt sich der fest ineinandergreifende Zusammenhang zwischen Minne und Gottesfahrt. Das Hauptproblem der Vereinbarkeit von Gottes- und Frauenminne ist unmittelbar aus dem Dialog der Liebenden in der Abschiedsstunde entwickelt. So wie als Vorklang dafür in der Eingangsstrophe die Untrennbarkeit der Liebenden betont wird, wie die schuldhafte Trennung von der Geliebten geradezu mit Gottferne gleichgesetzt und im gleichen Atem Gott selbst um Schutz für beider Minne angerufen wird, so steht am Schluß die Feststellung, daß der höchste Wert der Herzenszugehörigkeit die „triuwe" ist, die sich während der Trennung durch die Kreuzfahrt zu bewähren hat. So beweist dieses Lied einmal mehr die für den mittelalterlichen Menschen auszugleichende Spannung von Diesseitsbewährung und Jenseitsgläubigkeit. Läse man mit der Hs. in der zweiten Zeile: „daz" statt „dich" gipfelt diese Strophe im Kreuznahme-Bekenntnis:

> Nu mîn herzevrouwe, nu entrûre niht sêre:
> dich wil ich iemer zeim liebe haben.
> wir suln varn dur des rîchen gotes êre
> gerne ze helfe dem heiligen grabe.
> swer dâ bestrûchet, der mac wol besnaben:
> dâne mac niemen gevallen ze sêre:
> daz mein ich sô, daz den sêlen behage,
> sô si mit schalle zu himele kêren[19]. (87, 21—28)

Wie ein Kreuzzugsaufruf beginnt das Lied 94, 15. Es wendet sich mit Argumenten der päpstlichen Sendschreiben und Predigten an die Gesamtheit der Gläubigen[20]. Die höfische Ritterehre wird mit dem Gebot angerührt, dem mächtigsten Herrn zu dienen (der al der welte hât gewalt). Die kurze Zeit der irdischen Not im Dienste Gottes wird gegen die Größe des himmlischen Lohns gestellt (94, 21/2), die gegenseitige Bindung von Gott und Mensch betont (got hât iu beide sêle und lîp gegeben: gebt im des lîbes tôt!) (94, 23/4).

Die Freiwilligkeit des Opfers für Gott spielt dabei eine bedeutende Rolle. Frei soll sich der Ritter zur Fahrt entscheiden, frei möchte er sich auch über die Minne und die irdischen Bindungen erheben, solange er sich zum Dienst Gottes verpflichtet hat:

> Lâ mich, Minne, vrî.
> du solt mich eine wîle sunder liebe lân.
> du hâst mir gar den sin benomen.
> komest du wider bî,
> als ich die reinen gotes vart volendet hân,
> sô wis mir aber willekomen. (94, 25—30)

Nicht zufällig heißt es von der Minne, daß sie den Sinn des Ritters verwirrt, ihm die klare Entscheidung erschwert habe. Aber in den folgenden Strophen handelt es sich nicht mehr um die höfische Minne, die den Menschen zu ihrem Gefangenen macht und ihn freiläßt, wie es ihr gefällt. Die Vertiefung dieser Minne zu einer unauflöslichen „triuwe"-Gemeinschaft, in der Ritter und „frouwe" gleichermaßen das Opfer der Kreuzfahrt bringen und von Gott den gleichen Lohn zu beanspruchen haben, wird in den Schlußzeilen der Strophe zusammenfassend vorausgenommen:

> wilt ab du ûz mînem herzen scheiden niht
> (daz vil lîhte unwendic doch geschiht),
> vüer ich dich dan mit mir in gotes lant,
> sô sî der guoten hie er umbe halben lôn gemant. (94, 31—34)

13 Wentzlaff-Eggebert, Kreuzzugsdichtung

Wie zur Begründung dieser Forderung wird in der nächsten Strophe die Abschiedsklage der zurückbleibenden Frau in den Vordergrund gerückt. Das Leid der Trennung, die unausweichlich näher kommt, zerstört die von der höfischen Gesellschaft geforderte Freude und Hochgestimmtheit. Nur in einem Gedicht der höfischen Zeit kann der Satz eine solche Bedeutung gewinnen, der die Mitte der Strophe bildet:

> wie sol ich der werlde und mîner klage geleben? (95, 2)

In völliger Auswegslosigkeit erscheint die Situation der Frau, die der Forderung der Gesellschaft, „frôide" zu zeigen, genügen muß, auch wenn die Quelle der hochgemuten Herzenshaltung mit dem Scheiden des Geliebten versiegt. Diesem Dunkel setzt Johansdorf den strahlenden Jubelruf entgegen:

> Wol si saelic wîp
> diu mit ir wîbes güete daz gemachen kan
> daz man si vüeret über sê.
> ir vil guoten lîp
> den sol er loben, swer ie herzeliep gewan. (95, 6—10)

Höchster Preis der Vollkommenheit weiblichen Wesens liegt darin. Etwas von der vorbildlichen, beispielhaften Denkweise der Herrin soll darin aufleuchten. Die wahre „herzliebe" erscheint als so innige Gemeinschaft, daß alle Not des Ritters von der Geliebten mit ihm erlitten und im Gebet für ihn überwunden wird:

> wand ir hie heime tuot sô wê,
> swenne si gedenket stille an sîne nôt.
> ‚lebt mîn herzeliep, od ist er tôt'
> sprichet si, ‚sô müeze sîn der pflegen
> durch den er süezer lîp sich dirre werlde hât bewegen'.
> (95, 11—15)

Aus der gemeinsamen Not, dem gemeinsamen Opfer entspringt der Anspruch auf den gemeinsamen Lohn der ewigen Seligkeit. Höfische Bilder und Vergleiche versagen hier, die Sprache greift zurück auf den einfachen Liedton. Anfang und Ende des Gedichtes knüpfen sich in eins, der Ruhm vor Gott und den Menschen wird dem Ritter wie der Herrin zuteil.

Das Lied 87, 29 und die Strophe 86, 25 bringen keine Erweiterung des Themenkreises. In 86, 25 wird der Gedanke der Buße für die persönliche Schuld des Menschen als Motiv der Kreuznahme besonders hervorgehoben. Zweifel an der glücklichen Vollendung der Fahrt, Zweifel an der Haltung der zurückgelassenen Geliebten machen die Größe des Opfers deutlich, das von dem Einzelnen für die Vergebung seiner Sünden gebracht werden muß. Eine Tragik, die durch wenig Hoffnung erhellt wird, zeichnet sich ab. Die Entscheidung wird allein in Gottes Hand gelegt.

In dem Lied 87, 29 findet Johansdorf besonders eindringliche Bilder für seine enge Verbundenheit mit der Geliebten:

> swie vil daz mer und ouch die starken ünde toben,
> ichn wil si niemer tac verloben ... (87, 37/8)
> in erwache niemer ez ensî mîn êrste segen
> daz got ir êren müeze phlegen
> und lâze ir lîp mit lobe hie gestên.
> dar nâch êweclîche
> du gip ir, herre, vröide in dîme rîche,
> daz ir geschehe alsô, als müeze ouch mir ergên. (88, 13—18)

Der Erkenntnis von der Wandelbarkeit der Welt und ihrer „unstaete", die den Menschen zu der allein möglichen Entscheidung, zur Kreuznahme, veranlassen sollte, wird in diesem Lied die höchste Bewertung der Minne entgegengestellt, die in ihrer Vertiefung zur „triuwe" vor Gott gerechtfertigt ist und das höchste Opfer lohnt:

> Swer minne minneclîche treit
> gar âne valschen muot,
> des sünde wirt vor gote niht geseit.
> si tiuret unde ist guot.
> man sol mîden boesen kranc
> und minnen reiniu wîp.
> tuo erz mit triuwen, sô hab iemer danc
> sîn tugentlîcher lîp. (88, 33—89, 1)

Ein wichtiger Einblick läßt sich in die mittelhochdeutsche Minnesangsthematik tun und durch den in Hausens und Johansdorfs Kreuzzugsstrophen geformten Gedankenbereich erweisen: Nur dann, wenn das Minnethema über die höfisch-gesellschaftliche Konvention hinausgeführt wird, entscheidet sich der Dichter zu individueller Aussage, nur dann vertieft er die Gedanken der üblichen Kreuzpredigten und erreicht Zeitlosigkeit in seiner Wirkungsmöglichkeit.

Hartmann von Aue

Eine Analyse der Kreuzzugslyrik Hartmanns von Aue ergänzt alle Feststellungen, die von Hausen und Johansdorf her zu treffen waren. Sie führt zu manchen Ergebnissen für den deutschen Minnesang, wenn auch nicht alle Folgerungen der neuesten germanistischen Forschung als gesichert anerkannt werden können[21]. Die Kreuzlieder heben sich deutlich von Hartmanns sonst oft höfisch-traditioneller Minnelyrik ab. Sie begründen seine Absage an den Minnesang und erklären manchen tief religiösen Zug in seiner Gesamtdichtung[22]. Einige Kreuzlieder entstehen wohl im Zusammenhang mit dem Tod seines Dienstherrn. Dadurch endete das ritterliche Lehensverhältnis Hartmanns, das ihm seinen festen Platz in der als gültig anerkannten Ordnung des ritterlichen Daseins angewiesen hatte. Damit wird für ihn der feste Grund, von dem aus er die Formung seiner Persönlichkeit in der Auseinandersetzung mit den gültigen Werten der Zeit vornimmt, erschüttert. Die Übermacht der Lenkungen Gottes, die hier in sein Dasein eingreift, zwingt ihn, sich mit den irrationalen Mächten auseinanderzusetzen. Die endgültige Abwendung seiner Herrin mag die zweite der irdischen Bindungen gelöst haben, die bis dahin seinem Leben Sinn und Wert verlieh:

> Ich hân des reht daz mîn lîp trûric sî,
> wan mich twinget ein vil sendiu nôt.
> swaz fröiden mir von kinde wonte bî,
> die sint verzinset als ez got gebôt.
> mich hât beswaeret mînes herren tôt;
> dar zuo sô trüebet mich ein varnde leit:
> mir hât ein wîp genâde widerseit,
> der ich gedienet hân mit staetekeit
> sît der stunt deich ûf mîme stabe reit. (206, 10—18)

Dieses Lied 206, 10—18 legt, gleichviel welchen biographischen Wert es besitzt, den Boden frei, aus dem das Kreuzzugserlebnis bei einem mittelalterlichen Ritter erwachsen konnte. Die Erschütterung der irdischen Seinsordnung, die Lösung der freudig anerkannten irdischen Bindungen schafft Raum für eine neue innere Haltung, die in der Teilnahme am Kreuzzug Ausdruck findet.

Das Streben nach einer festen Ordnung, das sich in Hartmanns Minnedichtung in dem Kreisen um Dienst und Lohn zeigt, wirkt auch auf seine religiöse Dichtung ein. Der Dienst-Lohn-Gedanke bleibt — in einer neuen Sinngebung — im Zentrum seiner Kreuzzugslyrik. Die Festigung der höfisch ethischen Werte, der bisher Hartmanns Streben galt, ist mit der plötzlichen Zerstörung der irdischen Lehensbindungen in Frage gestellt. Das veranlaßt seine Abwendung von der Welt, deren Freuden mit dem Tode des Herrn und der Absage der Minne-Herrin dahin sind. Aber die Lösung aus der höfischen Ordnung der Welt vollzieht sich nicht ohne inneren Kampf. Das Kreuzlied 209, 24 zeigt diesen Kampf, anfangs noch verhüllt durch den Aufruf-Charakter, der in den ersten Strophen des Gedichtes zum Ausdruck kommt. In ihnen lebt die Stimmung der Zeit, wie sie in den großen Predigten mitschwingt, die an den beiden den Barbarossa-Kreuzzug vorbereitenden Hoftagen gehalten wurden. Damals (1187) verlangte der päpstliche Legat Heinrich von Albano die innere Bereitschaft, die echte „devotio" der Ritter, die sich zum Kreuzzug entschließen wollten[23]. Die persönliche Verantwortung vor dem Entschluß zur Fahrt sollte gestärkt und die Erfüllung des gegebenen Versprechens nachdrücklich gefordert werden. Hartmann verbindet damit die Übertragung des Lehensverhältnisses ins Irrationale.

Der allgemeine Ideengehalt der zeitgenössischen Kreuzzugs-Predigten und -Aufrufe kommt diesem Streben entgegen[24]. Es zeigt sich bei einem Vergleich, daß Hartmann nicht den Appell an das Mitgefühl mit den den Ungläubigen ausgelieferten Christen, nicht die Klage über den Verlust der Heiligen Stätten, auch nicht die gefühlsmäßige Verpflichtung einer Vergeltung von Christi Opfertod aus den Argumenten der Kreuzpredigt übernimmt. Die Gedanken, die er als die ihm gemäßen erkennt und in seiner Dichtung wiedergibt, sind die Hinweise auf das Verhältnis des Ritters zu Gott als dem obersten Kriegsherrn, auf die ritterliche Ehre, die zum Kampf verpflichtet, auf den Dienst-Lohn-Gedanken in seiner Abwandlung von irdischem und himmlischem Lohn, schließlich auf die innere Erneuerung des Menschen, die mit der Kreuznahme eng verbunden ist.

Die beiden Eingangsstrophen tragen den Stempel seiner Wandlung von irdischer zu himmlischer Lehnspflicht, zeigen aber darüber hinaus alle Merkmale eines großen Aufrufsliedes, dem, wie bei der Kreuzpredigt die „nova devotio", die neue Hingabe an das Kreuzzeichen den strahlenden Glanz und die mitreißende Kraft verleiht:

> Dem kriuze zimt wol reiner muot
> und kiusche site:
> ... ,
> ez wil niht daz man sî
> der werke drunder frî:
> waz touc ez ûf der wât,
> ders an dem herzen niene hât? (209, 25 ff.)

Das Kreuz erfordert einen von der Idee des Heiligen Krieges durchdrungenen Menschen, der sich auch innerlich dazu bereitet hat, seine im Dienst der Welt erprobte Kampfkraft für Gott einzusetzen. Aus der „tumpheit" ist er zur „wîsheit" gelangt, und er erkennt im Kreuzzug einen ritterlichen Dienst an Gott. Das Kreuzzeichen wird ihm inneren Halt verleihen, wenn die Versuchung der Welt an ihn herantritt. Die Kreuznahme verpflichtet nicht nur zur Erfüllung dieses Versprechens, sie fordert auch die Wandlung der Gesinnung. Die Selbstbeherrschung und der „reine muot" sollen sich auf dem Zuge in das Heilige Land bewähren.

Wieder spricht Hartmann unmittelbar die Gleichaltrigen seines Standes an und wieder nimmt er die begeisternde Kraft der Bilder aus der eigenen Erfahrung. Die persönliche Befreiung und innere Sicherung, die er durch das rechte Verstehen der Kreuzzugsidee an sich selbst erfuhr, wertet er für die Zeichnung des neuen Ritterideals aus. Der Gedanke der Lehnspflicht gegenüber dem himmlischen Herrn, der alle weltlichen Güter verliehen hat, soll den Ritter zur Kreuzfahrt veranlassen, er wird beides damit erwerben, ritterlichen Ruhm und das Heil der Seele:

> Nû zinsent ritter, iuwer leben
> und ouch den muot
> durch in der iu dâ hât gegeben
> lîp unde guot.

> swes schilt ie was zer werlt bereit
> ûf hôhen prîs,
> ob er den gote nû verseit,
> der ist niht wîs.
> wan swem daz ist beschert
> daz er dâ wol gevert,
> daz giltet beidiu teil,
> der werlte lop, der sêle heil. (209, 37 ff.)

Diese Fassung des Lohngedankens, die nicht nur auf das Seelenheil, sondern gleichzeitig auf irdische Anerkennung gerichtet ist, zeigt, wie Hartmann bei aller persönlichen Jenseitszugewandtheit doch den Wert der Welt und ihrer Ordnungen grundsätzlich anerkennt. Welt- und Gottesreich schließen einander nicht aus, sie ergänzen einander. Ihre Forderungen widerstreiten sich nicht. Das Bild des idealen Ritters ist schon in diesen ersten beiden Strophen seines Kreuzliedes klar durchgezeichnet. Die letzten zwei zitierten Zeilen entsprechen den hohen Idealen des staufischen Rittertums, wie sie Wolfram als „Summe" des Parzival-Epos in die Worte faßte:

> swes lebn sich sô verendet,
> daz got niht wird gepfendet
> der sêle durch des lîbes schulde,
> und der doch der werlde hulde
> behalten kan mit werdekeit,
> daz ist ein nütziu arbeit. (Parzival 827, 19—24)

Aber nicht nur Wolframs Ritterideal deckt sich damit. Auch die „driu dinc" (guot-êre-gotes hulde), die Walther von der Vogelweide (8, 72) gerne in einem Herzen vereinigt sehen möchte, sind darin zu einer Lebenslehre zusammengefaßt. Hartmann hat in diesem Lebensabschnitt eine neue Erkenntnis gewonnen. Das Leben in den ritterlichen Tugenden genügt nicht, um die „saelde" zu erringen. In die rational begreifbare ethische Wertordnung der Ritter muß das Irrationale mit hineingenommen werden. Das Schwankende, Trügerische der Welt, in der wahre „staete" nicht einmal in der „minne" den Lohn findet, der ihr gebührt (vielleicht eine persönliche Enttäuschung), sind der Grund für Hartmann, sich von einer Welt abzuwenden, die in dem Glanz ihrer höfischen Vollendung noch unverändert fortbesteht. Ihm selbst hat sich Frau Welt in allen Verführungskünsten gezeigt. Viel zu lange folgte er ihren Lockungen und fand keine innere Ruhe. Das alles ist vergangen, aber er fühlt sich noch unsicher und muß Christus anrufen, daß er ihm die Kraft gebe, sein Wort zu halten und der Welt zugunsten des Kreuzes zu entsagen.

> nû hilf mir, herre Krist,
> ...
> daz ich mich dem entsage
> mit dînem zeichen deich hie trage. (210, 19, 21 und 22)

In diesem Entschluß wird er durch den Schmerz um den Tod seines Lehnsherrn bestärkt. Hier ist ein Hinweis auf die Kreuzbullen und -predigten erforderlich. Mit der Kreuznahme wurde den Teilnehmern an der Fahrt die ewige Seligkeit versprochen. In dieser Heilsgewißheit lag der höchste Lohn. Hartmann will dem geliebten Herrn die Hälfte seines ewigen Lohns abtreten, den er mit der Kreuznahme gewinnt. Damit ist der hohe Wert der „triuwe" des Lehnsritters zu seinem Herrn nochmals betont und ganz in die Realität des Zeitgeschehens hineingenommen:

> Mag im ze helfe komen
> mîn vart diech hân genomen,
> ich wil irm halber jehen:
> vor gote müeze ich in gesehen. (210, 31—34)

Eine Strophe reiner Poesie reiht sich an dieser Stelle an und bringt in ihren Symbolwerten den irrationalen Charakter dieser Kreuzzugslyrik zur Wirkung. „Kristes bluomen", die Zeichen der Gottesritterschaft, verkünden eine „sumerzît", die sich jetzt schon zu erfüllen beginnt. Erst nach der Kreuznahme, seitdem auf Mantel und Rüstung das Zeichen des Kreuzes leuchtet, ist die Zeit einer tieferen „fröide" angebrochen, die im Gegensatz zu der von der höfischen Gesellschaft geforderten von keiner Sorge mehr gefährdet werden kann. Gott verhilft all denen, die ausziehen, zu der vollen Seligkeit (zehenden kor), die in jenen Bereichen liegt, aus denen der „helle mor", der Teufel, sich selbst verstieß, die sich aber denen wieder öffnet, die Gottes Ruf jetzt folgen. Darauf kommt es an, daß diejenigen, die das Kreuz nehmen, auch wirklich von der Welt mit ihren Verlockungen scheiden können. Der Dichter ist Gott dankbar dafür, daß er sich jetzt den Bindungen der Welt entziehen und innerlich frei an der großen Fahrt teilnehmen kann. Der Entschluß zur Kreuzfahrt wirkt auf Hartmann wie eine Erlösung. Er bekennt sich zur wahren „fröide", die umfassender und tiefer ist, als die aufgegebenen Freuden der Welt. Ein neues Leben hat begonnen:

> got hât vil wol ze mir getân,
> als ez nû stât,
> daz ich der sorgen bin erlân,
> die manger hât
> gebunden an den fuoz,
> daz er belîben muoz
> swenn ich in Kristes schar
> mit fröiden wünneclîchen var. (211, 12—19)

Dieser ritterlichen Form einer in den Dienst Gottes gestellten vita activa wird in einer Mahnung an die zurückbleibenden Frauen eine Art des kontemplativen Lebens gegenübergestellt, die im Streben nach der „sêle heil" der Kreuzfahrt gleich geschätzt wird. Auch hier ist die ethische Formung der

„rehte muot", die Reinheit der Gesinnung, Vorbedingung für den himmlischen Lohn. Dafür die selbständige Strophe 211, 20:

> Swelch vrowe sendet lieben man
> mit rehtem muote ûf dise vart,
> diu koufet halben lôn dar an,
> ob sî sich heime alsô bewart
> daz sî verdienet kiuschiu wort. (211, 20—24)

Das Gebet der Frau wird als die ihrem Wesen gemäße Form des in den Dienst Gottes gestellten Lebens an erlösendem Wert der Kreuzfahrt gleichgeachtet:

> sî bete für sî beidiu hie,
> sô vert er für sî beidiu dort. (211, 25—26)

Nicht die innere Verbundenheit zwischen den Liebenden, das Mitleiden mit der Not des Entfernten, wie bei Johansdorf, spricht aus Hartmanns Zeilen. Der Frauendienst in seiner zur „triuwe" gewandelten Form der Minne spielt in seinen Kreuzzugsgedichten keine Rolle. Seine Strophe enthält ohne dichterische Umschreibung nur die Mahnung an die Frauen, sich von der neuen Frömmigkeit nicht auszuschließen, sich an dem sündentilgenden Opfer des Kreuzritters zu beteiligen, ohne die mögliche Allegorie: vrowe = „Frau Welt".

Der Dienst der Menschen aneinander ist eine Grundforderung Hartmanns. Die Bindung an das neue Dienstverhältnis ist so stark, daß der Lohn für die Kreuzfahrt auch auf die Seele des Herrn ausgedehnt werden kann, daß auch die Herrin am Lohn der Kreuzfahrt teilhat. Die beiden gesellschaftlichen Bindungen werden so zwar in ihrer bedingten Gültigkeit vor dem Unbedingten gesehen, sie werden aber gleichzeitig in ihrem Bestehen anerkannt und in die neue Zielsetzung hinübergenommen. Es bleibt bei Hartmann bei aller persönlichen Abkehr von der Welt doch die Anerkennung ihrer Ordnungen bestehen, nur daß sie überhöht werden durch das Streben nach dem höchsten Gut, dem Heil der Seele. Hinter diesem ethischen Streben nach der Vollendung durch den Dienst an Gott tritt das eigentliche Ziel der Kreuzfahrt, die Befreiung des Heiligen Landes, für Hartmann zurück. Das Wesentliche bleibt für ihn die christlich-ritterliche Zielsetzung, die Gestaltung des von „êre" und Dienst an Gott gleichermaßen bestimmten Lebensideals.

Hartmann verzichtet an keiner Stelle auf die hohe Bewertung ritterlicher „êre", wenn auch seine Absage an die höfische Minneauffassung klar betont wird. Er räumt dem Streben des höfischen Ritters nach „saelde" in der Welt seine Berechtigung ein. Er bezeichnet es sogar als Voraussetzung für die Gewinnung des ewigen Heils (210, 2—6). Die Hochwertung weltlich-ritterlichen Strebens richtet sich an den Stand, dem er selbst und das Publikum seiner Epen zugehören. Die Abwendung von dem trügerischen Minnedienst bleibt seine individuelle Entscheidung. Die Teilnahme an der Kreuzfahrt erscheint als Erfüllung der „triuwe" gegen den Herrn und gegen Gott. Die enge Bindung an den toten Lehnsherrn bringt Hartmann zu einer neuen Hinordnung seines Lebens auf den himmlischen Lehnsherrn. Der Einzelne hat über seine Nähe zu Gott und die Ausschließlichkeit seines ritterlichen Dienens zu entscheiden (209, 37 bis 210, 6). Diese Entscheidung hat jeder vernunftbegabte Mensch zu treffen (210, 6)[25].

Wenn man in der Folge von Hartmanns Kreuzliedern einen gewissen biographischen Gehalt in bezug auf seine innere Wandlung annimmt, muß man das Lied 218, 5 als den Höhepunkt seiner Entwicklung vom weltlichen Ritter zum Kreuzritter bezeichnen. Dieses Lied stellt in der Form eines Abschiedsgrußes an den vertrauten höfischen Kreis Hartmanns innere Haltung in ihrer neu gewonnenen Sicherheit dar. Die Bindung Gottes an den Ritter erscheint darin als ein Teil von Hartmanns Glauben. Gott hat ihn so erfüllt, daß er auf seine „sicherheit", auf sein Gelöbnis der Beugung vor der Gottesminne hin, zur Kreuzfahrt entlassen wird. Bewußt wählt Hartmann Vokabeln der Turniersprache, denn er hat ein Publikum vor sich, das diese Sprache selbst spricht und genau versteht. Sein Entschluß zur Fahrt soll auch vom „schildes ambet" her als beispielhaft für seinen Stand erscheinen. Die Gottesminne, das heißt hier Gott selbst, hat den Ritter überwunden und ihn gezwungen, ihren Dienst auf sich zu nehmen. Es ist die starke Bindung des Unterlegenen an seinen Überwinder, in dessen Dienst er „triuwe" und „eit" zu stellen hat[26]. Unter Minne ist hier Gottesminne zu verstehen:

> mich vienc diu Minne und lie mich vrî ûf mîne sicherheit.
> nu hât sî mir enboten bî ir liebe daz ich var.
> ez ist unwendic: ich muoz endelîchen dar:
> wie küme ich braeche mîne triuwe und mînen eit! (218, 9—12)

Noch einmal wird nachdrücklich betont, daß erst die Auflösung der irdischen Bindungen die Überwindung durch die Gottesminne möglich gemacht hat. Die umstrittenen Zeilen:

> und lebt mîn herre, Salatîn und al sîn her
> dienbraehten mich von Vranken niemer einen fuoz. (218, 19—20)

enthalten nach meiner Auffassung die Bestätigung dieser inneren Wandlung. Auf diese kommt es in unserem Zusammenhang an. Wenn überhaupt der von C. v. Kraus gegebene Text — auch metrisch — zu halten ist, dann muß vom Gesichtspunkt der Kreuzzugsidee aus die Beziehung des „herre" auf den Dienstherrn Hartmanns bestehen bleiben. Nur der Tod des Dienstherrn und die daraus folgende innere Wandlung des Dichters, nicht so sehr die Bedrohung des Heiligen Landes veranlaßt die Entscheidung zur Kreuzfahrt. Das Verhältnis des Ritters zu Gott hat sich gegenüber den früheren Kreuzliedern in ein unauflösliches Lehensverhältnis gewandelt. Versteht man unter dem „herre" den Dienstherrn Hartmanns, so bedarf es weder einer Änderung des Textes, noch einer langen im Gedicht gar nicht zum Ausdruck gebrachten Gedankenreihe, um den so oft diskutierten angeblichen Widerspruch in 218, 19 aufzulösen. Vergleicht man die beiden Gedichte 209, 25 und 218, 5 so kann man außerdem die enge Beziehung von 210, 23 (sît mich der tôt beroubet hât des herren mîn) und der umstrittenen Zeile 218, 19 (und lebt mîn herre ...) feststellen. In diesen Zeilen bringt Hartmann deutlich zum Ausdruck, daß der Tod seines Herrn in ihm die Abkehr von allem Weltlichen bewirkte und daß dieses Ereignis in ihm den inneren Anstoß gab zur Hinwendung zur Gottesminne und zur Kreuznahme[27]. Auch die Zeile des oft zitierten Anfangs des „Armen Heinrich": „dienstman was er z'Ouwe" spricht für die Annahme, daß es sich um Hartmanns Dienstherrn handelt. Man sollte im Sinne der Funktion, die der Prolog der höfischen Epen des Hochmittelalters hat, dieser Notiz Hartmanns den biographischen Wert belassen.

Hartmann spricht in 218, 5 bis 218, 18 von der Kraft der Gottesminne, die ihn überwunden hat und ihn aus seiner Heimat über das Meer fortzuziehen vermag.

> ich wil mich rüemen, ich mac wol von minne singen,
> sît mich diu minne hât und ich sî hân. (218, 23—24)

Man kann gerade die Zeile 218, 24 „sît mich diu minne hât und ich sî hân" auf die Zeilen des Liedes 210, 23 „sît mich der tôt beroubet hât des herren mîn" beziehen. Dabei ist es naheliegend, daß das jeweils am Verseingang stehende „sît" auf das gleiche Ereignis hindeutet: auf den Tod des Lehnsherrn Hartmanns, der in ihm den Anstoß zur Weltabkehr und die bedingungslose Hingabe an Gott bewirkte. Von hieraus erscheint dann der Vers 218, 19 f. als eine Bekundung des Dichters, daß er selbst einst dem gleichen „wân" verfallen war wie die Minnesinger, die er dann mahnend anspricht. Hartmann bringt also in 218, 19 zum Ausdruck: „Und wenn mein Herr noch lebte, Saladin und sein ganzes Heer brächten mich aus Franken keinen Schritt heraus", d. h., wenn er selbst (Hartmann) durch den Tod seines Herrn nicht zur reinen Gottesminne bewegt worden wäre, er würde sich jetzt in demselben „wân" befinden, wie die Minnesinger, die er anspricht. Da ihn aber der Tod seines Herrn aus der Verfallenheit an die weltliche Minne befreit hat und er dadurch das Tun der Minnesinger als „wân" erkennt, darf er nun als ein um die Gottesminne Wissender die eindringliche Mahnung an die dem „wân" Verfallenen richten:

> Ir minnesinger, iu muoz ofte misselingen:
> daz iu den schaden tuot daz ist der wân. (218, 21—22)

Hier kann der tiefe Einschnitt in Hartmanns Entwicklung liegen. Aus dem zu Gott um Beistand und um ein Zeichen von Liebe Flehenden ist ein Gott-Gehöriger geworden. Das Verhältnis von Dienst und Lohn, zunächst von der ritterlichen Lehensverpflichtung aus gesehen, ist zu einem wechselseitigen Geben und Nehmen im Ergriffensein des Menschen von der Gottesminne geworden. Die Gottesminne hält den Dichter umfangen. Somit ist die Unterordnung des Ritters unter das Gebot der höfischen Minne, das unbefriedigende Verhältnis des Frauendienstes, dessen Lohn ungewiß ist:

> ir ringent umbe liep daz iuwer niht enwil: (218, 27)

der Gewißheit der Gottesminne gewichen. Hier sollte die Entwicklung des Hartmannschen Gottesbegriffes ernst genommen werden. Auch für den Minnesinger Hartmann steht Gott als helfende Macht über der irdischen Not. Aber für den, der freiwillig zur Kreuzfahrt aufbricht, erscheint Gott als ein noch Größerer: als ein „minnender" Gott (218, 9), der sich dem ihn suchenden Herzen zuneigt und es ganz erfüllt:

> daz ich dâ wil, seht daz wil alse gerne haben mich: (218, 25)

Diese neue Minne zu Gott, nicht mehr nur die des Abstandes und der höfischen Verehrung hat sich in sein Herz gesenkt. In dieser Minne gibt es keine Unsicherheit mehr, kein unerfülltes Hoffen wie in der „wân-wîse" des Minnesangs. Das Angenommenwerden ist bereits von Gott vollzogen. In dieser neugewonnenen Gewißheit in der Beziehung zu Gott ist auch der in der Kreuzzugsthematik übliche Lohngedanke überwunden. Das Abwägen von Dienst und Lohn ist unwichtig geworden. Hier ist der amor Dei in seinem doppelten Sinn als Liebe Gottes zum Menschen und Liebe des Menschen zu Gott wirksam. Diese Heilsgewißheit gibt Hartmann das Recht, sich an seine Standesgenossen zu wenden und ihnen den neuen Weg zu zeigen. Die Hingabe an eine Fiktion der Liebe, der keine wirkliche Erfüllung beschieden ist, der Einsatz der Kräfte für ein nur gedachtes Ziel, alles was auch sein eigenes Leben vorher erfüllt hatte, wird nun von Hartmann in seiner Wertlosigkeit gegenüber dem letzten Wert in der Gottesminne erkannt:

> Sich rüemet manger waz er dur die Minne taete:
> wâ sint diu werc? die rede hoere ich wol. (218, 13/14)

> sô müezt ab ir verliesen under wîlen wânes vil:
> ir ringent umbe liep daz iuwer niht enwil:
> wan mügt ir armen minnen solhe minne als ich? (218, 26—28)

Die eigene neuerrungene Gewißheit vom Ruhen in Gott berechtigt zu einer Dichtung, die zur Nachahmung des eigenen Weges auffordert. Neugewonnene Harmonie und feste Einordnung in die Beziehung zu Gott ermöglichen eine neue Beurteilung der „Welt" von der sicheren Höhe des eigenen Standpunktes aus, zu dem die Überwindung des Zwiespaltes zwischen Gott und der Welt und ihrer Widerstände berechtigt. Auch die Form des Gedichtes, Strophen des weltlichen Minnesanges, die mit dem neuen Inhalt erfüllt werden, die Darstellung religiösen Inhalts in der Terminologie der Minnelyrik, bezeugt das Einswerden beider Lebensinhalte: Verpflichtung zum Kreuzzug und Freiheit von den Bindungen an das Irdische in einer neuen Wertung der ritterlichen Welt durch den vollzogenen Gottesdienst im Kreuzzug.

Heinrich von Rugge

Rugges Dichtung hat mit Hartmanns Liedern eins gemeinsam: die Neigung zur ritterlichen Didaxe. Für beide bedeutet die Bewertung der Kreuzzugsteilnahme und der Minne eine Probe auf ihr bisheriges ritterliches Leben. Beide kennen die Lebenswerte der höfischen Gesellschaft genau und wenden sich doch von ihnen ab. Rugge zeigt sich in dem Lied 102, 1 und in seinem Kreuzleich als Dichter einer neuen christlich-ritterlichen Lebenslehre in einer hohen künstlerischen Form. Das Lied 102, 1 stellt die kennzeichnende neue Thematik heraus. Eine Minne- und eine Kreuzzugsstrophe sind immer zu einer Einheit zusammengeschlossen, die aus solcher inhaltlichen Gegensätzlichkeit ihre Spannung gewinnt. Es ist kein Übergang zwischen den beiden Welten gegeben. Strophe steht gegen Strophe, „lôn" gegen „bezzer lôn" und durch diese Gegenüberstellung wird der Minnelohn nur noch fraglicher und stärker abgewertet. Die Minnestrophe (102, 1—13) hebt sich über alle bisher erwähnten dadurch hinaus, daß sie bewußt kein Wort der höfischen Ideologie mit Ausnahme von „minne" gebraucht und so höchste Wahrhaftigkeit erreicht. Mit dieser Wahrhaftigkeit gewinnt das Lied seine besondere Bedeutung für die Aussage des Schmerzes (ungemach), der durch die Kreuznahme entstanden ist. Der Ritter liebte eine frouwe so, daß ihm „sêle" und „lîp" nichts mehr bedeuteten. Jetzt hat sich diese Liebe von seiten der frouwe in das Gegenteil verkehrt. Von aller Minneseligkeit trennt ihn die Verwandlung des Gefühls, die durch die Kreuznahme eingetreten ist. So versteht man die schwierige erste Strophe sinn- und situationsgemäß, wenn man das „nû" der zweiten Zeile ernst nimmt und beobachtet, wie oft es innerhalb der Strophe wieder auftaucht:

> Ich was vil ungewon
> des ich nu wonen muoz,
> daz mich der minne bant
> von sorgen lieze iht frî.
> nu scheidet mich dâ von
> ein ungemaches gruoz.
> der was mir unbekant:
> nust er mir alsô bî,
> vil gerne waere ichs frî.
> mirn wart diu sêle noch der lîp
> dêswâr nie lieber danne mir ie was ein wîp
> diu eteswenne sprach, daz selbe waere ich ir:
> nu hât siz gar verkêret her ze mir. (102, 1—13)

Geht es in dieser Strophe schon um eine ernste Wahrheit, so kommt in der Kreuzzugsstrophe eine höhere Wahrheit zu Wort, die der Gottesminne:

> jâ liez er wunden sich,
> do er unser wolde pflegen (102, 18—19)

Die Kreuzliedstrophe enthält alle von dieser Liedgattung aus den Kreuzzugspredigten übernommenen Gedanken in eigenster Durchformung. Gott hat für uns gelitten, wir sollen es ihm vergelten; auch unsere Sünden fordern Sühne, wir sind uns ihrer bewußt; wir erwerben durch unseren Dienst die ewige Seligkeit; ich selbst bekenne mich feierlich dazu, es ist mir heiliger Ernst:

>   Des lîbes habe ich mich
>   dur got vil gar bewegen.
>   ez waere ein tumber wân,
>   dûht ich mich des ze guot.
>   jâ liez er wunden sich,
>   do er unser wolde pflegen:
>   der im des lônen kan,
>   wie saeliclîche er tuot!
>   wir toben umbe guot.
>   nu lânt mich tûsent lande hân:
>   ê ich si danne wisse, sô müest ich si lân,
>   und wirt mir dar nâch niht wan siben füeze lanc.
>   ûf bezzer lôn stêt aller mîn gedanc. (102, 14—26)

Zugleich hat der Todesgedanke (102, 25) hier eine knappe aber wirkungsvolle Poetisierung erfahren. Die Vorstellung, daß tausend Lande nichts bedeuten vor der Allmacht des Todes, unterstreicht noch sinnfälliger die Notwendigkeit des Strebens nach dem Heil der Seele.

„Ûf bezzer lôn stêt aller mîn gedanc..." (102, 26). Das ist auch das Thema des Kreuzleichs von Heinrich von Rugge. Aber im Leich wird der Lohn genannt, nach dem der Dichter strebt: daz frône himelrîche (96, 24). Wie dieses Höchste zu erwerben ist, davon spricht Rugge sehr eindringlich. Er erteilt seinen „wîsen rat" als ein Ritter, obwohl es eigentlich geistlichen Herren zustände, solche „wîsheit" zu spenden. Als ungelehrter, unerfahrener „tumber man" ist er zu der höchsten religiösen Einsicht gelangt, „wiez umbe gotes wunder ist getân" (96, 2). Diese will er auf seine laienhafte Art als ritterlicher Dichter seinen Standesgenossen darbieten. So glaubt er das Interesse seiner Zuhörer besser zu wecken. Darum bezeichnet er sich auch am Schluß noch einmal ausdrücklich als der tumbe man von Rugge (99, 21). Durch diese Betonung seines Laientums ist sein Rat rhetorisch wirkungsvoll eingeschlossen. Die Deutung von „gotes wunder", die er gibt, geht jeden an, sie muß von jedermann verstanden werden:

>   swer im nieht gerne dienen wil,
>   der ist verlorn:
>   wan sîn zorn
>   vil harte ergân muoz über in. (96, 13—16)

Die „nova devotio" klingt als Thema an. Freudiger Dienst wird verlangt, nicht nur Erfüllung einer Pflicht. Die zweite Strophe setzt dieses Thema fort und vertieft es durch die Beziehung auf den jetzigen Augenblick, durch das wiederholte (schon aus dem vorigen Gedicht bekannte) „nu". Die Passion, zu der jetzt aufgerufen wird, ist unaufschiebbar, gerade in diesem Augenblick wird ein „lange wernder hort" dem verheißen, der Gott jetzt dienen will (96, 19/20). Das „nunc" der kirchlichen Aufrufe und Predigten mischt sich bei Rugge immer wieder in die eindringliche geistliche Thematik. Jeder Einzelne soll sich seinen Rat zu Herzen nehmen, nach dem Vorbild derer, die schon den himmlischen Lohn empfangen haben (96, 23—25).

Die dritte Strophe hebt die Schwierigkeiten hervor, die sich dem Einzelnen aus seiner Entscheidung für die Kreuzfahrt ergeben. Nur wer die willige Freudigkeit zum Dienst an Gott aufbringt, verdient die Gnade Gottes. Aber diese Forderung ist nicht leicht zu erfüllen. Die innere Bereitung zum Dienst an Gott verlangt es, die „bloeden gir" aus dem Herzen zu reißen, alle Schwachheit und alle Verlockungen, die den Menschen an die Welt binden. Diese Stelle ist eine der wenigen Partien des Leiches, welche den Widerstreit von Gottes- und Frauenminne in seinem Niederschlag im Wesen des Dichters selbst darstellen. Die Liebe zu Gott, die Sehnsucht überirdische Freuden zu gewinnen, wandelt und überwindet die Minnethematik. Absichtlich hat Rugge in dieser Strophe die Ich-Form verwendet. Keiner, auch er selbst nicht, darf zurückstehen, wenn der Dienst an Gott notwendig ist. Auch er als Minnesinger muß seinem bisherigen weltlichen Lebenswandel ein Ende setzen. Er sagt absichtlich „die noch mîn herze treit", denn er fühlt, daß er innerlich noch nicht auf diese neue Lebensrichtung vorbereitet ist. Er ist noch nicht frei von allem Leid der Minne, von dem er in dem Lied 102, 1 sprach. Auf die Qual, die dem Herzen eines Liebenden durch den Entschluß zur Kreuzfahrt erwächst, auf den unauflöslichen Konflikt zwischen Frauen- und Gottesminne spielt Rugge an. Seine trotzdem endgültige Entscheidung für die „nova devotio" wird unter der gegenwärtigen Forderung der Kreuznahme in den folgenden Strophen des Leichs noch tiefer begründet.

Sie sprechen von der Bedeutung des Zeitpunkts, der die Entscheidung besonders dringend macht. Wieder setzen sie ein mit dem augenblickwertenden „nu":

        Nu sint uns starkiu maere komen:
        diu habent ir alle wol vernomen.
        nu wünschent algelîche
        Heiles umbe den rîchen got
        (wand er revulte sîn gebot)
        dem keiser Friderîche. (97, 7—12)

Die Nachricht von der Katastrophe des Kreuzheeres unter Barbarossa ist eingetroffen, zugleich die Meldung, daß der Kaiser selbst und viele seiner Ritter umgekommen seien. Dieses Geschehen darf man ganz allgemein auch als äußere Entstehungsursache des Leichs werten. Die Kreuzzugsstimmung der Massen mußte sich angesichts der großen Verlustmeldungen und der verhältnismäßig geringen Erfolge allmählich abkühlen und die Möglichkeit der Organisation neuer Kreuzzugsheere in Frage stellen, wenn nicht eine verstärkte Propaganda neue Begeisterung entfachte. Rugge geht hier vom Dichterischen her gesehen eigene Wege. Er umgibt die Nachricht vom Tode des Kaisers mit allen Symbolen der kirchlichen Heilsverheißung, weil die Klage um den Tod Friedrichs I. und seiner Mitkämpfer verbunden werden soll mit der Fürbitte für die eigene Erlösung. Die Seelen des Kaisers und seiner Getreuen haben bereits ihren Lohn vor Gott erlangt, der ihre Bitten hört und sie nicht vergißt. Darum sind es „starkiu maere". Wie im Volksepos soll mit diesem Wort gleichzeitig die Schwere des Verlustes und die Größe des Gewinns gemeint sein, die in einer solchen Botschaft liegen. Der Kaiser erfüllte das Gebot Gottes auf dem Kreuzzug. Das bedeutet im christlichen Sinn, daß er Gott bis in den Tod gedient hat, daß er als sein Lehnsmann seine „triuwe" erfüllte. Sein Tod bedeutet aber auch eine Verpflichtung für Gott seinem getreuen Lehnsmann gegenüber. Von ihm geht Heil oder Unheil, Lohn oder Strafe aus. Mit der Klage um den Tod setzt die Fürbitte für die Toten ein, aber auch die Besinnung auf die eigene Verpflichtung, die den Lebenden aus dem Tod der Gottgetreuen erwächst.

Neben der Klage soll Freude die Herzen der Trauernden erfüllen. Sie dürfen an dem Los der für Gott Gefallenen, an deren Erlösung, mit Freuden Anteil nehmen:

> Daz wir geniezen müezen sîn
> des er gedienet hât
> und ander manec bilgerîn,
> der dinc vil schône stât (97, 13—16)

Die Gedankenlenkung bei den Totenfeiern des Mittelalters, die stets auf die merita sanctorum Bezug nimmt, vor allem die Gebete der Totenmesse, werden hier übertroffen. Rugge erreicht eine eindrucksvolle Vertiefung der Gebetsformel „et lux aeterna luceat eis": „der sêle sint vor gote schîn" (97, 17)[28]. Ihr Opfersinn offenbart sich nicht erst vor Gott, sondern leuchtet aus diesen Seelen, weil sie schon im Leben ihm gehören und in seiner Herrlichkeit erstrahlen. Auch die Trauernden haben die Möglichkeit, sich durch die Kreuznahme dieses himmlische Heil zu erwerben. Bernhard von Clairvaux' Wort vom „prudens mercator" hat hier einen guten Platz:

> der selbe sedel ist uns allen veile.
> Swer in nu koufet an der zît,
> daz ist ein saelekeit,
> sît got sô süezen market gît. (97, 19—22)

Wie in Carmina Burana XII, 2[29] steht das Bild vom „süezen market" im Vordergrund, da Gottes Güte den Menschen für einen geringen Preis die Seligkeit erkaufen läßt. Der Gedanke, der in gewissem Sinn schon 97, 11 und 97, 18 auftaucht, wird deutlich ausgesprochen:

> jâ vinden wir gereit
> lediclîchen âne strît
> grôz liep ân allez leit. (97, 23—25)

In der Minne gibt es „strît" und „leit", wie es Rugges Lied 101, 15 aussagt. Im Einssein mit der Gottesminne ist alles irdische Minneleid überwunden.

In Strophe VI findet Rugge persönlichere Worte des Trostes für alle die, die Freunde und Verwandte auf der Kreuzfahrt verloren haben. Es wäre töricht, sie zu sehr zu beweinen. Nicht die Toten sind zu beklagen, sondern die Lebenden, deren Seelen Schaden genommen haben. Das ist die große Kunde, die er bringt — wieder das Wort „maere" —:

> unser leit daz ist ir spil (97, 33)

Was für uns Leid bedeutet, ist ihnen Freude. Nochmals bestimmt die Verwandlung des Todesgedankens in den Heilsgedanken, diesmal in die christlich-ritterliche Weltanschauung gehüllt, seine Worte. Volkstümliche Wendungen werden in die religiöse adhortatio aufgenommen:

> diz kurze leben daz ist ein wint:
> wir sîn mit sehenden ougen blint,
> daz wir nu got von herzen niet mit rehten triwen meinen.
> (97, 39 bis 98, 1)

In zwei gnomischen Zeilen wird hier die Nichtigkeit des Lebens gekennzeichnet. Es sind bildhafte Vergleiche, die aus dem religiösen Bereich stammen[30].

Hier bricht wieder Rugges Selbständigkeit als Dichter durch, die Inhalt und Form eng verbindet. Nicht zufällig werden die allgemein bekannten Sentenzen von der Vergänglichkeit des Daseins in zwei mit Binnen- und Endreim gezierte Langzeilen eingeschlossen. Die Grundstrophe VII (97, 37 und 98, 1) erreicht mit ihren Responsorien VII b (98, 5 und 98, 10) und VII c (99, 5 und 99, 10) eine besondere Wirkung. Hier liegen kunstvolle Ausdrucks- und Aufbauelemente vor, die die große symphonische Schlußstrophe vorbereiten. Alles an „wîsheit", was zwischen den drei Langzeilenpaaren kunstvoll eingeschlossen ist, stammt aus dem Geist der höfischen Welt des Rittertums. Die Toten haben mit ihrem Kaiser zugleich die „liehte Himelskrone" und weltliche Ehren durch ihren Opfertod auf der Kreuzfahrt erworben. Damit sollen die ritterlichen Zuhörer gefesselt werden. Ihnen allen fielen diese Werte „sunder strît und âne nît" zu, also ohne die Unzulänglichkeiten des ritterlichen Minnedienstes, denn darauf verweist die Formel. Die innere Entfernung Rugges von der üblichen Minnesangsthematik seiner Zeit kommt hier — in besonders künstlerischer Hervorhebung — zum Ausdruck. Ritterliche und geistliche Argumente bleiben eng miteinander verknüpft. Das Bild vom schlafenden Gott[31], der vom Teufel überrascht wurde und so sein Land verlor, wird ausgelöscht durch die Darstellung eines kriegerischen Gottes, der jetzt („nu") den Kampf gegen den Teufel an der Spitze seiner Degen aufnimmt und die militia dei zum Siege führt. Zur Bewährung ihres „mannes muotes" werden die Helden aufgerufen und gleichzeitig unter Gottes Schutz gestellt.

> Swer nu daz crûce nimet,
> wie wol daz helden zimet!
> daz kumt von mannes muote.
> got der guote in sîner huote
> si zallen zîten hât,
> der niemer si verlât. (98, 21—26)

Das Gegenbild des Feigen, „der mannes herze nie gewan", in einer lebendigen, realistischen Dialogszene hebt sich scharf von dem Idealbild des christlichen Ritters ab (98, 27 bis 98, 36). Der Feige verliert beides, weltliche Ehre und himmlisches Heil. Nach dieser Gegenüberstellung kann es keinen Zweifel mehr darüber geben, wie sich der wahre höfische Ritter zu entscheiden hat, denn nur wer den rechten „mannes muot" nicht hat, dem ist die höfische Gesellschaft verschlossen. Er hat keinen Anspruch mehr auf die höchsten Werte der ritterlichen Welt, auf Ehre, Minne und Gottes Huld. So kann Rugge gleich mit einem Abschiedswort an die ausziehenden Kreuzritter anschließen:

> gehabent iuch, stolze helde, wol (99, 2)

Von der IX. Strophe spannt sich der Bogen über das realistische Zwischenspiel zu der machtvollen Ansprache an die ausziehenden Helden. Die Gedanken der Kreuzzugspredigten seit Urban II. und Berhard von Clairvaux häufen sich darin, allerdings nicht in der üblichen Art der reinen Ausnutzung von Predigtgut, sondern unter dem Gesichtspunkt des Todesgedankens. Rugge richtet seinen Blick vom Diesseits auf das Jenseits. Er reflektiert vom Todeserlebnis seines Kaisers aus und verbindet Wissen und Glauben zu der Einheit einer Weltschau, die im Tod das Leben sieht und die diesseitigen Werte am Jenseits mißt. Darin liegt die Erklärung seiner Auffassung von der Nichtigkeit des Lebens, die ungewohnt erscheint und an Cluny erinnert, ohne aus Clunys Geist zu leben. Die Nähe des Todes und die Pflicht zur Kreuznahme führen zu der demütigen Beugung des Ritters vor dem Reich Gottes in einer jenseitigen Welt. Rugge spricht als Ritter zu den Rittern seines toten Kaisers und fordert sie auf, als christliche Gottesstreiter dessen Kampf weiterzuführen.

> Ich râte iu dar ich selbe wil:
> nu nement daz crûce und varent dâ hin,
> (daz wirt iu ein vil grôz gewin)
> und fürhtent nieht den tôt. (99, 17—20)

V. Teil

ZUR GESCHICHTLICHEN SITUATION
DER KREUZZÜGE INNOZENZ' III.
UND FRIEDRICHS II. (1198—1230)
DER VERFALL DER KREUZZUGSIDEE
IM 13. JAHRHUNDERT

I. KAPITEL

Der Kampf zwischen Kaisertum und Papsttum

Mit Innozenz III. (1198—1216) kehrt die Vormachtstellung des Papsttums zurück. Aus seinem starken Sendungsbewußtsein heraus beansprucht er als zwischen Gott und die Menschen gestellter Mittler die Herrschaft über alle weltlichen Reiche. Er befreit unter Ausnutzung der — durch das straffe Regiment Heinrichs VI. hervorgerufenen — antideutschen Stimmung in Oberitalien die Kirche aus der deutschen Umfassung und erweitert den Besitz des Kirchenstaates durch Erneuerung alter wirtschaftlicher und politischer Rechtsansprüche. Als Vormund Friedrichs II. nimmt er Einfluß auf die Regierung Siziliens. Die Doppelwahl der deutschen Kaiser, die er gegeneinander ausspielt, macht es ihm leicht, Deutschland als politischen Gegner auszuschalten, und da auch Frankreich und England in innere Kämpfe verwickelt sind, liegt die Führung des Abendlandes unbestritten in seiner Hand.

Die Kreuzzugsidee hatte nach den Kreuzzügen Barbarossas und Heinrichs VI. als völkerverbindende Bewegung weiter an Kraft verloren. Die Auswahl der Gottesstreiter allein aus dem Ritterstand, die Verwendung einer Truppe von Söldnern neben den eigentlichen Kreuzrittern hatten das Heer Heinrichs VI. stark von den Scharen unterschieden, die von der Bußbewegung der früheren Kreuzzüge erfaßt waren. Innozenz III. formulierte die Kreuzzugsidee nochmals in ihrer alten Reinheit und Strenge. Er richtete eine energische Kreuzzugsaufforderung an die geistlichen und weltlichen Fürsten in England, Frankreich und Deutschland und erreichte, daß sich im Jahre 1204 ein großes Heer in Venedig versammelte. Die Nichtkämpfer wurden zurückgewiesen. Die oberste Leitung lag in der Hand des Papstes. Aber die stark opportunistische Politik der Kreuzfahrer wich sehr von der der ersten Kreuzritter ab, bei denen die religiöse Idee in ihrer ganzen Unbedingtheit lebendig war, und deren Heer in völliger Unterwerfung unter die Autorität des Papstes seine Aufgabe erfüllte. Der Geist der ersten Gottesstreiter beseelte nur noch einen Teil der Kreuzfahrer, aus deren Reihen dann auch der Widerstand gegen die Wendung des Heeres zur Eroberung von Byzanz statt zur Befreiung von Jerusalem kam. Bestimmend für Verlauf und Ausgang des Kreuzzuges war jedoch ein neuer soziologischer Faktor, der hier zum ersten Mal in Erscheinung trat.

Die Rolle der Stadt Venedig, deren Doge Enrico Dandolo einen entscheidenden Einfluß auf die Führung des Kreuzzuges nahm, ist bezeichnend für die neue Machtstellung der Städte zwischen Kirche, Königtum und Hochadel. Bereits im 12. Jahrhundert hatte der Erfolg des ersten Kreuzzuges die Entwicklung der Städte, zunächst in der Lombardei, begünstigt, die durch die neu erschlossenen Handelswege zum Orient und durch die Organisation der Pilgertransporte nach dem Heiligen Land einen wirtschaftlichen Aufschwung genommen hatten. Die Bevölkerung dieser Städte, die bald nach größerer Selbständigkeit in Verwaltung und Wirtschaft strebten, bildete als geschlossene, von bürgerlichen Laien regierte Gemeinschaft eine nüchtern rechnende politische Macht, die in den Kämpfen zwischen Kaiser und Papst einen wesentlichen Faktor darstellte. In Deutschland waren die Städte seit Heinrich IV. durch Sonderbestimmungen gegen Übergriffe des Adels geschützt und wurden von seinen Nachfolgern in ihrer Macht gefördert. Neugründungen kamen hinzu. Die auf die nächstliegenden Erfolge gerichtete Politik des Dogen von Venedig bestimmte den Verlauf des vom Papst mit soviel Eifer betriebenen Kreuzzuges. Auf Veranlassung der Venezianer wurde die christliche Stadt Zara angegriffen, deren Herrscher selbst zu den Kreuzfahrern gehörte. Dieser ungerechte Angriff, der allen Kreuzzugsbestimmungen zuwiderlief, mußte vom Papst mit dem Bann beantwortet werden. Dieselbe Nichtachtung kirchlicher Anordnungen wiederholte sich auf Veranlassung der Venezianer in der entscheidenden Wendung des Heeres zum Angriff auf Byzanz. Die Eroberung des byzantinischen Reiches, durch ein Abweichen von der Kreuzzugsidee erreicht, stellte nur nach außen einen Machtzuwachs des Papstes dar. Tatsächlich bedeutete sie neben der weiteren Schwächung der Kreuzzugsidee auch eine Schwächung der kirchlichen Stellung im Heiligen Lande, da die aus dem Abendland herbeigeholte Hilfe für Syrien nun auch zur Unterstützung der dünnen Erobererschicht des byzantinischen Reiches verwendet werden mußte und so die Aussichten auf eine kriegerische Eroberung Jerusalems immer geringer wurden. Daß sich das Heer so leicht durch eine günstige politische Konstellation von seinem ursprünglichen Ziel der Befreiung Jerusalems abwenden ließ, beweist, wie sehr die Kreuzzugsidee, die der Papst in seiner Werbung mit aller Strenge vertrat, bei der Menge der Kreuzfahrer an Wirkungskraft verloren hatte. Führte in den ersten beiden Kreuzzügen die unbedingte Gläubigkeit bis zur völligen Vernachlässigung aller realen Gesichtspunkte, so spricht aus der Art, wie im 4. Kreuzzug trotz der Androhung hoher Kirchenstrafen weltlichen Lockungen stattgegeben wurde, schon eine Erschütterung der unbedingten Autorität der Kirche. Der Papst selbst sanktionierte nachträglich die Eroberung Konstantinopels durch das Kreuzfahrerheer und die Gründung des von Rom abhängigen lateinischen Königreiches in Byzanz. Die schon von Gregor VII. erstrebte Vereinigung beider Kirchen unter römischer Oberhoheit bot ihm einen Ausgleich dafür, daß in diesem Kreuzzug die ursprüngliche religiöse

Zielsetzung außer acht gelassen und die Eroberung des Heiligen Landes nicht erreicht wurde.

Obgleich der 4. Kreuzzug gescheitert war, gab der Papst den Plan einer Rückeroberung Jerusalems nicht auf. Durch eine besonders sorgfältige Organisation und bis ins einzelne gehende Bestimmungen unterstützte er die Werbung für die Kreuzzugsidee, der die vielen Mißerfolge und die Wandlungen in der soziologischen Struktur der Kreuzheere schon viel von ihrer ursprünglichen Wirkungskraft genommen hatten. Um 1213 setzte eine erneute Kreuzzugswerbung ein und auf dem 4. Laterankonzil 1215 wurden alle Einzelbestimmungen zusammengefaßt in einem Erlaß „Expeditio pro recuperanda terra sancta"[1]. Das Ablaßversprechen der früheren Päpste wird darin in vollem Umfang aufrechterhalten, Innozenz erweitert es ausdrücklich auf diejenigen, die nicht selbst an der Fahrt teilnehmen, sondern einen Kreuzfahrer auf ihre Kosten ausziehen lassen. Voraussetzung für den Ablaß ist die Beichte und die ehrliche Reue. Aber der Begriff des persönlichen Opfers, das Nacherleben der Passion Christi auf dem beschwerlichen Weg ins Heilige Land, wird durch die Möglichkeit der stellvertretenden Fahrt in den Hintergrund gerückt. Das Versprechen des himmlischen Lohnes, der ewigen Seligkeit, wird von Innozenz beibehalten[2]. Man verpflichtet hohe weltliche und geistliche Herren, selbst auszuziehen oder eine ihrer Stellung gemäße Zahl von Kriegern für drei Jahre auszurüsten. Feste Kreuzzugssteuern werden erhoben, in allen Ländern werden Opferstöcke aufgestellt. Nur die Kreuzfahrer selbst sind von den Steuern befreit. Ihre Person und ihr Besitz stehen während der Fahrt unter dem Schutz der Kirche. Sammlung und Verteilung der eingegangenen Kreuzzugssteuern werden ebenso genau organisiert wie der Predigtdienst, der systematisch die ganze Bevölkerung erfassen soll. Die von Barbarossa angeordnete Beschränkung der Teilnahme am Kreuzzug auf eine kriegerisch ausgebildete Ritterschar, die für ihren Unterhalt während des Zuges selbst aufkommen konnte, verfällt der Aufhebung. Gebete und Prozessionen werden angeordnet sowie Fürbitten für das Gelingen des Zuges. Der Papst, nicht ein weltlicher König, steht an der Spitze der Organisation. Den weltlichen Herrschern wird ein Gottesfriede von vier Jahren verkündet, die Turniere werden verboten. Das Gedankengut der Kreuzzugspredigt ähnelt dem der vorhergehenden Kreuzzüge, wenn sich auch Innozenz nicht mehr ausschließlich an die Kreise der Ritter wendet. Die Argumente entsprechen der ritterlichen Lebenslehre und werden in Dichtung und Predigt in gleicher Weise verwendet.

Parallel mit dieser intensiven Kreuzzugswerbung entsteht eine verstärkte reformatorische Tätigkeit innerhalb der Kirche. Die neu gegründeten Bettelorden der Franziskaner und Dominikaner (beide anerkannt 1215) bringen mehr noch als die beamteten Geistlichen die Lehren der Kirche zu neuer Wirkung und ziehen besonders die Bürger der reich und mächtig gewordenen Städte wieder in ihren Bann. Die Inquisition, die damals eingeführt wird, sichert die unbedingte Reinheit der kirchlichen Lehre und die Ausmerzung alles dessen, was sich nicht in ihren Rahmen einfügt. Neue Heilige, Franziskus (1182—1226), Antonius von Padua (1195—1231) und die heilige Elisabeth (1207—1231) zeugen von einer neu erfüllten Lebendigkeit des katholischen Glaubens und von der starken religiösen Empfänglichkeit des Volkes[3]. So gelang es der Kirche leicht, zu einem Zeitpunkt, als Zwistigkeiten unter den Mohammedanern einen Angriff günstig erscheinen ließen, den neuen Kreuzzug zu beginnen. Da Friedrich II., der 1215 das Kreuz genommen hatte, seinen Aufbruch verzögerte, lag die Führung diesmal auch auf politischem und militärischem Gebiet bei dem päpstlichen Kardinallegaten und bei den Ritterorden. Ein großes christliches Heer versammelte sich in Akkon, das als Stützpunkt und Winterquartier der Christen in diesem Feldzug auch in der Dichtung der Zeit immer wieder erwähnt wird. Differenzen in der Führung des Kreuzzuges, die dem päpstlichen Legaten sowohl von den Ritterorden als auch von dem König von Jerusalem streitig gemacht wurde, brachten auch diesen Kreuzzug um seinen Erfolg (1217—1221).

Der deutsche Kaiser Friedrich II. war seit seiner Krönung und gleichzeitigen Kreuznahme im Jahre 1215 vom Papst als der geeignete Führer im Kreuzzug angesehen worden. Als er sich aber nach langem Zögern im Jahre 1227 zu einem Feldzug gegen die Mohammedaner bereitfand, war er aus einem Schützling und Bundesgenossen der Kirche ihr erbitterter Feind geworden. Gregor IX., der die Kirche in ihrer Weltstellung zu erhalten suchte, erkannte in dem toleranten, religiös indifferenten, aller neuen Wissenschaft aufgeschlossenen Kaiser den Wegbereiter einer neuen Zeit, in der Laienkultur und weltliche Gelehrsamkeit das Weltbild der Kirche zu sprengen drohten. Der Kaiser, dessen Reich sich von Sizilien bis über die Alpen erstreckte, war auf eine Erweiterung seines Besitzes in Mittelitalien angewiesen und bedrohte so auch politisch den Besitz der Kirche. So wird die Geschichte des 5. Kreuzzuges ein Gleichnis für den aufs äußerste zugespitzten Kampf zwischen Kaiser und Papst und den von ihnen verkörperten Mächten, in dem die Wiedereroberung Jerusalems nur eine untergeordnete Rolle spielt. Die Kreuzfahrt erscheint nur noch als Objekt der politischen Schachzüge der beiden Gegenspieler.

Der Papst bannte Friedrich im Jahre 1227 wegen Nichterfüllung seines Kreuzzugsgelübdes. Friedrich zog trotz des Bannes — um dessen Lösung zu erzwingen — 1228 nach dem Heiligen Land, in das ihn auch eigene Herrschaftsansprüche nach seiner Heirat mit der Erbin von Jerusalem riefen. Der Papst, der vor der Bannung Friedrichs den Kreuzzug begünstigt hatte, verbot nun den Gläubigen die Teilnahme an der Fahrt des Gebannten, so daß dieser Zug eine rein politische Unternehmung Friedrichs und seiner Ritter blieb. Die Ritterorden unterstützten ihn zunächst gegen den Willen des Papstes, wurden aber durch seine Nichtachtung ihrer Privilegien von ihm abgewendet. Der Verfall der wahren Kreuzzugsidee ging soweit, daß der Papst die von Friedrich zurückgewonnene Stadt Jerusalem, um die so viele Kreuzfahrer vergeblich gekämpft hatten, wie jede Stadt, in die ein Gebannter einzieht, mit dem Interdikt belegte. In dem gleichen Maße, in dem er den Gläubigen verbot, den Kaiser zu unterstützen, rief er sie zur Verwüstung von Friedrichs italischen Besitzungen auf. Dieser auch für Laien offensichtliche Bruch der kirchlichen Versprechungen an die Kreuzfahrer trug dazu bei, Friedrichs Ansehen nach seinem Sieg über die Truppen des Papstes in den Augen der Welt zu erhöhen und schließlich die Zurücknahme des Bannes zu erzwingen. Der Friedensschluß zwischen Kaiser und Papst, nur durch Bußfertigkeit und schwerwiegende Zugeständnisse des ersteren erreicht, erwarb diesem Achtung und Stärkung seiner Macht in der Welt, der er dadurch den Frieden zurückgab. Die feindliche Einstellung des Papstes ging aber so weit, daß er jeden weiteren Kreuzzug verbot, um alle verfügbare Kampfkraft gegen Friedrich zu sammeln. Das Ziel der Vernichtung des als Gefahr für die Kirche erkannten Kaisers überwog die lebendige Wirklichkeit der Kreuzzugsidee und ging so weit, daß der Papst den von der englischen Kirche geworbenen Kreuzfahrern befahl, sich durch Geldzahlung von der Erfüllung des Gelübdes zu befreien. Der große Kampf zwischen Staat und Kirche, der das Mittelalter erfüllte und der in der ersten Hälfte des 13. Jh.s in eine letzte entscheidende Phase eintrat, stellte die Kreuzzugsbewegung in seinen Dienst und verwendete sie für seine Zwecke. In dieser Zweckbestimmtheit verblaßte die Kraft, die ihr innewohnte. So trug gerade die Politik der Päpste, die die Kreuzzüge zuerst ins Leben gerufen und später am meisten propagiert hatten, zu dem weiteren Absinken der Kreuzzugsidee bei. Von Innozenz III. und seinen Nachfolgern wurde der Begriff des Heiligen Krieges außer auf die Kämpfe im Heiligen Land auch auf die Feldzüge gegen die Ketzer und sogar gegen die Hohenstaufen angewendet. Man billigte den Teilnehmern an diesen Zügen den gleichen Ablaß zu, wie den Kämpfern um Jerusalem[4]. Die Ausdehnung des Begriffs „Kreuzzug" auf die abendländischen Feldzüge mußte sich aber für die Beteiligung an den Orientfeldzügen unheilvoll auswirken. Die Christen in Palästina beklagten sich bei Innozenz, daß durch die neuen Ablaßverordnungen der Zustrom zum Heiligen Land nachließe[5].

Aus der Bestimmung Innozenz III., daß derjenige, der nicht selbst auf die Kreuzfahrt ziehen konnte, den Zug mit Geld zu unterstützen hätte, erwuchs der Mißbrauch, das Kreuzzugsgelübde mit Geld abzulösen und so den damit verbundenen Ablaß zu erhalten. Man verlieh das Kreuz auch an Frauen, an Alte und Kranke, die sich dann mit Geld von dem Gelübde freikaufen mußten[6]. So ist es verständlich, daß sich eine echte Kreuzzugsbegeisterung bei der Masse der Gläubigen nicht mehr wecken ließ, obwohl auch im 13. Jahrhundert die Kreuzzugspropaganda intensiv betrieben wurde. Besonders Papst Gregor X. (1271—1276) setzte sich während seiner Amtszeit voll echter Überzeugung für einen neuen Kreuzzug ein und suchte die politischen Schwierigkeiten aus dem Weg zu räumen, die seinem Plan entgegenstanden. Aber er fand nur ein schwaches Echo. Jerusalem war 1239 nach Ablauf des von Friedrich II. geschlossenen Waffenstillstands an die Ägypter verlorengegangen, es wurde 1241 durch Verhandlungen eines gegen den Willen des Papstes aufgebrochenen Kreuzheeres unter Richard von Cornwall zurückgewonnen. 1243 wurde es von den Ungläubigen wiedererobert, und ging den Christen endgültig verloren. Der Verlust von Akkon 1291 weckte kaum noch ein ernsthaftes Interesse im Westen.

Nicht nur die Unantastbarkeit der Kreuzzugspropaganda war durch die päpstliche Politik in Mißkredit geraten, auch der Glaube an den gottgewollten Ursprung der Kreuzzüge war erschüttert. Das „De le vult" der ersten Kreuzzüge schien nach den vielen Mißerfolgen nicht mehr so sicher. Die Zweifel an Gottes Zustimmung zu den Kreuzzügen hatten nach dem 2. Kreuzzug noch von Bernhard von Clairvaux mit dem Hinweis auf die Sünden der Menschen entkräftet werden können, die Dichter der höfischen Zeit hatten sie ironisiert. Aber als nach 150 Jahren noch kein Ende des Kampfes abzusehen war, als selbst der Kreuzzug Ludwigs des Heiligen von Frankreich, an dessen Erfolg unter dem besonderen Schutz Gottes man fest geglaubt hatte, mit einer Katastrophe endete, waren die Zweifel nicht mehr zu widerlegen. Sie richteten sich in Frankreich nicht nur gegen alle Prediger, Dominikaner und Franziskaner, die zum Kreuzzug aufgerufen hatten, sie richteten sich auch gegen die Autorität der Kirche und gegen die Überlegenheit der christlichen Lehre über die heidnischen Religionen[7].

Schon Bernhard von Clairvaux hatte sich am Ende seines Lebens für die Bekehrung der Heiden eingesetzt. Der Gedanke der Toleranz hatte in die Dichtung der Blütezeit Eingang gefunden und in der nachhöfischen Zeit weitergewirkt. Der heilige Franziskus hatte im fünften Kreuzzug für die Mission gepredigt. Der Gedanke einer friedlichen Heidenbekehrung setzte sich allmählich immer mehr durch[8].

Eine so in ihrer Überzeugungskraft entwertete, nicht mehr von echtem Glauben getragene Kreuzzugsidee war nicht mehr imstande, eine lebendige Auseinandersetzung in der Dichtung hervorzurufen. Das religiöse Leben der Zeit suchte sich andere Möglichkeiten der Auswirkung, die ihren veränderten Lebensformen mehr entsprach. Das ritterlich-ständisch bedingte Ideal des Kreuzritters, der im tapferen Kampf zur Ehre Gottes sein Leben einsetzte, verlor mit der schwindenden Bedeutung des Ritterstandes seine Wirkungskraft. Der Verfall und schließliche Untergang der Ritterorden ging mit dieser Entwicklung parallel. — Nur noch wenige Dichter beschwören die Kreuzzugsidee in ihrer ursprünglichen Reinheit und gestalten sie als fernes Idealbild, dem keine Verwirklichungsmöglichkeit mehr gegeben ist.

II. KAPITEL

Die kirchlichen Aufrufe und Predigten

Die Aufrufe Papst Innozenz' III.

Das Jahr 1198 wird ein Jahr der großen Sendschreiben und Aufrufe. Was vor genau 100 Jahren in reinem Glanz erster Begeisterung zur erweckenden Keuzzugsidee geworden war, erscheint jetzt nochmals, in fast genauer Wiederholung, in den großen Aufrufbriefen des Papstes Innozenz III. Man hört — im Gegensatz zu den Sendschreiben Alexander III. von 1181[1] — die leidenschaftliche Anteilnahme aus dem Rhythmus der Sätze heraus, die abschnittweise geradezu den Charakter von Predigten tragen. Mit derselben eifervollen Eindringlichkeit wie Urban II. oder Bernhard von Clairvaux wendet sich der Papst an die Fürsten und Verwalter des christlichen Erbes („in Ultramarinis partibus constitutis"). Ein solcher Brief ist an den Landgrafen von Thüringen gerichtet[2]. Eine christliche adhortatio mit der Anspielung auf das Sohnesopfer Gottes leitet den Hauptteil dieses Briefes ein:

unigenitus siquidem Dei Filius, ut hominem perditum ad regna coelestia revocaret, a dextra Patris in inferiores partes terrae descendens, exinanivit semetipsum, formam servi accipiens et se usque ad mortem humilians, pro nobis crucis non dubitavit subire tormentum. Quid igitur retribuemus Domino pro omnibus quae retribuit nobis? (Migne CCXIV 11 A 10 ff.)	Gottes eingeborener Sohn stieg von der Rechten seines Vaters zur Erde herab, um den verlorenen Menschen das Himmelreich wiederzugewinnen. Er entäußerte sich selbst, nahm Knechtsgestalt an und erniedrigte sich bis zum Tode, ja er zögerte nicht, für uns das qualvolle Kreuz auf sich zu nehmen. Wie nun wollen wir dem Herrn all das vergelten, was er für uns getan hat?

Das Zentrum des nachdrücklichen Hinweises ist das „pro nobis". Es geht um die innere, dem großen Opfer Christi adäquate Haltung. Die Aufgabe des Gottesstreiters ist schwer zu erfüllen. „Laboris gravitatem studeatis implere", so lautet die Aufforderung des Papstes. Davon hängt zweierlei ab: die Sündenvergebung durch die Kirche und die Hilfe durch himmlische Mächte:

rogamus igitur discretionem vestram, monemus attentius et hortamur in Domini. Et in remissionem vobis iniungimus peccatorum quatenus assumpti laboris gravitatem studeatis taliter adimplere, praelium Domini praeliantes, ut, vestris exigentibus meritis, de coelo vobis auxilium ministretur. (Migne CCXIV, 11 C 3 ff.)

Wir bitten also um eure positive Entscheidung und fordern euch mit besonderem Nachdruck dazu auf im Namen des Herrn. Und damit euch eure Sünden vergeben werden, bemüht euch, die schwierige Aufgabe, die ihr als Streiter im Kampfe des Herrn übernommen habt, so zu erfüllen, daß euch auf Grund eures Verdienstes vom Himmel Hilfe gesandt wird.

Geht man einmal den Wortlaut eines solchen Sendbriefes Innozenz III. (Dem Bischof von Syracus und dem Abt von Sambucien. Daß sie das Kreuz predigen und die Menschen zur Wiedereroberung des Heiligen Landes ermahnen. Gegeben zu Rom) aus den Jahren 1198/99 genau durch, so erkennt man deutlich, daß die Vorwürfe und Ermahnungen in der Überzahl sind[3]. Die falsche innere Einstellung der Christen im Heiligen Land und der dort Ankommenden steht zur Kritik. Die Erfolglosigkeit der Christen, die die Waffen ergriffen hatten, wird damit begründet, daß sie nicht auf Gottes Macht sondern auf ihre eigene vertrauten und auf ihre Leidenschaften und Interessen mehr bedacht wären als auf die Sache des Herrn. „Wenn unser Glaube auch nur wie ein Senfkorn gewesen wäre und diejenigen, die sein Kreuz trugen, im Gesetz des Herrn gewandelt wären, um das ihm angetane Unrecht zu rächen, einer von uns hätte tausend und zwölftausend in die Flucht geschlagen, und wie der Rauch verweht und das Wachs zerfließt vor dem Angesicht des Feuers, so wären die Feinde vor deren Gegenwart zusammengesunken."

„Siquidem si fides nostra sicut granum sinapis fuisset et in lege Domini ambulassent qui Aulerunt crucem ejus ut ipsius injuriam vindicarent, umes nostrum mille et duodena milia effugasset; et sicut deficit fumus et fluit cera in facie ignis, sic inimici ejus ab eorum praesentia defecissent." (266 A)

Innozenz betont, daß die Aufgabe der Christen, Verteidigung und Rückeroberung des Heiligen Landes, trotz der Mißerfolge nicht von ihnen genommen worden sei. Sie sollten ihre Gleichgültigkeit eingestehen und wissen, daß Gottes Erbarmen nicht über sie kommen konnte, ja seine (des Herrn) Hand sei noch immer ausgestreckt gegen sie. Sie hätten also Sühne zu leisten für ihre Schuld. Doch Gott wolle nicht, daß die Heiden schließlich über sein Erbe herrschen, er wolle sein Erbarmen nicht gänzlich von den Seinen abwenden. So gelte es, für sein Erbe sich einzusetzen. Es folgen nun Hinweise, wie sie auch in den Kreuzliedern als Grundgedanken immer wiederkehren, daß Gott für uns gelitten hat, um die Macht des Feindes von uns zu vertreiben, daß wir es ihm vergelten müssen durch eigenen Einsatz der Person und mit unseren Gütern, da er ja die Macht hat, uns zu verderben, aber auch dieses vergängliche Leben in ein ewiges verwandeln kann. Der Lohn-Gedanke, daß denen, die Gott dienen, die ewige Seligkeit zukommen wird, beschließt den ersten Teil. Dieser mehr theologischen Katechese folgt sodann die direkte Aufforderung mit dem ausdrücklichen Hinweis auf die Verzagtheit der Deutschen in den überseeischen Gebieten und die große Gefahr, alles, auch das schon Wiedereroberte und das, was schon länger im Besitz der Christen ist, für immer zu verlieren. Die Christen sollen für Christus Waffen und Schild ergreifen, oder aber durch andere Unterstützungen dem Werk der Wiedereroberung des Heiligen Landes dienen. Allen wird für ihre Mithilfe und den persönlichen Einsatz ein vollkommener Ablaß gewährt. Auch heißt es, daß sich einer schwer schuldig mache, der diesem Aufruf ohne Grund nicht nachkomme. Die Empfänger des Schreibens werden angehalten, als Legaten in allen Gemeinden, Städten und Dörfern das Volk Siziliens von den Forderungen des Papstes zu unterrichten und die Leute anzuleiten, daß sie diese mit Eifer erfüllen. Mit der Hoffnung, daß durch die Predigt die notwendigen Leute für dieses Werk der Wiedereroberung des Heiligen Landes gewonnen werden und Gott dem Ungemach ein Ende bereitet, schließt das päpstliche Schreiben.

Die Argumentation zielt auf die aussetzende Hilfe Gottes für seine Streiter. Der Entschluß zur Kreuznahme reicht nicht aus, auch nicht die Fahrt selbst, auch nicht der Kampf mit den Heiden. Es mangelt immer noch an der echten „devotio": „Wenn auch verschiedene Könige und christliche Fürsten auf den Mahnruf desselben die Waffen gegen die Heiden ergriffen haben, weil sie aber dennoch, wie die Wirkung zeigt, nicht gewandelt sind, wie sie hätten wandeln müssen im Gesetz des Herrn, ja sogar Rückschläge erlitten als sie vorgingen und auch die Fleischtöpfe in der Wüste und die Ergötzungen Ägyptens in der Einsamkeit erstrebten und nicht vertrauten auf den Finger des Herrn, sondern vielmehr auf ihre eigene Macht, so daß gar mancher von ihnen durch das Schwert umkam und andere durch Krankheit hinweggerafft wurden, so ist noch nicht von uns gewichen der Zorn des Herrn, sondern seine Hand ist noch ausgestreckt gegen uns." „Licet autem diversi reges et principes Christiani ad commonitionem ipsius arma moverint in paganos, quia tamen, sicut effectus demonstrat, non ambulaverunt prout debuerant in lege domini, immo revertebantur cum incederent et ollas carnium in deserto et Aegypti delicias in solitudine effectabant, nec in digito Domini sed sua potius potentia confidebant, quibusdam eorum pereuntibus gladio et aliis infirmitate consumptis, nondum aversus est a nobis furor Domini sed adhuc manus ejus extenta." (264 A)

Der Hinweis ist deutlich genug: weil es an der inneren Demut, am echten Dienen fehlte, zog Gott seine Hilfe zurück. Aber er wird sie wieder gewähren, wenn eine Änderung des Sinnes eingetreten ist. „Nicht aber schreiben wir dies, als wollten wir, daß ihr an der göttlichen Barmherzigkeit verzweifelt, die das ruft, was nicht ist, wie auch das, was ist, die in dieser Not des christlichen Volkes mehr als 12 Legionen Engel aufbieten könnte, die die Hand weist zur Schlacht und die Finger bewegt zum Krieg, sondern daß wir vor allem unsere Gleichgültigkeit eingestehen, die wir durch unsere Schuld die Barmherzigkeit des Herrn seither zu verzögern schienen, wie die Söhne Jerusalems, die im Lager gemurrt und nicht auf die Stimme des Herrn gehört haben, dadurch die 40 Tage, in denen sie das versprochene Land erobern hätten können, in ebensoviele Jahre verwandelt haben." „Non autem haec scribimus ut vos de divina misericordia desperare velimus, quae vocat ea quae non sunt tanquam ea quae sunt, quae possit in hac Christiani populi necessitate exhibere plusquam duodecim legiones angelorum, quae docet manus ad praelium et digitos movet ad bellum; sed ut nostram potius incuriam arguamus, qui culpis nostris miserationem Domini visi sumus hactenus retardare; sicut filii Hierusalem, qui murmuravere in castris nec exaudierunt vocem Domini, quadraginta dies quibus potuissent terram repromissam in annos totidem convertere." (264 A). Die Stärkung des Kampfeseifers und des Glaubensmutes ist Ziel und Absicht aller Sendschreiben Papst Innozenz III. Dieser Absicht dienen die Ermahnungen zur christlich-ritterlichen Haltung in der wahren „devotio" und in dem unerschütterlichen Glauben an die Hilfe Gottes. Danach erst erfolgen die Hinweise, die nun die Beispiele der Hilfe Gottes aufzählen, wie sie im alten Testament zahlreich genug zu finden sind. Die politische Situation der Zeit wird herangezogen, um die dringende Notwendigkeit schnellerer Hilfe hervorzuheben. Innozenz erinnert an die Absicht der Deutschordensritter, aus dem Heiligen Land abzuziehen und nach Hause zurückzukehren, wenn ihnen keine Hilfe gebracht wird. „Da nämlich die Deutschen, die sich in den überseeischen Gebieten aufhalten, wie wir erfahren haben, nahe daran sind, nach Hause zurückzukehren, wird auch, wenn nicht die Frömmigkeit des christlichen Volkes diesem Lande zu Hilfe kommt, der Käfer den Rest der Heuschrecke verzehren, und wir werden nicht nur das schon Verlorene nicht wiedererlangen, sondern vielmehr das Wiedereroberte und was wir schon länger besitzen, verlieren, was der Herr verhüten möge." „Cum enim Teutonici in ultramarinis partibus commorantes, sicut accepimus, in proximo sint ad propria redituri; nisi terrae illi devotio populi Christiani subvenerit, et residuum locustae comedet brucus et non solum non recuperata et possessa diutius, quod avertat Dominus, amittemus." (265 A)

Man spürt aus der Wahl der Worte, daß die Not sie diktiert. Der seit dem ersten Kreuzzug bekannte drängende Ruf, daß im Augenblick Hilfe nie notwendiger war, klingt auch in Innozenz' Sendschreiben hörbar an. Er ist nicht an die Ritter und Herren allein gerichtet, sondern an die Bürgerschaften und Gemeinden, an die Städte und Dörfer. Jeder Christ ist aufgerufen. Alle sollen sich „als Mauer zum Schutze für das Haus des Herrn aufrichten gegen die von vorn Anstürmenden und wie gesagt wurde, dem obengenannten Orient sich befleißigen zu Hilfe zu kommen." „... ut opponant se murum pro domo Domini ascendentibus ex adverso, sicut dictum est, supradictae orientali terrae studeant subvenire." (265 A)

Es ließen sich für die Entscheidungsjahre 1198/99 noch weit mehr Stellen aus Innozenz' Predigten und Episteln heranziehen, aber mit ihrer Angabe wäre nicht mehr gewonnen, als wenn man die mit früheren Predigten des 1.—3. Kreuzzuges fast wörtlich übereinstimmenden Argumente anführen wollte. Nur ein Wort muß noch erwähnt werden, das die ganze Not des Papstes und seine Enttäuschung über die Taubheit des Christenvolkes seinen Aufrufen gegenüber widerspiegelt: „Wenn man nicht möglichst schnell dem Heiligen Land in seiner Not zu Hilfe komme und den Angriffen der Heiden entgegenträte, müßte man ja glauben, die wenigen Christen, die sich geweiht haben, das Erbe des Herrn zu verteidigen und dem Gekreuzigten zu gehorchen, wollten die feindlichen Pfeile an ihrem eigenen Blut berauschen und die Schwerter der Heiden erst im eigenen Leibe zum Stillstand bringen." „Nisi citius ipsius (sc. terrae sanctae) fuerit necessitati succursum et occursum conatibus paganorum, pauci Christiani, qui se defensioni hereditatis Domini et Crucifixi obsequiis devoverunt, sui sanguinis effusione inebriaturi hostiles sagittas credantur et paganorum gladios suis iugulis placaturi" (Migne, CCXIV, 828 B 14 ff.). Diese Zeilen stammen aus einem anderen Sendschreiben des Jahres 1199, das an die geistlichen Herren im Bezirk des Erzbischofs von Magdeburg, das zugleich an ganz Deutschland und weiter an Tuscien, die Lombardei, Frankreich, England, Ungarn, Slavonien, Irland und Schottland gerichtet war[4]. Es handelt sich also um einen europäischen Aufruf. Darin wird die im Augenblick für eine Hilfeleistung im Heiligen Land günstige Situation geschildert: die Heiden haben sich selbst entzweit und schon eine kleinere Schar von Kämpfern kann viel nützen. Es ist also eine ähnliche Lage angedeutet, wie sie 1227 Friedrich II. ausnützt, als er Jerusalem den Christen durch Verhandlungen und ohne Kampf wiedergewinnt. In dem gleichen Schreiben wird die von Walther angegriffene Aufstellung des Opferstockes („truncum concavum poni praecipimus, tribus clavibus consignatum") zur Pflicht gemacht. Auch die gefährliche Anweisung, daß Bußwerke durch Almosen in bestimmten Fällen abgelöst werden können, erscheint zusammen mit dem Gebot der Geldverteilung an solche, die sich als Unbemittelte mindestens für ein Jahr zum Dienst im Heiligen Lande verpflichten. Damit wird der stellvertretende bezahlte Kreuzdienst praktisch eingeführt, für den dann von der Kirche hohe Abgaben auferlegt werden. Ablaß, Hinterbliebenenfürsorge, Zinserlaß für auf der Fahrt befindliche Kreuzträger füllen diesen dringlichsten Notruf Innozenz', der dann zwar einen großen Zustrom an Fahrtteilnehmern bringt, aber in dem Kreuzzug von 1204 zu keinem Erfolg führt.

Es ist in diesen Episteln zu beachten, in welchem Maße sich der Ton der Anordnungen gegenüber früheren Kreuzzugsepisteln, besonders im Vergleich zu denen des Papstes Alexander III. 1181, gewandelt hat. Aus Bitten und Ermahnungen sind jetzt Befehle geworden. Die entsprechenden Vokabeln häufen sich: praecipimus, mandamus ... In eingeschobenen Sätzen wird die harte Befehlsform entschuldigt: „Nec miretur quisquam aut etiam moveatur quod hoc sub tanta districtione praecipimus ..." Die Härten der Befehlsgebung, die angedrohten Strafen, die deutliche realpolitische Absicht der Kirche rufen als Reaktion Proteste und Kritik hervor.

Walthers Kampfansage gegen den Papst als imperialen Stellvertreter in einer Sache des Christentums erscheint in diesem Licht verständlich. Der Papst vereinigte zu diesem Zeitpunkt alle Gewalten in sich. Er konnte mit Bonifazius VIII. sagen: „ego sum caesar, ego imperator." Er war der Statthalter Christi, der Inhaber priesterlicher, ritterlicher und königlicher Gewalt.

Die Predigt des Martin von Paris

So eindringlich die Ermahnungen des Papstes Innozenz III. in seinen Kreuzzugsepisteln gehalten sind, so konnten sie doch nicht die gleiche Kraft der Augenblickswirkung erreichen wie die unmittelbare Predigt. Die Erfahrungen der Werbung für den dritten Kreuzzug, in der die größten Erfolge auf das gesprochene Wort zurückzuführen waren, mögen mit dazu beigetragen haben, auch jetzt einen oder mehrere Prediger zu beauftragen. Innozenz III. bestellte einen Cisterzienser Abt Martin mit dem Beinamen Parisius, der in Basel wirkte, zum Propagandisten seiner Kreuzzugspläne. Dieser nahm den Auftrag an und begann in Basel mit der Werbung[5].

Die Quellen[6] berichten, daß eine große Zuhörermenge seinen Worten lauschte. Da die Predigt uns abschnittweise im Wortlaut überliefert ist, läßt sich die Wirkung, die keineswegs nur auf Rhetorik gestellt ist, in der gebotenen Argumentation nachprüfen. Der Prediger folgt genau dem Inhalt der päpstlichen Episteln, aber sein Ton unterscheidet sich merklich von der Befehls-Terminologie der Sendschreiben. Vor allem nutzt Martin von Paris die Kanzelposition: wohl ist ihm das Wort erteilt, aber die Stimme Christi soll aus seinen Worten klingen[7]. Christus klagt selbst über das Schicksal, das ihm im Heiligen Land bereitet wurde. Vom Beginn der Predigt an geht es um den Dienst an Christi Heiligtum. Jerusalems Bedeutung als heilsgeschichtliches Erbe wird in einem rhetorisch wirkungsstarken Abschnitt umrissen, eingeleitet und im ersten Teil abgeschlossen durch die stärksten Interjektionen der Trauer „proh dolor" — „o miseria, o gemitus, o extrema calamitas". Christus ist aus seinem Eigentum vertrieben. Das Heilige Land, geweiht durch seinen Erdenwandel, seine Wunder, durch die Einsetzung des heiligen Mahles, durch seine Passion, seinen Tod, sein Grab, seine Auferstehung, durch die Ausgießung des Heiligen Geistes, ging an die Heiden verloren. „Ibi nunc prophane gentis dominatur barbaries." Unersetzliche Verluste an Heiligtümern sind zu beklagen. Hier zielt die Steigerung, von Raub und Plünderung im Tempel ausgehend, auf den Verlust des Heiligen Kreuzes. Die Klage um Verlorenes gipfelt in der Kreuzeselegie, die den Mittelteil des Predigtaufrufs bildet[8]. Keinerlei Nachricht gibt es über den Verbleib des Kreuzes. Damit scheint der Gewinn früherer Züge verloren, zumal die Verteidiger des heiligen Bodens in alle Winde zerstreut sind oder sich in kleinen Gruppen in Akkon und einigen sicheren Orten halten. Das ist die Notlage im Heiligen Land, über die Christus den Prediger berichten läßt. Der Aufruf zur Hilfe, der nun folgt, ist der Aufruf Christi. Sein Wortlaut zeigt deutlich die Dringlichkeit. „Nunc hodie, hoc tempore", so lauten die gehäuften Zeitbestimmungen, ebenso zahlreich reihen sich die drängenden Substantive und Imperative[9]. Der Aufruf selbst genügt noch nicht. Als spürte der wortgewaltige Prediger selbst, daß nach den großen Verlusten im Heiligen Lande die Begeisterung immer schwerer zu erwecken ist, bringt er neue sachliche Argumente vor, die die abwartende Haltung seiner Zuhörer auflösen sollen. Es ist keine Predigt vor Rittern oder hohen geistlichen Herren wie auf den Hoftagen in Straßburg und Mainz 1187/1188. Die „bellatores" aller Stände sollen sich daran erinnern, daß die Lage im Heiligen Land gegenüber den früheren Expeditionen unter Gottfried von Bouillon und anderen Anführern jetzt günstiger sei. Zwar sei Jerusalem verloren und ein großer Teil des Landes, aber noch seien Akkon und Antiochien in der Hand der Christen, und es werde möglich sein, von da aus alles Verlorene wiederzugewinnen. Dieser nüchternen Beurteilung der Siegesaussichten entspricht der eingeschobene Hinweis auf den Reichtum und die Fruchtbarkeit des Landes, von dem viele der Kämpfer auch materiellen Gewinn haben könnten. Als Schluß folgt das Versprechen des ewigen Lohnes. Seine Einlösung wird abhängig gemacht von der Verwirklichung der Kreuznahme und einer offenen Beichte aller Sünden[10].

Der Prediger selbst hat das Kreuz genommen. Sein persönliches Beispiel soll die Gewähr dafür bieten, daß alle Versprechungen gehalten werden und daß die Führer des Kreuzzugs die Schicksale aller teilen wollen. Es gibt in diesem Kreuzzug — wie Innozenz III. in seinen Sendbriefen festgelegt hat — nur eine kirchliche Führung. Nach dem Beispiel des Predigers sollte der Entschluß zur Kreuznahme nun allen denen leicht werden, die die Sicherheit des ewigen Heils erwerben wollen[11].

Die Wirkung der Predigt ist in den Quellen genau festgehalten. Wir haben keinen Grund zu bezweifeln, daß außer Tränen und Seufzern „alia huiusmodi signa, que interne compunctionis faciebant indicium" wahrgenommen wurden. Das große Beispiel des verehrungswürdigen Predigers, seine innere Beteiligung am Aufruf, seine geschickte Ausnutzung der erreichten Bereitschaft zur Kreuznahme führen dazu, daß er 1200 Teilnehmer mit dem Kreuz schmücken kann, nachdem er weit ins Land hinein seine Predigtreisen fortgesetzt hat. Freudig hat er sich selbst zu dem großen Opfer entschlossen, Begeisterung leuchtet aus den Augen derer, die ihm folgen[12]. Aber es bleibt eine verhältnismäßig kleine Schar, die mit ihm ins Heilige Land aufbricht.

15 Wentzlaff-Eggebert, Kreuzzugsdichtung

VI. Teil

KREUZZUGSDICHTUNGEN DER JAHRE 1198—1230

IV. Teil

KREUZZUGSDICHTUNGEN DER JAHRE 1188—1230

I. KAPITEL

Altfranzösische und italienische Kreuzzugslieder

Hughes de Breghi (Berzé)

Die Lieder der letzten Kreuzzüge verlieren in der altfranzösischen Lyrik schneller noch als in der mittelhochdeutschen Dichtung den vollen Klang religiöser Anteilnahme und damit die individuellen Kennzeichen einer geschlossen gestalteten Poesie. Die weltliche Minnethematik verdrängt zu dieser Zeit im französischen Kreuzlied die Bekenntnisse zur Gottesminne so entschieden, daß zugleich eine offene Kritik an den Kreuzzugsaufrufen einsetzt, die sich im 13. Jahrhundert bis zur Ironie steigert. Wohl gibt es noch Abschiedslieder, die den inneren Kampf um die Verwirklichung der Kreuznahme zum Thema haben. Aber in diesem Kampf schwingt verhüllt die nur schwer unterdrückte Versuchung mit, das gegebene Kreuzzugsversprechen nicht einzuhalten oder gar sich durch eine Geldbuße davon loszukaufen, um bei der geliebten Dame zu bleiben. Die Lieder, die hier für unsere Thematik herangezogen werden, stellen diesen Vorgang einer Abwertung der Kreuzzugsidee beispielhaft dar.

In kunstvoller Verhüllung spricht das Kreuzlied des Hughes de Breghi, das für das Jahr 1202 angesetzt wird, von einem nur mit größter Selbstüberwindung eingehaltenen Kreuzzugsversprechen. Es gehört zu den verbreitetsten Liedern der Spätzeit[1]. Alle Gedanken eines typischen Abschiedsliedes sind darin enthalten und fügen sich in den Rahmen der Kreuzzugsthematik ein. Das Hauptthema bleibt die Klage über das Scheiden aus dem Umkreis der Freunde, der Geliebten, aus einem Leben voll Freude und Schönheit. Wenn trotz aller Einwände des Herzens und des Gefühls die Entscheidung für die Teilnahme am Kreuzzug fällt, dann geschieht das um der Ehre willen, aus dem Gefühl der Verantwortung vor Gott und vor der ritterlichen Gesellschaft. Aber im Gegensatz zu den Liedern der höfischen Zeit wird der Vorwurf gegen Gott, der dieses Opfer verlangt, nicht unterdrückt:

Un confort voi en nostre dessevrance Que Dieus n'avra en moi que reprochier	Einen Trost gibt es in unserer Trennung, Daß Gott mir nichts vorzuwerfen haben wird.

Mais quant pour lui me convient vos laissier,	Aber wenn ich Euch um seinetwillen verlassen muß,
Je ne sai rien de greignor reprovance;	Richte ich gegen ihn einen um so größeren Vorwurf;
Car cil que Dieus fait partir et sevrer	
De tel amor que n'en puet retorner,	Denn der, den Gott aufbrechen und sich trennen läßt
A asses plus et d'ire et de peance	Von einer solchen Liebe, zu der er nicht zurückkehren kann,
Que n'avroit ja li rois, s'il perdoit France[2].	Der hat noch mehr Zorn und Kummer,
	Als der König, wenn er Frankreich verlieren würde.

Die ritterliche Ehre zwingt den Kreuzfahrer, sein gegebenes Versprechen zu halten. Aber er findet keine Lösung für den Konflikt zwischen Minnesehnsucht und ritterlicher Verpflichtung. So endet das Lied mit der illusionslosen Feststellung, daß der Entschluß zur Kreuzfahrt für jeden Liebenden eine Torheit bleibt, und daß jeder Versuch, Frauenminne und Gottesminne zu versöhnen, sinnlos ist:

Mout par est fous ki s'en vait outre mer	Völlig von Sinnen ist der, der über das Meer fährt
Et prent congie a sa dame a l'aler;	Und von seiner Dame Abschied nimmt, bevor er wegzieht.
Mais mandast li de Lombardie en France,	Er hätte ihr besser seine Abreise von der Lombardei aus nach Frankreich mitteilen lassen,
Que li congies doble la desirance.	Denn der Abschied verdoppelt die Sehnsucht[3].

Eine so mühsam verhüllte Absage an den tief religiösen Geist der Kreuzzüge wie in diesem französischen Abschiedslied von 1202 findet sich in Deutschland erst nach Walthers „Elegie", als sich die soziologische Umschichtung vom Rittertum zum Bürgertum bereits sichtbar abzeichnet.

Pons de Capduelh und Elias Cairel

Daneben finden sich auch in Frankreich einzelne der ernsten schweren Aufrufslieder, die gleichzeitig persönliche Bekenntnisfreudigkeit zeigen. Dafür kann das Lied eines französischen Ritters als Beispiel stehen, der nach dem frühen Tod seiner Dame das Kreuz nahm. Dieses Lied lebt aus dem Gedankengut der Aufrufe Innozenz III. aus dem Frühjahr 1213. Der Verfasser, Pons de Capduelh, ist ein Edelmann aus dem Bistum Puy Sainte-Marie[4].

Das Kreuzlied (Gr. 375, 2) dokumentiert den reinen Typus des geistlichen Aufrufsliedes. Von Anfang an ist der Blick auf Christus, den Anführer des

Zuges gerichtet, der allen Gläubigen den Weg in sein Reich weist. Die bekannten Predigtgedanken folgen in geschlossener Steigerung. Mehrfach warnt der Dichter vor der Torheit, dem Ruf Christi an seine Getreuen nicht zu folgen. Daheimbleiben bedeutet den Verlust der irdischen Ehre und des ewigen Lebens:

Q'avols vida val pauc, e qui mor gen,	Feig leben gilt für nichts: wer edel fällt,
Auci sa mort e pois vin ses tormen.	Erschlägt den Tod und lebt in selger Welt[5]

Eine religiöse Steigerung erfährt das Lied in dem Kreuzeshymnus der dritten Strophe, in dem die durch den Kreuzestod an alle Gläubigen verschenkte Gnade der Sündenvergebung noch einmal als Christi Heilstat gepriesen wird. Der Sinn des Lebens liegt im Opfer, nicht im Machtgewinn. Mit dem Hinweis auf Alexanders des Großen Siegeszug durch die Welt, von dem ihm im Tode doch nur ein schmales Geviert blieb, wird die betont christliche Weltbewertung unterstrichen. Könige und Barone haben dem Ruf Gottes zu folgen um des irdischen und himmlischen Lohnes willen. Am kennzeichnendsten wirkt die Schlußstrophe, in der die Bestimmung Innozenz III. von der Ablösung der Kreuzzugsverpflichtung durch Geld anklingt:

Toz hom cui fai velhez'o malantia	Wen Alter und Gebrest zu Hause halten,
Remaner chai, deu donar son argen	Der geb den Fahrern reich von seinem Geld,
A cels q'iran, qu ben fai qui envia,	So wird sein Beitrag mit zum Guten walten,
Sol non remanha per cor negligen,	Wofern ihn nicht nur lauer Sinn verhält. —
Ha! que diran al jor del juzamen	Was sagen, weh, einst beim Gericht der Welt,
Ceill qu'essaran per cho que ren non tria,	Die weilend sich zu nichtgem Vorteil neigen,
Quant Dieus dira: „Fals, ple de coardia,	Wenn Gott sie ruft: „Ihr Falschen und ihr Feigen,
Per vos fui morz e tatus malamen?"	Vergoß für Euch gemartert ich mein Blut?"
Adunc aura lo plus justs espavan.	Selbst dem Gerechten stockt da wohl der Mut[6]

Der Schlußgedanke vom Urteilsspruch Gottes beim letzten Gericht zeigt deutlich den Versuch, die Ideale der Kreuznahme noch einmal aufzurichten, aber der gesamte Ton des Liedes ist im Grunde auf Resignation gestimmt und erinnert an den elegischen Grundzug, der sich in Walthers späten Sprüchen und Liedern durchsetzt.

Das auf 1219 datierte Lied des Elias Cairel[7] steht dem Lied des Pons de Capduelh gedanklich nahe. Beide spielen an auf die Ablösung der Kreuzzugspflicht durch Geldzahlung und üben Kritik an den „schlechten Reichen" („li ric malvaz"), die weder selbst an der Kreuzfahrt teilnehmen noch Abgaben in genügender Höhe leisten und so den wahren Gewinn, das Seelenheil, verspielen (Strophe IV). Auch die Nähe zu Walthers Sprüchen deutet sich an, nicht in der Intensität der persönlichen Anteilnahme am politischen Geschehen, sondern in der direkten Anrufung eines Herrschers, der sein gegebenes Kreuzzugsversprechen nicht sofort erfüllte. Der Dichter ermahnt Friedrich II., sein Gott gegebenes Versprechen nach treuer Lehnsmannenweise zu halten und nach Jerusalem zu fahren:

Emperaire Frederic, ieu vos man	Kaiser Friedrich, ich entbiete euch,
que de son dan faire s'es entremes	daß einen Schaden zu bereiten unternimmt
vassals, quand a a son seignor promes	ein Vasall, wenn er seinem Herrn versprochen hat
so dond li faill a la besoigna gran.	das, worin er ihn dann bei der großen Not im Stiche läßt.
Per quieu chantan vos voill pregar e dir	Darum will ich euch im Liede bitten und sagen,
que passetz lai ou Jhesus vole morir,	daß ihr dorthin fahren sollt, wo Jesus sterben wollte,
e noill siatz a cest besoing banzaire;	und nicht mögt ihr an ihm bei dieser Gelegenheit zum Betrüger werden,
car ies lo fills no'i den atendr e'l paire.	denn nimmer soll der Sohn dort warten und der Vater[8].

Mit der Aufforderung an den Markgrafen Wilhelm von Montferrat, sich am Kreuzzug zu beteiligen, schließt das Lied, in dem ein nüchterner, fast kalter Ton mitschwingt. Persönliche Anteilnahme bricht in keiner Zeile durch, eher (in den hier nicht zitierten Strophen III und V) eine Vorteile berechnende, sachliche Reflexion über die günstige politische Lage und den gesicherten Expeditionsweg.

Rinaldo d'Aquino und Fra Guittone d'Arezzo

Immer stärker spricht sich in der Dichtung nach 1220 eine Ablehnung der Kreuzzüge aus. Es handelt sich dabei nicht mehr um die bewußte Kreuzzugsverweigerung eines Einzelnen, wie sie schon bei Marcabru[9] aus der dort beschriebenen Minnesituation als Kontrastthema auftauchte. Friedrich II. hatte mit dem langen Aufschub seines Kreuzzuges nach erfolgter Kreuznahme ein verhängnisvolles Beispiel gegeben. Seitdem nimmt das Thema der Kreuzzugsverweigerung eine neue Färbung an. Aus der Gleichgültigkeit gegenüber der heiligen Sache erwächst in mehr volksläufig gerichteten Liedern die Frivolität und der Umschlag in die Ironisierung der Kreuzzugsidee. Solche Beispiele sind keineswegs vereinzelt festzustellen[10].

Das Kreuz als Symbol erfährt einen direkten Angriff in dem Lied des Rinaldo d'Aquino (1281), das die Kreuzzugssituation zum Rahmen hat und in einer Frauenstrophe den Abschied von dem Geliebten im Aufbruch zur Kreuzfahrt schildert. Hier kommt die Absage an die Macht des Kreuzes und damit Gottes in einer schlichten Intensität zum Ausdruck. Die Liebe erscheint in dieser kunstlosen Strophe so mächtig wie Gott. Sie bestimmt im Grunde das Dasein und droht frühere religiöse Bindungen zu zerschneiden:

La croce salva la giente	Das Kreuz rettet die Menschen,
E mi faciedis viare.	Mich schickt es in die Irre.
La crocie m'fa dolente	Das Kreuz macht mich traurig,
Non mi val Dio pregare.	Es nützt mir nichts, zu Gott zu beten.

Der ganze Ton des Liedes nähert sich inhaltlich und formal dem des Volksliedes. Der Verlust des Geliebten durch seine Reise ins Heilige Land steht im Mittelpunkt, nur die Fürbitte für ihn bewahrt den religiösen Unterton (Strophe 6)[11].

Ebenso deutlich, nur noch entschiedener, setzt Fra Guittone d'Arezzo die Liebe zu einer Frau gegen die Liebe zu Gott.

Cosi v'o l core, e'l senno e I voler puro	... so will es Herz und Sinn und reiner Wert,
Ch'en ubrianza o meve stesso e Deo	daß ich mein selb und Gott vergessen bliebe.
Voi me' Deo sete e mea vita e mea morte:	Und ihr seid Gott und Leben mir und Tod:
Chè s'eo so'en terra o in mare	ob irgend auf dem Land, ob auf dem Meere
En periglioso afare	ein Drangsal mich versehre,
Voi chiamo com' altri fa Deo	will ich nur euch wie andre Gott erflehen
Tantosto liber mi veo.	und bald gelöst mich sehen[12].

Die Säkularisierung geistlicher Poesie erreicht hier einen Höhepunkt und sprengt auch den Rahmen der Kreuzzugssituation.

II. KAPITEL

Die Kreuzzugsthematik in den Sprüchen und Liedern Walthers von der Vogelweide

Die politischen Kreuzzugssprüche

So mächtig die Wirkung der Sendbriefe des Papstes Innozenz und der Aufrufspredigten des Martin von Paris gewesen sein mag, die veränderte machtpolitische Zielsetzung der Kirche mußte gleichzeitig eine feindliche Reaktion innerhalb des deutschsprachigen staufischen Raumes hervorrufen. Dazu trug auch die durch die Doppelwahl von 1198 gespannte politische Situation in Deutschland bei und die noch lebendige Erinnerung an ein geeintes Reich unter der vorbildlichen Führung eines christlichen Kaisers wie Barbarossa.

Mit dieser Tragödie des Reiches vollzieht sich gleichzeitig die Abwertung der Kreuzzugsidee als einer Europa verbindenden Kraft. Der Überblick über die Verflachung der religiösen Problematik in den altfranzösischen Liedern hat diesen geschichtlichen Ablauf skizzenhaft umrissen. In Walthers Dichtung kommt der Kreuzzugsidee eine die soziologische und politische Situation kennzeichnende Bedeutung zu. Der Übergang vom ritterlichen zum bürgerlichen Weltbild zeichnet sich in seinen ersten Wandlungen in Walthers Sprüchen und Liedern ab, bei deren Deutung allerdings nicht die in unserem Zusammenhang besonders akzentuierte Kreuzzugsproblematik allein entscheidend sein darf. Walthers Stellungnahme zum Kreuzzug bestätigt die Beobachtungen, die schon in dem Kapitel über die altfranzösischen Dichter gemacht werden konnten: Die reine Idee des in christlichem Gottesgehorsam dargebrachten Opfers geht allmählich verloren. In der Dichtung erhält sie sich noch eine Zeitlang als Leitbild, das motivisch gegen den schnell aufkommenden politischen Realismus und soziologischen Rigorismus Verwendung findet.

Der Ausgangspunkt für Walthers Dichtung ist der gleiche wie bei Hartmann. Für ihn ist das in seiner Jugend am Wiener Hof gewonnene Bild höfischritterlicher Zucht für sein ganzes Leben maßgebend geblieben. Die Blüte des Ritterstandes unter Heinrich VI., der selbst als Vorbild ritterlicher „virtutes" und als Verfechter der Kreuzzugsidee gerühmt wird[1], der kulturelle Hochstand und die Macht des staufischen Reiches bestimmen die einmalige Formung eines Standesideals, das für den Ritter verpflichtend ist. Nur im Zusammenwirken aller dieser Voraussetzungen sieht Walther die Grundbedingung der von ihm immer wieder geforderten höfischen Vollkommenheit des christlichen Ritters, um die sein Dichten kreist.

Er beginnt den Kampf um die höfischen Ideale von der Stelle aus, an der sie ihm am meisten gefährdet erscheinen. Die Ordnung des Reiches, die die reale Voraussetzung für die kulturelle Hochblüte bildet, muß wiederhergestellt, ihr Gegner, der Papst, in seinem weltlichen Machtanspruch eingeschränkt werden. Weniger aus Interesse an der weltlichen als an der kirchlichen Politik entstehen seine politischen Sprüche. Der Wechsel der Herren zeigt, wie wenig er an die Person und die politischen Ziele eines einzelnen Kaisers gebunden ist. Die Einheit des Reiches, die Sicherung der deutschen Herrschaft im Kampf gegen den Papst als Störer der Ordnung und der von Gott gewollten Erdenherrschaft des deutschen Kaisers sind sein Ziel, um die Voraussetzungen ritterlicher Kultur und höfischer Ideale festzuhalten und dem Verfall von Zucht und Freude innerhalb des Ritterstandes entgegenzuwirken. Dabei kommt es notwendig zu einer Auseinandersetzung mit dem Kreuzzugsgedanken.

Die frühen politischen Kreuzzugssprüche Walthers fügen sich deutlich in diese Zielsetzung ein. Sie sehen den päpstlichen Kreuzzugsplan vor allem im Zusammenhang mit den Vorstellungen einer staufischen Politik. Die deutsche Vorherrschaft verlangt eine deutsche, nicht päpstliche Führung des Kreuzzugs. Der Kaiser ist verpflichtet, sobald er in seinem Reich die Ordnung wiederhergestellt hat, gleichsam als Krönung und letzte Bestätigung seines Herrschertums auch Gottes Land in seinen Schutz zu nehmen (12, 18—29). Es ist des Kaisers Amt, nicht das des Papstes. Hier beginnt die Kreuzzugsthematik bei Walther, denn die päpstliche Kreuzzugspropaganda ist bereits eröffnet.

Papst Innozenz III. hat in seinen Schreiben an die Bischöfe von Syrakus und an den Erzbischof von Magdeburg zum Kreuzzug aufgerufen, Martin von Paris hat 1201 seine große Kreuzpredigt in der Marienkirche zu Basel gehalten. Die Wirren der Zeit stärken den Glauben an das nahe Bevorstehen des Jüngsten Gerichtes, eine Sonnenfinsternis im Jahre 1201 vertieft die Furcht vor dem Weltuntergang. Damals befindet sich Walther am Hofe Philipps II. Zwei kurze Sprüche kennzeichnen den zeitbezogenen Stil seiner damaligen Dichtung. Der Spruch 21, 25 wirkt wie eine empörte Klage über die Verwirrung der Ordnung im Reich und in der Natur:

> Nû wachet! uns gêt zuo der tac,
> gein dem wol angest haben mac
> ein ieglich kristen, juden unde heiden.
> Wir hân der zeichen vil gesehen,
> dar an wir sîne kunft wol spehen,
> als uns diu schrift mit wârheit hât beschieden.
> Diu sunne hât ir schîn verkêret,
> untriuwe ir sâmen ûz gerêret

> allenthalben zuo den wegen ...
> geistlich leben in kappen triuget,
> die uns ze himel solten stegen:
> gewalt gêt ûf, reht vor gerihte swindet.
> wol ûf! hie ist ze vil gelegen. (21, 25 bis 22, 2)

Der Schluß kommt zu der Überlegung: diese Welt ist in der Verwirrung ihrer Ordnungen reif geworden für eine religiöse Umkehr.

Weit stärker gegenwartsbezogen wirkt der Spruch 34, 4—24. Der Wille des Papstes, einen eigenen Kreuzzug auszuschreiben und durch eine Kreuzzugssteuer in allen Ländern zu finanzieren, gibt Walther Anlaß zu den scharfen Kampfansagen gegen Innozenz III., dem der Kreuzzug nur ein Mittel zur Stärkung der zu Unrecht angemaßten Weltherrschaft der Kirche ist (34, 8). Die Störung des Reiches, die erfolgreich unterstützte deutsche Zwietracht, die zugleich Ursache des kulturellen und ethischen Verfalls des Rittertums ist, wird dem Papst zum Vorwurf gemacht. Walthers ungezügelter Zorn über den Feind des staufischen Imperiums und betrügerischen Zerstörer der Reichseinheit kommt in diesen Sprüchen zum Ausdruck. Der Kreuzzug ist hier nur der zeitbedingte Anlaß zu dem Walthers ganzes Leben durchziehenden Kampf gegen den Weltherrschaftsanspruch des Papstes.

Die gleiche Kampfhaltung liegt dem Spruch 17, 11 zugrunde „wir suln den kochen râten"[2]. Er läßt wenig Zweifel darüber, daß Walther genau über alle politischen Hintergründe des vierten Kreuzzuges informiert war und mit spöttischem Seitenblick auf den mit Beute aus Konstantinopel hoch beladen (1205) durch Thüringen ziehenden Bischof von Halberstadt seine Gedanken über ein solches Unternehmen nicht verbirgt. Damals wurde durch die Erzählungen von Pilgern und Kaufleuten; durch Briefe der Bischöfe, durch die „Historia constantinopolitana" des Martin von Paris manches vom Kreuzzugsgeschehen der Öffentlichkeit zugänglich gemacht, was früher unbeachtet geblieben war. Philipp II. hätte sich in eine politische Spekulation hineinbegeben, die nicht ungefährlich sei. Anstatt daß Jerusalem befreit würde, verwüstete ein unbesoldetes, notleidendes Kreuzfahrerheer Konstantinopel. Griechenland teilten sich, wie Walther spottet, als „zu dünnen Braten" die Fürsten des Kreuzheeres. Von einer Befreiung des Heiligen Grabes könne keine Rede mehr sein. Ist das die Situation, auf die die Schlußpointe des Spruchs anspielt? Er endet mit einer Drohung: Philipp II. möge sich in acht nehmen, auf ähnliche Weise nicht das ganze Reich zu verlieren (17, 23/24). Man sieht, Walther hat erkannt, was dem Kaiser bei diesem „Kreuzzug" an Plänen fehlgeschlagen ist: Byzanz sollte dem Staufer als Lehensstaat huldigen; durch die erfolgreiche Kreuznahme sollte die angefochtene Herrschaft Philipps gerechtfertigt werden, Innozenz durch den Triumph der staufischen Politik im Orient seiner Waffen beraubt und schließlich auch Jerusalem erobert werden. Diese Sprüche zeigen, was in Walthers späteren Kreuzliedern und -sprüchen nicht mehr unmittelbar zum Ausdruck kommt, aber doch ihre Eigenart charakterisiert: anders als Hartmann von Aue oder Heinrich von Rugge steht Walther mitten im politischen Kreuzzugsgeschehen, überall ist in seinen Kreuzzugsstrophen der Atem der Zeit spürbar.

Die gleiche Charakteristik trifft auf die Sprüche 12, 6 und 12, 18 zu, die die Kreuzzugspläne Ottos IV. zum Thema haben. Der Spruch an Otto IV., den seit der Ermordung Philipps II. rechtmäßigen Kaiser, verleiht der Kreuzzugsverpflichtung nachdrücklichstes Gewicht. Er beginnt mit der feierlichsten Form der Aufforderung. Wie in den Predigten des Martin von Paris spricht Gott selbst durch den Mund des Dichters, des „frôneboten", zu dem Kaiser, seinem „voget". Gott und der Kaiser haben die Herrschaft über die Welt, über Himmel und Erde (12, 8). Der Papst wird nicht genannt. Er ist völlig ausgeschaltet und seine Aufgabe bleibt auf die Reinerhaltung der Kirche und ihrer Lehren beschränkt. Gott und Kaiser sind im höfischen Rahmen gesehen als Fürst und oberster Lehnsherr, die ein Bündnis mit geregelten Abmachungen über Dienst und Lohn eingehen. Der aus den Kreuzzugspredigten bekannte Gedanke des jenseitigen Lohnes ist hier ganz in weltliche Bilder gekleidet: dem Kaiser, der in Gottes Land über die Heiden richtet, wird für den jüngsten Tag gerechtes Gericht über seine Feinde, selbst über „den tievel ûz der helle" zugesichert (12, 17). Die Gegenseitigkeit der Hilfeleistung zwischen dem Kaiser, dem Vogt Gottes auf Erden, und Christus, dem Vogt im Himmel, betont die weltlich-ritterliche Vorstellung des Verhältnisses. Die Mahnung an die Kreuzzugsverpflichtung Ottos IV. in 12, 18 wendet sich hier nicht an die Allgemeinheit der Ritter, sondern an den Kaiser als den höchsten Exponenten ihres Standes[3]. Wie für den Ritter, so ist auch für den Kaiser der Kreuzzug eine „arebeit", die ihn „tiuret" (12, 23) und zu der ihn nicht nur das Gottesgnadentum seiner kaiserlichen Herrschaft, sondern sein Streben nach ritterlicher Vollkommenheit verpflichtet.

Die späteren Sprüche, die für die Kreuzfahrt Friedrichs II. eintreten, sind noch stärker von dem politischen Geschehen des Tages veranlaßt. Sie beziehen sich mit Ernst und grimmiger Ironie zugleich auf die immer wieder aufgeschobene Fahrt des Kaisers, die in seinem Kampf gegen den Papst zu einer immer dringenderen Notwendigkeit wird[4]. Der Spruch 29, 15 wendet sich nachdrücklich an die deutschen Fürsten, deren Unbotmäßigkeit den Kaiser an seiner Fahrt hindert:

> der helt wil Kristes reise varn: swer in des irret,
> der hât wider got und al die kristenheit getân. (29, 18—19)

Für Walther ist der Kreuzzug im Augenblick eine politische Notwendigkeit zur Festigung der Herrschaft und der Weltgeltung des staufischen Reiches. Die Fürsten müssen ihre Angriffe unterlassen und sich diesem größeren Gesichtspunkt unterordnen, wenn sie sich nicht gegen Gott versündigen wollen.

Dringender noch wendet sich der Spruch 10, 17 an den Kaiser selbst, der vom Papst wegen Unterlassung der Kreuzfahrt gebannt worden ist (1227). Hier spricht der Dichter, dem der Zustand des deutschen Reiches Sorge bereitet, zu dem Deutschland entfremdeten Kaiser, den die Organisation seines sizilischen und italischen Reiches im Süden festhält. Seine Kreuzfahrt ist unumgänglich nötig, ebenso aber seine Rückkehr in das Reich:

> sô var er balde und kome uns schiere, lâze sich niht toeren. (10, 20)

Das „rîche" wird in seiner Ordnung erschüttert, es ist in großer Gefahr durch die Intrigen des Papstes, der auch die bisher kaisertreuen Geistlichen zu sich herüberzuziehen sucht. Es ist das dringendste Anliegen, die Ordnung des Reiches durch die Kreuzfahrt, die den Kaiser dem Papst gegenüber ins Recht setzt und durch die Sonderung der getreuen von den ungetreuen Dienern wiederherzustellen. Die Beziehung des „sô var er balde" auf eine Kreuzfahrt, nicht nur allgemein auf eine Abreise aus Italien (C. v. Kraus) scheint durch die Strophe 10, 9 gegeben, die sich direkt an Christus und Maria wendet und sie um die Rache an den Feinden seines Erblandes anfleht. In dem Maße, in dem sich für Walther die Welt als trügerisch erwiesen hat, ist auch sein Glaube an die Macht des Kaisers zweifelhaft geworden. Das Unternehmen des Kreuzzuges ist eine Verpflichtung für den Kaiser um der rechten Ordnung des Verhältnisses von Staat und Kirche willen; aber Gott allein kann seine Feinde vernichten, Christen und Heiden:

> ... si meinent beide dich mit ganzen triuwen kleine. (10, 15)

Die Christen, die sich heimlich mit den Heiden verbünden, auf die Seite der Gottesfeinde stellen und so die ritterliche „triuwe" verletzen, sind demnach noch verächtlicher als die Heiden und wie diese als Verräter zu bekämpfen[5].

Die Ordnung des Reiches und damit auch des Erblandes Christi als einer vom Kaiser verwalteten Provinz sind Sinn und Ziel dieser Sprüche. Aus der Notwendigkeit der Kreuzzüge für das Reich und seine Wiederherstellung, zugleich als Grundlage ritterlicher Lebensführung, folgt die Mahnung an den einzelnen Ritter, sich am Kreuzzug zu beteiligen zur Erreichung der letzten ritterlichen Vollkommenheit. Die erlebte Wirklichkeit der Kreuzzüge in ihrer von Walther gesehenen besonderen Bedeutung für das Ansehen und den Bestand des Reiches prägt dem Ritterideal der Zeit ihren Stempel auf und bewirkt seine Umformung und Vertiefung, wie sie in den Liedern der älteren Minnesinger bereits zum Ausdruck kam. Erst die Bewährung im Kreuzzug vollendet das Bild des christlichen Ritters. Die Aufforderung an den Landgrafen Hermann von Thüringen (85, 17), sich am Kreuzzug zu beteiligen, geht von diesem höchsten Anspruch aus. Der Landgraf[6]

> ... ist milt erkant, man seit mir er sî staete,
> dar zuo wol gezogen: daz sint gelobter tugende drî: (85, 20)

Zur Vollkommenheit des Ritters fehlt ihm noch „gotes hulde", neben der weltlichen Ehre die Gnade des himmlischen Lehnsherrn. Sie zu erwerben dient der Kreuzzug. Wie er den Kaiser Otto „tiuren", zur letzten Stufe der „werdekeit" emporheben sollte, so soll er auch dem Landgrafen außer dem Ansehen der Welt das Seelenheil, die Anerkennung vor Gott erwerben:

> sô gienge er ebne und daz er selten missetraete. (85, 23)

Harmonie und Ausgewogenheit auch im Verhältnis zu Gott zu erringen, muß das höchste Ziel des Ritters sein; durch den Kreuzzug kann er es erreichen.

Das gleiche fordert — im Ausdruck negativ gewendet — 13, 5:

> Owê waz êren sich ellendet tiuschen landen!
> witze unde manheit, dar zuo silber und daz golt,
> swer diu beidiu hât, belîbet der mit schanden,
> wê wie den vergât des himeleschen keisers solt!
> dem sint die engel noch die frowen holt.
> armman zuo der werlte und wider got,
> wie der fürhten mac ir beider spot! (13, 5—11)

Das Versagen gegenüber Gottes Aufgebot zur Heerfahrt bedeutet ein Verletzen der weltlichen Ehre sowie eine Gefährdung des Seelenheils. Wer über Besitz, Tapferkeit und Klugheit, die weltlichen ritterlichen Werte, verfügt, verliert, wenn er sich der Fahrt entzieht, neben „gotes hulde" auch die weltliche „êre". Dieser Gedanke, Allgemeingut der zeitgenössischen Predigt und Dichtung, enthält die Bereitschaft zur ritterlichen Tat und die Verachtung des „senfte lebens", er hat sich in dem Aufruf zum Kreuzzug auch Fürsten und Kaisern gegenüber durchzusetzen. Die politische Forderung wird von Walther in die ethischen Forderungen einbezogen und dadurch in ihrer Dringlichkeit unterstrichen. Der Kreuzzug nimmt im Bildungsgang des Ritters die Stelle ein, die in der höfischen Epik die „aventiure" innehat. Das „schildes ambet" des Ritters findet im Kampf gegen die Ungläubigen seine wirklichkeitsgemäße Aufgabe, der „unverzaget mannesmuot" muß sich auf der Fahrt in Gottes Land, der zeitbedingten Form der „aventiure", bewähren. Die heroische Haltung des zur „aventiure" bereiten Ritters erhält durch das feste Ziel des Gott dienenden Kampfes gegen die Heiden ihre besondere Vertiefung. Die Betonung des himmlischen Lohnes als des „himeleschen keisers solt" verlagert das Ziel des ethischen Strebens ins Transzendente, ohne daß deswegen die enge Verknüpfung zwischen dem Ansehen vor Gott und den Menschen außer acht gelassen würde:

> armman zuo der werlte und wider got,
> wie der fürhten mac ir beider spot. (13, 10/11)

Verstärkt wird die Dringlichkeit von Walthers Kreuzzugsmahnung durch die Verwendung des eschatologischen Bildes in der nächsten Strophe (13, 12—13). Das Nahen des jüngsten Tages weist auf die Vergänglichkeit alles rein irdischen Strebens und auf die dringende Notwendigkeit hin, für das Heil der Seele zu sorgen:

> Owê ez kumt ein wint, daz wizzent sicherlîche,
> ...
> boume, türne ligent vor im zerslagen:
> starken liuten waet erz houbet abe.
> nû suln wir fliehen hin ze gotes grabe. (13, 12 und 16—18)

Gottes Grab zu erlösen ist die einzige Möglichkeit der Rechtfertigung für alle, die sich von der vergänglichen Schönheit der Welt verleiten ließen, sich nicht um die „staeten fröiden" zu bemühen[7].

>aller arebeite heten wir vergezzen,
>...
>wol im der ie nâch staeten fröiden ranc! (13, 21 und 25)

Daß sich außer diesen entschiedenen Aufrufen zum Kreuzzug auch die Fragen nach der Hilfe der Engel in diesem Entscheidungskampf in dem Gedicht finden, die in Predigt und Dichtung immer wieder auftauchen, bezeugt Walthers Verbundenheit mit der Wirklichkeit seiner Zeit. Besonders die Gegner des Kreuzzugs stellten häufig die Frage, warum Gott in seiner Allmacht den Verlust des Heiligen Landes überhaupt zugegeben habe.

Viele Päpste und besonders Bernhard von Clairvaux hatten sich gegen diese Zweifel gewandt[8]. Sie sagten, daß Gott den Menschen in seiner Gnade die Gelegenheit geben wollte, sich durch die Kreuzfahrt von ihren Sünden zu befreien. Walther beantwortet die Frage humorvoll mit einem leisen Spott über die Erzengel:

>Waz habet ir der heiden noch zerstoeret?
>sît iuch nieman siht noch niemen hoeret,
>sagent, waz hânt ir noch dar zuo getân?
>...
>welt ir mîn lop sô sint bescheiden
>und schadent allererst den heiden. (79, 1—3, 14—15)

Die Anfangsstrophe nimmt die Antwort vorweg, daß alles Fragen in dieser Richtung sinnlos und müßig sei[9]:

>Der anegenge nie gewan
>und anegenge machen kan,
>der kan wol ende machen und ân ende. (78, 24—26)

Die religiösen Kreuzlieder 14, 38 und 76, 22

Wird in den politischen Sprüchen die Einwirkung des Kreuzzugsgedankens auf das höfische Ritterideal als persönliches Anliegen Walthers ausgedrückt, so verwendet das Kreuzlied 14, 38 die Kreuzzugsidee ganz im Sinn der Predigten und Aufrufe. Die Vorstellung der Reise in das gelobte Land, die Beschreibung der Wunder der Heilsgeschichte, die dem sündigen Menschen Erlösung bringen, die Aufzählung der Heilstatsachen, die dem Christen ein Recht auf das gelobte Land verleihen und ihn zum Kampf gegen Juden und Heiden verpflichten, sind in der kirchlichen Kreuzzugspropaganda häufig belegt. Das Lied 14, 38 ist ganz auf diese kirchlichen Gesichtspunkte eingestellt, alles Höfisch-Ritterliche ist ausgeschaltet[10]. Die Wirkung von 14, 38 liegt weniger in der Gedanklichkeit als in der Heilssymbolik. Das Lied trägt in seiner Einfachheit Kennzeichen des geistlichen Volksliedes[11]. Das Thema der „terra sancta" steht im Mittelpunkt, jede Strophe bezieht sich darauf[12]. Die Erfüllung des Wunsches, einmal den Boden des geheiligten Landes zu betreten, hat die Wirkung eines Wunders. Durch die Menschwerdung Christi ist dieses Land über alle Länder gesetzt. Hier vollzog sich die Erlösung der Menschheit durch die Taufe und den Tod Christi. Hier erhielten Speer, Kreuz und Dornen ihre Heilssymbolik und leuchten seitdem als Zeichen des Siegesopfers für die Christen und als Zeichen der Vernichtung für die Heiden. Die Entscheidungen über Tod und Leben sollen am letzten Gerichtstag in diesem Land gefällt werden, an dem den Armen, den Witwen und Waisen ihr Recht werden soll. Im Streit der Christen, Juden und Heiden um dieses Land hat Gott für die Christen entschieden, weil er hier die Dreifaltigkeit als Glaubensforderung aufrichtete. Wer diesen rechten Glauben hat, der hat auch einen Anspruch auf die Hilfe Gottes im Kampf um das Heilige Land.

Man erkennt, daß Walther in diesem Lied das gemeinsame Erlebnis der Kreuzfahrt, das Betreten des Heiligen Landes als Höhepunkt christlichen Seins in den Bereich des Wunderbaren erheben will. Damit fügt sich die einfache Liedform und der offene Symbolgehalt zu einer überraschenden Einheit[13].

Das Kreuzlied 76, 22 ist zwar ebenso auf den Gedanken der Predigt aufgebaut wie das Palästinalied, aber es trägt weit mehr die Kennzeichen von Walthers Reflexionsdichtung. Der Kreuzzug wird als Vergeltung Gott gegenüber gewertet für die Leiden, die Christus um der Erlösung willen auf sich genommen hat (26—29, 34—35) als Sühne für die Sünden der Menschheit (77, 4—7; 77, 32—35) und als Möglichkeit, den ewigen Lohn zu erwerben (77, 6—7; 25; 32—35). Die Anteilnahme Walthers scheint in diesem Lied persönlicher als im Palästinalied.

Hier ist der Weg des Einzelnen geschildert, der sich von der „unstaete" weltlicher Minne, die seine Sinne in die Irre leitete, zu der „vil süezen waeren minne" wendet. Dabei ist eine Voraussetzung zum Verständnis des Liedes zu klären: die Erkenntnis von der Unbeständigkeit der Welt als das Thema der späteren Lieder Walthers.

Wie Hartmann durch das Erlebnis vom Tod seines Herrn auf die Unzuverlässigkeit irdischer Bindungen und ihrer „staete" gewiesen wird, so wird sich Walther in dem ihm mehr und mehr zum Hauptanliegen werdenden Verfall höfischer Werte der Vergänglichkeit alles nur irdisch Bestimmten bewußt. Die Verkehrung der Ordnungen (83, 14; 80, 3; 102, 17) der Sieg der „unmâze", erschüttert seinen Glauben an die Möglichkeit, allein aus weltlichen Werten den „hôhen muot", die für den Ritter verbindliche Haltung dem Leben gegenüber, zu gewinnen (123, 14). Die „fröide" der Welt ist allzu vergänglich:

    nieman kan hie fröide vinden, si zergê
    sam der liehten bluomen schîn:

> dâ von sol daz herze mîn
> niht senen nâch valschen fröiden mê. (42, 11—14)

Alle dichterischen Auseinandersetzungen Walthers mit der „Frau Welt" betonen deren „unstaete" und „untriuwe". Aber er zieht keine einseitige Konsequenz daraus, die sich etwa im Sinne einer persönlichen Entwicklung deuten ließe. Am Ende seines Lebens stehen auf der einen Seite die Elegie und das große Altersgedicht 66, 21, das sich zu der in „unverzageter arebeit" (66, 35) erworbenen „wernden wirde" (67, 4) bekennt und ein nach höfischen Maßstäben gelebtes Leben als ein „lobelîchez" preist, und das nach Auseinandersetzungen mit der Vergänglichkeit die „wâre staete minne" in ein Leben im Dienst weltlicher „fröide" mit einbezieht. Auf der anderen Seite stehen rein jenseitig gerichtete Lieder, die — wie der Leich — die Notwendigkeit „herzelîcher riuwe", in der sich der Mensch ganz der Einwirkung Gottes öffnet, zum Hauptthema machen. Diese fruchtbare Spannung zwischen dem Selbstbewußtsein des in eigener „arebeit" seinen Wert erhöhenden Menschen und seiner Selbstaufgabe in Buße und Reue schafft erst den Boden für das Kreuzlied 76, 22. Es wendet sich an die „vil süeze waere minne", die den erlösen kann, der ein „riuwec herze" hat und sich vom „zwîvel" abkehrt. Im Gedanken der Kreuzfahrt wird diese Spannung überhöht und ihre Pole werden einander angenähert. Die innere Bereitung des Einzelnen ist unlöslich mit seiner ritterlichen Opferbereitschaft für das Land Gottes verknüpft, sie ist wie bei Hartmann die Voraussetzung für die rechte Erfüllung der Kreuzfahrt und für ihren himmlischen Lohn. Gott ist wieder wie in der frühmittelhochdeutschen Dichtung als himmlischer Kriegsherr gesehen (77, 40 bis 78, 3), ihm verzinst der Ritter sein Leben und seinen Besitz (76, 39), zu ihm „gesindet" er sich (77, 6). Zweimal wird die große Bedrohung betont, aus der die Kreuzfahrt den Menschen erlöst (77, 2; 77, 35): der Ritter ist „veige âne wer", dem Tod vom Schicksal ausgeliefert ohne Möglichkeit der Gegenwehr, ihm verfallen ohne Hoffnung. In diesem Bewußtsein hatten sich die germanisch-heidnischen Ritter ihrem Schicksal gestellt. Von diesem Grund hebt sich die Haltung des christlichen Ritters mit seiner Möglichkeit der Erlösung durch die Kreuzfahrt im Dienste Gottes ab. Bei aller Siegeszuversicht in bezug auf das Ergebnis des Kreuzzuges, die sich aus der gläubigen Grundhaltung des Gedichtes ergibt, wird durch die wiederholte Verklammerung von Anrufen an Gott und Schilderungen des Verfallszustands der ritterlichen Menschen eine innere Bewegtheit hervorgerufen, die noch betont wird durch die große Kunst der kurzen Satzbildung und des sich nirgends wiederholenden Reimes[14]. Sie hebt sich deutlich ab von Hartmanns ruhiger Gedankenführung in 209, 37 und spiegelt die Erregung des Kampfes der Menschen um den ewigen Lohn und um das Schicksal des Heiligen Landes. Der Gesamtcharakter des Liedes ist der eines Aufrufs- und Gebetsliedes. Als Kreuzzugslied gehört es im Rahmen der Lyrik Walthers in die Nähe des Leichs und der Elegie. Ich halte es für eins der persönlichsten religiösen Gedichte Walthers; es prägt seine innere Anteilnahme am Kreuzzugsgeschehen am reinsten aus. Für solchen individuellen Ton der Aussage, der sich deutlich von dem Typus der altfranzösischen Lieder abhebt, noch einige Hinweise. Wie in Wolframs Willehalm-Prolog erbittet der Dichter im Anfang des Liedes die rechte Wegweisung Gottes für „kranke sinne". Gott möge um des Wortes willen, das einmal im Anfang war, die Christenheit behüten. Es gibt von dem Anruf Gottes an in keiner Zeile mehr Unsicherheit oder Zweifel. „Dîn kunft ist frônebaere", das heißt nicht anders als in den Evangelien: dadurch, daß Du zu uns kamest, gibst Du uns das Heil, das über allem Leid der Welt ist. In vielfältigen Namen wird Gott angefleht. „barmenaere" nennt ihn Walther und „loeser uz den sünden". Das sind Bezeichnungen, die aus der Tradition des geistlichen Liedes und aus dem Kirchengebet stammen. Aber sie sind hier so unmittelbar auf die Kreuzzugsidee bezogen, daß sie hörbar, selbstklingend wirken. In denen, die nach der Fahrt auf den Wogen des Meeres verlangen, können diese Worte das Feuer der Begeisterung entflammen und ihnen die Kraft zur Erlösung des Heiligkeit schenkenden Landes verleihen. Nach diesem Anruf Gottes erfolgt der Aufruf des Dichters an die Ritter:

> nû loeset unverdrozzen
> daz hêrebernde lant.
> verzinset lîp und eigen. (77, 36—38)

Dem Bild des gütigen Erlösergottes wird das des Menschen gegenübergestellt, der bereit ist, Leben und Gut für die Befreiung von Gottes Erbe zu opfern. Diesem Opferbereiten hilft Gott gegen den großen Menschenfeind, der manchem die Seele raubte. Anruf Gottes und Aufruf des Menschen ruhen in der Gewißheit des Glaubens an Gottes Liebe und an die Liebe des Menschen zu Gott. Darin erscheint die Kreuzzugsidee in ihrer ursprünglichen Reinheit und Gültigkeit. Die Kreuzfahrt wird als der Weg gesehen, der von der Verdammung ins Himmelreich führt:

> swer sich ze gote gesindet,
> der mac der helle engân. (77, 6—7)

Der Glaube ist es, der die Hilfe bringt:

> nû heilent Kristes wunden,
> sîn lant wirt schiere enbunden:
> dêst sicher sunder wân. (77, 9—11)

Das ist gewißlich wahr — damit unterstreicht Walther seinen Glauben. Er, der Maria eines seiner echtesten Glaubenslieder weihte, ruft ihre Fürsprache bei Gott und ihre Hilfe gegen die glaubenslosen Heiden an:

> küngîn ob allen frouwen,
> lâ wernde helfe schouwen. (77, 12—13)

Die Feinde sind mächtig. Trotzdem erhebt sich im Vertrauen auf Gottes Hilfe der alte Kreuzruf des Pilgerliedes:

> erloesen wir daz grap! (77, 23)

Auf diese Bekenntnis- und Glaubensstrophe, die wie jede dieses Liedes im Aufruf und zugleich in der Verheißung der Erlösung endet, folgt die adhortatio des Sünders. Sie enthält nicht nur den Hinweis auf die Vergänglichkeit des Lebens, sondern auch die Verheißung, die in der Wunderkraft des Kreuzholzes liegt:

> sîn kriuze vil gehêret
> hât maneges heil gemêret. (77, 28/9)

Daran soll der gedankenlose Sünder dieser Welt denken: das über allem stehende Kreuz hat so manchem das Heil gebracht.

Wer den Zweifel überwindet, wer den Entschluß zur Kreuzfahrt faßt, der hat seine Seele gerettet. Auch hier tritt das „nu" an den Anfang der Zeile. Jetzt muß der Weg angetreten werden, um das Himmelreich zu gewinnen. Jetzt muß sich die Schar der Helden versammeln, die unter Gottes Führung die ihm angetane Kränkung rächen soll. Nur hier wird — soweit ich es übersehe — in der mittelalterlichen Dichtung von des „heilegeistes hêr" gesprochen. Die Notwendigkeit des Zusammenschlusses aller vom Heiligen Geist Gerufenen im christlichen Europa tritt um so zwingender hervor als die Gefahr für das Heilige Land durch den Übermut der Heiden wächst. Die Knechtung Jerusalems darf im Abendland nicht, wie es zunächst den Anschein hat, mit Gleichgültigkeit aufgenommen werden. Die Ehre Christi und der Dreifaltigkeit muß durch die Befreiung des Heiligen Landes und der dort lebenden Christen wiederhergestellt werden. Dahin geht die ins Gebet gefaßte, wiederholt ausgesprochene Bitte des Dichters:

> Got, dîne helfe uns sende ... (78, 4)
> bewar uns an dem ende, (78, 6)
> lâ dich erbarmen, Krist ... (78, 19)
> daz wende in kurzer frist. (78, 23)

Dringlichkeit und Demut mischen sich in diesen Zeilen des Gedichtes, das die Not des Einzelnen und der Gesamtheit so rein zum Ausdruck bringt, daß es als Zeugnis des Bekennertums und der Kreuzzugsverpflichtung angesehen werden kann. So verstanden — und nicht nur als Zusammenfassung von Predigtgedanken zum Zweck der Propaganda für eine neue Kreuzfahrt — gewinnt das Lied die Ebene der Altersdichtung Walthers. Der kunstvoll aber nicht künstlich gestellte Reim, die erhöhte aber nicht überhöhte Bildgebung und der freie aber durch die überwiegende Dreihebigkeit geschlossene Rhythmus sprechen dafür, daß dieses Kreuzlied kurz vor die „Elegie" zu setzen ist, in der die Formkunst Walthers ihre größte Eigengesetzlichkeit erreicht[15]. Das Palästinalied 14, 38 und das Kreuzlied 76, 22 gehören zu den religiösen Liedern Walthers. Die zur Allgemeingültigkeit erhobene und äußerst kunstvoll geformte Kreuzzugsidee, die dabei nicht den persönlichen Bekenntnischarakter preisgibt, unterscheidet sich deutlich von den politischen Kreuzsprüchen, aber auch von der „Elegie".

Die „Elegie"

Die Kreuzzugsthematik in der „Elegie" sollte im Verhältnis zu den religiösen Liedern Walthers nicht überbewertet werden. Wohl wird in der Schlußstrophe eine der eindringlichsten und persönlichsten Kreuzzugsmahnungen ausgesprochen, aber als Ganzes behält das Gedicht seinen eigensten Charakter als Lebenselegie. Der Kreuzzugsgedanke verbindet den Rückblick in die Vergangenheit mit dem tröstlichen Ausblick in die Zukunft. Der Altgewordene sucht von der Höhe seiner Lebenserfahrung aus die von ihm vertretenen Ideale mit den Gegebenheiten einer veränderten Zeit in Einklang zu bringen. Er beschwört noch einmal die Vergangenheit, in der „das gemüete vil hovelîchen stuont". Der Verfall der höfischen Werte und die Zerstörung des Reiches haben die Vorbedingungen dafür vernichtet:

uns ist erloubet trûren   und fröide gar benomen. (124, 27)

Der staufische Kulturkreis in Deutschland, Mittelpunkt und Nährboden der ritterlichen Standeskultur, hat sich aufgelöst. Der Kaiser — früher die ideale Verkörperung des höfisch-christlichen Ritters — hat durch den Bann des Papstes Gottes Huld und damit die ritterliche Vollkommenheit verloren. Er ist aus der Sphäre des Gottgeweihten, von Gott mit der Herrschaft Belehnten ausgestoßen, die Fürsten erkennen seine Herrschaft nicht mehr an und lockern in ständiger Zwietracht die ständische Ordnung des Reiches. Die einstige Geschlossenheit der höfischen Kultur zerbricht. Damit wird auch die innere Haltung der Menschen verändert. Es wäre ein Irrweg des Ritters, wenn er jetzt nicht erkennen würde, daß an ihn als Vertreter seines Standes die Forderung gerichtet bleibt, sich der Kreuzfahrt Friedrichs II. anzuschließen. Die „saelden krône", die „corona vitae aeternae" gehört jedem, der die „lieben reise über sê" antritt. Aber diesem Stand, dem christlichen Rittertum staufischer Tradition, sollte der Kreuzzug nicht nur Erfüllung einer Pflicht, sondern Erfüllung seines Standesethos sein. Die Zeilen, die den Aufruf enthalten:

dar an gedenkent, ritter: ez ist iuwer dinc.
ir tragent die liehten helme   und manegen herten rinc,
dar zuo die vesten schilte   und diu gewîhten swert (125, 1—3)

mahnen an die höchsten Werte eines adligen Rittertums. Noch einmal bietet sich jedem Ritter diese letzte Möglichkeit der Selbstvollendung in der Kreuzfahrt. Hier geht der Dichter über die Kreuzzugswerbung der Predigt hinaus und wendet sich in kräftig mahnendem Ton zugleich an die weltliche Standesehre.

Die Ich-Form bestimmt die „Elegie" und diese Zeilen. Man kann darin ein Beispiel für das persönliche Bekenntnis eines Einzelnen innerhalb der Entwicklung der Kreuzzugsidee sehen. Was 1187 als europäische Bewegung den gesamten Ritterstand erfaßte, verliert sich hier in das Einzelwort des einsam gewordenen ritterlichen Dichters. In seinem Gedicht erhält sich die Idee rein und gewinnt letzte Vollkommenheit der Aussageform. Nur die einzelnen

Großen gestalten in ihrer persönlichen Dichtung noch die Geistwirkung einer Frömmigkeitsbewegung. Dafür spricht neben den Namen der Liederdichter der staufischen Epoche und Walthers von der Vogelweide in Deutschland der Name Wolframs von Eschenbach, dessen „Willehalm" vor dem Verflachen der Kreuzzugsidee und der Bewegung im Spätmittelalter den engen Zusammenhang zwischen Kreuzzugsidee und mittelalterlichem Weltbild in dichterischer Vollkommenheit darstellt.

3. KAPITEL

Wolframs von Eschenbach „Willehalm" als Kreuzzugsdichtung

Christliches und heidnisches Rittertum

Die breiteste und zugleich persönlichste Darstellung von christlichem und heidnischem Rittertum unter dem Leitgedanken der Kreuzzüge im Bereich des mittelhochdeutschen Epos enthält Wolfram von Eschenbachs „Willehalm". Daß hier die allgemeine Kreuzzugsthematik bestimmend für die Dichtung wurde, erklärt sich aus der geschichtlichen Situation der Entstehungsjahre des „Willehalm". Wolfram hat die Dichtung für den Thüringer Hof geschrieben (3, 8—14). Im Jahre 1217 folgte auf Landgraf Hermann I. von Thüringen sein ältester Sohn Ludwig, der den Beinamen „der Heilige" erhielt. Er war ein treuer Anhänger Friedrichs II. Dieser hatte 1215 das Kreuz genommen, aber die Verwirklichung dieser Kreuznahme zog sich lange hin und erst 1221 wurde ernsthaft darüber gesprochen, ob sich Ludwig IV. am Kreuzzug Friedrichs II. beteiligen würde. 1224 hat Ludwig dann beschlossen, am Kreuzzug teilzunehmen. 1227 vereinigte er sich mit Friedrich II. in Italien zur Überfahrt ins Heilige Land, starb aber noch vor der Abfahrt. Selbst wenn die genaue Entstehungszeit des „Willehalm" noch offen bleiben muß, so liegt sie in den Entscheidungsjahren zum Kreuzzug Friedrichs II., und die Gespräche am Thüringer Hof darüber sind wohl kaum ohne Einfluß auf die Entstehung des Werkes geblieben[1]. Doch möchte ich hier — wie in meiner gesamten Darstellung — die Beziehungen zur historischen Wirklichkeit nicht zu eng fassen. Es geht im „Willehalm" um die Erhebung des höfischen Ritterideals über die Artus-Welt hinaus in die einer allein vor Gott gerechtfertigten Menschlichkeit — damit ist eine Neufassung des christlichen wie des heidnischen Ritterbildes verbunden.

Für Wolfram ist, wie für Walther in seiner Alterslyrik, die Alleingültigkeit und Dauer der höfischen Welt schon in Frage gestellt. Die Frage nach Sinn und Berechtigung des Rittertums in einer Welt, deren Wertordnung in sozialer, ethischer und politischer Hinsicht zu wanken beginnt, führt ihn zu einer Auseinandersetzung mit dem einzigen als „staete" erkannten Wert, mit Gott. Im „Parzival" wird das Problem für den Einzelnen gestellt und gelöst. Die Gestalt des im höfischen Sinne vollkommenen Ritters wird in der Problematik des

Parzival aus der Zeitbedingtheit herausgehoben, sein Menschentum in der Überwindung des „zwîvels" vollendet und ins Allgemeingültige erhöht durch die Erfüllung in „gotes" und der „werlde hulde". Parzival findet den Ausgleich zwischen der Welt und einem Gott, der nicht mehr Teil der höfischen Welt, sondern ein dem Menschen schwer erreichbares und entferntes Ziel ist, in einem tiefen und für alle Zeiten lebendigen Sinn. Aber der Weg Parzivals bleibt der Weg eines einzelnen, aus der Menge der Standesgenossen Herausragenden und durch seine Stellung zuletzt über sie Emporgehobenen in einer idealisierten und lebensfernen Sphäre. Im „Willehalm" wird von Wolfram die neue Aufgabe und Bewährung des ganzen Ritterstandes gezeigt am Problem des Heidenkampfes, das aus der geschichtlichen Wirklichkeit der Zeit genommen ist. Wie in Walthers „Elegie" der selbstverständliche Befehl an die gesamte Ritterschaft ergeht: „dar an gedenket, ritter: ez ist iuwer dinc", so wird auch im „Willehalm" in die Verpflichtung des Ritterstandes zum Kampf für Gott kein Zweifel gesetzt. Mit der Einbeziehung in die „militia Christi" wird dem Ritter die Bewährung nicht nur vor den Idealen einer über das Leben bewußt erhöhten und von ihm entfernten Welt — in der „aventiure" — sondern vor der Realität des mittelalterlichen Lebens aufgetragen. Die innere Tragik des höfischen Rittertums offenbart sich in ihrer ganzen Tiefe in dem Augenblick, in dem der Zusammenstoß mit dem wirklichen Leben erfolgt. Der ernsthafte über Turnier und „aventiure" hinausgehende Kampf der im Sinne höfischer Wertsetzung vollkommenen Ritter untereinander muß notwendig zur Selbstzerstörung führen. Mit der Hineinnahme der Realität des Todes in die höfisch-ritterliche Seinssphäre wird diese in ihrer Harmonie und Idealität durchbrochen und in ihrem endgültigen Sinn in Frage gestellt. Die geschichtliche Wirklichkeit der Zeit, in die sich der Ritterstand gestellt fand, zwingt zu einer Auseinandersetzung gerade mit diesem Problem des Todes, mit der Zerstörung der diesseitigen Harmonie der endlichen Welt, und führt zu dem Versuch einer Lösung. Im Heidenkampf als einer Bewährung ritterlicher virtutes im Kampf für Gott und ein Leben im Jenseits mußte sich ein Sinn dieser Zerstörung finden lassen[2]. Das Reich des Teufels steht gegen das Gottesreich. Die heidnischen Helden gehören nach ihrem Tode der Hölle, während die Christen den himmlischen Lohn empfangen (37, 15—38, 30).

Wolfram verschärft den Ernst des Kampfes von Anfang an dadurch, daß er Christen und Heiden als gleichwertig im Sinne höfisch-ritterlicher Tugenden zeichnet. Die heidnische Welt, die bekämpft werden muß, weil sonst die christliche untergeht, ist in ihrer „werdekeit" dieser christlichen ebenbürtig. Das Bild des „edlen Heiden", als dessen Vorbild die Gestalt Saladins aus der Wirklichkeit der Kreuzzüge überliefert war, ist im „Willehalm" gleichgesetzt mit dem des weltlichen Minneritters, der im Dienst seiner Herrin der „aventiure" entgegenzieht, um seine „werdekeit" zu erhöhen. Die Heiden werden mit den gleichen Beiworten geschildert, die den christlichen Rittern gegeben werden. Die Beschreibung der Schönheit und Jugend des Heiden Noupatris erreicht an

Glanz die des christlichen Ritters Vivîanz (22, 14—29). Beide sind es wert, mit „triuwen" beklagt zu werden. Der Perserkönig Arofel entspricht in seiner hohen „werdekeit", seiner „triuwe" Frauen und Freunden gegenüber und seiner „milte", die der Gyburcs verglichen wird (78, 19), den höchsten Anforderungen, die an einen höfischen Ritter gestellt werden können. Vor dem Kampf Willehalms mit Tesereiz werden die Tugenden beider gleichwertig nebeneinander gestellt:

> dâ was manheit gein ellen komn
> und diu milte gein der güete,
> kiusche und hôhgemüete,
> mit triwen zuht ze bêder sît: (87, 16—19)

dazu (204, 1—30; 205, 1—206, 2; 419, 12—24). Für das Sterben des Tesereiz findet Wolfram Worte, die nur mit denen der Klage um Vivîanz verglichen werden können (88, 1—12). Dem König Tybalt von Arabi, den selbst Gyburc, die ihn verließ, „vor aller untaete vrî" (310, 16) nennt, werden „milde-güete", „rîterlîch gemüete", „flaeteclîcher lîp", „rîcheit" und hôhin art" zugesprochen (342, 13—19), dazu „unverzagete manheit" (342, 9). Später wird er beschrieben:

> den süezen einvalden,
> den milten unt den rîchen,
> den clâren manlîchen,
> der enpfienc nie valscheit enkein.
> wie vert sunn durch edelen stein,
> daz er doch scharten gar verbirt?
> alsô wênc hât ie verirt
> Tybalden den genenden,
> swaz man sagt von missewenden:
> sîn herze was vor valsche ie blint. (354, 24—355, 3)

Das Lob des Heiden Matribleiz durch Willehalm faßt alle seine Tugenden noch einmal zusammen in einer Form, die das Idealbild eines höfischen Ritters zeichnet:

> ir habt mit werdeclîchen siten
> Iwer zît gelebt sô schône,
> daz nie houbt under krône
> ob küneges herzen wart erkant,
> den beiden vor ûz waere benant
> sô manec hôhlîcher prîs.
> ich mag iuch lobn in allen wîs,
> zer manheit und zer triuwe
> und zer milte ân riuwe,
> und zer staete, diu niht wenken kan. (461, 30—462, 9)

Erst diese hohe Wertung des Gegners ermöglicht Wolfram die Darstellung der ganzen Schwere und Tragik des Heidenkampfes, sie legt aber auch den

Grund für die Forderung der Toleranz, die in der Anerkennung der Heiden als „gotes hantgetât" besteht.

Der Schilderung als höfische Ritter entsprechend sind auch die Motive, die die Heiden in den Kampf führen, im wesentlichen höfische. Tybalt folgt dem Gebot der Minne als beleidigter Gegner Willehalms (8, 2); ebenso seine Mitkämpfer (26, 9—11; 36, 1—4; 36, 20—22; 55, 7—9; 254, 26—27). Alle nehmen ihrer Herrin zur Ehre den Kampf gegen die Christen als „aventiure" auf sich. Die Minne hat sie zum Kampf ausgerüstet (19, 18—27; 408, 20—21), Noupatris zieht in den Kampf „als er tjostieren wolde" (24, 1; 26, 11). Die Söhne Terramêrs kämpfen als Minneritter, ihre Jugend, „hôher muot" und „hôhiu art" sollen ihnen den höchsten Lohn der Minne erwerben.

Amor ist als Helmzier auf dem Helm des Noupatris angebracht (24, 4—7). Der Gedanke an die Minne soll den Ritter im Kampf stärken (349, 1—5). Fällt der Ritter, so trauert die Minne um ihn in der Gesamtheit der Frauen, der christlichen wie der heidnischen.

Die höchste Idealisierung des vollkommenen Minneritters findet sich in der dichterischen Gestaltung des Noupatris:

> ob der minne ie mennischlîchez rîs
> geblüet, daz was sîn liehter schîn.
> von Oraste Gentesîn
> het in diu minne her gesant. (255, 16—19)

Neben dem Dienst an der Herrin bestimmt die Lehnspflicht die Heiden zum Kampf, die sie an Terramêr bindet und ihm gegenüber zur „triuwe" verpflichtet wie jeden höfischen Ritter gegenüber seinem Lehnsherrn. Vor dem Aufbruch in die zweite Schlacht mahnt Terramêr bei der Aufstellung der Schlachtordnung seine Vasallen ausdrücklich an diese Lehnspflicht:

> du treist krôn von mînen vanen:
> des lêhns muoz ich dich hiute manen.
> (353, 9—10; ebenso: 9, 27—10, 5; 258, 2—6; 360, 3—5 u. a.)

Der Kampf für die Götter tritt als Motiv neben den Dienst an der Herrin und am Lehnsherrn (71, 25—27; 88, 18—19). Sie spielen eine Rolle als Schutzgötter des Kampfes (Schlachtruf der Heiden: 11, 16—17), ihre Ehre gilt es zu verteidigen, ihren Sieg zu erkämpfen (345, 11—13). Das Bild des höfischen Heiden wird dem des höfisch-christlichen Ritters bis zu dem Punkt angenähert, daß es von ihm heißt:

> ez stêt wol dîner krône,
> ob du nâch der gote lône
> und nâch dîn selbes prîse,
> ob dichs diu minne wîse,
> noch hiute in strîte kumber dolst. (348, 9—13)

Damit wird auch von dem Heiden der Kampf für „minne", „êre" und „got" gefordert. Auch er soll seinen Göttern und der Welt gleichzeitig dienen und mit dem irdischen Ruhm zugleich den Lohn der Götter empfangen (338, 15—17; 354, 10—13). Allerdings steht der Kampf für die Götter für die Heiden nicht in erster Linie, sondern neben den weltlichen Kampfmotiven:

> mich nam diu minne in ir gebot
> noch sêrer dan dechein mîn got: (338, 13—14)

Damit ist der grundlegende Unterschied des christlichen vom heidnischen Minneritter bereits gegeben. Das Rittertum des weltlichen christlichen Ritters ist eingefügt in die christliche Weltordnung, wenn es auch nicht in allen seinen Äußerungen von ihr bestimmt wird wie das Kreuzrittertum. Auch der Gott der Artusepen steht an der Spitze aller Werte, seine Macht ist unbestritten, wie wenig sie auch im einzelnen erlebt sein mochte. Die heidnischen Götter aber versagen im Kampf, sie halten nicht, was ihre Anhänger von ihnen erwarten:

> unser wer und unser gote hêr
> half niht, wirn müesen unverholen
> die wâren schumpfentiure dolen.
> (463, 12—14; dazu: 352, 14—17; 360, 26—30; 399, 2—6; 449, 18—30)

Ihre Macht erlischt mit dem Tod des Ritters und reicht nicht aus, seine Seele vor der Hölle zu bewahren:

> nu gedenke ich mir leide,
> sol ir got Tervigant
> si ze helle hân benant. (20, 10—12)

Bei Wolfram stehen den heidnischen Minnerittern jedoch nicht Artusritter, sondern milites Christi, „gotes soldiere", Kreuzritter, gegenüber, die ausdrücklich für das Reich Gottes in den Kampf ziehen und das Bewußtsein ihrer Zugehörigkeit zum christlichen Glauben mit in den Kampf nehmen. Die Benennung „die getouften", die dieses Heer durch die ganze Dichtung begleitet, weist nachdrücklich darauf hin, daß ein Wertunterschied zwischen den beiden Parteien nicht in ihrer menschlichen Vollkommenheit liegt, sondern allein in der Tatsache, daß die Taufe die einen in eine Gemeinschaft mit Gott aufgenommen hat, die ihren Kampf bestimmt und ihren Tod überdauert, während die anderen trotz aller irdischen Tugenden dem Tod und der Hölle verfallen sind. Nicht ihre Tugenden machen die Getauften überlegen, sondern ihr streben nach „saelde", die sie zum Einsatz für Gott führt (19, 28—29; 451, 4). Terramêr ist trotz seines menschlichen Wertes, seines Reichtums und seines Alters „vertôret" (352, 14—16; 360, 26—29), weil ihm die wahre Einsicht nicht geschenkt wird. Die ritterliche Gleichwertigkeit beider Heere wird auch im Verlauf der beiden großen Schlachten betont. Wolfram stellt ritterliche Vollkommenheit und höchsten Wert auf beiden Seiten so unparteiisch gegeneinander, daß die erste Schlacht von den Heiden gewonnen werden kann. Auch in der zweiten Schlacht besiegt nicht der im Sinne höfischer Tugenden Wertvollere den weniger Wertvollen, sondern der Sieger ist allein Gott, dessen Gnade sich den Christen zuwendet (434, 23—30; 450, 1—3). Diese absolute menschliche Gleichwertigkeit vertieft die Tragik des Kampfes, der von Anfang an als Entscheidungskampf zwischen Christen und Heiden und damit als ein Vernichtungskampf gesehen und in seiner Endgültigkeit mit dem „urteillîchen" Tage des jüngsten Gerichts verglichen wird (13, 4). Der Ernst des Kampfes überschreitet alle ritterlichen Gepflogenheiten, Lösegeld und „sicherheit" gelten nichts mehr. Der Ritter ist in seinem Kampf nur auf seine „manlîche wer" angewiesen (11, 1), es geht auf beiden Seiten um das Leben (222, 18—19).

> dâ wart sölch ritterschaft getân,
> sol man ir geben rehtez wort,
> diu mac für wâr wol heizen mort.
> (10, 18—20; dazu: 10, 25—26; 162, 14—15; 401, 30)

Aus dieser ausweglosen Tragik hebt sich am Schluß um so heller Wolframs Versuch einer zugleich im Metaphysischen und im Menschlichen verankerten Lösung.

Der Kampf zwischen Willehalm und Terramêr

Als Träger dieses tragischen Vernichtungskampfes stehen sich Willehalm und der Heidenkönig Terramêr gegenüber. Beide führt zunächst ein persönlicher Grund in den Kampf: der Besitz Gyburcs, die gleichermaßen Christen und Heiden angehört und von beiden gefordert wird. Bei beiden wird dieser persönliche Grund des Kampfes der Anlaß zu einem Krieg für Glauben und Reich, dessen Berechtigung von den Heiden wie von den Christen geglaubt und nachgewiesen wird. Der Begriff des Heiligen Krieges wird hier von Wolfram auf beide Parteien angewandt. Terramêr, der von Anfang an als „werder" Heide eingeführt wird, kämpft um die Ausbreitung seines Glaubens und die Ehre seiner Götter wie Willehalm um den Bestand des „touf" und damit des Christentums. Die Ehre der Heidengötter ist durch den Abfall Gyburcs geschändet, mit Hilfe der Götter soll die Abtrünnige zurückgewonnen werden (9, 8—16). Der Kreuzrede Willehalms in der ersten Schlacht entsprechend hält auch Terramêr eine Rede an seine Vasallen, in der er das Gewicht des Kampfes unterstreicht und den Akzent von dem persönlichen Kampf um Gyburc in den Bereich des Glaubenskampfes verlagert:

> ir helde von der heidenschaft,
> nu rech et unser altiu kraft,
> die wir hêten von den goten,
> daz sô verre ûz ir geboten
> Arabel diu verfluocht ist komn.
> mir und den goten ist benomn
> der ich ê jach ze kinde. (44, 5—11)
> ...
> held, ir sult ernenden:
> êrt die gote und dar nâch mich. (44, 20—21)

Den Bereich der Götter zu verlassen, ist Frevel; das Ziel ist also nicht mehr allein das, Gyburc zurückzubringen, sondern sie zu zwingen:

> daz si diu kristenlîchen bant
> und den touf unêre. (44, 26—27)

Die Schande, die durch Gyburc den Göttern angetan wird, legt den Heiden die Verpflichtung der Rache auf, in der Ehre der Götter sind zugleich ihre Anhänger in ihrer Ritterehre gekränkt:

> si jâhn, Apolle und Tervigant
> und Mahmet waern geschant
> an ir gotlîchem prîse.
> (106, 7—9; dazu: 75, 2—10; 43, 3—7; 107, 20—108, 2; 339, 14—15)

In der großen Rede Terramêrs während der zweiten Schlacht wird dieser Kampfgrund weiter vertieft und zu einem Herrschaftsanspruch der Heiden über die Christenheit ausgeweitet, der gleichberechtigt dem der Christen entgegentritt. Terramêr stellt sein Anrecht auf die römische Krone, begründet durch Verwandtschaft mit dem römischen Kaiser Pompeius, gegen das Recht des christlichen Königs:

> zunrehte ist manec künc belibn
> dâ sît ûf mînem erbe: (338, 30—339, 1)

Mit der Erkämpfung seines Herrscherrechtes verbindet er das Ziel der Ausbreitung seines Glaubens und die Vernichtung des Christentums. Er will:

> sînen goten prîs alsô bewarn,
> die Jêsus helfe wolde lebn,
> daz die dem tôde würde gegebn. (340, 6—8)

In diesen Worten ist die ernsthafte Bedrohung gegeben, die über alle persönlichen Gründe hinaus den Christen durch die Heidenschaft entsteht und die in Terramêrs Machtstreben, in der Verquickung von Glaubenskampf und politischem Herrschaftsanspruch den alles gefährdenden Ausdruck findet. Das innere Gewicht dieser Bedrohung wird noch dadurch vertieft, daß sie von einem Menschen ausgeht, der trotz der Kompromißlosigkeit seiner Forderungen unter dem menschlichen Konflikt leidet, in den er gestellt ist. Der Haß Terramêrs gegen Gyburc und ihren Verrat an allem, was ihm heilig ist, an der Ehre der Götter und der Ehre der Sippe (217, 16—27) streitet gegen die Liebe zu der Tochter, wie es seine Klage (355, 5—18) ergreifend ausspricht: „triuwe" steht hier gegen „triuwe" in einem unlösbaren Konflikt. Das Schicksal, das Terramêr Gyburc um der Ehre der Götter willen hat bereiten müssen, ist er bereit, selbst auf sich zu nehmen (355, 20—30). Trotzdem sammelt er alle Kräfte für den letzten Entscheidungskampf. Daß hier dem Gegner[3] die höchste christlich-höfische Tugend der „triuwe" zugesprochen wird (356, 1) neben der des Minneritters (338, 9—14) und der des mannhaften Kämpfers (21, 16—30) zeigt noch einmal, daß es in diesem Kampf um eine letzte Bewährung des Ritterlich-Höfischen in seiner höchsten Form geht. Die Niederlage der Heiden erhält dadurch ein verstärktes Gewicht.

Diesem Gegner steht Willehalm als Führer und Träger des Kampfes der Christen gegenüber. Auch sein Kampf nimmt, wie Wolfram verschiedentlich hervorhebt, von Gyburc seinen Ausgang (7, 25—28; 12, 30—13, 1; 14, 2—7; 14, 29—30). Aber schon im Beginn der ersten Schlacht wird die Ausbreitung des persönlichen Kampfes zum Heiligen Krieg für den Glauben deutlich. Das persönliche Schicksal Willehalms mündet ein in die Aufgabe, Land und Glauben zu schützen.

Die Kreuzreden im „Willehalm"

An dieser entscheidenden Stelle fügt Wolfram die erste große Rede Willehalms in die Handlung ein (16, 25—17, 22). Sie findet sich — wie die späteren Kreuzreden — nicht in der Quelle. In „Aliscans" gilt der Kampf gegen die Heiden der Rettung des Reiches. Die Schlacht für die Ehre der „douce France" steht im Mittelpunkt des Geschehens. Der Glaubensgegensatz ist zwar gesehen, aber entscheidend ist der nationale und politische Gegensatz zwischen den Feinden des Landes und seinen Verteidigern[4]. In dieser einer Kreuzrede sehr ähnlichen Ansprache Willehalms wird die ritterlich-kämpferische Handlung im Religiösen verankert, der Streit nicht nur menschlich, sondern zutiefst überpersönlich begründet. Wolfram fügt die Rede ein, nachdem im Prolog die geistige Ebene der Dichtung, in der Vorgeschichte Anlage und Vorausdeutung der Handlung gegeben sind. Die erste Schilderung der ungeheuren Überlegenheit von Terramêrs Heer, die Charakterisierung beider Parteien in ihrer menschlichen „werdekeit" liegen vorher. Der tragische Ernst des Kampfes ist so schon festgelegt, das Leid, das durch den Tod so vieler Helden über die Menschheit kommen muß, vorausgesehen. An dieser Stelle wird nun die erste überzeitliche Begründung der Notwendigkeit des Kampfes von den Christen aus durch die Worte ihres Anführers gegeben. Dabei wird die aus der ritterlichen Sicht gegebene Motivierung in indirekter Rede dem Erzählton angeglichen. Erst die religiöse Rechtfertigung, die sich auf die zeitgenössischen Kreuzzugspredigten und -bullen stützt, hebt Wolfram in direkter Rede heraus. Die Anrede „helde" und die Aufforderung „nu wert êre unde lant" (17, 19) binden die religiöse Motivierung fest an die Wirklichkeit des Kampfes[5]. Erst nach dieser Kreuzrede setzt die Schlacht mit ihren wechselvollen Einzelkämpfen ein. Das Ziel des Kampfes wird nochmals zusammengefaßt in den Schlachtrufen von Christen und Heiden:

> si (die Heiden) schrîten alle Tervigant.
> daz was ein ir werder got:
> si leisten gerne sîn gebot.
> Monschoy was der getouften ruof,
> die got ze dienste dar geschuof. (18, 28—19, 2)

Der Kampf der Heiden steht unter dem Gebot ihres Gottes wie der der Christen. Aber bei den Christen geht es noch um etwas Anderes: um die Bewahrung der „fröide" als der Hochstimmung der Seele, die bei Wolfram wie bei Walther nur im Einsatz ritterlicher Kräfte für das überirdische Heil erlangt werden kann, da sie aus dem nur weltlichen Leben in seiner „unstaete" nicht zu gewinnen ist. Monschoy als Schlachtruf, der die ganze Dichtung wie ein Grundakkord begleitet, weist wie der Name des Schwertes Schoyuse auf die tiefere Schicht des Erkennens, aus der diese „fröide" stammt, die im Kampf errungen und mit „jâmer" erkauft wird und die auch das Leid in seiner Notwendigkeit mit einbegreift. Sie erhebt sich aus der Bewährung in dem mit ritterlicher Kraft für den Glauben geführten Kampf wie in Walthers Elegie als hohes Ziel der Kreuzfahrt für den Einzelnen.

Noch zweimal folgt im Verlauf der ersten Schlacht eine Zusammenfassung der Ziele des christlichen Heeres. Zweimal wird, wenn im Kampf die starke Übermacht der Heiden durch Zahl, Tapferkeit und Ausrüstung ihrer Helden stark hervortritt, ein Hinweis auf die tiefere Grundlage des Kampfes gegeben. Die „hantvol" Helden, die Willehalms Heer bilden (die möht ein huot verdecken 28, 11) tragen das Kreuz:

> beidiu geslagen und gesniten
> ûf ir wâpenlîchiu kleit
> was Kristes tot. (31, 24—26)

Sie sind sich ihrer Aufgabe bewußt:

> ez ist sîn verh und unser segen:
> wir sulens gelouphafte'npflegen. (31, 20—30)

Und dieses Bewußtsein verleiht ihnen den Mut zum Kampf gegen die Übermacht.

Es ist bezeichnend, daß der Kreuzzugsgedanke während der folgenden Bücher des „Willehalm" in der gedanklichen Ausformung ganz in den Hintergrund tritt. Die Geschehensschilderung überwiegt. Das persönliche Leid Willehalms in der Viviânzhandlung, der Abschied von Gyburc und die Sorge um sie, die Enttäuschung über das anfängliche Versagen der Sippe am Königshofe müssen von ihm in ihrer ganzen Schwere — ohne Hinweis auf den Trost im Jenseits und auf den tieferen und allgemeineren Sinn des Leidens — ertragen werden. Aus seiner eigenen inneren Haltung heraus muß er den tiefsten Schmerz überwinden, um zum geläuterten Gotteskämpfer zu werden. Trotzdem läßt Wolfram den Kreuzzugsgedanken nicht fallen. Als letztes und entscheidendes Argument stimmt dieser den zögernden König Loys zur Gewährung der Hilfeleistung um. Was der Hinweis auf seine Verpflichtung durch die „art" Kaiser Karls[6] und auf die Bedrohung des Reiches nur vorbereitet, aber nicht erreicht hat, das vermag der Hinweis auf die Schändung des Glaubens durch die Heiden:

> welt ir nu Terramêre
> ze wüesten staten iwer lant,
> des wirt diu kristenheit geschant
> und der touf entêret. (182, 24—27)

Diesem Anruf kann sich der König nicht versagen. Erst hier erfolgt seine Zusage und in seinem Gebot an die Fürsten des Landes greift er dieses wesentlichste Argument wieder auf:

> swaz mit al den fürsten rîter sint,
> ...
> die sagete man gar rehtelôs,
> durch daz der touf die smaehe kôs
> von der heidenschefte. (185, 3; 7—9)

Als Schützer des Reiches und des Glaubens erkennt der König die Gefahr und stellt alle folgenden Kämpfe unter den Kreuzzugsgedanken, indem er den Kampf gegen die Heiden zum Gesetz für die Ritterschaft erhebt (185, 11—13). So wird an entscheidender Stelle, an der die Handlung des Willehalm an einem Wendepunkt angelangt ist, der Kreuzzugsgedanke als ausschlag- und richtunggebender Faktor eingesetzt.

Dementsprechend erscheint auch vor der letzten großen Schlacht noch einmal eine Rechtfertigung dieses Vernichtungskampfes gegen die Heiden durch Willehalm und seine Sippe, die in der Kreuznahme des christlichen Heeres ihren Abschluß findet[7]. „Ze wern den touf und unser ê" (297, 11), ist von Anfang an das klare Ziel des Kampfes, das hoch über jedem persönlichen Zwist Willehalms steht. Zwar legt er vor den versammelten Fürsten des Reiches noch einmal Rechenschaft ab über die persönlichen Gründe des Angriffes der Heidenschaft auf sein Land, aber selbst Gyburcs Flucht zu ihm wird unter dem Gesichtspunkt der Glaubenstat gesehen, und die Beschreibung der Grausamkeit des Heidenheeres gegen die christliche Bevölkerung soll den Religionskrieg, nicht den Sippenkampf rechtfertigen (297, 14—22)[8].

Wie der Gedanke an den Kampf für den Glauben im IV. Buch den Ausschlag in der Haltung des Königs gibt, so wird er auch im VII. Buch an entscheidender Stelle herausgestellt, als durch den Rückzug der französischen Fürsten die Schlagkraft des christlichen Heeres vermindert und damit der Sieg durch das eigene Versagen gefährdet wird. Wolfram erweitert die in der Quelle vorhandene Ansprache Willehalms an die Ritter dahin, daß er den Kampf noch einmal unter Gottes Gebot rückt:

> got sol iu allen senden
> in iwer herze sölhen muot,
> daz ir iu selben rehte tuot. (320, 10—12)

im Gegensatz zur Quelle, die den männlichen Ernst des Kampfes für das Vaterland betont[9].

Nach dem Abfall eines Teils der Fürsten faßt eine letzte Ansprache Willehalms[10] die Aufgaben der für den Kampf Auserlesenen zusammen (322,

4—26), sowie auch die reuig Zurückkehrenden unter dem Gedanken an das Kreuz wieder in die Gemeinschaft der Gottesstreiter aufgenommen werden (327, 24—30). Gott selbst greift ein und schlägt durch die Hand Rennewarts die, die seinen Kampf verraten haben. Erst nach dieser Wendung, die ganz unter dem Kreuzzugsideal steht, setzt der große Vernichtungskampf gegen die Heiden ein. Die Haltung des christlichen Heeres, einer Standesgemeinschaft der Ritter, wird so in ihrer gesicherten Gottbezogenheit an entscheidender Stelle der Handlung festgelegt. Der Aufbruch in diese Schlacht erfolgt — anders als in der ersten — bewußt unter dem Gedanken des Gotteskampfes. Alle Tapferkeit und „werdekeit" stehen unter seinem Gebot. Er allein entscheidet über Sieg und Niederlage:

> si wellnt nu gein den heiden.
> got waldes, sît ers alles phligt.
> der weiz nu wol wer dâ gesigt. (313, 28—30)

Der Sieg ist für den Wert des Kampfes der Christen nicht allein entscheidend[11]. Die Tatsache seines Einsatzes im Glaubenskampf in rechter Gesinnung und Opferbereitschaft erwirbt dem einzelnen Ritter irdischen Ruhm und himmlischen Lohn. Sie erhöht seine persönliche „werdekeit" über alle Wechselfälle irdischen Lebens und sichert ihm die „fröide" im diesseitigen, die „saelde" im jenseitigen Leben. Das Heilsgeschehen, die „renovatio animi", die sich in der freiwilligen Wiederholung des Opfertodes Christi für den Ritter ergibt, stehen im Mittelpunkt. Das Kreuz Christi erhält einen neuen Symbolgehalt für die Kämpfer selbst:

> wan sît sich kriuzewîs erbôt,
> Jêsus von Nazarêt, dîn tôt,
> dâ von hânt flühteclîchen kêr
> die boesen geiste immer mêr.
> helde, ir sult des nemen war,
> ir traget sîns tôdes wâpen gar.
> (17, 11—16; dazu auch: 303, 17—30; 322, 5—12; 331, 26—332, 4)

Im Willehalm findet sich dieser Gedanke nie isoliert, sondern immer in engem Zusammenhang mit der ethischen Verpflichtung, die von dem Ideal der „werdekeit" und der „minne" aus den Ritter zum Kampf treibt. Die religiöse Verpflichtung wird ganz in die ritterliche Zielsetzung eingebaut und von ihr umschlossen. So steht vor der ersten Kreuzrede die Mahnung:

> der marcgrâve ellens rîche
> mante unverzagetlîche
> ir manheit sîn geslehte
> durh got und durh daz rehte,
> und ir werlîchen sinne
> durh der zwier slahte minne, (16, 25—30),
> ...
> nu wert êre unde lant. (17, 19)

17 Wentzlaff-Eggebert, Kreuzzugsdichtung

Die „manheit" und die „werlîchen sinne" sind die Voraussetzungen zum Heidenkampf, die in dieser neuen Zielsetzung ihren vertieften und der Kreuzzugspredigt nahen Bedeutungszusammenhang erhalten[12]. Ebenso verbinden sich in der in drei Kreuzreden aufgelösten großen Bereitung zur zweiten Schlacht ritterliche und religiöse Forderung:

> ... dem werden nie gezam,
> daz ûz prîse traete:
> swer in dar umbe baete,
> dem solt er nimmer werden holt.
> nu denket, helde, ir habt gedolt
> in Francrîche mangen prîs:
> ob ir nu den markîs
> liezet in sus grôzer nôt,
> iwer keines vriundîn daz gebôt.
> iuch hazzt ouch drumbe (deist mir kunt)
> der daz swert in sînem munt
> für treit ame urteillîchen tage,
> dâ mite der küene und der zage
> bêde geschumphieret sint. (303, 2—15)
> ...
> Franzoyse, iu was ie manheit bî:
> dêswâr die liezt ir noch ze vruo.
> ein ieslîch manlîch rîter tuo
> als in nu lêr sîn bestiu werdekeit. (304, 2—5)

Die Entscheidung zum Kampf für das Kreuz Christi muß der einzelne Ritter selbst treffen. Aber auch für einen auf weltlichen „prîs" und auf „werdekeit" bedachten Ritter kann sie nur für den Kreuzkampf ausfallen. Reich und Arm nehmen das Kreuz und bereiten sich innerlich auf den Kampf zur Ehre Gottes vor. Die Schilderung erinnert genau an die Situation der Kreuzritter. Schon 299, 13—19 wurde davon gesprochen, daß die Schwertleite in ihren Grundgedanken die Verpflichtung zum Kreuzzug enthält. Im „Willehalm" ist echtes Rittertum in seiner höchsten Vollendung nicht mehr möglich ohne den Schwertkampf für Taufe und Glauben. Das Versagen dem Kampfesaufruf gegenüber, das auch bei Walther und Rugge mit denselben Argumenten gegeißelt wird, schildert Wolfram deutlich in allen seinen Konsequenzen bei der Flucht der Fürsten (321, 1 ff.). Sie fallen nicht nur der Verachtung der Frauen anheim (322, 22—24); schon gleich nach der Flucht trifft sie die gerechte Strafe, der Tod durch Rennewarts Hand:

> genuoge undr in begunden jehen,
> in waere al rehte geschehen:
> si slüege aldâ diu gotes hant,
> von der si flühtic waern gewant. (325, 1—4)

Ihr Versagen schändet nicht nur die Ritterehre (321, 1—2), sondern — wie bei Hartmann — das Kreuzeszeichen:

> ir schämlîch wider wenden
> diu kriuce solte schenden,
> diu an si wârn gemachet. (321, 25—27)

Nur die bereuende Einsicht und Besinnung auf die „saelde", die sie zur Umkehr bringt, kann ihnen Hoffnung auf Gnade geben (331, 25—27), nur die „manheit" (wie im Beispiel des Petrus) den „zwîvel" sühnen (332, 12—17) und als Symbol der Sühne die Rückgabe der Kreuzesfahne erlangen (332, 22—30)[13]. Was Walther, Hausen, Johansdorf und Rugge in der Lyrik andeuten, wird bei Wolfram in epischer Gestaltungskraft zu einer in sich geschlossenen lebensvollen Szene erweitert. Gegenüber der Quelle, die die Flucht der Fürsten und ihre Bestrafung durch Rennewart ebenfalls bringt, hat Wolfram hier das Kreuzzugsmotiv neu eingefügt und damit den vorgezeichneten Gegensatz zwischen Tapferen und Feigen nach der religiösen Seite hin vertieft[14]. Der Lohngedanke, der in der Kreuzzugslyrik überall wiederkehrt und aus den Lohnversprechungen der päpstlichen Bullen und der Predigten übernommen ist[15], tritt auch im „Willehalm" häufig, nicht nur in den direkten Kreuzreden, auf. Der Gedanke an den himmlischen Sold verleiht Trost im Verlauf der Schlacht, in Verbindung mit dem irdischen Minnelohn gibt er die Gewißheit, daß der Kampf trotz allen „kumbers" sinnvoll ist:

> die getouften muosen kumber doln
> und diu zwier slahte lôn erholn.
> die ir leben dannen brâhten,
> werdiu wîp in lôns gedâhten:
> die aber dâ nâmn ir ende,
> die fuoren gein der hende
> diu des soldes hât gewalt,
> der für allen solt ist gezalt.
> diu selbe hant ein voget ist
> unde ein scherm fürs tievels list.
> (371, 21—30; vgl. dazu: 17, 1—2; 16, 23—24)

Dieser Lohngedanke, der an vielen Stellen das Kampfgeschehen durchbricht und die dahinterstehende überzeitliche Wirklichkeit aufleuchten läßt[16], wird von Wolfram bis in die Sphäre des Wunders erhoben im Bild der Märtyrer. Der Tod für den Glauben entsühnt die Kämpfer nicht nur, er heiligt sie und erhebt sie zu Märtyrern, denen die ewige Seligkeit, aber auch die Rache auf Erden (305, 30) gewiß ist[17]:

> Alitschanz muoz immer saelic sîn,
> sît ez sô manec bluot begôz,
> daz ûz ir reinem verhe flôz,
> die vor gote sint genesen.
> nu müez wir teilnüftic wesen

> ir marter und ir heilekeit!
> wol im, der dâ sô gestreit,
> daz sîn sêle signunft enpfienc!
> saeclîche ez dem ergienc. (420, 6—14)

Die Engel selbst nehmen sich ihrer an und begraben sie, wie es sonst nur Heiligen geschieht[18]:

> die dâ beliben in dem strîte.
> ir kirchhof ist gesegent wîte,
> von den engelen wîhe enphangen.
> sus ist ez dâ ergangen.
> ir heilic verch und iriu bein,
> in manegem schoenen sarkestein,
> die nie geworhten menschen hant,
> man die getouften alle vant. (259, 5—12)

Die Spiegelung dieses Wunders im Bereich der Heiden verstärkt noch dessen Bedeutung:

> die getouften hânt für prîs,
> daz der zouberaere Jêsus
> ir velt hât bestreut sus
> mit manegem sarcsteine.
> ir verch und ir gebeine
> dar inne lît: si sint doch ganz.
> der den dürnînen kranz
> ame kriuce ûf hete, den rûhen huot,
> durh si alsölhiu wunder tuot. (357, 22—30)

Auch diese Vorstellung, daß die für den Glauben Gefallenen als Märtyrer Heiligkeit erwerben, stammt aus der Kreuzzugsideologie[19]. Im dichterischen Bild Wolframs wird sie mit einem Glanz erfüllt, der alles irdische Leid versinken läßt im Anblick der ewigen Glückseligkeit. Der unmittelbare Übergang vom Tod zum ewigen Leben ist die feste Hoffnung aller Kreuzfahrer[20]:

> ûf erde ein flüsteclîcher tac
> und himels niuwe sunderglast
> erschein, dô manec werder gast
> mit engelen in den himel flouc.
> ir saelekeit si wênic trouc.
> die durh Willalmen striten
> und die mit manlîchen siten
> kômen, ... (14, 8—15)

In die ritterliche Sphäre wird der Lohngedanke einbezogen durch die Angleichung an die höfische Gottesvorstellung, die Gott als Lehnsherrn sieht, der den „endelôsen solt" der „saelde" verteilt[21]. Die Verpflichtung, dem himmlischen Lehnsherrn zu dienen, besteht nicht nur in der Vergeltung des Opfertodes Christi, sie bezieht ihren Ernst aus der mittelalterlichen Wirklichkeit, die den Ritter in Krieg und Frieden unter das Gebot des Lehnsherrn stellte. In gleicher Weise ist aber auch der Lehnsherr verpflichtet, dem Ritter Lohn zu gewähren, und so ergibt sich aus dieser Übertragung des irdischen Bildes auf die religiöse Vorstellung die große Heilsgewißheit, die der Kampf für den Glauben schenkt:

>die selben hant noch nie verdrôz,
>swerz mit einvaltem dienst erholt,
>si teilt den endelôsen solt.
>die belibene sint zer saelde erwelt.
>swer die schalen vor hin dan schelt,
>der siht alrêste den kernen.
>noch hiute sule wir lernen
>wie diu gotes zeswe uns lônes gieht. (322, 10—17)

Ebenso ergibt sich daraus die Gegenseitigkeit der Hilfeleistungen, zu der die männliche Tapferkeit im irdischen Leben die Voraussetzung ist:

>si gâben strîtes gegenbiet,
>ê daz si überkraft betwanc;
>des manger sêle wol gelanc,
>dô die getouften sturben,
>die mit hôhem prîse erwurben
>den solt des êwegen lebennes.
>er phligt noch sölhes gebennes,
>der mennisch ist und wârer got
>und der wol freude unde nôt
>enpfüeret unde sendet.
>immer unverendet
>ist sîn helfe wider sie
>die im getrûwent als die. (37, 16—28)

Wie im Minnesang ist hier der kirchliche Lohngedanke ritterlich umgedeutet. Die enge Verbindung mit dem „schildes ambet", ohne das ein im Dienst an Gott erfülltes ritterliches Leben nicht möglich ist, wird bei Wolfram stets besonders betont[22].

Die drei Typen des Kreuzritters im „Willehalm"

Wird in den Schlachtschilderungen die Ritterschaft als Standesgemeinschaft durch den Ernst ihrer Aufgabe in ihrer Notwendigkeit bestätigt und diese Aufgabe in den Kreuzreden theoretisch dargelegt, so wird die Verkörperung des Kreuzritters in ihrer Differenzierung und Vorbildlichkeit gestaltet in den Helden der drei sich überschneidenden und nebeneinander herlaufenden Handlungsstränge. Vivîanz, Rennewart und Willehalm stellen jeder einen anderen

Typus des Kreuzritters dar. Der beherrschenden, die Handlung tragenden Gestalt des Willehalm wird in zwei parallelen Episoden die Gestalt eines ritterlichen Jünglings gegenübergestellt. Der Vivîanzepisode im ersten Teil entspricht die Rennewartepisode im zweiten Teil. Beide waren in der Quelle vorgebildet als selbständige Handlungen. Wolfram ordnet sie in die Komposition und die innere Handlung des Willehalm-Epos ein und gibt ihnen ihre Funktion in der inneren Entwicklung des Helden[23].

Auf der Gestalt des Vivîanz sammelt sich alles Licht, alle Reinheit des in seiner Schönheit und Jugend vollkommenen idealen Ritterbildes. „Durhliuhtiger prîs", „wîsheit", „clâriu jugent", alle Rittertugenden werden ihm zugesprochen. Durch den Kampf mit drei mächtigen Heidenfürsten, darunter der ihm an ritterlicher „werdekeit", Jugend und lichter Reinheit ebenbürtige Noupatris, wird seine Stellung in der ersten Schlacht herausgehoben über die nach hohem Ruhm strebenden Besten seines Standes. Die übermenschliche Willenskraft und Tapferkeit, die ihn noch als Todwunden befähigt, seine Gegner zu bezwingen, läßt ihn alle Anforderungen des „schildes ambet" in hohem Maße erfüllen. Aber dieses „schildes ambet" ist bei Vivîanz nicht Selbstzweck, es lebt schon aus dem Gedanken des Kreuzzuges, des Kampfes für den Glauben. Vivîanz ist die Gestalt im „Willehalm", in der dieser Kampf für das Kreuz zuerst und zugleich am eindringlichsten verkörpert wird. Ohne Beziehung zur Minne gibt er seine ganze Persönlichkeit dem Kampf für das Kreuz. Die Verklärung, in der Wolfram diese Gestalt sieht, umfaßt gerade diesen Grund seines Kampfes:

> ein wîse man nimmer lât,
> ern denke an sîne kristenheit;
> dar umbe ouch Vivîanz sô streit,
> unz im der tôt nam sîne jugent.
> sîn verch was wurzel sîner tugent: (48, 20—24)

Bereits hier ist die Synthese ritterlichen und christlichen Lebenssinnes betont: Seine angeborene Wesensart (verch) und seine erkennende Einsicht (wîsheit) führen ihn in den Kampf für sein Christentum, in dem er den Tod findet, einen Tod, der um der „sêle werdekeit" willen, die er verleiht, kaum beklagt werden darf, so groß auch der menschliche Verlust ist (48, 29—30). Die Dichtung sieht Vivîanz von Anfang an unter der Bedeutung seines Todes. Sein Sterben wird zum Opfertod für das Heil der Menschheit erhöht. Das Bild des Märtyrers gewinnt hier schönste und reinste Gestalt. Aber auch der Gedanke der Rache für den Tod dieses jungen Helden hat in dessen Märtyrertum seinen Ursprung. Der Mythos des Frühvollendeten, der um seiner Vollkommenheit und Schönheit willen jung von dieser Erde genommen wird, damit sein Bild in seiner ganzen Leuchtkraft erhalten bleibt, verbindet sich mit dem christlichen Gedanken der Selbstaufgabe um der Anderen willen, der Heiligung durch den Opfertod. Durch diesen Opfertod wird Vivîanz in die Nähe der ritterlichen Heiligen erhoben:

> ich sag daz maere erkenneclîch,
> wie Vivîanz der lobes rîch
> sich selbe verkoufte umb unsern segen,
> und wie sîn hant ist tôt belegen,
> diu den gelouben werte
> unz er sîn verch verzerte. (48, 9—14)
>
> Vivîanz, der marter dîn
> mag ieslîch rîter manen got,
> swenn er sich selben siht in nôt. (49, 12—14)
>
> swer saelde welle erwerben,
> der sol dich êren, Vivîanz.
> vor got du bist lieht unde glanz. (380, 14—16)

Dieser gesteigerten Bedeutung seines Todes gemäß wird der Akzent der Vivîanzepisode von Wolfram ganz auf die Todesszene verlegt. Kennzeichnend für diese Erhöhung eines Kreuzritters zum Heiligen und seine für alle Kreuzritter beispielhafte Geborgenheit in Gott im Augenblick des Todes ist die Erscheinung des Engels, der die Seele in seine Obhut nimmt und dem Sterbenden Trost zuspricht[24]. Indem Vivîanz sich in seiner Todesnot in Gottes Hand gibt, im Übergang in den Bereich des Jenseitigen sehnt er sich nach einer Vollendung im Bereich des Ritterlichen. In „Aliscans" erscheint der Engel erst auf den Anruf des Helden, um ihm seine letzte Bitte zu erfüllen. Eine Begründung der Bitte Vivîanz' aus der Sphäre des Höfischen fehlt:

> Biax sire, dex par itel convenant
> Ainz que mes cors se voise definant,
> Voie Guillaume et a moi soit parlant
> si je puis muir, m ame en ira chantant. (25, 8—11)

Die ebenfalls in „Aliscans" vorgebildete Beichtszene, die dort als rein kirchliche Handlung gesehen ist, wird von Wolfram in die Sphäre des Ritterlichen hineinbezogen. Wolframs Vivîanz bedrückt nicht eine Sünde im geistlichen Sinn, sondern die Verletzung der „zuht", der ethischen Gesetze des Rittertums, von der er sich durch die Beichte reinigen will (49, 20—23). Der Engel selbst stützt dieses Verlangen durch seine Gewährung, er erkennt damit das Ritterliche als auch im religiösen Bereich gültig an. Für Vivîanz ist die wesentliche Frage die, ob er der Sippe, Willehalm und Gyburc, „triuwe" gezeigt, ob er ihre Hilfe in wahrer „triuwe" vergolten und ob er sein „schildes ambet" in unverzagtem Kampf erfüllt hat:

> habe ich mit sünden helfe dîn
> gedient, daz sî der sêle leit,
> und ob ich zagelîchen streit. (66, 30—67, 2)

Diese höfischen Rittertugenden werden umschlossen von einer reinen und festen Gläubigkeit. Mit keinem Wort weist der sterbende Vivîanz auf den himmlischen Lohn des Kreuzritters hin. Seine Beichte, die Rechenschaft über sein Rittertum, bahnt ihm den Weg ins Jenseits:

> mîn unschuldeclîch vergiht
> sol mir die sêle leiten
> ûz disen arbeiten,
> aldâ si ruowe vindet,
> ob mich der tôt enbindet. (68, 18—22)

Der Empfang der Hostie[25], der aus der Quelle übernommen ist, und der auf die Wirksamkeit der Brotweihe für Pilger und Gottesstreiter hinweist, steht an Bedeutung daneben, nicht darüber. Auf gleicher Ebene erhebt sich neben dem Anruf an Gott als Schöpfer und den Schutzherrn des Rittertums:

> und der mir werlîche hant
> in sîme dienste gap bekant (69, 3—4)

die Bitte an Willehalm um Vergebung der Schuld gegen die Gesetze ritterlichen Lebens (69, 5—6). Die rein religiöse Funktion des kirchlichen Sakraments in der Quelle ist ins Ritterliche gewendet, beide Bereiche sind in eins verschmolzen. Die Synthese der christlichen und ritterlichen Sphäre ist in der verklärten Gestalt des jungen Vivîanz im Kampf und Tod für das Kreuz vollzogen. Als christlicher Held und Märtyrer führt er beide Bereiche zu letzter Vollendung. Seine Funktion in der Dichtung ist mit seiner Todesszene nicht abgeschlossen. Sein reines Leben und sein früher Tod wirken in der Handlung des Epos weiter als bewegende Kraft der Sippenhandlung am Hoftag und durch die immer erneute Klage um ihn als vertiefende Leiderfahrung, die doch gleichzeitig Trost und Verheißung in sich trägt. Durch Vivîanz wirkt mittelbar der Kreuzzugsgedanke auch in Schichten der Handlung, die sich von ihm zu entfernen scheinen: die „triuwe" zur Sippe wird in der Königin von Frankreich im Gedanken an ihn erweckt und bewirkt ihre innere Wandlung Willehalm gegenüber. Die väterliche „triuwe" Heimrichs erweist sich an der Frage nach Vivîanz und löst die Spannung zwischen Vater und Sohn. Für Willehalm und Gyburc selbst wird die Klage um Vivîanz die Quelle tiefsten Leides und gleichzeitig der Leidüberwindung in immer festerer Bindung an den Glauben.

Wie die Gestalt des Vivîanz, des verklärten jugendlichen Kreuzritters, im ersten Teil der Dichtung Willehalm als Gegenbild beigegeben ist, so wird nach dem Hoftag in parallelem Aufbau die Gestalt Rennewarts eingeführt. Auch sie ist im Gegensatz zu der beherrschenden Rolle in „Aliscans" von Wolfram fester in die Komposition eingefügt und der die Handlung einenden Gestalt Willehalms untergeordnet[26]. In Rennewart schafft Wolfram in selbständiger Behandlung der Quelle einen Typus des Kreuzritters, der rein äußerlich im Gegensatz zu Vivîanz steht und doch dessen Aufgabe weiterführt, dessen Kampf zu Ende kämpft. War Vivîanz der durch Erziehung im höfischen Rahmen in den adligen Tugenden seiner Art vollendete Ritter, der durch die religiöse Vertiefung zu letzter Verklärung und Heiligkeit gelangt, so ist in Rennewart die hohe Art geschildert, die sich ohne Hilfe durch höfische Umgebung, ja gegen die Macht der Umstände, in ihrer adligen Reinheit und Schönheit bewährt, allein durch die Sicherheit des Wissens um das, was ihr gemäß ist. Die Ritterlichkeit Rennewarts, seine „zuht", sein natürlicher Adel sprechen sich trotz der erniedrigenden äußeren Umstände in vielen Einzelzügen aus, sein Streben nach „wirde" und nach Erfüllung der äußeren höfischen Form als dem ihm gemäßen Rahmen überwindet seine „tumbheit" und Unerfahrenheit. Die Form ist hier nur selbstverständliche Voraussetzung, nicht Selbstzweck, wie im Höfischen so im Religiösen. Rennewart, der Sohn des Heidenkönigs, kämpft für das christliche Heer, er wird mit seiner Stange zum Werkzeug Gottes für den Sieg, ohne selbst Christ zu sein. Seine Art lehnt allem äußeren Druck zum Trotz die Taufe als „niht geslaht" ab, aber sein Streben nach ritterlicher Arbeit und ein unbewußter Sinn für das Rechte in dem Entscheidungskampf weisen ihn in die Reihen des Kreuzheeres. Die Zwiespältigkeit seiner äußeren Stellung als Sohn Terramêrs, der an der „triuwe" seiner Götter und seiner Sippe zweifelt und gegen diese kämpft, entspricht seiner inneren Haltung zwischen Heidentum und Christentum. Rennewart gibt nach seiner Erkenntnis der Ohnmacht der Heidengötter die Macht des Christengottes zu (317, 29), ohne sich ihm jedoch ganz zu überantworten, wie es die Kreuzritter tun. Aber das Kreuzrittertum Rennewarts ist in seiner Wirkung und in seinem von Gott anerkannten Streben vollkommen, auch ohne daß ihn Hinweise auf Dienst und Lohn im Jenseits auf diesen Weg führen müssen. Der tragische Konflikt des gegen seine Sippe kämpfenden Ritters ist bei Wolfram zwar gesehen, aber stärker wird die Synthese betont, in der hier ein Heide die höchsten Forderungen christlichen Rittertums erfüllt, ohne ihm dienstbar zu sein. Willehalms Klage um Rennewart, die der um Vivîanz nach der ersten Schlacht entspricht, doch an Tiefe des Leides noch über sie hinauswächst, betont neben dem menschlichen Verlust des Freundes Rennewart gerade seine Eigenschaft als Kreuzritter. Die instinktive Sicherheit in der Wahl seines Weges, die Entfaltung seiner ritterlichen Persönlichkeit allen äußeren Hemmnissen zum Trotz legt die Frage nahe, ob nicht hier von Wolfram die Überwindung der ritterlichen Form im ritterlichen und religiösen Sinne gestaltet werden sollte in der vollkommenen Menschlichkeit dessen, der sie erfüllt, ohne an sie gebunden zu sein.

Die Gestalt des Heidenkämpfers und Kreuzritters Willehalm hebt sich in ihrer ernsten Mannhaftigkeit, die sich in Not und Leid zu bewähren hat, von seinen beiden jungen Gefährten, dem Verwandten und dem Freund ab. Für Willehalm ist — im Gegensatz zu Parzival — die Gottbezogenheit seines Daseins niemals in Frage gestellt. Wolfram gibt deswegen keine Entwicklung seines Helden. Er bleibt in allem Leid fest in seiner Haltung Gott gegenüber, jenseits der Grenze von Zweifel und Gottverlassenheit. Der Prolog schon zeichnet ihn als Heiligen, der Gottes Allmacht und Schöpferkraft unlöslich verbunden ist und in ihr ruht in allem „jâmer" seines Erdenlebens. Aber Wolfram sieht ihn in erster Linie als ritterlichen Heiligen, der alle Not und Fährnis ritterlichen Lebens durchlitten hat und um alles Leid ritterlichen Kampfes weiß:

> derkennet rîter kumber gar.
> er wart selbe dicke harnaschvar.
> den stric bekante wol sîn hant,
> die den helm ûfz houbet bant
> gein sîns verhes koste.
> er was ein zil der tjoste:
> bî vînden man in dicke sach.
> der schilt von arde was sîn dach. (3, 17—24)

Wie hier Willehalms „schildes ambet" betont wird, so werden ihm auch die übrigen Voraussetzungen zu einem wahrhaft ritterlichen Dasein gegeben: Adel der Sippe, ritterliche Minne, „prîs" und „werdekeit". Aber außer diesen ritterlichen Werten werden ihm die rein christlichen Tugenden der „kiusche" und „diemuot vor der hoehsten hant" zugesprochen, die über das höfische Ritterbild hinausgehen. Trotzdem wirkt sein Bild nicht idealisiert; schon der Prolog zeichnet die Möglichkeit der Gefährdung auch eines solchen Lebens:

> swenn er gediende dînen haz
> mit sündehaften dingen,
> dîn erbarme kunde in bringen
> an diu werc daz sîn manheit
> dînen hulden wandels was bereit.
> dîn helfe in dicke brâhte ûz nôt.
> er liez en wâge iewedern tôt,
> der sêle und des lîbes, (2, 28—3, 5)

Die Vorbildlichkeit dieses Heiligen liegt nicht darin, daß er von vornherein sündenlos sein Erdendasein erfüllt, sondern gerade in seiner Bewährung in der Not, in der Überwindung der sündhaften Dinge durch Werke der „manheit" und Wandel vor Gott. Der Einsatz des Lebens, der „sêle" und des „lîbes", der höchste, dessen er als Mensch fähig ist, bringt ihm auch den höchsten Gewinn. Vielleicht ist hier Tieferes gemeint? (Vgl. die Rüdiger-Parallele NL 2166.)

Die Verbindung christlicher und ritterlicher Sphäre, die das durch den Kreuzzugsgedanken vertiefte Ritterbild charakterisiert, wird so für die Gestalt des Willehalm bereits im Prolog deutlich, ohne daß Willehalm schon hier als Kreuzritter gekennzeichnet wäre. Zum Kreuzritter wird er dadurch, daß der persönliche Kampf um Gyburc und um sein Land eins wird mit dem Kampf für das Kreuz als Symbol der Christenheit. Das ist nur möglich aus seiner Sicherung in Gott, die ihn das eigene Leid vor Gott bringen und den Kampf für Gott in den eigenen Minne-Konflikt mit hineinnehmen läßt. Deshalb steht schon in der ersten Schlacht, die noch deutlich von Gyburc ihren Ausgang nimmt, die Rede Willehalms, die diesem persönlichen Kampf die Ausweitung zum Glaubenskampf gibt. Der Kampf um Gyburc und den Glauben, der zugleich Gyburcs Glauben und damit Ursprung und ethische Berechtigung des Kampfes ist, gibt Willehalm die Kraft, das tiefste Leid, Vivîanz' Tod und die schwerste Vereinsamung in seiner Sippe zu ertragen und die Widerstände, die sich ihm entgegenstellen, zu überwinden, wieder in Besinnung auf den Kreuzzugsgedanken und in der Erinnerung an das Bild des toten Verwandten Vivîanz.

Bedeutsam ist, daß Wolfram in der Gestalt des mannhaften Kämpfers Willehalm nicht die Erfüllung ritterlich-höfischer Werte als selbstverständlich ansieht. Im Tod des Vivîanz erfährt Willehalm menschliches Leid in seiner schmerzlichsten und tiefsten Gestalt. Er wird jäh aus der „fröide" seines ritterlichen Daseins in das Dunkel tiefster Verzweiflung gestoßen:

> in sîme herzen gar verswant,
> swaz im ze freuden ie geschach (60, 18—19)

In Vivîanz beklagt er nicht nur den Verwandten, den strahlenden „prîs" der Sippe, den er von Kindheit an geliebt hat, er sieht über das Menschliche hinausgehend und es vertiefend den Verlust, den Minne, Jugend und Schönheit, alles Helle höfischen Rittertums, durch seinen Tod erleiden. Mit Vivîanz' Tod sind Jammer und Not in einem bisher nicht gekannten Ausmaß über ihn gekommen und kein Trost kann ihn aus ihrer Herrschaft befreien. Die Bitterkeit des Schmerzes steigert sich durch die Selbstanklage, da er sich die Schuld an Vivîanz' Tod zumißt. Das Leben Willehalms wird durch den hier erlittenen Verlust in einem Maße erschüttert, daß der Gedanke an Vivîanz ihn stets begleitet, an sein Leid mahnend und doch im Gedanken an seine Verklärung ihm Erlösung verheißend. Die unendliche Verzweiflung und Todessehnsucht, die in Willehalm aufbricht, wird von keiner höfischen Zucht und „mâze" gemildert (60, 21—61, 17). Sie steigert sich auf seinem einsamen Ritt nach Oransche, während er sich durch das feindliche Heer hindurchkämpft, und ist die Ursache für seinen ersten Verstoß gegen höfische Ritterlichkeit, deren nur bedingte Gültigkeit für einen in der leiderfüllten Wirklichkeit des Lebens stehenden Menschen hier deutlich wird: das durchaus unhöfische Erschlagen des „sicherheit" bietenden Perserkönigs Arofel und der Raub seiner Rüstung, das von Willehalm später (204, 25—30) selbst als Schuld gegen die Minne, also einen ethischen Wert des Rittertums, erkannt wird. Die Vereinsamung innerhalb der Sippe und der Standesgemeinschaft auf dem Hoftag, der wesentlichsten der irdischen Bindungen, bringt Willehalm zu einem zweiten Durchbrechen höfischer Zucht gegenüber der Königin, das scharf herausgehoben wird:

> ob er ie manheit getruoc,
> oder ob er ie gedâhte,
> daz er sîn dienst brâhte
> durch herzen gir in wîbe gebot,
> ob er freude oder nôt
> ie enpfienc durh wîbes minne,
> an sînem manlîchem sinne

> was doch diu kiusche zuht betrogen.
> ê wart nie rîter baz gezogen
> und âne valsch sô kurtoys. (153, 8—17)

Der Halt, den die ritterlich-höfische Ethik dem Menschen gibt, erweist sich bei Willehalm als zu schwach der lebendigen, leiderfüllten Wirklichkeit gegenüber (163, 9—10). So reißt auch nicht der Gedanke an höfische Zucht, an „mâze" auch im Leid, Willehalm aus der Todessehnsucht ins Leben zurück, sondern die menschliche Verpflichtung der „triuwe" gegen Gyburc und damit eng verknüpft die Verpflichtung gegen Gott, seinen Kampf für die Christenheit weiter zu kämpfen. Der gleiche Gedanke läßt ihn seine unhöfischen Rachegedanken gegen den König überwinden und die bewußte Verletzung der „hövescheit" der Königin gegenüber ausgleichen.

Wenn auch Willehalm von der Niederlage in der ersten Schlacht an durch den Verlust all seiner Gefährten, den Tod Viviânz', die Sorge um Gyburc und durch die Vereinsamung in seinem Unglück bis an den Rand der Verzweiflung geführt wird, greift seine Klage niemals in den Bereich seiner Gottverbundenheit ein. Wie ihn der Prolog in der gesicherten Gottbezogenheit des Heiligen zeichnet, so wird auch in aller menschlichen Verbitterung und bis zur Lebensverneinung gesteigerten Verzweiflung nie seine Gläubigkeit in Frage gestellt. In den zahlreichen Klagemonologen, die die ganze Tiefe seiner Leiderfahrung zeigen, findet sich kein Wort des Gotteshasses. Die Klage um die Niederlage in der ersten Schlacht gipfelt in der Klage um Gyburc und der Fürbitte für die gefallenen Gefährten (39, 8—30). Sein festes Gottvertrauen bewährt sich in der Tiefe seines Unglücks und befähigt ihn, Gyburc zu trösten:

> got ist helfe wol geslaht:
> der hât mich dicke ûz angest brâht. (103, 1—2)

Es wird beim Festmahl in Oransche betont, als er von der Gefangenschaft der acht Ritter erfährt:

> ... got hât ze gebenne
> vreud und angest swem er wil:
> er mac mir lachebaeriu zil
> wol stôzen nâch dem weinen,
> wil mich sîn güete meinen. (259, 26—30)

In der Vereinsamung in Munlêûn, vor der Entscheidung der Sippe, ist doch letztlich an Gottes Hilfe kein Zweifel:

> ... er wolt et nôt
> haben unz im diu hoehste hant
> ze Oransche erlôste liebez pfant. (134, 6—8; dazu 134, 21—27)

Diese Geborgenheit in Gott, die nur an diesen wenigen Stellen ausgesprochen wird, aber als Untergrund von Willehalms Handeln als Ritter und Gottesstreiter immer wieder mitschwingt, wird begleitet von dem Grundakkord seiner „manheit". Wie die Kreuzreden von dem Anruf der „manheit" und der „werlichen sinne" umschlossen sind, so ist auch bei Willehalm die Heiligkeit und Gottverbundenheit nicht zu trennen von der Kraft seiner Mannheit. Das Bild des unverzagt reitenden Ritters, der nicht im Dienst einer lebensfernen „aventiure", sondern in der ernsten „arebeit" des Heidenkampfes sein „schildes ambet" ausübt, ist uns nirgends mit solcher Eindringlichkeit gestaltet wie im Willehalm. Der „unverzagte mannesmuot", der den höfischen Ritter zur ethischen Bewährung an der „aventiure" führte, lenkt auch den Gottesstreiter Willehalm unbeirrt durch Not, Gefahr und Einsamkeit. Er sucht nicht die Gefahr um der Gefahr willen, aber er weicht ihr nicht aus und nimmt sie auf sich, obwohl er sie kennt (15, 30—16, 1). Sein Rittertum wird der lichten Sonne verglichen, die durch einen Nebeltag bricht (40, 8—19). Sein Ruf „Monschoye" erklingt allen Gefahren zum Trotz, als er seiner Gefährten beraubt allein der Übermacht gegenübersteht und erinnert an die Haltung der germanischen Helden vor ihrem Schicksal, die es in mannhaftem Kampf bejahen, auch wenn es tragisch ist. Sein aufrechtes Kämpfen soll ihm Gottes Gnade erwerben (224, 14—15). Es ist ihm ein stärkerer Halt im Augenblick der Verzweiflung als seine Heiligkeit:

... al sîn heilikeit
möht im siuften hân erworben:
er waer vor leide erstorben
des morgens, wan sîn manlîch art. (226, 4—7)

Gottverbundenheit und Mannheit, die Geborgenheit in der göttlichen Gnade und die feste Haltung dem Irdischen gegenüber durchdringen und bestätigen einander in der von Willehalm gelebten und bewährten Eigenschaft der „triuwe". Die Treue des Herrn seinen Mannen gegenüber scheint sich in der Verantwortung und Liebe zu den Untergebenen mehr aus der Mannentreue des germanischen Führers herzuleiten als aus dem Verhalten des höfischen Ritters, der meist in der Umgebung Gleichgestellter gesehen wird. Nicht nur die hohe Art verpflichtet ihn gegenüber den Mannen, die Taufe und das gemeinsame Ziel des Heidenkampfes verstärken die Bindung:

den marcgraven von hôher art
begunde jâmern dirre vart,
ob er sich solte scheiden
von mâgn und mannen beiden,
die dâ tôt wârn belegen.
bî liehter sunne gâben regen
und âne wolkenlîchen wint
sîn ougen, als ob sîniu kint
waern al die getouften,
die sîn herze in jâmer souften. (53, 1—10)

Die „triuwe" gegen Vîvîanz läßt ihn trotz der Gefahr den Versuch machen, ihn mit nach Oransche zu nehmen (70, 2—14), sie läßt ihn, als das nicht gelingt, bei ihm die erste Nacht wachen. Sie durchdringt auch seine Klage mit ihrer starken Verbundenheit im Eintreten füreinander (71, 1—20). Aus „triuwe" gegen Gyburcs Sippe schont er ihren Sohn, der ihn zum Kampf herausfordert und erwidert seine schmähenden Worte nicht (75, 26—29). „Triuwe" gegen Gyburc verleiht ihm die Kraft, sein gegebenes Gelübde trotz aller Versuchungen zu halten. Von der Beziehung „minne-triuwe" wird noch zu reden sein. Die „triuwe" gegen Rennewart, den Freund, der ihm mehr noch als die Sippe Erfüllung männlicher Kampfgenossenschaft gab, spricht sich in seiner Totenklage aus (330, 28—331, 12). Und wieder ein Gefühl der „triuwe", der Verantwortung gegen die von ihm Geführten, reißt ihn aus seiner Verzweiflung über den Verlust heraus, einer Verzweiflung, die noch weiter geht als die in der Klage um Vivîanz, die einen Augenblick lang alles erschüttert, was ihn an die Ordnung des Seins band: Gottes Güte, Gyburcs Minne und die ritterliche Verpflichtung durch das Amt des Fürsten. Auf die erlösende Kraft der ersten beiden besinnt sich Willehalm selbst, aber ganz der Verzweiflung entrissen wird er erst durch die Mahnung des Bruders an die Verpflichtung der „art", die sich in der schicksalhaften Verkettung des Lebens in Freude und Leid zu bewähren hat, in der „triuwe" des Landesherren gegen die ihm anvertrauten Mannen, in der Verpflichtung, ihnen den „manlichen muot" vorzuleben. Die Einsicht „got weiz wol waz er hât getân" (459, 23) läßt Willehalm trotz aller Klage den für ihn bindenden Sinn seines Amtes erkennen:

> ez ist des houbtmannes sin
> daz er genendeclîche lebe
> und sîme volke troesten gebe (460, 18—20)

In dieser Herausstellung der „triuwe" als der führenden Kraft in Willehalms Leben und Handeln wird schon deutlich, daß es sich darin um einen anderen und tieferen Treuebegriff handelt als im höfischen Ritterideal oder in der germanischen Sippen- und Mannentreue. Der „triuwe"-Begriff im Willehalm ist von der Gottesvorstellung darin nicht zu trennen. Wie Gottes „triuwe" alle seine Geschöpfe umschließt und sich bis zum Opfertod für die Menschheit steigert, so ist im gegenseitigen Geben und Nehmen auch die „triuwe" des Menschen zu Gott bis zum höchsten Einsatz für ihn gesteigert. Aus der Gegenseitigkeit dieses „triuwe"-Verhältnisses — das sich in äußerlicher Form im Dienst-Lohn-Gedanken und dem der gegenseitigen Hilfeleistung der Kreuzzugspredigt darstellt — fließt auch die „triuwe" der Menschen untereinander, vertieft und veredelt durch die ständige Gottbezogenheit. Wie in Vivîanz die „triuwe" wirksam ist im bewußten Sterben für den Glauben und für die Sippe, so wirkt sie in Willehalms Verhalten zu Vivîanz, das ihn die persönliche Gefahr verachten läßt und im Streben nach dem Tode an seiner Stelle gipfelt. Vertieft sich so der Sippen- und Lehnsgedanke durch das Hineinnehmen der religiösen „triuwe"-Vorstellung, so zeigt sich diese Wirkung ebensosehr in der Vertiefung des Minnebegriffes. Der Gedanke des höfischen Frauendienstes, dessen treibende Kraft die ethische Erziehung des Mannes durch die Minne ist, behält zwar auch bei Wolfram seine Gültigkeit und findet schönsten Ausdruck in der Schilderung des vollkommenen Minneritters Tesereiz:

> des wîbes herze treit der man:
> sô gebent diu wîp den hôhen muot:
> swaz iemen werdekeit getuot,
> in ir handen stêt diu sal.
> wert minne ist hôh an prüevens zal (83, 10—14)

dazu: 147, 8—9; 247, 30—248, 2

Diese Auffassung der Minne führt die Heiden in Kampf und „aventiure", und ist auch bei den Christenrittern als Kampfgrund neben dem religiösen wirksam. Im Fall Willehalms wird daraus die aus der idealisierten Ferne ins Menschlich-Nahe gerückte Beziehung der Ehe mit Gyburc, die Herrin, Geliebte und Mitkämpferin zugleich ist:

> wer möht ouch haben den gewin,
> als ich von dir berâten bin
> an hôher minne teile,
> sîn lebn waer drumbe veile,
> und allez daz er ie gewan? (95, 11—15)

Die Herleitung aus dem üblichen höfischen Minnebegriff wird noch ausgesprochen: der Ritter Willehalm ist um Gyburcs willen für seine Herrin in den Kampf gezogen und hat die Abenteuer um ihretwillen bestanden (215, 19—25). Aber wie die Kämpfe selbst aus der „saelde"-verheißenden Sphäre der „aventiure" in die von Jammer und Leid erfüllte Wirklichkeit gerückt sind, so geht es auch für Willehalm im Kampf nicht mehr um erhöhte „werdekeit" im Sinne höfischer Ideale oder in den Augen der „frouwe", sondern um die Verteidigung des für beide höchsten Gutes, des „touf". Die engste innere Gemeinsamkeit, die aus dem Hineinwachsen Gyburcs in die Gottverbundenheit Willehalms entspringt, schafft eine Beziehung, deren Gehalt über den eines Minneverhältnisses weit hinausgeht. Gyburc tritt durch ihren Glaubenswechsel in den Bereich der „triuwe" Gottes ein, die nun sie ebenso wie Willehalm umfaßt und zu der sie wie Willehalm in Kampf und Not steht. So ist auch die Beziehung beider zueinander von dieser „triuwe" erfüllt, von einer Zusammengehörigkeit, die dem in der Quelle vorgebildeten Motiv des Herzenstausches und des Gelübdes der gemeinsamen Not bis zur gemeinsamen Erlösung einen ganz neuen Inhalt gibt. Schon im Anfang der Dichtung steht die Gleichsetzung: „minne-wariu triuwe" (15, 16). Sie erweist sich in dem selbstverständlichen Einbeziehen Gyburcs in alles, was Willehalm widerfährt. In der Niederlage der ersten Schlacht ist ihr Schmerz sein erster Gedanke:

> ey Gyburc, süeze amîe,
> wie tiwer ich dich vergolten hân! (39, 12—13)
> ...
> unser minneclîch geselleschaft
> möhte noch wol lenger wern.
> nu wil ich niht wan tôdes gern:

> unde ist daz mîn ander tôt,
> daz ich dich lâze in sölher nôt.
> er klagt daz minneclîche wîp
> noch mêre dan sîn selbes lîp
> und dan die flust sîns künnes. (39, 16—23)

Die unlösliche Gemeinsamkeit wird wiederholt ausgesprochen:

> der marcrâf sorgen rîche,
> swie balde er von Gyburge streich,
> sîn gedanc ir nie gesweich:
> der was ir z Oransche bî. (111, 26—29)
> dazu: 119, 8—11; 134, 4—8; 177, 6—14.

Die Sorge um Gyburc beim Anblick des Feuers in Oransche ist quälender als alle Not, die er bisher gelitten hat (214, 7. Dazu: 162, 24—25). Die an das volkstümliche Minnelied anklingende Formel: „wand er was ir und si was sîn" (100, 7) wird in fast biblischer Wendung wiederholt: „war Gyburc kert, da ker ouch ich", (224, 17) ein Gleichnis dafür, wie hier Minne und christliche Eheauffassung eins werden. Dichterische Höhepunkte formt Wolfram in den von der Quelle unabhängigen Kemenateszenen, (99, 15 ff. und 232, 13 ff.; 279, 1 ff.)[27] in denen seine Minne- und Eheauffassung in wortloser Gebärde Gestalt gewinnt.

Minne in dieser durch „triuwe" vertieften Form ist Gottes Gebot (456, 9—11); sie wird von ihm bestätigt und anerkannt, indem er die Minne zwischen Gyburc und Willehalm durch den siegreichen Ausgang der zweiten Schlacht segnet (450, 1—9). So schließt sich hier der Kreis: die Minne, die aus dem Kampf für den Glauben ihren Ausgang nahm und sich in der „triuwe" Gott gegenüber bewährte, wird von Gott seinerseits gestützt und in seine „triuwe" eingeschlossen.

Wie der höfische Inhalt des Minnebegriffs durch die aus Kreuzzugs-Idealen und Kreuzpredigtgedanken gewonnenen Fassung von der göttlichen „triuwe" verändert und vertieft wird, so wandelt sich auch die höfische Tugend der „erbermde" unter der Einwirkung dieser religiösen Gedanken. Im höfischen Ritterideal war die „erbermde" die Verpflichtung des Ritters, den ihm im Kampf Unterlegenen zu schonen, gegen den ihn keine persönliche Feindschaft, nur das Streben nach siegreich bestandener „aventiure" in den Kampf getrieben hatte. Der Sieger hatte die Pflicht, dem Besiegten das Leben zu schenken, die ihm gebotene „sicherheit" anzunehmen und dem im ritterlichen Kampf mit gleichen Waffen Überwundenen ohne Feindschaft zu begegnen. Der tödliche Ernst des Heidenkampfes schließt die „erbermde" in dieser Form zunächst aus und steht zu den höfischen Formen des Kampfes in einem krassen Widerpruch. Wolfram betont beides, den Vernichtungskampf zweier Weltanschauungen, zwischen denen ein Kompromiß nicht möglich ist, und die höfischen Ideale, die trotzdem in diesen Kampf unlöslich verflochten sind. Er mildert die Spannung zwischen beiden ebensowenig wie die Tragik des Leides, die sich daraus ergibt. Sie wird auf ihren tiefsten Ursprung zurückgeführt, auf den Konflikt, der in dem Gedanken des Religionskrieges überhaupt liegt und der auch die kirchliche Diskussion bewegt hatte[28]:

> die nie toufes künde
> enpfiengen, ist daz sünde,
> daz man die sluoc alsam ein vihe?
> grôzer sünde ich drumbe gihe:
> ez ist gar gotes handgetât. (450, 15—19)

Zwar ist die Berechtigung des Krieges nach mittelalterlicher Anschauung durch den Angriff der Heiden gegeben, aber der menschliche Konflikt, die Verpflichtung zum Mord an Gottes Geschöpfen, ist dadurch nicht gelöst. Wohl muß das Leid unter dem Gesichtspunkt des Kampfes für den Glauben als notwendig anerkannt werden, wie es aus dem Leben überhaupt in seiner Zwiespältigkeit von Freude und Leid nicht wegzudenken ist (280, 13—20; 457, 10—11; 281, 3—16), aber gerade diese Erkenntnis von der gottgegebenen Leidbedingtheit des Daseins, die allen Menschen gemeinsam ist, ermöglicht die Vertiefung des höfischen Begriffs der „erbermde" zur christlichen humanitas. Die große Toleranzrede Gyburcs (306, 12—310, 30) fordert zum ersten Mal im „Willehalm" diese humanitas von den vor ihr versammelten christlichen Fürsten. Aus der ursprünglichen Gemeinschaft aller Menschen als Geschöpfe Gottes, die erst durch die Taufe in Verdammte und Erlöste geschieden werden, aus der väterlichen „triuwe" Gottes, die die ganze Schöpfung trägt und erhält und sich über alle seine Geschöpfe erstreckt, fließt die Verpflichtung für den Menschen, alle Geschöpfe Gottes mit christlicher Liebe zu umfassen (306, 25—28; 307, 25—30). Auf der Grundlage einer Sicherung des Glaubens im Sieg über den Gegner wird die Großmut und ritterliche Schonung für den Besiegten im Gegensatz zur Quelle von Wolfram gefordert.

Sie erwächst und wird möglich aus der Achtung der höfischen virtus des Gegners, wie sie Willehalm dem gefangenen König Matribleiz gegenüber ausspricht (461, 30—462, 9). Die aus der Wirklichkeit der Kreuzzüge übernommene genauere Kenntnis heidnischer Lebensweise und Kultur, besonders das Vorbild des ritterlichen Saladin, hatte die einheitliche höfische Ebene als Untergrund des Kampfes von Christen und Heiden ermöglicht. In der Matribleizszene bietet sie die Grundlage für die Haltung der Gegner zueinander. Wie Willehalm dem Matribleiz „manheit", „triuwe" und „staete" zuspricht, die höchsten Rittertugenden, so erkennt auch umgekehrt der Heide dem Christen höchstes Lob zu. Der Gegensatz der Anschauungen bleibt unverändert bestehen. Matribleiz bleibt der Dienstmann seines Gottes Kahun und von Willehalm wird kein Versuch gemacht, ihn zum Christentum zu bekehren. Im Bewußtsein seines Sieges, nach der Beendigung des Kampfes gegen die Heiden, verzichtet Willehalm auf die „sicherheit", das Recht, das ihm nach höfischem Brauch zusteht. Die Achtung vor dem Gegner (461, 26—29; 462, 26—463, 1) die dessen Menschlichkeit über die Unterschiede des Glaubens stellt, steigert sich zur allumfassenden Menschheitsliebe, wenn Willehalm um die Gnade und Huld Terramêrs, des Gegners, der ihm das tiefste Leid brachte, bittet:

> des genâde und des hulde
> ich gerne gediende, torst ichs biten,
> swie er gebüte, wan mit den siten
> daz ich den hoehsten got verküre
> und daz ich mînen touf verlüre
> und wider gaeb mîn clârez wîp. (466, 8—13)

Willehalms Gedanke, daß er in dem Heiden die Sippe Gyburcs ehrt, verbindet sich mit der von Gyburc geforderten vertieften „erbermde" und schließt den besiegten Gegner in die Fürbitte an den Schöpfergott ein:

> ich bevilh iuch, künec Matribleiz,
> dem der der sterne zal weiz
> unt der uns gap des mânen schîn.
> dem müezet ir bevolhen sîn,
> daz er iuch bring ze Gaheviez. (466, 29—467, 3)

In diesem Ausdruck der Toleranz und vertieften Humanität liegt ein gedanklicher Höhepunkt der äußeren und inneren Handlung, der das Abbrechen der Dichtung nach dieser Szene sinnvoll erscheinen läßt. So wird am Ende des „Willehalm" die Toleranzidee über jedes Kreuzzugsziel hinausgehoben. Der Schöpfergott behütet in gleicher Weise Christen und Heiden, alle seine Geschöpfe, die in gegenseitiger Toleranz ihn auf verschiedenen Wegen suchen. Diese ganz Wolfram eigene Zielsetzung geht über alles in Kreuzpredigten und Erlassen Gesagte hinaus. Sie weiß weder von Bekehrung noch von Vernichtung und gipfelt im Streben nach einer Menschlichkeit, die bei aller Beibehaltung und selbstverständlichen Erfüllung höfischer Formen über sie hinauswächst und so alles Trennende von Herkunft und Glauben überwindet. Sie war vorbereitet in dem Verhältnis Willehalms zu Rennewart, dem Ungetauften, und in der Erhöhung der Klage um diesen sogar über die Klage um Vivîanz. Die letzte Wertung ritterlicher und menschlicher Vollkommenheit erfolgt auf einer Ebene, auf der die Taufe als Formgebung ritterlichen Wesens verblaßt.

Gyburc als Verkörperung der religiös vertieften „virtutes"

Lebendige Gestalt gewinnen diese religiös vertieften Werte in Gyburc, in deren Mittlerrolle zwischen der bunten morgenländischen, rein höfisch bestimmten Welt der Heiden und der abendländischen, der sie durch ihren Übertritt zum Christentum angehört, sich alle Spannungen aber auch alle Lösungsmöglichkeiten spiegeln.

Die zwiefache Bindung Gyburcs wird von Wolfram häufiger als in der Quelle hervorgehoben[28], ebenso wie das zwiefache Leid, das ihr daraus erwächst (14, 6—7; 253, 12—18; 306, 1; 306, 6—8). Die Schuld, die sie durch ihre Verbindung mit Willehalm auf sich geladen hat, wird von ihr voll erkannt:

> ... der tôtlîche val,
> der hiest geschehen ze bêder sît
> dar umbe ich der getouften nît
> trag und ouch der heiden,
> daz bezzer got in beiden
> an mir, und sî ich schuldic dran. (306, 12—17)
> ich trag al ein die schulde,
> durh des hoehsten gotes hulde,
> ein teil ouch durh den markîs. (310, 17—19)

Daß sie an dieser Schuld und ihren unheilvollen Folgen nicht zerbricht, sondern an ihr emporwächst zu einer erhöhten und gesteigerten Menschlichkeit, wird allein in der rechtfertigenden und sichernden Kraft des „touf" begründet (31, 4—7), die ihr in allen Konflikten den festen Grund schafft, aus dem sie handelt. Die Festigkeit des Glaubens und die Geborgenheit im Bewußtsein der Gotteskindschaft gibt ihr die Kraft, das doppelte Leid, das ihr aus dem Verlust der christlichen und heidnischen Sippe erwächst, zu überwinden:

> ich weiz wol, Altissimus,
> daz du got der hoehste bist
> vil staete ân allen valschen list,
> unt daz dîn wâriu Trinitât
> vil tugenthafter bärmde hât. (100, 28—101, 2)
> swaz mir durch den got geschieht,
> der des alles hât gewalt,
> gein dem schaden bin ich palt:
> der mac michs wol ergetzen
> unt des lîbes armuot letzen
> mit der sêle rîcheit. (216, 24—29)

Sie verleiht ihr die Kraft, trotz des ungeheuren Leids die höfische Forderung von Zucht und „mâze" zu erfüllen und in ihrer Haltung Sinnbild und Mittelpunkt der Freude zu werden, Freude hier wieder wie bei Walther als überpersönliche ethische Forderung einer seelischen Hochstimmung gefaßt, die in der Tiefe des Erlebens das Leid kennt, aber es als zum Ganzen des Lebens gehörig bejaht und in sich aufnimmt:

> sît daz man freude ie trûrens jach
> zeinem esterîche und zeime dach,
> nebn, hinden, für, zen wenden,
> grôz trûrn sol niemen schenden:

> wan hât si's iemen noch erwert,
> bî sîner freude ez nâhe vert. (281, 11—16; dazu: 268, 15—18)

Erfüllt Gyburc so die Forderungen höfischer „zuht" in stärkerem und selbstverständlicherem Maße als Willehalm, überschreitet sie bei aller heroischen Tapferkeit nie die Grenzen ihrer „wîpheit", so offenbart sie wie Willehalm auch die zur höchsten „triuwe" gesteigerte Minne. Die Mahnung an Willehalm: „sô denke an die triwe dîn" (104, 1 ff.) setzt ihre eigene als selbstverständlich voraus, die innere Zusammengehörigkeit beider, die über die höfische Minne weit hinausgeht, wird auch an Gyburc offenbar. Ihre „triuwe", die sich im tapferen Ausharren auf Oransche, als „triuwe" gegen die Sippe Willehalms und gegen den Glauben äußert, verleiht ihr eine erhöhte menschliche „werdekeit", die „daz rîche und die kristenheit ert" und ihr die Anerkennung der Welt vor Heimrich und der Sippe einbringt:

> ir habt der minne ir reht getân
> daz immer ellenthafte man
> iwers lônes suln gedenken
> und niht ir dienstes wenken,
> op si werder wîbe minne gern. (252, 15—19)
>
> ... si hete den hoehsten got
> und ir vil werden minne
> mit wîplîchem sinne
> an dem marcrâven gêret
> und ir saelekeit gemêret (260, 6—10; dazu: 95, 27—28; 120, 5—11; 121, 10—20; 251, 252, 1)

Der so von ihr erfüllte „triuwe"-Begriff erwirbt ihr die Heiligkeit vor Gott:

> ei Gîburc, heilic vrouwe,
> dîn saelde mir die schouwe
> noch füege, daz ich dich gesehe
> aldâ mîn sêle ruowe jehe. (403, 1—4)

Der zwiefachen Anerkennung, die an den zwiefachen Lohn der Kreuzzüge erinnert, entspricht die enge Verbindung der Kraft ihrer Minne zu Willehalm und ihres Einsatzes für Gott. Die Einheit von höfischer Minne und Hingabe an Gott, die ihren Weg rechtfertigt (ich dient im und der hoehsten hant) (220, 30 und 9, 18—20), durchdringt all ihr Handeln und verleiht ihrer Gestalt den Glanz und die harmonische Ausgewogenheit, die aus tiefster Leiderfahrung und dem Wissen um die Möglichkeit ihrer Überwindung fließt.

Aus der gemeinsamen Klage um Christen und Heiden, aus dem Wissen um die Werte beider und um das menschliche Leid auf beiden Seiten kommt Gyburc die Forderung der zur höchsten Menschlichkeit gesteigerten „erbermde", die mit gleicher Liebe die ganze Schöpfung, Christen und Heiden, umfaßt, geboren aus dem Erlebnis der gemeinsamen Gotteskindschaft:

> wir wârn doch alle heidnisch ê.
> dem saeldehaften tuot vil wê,
> ob von dem vater sîniu kint
> hin zer flust benennet sint:
> er mac sih erbarmen über sie,
> der rehte erbarmekeit truoc ie. (307, 25—30)
> swaz iu die heiden hânt getân,
> ir sult si doch geniezen lân
> daz got selbe ûf die verkôs
> von den er den lîp verlôs. (309, 1—4)

Es ist kein Zufall, daß kurz vor der Forderung so hoher Menschlichkeit die Forderung der „kristenlîchen êre" von Gyburc geprägt und hier in der Verbindung eines religiösen und eines ritterlichen Begriffes die Haltung des Kreuzritters in seiner Verpflichtung beiden Bereichen gegenüber gekennzeichnet wird. „Kristenlîch êre" bleibt die Voraussetzung zur Bewährung und Erfüllung des ritterlichen und des christlichen Daseins. Aus der selbstverständlichen Erfüllung der ritterlichen Lebensform erhebt sich der höchste Wert in der Synthese von Ethischem und Religiösem, so über eine Zielsetzung der Rechtfertigung des Ritterstandes und seiner Bewährung in der Aufgabe des Kreuzzuges weit hinauswachsend in einer für alle Zeiten gültigen Forderung erhöhten und erfüllten Menschentums.

4. KAPITEL

Kreuzzugsthematik in der nachhöfischen Epik des 13. und 14. Jahrhunderts

Die Fortsetzer von Wolframs „Willehalm"

Die Gestaltung der Kreuzzugsthematik in Wolframs „Willehalm" wirkt in dem ganzen nächsten Jahrhundert weiter. In diesem Zeitraum vollendet sich aber die Auflösung des Kreuzzugsgedankens auch in der Epik bis zur Schematisierung und Ironisierung der Idee. Nur im Zuge der Ostkolonisation kommt es zu einer letzten Erneuerung des christlichen Ideals, bei der die Ordensregeln der Templer und Johanniter entscheidende Einflüsse ausüben. Doch wird auch in dieser Ordensdichtung keine in sich geschlossene Erzählerleistung erreicht.

Schon bei den sogenannten Fortsetzern der Wolframschen Erzählweise fällt der ideenmäßig niedrigere Ansatzpunkt in der Behandlung des Willehalm-Stoffes auf. Das äußere Geschehen der Vor- und Nachgeschichte des von Wolfram Erzählten bleibt im Vordergrund und bietet nur durch die vorkommenden Heidenkämpfe eine lose Verknüpfung zum Kreuzzugsthema. In *Ulrichs von dem Türlin* „Willehalm" (1261—1269 entstanden)[1] erscheint Wilhelm als Ritter, der im Dienst des Kaisers gegen die Heiden kämpft und dabei in Gefangenschaft gerät. Dort gewinnt er die Liebe der heidnischen Königstochter Arabele, mit der ihm die Flucht nach Frankreich gelingt. Als Gattin Wilhelms ist sie durch die Taufe und durch die Liebe zu ihm so gefestigt, daß sie die großen Bewährungsproben während der Heidenkämpfe Wilhelms zu erfüllen vermag. Selbst die innere Verbindung zu Vivîanz und damit zum Kreuzzugsthema ist durch Beschreibung von dessen Schwertleite gegeben, so daß Wolframs Heidenkampfschilderungen im äußeren Handlungsablauf unmittelbar anschließen. In der Minneauffassung, in der religiösen Thematik und in der Zeichnung der Charaktere bleibt Ulrich von dem Türlin weit hinter Wolframs Idealisierung der Begegnung von heidnischem und christlichem Rittertum zurück.

Ulrich von Türheims Fortsetzung der Willehalm-Geschichte (1240—1250) verlegt das Hauptinteresse auf Rennewart[2]. Wilhelm erscheint nicht mehr in der hohen Idealisierung wie bei Wolfram, ebenso verblaßt die Gestalt der

Gyburc. Von echter Toleranz gegenüber den Heiden ist nichts zu finden. Das Heidentum verdient als Teufelsbündnertum Vernichtung oder höchstens augenblicksbedingte Bekehrung. Dahin wirkt auch Gott mit Schlachtenwundern und Engelsbotschaften. Wilhelms stilles Eremitentum steht als Gegenbild zu der ungehemmten Leidenschaftlichkeit und physischen Stärke Rennewarts, der sein Vater Teramer beinahe erliegt (Gegensatz zu dem Religionsgespräch Gyburcs). Die Schlußteile bezeugen in den Malefer-Geschichten den Rückfall in die vorhöfische Erzählfreudigkeit bei Orientabenteuern, passen sich aber zugleich dem späten Interesse an Heidenkämpfen an. Durch das Fehlen einer eigentlichen Kreuzzugsidee wird der epigonale Charakter noch deutlicher.

Einen Hinweis verdient der *Jüngere Titurel* (um 1270)[3]. Die Heidenkämpfe Schionatulanders im Orient während der Suche nach dem verlorenen Brackenseil deuten auf Einflüsse der Kreuzzugsthematik. Aber der Vf. dieser Fortsetzung von Wolframs sogenannter Titurel-Erzählung hat ein tieferes Anliegen. Wohl bedient er sich der von Wolfram her bekannten Personen und Motive, aber ihm bedeuten der Gral und der Gralstempel ein höchstes Vollkommenheitsziel. Die Kirche und ihr Priestertum stehen hoch über Weltruhm und Ritterehre. Eine an Mystik grenzende Spiritualisierung christlicher Werte durchdringt häufig die dunklen Bilder seiner Dichtung und zeigt noch einmal eine ins Unwirkliche übersteigerte Stufe christlichen Rittertums ohne tiefere Verbindung zum Kreuzzugsgedanken.

Im *Wolfdietrich D*, dem sogenannten „großen Wolfdietrich" (um 1300)[3a] wird das Kreuzzugsthema nur insoweit aufgegriffen, als der Held Wolfdietrich sich immer wieder in Auseinandersetzungen mit dem „Heidentum" bewähren muß. Auch unternimmt er eine Wallfahrt zum Heiligen Grabe. Dabei wären einige Kapitel unter dem Gesichtspunkt der Kreuzzugsthematik einzubeziehen, weil sie die üblichen Kampfschilderungen, bei denen die Gegner angreifende Sarazenen sind (Olfânkampf 271—299 und Wolfdietrichs Wallfahrt 839 bis 1059), behandeln. Dazu gehören: das Schächerabenteuer (840 ff.), die Seeräuberepisode mit Taufe eines Heiden (916—936), die Kämpfe vor Akkon (943 bis 976), die Kämpfe vor Jerusalem (977—1055), der Aufenthalt am Heiligen Grabe (1056—1058).

Auch in der Falkenîs-Episode (1060—1280) erinnern einzelne Situationen an das Kreuzzugsthema: Eine zauberkundige Heidenprinzessin führt Wolfdietrich in schwere Versuchung, er aber bewährt seine Treue zum christlichen Glauben. Anschließend besiegt er ihren Vater im Messerkampf, wobei jeder seinen Gott anruft und die heidnischen Zuschauer erleben, daß der Christengott der stärkere ist (1187—1235). Zuletzt folgt die Massentaufe (1229 ff.; vgl. B 632—638). In dieser Episode geschehen dreimal Wunder (1166; 1231; 1254). Die Kreuzzugsmotive mischen sich fortgesetzt mit Legendenmotiven. Ganz am Schluß, beim Kampf zur Verteidigung des Klosters Tischcal (2134—2227) muß Wolfdietrich an seinem Lebensabend als Mönch noch einmal gegen die Heiden kämpfen. Sie werden besiegt, ihr Anführer wird getauft.

Man erkennt aus der bunten Mischung der vielen Motive, daß das Kreuzzugsthema keine Grundthematik bildet. Denn die Gestalten der niederen Mythologie werden mit Heiden (Sarazenen) gleichgesetzt, genauso wie die Schächer ausdrücklich als Heiden bezeichnet werden. Heidentum und Christentum bleiben nach irdischen oder himmlischen Lohnmöglichkeiten unterschieden. Dazu paßt die Derbheit der Taufszenen, wobei Belian die Taufe verweigert wird, und die Rohheit der Kampfschilderungen. Nach Gedanklichkeit und Darstellungsform ist der Übergang in eine reine Unterhaltungsliteratur auch in der Kreuzzugsthematik nicht zu übersehen.

Der „Wilhelm von Wenden" des Ulrich von Etzenbach

In dem gegen Ende des 13. Jahrhunderts entstandenen Versepos[4] ist der Kreuzzug nicht das Hauptanliegen des Dichters. Es handelt sich hier um die Legende des heiligen Willehalm von Parrit (74), deren Zentralthema die Taufe eines heidnischen Fürsten und seine Bewährung im christlichen Glauben ist. Alles Geschehen des Romans, alle Abenteuer des Helden, auch sein Kampf gegen die Bedränger Jerusalems, sind unter diesem Gesichtspunkt gesehen[5]. Der Held Wilhalm, ein reicher junger heidnischer Fürst, hört bei einem Gespräch mit Pilgern zum ersten Mal den Namen „Krist". In fast mystischer Weise ergreift dieser Name Besitz von seinem Denken und von seinen sinnlichen Wahrnehmungskräften:

>   Krist er sô in sîn herz beslôz
>   der süeze name in sô begôz
>   daz sin heidensch herze hart
>   geviuhtet und geneiget wart
>   daz er dem wort sich undertete
>   und ez in hôhem werde hete (509—514)
>   ...
>   jâ gap der name im wunne vil:
>   alsam ein süezes seitenspil
>   und der kleinen vogelîne gesanc
>   im staete er vor den ôren klanc,
>   er tete im alle wîle kurz.
>   er rouch im als ein edel wurz
>   staete in sînem munde. (537—543)

Er verschafft sich heimlich Pilgerkleider, verläßt sein Land und seinen Besitz und bricht zu einer Fahrt nach Jerusalem auf, um mehr über Christus zu erfahren und sich in seinen Dienst zu stellen. Auf ihre Bitte hin nimmt er seine Frau Bene mit, aber unterwegs verläßt er sie und verkauft seine neugeborenen Kinder an christliche Kaufleute. In härtester Konsequenz erfüllt er so bereits als Heide die Forderung, alles aufzugeben um Christi willen. Wie das Abschiedslied eines Kreuzritters klingt seine Klage, als er heimlich von seiner kranken Frau scheidet:

> werder fröuden süezes vunt
> und hôher wünne was ich rîch,
> der wart niemen sô arm sô ich.
> daz liebste daz ich ie gewan,
> daz hân ich hiute durch dich gelân,
> hôher Krist, und mîniu kint,
> diu ensamt mir und der muoter sint
> an vier stücken doch ein lîp.
> eia, guotez saelic wip,
> würde ich ergetzet des an dir
> daz dir ze leide geschiht von mir!
> ob ich iender trôst des vünde,
> wie mich daz fröuwen künde! (2690—2702)

Die Schwere des in der Trennung dargebrachten Opfers wird noch unterstrichen durch die Feststellung:

> daz hân ich, Krist, durch dich getân
> und weiz vürwâr niht waz du bist. (2708—2709)

(Vgl. dazu auch 2949 ff.) Mit der Taufe durch den Patriarchen von Jerusalem scheint das Ziel Wilhalms erreicht zu sein: er ist jetzt ein christlicher Ritter geworden, dessen Vorbildlichkeit in allen ritterlich-höfischen Tugenden an dieser Stelle ausführlich geschildert wird. Daß erst „des toufes kraft" die höchste Stufe der Ritterschaft verleiht, zu der ein im „irretuom" befangener Heide trotz aller Vollkommenheit nicht gelangt, wird mehrfach deutlich ausgesprochen (3537—3538, 3660—3662). In dieser Dichtung, in der schon Vertreter eines „edlen" Bürgertums neben dem Adel als Träger der Handlung auftreten, wird der Ritterstand noch einmal in seiner ursprünglichen Würde und durch die Kirche geweihten Reinheit idealisiert dargestellt. Es ist kein Zufall, daß Wilhalm in den Reihen der Tempelritter kämpft, bei denen das Ideal des christlichen Ritters sich am längsten erhielt. Aus dieser Hervorhebung des christlich-ritterlichen Ideals folgt die Bewährung Wilhalms als christlicher Kämpfer. Die Rede des Patriarchen von Jerusalem, der ausdrücklich mit dem Papst in Rom in seiner Stellung innerhalb der Kirche und in seiner Befugnis zur Vergebung der Sünden (3439—3446) gleichgesetzt wird, der aber auch die höfischen Sitten achtet und das weltliche Rittertum anerkennt, enthält die Argumente der Kreuzzugswerbung (3701 ff.). Er spricht von der Pflicht zur Verteidigung des Glaubens, von der Opfertat Gottes, dem Kreuz als Schutz für die Menschheit und von dem ewigen Lohn. Am Heiligen Grabe nimmt Wilhalm mit seinen Gefährten das Kreuz:

> Wilhalm sprach: „nû gebet mir her
> des kriuzes schirm, daz ist mîn ger.

> daz suln ouch mîne kompân
> alhie von iuwer hant enphân."
> die sach man dort mit zühten stên.
> sie muosten vür den herren gên
> und muosten bieten dâ ir eit
> daz sie hulfen der kristenheit
> daz sie mit willen tâten.
> des kriuzes sie ouch bâten
> in einer süezen andâht.
> got hât voller gâbe maht.
> Dô fuorte sie der herre dan
> ze dem heiligen grabe sân,
> daz kriuze von im enphiengen,
> daz lieplich an sich hiengen
> in des hoesten Kristes namen.
> sîne knehte daz alle mit im nâmen. (3753—3770)

Ebenso feierlich werden die Ritter für den Kampf durch Beichte und Kommunion vorbereitet; nicht nur die Gefährten Wilhalms, sondern das ganze christliche Heer:

> ze bîhte sie alle quâmen,
> daz lebende heil sie nâmen:
> wâren menschen, wâren got,
> der ie den sînen half ûz nôt
> ir sêlen ze gemache,
> den ich under des brôtes dache
> daz ob dem altâr der priester segent,
> (die des dô phlâgen und noch phlegent)
> geloube einen got drîvaldic.
> über alle geschaft geweldic. (3805—3814)

Hier wird an die Forderung der frühen Kreuzzugsaufrufe angeknüpft, daß die sündentilgende Wirkung des Kreuzzuges nur eintritt, wenn der Mensch ihn mit reinem Herzen auf sich nimmt.

Zum Zeichen seiner inneren Wandlung wählt Wilhalm sich einen neuen Waffenrock:

> sîn snêvar westerhemde
> wolde er ze wâpenrocke hân.
> vorne unde hinden daran
> man zwei guldîn kriuze nât. (3822—3825)

Seine Kleidung ist ein Symbol für die Reinheit des durch die Taufe erneuerten Menschen unter dem goldenen Kreuz der Passion. Auch seine Gefährten stellen sich unter den Schutz des Kreuzes (3840).

Hier ist das Geschehen der Kreuznahme zwar nicht als tragendes Motiv in die äußere Handlung hineingenommen worden, aber es bildet in der Entwicklung des Helden vom höfischen Heidenfürsten zum vorbildlichen christlichen Ritter einen Höhepunkt. Die Kreuznahme krönt die mit der Taufe abgeschlossene Bekehrungsgeschichte. Sie leitet zugleich die Reihe der Bewährungsproben ein, die der Held noch zu bestehen hat. Seine Vorbildlichkeit hat sich im Verlauf der Handlung beim Wiederfinden seiner Kinder, in der Begegnung mit seiner Frau und in der Stellung zu seinen Untertanen zu erweisen. Durch die beispielhafte Konsequenz, mit der er den neugewonnenen Glauben über alle Bindungen der Verwandtschaft, der Freundschaft und der Lehnsherrschaft stellt, gewinnt er seine Familie und seine Lehnsmannen für das Christentum. Auch der von ihm im Zweikampf besiegte Heide läßt sich taufen.

Trotz dieser niemals in Frage gestellten Überlegenheit des christlichen Glaubens ist die Stellung zu den Heiden tolerant. Das zeigt sich nicht nur darin, daß der Held, ein heidnischer Wendenfürst, schon von Jugend an als vollendeter Ritter und seine Frau als Beispiel höfischer Tugenden geschildert wird und daß an den Gegnern, die das Heilige Grab bedrohen, Schönheit, Reichtum und Ritterlichkeit gerühmt werden (3849—3899). Auch der Verwandte des Sultans, der sich Wilhalm zum Zweikampf stellt, ist „ein heiden rîch von arte hô" (4963). Die tolerante Haltung ist am erstaunlichsten in der Kreuzrede des Patriarchen, der sein Erbarmen mit den dem Teufel verfallenen Heiden ausspricht mit der in der letzten Zeile deutlich an Wolfram erinnernden Begründung:

> sô müezen (ôwê!) jâmers nôt
> iemer haben die heiden
> mit dem tiuvel, sô sie verscheiden.
> mich ze erbarmenne diz hât
> wan sie sint gotes hantgetât. (3730—3734)

Doch führt dieser Gedanke, der hier unmittelbar vor einem mit aller Härte geführten Kampf ausgesprochen wird, nicht zu dem bei Wolfram so eindringlich entwickelten Humanitasgedanken. Das Erbarmen mit den Heiden verwickelt die Christen nicht in ernsthafte Konflikte. Es ist von vornherein kein Haß gegen die Heiden zu spüren, die Klagen über die Verluste, die die Gegner einander zufügen, bleiben allgemein und konventionell. Die Überlegenheit des Christengottes über die machtlosen Heidengötter Apoll, Mahmet und Tervigant ist das Entscheidende. Sie wird von Wilhalm gläubig vorausgesetzt, von seiner Frau Bene geahnt, und am Schicksal des Helden so einleuchtend bewiesen, daß kampflos ganze Reiche für das Christentum gewonnen werden.

In dieser Art erneuert sich in einer späten Dichtung der Kreuzzugsgedanke. Überhöht erscheint er in der idealisierten Handlung einer Heiligenlegende. Der Ernst der Wirklichkeit gefährdet bei aller Tragik des Geschehens niemals die im Glauben gesicherte Welt des Helden. Auch die Religionsgespräche offenbaren keine Konflikte, sondern eine fest gegründete Heilsgewißheit.

VI. Teil 4. Kapitel

Die „Kreuzfahrt Ludwigs des Frommen"

In den Kreis der inhaltlich und sprachlich mit Wolframs „Willehalm" lose verbundenen Versepen gehört die „Kreuzfahrt des Landgrafen Ludwigs des Frommen von Thüringen"[6].

Im Gegensatz zu dem Legendenroman Ulrichs von Etzenbach liegt in der „Kreuzfahrt Ludwigs des Frommen" der Akzent trotz aller Idealisierung des Helden auf dem historischen Ablauf. Die lange Darstellung der geschichtlichen Taten der Könige von Jerusalem bis zu Saladins Sieg, die das Epos einleitet, legt den Chronikstil von vornherein fest. Keine Kreuzzugspredigt steht am Anfang der Kreuzfahrt, sondern es wird sachlich berichtet, wie nach dem Fall Jerusalems aus allen Ländern christliche Ritter herbeieilen, um dem König Gwido Hilfe zu leisten. Der Dichter unterstreicht durch die Schilderung der Zwistigkeiten zwischen dem König von Jerusalem und dem Marquis von Monferrat (810 ff., 858 ff.), durch die Charakteristik der Ordensritter (1149) und durch die häufigen Anspielungen auf die Rivalität zwischen Welschen und Deutschen (4157; 4685 ff.; 7820 ff.) die historische Grundlage seines Werkes[7].

Die aus den Kreuzzugspredigten bekannten Motive werden an verschiedenen Stellen verwendet. Der König von Jerusalem unterstreicht in seiner Begrüßungsrede an die Kreuzfahrer die Leiden der Christen im Heiligen Land (742—758). Sie bewegen den Landgrafen zum Kampf:

... daz wir âne beträgen
in Cristes êre wâgen,
als er vergôz durch uns sîn blût
wellen den lîp, zern daz gût
frô und willic gemût.
waz der soldân zunêren tût
gote und sîner Cristenheit,
daz ist uns in gote leit:
alsô verre sô wirz vermugen
und wir zu wer gegen im tugen,
sô welle wir im bewîsen daz. (767—777)

Der Kampf um die Ehre Gottes und des Glaubens, die Vergeltung für den Opfertod Christi werden hier als Gründe zum Kampf gegen die Heiden genannt. Ebenso enthalten die Rede vor der großen Schlacht (1854 ff.) und die Trostrede des Landgrafen nach diesem Kampf (1875 ff.) Motive der Kreuzpredigt:

ûch hât der wâre himelgot
her geladen und sîn gebot.
des geloube und sîn almehticheit
wil hûte ûwer werdicheit
mêr hôhen und uf ziehen die.
man hât ûch alsô funden ie,

> wie ir mit werlîcher hant
> welt wern lûte unde lant,
> die niht enerben: si sîn ein lên
> û von gote; ir welt sie vên
> starke und zu vînden hân,
> die ûch betrûbten dar an.
> jâ habe wir hie dehein werndez wesen!
> uf ein êwiges genesen
> strîtet hûte frôlîche
> um ûr erbe daz himelrîche. (1875—1890)

Hier spielt das haereditas-Motiv hinein, die Verpflichtung zur Verteidigung des himmlischen Erbes und die Erhöhung der „werdicheit" im Kampf für das Kreuz. Der himmlische Lohn für den Kreuzfahrer wird wiederholt erwähnt (2353—2356; 2471—2473; 2501; 2956; 8087—8098) und der ewigen Verlorenheit der Heiden gegenübergestellt (1429—1430; 3200—3229; 7262—7280). Alle diese Gedanken müssen durch die Überlieferung der 200 Jahre, die seit dem ersten Kreuzzug vergangen waren, eng mit dem Stoff verbunden gewesen sein, ebenso wie die kirchlichen Handlungen, die das große Bußwerk krönten und in den Rahmen eines Gott geweihten Dienstes einbezogen: die Gebete (7115 ff.), die gemeinsame Feier der Messe (2880 f.; 1111—1120), die Bereitung zum Kampf durch Beichte und Kommunion (7165—7172; 7447—7455), der geistliche Trost für die Verwundeten (5709—5713; 2375—2378), das christliche Begräbnis für die Gefallenen (2380—2408) und der Gesang vor der Schlacht „nu helf uns daz heilige grap" (2105 ff.; 2222; 3101).

Die Erfüllung echter Ritterschaft scheint dem Dichter ohne Bindung an Gott und die Kirche nicht möglich:

> âne gotes liebe die ritterschaft
> het hie deheiner wirde craft;
> wie mac gût ritter er gesîn,
> der niht liebet noch ensûchet in,
> den herren, der im die ritterschaft
> an geordent hât, dâ bi die craft,
> daz er sîn gût und sîn leben
> mac in der vînde hende geben,
> ouch in des mac benemen wol.
> iz wellen die reht, daz in sol
> gevorht der mensche êren,
> wil er hie sîn sâlde mêren,
> ouch mit in êwiclîche
> sîn lebende in himelrîche. (1121—1134)

Das Ritterideal der klassischen Zeit wird hier noch einmal aufgerichtet und in der Person des Landgrafen, der ungewöhnliche Tapferkeit und Ritterlichkeit mit Frömmigkeit verbindet, überhöht. Der vollkommene Ritter muß Gott und der Welt in gleicher Weise gerecht werden können (4193—4196; 4787—4796).

Die Bindung an den Glauben ist zugleich — wie bei Wolfram — das Einzige, was die heidnischen Minneritter von den christlichen Rittern unterscheidet[8]. Zwischen diesen gleichmäßig idealisierten Rittern gibt es nur einen Grund zur Feindschaft: den Glauben. Das wird ausdrücklich gesagt:

> den heiden wâren sie gehaz
> und durch die gotes êre daz
> und durch den gelouben, durch niht mêr. (3635—3637)

Aber wenn auch erbarmungslos gekämpft wird, so drückt doch der Dichter keinen Haß, sondern nur Bedauern über die verlorenen Seelen der Heiden aus:

> sô hât mich jâmer der Sarrazîn,
> der dâ sô vil gevallen sîn
> an ritterlîcher werke tât.
> sie wâren ouch lûte, got sie hât
> und sîn almehtige craft
> als menschen geschaft.
> mich mût doch mêr ir sêle nôt,
> dan daz sie sîn geslagen tôt. (7281—7288)

Die Trennung im Glauben schließt aber bei aller gegenseitigen Achtung eine engere Gemeinschaft zwischen Heiden und Christen aus. Saladin bietet dem schwerkranken Ludwig an, ihn zu sich zu nehmen und durch die Kunst seiner Ärzte zu heilen. Aber Ludwig lehnt es ab, zu dem Ungläubigen zu kommen:

> wolt er versagen sînen goten,
> waz sô er mir hât enpoten,
> al sîn beger ich solde
> erfüllen, noch dem ich wolde,
> wie ich mohte, zu willen sîn.
> sô ich des gelouben mit im bin
> gescheiden; sînhalp daz ist mir leit,
> daz er von sô voller werdicheit,
> ein helt sô furstlîcher tât
> sich abgote triegen lât,
> der sêle sich sâlden roubet,
> an Machmeten geloubet,
> der der werlde ein affêre
> hie was und ein trugemêre,
> des er zur helle lîdet nôt.
> er solde gelouben dem himelgot,
> der meide sun Jhesum Crist,
> des geschepfde er doch ist. (7737—7754)

...

sus mûz er der heimlîche mîn,
ouch der sînen ich gescheiden sîn
genzlich, daz ist mir leit. (7759—7761)

Ludwig weicht Saladin im Kampf aus (7303—7306) und Saladin beklagt Ludwigs Abreise (8029—8031) und bezeugt ihm mehrfach seine Bewunderung. Aus der Achtung der ritterlichen „werdicheit" des Gegners erwächst so über alles Trennende hinweg das Bewußtsein einer menschlichen Gemeinschaft. Der religiöse Gegensatz bleibt noch voll bestehen. Nirgends ist von einer religiösen Toleranz die Rede, keine Heidenbekehrung und Taufe stehen am Schluß. Der christliche Glaube behält seine unantastbare Überlegenheit, aber eine vorbildliche Menschlichkeit kann diesen Gegensatz der Religionen in gegenseitiger Achtung überbrücken.

„Reinfrid von Braunschweig"

Das spätmittelalterliche Versepos „Reinfrid von Braunschweig" bietet ein Beispiel dafür, wieviel die Kreuzzugsidee auch bei einem um die Darstellung höfischer Werte bemühten Dichter um 1300 an Wirkungskraft verloren hat[9]. Die Situation der Christen im Heiligen Land ist nach dem Fall von Akkon (1291), den der Dichter erwähnt, so ernst wie nach dem Fall von Jerusalem im Jahre 1099. Das Heilige Land ist wieder in der Hand der Heiden. Aber diese Tatsache vermag in den Menschen des späten Mittelalters nicht mehr die gleiche religiöse Erschütterung auszulösen. Die Argumente der Kreuzzugswerbung, die in dem Epos verwendet werden, klingen blaß und fern und die Kreuzfahrt selbst bildet nur noch den Rahmen für eine Abenteuer-Erzählung.

Der Dichter, der in der Literatur der mittelhochdeutschen Blütezeit sehr belesen ist, verherrlicht in seinem Epos das höfische Ideal des Gott und der Welt dienenden Ritters (1286—90; 23498—23499 u. a.). Die Kreuzfahrt ist für ihn ein ritterliches Unternehmen zur Ehre Gottes und zur Verteidigung des Heiligen Landes gegen die Heiden. Reinfrid begründet sie vor seinen Lehnsmannen damit, daß er sich nicht „verligen" und daß er Gott und die Himmelskönigin mit einer solchen Fahrt ehren will (14073—14091). Er unternimmt sie auf Befehl der Gottesmutter, die ihm nur unter dieser Bedingung seinen Wunsch nach einem Sohn und Erben erfüllen will (13271—13315). Sie fordert von ihm, daß er gefahrvolle Kämpfe und eine abenteuerliche Reise auf sich nimmt, sagt ihm aber eine gesunde Heimkehr zu (13307; 13374/5; 13411/2). Die dreimalige Traumerscheinung und die Zusicherung des glücklichen Ausgangs verlegen die Kreuzfahrt weit ins Märchenhafte und nehmen ihr den tödlichen Ernst der Wirklichkeit.

Nachdem Reinfrid sich zur Kreuzfahrt entschlossen hat, überwacht er selbst die Werbung eines Ritterheeres, das ihn „durch got ald durch riters were" begleiten soll. Die Kirche ist an der Werbung nicht beteiligt und spielt überhaupt keine Rolle im Zusammenhang mit der Kreuzfahrt. Reinfrid stattet selbst seine Mitkämpfer für die Fahrt aus und übernimmt alle Kosten für sie. Die 800 Ritter, die ihn begleiten, treten die Fahrt aus den verschiedensten Gründen an. Unter den neun verschiedenen Motiven, die der Dichter aufzählt, ist eins auch das religiöse:

> einre an die heidenschaft
> fuor durch frîgen muotgelust,
> der ander ritterlîchen just
> suoht, der dritte schouwen.
> der vierde sîner frouwen
> wolt dienen umb ir minne.
> sô wân des fünften sinne
> gerihtet sunder valschen spot
> daz er lûterlîchen got
> diende mit der verte sîn.
> so wolt der sehste lîden pîn
> durch sînen rehten herren.
> der sibende wolte verren
> sîner armeclîcher habe
> und wolt der heidenschefte abe
> brechen ritterlîchen guot.
> so stuont vil lîht des ahten muot
> daz er durch kurzewîle
> fuor, des niunden île
> was durch ruon hin über mer. (14616—14635)

Der Wunsch, Gott zu dienen, überstrahlt nicht mehr als reine Idee der Opferbereitschaft und Erlösungssehnsucht alle irdischen Nöte und Wünsche. Realistisch wird das Schwanken im Augenblick des Abschieds geschildert, die Reue über den mutigen Entschluß zur Fahrt, von der man um der Ehre willen nicht mehr zurücktreten kann (14900—14903). Ebenso realistisch wird auch die Vorbereitung der Schiffe für die Fahrt gezeichnet. Nicht nur für Essen und Trinken ist reichlich gesorgt, auch für Unterhaltung während der Überfahrt mit den verschiedensten Musikinstrumenten, die zur „kurzewîle" bestimmt sind (15364—15385). Bei allem Streben nach Idealisierung beweist der Dichter an solchen Stellen, wie fremd ihm die innere Haltung der ritterlichen Kreuzfahrer der früheren Kreuzzüge geworden ist.

Überhaupt zeigt er wenig Verständnis für die fromme Sehnsucht nach den Heiligen Stätten. Er verspottet die Pilger, die ohne ritterliche Kampfeslust über das Meer ziehen. Erst die ritterliche Tat gibt der Palästinafahrt ihren ethischen Wert. Wer eine waffenlose Pilgerfahrt unternimmt, tut es aus Feigheit, um Kämpfen in der Heimat zu entgehen. Er täte besser daran, seinen Freunden zu helfen oder sich daheim um seine eigenen Angelegenheiten zu kümmern (15472—15515). Dagegen gilt dem Dichter der Kampf seines Helden Reinfrid als ehrenvolle Tat und als echte Hilfe für die von den Heiden bedrängten Christen in Palästina (15428—63; 15550—15570). Der Lohn liegt in dem Gewinn von Ehre und irdischem Gut, der häufige Hinweis auf den ewigen Lohn klingt dagegen formelhaft (15632/33 u. a.).

Die Stellung zu den Heiden ist zwiespältig. Gelegentlich sind sie — wie bei Wolfram, den der Dichter häufig zitiert und genau kennt — als Minneritter gesehen (16749—16771; 16812—16863). Andererseits verwüsten die Christen ihr Land, erschlagen sie, auch wenn sie sich nicht wehren können (16324—16359) und bereichern sich an ihrem Besitz (15600—15603). Einen an Wolframs „Willehalm" anklingenden Höhepunkt bildet der Zweikampf Reinfrids mit dem heidnischen König von Persien. Die Gegner sind einander ebenbürtig, der Dichter rühmt an beiden ihre Tapferkeit und Ritterlichkeit. Für das Leben des besiegten Heiden fordert Reinfrid die Taufe seines Gegners und die Rückgabe aller christlichen Stätten im Heiligen Land. Dem Dichter erscheint diese Forderung besonders bewunderungswürdig, weil Reinfrid das ihm persönlich angebotene Gold des Heiden zurückweist um einer ideellen Forderung willen, die der ganzen Christenheit zum Segen werden soll (17632—17643). Er behauptet, daß sogar der Kaiser und der Papst sich in diesem Falle für „golt, guot unde rîcheit" entschieden hätten und nicht für die „êre der kristenheit" (17648—17671). Hier tritt die rein äußerliche Wertung der Kreuzzugsidee besonders stark hervor, zwar noch unterstrichen, um der Zeitkritik willen, aber in jedem Fall weit entfernt von dem reinen Ideal der Blütezeit.

Dagegen scheint aus dem Gespräch über die Taufe, das Reinfrid mit dem Perserkönig führt, eine echte Toleranz zu sprechen. Der Heide bittet Reinfrid, ihm den Glaubenswechsel, zu dem er sich verpflichtet hatte, zu erlassen. Er empfindet es als Schändung seiner Ehre, wenn er seinen angestammten Glauben aufgibt. Sein Christentum würde ein heuchlerisches und widerwilliges sein, denn Glaube läßt sich nicht erzwingen (17876—17895). Reinfrid selbst sieht eine Sünde darin, jemand mit Gewalt zu bekehren (17892—17895). Das ist eine Auffassung, die in ihrer aufgeklärten Toleranz im Gegensatz steht zu den frühen Mahnungen des heiligen Bernhard: „Bekehrung oder Vernichtung", aber auch zu dessen späterem Missionsgedanken. Sie ist auch verschieden von der Toleranzhaltung im „Willehalm", die von der Verbundenheit aller Geschöpfe Gottes ausgeht und alle mit gleicher Liebe umfaßt und gelten läßt. Der Dichter des „Reinfrid" argumentiert leidenschaftslos und kühl. Er rät dem Heiden aus „triuwe" zur Annahme des Christentums:

> wan ir möhtent sunder haz
> niemer in der welte baz
> behalten sêle guot und lîp (17913—17915)
> ...
> mag ich iuch dâ zuo bringen,
> daz ist mir lieb, ez ist iuch guot.
> ob iuwer sin des niht entuot,
> daz ist mir leit, ez mag iuch schaden. (17918—17921)

Der Wert der Bekehrung liegt für ihn nur in der Freiwilligkeit:
> ze mînem gote kêre
> muoz mit frîgem willen sîn. (17904/5)

Einer solchen Geisteshaltung ist das Verständnis der Kreuzzugsidee als einer religiösen Bewegung nicht mehr möglich. Der Besitz des Heiligen Landes ist hier nur noch ein durch Verträge zu regelndes politisches Problem (23484—23520). Der Held des Epos macht zwar nach seinem Sieg eine ausgedehnte Reise zu den Heiligen Stätten, die der Verfasser in ihrer Bedeutung mit großer Vollständigkeit aufzählt (17981—18195), aber aus der Schilderung klingt mehr ein sachliches Interesse als eine innere Beteiligung.

Eine völlige Verkehrung der Kreuzzugsidee zeigt die Ansprache Reinfrids an seine Ritter vor dem Kampf mit den Riesen. Sie entspricht zwar in Wortwahl und Gedankenführung den Reden, die Willehalm in Wolframs Epos vor den großen Kämpfen hält und ruft auf zur Tapferkeit, zum Erwerben von Ehre und Ruhm vor der Welt und vor Gott. Die bevorstehende Schlacht gegen die Riesen, die ohne jede Beziehung zum Kreuzzugsgeschehen ist, wird dabei als Kampf im Dienst Gottes gesehen, der die Gewißheit der Sündenvergebung und des himmlischen Lohnes bringt (25345—25385). Der Dichter verweist an vielen anderen Stellen des Epos auf den Gewinn des himmlischen Lohnes im Heidenkampf und stärkt auch die Helden vor der aussichtslos erscheinenden Entscheidungsschlacht mit den Argumenten der Kreuzzugspredigt (15955—15998): Tod als Gewinn (15961), ewige Seligkeit (15974—15977), Bitte um Sündenvergebung (15985—15991), Vergeltung von Christi Opfer durch das Opfer des eigenen Lebens (15992—15998). Aber dadurch, daß der Dichter diese Argumente auch an den märchenhaften Stellen des Epos verwendet, werden sie ihres Ernstes beraubt. Die Kreuzzugsidee bereichert als allgemeines Bildungsgut die vom Dichter erschaffene Welt. Aber sie bildet nicht mehr wie in Wolframs „Willehalm" den tragenden Gehalt, der Geschehen und Charaktere bestimmt und mit der ritterlichen Lebenslehre zu einer höheren Einheit verschmilzt.

Der „Wilhelm von Österreich" des Johannes von Würzburg

Das in mehreren Handschriften überlieferte Versepos von dem abenteuerlichen Leben des Herzogs Wilhelm von Österreich, das aus dem Anfang des 14. Jh.s stammt[10], wird von dem Dichter unter drei Leitmotive gestellt: „tugende, aventiure, minne" (134—151). Er beginnt mit einem Prolog an den Menschen, der zur „tugend" fähig ist, wenn er durch Beispiel und Lehre dazu erzogen wird. Dieser Erziehung soll das Werk dienen, „gotes hulde" wird dabei nicht erwähnt, wenn auch der Dichter die Hilfe Gottes bei der Abfassung des Buches erfleht. Die Handlung beginnt mit einer Wallfahrt des Herzog Leopold von Österreich zum heiligen Johannes nach Ephesus, um dessen Fürbitte für einen Erben zu erwirken. An dieser Wallfahrt beteiligt sich auch der

Kreuzzugsthematik in der nachhöfischen Epik des 13. und 14. Jahrhunderts 291

Heidenkönig Agrant, der seine Glaubenshaltung von dem erhofften Wunder abhängig macht:

> mag iwer Got und sin gebot
> solher dinge gewaltig sin,
> kan er liebiu kindelin
> geben und sant Johan,
> so wil ich mit iu hinnen dan
> varn zu der selben stat
> da sin gnade ruowe hat,
> und wil in ern reht als ir,
> dar umme daz er gebe mir
> ein kindelin daz erbe mich.
> swie doch vaste tail sich
> der gelaube zwischen uns,
> wuerd ich gewert eins suns
> ald eines toehterlines,
> da von wil ich mines
> gelauben minnr ruochen:
> ich wil in haim suochen
> in iwers glauben ere. (420—437)

Dieser Gedanke wird am Schluß des Werkes nochmals aufgenommen: Der Heide, dessen Bitte inzwischen erfüllt wurde, hat trotzdem den Christen viel Leid bereitet. In einer verlustreichen Schlacht mußte er erst von den Christen besiegt werden. Danach ist er endgültig von der Macht ihres Gottes überzeugt. Voll Reue darüber, daß er sich nicht schon gleich nach der Wallfahrt bekehrt habe, läßt er sich taufen:

> ... sit daz Got hat die kraft,
> daz er iuch liez hie sigehaft
> also vil volkes werden
> ...
> ich wais nu erst was Got git
> lones sinen dienaern.
> dise herzen swaern
> er billich hat gefuoget mir.
> herre herzoge Liupolt, do ir
> und ich fuorn gen Ephesum,
> do solt ich wol Altissimum
> ymmer han erkennet bi. (18179—18181; 18184—18191)

Aber aus diesem die Handlung umschließenden Beispiel einer Heidenbekehrung ist keine religiöse Problematik entwickelt. Trotz vieler eingestreuter Gebete (14301—14340; 10424—10535; 13681; 16485—16503; 14188 ff.) und Gottesanrufungen geht es dem Dichter nur um eine Minne- und Abenteuerhandlung, in der sich der Held als höfischer Ritter bewährt.

Aus der religiösen Toleranz wird dabei stellenweise fast eine Gleichgültigkeit gegenüber dem Glauben. Der Held, der um der Minne willen schon sehr jung seine Heimat verläßt, lebt trotz seiner christlichen Erziehung jahrelang unter falschem Namen als Heide am Hof seiner Geliebten und gibt sich erst vor dem kirchlichen Oberhaupt der Heiden, dem Kalifen, zu erkennen, dessen Urteilsspruch ihn aus Todesgefahr rettet (5732 ff.). Er kämpft bald für die Heiden, bald gegen sie, und seine Kämpfe sind von rein persönlichen Motiven bestimmt, nicht von Glaubensgründen. Den himmlischen Lohn, der sonst den christlichen Kreuzfahrern zuteil wird, verspricht der Dichter den Liebenden für ihre Treue bis zum Tod (19216—19219). Die heidnische Prinzessin läßt sich taufen, weil Wilhelm sie darum bittet — um ihre Liebe vollkommen zu machen, nicht aus religiöser Überzeugung — (15904—19910); sie ist bereit, auf das Himmelreich zu verzichten, um Wilhelm wiederzusehen (18706—18708). Der Dichter spricht selbst von irdischen Freuden, denen zuliebe man auf den Himmel verzichten könne (13790—13800).

Die religiösen Gegensätze entwickeln sich fast zufällig aus den ritterlichen. In dem großen Turnier, das die heidnische Königin von Kandia veranstaltet, werden die Gäste nach ihrem Glauben in Parteien eingeteilt:

>   cristen zu cristen
>   getailt an den vristen
>   wart, haiden auch zu haiden:
>   der gelaub sich do schaiden
>   an dem turnay wolt,
>   da von maniger dolt
>   des bitterlichen todes pin,
>   dem moht ez niht ain schimpf sin.
>   kuenge und fuersten sunderlich
>   wurden gevragt, die cristenlich
>   lebten nach dem tauffe,
>   die Got mit todes kauffe
>   lost nach kristenlichem reht,
>   ez waer fuerst, ritter, kneht,
>   swer cristen waer,
>   daz die offenbaer
>   ir helm solten schaiden
>   von den ungetauften haiden. (14223—14240; vgl. 14424 ff.)

Danach messen sich die Christen mit Heiden im ritterlichen Turnier. Der Kampf wird abgebrochen, als aus dem Spiel Ernst wird und bei dem Sieg der christlichen Partei Heiden getötet werden (14984—14993). Trotzdem trennen sich beide Fronten in Freundschaft. Eine Toleranzrede des Dichters schaltet den Glauben als Kriegsgrund aus. Zwar glauben die Heiden an den falschen Gott (6470), aber das „rechte Leben" ist dem Dichter wichtiger als der Glaube.

Die Heiden sind als höfische Ritter den Christen ebenbürtig. Er fühlt Bedauern mit ihnen wegen ihrer Unkenntnis des wahren Heils, aber keinen Haß:

> Swelch werder man nach siner e
> lebt reht, und sol dem we
> geschehen, daz ist wunderlich,
> ob er niht baz verstet sich,
> und west er bezzers leben,
> daz er unrehtem geben
> wolt gern urlaup. (17309—17315)
> ...
> westen si daz Jhesus Crist
> ist aller sache urhap
> und an des lebens ende ain lap
> der sel, ain werndes suezzen,
> nach sinen gnaden buezzen
> sach man manigen haiden
> der wis ist und beschaiden. (17324—17330)

So geht auch die große Vernichtungsschlacht zwischen Christen und Heiden auf einen Rachefeldzug des Königs Agrant gegen die heidnische Königin zurück, die Wilhelm mit seiner Geliebten zusammenführte: „ditz geschach als umm ain wip" (17388). Die Schlacht erhält ihren Charakter als Kreuzkampf erst dadurch, daß die Kreuzfahrer, die vor Damiette liegen, Wilhelm zu Hilfe kommen, unter ihnen die Heere von Richard Löwenherz und Philipp von Frankreich (16224 ff.). Mit dieser sehr losen Anknüpfung an historisches Kreuzzugsgeschehen kommen auch die aus der Überlieferung bekannten Motive in das Gedicht hinein. Es wird auf den himmlischen Lohn verwiesen (16501—16503); die Fahne des Herzogs Friedrich von Schwaben trägt nicht den Reichsadler, sondern das schwarze Kreuz auf weißem Grund (16637—16443), auch der christliche König von Jerusalem, der das Heilige Grab aus der Gewalt der Heiden zurückerobern will, trägt auf seiner Fahne das Kreuz (17168—17201). Der Symbolwert des Kreuzes, das die unter ihm kämpfenden Scharen schützt, wird ausführlich erklärt. Beichte und Kommunion vor der Schlacht sind breit geschildert (17275—17295). Der Kampf endet mit dem Sieg der Christen und der Taufe zahlreicher Heiden (18209—18232). Aber damit ist kein endgültiger Friede gewonnen. Die Massentaufe fordert wieder die Rache der noch ungetauften Heiden heraus, der Kampf geht weiter und kostet den Helden das Leben (18986—18993).

So endet auch dieses Versepos bei der offenen Frage nach der endgültigen Lösung der Glaubenskämpfe. Die geschichtliche Wirklichkeit hat die Kreuzzugsidee überwunden. Nur die gegenseitige menschliche Achtung könnte vor neuen Religionskriegen bewahren.

Die Deutschordensdichtung

Innerhalb der Deutschordensdichtung bildet der Gedanke des heiligen Krieges die engste Verbindung zur allgemeinen Kreuzzugsthematik. Die Christianisierung des östlichen Koloniallandes und seine militärische Sicherung durch bewaffnete Ritter verlangten eine Rechtfertigung im Sinne eines gerechten Heidenkampfes, obwohl sich im Orient bereits die Toleranzvorstellungen in der Heidenauffassung durchgesetzt hatten. Die Bewertung der Verteidigung des Ostens als „bellum iustum" zieht sich auffällig und klar durch die Chroniken der Deutschritter. An mehreren Stellen wird sie in Parallele gesetzt zu dem Geschehen im Heiligen Land und den dortigen Heidenkämpfen[11]. Die Hilfszüge zum Heidenkampf im deutschen Osten finden entsprechende nachdrückliche Erwähnung. So die Fahrt König Ottokars II. von Böhmen, für die der Sänger Sigeher sogar ein Aufrufslied gedichtet hatte[12], das sich im Gedankengang genau den Aufrufsliedern zum Heidenkampf im Orient anschließt. Oft wirkt die Thematik wie eine Rezeption bekannter Motive aus der frühen Geschichte der Kreuzzugsidee. So verdient in Nicolaus von Jeroschins „Kronike von Pruzinlant"[13] eine Übersicht über die geistliche Symbolik der Waffen besondere Beachtung, weil sie enge Beziehungen zum Schwertsegen (2461), zur Weihe des Speers (v. 2506) und des Schildes (v. 2542) zeigt und durch eine ausführliche Deutung biblischer Textstellen den Zusammenhang mit Gottes Auftrag für den kämpfenden Ritter betont. Auch über das geistliche Leben der Ritter im Osten finden sich geschlossene Partien, die den Beschreibungen des Lebens innerhalb der Orden im Heiligen Land angeglichen sind:

> Uf disme hûse in den jârn
> ze Christburc dêswâr brûdir wârn,
> di da trûgin ebin
> ein vil geistlich lebin
> an wachin, betin, vastin
> ...
> si hîldin vesticlich durch got
> di reglin und des ordins joch
> unde warn dabi doch
> rittre vrech zu allir zît ... (v. 8857 ff.)

Auf die Bedeutung der Parallelstellen zur Bibel soll wenigstens an einem Beispiel verwiesen werden. Nicolaus von Jeroschin bezieht sich ausführlich in seiner Chronik auf die Makkabäer und vergleicht die Deutschordensritter mit diesen biblischen Helden. Er will dadurch wohl die von Papst Honorius III. in seiner Bulle von 1221 vollzogene Ehrung der Deutschritter betonen, die ihnen den Ehrennamen „novi sub tempore gratiae Maccabaei" verliehen hatte. Nach den Worten des Chronisten übersteigt es die Fähigkeit eines einzelnen Dichters, das Lob dieser Kreuzritter des Ostens genügend zu besingen.

>   wi herlich und wi ritterlich
>   der meistir und di brüdre sin
>   di da vor genennit sin,
>   recht als der Maccabein trucht ... (v. 5870 ff.)

Alle Kämpfer der militia Christi fühlen sich den Makkabäern wesensgleich. So betonen es auch die Ordenssatzungen. Diese weisen außerdem hin auf die Stelle Apok. 19, 4, in der erzählt wird, daß bereits zu Christi Zeiten eine auserwählte Ritterschaft zur Bekämpfung der Heiden eingesetzt worden sei. „Sente Johannes sach ouch, daz ein nuwe riterscaft von dem himele herabe gienc. Die gesichte bezeichent uns, daz die ecclesie ettelich riter nu sal haben, der begerungen si, der ecclesien viende mit craft ze vertribene"[14]. Diese Ritterschaft „die da heizent Machabäi" bietet große Beispiele entsagungsreicher Opferbereitschaft. Ihr entspricht „dirre heilige ritterliche orden des spitales sente Marien von dem dutschen huse"[15].

Diese Anspielung auf die Gründung des Deutschritterordens (Deutschherren, Deutscher Orden) als Nachfolger der 1128 gegründeten Bruderschaft des St. Marien-Hospitals zu Jerusalem zeigt klar, daß die Tradition der großen Ordensgründungen im Heiligen Land auch im deutschen Osten weiterlebt[16]. Mehr als Traditionsbewußtsein und Sinn für geschichtliches Parallelgeschehen im Orient kann hier für die Kreuzzugsthematik innerhalb der Deutschordensdichtung nicht herausgearbeitet werden. Eine selbständige Ausformung von neuen Motiven und Gedankenkreisen fehlt. Aber nach der Abschwächung der Kreuzzugsidee im 13. Jahrhundert[17] wirkt schon die hohe Bewertung des heiligen Krieges im Kampf um christliche Selbstbehauptung und Heidenbekehrung wie eine verspätete Renaissance der Kreuzzugsideologie, für die allerdings in den Kolonisationsbestrebungen die Voraussetzungen fehlten.

V. KAPITEL

Deutsche Kreuzzugslieder und -sprüche des 13. und 14. Jahrhunderts

Rubin und Hiltbolt von Swanegöi

Die im Rahmen der nachhöfischen Epik sichtbar gewordenen Verfallserscheinungen der reinen Kreuzzugsidee, die nüchternere Betrachtung der Orientfahrten, die Kritik an den Maßnahmen der Kirche, vor allem bei der Ablösung der Kreuznahme durch Geldzahlungen und deren undurchsichtige Verwendung — alle diese Anzeichen für eine Unsicherheit in der Beurteilung der Heidenkämpfe — mußten auch bei den Lied- und Spruchdichtern nach Walther von der Vogelweide Spuren hinterlassen. Viele von ihnen folgen in der Behandlung der Kreuzzugsproblematik Walthers Stil, wenn auch nicht seiner politischen Einstellung. Seine unmittelbare Wirkung läßt sich in Rubins Kreuzliedern besonders deutlich erkennen[1]. Auch in ihnen klingt der elegische Ton nach, der Walthers letztes Lied charakterisiert. Die Situation des Ritters, der zur Fahrt ins Heilige Land rüstet, lenkt notwendig Rubins Gedanken auf die brüchig gewordene höfische Gesellschaftsordnung, die er verläßt, und diese Betrachtung schlägt leicht in eine allgemeine Weltklage um. Wenn Walthers Elegie im Angesicht des Todes entstand, so formt sich Rubins Abschiedskreuzlied unter der Not der Scheidestunde und nimmt daraus die besondere Eigenart der Klage über die Zeitverhältnisse. Einige Zeilen sind fast wörtlich in Walthers Elegie zu finden:

> Swer got durch dise werlt nu lât,
> sô lützel si doch fröiden pfliget,
> sô jâmerlîche si nu stât,
> dem ist mit sorgen an gesiget.
> nu seht wies allen guoten dingen abe gê:
> die tage schînent niht sô schöne und lange als ê
> und dar zuo singent ouch die vogel sô suoze niht,
> niemen liehter varwe als ê die bluomen siht.
> (Craus-Kuhn Bd. 1, XXII, Strophe 2, S. 357/358)

Die Ähnlichkeit in Wortwahl und Gedankengang ist nicht zu übersehen (Walther 78, 11). Und doch stellt das Lied als Ganzes etwas dar, das nicht mit

Walthers Einstellung zum Kreuzzug gleichzusetzen ist. Der jüngere Dichter stimmt wohl im Augenblick des Aufbruchs eine Klage über die veränderte ritterliche Welt an. Rubin hat noch die Möglichkeit, die bei Walther nur als unerfüllte Sehnsucht erwähnte Kreuzfahrt anzutreten und damit alles diesseitige Leid zu überwinden. Der Verlust dieser so veränderten Welt wiegt nicht schwer, da der Ritter „gotes heil" für sich und die Geliebte dadurch erwerben kann. So bekommt dieses Lied seinen eigenen Ton als Kreuzlied, wenn es auch die bekannten Motive verwendet: Abschied von den Freunden, Leib-Seele-Trennung, Freude auf die Rückkehr, Scheiden von der Geliebten. Rubin dichtet zwar noch aus der Gesetzlichkeit höfischer Tradition, aber die Motivgleichheit geht doch nicht soweit, daß die religiöse Problematik damit aufgehoben wäre. Dafür spricht die Bekenntnisstrophe, in der der Ritter seine Schuld Gott und der Welt gegenüber benennt. Die Kirche forderte die Beichte und Buße der Kreuzfahrer vor dem Antritt der Fahrt, wenn der Kreuzzug als opus compassionis anerkannt werden sollte. Aus dieser Pflicht, die Kreuzfahrt mit reinem Herzen anzutreten, läßt sich wohl die Strophe erklären:

> Ich wil mich einer schulde gar
> got und der werlte beiden sagen,
> ê danne ich nû von lande var,
> die hân ich lange her getragen.
> ichn bin den liuten allen holt noch ouch gehaz:
> mir geviel ie under zwein der eine muotes baz.
> sol daz ein sünde sîn, die ruoche er mir vergeben
> der der werlte schuof als ungelîchez leben. (XXII, Str. 3)

Aber der Ton dieses Sündenbekenntnisses ist sehr eigenartig. Der Dichter empfindet die oft ungerechte Einstellung seinen Mitmenschen gegenüber als einen Verstoß gegen das christliche Gebot der Nächstenliebe, die alle Menschen, Freunde und Feinde, umfassen sollte. Aber er entschuldigt sie vor sich selbst mit der von Gott so gegebenen Einrichtung der Welt und der Natur des Menschen. Gott hat den Menschen als „ungelîchez leben" in seiner Mannigfaltigkeit, seinen verschiedenen Anlagen, seinen Vorzügen und Schwächen geschaffen. Eine Sünde, die sich aus dieser Anlage des Menschen ergibt, müßte er vergeben können. Diese Strophe betont noch die Verpflichtung des Ritters vor Gott und den Menschen, die der Einzelne aus eigener Kraft nicht vollkommen erfüllen kann. Vor Gott ist er im Augenblick der Kreuznahme gerechtfertigt, vor der Herrin, die er verläßt, wird er schuldig. Darum die Sorge um einen Boten, der der „frouwe" die Nachricht von seinem schnellen Aufbruch und wenigstens die Beteuerung seiner „triuwe" bringen soll. Statt des persönlichen Abschieds schildert Rubin in der Frauenstrophe (Str. 5) kurz die Empfindungen, die die Herrin erschrecken. Ihre Anteilnahme an seinem Geschick wird ihn begleiten auf der Fahrt, die auch für sie die eine Hälfte des himmlischen Lohnes gewinnen soll. Wenn seine Augen ihr Bild nicht ein letztes Mal aufnehmen und mitführen dürfen, dann sollen die Augen des Herzens dieses tun und so das Scheiden zu einem echten Abschied umwandeln. Mit der Erwähnung des Herzens schließt sich der Ring des sehr persönlich gestimmten Abschiedsliedes.

Stärker noch als in dieser mehr ritterlich gestimmten Trennungsklage tritt die religiöse Problematik in dem andern Kreuzlied Rubins hervor. Ein überzeugter religiöser Idealismus bestimmt seinen Stil. Rubin kennt die schweren Schicksale der christlichen Heere im Heiligen Land. Er sieht, wie dringend die Hilfe der abendländischen Ritter gerade in diesem Augenblick gebraucht wird. Aber er sieht diese Notwendigkeit nicht allein vom militärisch-politischen Standpunkt, sondern er weiß, wie entscheidend eine opferbereite innere Haltung für alle die ist, die das Kreuz nehmen. Er kennt die Aufrufe Innozenz' III. und die allgemeine Propaganda seiner Zeit[2]. Besonders der Gedanke an den himmlischen Lohn (himels krône), der durch „lîbes arebeit" jetzt gewonnen werden kann, wiederholt sich, wenn auch nicht so kühn in das Bild vom „soldenaere" gefaßt wie in Walthers Elegie. Aber der drängende Ton damaliger Aufrufe, das „nu", die Not des Augenblicks, klingt auch in seiner Dichtung durch, ebenso die unausweichliche Forderung der Selbstkreuzigung durch die Teilnahme an der Fahrt.

Schon die erste Zeile ist auf solchen drängenden Ton gestimmt:
> Got hât uns aber sîn gemant
> ez sî noch allez in der nôt
> sîn reine grap, da er inne lac,
> owê, und ouch sîn saelec lant,
> dâ leit er got durch uns den tôt.
> daz uns daz ie sô ringe wac!
> er lôste uns iedoch alle
> (wir dienenz im ab alle niht)
> von helleheizem walle,
> daz niemer mêr geschiht[3]. (VII A, Str. 1, 1—10 S. 344)

Diese Wortgebung stimmt mit dem Inhalt der Kreuzpredigten, wie ich sie unter Betonung des zisterziensischen Gehaltes an anderer Stelle wiedergegeben habe, bis in die Reihenfolge der Gedanken überein. Sie gipfelt in der Verurteilung dessen, der zu diesem Zeitpunkt Augen und Ohren vor der Not des Heiligen Landes verschließt:
> nu seht, wie der gevar des herze und ouge in übersiht.

(VII A, Str. 1, 11)

Diese Stelle geht wahrscheinlich auf Matth. 13, 13 ff. zurück, an der Jesus von Menschen spricht, die Augen haben und doch nicht sehen, Ohren und doch nicht hören, und den Propheten Jesaja zitiert: „... ihre Augen drückten sie zu um ja nicht mit ihren Augen zu sehen, mit den Ohren zu hören und im Herzen zu fassen, damit ich sie heile." Rubin weist damit auf das Jenseits, auf die Vergeltung beim Jüngsten Gericht hin. An diesen Aufruf schließt gedanklich eng die 2. Strophe an, in der ein solches Versäumnis der Kreuznahme für jeden Ritter als Unrecht an seinem Stand und an seiner Seele bezeichnet wird:

> Swer nû daz kriuze niht ennimt
> der lîbes unde guotes hât
> in vollen, daz ist missetân,
> sô wol als ez der werlte zimt,
> und ouch der sêle wirdet rât. (VII A, Str. 2, 1—5)

Der Verlust des ritterlichen Ansehens innerhalb der höfischen Gesellschaft und der Verlust des Seelenheils stehen auf dem Spiel. Die Entscheidung bedeutet zugleich eine Stellungnahme für oder gegen Gott, so wie sie alle Kreuzzugsprediger nach Innozenz' III. Sendschreiben fordern, und wie sie Rubin in kunstvoller Steigerung von Strophe zu Strophe erneuert. Auch Walther von der Vogelweide kannte diese Predigtgedanken und Rubin folgt dem großen Rufer seiner Zeit fast wörtlich, denn in 13, 6 heißt es bei Walther:

> witze unde manheit, dar zuo silber und daz golt,
> swer diu beidiu hât, belîbet der mit schanden,
> wê wie den vergât des himeleschen keisers solt!

Erst wenn sich die Nähe zur christlichen Botschaft und zu Walthers poetischer Umschreibung klar heraushebt, gewinnt die Kreuzdichtung Rubins ihre Eigenart, ihre Zwischenstellung innerhalb des höfischen und des nachhöfischen Rittertums, die von dem Gedanken der militia Christi belebt ist. Dafür wäre der Schluß derselben Strophe kennzeichnend, der mit der Mitte der vorhergehenden das christlich bestimmte Weltbild Rubins erschließt. Diese „Summe" wird betont eingeleitet durch die Zeile:

> niht anders ich gelouben hân.

Alles irdische Verlangen (der sêle arebeit) führt über das vermeintliche Glück in Leid (ûz grôzer liebe in leit). Diese Unvollkommenheit irdischen Seins soll Gott geklagt sein. (Die broede [Schwäche] lâ dir, got, an uns vil armen sîn gekleit.) Dagegen kann nur des „lîbes arebeit", die Teilnahme am Kreuzzug, gesetzt werden, die allein mit Sicherheit die „himelkrône" bringt, wenn dieses Opfer wirklich aus der reinen Gesinnung um Christi willen gebracht wird.

Solche Gesinnung, sein Leid in Freude zu tragen, erfüllte auch Bernhards von Clairvaux Forderung des „gaudere in tribulationibus" innerhalb des ritterlichen Daseins, dem dann die höchste aller Kronen zum Lohn gegeben wird.

Rubin nimmt als Kreuzritter die militia Christi noch einmal ganz ernst. Ihm geht es um eine rechte Gesinnung vor Gott, der die Dinge der Welt unwichtig werden. Die Minne-Erfahrung hat ihn darin bestärkt, das Kreuz zu nehmen, denn die „frouwe" verstand seinen Entschluß nicht (ir missebieten), und so folgt er in Entschiedenheit und wahrer devotio dem Ruf ins Heilige Land. Hier entstanden zwei der letzten großen Lieder aus innerer Sinnes- und Glaubenserneuerung. Wenn Rubin darin nicht zu neuen Symbolen und Stilformen gelangt, so klingen seine Lieder doch aus einer echten künstlerischen Nachfolge Walthers, bei der die Kreuzzugsproblematik noch nicht von reiner Kreuzzugsmotivik abgelöst ist wie bei späteren Liederdichtern in Walthers Nachfolge.

In unmittelbare Nähe von Rubin gehört Hiltbolt von Swanegöis Kreuzlied, das lange Zeit dem frühen Minnesang zugeschrieben wurde[4]. Die Nähe zu Walthers „Elegie" und die enge Verbindung mit den kirchlichen Aufrufen und Predigten rücken Rubins und Hiltbolts Kreuzlieder eng aneinander, wenn sich auch deutliche Strukturunterschiede ergeben.

Wie Rubin folgt Hiltbolt dem Ruf ins Heilige Land, dem der gealterte Walther nicht mehr nachkommen kann. Hiltbolt faßt die Teilnahme am Kreuzzug als eine selbstverständliche Pflicht auf. Er ist einer der wenigen Ritter, die die Fahrt ins Heilige Land als die Sache der „gewîhten swert" ansehen. Sein Lied ist eins der letzten, die noch das Minnethema zum Ausgangspunkt nehmen. Es ist ein typisches Lied in Hartmanns und Walthers spätem Stil, in dem diese Minnethematik problemlos und die Gottesminne von vornherein als der weltlichen Minne übergeordnet erscheint. Die Kreuznahme verpflichtet zum Aufbruch, darüber gibt es keine Reflexion. Die Absage an die weltliche Minne ist eine Selbstverständlichkeit.

> Ez ist ein reht daz ich lâze den muot,
> der mir ûf minne ie was rîche unde guot,
> ich wil gebâren als ez mir nu stât. (XVII, Str. 1, 1—3, S. 170)

Aber hier fehlte ein wichtiger Hinweis, wenn man Hiltbolts Lied nur von der Gottesminne her interpretierte. Das allgemeine Kreuzzugs-Aufgebot verlangt eine Entscheidung vom Ritter. Sie wird nicht nur durch ein tiefes Verlangen nach dem jenseitigen Lohn begründet, sondern auch aus der Notwendigkeit der politischen Konstellation und der Lehensbindung gefällt.

> minne unde friunde ich dur got lâzen wil.
> des dunket mich dur in niemer ze vil,
> sît man uns von ime dienest gebôt. (Str. 2, 7—9)

Der Ton ist leidenschaftslos, weil die Kreuzzugsidee verblaßt ist, und nur noch die Pflicht entscheidet. Die Minnethematik hat den tieferen Bezug zur Kreuzzugsthematik verloren. Sie erfährt keine Erhöhung auf Gott hin. Beide Themen stehen in dem streng gegliederten Aufbau des Gedichtes nebeneinander. Die erste und die letzte Strophe behandeln das Thema: die Minne und der Dichter, die zweite und dritte Strophe Minne und „frouwe", sowie Minne und „herre". Das Lied trägt keinen adhortatio-Charakter und stellt so einen neuen Typus des Kreuzzugsliedes dar. Das Leid des Abschieds läßt die Minnesituation in einer ungewohnten Realität erscheinen. Die Summe aller Reflexionen lautet: immer bringt die Trennung Schmerz. Wohl dem, den die Minne verschonte! Auf das Leid des Dichters ist die eine Zeile bezogen:

> ... alsô hat mir dâ daz selbe getân.

auf die Frauen im allgemeinen die der zweiten Strophe:

> daz leit getuot maneger frouwen nu wê.

Für die dritte Strophe fanden sich verschiedene Deutungsmöglichkeiten, solange nicht von H. Kuhn die Lesung herre-herren wahrscheinlich gemacht wurde[5]. Jetzt ergibt sich die Möglichkeit, daß die zum Abschied versammelten Freunde gemeint sind. Der in einem Kreuzlied verständliche Sinn ist dann: Euch Herren lasse ich den Teil der Minne zurück, der mir als Ritter Enttäuschungen gebracht hat. Möge es Euch damit besser ergehen! Aus solcher Resignation erlöst den Ritter die nun erwählte andere Minne, aus der der feste Entschluß zur Gottesfahrt aufsteigt. (Str. 4, 5—9)

Der Burggraf von Lüenz und Otte von Bottenlouben

> Ez nâhet daz ich scheiden muoz:
> wie sol ich mich der friunde erwegen,
> ich 'nbiute in allen mînen gruoz:
> daz ir der hôhste müeze pflegen!
> ich hân gedingen in daz lant
> dâ got vil menschlîch inne gie.
> wer seit in wider ûf den Sant
> dâ ich die lieben alle lie,
> und ich kein urloup von in habe?
> mîn wille stêt ze Kristes grabe. (I, Str. 6, 1—10)

Diese Kreuzzugsstrophe des Burggrafen von Lüenz[6] ist einem Taglied angeschlossen, dessen letzte Zeilengruppe eindeutig als Zusatzstrophe ausgeführt ist, in der es trotz mancher Feinheit der bewußt verhüllten Minnesituation nicht zur Problemvertiefung kommt. Die Abschiedssituation eines Tagliedes ist der Anlaß zu einer Kreuzzugsstrophe in geistlicher Variation. Diese lebt von den üblichen Motiven: Segenswunsch an die Geliebte[7], Bereitschaft zum Aufbruch ins Heilige Land, Abschiedsgruß an die Heimat und Beteuerung der inneren Bereitschaft zur Kreuzfahrt. Höfische Minnetradition verdeckt die geringe Kreuzzugsbegeisterung, denn das Minneleid drängt sich stärker in den Vordergrund als das Bekenntnis zur Gottesminne und erklärt leicht die Anfügung einer solchen Strophe an das Taglied. Den besonderen Ton und die einzigartige Stellung unter den späten deutschen Kreuzliedern gewinnt die Strophe durch die „wânwîse", die darin bewußt angestimmt wird. Der Dichter kann sich der Dame nicht mehr zum Abschiednehmen nähern, deshalb sollen die, die vor ihr diese Strophe anstimmen, ihr damit seinen Scheidegruß überbringen. Kunstvoll zu einer Liedeinheit gefügt, gewinnt diese Zusatzstrophe mit ihrer nur vorsichtig angedeuteten Kreuzzugsthematik einen eigenartigen Reiz. Der starke Kontrast, der in der Abschiedssituation des Tagliedes und der Kreuzfahrt liegt, gibt der motivgleichen Thematik des Scheidens trotz der stark konventionellen Sprache einen neuen Unterton.

Die kunstvolle, fast kühne Stilornamentik verbindet das Kreuzzugsgedicht des Burggrafen von Lüenz eng mit dem Ottes von Bottenlouben. Lange hat man darüber gestritten, ob dieses Gedicht in die Gruppe der Kreuzzugslyrik von 1197, 1217 oder 1227 zu verweisen sei. Heute können wir sagen, daß die zeitliche Bestimmung höchstens im Hinblick auf die unmittelbaren Einflüsse der Predigten und Aufrufe von Bedeutung für das rechte Textverständnis ist. Ein solcher Predigteinfluß, der früher vertiefend auf die Kreuzzugsproblematik wirkte, fällt nach 1197 allmählich immer weniger ins Gewicht. Setzt man heute die Entstehungszeit mit 1197 an[8], so wird diese Annahme zwar durch die Text- und Formalanalyse gestützt, aber die Urkunden nennen Otte von Bottenlouben ebenso häufig in Syrien und Akkon 1206 und 1220. Sie lassen ihn mit der Situation eines Kreuzritters sehr vertraut erscheinen. Ottes Lied ist ein Abschiedslied und zugleich ein betontes Minnelied. Es erhält seine Selbständigkeit und Geschlossenheit durch die Form des „Wechsels". Von der ersten bis zur letzten Zeile wirkt es besonders gefühlsbetont[9]. Die enge Zusammengehörigkeit der beiden Liebenden im Augenblick des Abschieds ist höchstens noch bei Johansdorf so deutlich wahrzunehmen wie hier. Aber bei Johansdorf ist der Abschiedsdialog in den Zwiespalt zwischen Welt- und Gottesminne eingebettet; Bottenlouben begnügt sich mit einer kunstvollen Verknüpfung von einzelnen Motiven. Dieses künstlerische Spiel kann er um so leichter durchführen, als er für sein Gespräch den Augenblick wählt, in dem der Streit zwischen Welt- und Gottesminne bereits entschieden ist. Motive ersetzen die Probleme und erhalten in der Form des Wechsels eine besondere Leichtigkeit der Aussage. Es handelt sich nicht so sehr um die einzelnen Motive des „geteilten Lohnes"[10] wie bei Hausen (94, 33) und bei Hartmann (211, 20), sondern um die kunstvolle Verwendung der Kreuzzugsmotivik überhaupt, die hier in eine fast verspielte Form der Minnelyrik hinübergeführt ist. Die Gedanken um Frauenlohn und Gotteslohn sind in dieser Thematik so gleichgewichtig erhalten, daß der Glanz des himmlischen Lebens sich nicht mehr leuchtend über das vom Licht der Minne erhellte irdische Dasein erhebt.

Das Spiel mit den Worten beginnt bereits in der ersten Zeile mit dem Beiwort „süeze", das dem „Kristes lôn" beigegeben ist und das dadurch entwertet wird, daß die frouwe als „himelrîche" bezeichnet wird. Das ist zwar eine Art Topos, der aus den Paradiesvorstellungen bekannt ist, aber innerhalb der Kreuzzugsdichtung erscheint diese säkularisierte Terminologie der traditionsbelasteten ernsten religiösen Vorstellungen neuartig und fast oberflächlich verwendet. Dieser Eindruck verstärkt sich in der Diktion der zweiten Strophe. Hier wird die alte geistliche Terminologie absichtlich und wirkungsvoll verweltlicht. Sie klingt darum noch realistischer, weil sie die Sprache der Herrin ist. Nicht unbeabsichtigt erscheint wieder zuerst das Bild vom „himelrîche"; alle anderen Vorstellungen werden darauf bezogen. Die Terminologie der Kreuzzugslyrik verliert ihren Sinn und ihren Eigenwert, sobald sie in fast frivoler Anwendung in das Wortspiel des Minnedialogs einbezogen ist wie hier:

    Sît er giht ich sî sîn himelriche,
    sô habe ich in zuo gote mir erkorn ... (XII, Str. 2, 1—2)

In einem Kreuzlied wird damit die geistliche Terminologie in gleicher Weise abgewertet wie die höfische Minneterminologie in der Dorfpoesie Neitharts. Diese Säkularisierung des Wortschatzes überträgt sich auf alle bildlichen Vorstellungen. Im Himmel wohnt Gott; so soll der Geliebte im Herzen der Geliebten wohnen und „niemer fuoz" von der „frouwe" weichen. Dieses Bild beherrscht die zweite Strophe, aber es wird doch vom Dichter als Wagnis empfunden, denn er läßt die „frouwe" entschuldigend sprechen:

> herre got, lâ dirz niht wesen zorn. (Str. II, 4)

Anders ist die Zeile nicht zu interpretieren, weil danach ein neuer Gedanke beginnt, der nochmals den gottgleichen Wert des Geliebten unterstreicht und Gottes Segen für die Rückkehr von der Fahrt erbittet.

So bleibt weder motivisch noch sprachlich viel vom alten religiösen Glanz der höfischen Kreuzzugslyrik beim Burggrafen von Lüenz und bei Otte von Bottenlouben. Die Problematik der Kreuznahme scheint in ihrer Bedeutung für die Vertiefung der Minneauffassung schwach. Damit beginnt aber der letzte Gnadenwert einer überhöhten Gottesminne seine Bedeutung zu verlieren: „gotes hulde" wird von dem Ritter noch für beide als Lohn erbeten, von der „frouwe" aber nicht mehr erwähnt. So rasch verliert sich auch in der Kreuzzugslyrik die Wertskala der Minne vom höfischen in den antihöfischen Bereich. Der Burggraf von Lüenz und Otte von Bottenlouben stehen an der Wende zur Realistik des Spätmittelalters. Nur die Formkunst verbindet sie noch mit der großen höfischen Tradition.

Bruder Wernher und Meister Sigeher

In die Nähe Walthers von der Vogelweide gehören die Kreuzlieder und -sprüche des Bruders Wernher und des Meisters Sigeher, die in die Zeit von 1220—1260 fallen[11]. Diese Dichtungen kommen aus dem Kreis der Fahrenden. Es geht darin um Fürstenlob, um Freigebigkeit und Kargheit, um das Heischen nach „guot". Aus der Dichtung des Bruders Wernher spricht außerdem ein starkes Selbstbewußtsein und eine Verantwortung für das politische und sittliche Leben der Zeit, in die er sich gestellt sieht. Wie Walther bewegen ihn (z. B. in Spruch 29)[12] die Vergänglichkeit in der Welt, ihre Unstäte und das Schwinden der alten ritterlichen Ideale. Das Verhältnis zwischen Kaiser und Papst, die Abgrenzung ihrer beiderseitigen Rechte und Pflichten, ihre Streitigkeiten erfüllen ihn mit Sorge (10, 43—44). Von hier aus ergibt sich der Zusammenhang zur Kreuzzugsthematik. Auf den Kreuzzug selbst beziehen sich nur wenige Sprüche.

Bruder Wernhers zweiter Spruch[13] mahnt den Papst Gregor IX. an seine Pflicht, für die Reinheit der christlichen Lehre zu sorgen, die Ketzerei zu bekämpfen und dafür mit dem christlichen Kaiser Friedrich II. Frieden zu schließen. Kaiser und Papst gehören zusammen, die Einigkeit mit dem Kaiser erhöht auch die Macht und das Ansehen der Kirche, denn die Feinde der Kirche sind zugleich die des Kaisers. Beide gemeinsam können dann die neu gewonnene Stärkung des Glaubens mit dem großen Bußwerk einer Kreuzfahrt krönen.

> Dem keiser hilf sîn reht behaben,
> daz hoehet dich und allen geistlich orden!
> gedenke wol, daz got die marter umb uns leit und wart begraben!
> lâ zwischen dir und im niht hazzes horden:
> sô wirt der vride und der geloube starc und nimt niht abe,
> sô sul wir prüeven eine vart vür sünde hin ze gotes grabe.
> (Zeile 7—12)

Man sieht deutlich, wie hier aus Sorge um die Einheit des Christentums und des Reiches der Kreuzzug als ein Mittel zum Ausgleich gesehen und empfohlen wird[14]. Die Zeile 9, die von Schönbach (S. 11) mit dem Evangelium des 2. Sonntags nach Ostern in Beziehung gesetzt wird, zeigt wörtliche Anklänge an die Mahnungen der Kreuzpredigt und fügt sich deshalb auf jeden Fall gut in eine Aufforderung zum Kreuzzug ein. Daß hier in Umkehrung der ursprünglichen Verhältnisse ein Spruchdichter es unternimmt, den Papst an den Kreuzzug zu mahnen, hat wohl sein Vorbild in Walthers Papstsprüchen. Der von Schönbach in das Jahr 1227 verlegte Spruch (S. 11) stammt aus einer Zeit, in der das Verhältnis zwischen dem Papst und Friedrich II. zur Kritik an der Kirche herausforderte. Er zeigt den Ernst, mit dem der Dichter seine Rolle als Mahner zur Einheit zwischen weltlicher und geistlicher Macht, zur Stärkung des gemeinsamen Glaubens auffaßt.

Spruch 32[15] preist die Kreuzfahrt des Herzogs von Österreich. Die Fahrt wird „dur Jêsus Krist, des oberisten küneges, êre" (Z. 2) unternommen. Trotzdem fehlt jeder Hinweis auf ein ritterliches Ideal, das durch diese Fahrt erfüllt würde. Der Akzent liegt auf dem völligen Verzicht des Kreuzfahrers auf diesseitige Werte, auf die Bindungen an Familie, Besitz und Leben. Nur für den Menschen, der sich so von allen irdischen Bindungen freimacht, wird es:

> ein saeleclîchiu vart,
> die got mit hundert giltet. (Zeile 7—8)

Aus der Perspektive des fahrenden Dichters gesehen ist die Kreuzfahrt das einzige Unternehmen, das auch die fehlende „milte" eines Fürsten rechtfertigen kann, ein Gesichtspunkt, der erst mit Walthers beginnender realistischer Weltschau in einen Kreuzzugsaufruf eindringt:

> swelh hêrre al sin guot uf diese reise erspart,
> er dunket mich ein gouch, swer in des schiltet.
> und het ich ie getrûwet solher dinge an den von Oesterlant
> dêst wâr, ich waere mîn schelten hiute und iemer mêre unbekannt.
> (Zeile 9—12)

Hier wird in einem Lied aus der späten Zeit, in der die Ideale schon fragwürdig werden und der große Aufwand für eine Kreuzfahrt schon Kritiker findet, dieser ihr hoher Rang als Krönung eines christlichen Fürstenlebens zuerkannt.

Spruch 39 bezeugt die Teilnahme des Dichters an einer Kreuzfahrt[16], wahrscheinlich dem Zug Friedrich II. von 1228/29. Das Thema des Spruches, der Versuch durch Schelten karge Fürsten zur „milte" zu veranlassen, steht in keinem inneren Zusammenhang mit der Kreuzfahrt[17]. Der Aufenthalt zwischen Akkon und Jaffa (vgl. S. 3) und die geplante Fahrt zum Heiligen Grabe werden nur zur Illustration dieses Themas verwendet.

Die Sprüche 40 und 41 sind von Schönbach zu einem Lied zusammengefaßt worden (S. 6). Sie bilden das einzige geschlossene Kreuzlied des Bruders Wernher, das wahrscheinlich 1227, vor Antritt seiner Fahrt, entstanden ist[18]. Aus dem freien und bewußten Entschluß zur Kreuzfahrt erhebt sich der Wunsch, das Kreuz und den Erlöser zu preisen:

> Ich wil dem kriuze singen
> und dem, der drane die marter leit

Der Dichter wendet sich von der Welt ab, der er für „kranken lôn" mit seiner Kunst gedient hat. Die Kreuzfahrt fordert diese Entscheidung. Wer diese gefährliche Fahrt unternimmt, darf keinerlei Hoffnung auf diesseitige Dinge setzen. Nur die Wendung zur wahren „wîsheit" kann den Schutz des Engels herbeirufen, der dem Kreuzfahrer auf seinem Weg beisteht:

> Nu schaffe ein ieslich wise man,
> daz sin der engel pflege;
> swie vil der tuvel danne valscher liste kan,
> der engel wert in doch der slehten wege,
> der schiuhet allez ungeverte: stige, straze und ouch die stege.

Im sicheren Glauben an diese Behütung durch den Engel Gottes auf der Fahrt ins Heilige Land endet dieser Lobgesang auf das Kreuz und die in ihm geschenkte Gnade. Im gleichen schlichten Tone fügt sich daran die Besinnung auf die aus solchem Glauben notwendige Teilnahme am Kreuzzug, in der allein die Rettung vor dem ewigen Tod liegen kann:

> Ze troste wart uns allen
> von einer maget ein kint geborn,
> der ist sîn selbes vater und ist ouch sîn selbes kint.
> Wir wâren gar vervallen
> und ze eweclicher vluste vlorn,
> wir waren in der vinster mit gesehenden ougen blint;
> Wir sint von im ze liehte komen!
> swer daz behalten wil,
> der helfe rechen, daz im ist sîn lant genomen,
> sîn kriuze und ouch sîn grap: des ist ze vil
> den gar verworhten, die dâ mit uns hânt zu leide ir reizenspil!

Die Ähnlichkeit solcher Strophen mit den frühen Pilgerliedern darf nicht überraschen. In dem Einzelnen, dem wie hier dem Bruder Wernher die innere Verbundenheit mit der Trinität als Frömmigkeitsform erhalten geblieben ist, erweckt die Teilnahme am Kreuzzug die alte Leidenschaft des Aufrufs. So entstehen einzelne Kreuzzugsstrophen, die für sich gewertet werden sollten, weil sie sich nicht in die zeitbezogenen kritischen Äußerungen einfügen lassen, die den Zeitgeist binden wollen und nicht — wie hier — neues Verständnis für ein altes hohes Ideal zu erwecken suchen.

Dem Bruder Wernher steht ein Dichter nahe, der schon mit seinem Namen den bürgerlichen Rang eines selbständigen Singers verbindet: Meister Sigeher. Wir wissen nicht viel über ihn[19]. Sein aus dem Miterleben der ersten Kreuzfahrt Ottokars von Böhmen entstandener Spruch[20] bringt das Thema der Preußen-Bekehrung durch die Ordensritter in unmittelbare Verbindung zur Orient-Kreuzfahrt. Sigeher sieht die erste Niederlage Ottokars II. (1259) als ein Zeichen für Gottes Zorn, weil die echte religiöse Opferbereitschaft immer stärker abnimmt. Sehr eindringlich klingen die Zeilen, die im Grunde die gleiche verlorene Position im Orient wie im Ordensland festhalten. Dem Dichter erscheint es besser, ungeboren zu sein, als besiegt den Kampfplatz zu verlassen. Bei dem auf Wirkung zielenden Spruchdichter steht dieses „ungeborn" als einziges Wort in einer Zeile, mit der die schwermütige Ermunterung zu einem fast aussichtslosen Kampf beginnt:

> Got, din zorn der ist verschuldet:
> schouwet, wie der touf nimt abe,
> die heiden vaste dringen:
> wacha, herre, wacha und wera, wer!
> Kristenher kumber duldet
> unde strebet nach dime grabe,
> so daz ir swert erklingen
> müezen, dem geliche als über mer.
> Ungeborn
> waere uns baz, danne ob wir den sig verliesen
> und uf den, der daz houbet ist:
> wizze Krist,
> gesigt Otakker niht, wir sin verlorn. (Helm-Ziesemer S. 17)

Dieser Aufschrei am Schluß „wir sin verlorn" enthält die große Klage derer, die im Ostland einen aussichtslosen Heidenkampf führen und sich von Gott verlassen fühlen. Vor der Gegenwart und aller Zukunft, vor der irdischen Welt und vor der Ewigkeit ist hier ein Schicksal bezeichnet, das notwendig zur Absage an jede Kreuzfahrt führen mußte. Dem Gläubigen erschienen die Verluste an Leben und Gut der Christen im deutschen Osten wie im Orient als Strafe Gottes, dem Zweifler als eine Mahnung, die Kreuzfahrten einzustellen. Hier beginnt die große Wende in der deutschen Kreuzzugsdichtung. Wohl hält sich noch die Gattung „Kreuzlied", die sich als solche durchgesetzt hat, aber es handelt sich nur noch um Verwandlungen aus geistlichen Liedern. Die Aufzählung der damals üblichen Liedgattungen bei Reinmar dem Videler, (um

1250) bei der das „kriuzliet" neben dem „tagliet" und dem „schimpfliet" erscheint, bezeugt nur, daß das Kreuzlied seinen festen Platz im Register der Darbietungen eines Sängers einnahm. Wie für das Minnelied beginnt auch für das Kreuzlied mit Neithart die Wende zur Realistik des Spätmittelalters.

Neitharts Kreuzlieder

Bei Neithart, Freidank, Tannhäuser und Stricker vollzieht sich der endgültige Bruch mit der großen Tradition der höfischen Lyrik und der Neubeginn der realistischen Dichtung des späten Mittelalters. Sie sprechen schon für ein neues Publikum, dem die Fahrt ins Heilige Land nicht mehr nur ein religiöses Erleben bedeutet und das damit der Kreuzzugsdichtung eine andere Aussageform abverlangt. So wandelt sich die Struktur dieser Lieder nicht nur durch die innere Absage ihrer Dichter an den Idealismus der Kreuznahme, sondern in gleichem Maße durch den von der neuen Publikumsschicht bedingten Aussagestil.

In Neitharts Kreuzliedern[21] erfährt das Bild dieses Dichters eine bezeichnende Aufhellung, sobald man die Tatsache seiner Teilnahme am Kreuzzug von 1217 genauer abwägt und in Beziehung zu seiner Altersdichtung setzt. Die Kreuznahme und die damit verbundene Thematik scheint nicht zu den Sommer- und Winterliedern zu passen, wenn man nicht die Altersdichtung ernster nimmt als das gewöhnlich geschieht. Von der Altersdichtung her gesehen, mit ihrer Weltangst und ihrer Unsicherheit vor dem Urteil Gottes über viele Irrwege während der Lebenszeit, ist Neitharts Kreuznahme durchaus als eine Entscheidung aufzufassen, die nicht aus reiner Abenteuerlust gefällt wurde. Neithart nimmt das Kreuz aus Verantwortung vor Gott und seinem „schildes ambet". Sein Standesbewußtsein ist immer noch auf Gott hingeordnet, wenn es auch mit der rein höfischen Minnereflexion bricht. Die Kreuznahme erfolgt aus der vorbehaltlosen Bejahung des Daseins mit seinen Freuden und seinen Leiden. Gegenüber den Sommer- und Winterliedern behalten die drei Kreuzlieder ihren ernsten Unterton, wenn sie auch im Vergleich zu anderen Kreuzliedern völlig anders aufgebaut und ornamentiert sind. Neithart bleibt auch als Kreuzfahrer im fernen Land Ritter und Sänger seines Standes, aber er beobachtet genauer und wertet anders. Er bemerkt den Abstand der fremden Umgebung zu seiner Kunst, für die er dort kein Publikum findet. So entsteht eine Sehnsuchtsstimmung, die nicht nur auf heimatliches Wohlbehagen zielt, sondern auch auf Verständnis für seine Kunst wartet. Im Grunde klingt aus der Kreuzzugsdichtung Neitharts der gleiche Grundton wie bei Walther, nur ist die Aussageform allein von seinen Jugenderfahrungen bestimmt. Walthers Kreuzlieder gründeten sich auf politische und standesbedingte Veränderungen. Neitharts Lieder aus dem Heiligen Land erhoffen die Rückkehr aus der fremden Welt des Orients in eine seinem Wesen und seinen Idealen gemäße

Gesellschaftsschicht, die ihn nach seiner Rückkehr gern aufnimmt. Später zeigt sich diese Erwartung in seinen Gedichten als ein Trugschluß und er bemerkt wie Walther, daß ein grobes aber mächtig gewordenes Bauerntum auch die letzten Formen ritterlichen Daseins vernichtet. Neithart hat dieser Umschichtung der Stände mit seinen Liedern Rechnung tragen wollen; genau so wollte er mit seinen Kreuzliedern der anderen Umwelt entgegenkommen. Darum klingen sie anders als die der großen höfischen Lyriker. Aber die Versöhnung ritterlichen Geistes mit dem Denken des aufkommenden Bauern- und Bürgertums gelang auch ihm nicht. Was er in der Fremde zum ersten Mal als ein Nicht-Verstehen seiner Kunst bemerkte, erlebte er nach der Rückkehr in die Heimat häufiger als ein Mißverstehen seiner immer noch ritterlichen Gesinnung. Darum nehmen seine Kreuzlieder einen besonderen Platz im weiten Feld seiner Lyrik ein und bezeichnen das Ende einer ursprünglich hohen idealistischen Religiosität, die sonst in dieser lyrischen Gattung zum Ausdruck kam. Schon der Eingang des ersten Kreuzliedes verrät den schweren Ernst, der auf dem Dichter lastet. Durch den Hinweis auf die Änderungen, die sich in ihm und seiner Umgebung vollzogen haben, bereitet er sein Hauptthema, die „wandelunge" vor[22]. Mit dem Sommerbild ist die Spiegelung des Innern gegeben. Die „sendiu not" bestärkt das Verlangen nach einem Grußlied an die Daheimgebliebenen:

>den vriunden mîn
>den ich gerne sunge ... (11, Str. 2)

Aber hier zeigt sich der Wandel. Sein Lied, das in der Heimat Dank und Begeisterung auslöste, das die Verbundenheit spürbar werden ließ, verklingt ungehört in der Fremde, ohne auch nur Aufmerksamkeit zu wecken. Neithart leidet unter diesem Schicksal, das ihm im Land „deutscher Zunge" (vgl. Walther Spruch 9, 8) nicht widerfahren wäre[23]:

>ûf mînen sanc
>âhtent hie die Walhen niht, sô wol dir diutschiu zunge! (11, Str. 2)

Damit beginnt eine Themavariation, die mit der üblichen Kreuzzugslyrik nichts Gemeinsames mehr zu haben scheint, weil das Motiv des Botengrußes alles überdeckt. Aber unter dieser Oberfläche dringt die Empörung über erlittene Beleidigungen durch, die wieder von den Fremden, den „walhen" ausgehen. Angespielt wird auf die Zumutung, den Aufenthalt im Orient noch um ein halbes Jahr zu verlängern, die von dem päpstlichen Legaten Galeani in anmaßendem Ton überbracht wurde (24, 42). Das ganze Rittertum, nicht der Einzelne, scheint Neithart durch diese Forderung beleidigt zu sein, die freie Entscheidung zur Kreuznahme wird durch die Gewaltandrohung beeinträchtigt. Das klingt als ein Haupteindruck seiner Kreuzfahrt aus dem Botenbericht:

>sô sage wie wê
>uns die Walhen haben getân: des muoz uns hie betrâgen (11, Str. 6)

Die Enttäuschung über die Haltung der verantwortlichen Führer der Kreuzfahrt verhindert jegliches Eingehen auf die eigentliche religiöse Thematik.

Trotzdem ist die persönliche Bindung an Gott geblieben. Wieder in engem Anschluß an die Diktion Walthers wird der „liebe tac" der Heimkehr beschworen, Gott wird um eine glückliche Vollendung der Fahrt gebeten:

> lâze uns got geleben daz wir hin heim zu lande strîchen. (11, Str. 7)

Bis zu dieser Zeile, die später einige Zusatzstrophen erhalten hat, bleibt der Inhalt und Aufbau des Liedes in sich geschlossen. Es ist — abgesehen vom Natureingang — noch ein Kreuzlied und läßt neue Züge an der Persönlichkeit des Dichters erkennbar werden. Zwei Werte sind in seinem Weltbild bestimmend: Gott und eine christliche Auffassung vom Rittertum.

Dieser Eindruck wird rasch überdeckt, sobald sich das Grußlied aus der Ferne in ein Scheltlied verwandelt. Dann bricht sich auch in der Aussageform der unbeherrschte Realismus und der ebenso unbeherrschte Zorn des in seiner Ehre Gekränkten Bahn. Auch diese für ein Kreuzlied ungewohnt harten Fügungen passen zu Neitharts Charakter, aber sie passen ebenso zu dem Bild der Zeit und der allgemeinen Enttäuschung über die Kreuzzugsunternehmen. Daraus erklärt sich der plötzliche Umschwung in Gedanken und Form der Zusatzstrophen. Die viel zitierten, aber oft aus dem eigentlichen Zusammenhang gerissenen Zeilen:

> wir leben alle kûme
> daz her ist mêr dan halbez mort (Wiessner, 11, Str. 8)

bleiben wenig kennzeichnend, wenn sie nicht eng mit der Schlußstrophe des Liedes verbunden werden, die die ganze Enttäuschung über die Leitung des Kreuzzuges zum Ausdruck bringt:

> Er dünket mich ein narre,
> swer disen ougest hie bestât.
> ez waer nîn rât,
> lieze er siech geharre
> und vüer hin wider über sê:
> daz tuot niht wê;
> nindert waere ein man baz dan heime in sîner pharre.
> (Wiessner 11, Str. 11)

Solche Töne sind ungewohnt. Sie finden sich vor Neithart nirgends, nicht einmal in Liedern, die den gleichen Erlebnissen entstammen. Um so deutlicher zeigen sie die Eigenart dieses Dichters, der das Leben genau so liebt wie die Gefahr des Todes, solange das Märtyrertum an so hohen Werten gemessen wird wie an der Befreiung des Heiligen Grabes. Solche Zeilen wirken in einem Kreuzlied kompromißlos und so sind sie zu verstehen. Die harte Wirklichkeit hat jeden falschen Idealismus zerstört.

Auf der Heimfahrt dagegen klingt der Jubel des Herzens aus jeder Zeile. Neithart schreibt das erste ritterliche Lied einer Heimkehr aus dem Heiligen Land. Daß dieses Lied im Rahmen eines Sommerliedes bleibt, gehört zu Neitharts Sangesart. Auch hier erhält sich ein letzter Klang des Ritterlichen. Von weit her scheint das Wort vom hohen Mut in der Schlußzeile zu klingen, fast nur noch als Formel für einen höchsten Wert, dessen Glanz verloren ging.

> wir leben alle in hôhem muote,
> niht unvruote (12, Str. 7)

Jetzt bricht — höchst neuartig für ein Kreuzlied — ungehemmt alles hervor, was sich an Aufrufen zur Freude und zum ungezügelten Lebensgenuß aneinanderfügen läßt. Alles strahlt Helligkeit und Glück wieder: der „liehte tac, der liebe summer, der liebe bote". Durch den Boten wird die Ankunft in der Heimat vorbereitet: „Wir nâhen zuo dem Rîne" (11, Str. 5) bedeutet die Rückkehr nach Deutschand und damit das Ende allen „trûrens". Das herzliche Willkommen wird in der Phantasie bereits vorausgenommen. Der dreimal wiederholte Botenauftrag wendet sich an die künftigen und doch wohlbekannten Zuhörer, die die Abenteuer der „vart" mit anhören werden. Wie sehr sie an den Erlebnissen des Dichters teilnehmen werden, deuten die Worte an:

> dar nâch sî die vinger kiuwen,
> an den triuwen. (Wiessner, 12, Str. 6)

Sein Publikum ist nicht allein das der höfischen Gesellschaft, sondern es sind alle, die ihn kennen und die ihm zuhören wollen. Für sie wird es ein spannendes Erzählen geben. So mischt sich auch nicht ein einziges ernstes Wort mehr in dieses Ankunftslied, das zum ersten Mal in der gesamten Kreuzzugslyrik völlig frei bleibt von religiöser Thematik.

Damit rückt dieses Kreuzlied Neitharts in deutlichen Gegensatz zu denen früherer Dichter. Er durchbricht mit ihm in Gedankenordnung und Formgebung jegliche Traditionspoesie. Vor allem nimmt er als Dichter eine andere Ausgangsstellung ein. Nichts bleibt von Aufruf oder Reflexionscharakter in seinen Liedern. Es findet sich kein Wort mehr über den Verlust der Heiligen Stätten, über die schweren Verluste der christlichen Ritterschaft im Heiligen Lande, über die Einstellung zu den Heiden. Die Trauer über den inneren Zwist unter den „deutschen" und „welschen" Rittern überwiegt[24]. Diese Enttäuschung verschärft Neitharts Diktion immer mehr, bis er den ritterlichen Dienst für das Heilige Kreuz als eine Narrheit ohnegleichen hinstellt (11, Str. 11) und damit die Kreuzzugsidee als erstorben kennzeichnet.

Trotzdem muß die Vermutung abgelehnt werden, daß es sich in seinen Liedern um eine Parodie der Waltherschen Kreuzzugsdichtung handelt. Dagegen spricht nicht nur die Datierung, sondern auch die Beobachtung, daß diese Form der Ironie im Mittelalter noch nicht ausgeprägt genug war. Die Anklänge an Walthers Wortlaut werden zur Erhöhung der eigenen andersgearteten Wortgebung gebraucht, sie dienen der Desillusionierung des Kreuzzugsgedankens und haben darin ihren Eigenwert innerhalb der deutschen Kreuzzugspoesien des Mittelalters.

Freidank und Tannhäuser

Die Sprüche von Akkon, die der in seiner Herkunft schwer bestimmbare Freidank[25] hinterlassen hat, geben die Grundlage für eine realistische Beurteilung der Situation der Kreuzfahrer um 1226/29. Freidank gilt als Teilnehmer, der objektiv darzustellen weiß. Er gilt mit Recht als „vagus" unter den Spruchdichtern. Er ist gebildet, wenn auch nicht Ritter oder Geistlicher. Seine Einstellung ist die eines Mannes „tiutscher Zunge" und eines Christen. Darum steht seine Dichtung der Walthers von der Vogelweide nahe, wenn er auch niemals in solchem Maße Politiker gewesen ist wie dieser. Sein Urteil gründet sich auf persönliche Erfahrung, ist aber bestimmt von einem kritischen Blick für die Grenzen von Idealismus und Realität. Menschliche Schwächen beobachtet er genau und weiß entschuldigend oder anklagend darüber zu berichten. Eine schlichte Frömmigkeit setzt ihm dabei Ziel und Grenze. Himmel und Hölle, Recht und Unrecht sind ihm feststehende Bereiche, zwischen denen die Tragödie des Menschen sich vollzieht. So wird er zum Warner aus erlittener Erfahrung.

Seine Akkonsprüche beschränken sich auf diese Thematik, aber sie schließen das aufregende Geschehen zwischen Kaisertum und Papsttum, zwischen Friedrich II. und Gregor IX., mit ein. Der rein berichtende Zug in der äußeren Erzählerstruktur fehlt allen Sprüchen von Akkon. Immer bleibt die persönliche Stellungnahme im Vordergrund.

Freidank beginnt sofort mit seinem Hauptanliegen: das in Akkon Erlebte zerstört jeglichen Idealismus einer freiwilligen und verantwortungsbewußt vollzogenen Kreuznahme. Jeder, der sich zum Ziel seiner „vart" gesetzt hatte, das Heilige Land zu erreichen und dort für Gott zu kämpfen, kann nach der Berührung mit dem Leben in Akkon nur noch einen Wunsch haben: die Heimkehr. Darum warnt Freidank vor Akkon, in ganz nüchtern formulierten Sprüchen, die alle eingeleitet sind mit dem Wort „Akers" oder „ze Akers". Dann folgen in knappen kunstlosen Sätzen die Erfahrungen selbst für diejenigen, „die nach uns suln herüber varn". Einige Sätze aus den Sprüchen genügen zur Charakteristik:

>Akers gar verslunden hât
>silber, golt, ros unde wât (155, 3—4)

Kämen dreißig neue Heere dorthin, sie erlitten das gleiche Schicksal wie wir.

>Akers diu ist sühte rîch,
>der tôt ist dâ so heimelîch ... (155, 23—24)

Würden dort täglich 1000 Menschen sterben, man würde keine laute Klage vernehmen, sondern sich höchstens um der Toten „guot" zanken.

>Akers ist des tôdes grunt ... (156, 24)

Gingen 10 000 dort zugrunde, man machte nicht mehr Aufhebens davon als um einen toten Esel irgendwo anders,

>Ze Akers sind verkêrtiu leben: ... (157, 1)

Wollte der Papst für eine Fahrt nach Akkon jemand Vergebung seiner Sünden versprechen, dann hätte Judas, dem seine Schuld niemals vergeben werden konnte, gute Aussichten.

> Ze Akers sind ungetriuwiu kint: ... (157, 5)

Ein Heer von 100 000 Mann ist dort so verloren wie irgendwo anders zehn Ochsen. Alle Heere, die einmal hierher gelangten und alle, die noch hierher kommen werden, müssen das gleiche Schicksal haben, weil Uneinigkeit unter den Anführern herrscht, und weil eine solche Zwietracht waltet zwischen deutschen und welschen Teilnehmern, daß man lieber den Heiden den Vorteil gönnt als den eigenen Streitern für die Sache Christi. Wer krank und ohne Reichtum etwa dorthin gelangt, dem wird nichts anderes zuteil als die letzte Behausung in einem Grab von sieben Fuß Länge.

> Akers ist des lîbes rost
> und doch dâ bî der sêle trôst;
> der sult ir âne zwîvel wesen,
> swer da rehte stirbet, derst genesen. (163, 25)

Mit diesen Zeilen, die den Tod vor Akers als ein Märtyrer-Sterben bewerten, endet die Aufzählung der Enttäuschungen, die einen Kreuzfahrer dort erwarten. Aber diese Reihung von Leiden erhält ihre Bedeutung erst durch den politischen Hintergrund. In Akkon haben sich die Fronten heimlich verschoben.

> kristen unde heiden
> sind z'Akers ungescheiden ... (156, 6—7)
> ...
> in ist ein heiden lieber bî
> dan zwêne kristen oder drî. (156, 12—13)

Der Pilger und der echte Kreuzfahrer gelten nichts mehr. Den ansässigen Christen erscheint das bestehende gute Einvernehmen mit den Heiden wichtiger als das Ziel der Eroberung des Heiligen Landes und die dazu notwendige Wiederaufrichtung der Verteidigungsbauten von Jaffa, die im November 1228 begonnen wurde:

> und solt ez nach ir willen gân,
> der bû waer iemer ungetân. (157, 15—16)

Hier beginnt die Auseinandersetzung Freidanks mit dem zweiten großen Thema seiner Akkonsprüche. Mit der zunehmenden Annäherung von Chriten und Heiden ist die Idee des Kreuzzuges verraten worden. Noch zerstörender aber wirkte sich der Bann des Papstes Gregor IX. gegen Friedrich II. aus. Kein Ritter konnte mehr auf einen Ablaß durch die Teilnahme am Kreuzzug hoffen, wenn der Kaiser, der die Heere ins Heilige Land führte, vom Bann getroffen war[26]. Die Befreiung des Heiligen Grabes war dadurch wieder in Frage gestellt und die Idee des Kreuzzuges inhaltlos gemacht worden:

> Daz kriuce man für sünde gap,
> z'erloesen daz vil hêre grap;

>   daz wil man nû mit banne wern.
>   wie sol man nû die sêle ernern? (157, 17—20)

Die Belegung des Kaisers Friedrich II. mit dem Bann erscheint Freidank als Mißbrauch des Bannes überhaupt und als ein Unrecht dessen, der ihn ausspricht. Er stellt sich entschieden auf die Seite des Kaisers, ganz aus seiner christlichen Einstellung heraus, gelenkt von den eigenen bitteren Erfahrungen im Lager vor Akkon.

Von diesen Gedanken sind die beiden Sprüche 157 und 158 erfüllt. Sie gehören inhaltlich zu Walthers Sprüchen genauso wie zu denen Rubins. Sie befassen sich mit der Realpolitik Friedrichs II., der mit sicherem politischem Blick die zukünftige Entwicklung im Heiligen Land voraussah und entschlossen auf Verträge zielte, die den Pilgern wenigstens den Zutritt zu den Heiligen Stätten gewährleisteten. Freidank ist auch die zwiespältige Beurteilung bekannt, die diese Politik des Kaisers durch den ihm feindlichen Patriarchen Gerold von Jerusalem erfuhr. Er steht auch in diesem Punkt treu zu seinem Kaiser und verteidigt dessen Handlungen, selbst wenn sie gefährlich autoritär erscheinen. Die Schuld an den diplomatischen Zugeständnissen Friedrichs trägt für Freidank letztlich der Papst, der den Kaiser durch den Bann in Schwierigkeiten brachte. Ein vom Papst gebannter Kaiser konnte keine Macht entfalten. Friedrich II. hat mit seiner Verhandlungstaktik für die Christen mehr erreicht als jeder Kreuzzug vorher. Gott hat ihm geholfen — das ist Freidanks Auffassung — den Christen den Besuch der Heiligen Stätten zu sichern, damit sie den Sinn ihrer Kreuz- und Pilgerfahrten erfüllen können. Gegen den Bann des Papstes und gegen die überklugen Absichten mancher christlicher Parteien ist mit Gottes Hilfe und zu Gottes Ehre ein großes Ziel erreicht worden:

>   daz sünder suln daz grap gesehen ...
>   got unde der kaiser hânt erlôst
>   ein grap, deist aller kristen trôst. (160, 14—16)
>   Got die stat erloeset hât (161, 9)

Der Erfolg wäre größer und anhaltender gewesen, wenn dem Kaiser der Papst und alle Christen zur Seite gestanden hätten:

>   der ban der hât krefte niht
>   der durch vientschaft geschiht
>   der dem glouben schaden tuot,
>   der ban wirdet niemer guot. (162, 1—4)

>   der ban wil gehoenen
>   daz grap und alle kristenheit,
>   des wirt der ungeloube breit. (162, 23—25)

Aber auch so hat der Kaiser allen denen, die die „vart über mer" angetreten haben, den Besuch des Heiligen Grabes und damit den Sinn ihrer Fahrt, den

Ablaß der Sündenstrafen, verschafft. Mit dem Dank dafür enden Freidanks Sprüche. Wer in der rechten Gesinnung das Kreuz genommen hat, dem wird auch der himmlische Lohn verheißen:

> swer mit rehter andâht
> das kriuce hât hin uber brâht
> (daz ist der geloube mîn)
> der sol ouch sünden ledic sîn. (163, 21—24)

Das Kreuzlied des Tannhäuser ergänzt Freidanks Sprüche von Akkon besonders glücklich, denn es bietet eine sehr realistische bis zur Parodie reichende Schilderung vom Schicksal eines Kreuzzugsteilnehmers aus den Jahren 1228/1229[27]. Im Anfang erzählt er von dem schönen Leben vor Antritt der Fahrt in Apulien, dem Königreich Friedrichs II., von abwechslungsreichen Jagden und höfischer Unterhaltung. Diesem heiteren Genießen — sei es erlebt oder erfunden und als fiktive Szenerie verwertet — steht die mühselige Seereise gegenüber, die Abhängigkeit von Wind und Wetter, die gefahrvolle Ungewißheit. Der Schiffbruch vor Kretas Felsen wird als spannungsreicher Höhepunkt breit ausgemalt. Zur Ausschmückung der Leiden dieser Überfahrt bieten die Qualen des Hungers und des Durstes, das Unbehagen und die Entbehrungen Anlaß zu realistischen Einzelschilderungen. Der Stolz auf neuerworbene Kenntnisse läßt ihn eine ausführliche Aufzählung der Winde und ihrer ausländischen Namen geben. Der Grund dieser Leiden und Mühsale, der Anlaß zur Kreuzfahrt, wird nur gelegentlich gestreift.

Der Stil ist äußerst geschickt. Die der „Elegie" Walthers nachgestalteten Langzeilen könnten den parodistischen Charakter des ganzen Gedichtes auf die gesamte Kreuzzugsidee ausgedehnt erscheinen lassen. Die Steigerung bis zum großen Thema: „ich swebe uf dem sê" wirkt besonders stark, nachdem der Leser mit rhetorischen Wendungen mehr als zehn Zeilen lang hingehalten wurde. Der Realismus der nun einsetzenden Schilderung des gefahrvollen Sturmes vor Kreta hat im Mittelhochdeutschen keine Parallele, höchstens in der Antike bei Vergil. Der Ansatz zu einer entsprechenden Schilderung in der Kaiserchronik bleibt weit dahinter zurück[27a]. Mit einem halben Satz wird nach wirkungsvoller Steigerung die Nähe der Gefahr wirklichkeitsecht wiedergegeben, wenn er von den angstvollen Rufen der Seeleute sagt: „mir tet ir schrien wê" (S. 194, 221). Die Schilderung der schlechten Kost, des verdorbenen Weines und der anderen Nöte während der Meerfahrt entspricht bereits der spätmittelalterlichen Neigung zu gesteigertem Realismus. Zum Trost wird dem Seenot leidenden Kreuzfahrer ein kontrastreiches Gegenbild der paradiesischen Jenseitsvollkommenheit vor das Auge gezaubert. Dieser Hinweis auf den realistischen Bericht über abenteuerliche Situationen auf der Kreuzfahrt könnte zur Charakteristik von Tannhäusers Kreuzlied genügen. Aber die entscheidende Ergänzung zu Neitharts und Freidanks Strophen liegt in dem auffallenden Beiseitebleiben jeder religiösen Problematik. Kein Wort wird über die Idee dieses Kreuzzuges gesagt, nicht einmal eine Anspielung auf militärische und politische Ereignisse, kein Wort vom Heilsgeschehen, von der Heidenbekehrung, vom Befreiungszug auf Jerusalem. Statt dessen stehen einige bildkräftige Zeilen, die weniger der Kreuzzugsthematik als der allgemeinen Lebensproblematik gerecht werden, die aber für das ganze Lied den Hintergrund abgeben. In der zweiten Strophe wählt der Tannhäuser seine beschwerliche Pilgerfahrt zum Symbol der Lebensreise, die an einem Ziel endet: vor dem Richterstuhl Gottes. Hier klingt das Thema der frühen Kreuzlieder an. Alle Unrast des Lebens endet bei diesem Punkt. Der Gott, der das Leben gab, verlangt auch Rechenschaft darüber. Daran soll diese Fahrt erinnern:

> in mag im niht entwenken,
> ich muoz dem wirte gelten vil gar ûf einen tac. (S. 194, 213—214)

Selbst an dieser Stelle schließt sich immer noch keine Reflexion an die Bildfolge, die eindeutig die Lebensreise mit der Kreuzfahrt gleichsetzt und Gott als den Wirt sieht, der am Schluß vom Gast die Rechnung verlangt. Auf dieses spätmittelalterliche Frömmigkeitsbewußtsein kommt es in dem Gedicht an. Lebensfreude wird bejaht, es wird aber auch die Sünde erkannt, die aus der Bejahung des Diesseits entstehen und für die eine Buße geleistet werden muß. Sündenbewußtsein und Sorge um die Vergeltung veranlassen darum die Unterbrechung der sonst so wirklichkeitsnahen Beschreibung der Kreuzfahrt. Die Erkenntnis der Nichtigkeit des Lebens und die daraus gewonnene Gottverantwortlichkeit bedingen einander. Beide Erkenntnisse werden auf der Kreuzfahrt tiefer erfaßt als vorher, aber beide Erfahrungen führen bei ihm nicht zur ritterlichen Devotion vor Gott, im Gegenteil eher zur scharfen Kritik an der höfischen Standesordnung. Der Sinn des Ritterdaseins scheint ihm bis auf den letzten Rest verloren zu sein. Höchstens aus der Angst vor der Strafe Gottes reifte sein Entschluß zur Fahrt. Die Idee des Kreuzes ist blaß geworden und hat ihre Leuchtkraft für einen Weg auf Gott hin verloren. Alle Leiden der Kreuzfahrt können nur noch als notwendige Buße gesehen und erlitten werden:

> daz si für mîne sunde
> der reine got mîn hüete! (Bartsch, S. 194, 229)

Vom „hohen muot" wird nur einmal und dabei ironisch gesprochen: es gibt ihn nicht bei so schlechter Kost. Der einzige Gewinn dieser Reise kann nur die Anrechnung der Entbehrungen durch Gott sein:

> durch got ich fuor von lande
> ... swie wê halt mir geschiht. (Bartsch, S. 195, 245—246)

Auch mit dieser Schlußzeile wird nur kurz auf die höchst reale aber ironisch gestimmte Sinndeutung der Kreuzfahrt hingewiesen. Alle Entbehrungen dienen nur dem Ziel, der Vergeltung Gottes am Tag des Gerichtes vorzubeugen. Eine innere Wendung zu Gott ist damit nicht verbunden. Das Kreuz selbst hat seinen Symbolwert für die compassio des Menschen mit dem Leiden Christi verloren. Nach Neitharts, Freidanks und Tannhäusers Kreuzliedern und -sprüchen ist der Weg frei zur reinen Didaxe und zum Morale. Er öffnet sich im dichterischen Werk des Stricker.

Der Stricker

In der Dichtung des sogenannten Stricker, dessen Werke in den Jahren um 1240 angesetzt werden[28], kommt es mehrfach zur Verwendung der Kreuzzugsthematik. Allerdings müssen hier besondere Maßstäbe angelegt werden. Die Eigengesetzlichkeit dieser Dichtungsart ist so stark, daß eine neue Ebene abgegrenzt werden muß, in die sich diese Thematik einfügt. Soziologische und theologische Gesichtspunkte stehen dabei im Vordergrund. Neue Wertungen, die vom Geist des erwachenden Bürgertums bestimmt sind, begrenzen den weiten Umkreis seines Weltbildes. Ein betont kirchlicher Geist erfüllt alle Werke des Strickers. Sein Epos „Karl", das im 13. Jh. mit über 40 Handschriften eine breite Publikumsschicht erreicht hat, zeigt das deutlich. Der Dichter bezieht den Papst, für den die klassische Karlsdichtung keine Verwendung hatte, in die Handlung mit ein. Der Papst lebt mit Karl in enger Verbundenheit, er hilft ihm durch seine Kreuzpredigt bei der Vorbereitung seines großen Spanienzuges[29].

Bleibt der Stricker in seiner Karlsdichtung, die das „Rolandslied" in einer dem neuen Publikum gemäßen Bearbeitung bietet, unpersönlich und auch für die Kreuzzugsthematik unverbindlich, so ändert sich dieser Eindruck bei der Lektüre seiner Gebetsdichtung, einer Gruppe von gereimten Meditationen über verschiedene geistliche Themata, die den Kreuzzugsgedanken in einer neuen Sicht erscheinen lassen[30]. In der Gebetsdichtung steht das weite Thema von der Buße im Mittelpunkt. Von hier aus eröffnet sich mehrfach ein Blick auf die Kreuzzugsproblematik. Die Buße erscheint in engem Zusammenhang mit der „betevart". In der überaus wortreichen Diktion, die die Gebetssprache des Stricker kennzeichnet, wird das jahrhundertealte Mittel der „betevart" als die sicherste Möglichkeit gesehen, die Sündenvergebung zu erlangen. Wie später in den deutschen Geißlerliedern erscheint hier das Thema einer aktiven Bußübung, die die Vergebung sicher erwirken soll. Die Mühsal der Fahrt erscheint schon als Gott gefälliges Opfer, sie stört die gefährliche Muße, in der die Sünden sich häufen[31]:

> Nu merket unser buoze:
> mit aller der unmuoze,
> da mit wir gote gebüezen mugen
> die wil wir zuo der buoze tugen,
> so wir betevart durch got varn
> und weder lip noch guot sparn —
> sint unser wort und unser muot
> und unser werc und unser guot
> so rehte als ez ze rehte sol,
> so var wir rehte unde wol
> und entrinnent mit der arbeit
> den sünden und der müezecheit,

> der wir die wile pflaegen,
> ob wir da heime müezic laegen
> od arbeit durch den tivel liten.
> die sünde habe wir vermiten
> und haben anders niht getan,
> wan daz wir behüetet han
> uns vor den sünden die frist,
> daz ir niht mer worden ist. (A 156, 223—242)

Aber der Stricker fordert nicht die bloße Fahrt, er legt den Akzent auf das Erleiden der leiblichen Mühsale und die Hinnahme spürbarer Geldopfer, für die nach der Sühnefahrt die göttliche Gnade verheißen wird. Ohne diesen ausdrücklichen Hinweis auf das Geldopfer wären es die zu allen Jahrhunderten bekannten Heilsgedanken, die in seiner Aufforderung zur „betevart" erneuert worden wären. Jedem Reichen fällt jetzt nach den päpstlichen Erlassen durch die Beteiligung an der „vart" in jedem Fall der Sündenablaß zu. Er muß sich aber dieser Bevorzugung vor denen, die durch Armut oder Schwäche gehindert werden, bewußt bleiben. Hier setzt der Stricker mit seiner Belehrung ein. Er wertet die Kreuzfahrt unter soziologischen Gesichtspunkten. Diese Einstellung ist kennzeichnend für den bürgerlichen Geist des Spätmittelalters und bereitet zugleich in der Dichtung das große Thema der Gerechtigkeit Gottes vor, das vom Stricker ausführlich behandelt wird.

In epischer Breite beginnt die Schilderung der Kreuzfahrt. Ein großes Schiff mit mehr als 1000 Teilnehmern (!) läuft aus. Allen ist die Vergebung ihrer Sünden sicher, das wird ausdrücklich betont:

> Ein grozes schif treit über se
> wol tusent menschen ode me,
> die alle ir sünden werdent fri.
> so varnt wol vierzec da bi,
> der schifman und die sine,
> die lident noch grozer pine:
> si müezen tac unde naht
> vil vaste arbeiten über maht.
> der verdient etlicher da
> wol dri marc silbers ode zwa,
> der lon dunket in vil guot
> und hat vil froelichen muot.
> daz der dick über mer vert,
> dem so lützel ist beschert,
> da mac sich der wol bi verstan,
> dem da der antlaz wirt getan
> der bezzer ist dan elliu lant,
> daz im got mer lones hat gesant,

> dan iemen da gedienen kan!
> da ist gotes gnade schuldic an,
> von der ez allez sament vert,
> swaz uns guotes ist beschert. (279—300)

Während die Reichen auf den himmlischen Lohn Anspruch haben, den ihnen die Kirche für die Mühen der Fahrt versprochen hat, müssen die Schiffer, die den Transport durch ihre Arbeit erst ermöglichen, mit einer Bezahlung zufrieden sein, die vielleicht eine befriedigende zu sein scheint, mit dem himmlischen Lohn aber an Wert nicht zu vergleichen ist. Hier setzt das zweite Thema des Stricker ein, seine Schilderung der göttlichen Gerechtigkeit. Das scheinbare Mißverhältnis im Lohn ist so zu verstehen, daß Gott den Ausgleich von Arm und Reich später selbst vornehmen wird:

> wir haben wenic ode vil,
> daz nimt uns got, swenne er wil. (307/308)

Auch der Reiche muß wissen und sich erinnern, daß es Gottes Gnade allein ist, die ihm die äußeren Möglichkeiten der Sühnefahrt gewährt. Der Mensch selbst hat kein Verdienst daran, wenn er auf diese Weise den Ablaß erlangt. Der Entschluß zur Kreuzfahrt, der in Predigten und Dichtungen früherer Zeit so hoch bewertet wurde, kommt für den Stricker aus der Gnade Gottes, der mit den äußeren Vorbedingungen auch die innere Bereitschaft zur Buße verleiht:

> swer durch got über mer vert
> und gotes guot da hine zert
> und in got mit fride leitet
> und im sinne und kraft bereitet,
> hoeren, sprechen unde sehen
> und hilfet im so wol geschehen
> daz im der antlaz wirt beschert —
> swen got von sünden also nert,
> giht er, daz er gebüezet habe,
> so ziuhet er gote sin lop abe,
> des er im billiche jaehe,
> ob im bi dem wol geschaehe.
> sit ez allez gotes ist gewesen,
> des er hin und her ist genesen,
> des solt ouch got daz lop han
> und swaz da guotes ist getan. (317—332)

Demnach ist das Faktum der Teilnahme an der Kreuzfahrt nicht entscheidend für das Seelenheil des Menschen. Der Stricker sieht in seiner Gegenwart die Fahrt als ein Vorrecht der sozial besser Gestellten, denen von Gott günstigere Lebensbedingungen geschenkt worden sind. Sie sollen ihre bevorzugte Lage dankbar genießen, aber auch Gott allein die Ehre ihrer Bußfahrt geben. Die wahre Erlösungsbotschaft gilt allen Menschen in gleicher Weise, der Stricker möchte sie besonders den Armen verkünden:

> daz si got also hat geladet,
> daz in ir armuot niht enschadet. (341—342)

Wie bei den großen Predigern des 13. Jh.s, wie später bei Eckhart und Tauler, heißt es auch bei dem Stricker zur Einleitung seiner belehrenden und zugleich tröstlichen Worte: „nu merket ..." Die Kraft des guten Willens ist allen Menschen gleichmäßig von Gott verliehen worden, sie ist das Wichtigste für das Heil der Seele. Die guten Werke der Reichen — in diesem Fall die Kreuzfahrt — erwirken zwar einen Ablaß der Sündenstrafen, aber der gute Wille zur Reue und Buße entscheidet erst, ob diesem Ablaß eine innere Wandlung folgt oder ob das sündige Leben wieder aufgenommen wird:

> in saget daz ir tumber muot:
> si habent lip unde guot,
> si mügen aber wol erwerben
> antlaz, e daz si sterben.
> diu fröude und diu zuoversiht
> machent den guoten willen enwiht.
> so si der riuwe ane stant
> und ouch der vorhte niene hant
> daz si den antlaz verliesen,
> so beginnent si verkiesen
> den guoten willen leider gar
> und nement boeser werke war. (369—380)

Für die Armen besteht diese Gefahr nicht. Gott hat sie von Anfang an enger an sich gebunden, er hat ihnen die Versuchung zu einer der Hauptsünden, der „unmaze" genommen. Seine Gnade kann ihnen den Ablaß ebenso verleihen wie den reichen Kreuzfahrern:

> den schaden, den gewalt und guot
> dem guoten willen denne tuot,
> des sint die armen liute erlan,
> sie müezen guoten willen han!
> si hat got zallen stunden
> gevangen und gebunden.
> daz sint diu bant, diu er an si leit:
> unkraft und unwerdicheit,
> durst, hunger, frost und hitze.
> daz wendet si der unwitze,
> daz man da heizet unmaze!
> des sol sich mit dem antlaze
> unser herre got erbarmen
> uber sin getriuwe armen. (381—394)

Gott nimmt bei den Armen einen guten Willen für die Tat und erkennt ihn ebenso an wie die guten Werke der Reichen:

> sin mügen niht wan den willen han,
> got muoz diu guoten werc began.
> dar an sint sin tugende schin:
> swa guoter werke niht mac sin,
> daz im der wille so wol zimt,
> daz er in für diu werc nimt. (413—418)

Das sind allgemeine Predigtgedanken, die nichts mehr mit den Aufrufen früherer Zeit zu tun haben.

Im Schluß fügt der Stricker seine Thesen zu einer ausgeglichenen Ganzheit zusammen. Die Reichen behalten ihre Ehre vor Gott und Menschen nur dann, wenn auch sie den guten Willen so nutzen, daß alle ihre Werke zur Ehre Gottes geschehen. In diesen Zeilen werden Werte wachgerufen, die schon durch die verwendete Terminologie der ritterlichen Welt noch nahe sind „manges lob ... michel arebeit". Aber das Ganze bleibt eng gebunden an die bürgerliche geistliche Terminologie, die mit der Mitte des 13. Jh.s einsetzt und bis zum 16. Jh. weiterlebt. Solche Denkweise hat mit der frühen Kreuzzugsproblematik keinen inneren Zusammenhang mehr. Hier ist das Thema „Kreuzfahrt" nur wegen seiner besonderen Eignung als „bîspel" gewählt worden. Es geht dem Stricker um die religiöse Belehrung, um die aus der Predigt und Homiletik bekannten Begriffe: guoter wille, werc, got minnen, gebot behalten, gotes kint, heilicheit. Die Kraft des guten Willens verleiht auch dem Ärmsten eine „heilicheit", die er nicht mit dem Reichsten tauschen sollte. Der Wortlaut des Schlusses bestätigt den Eindruck, daß diese Gebetsdichtung des Stricker in der Grundkonzeption kreuzzugsfern ist. Er nutzt das zeitnahe Thema, weil er von dem Streben nach sozialer Gerechtigkeit und theologischer Gnadengewißheit bestimmt ist. Das Kreuzzugserlebnis wird vom Stricker dichterisch objektiviert und zum „bîspel" abgewertet. Damit hat in der Kreuzzugsdichtung des Mittelalters das Morale über die Idee gesiegt.

Noch sichtbarer wird dieser Vorgang der Nivellierung in einem zweiten Stricker-Text: in Nr. A 163[32]. In diesem gebetsähnlichen Anruf Gottes wiederholt sich die Thematik des vorigen Gedichtes. Die 252 Zeilen sind stilistisch ganz auf die Dringlichkeit der Erlösung durch Gott gestellt. Die wichtigsten Anrufformeln wiederholen sich: „hilf mir ... gip mir ... ere an mir ... mache min sele ... la mich ..." Damit ist aber nicht nur die Form festgelegt, auch die Gedankenfolge liegt genau in der Linie flehentlichen Gebetes um Gnade. Dieser allgemeine Charakter muß zuerst festgestellt werden, denn die Zusammenhänge mit der Kreuzzugsthematik sind noch viel lockerer als in dem vorher herangezogenen „bîspel"-Gedicht.

Wichtiger als für die Analyse der schon stark verblaßten Kreuzzugsproblematik scheint mir das Gebet für die Kreuzdeutung des 13. Jh.s. Dem Kreuzeszeichen schenkt der Dichter seine besondere Aufmerksamkeit. Er führt bereits in den Eingangsversen auf das Thema der Passion Christi hin: das Kreuz erweckt zum wahren Leben. Es ist das teuerste Gold und sollte für niemanden verloren sein:

> hilf mir, den ewigen trost
> uf dem berge erwerben,
> da du, herre, geruochtest sterben,
> da du waege und hast gewert
> des goldes, des ich niht was wert.
> du hast umbe mich gegeben hin
> vil me dan ich noch wert bin.
> nu hilf mir, daz ich so gevar,
> daz du an mir iht vliesest gar.
> Ich bin din tiur erkoufet guot,
> gip mir die saelde und den muot,
> daz ich dir nütze müeze wesen. (18—29)

Hier könnte eine Anspielung auf die Kreuznahme verborgen sein, aber wenn sie es ist, so wird diese Verhüllung absichtlich vom Dichter vorgenommen, denn alle späteren Stellen zeigen die gleiche Undurchsichtigkeit.

Christus und der Heilige Geist werden angerufen, um den Sünder aus dem Weltleben zu erretten. Eine Auferstehung im Diesseitigen soll sich an ihm vollziehen. Davon sprechen die nächsten 100 Zeilen, bis die Worte von der willigen Kreuznahme des Sünders folgen, in denen die Kreuzessymbolik wieder einen breiten Raum einnimmt.

> Crist herre, gip mir ze stiure
> des holzes diner bürde,
> da du an genagelt würde.
> gip miner saelde die jugent,
> daz ich die geistliche tugent
> behalte mit der warheit,
> Crist herre, die du hast geleit
> an din kriuze zallen orten.
> minen gedanken und minen worten
> und minen werken gip die gebe,
> daz ich dir zallen ziten lebe. (112—122)

Alle Anrufe, die darauf folgen (123—155), bekräftigen die Bitte um Hilfe aus der Sündennot und Schwäche. Wohl könnten sich einige Zeilen unmittelbar auf die Kreuznahme als Opfertat beziehen, aber sie bleiben allgemein bestimmt und betonen nur den Passionsgedanken stärker, der in jeder Kreuzessymbolik verborgen ist:

> hilf mir, herre, durch diu werc,
> diu du an dir wirken lieze,
> daz ich der not genieze,
> die du ane schulde hast erliten,
> und des siges, des du hast erstriten. (128—132)

Der Heilige Geist hat Christus gestärkt auf seinem Opfergang für die Menschheit (150). Auf seine Hilfe hofft der schwache Jünger Christi und darum fleht er ihn um Beistand an.

> la din kriuze minen schilt sin
> und den heiligen lichamen din
> für die tivel und für die sünde,
> mit dem du überwünde
> dine viende. also hilf mir,
> daz ich die mine tuo mit dir. (161—166)

Ganz im Sinne des Kirchengebetes folgen nun die Anrufe um Hilfe im Leben und Sterben, in allen Worten und Werken auf Erden. Daß sich dabei die Gedanken an Christi Tod mit denen an die eigene Unwürdigkeit verbinden, gehört in die Tradition dieser Gebetsformen und -inhalte. Gegen Ende des Gebets verliert sich die lose Verbindung mit der Kreuzsymbolik völlig. Der Schluß trägt rein kirchlichen Gebetscharakter mit der Bitte um rechte Reue und Gottergebenheit und um ein gnädiges Urteil am Tage des letzten Gerichtes. Von einer Kreuzzugsdichtung kann man nicht mehr sprechen, kaum noch von einer vertieften Kreuzsymbolik. Der Bogen vom Aufstieg einer reinen Idee bis zu ihrem Niedergang hat sich in der Dichtung des Mittelalters vollendet.

ZUSAMMENFASSUNG DER ERGEBNISSE

Für die Wirkung der Kreuzzugsidee auf die mittelalterliche Dichtung des 12. und 13. Jahrhunderts lassen sich folgende Erkenntnisse herausheben:

Die Kontinuität der Kreuzzugsidee als Bestandteil der mittelalterlichen Dichtung in allen uns erhaltenen poetischen Ausdrucksformen.

Die Vorbereitung der Kreuzzugsidee durch die Kreuzesverehrung und -deutung in Liturgie und Dichtung.

Die Abhängigkeit der gedanklichen Vertiefung der Idee des heiligen Krieges von den kirchenrechtlichen Formulierungen Bonizos von Sutri.

Die Spiritualisierung der Forderungen an die „militia Christi" durch Bernhard von Clairvaux.

Die Wirkung der Forderungen einer „devotio nova" auf das Ritterbild innerhalb der gesamten Kreuzzugsdichtung.

Der enge Zusammenhang der provenzalischen, mittellateinischen und mittelhochdeutschen Dichtung mit dem Gedankengut aus Bullen, Aufrufen und Predigten.

Die Überwindung der höfischen Fiktionsdichtung durch die wirklichkeitsnahe Forderung der Kreuznahme.

Die individuelle Vertiefung der höfischen Minneauffassung unter dem Einfluß der Kreuznahme und die Entscheidung zum höchsten Wert der Gottesminne.

Die Erhöhung der ritterlichen Standesverpflichtung vor dem göttlichen Lehnsherrn als dem Führer der Kreuzfahrt.

Wolframs „Willehalm" bietet die reinste Idealisierung des Kreuzritters in der Dichtung des Mittelalters.

Die gesteigerte Realistik und Ironie im Stil der späten Kreuzlieder und -sprüche beruht weniger auf dem Wandel der soziologischen Struktur als auf der Preisgabe der ritterlichen „nova devotio".

Die Rückverwandlung der Kreuzfahrt in eine „betevart" bedingt den Gebetscharakter der letzten, von allgemeinen Lebens-Allegorien durchsetzten Kreuzlieder.

Diese nur thesenartig formulierten Ergebnisse der vorgelegten Untersuchungen erfahren eine sinngemäße Ergänzung, wenn man die Persönlichkeit des Dichters dieser von Kreuzzugsgedanken bestimmten Poesie eingehend betrachtet. Der verschiedene Gehalt der Dichtungen an Idealität oder Realität in Gedanken und Form erwächst teils aus dem wechselnden Glück der Kreuzfahrten, teils aus der Gebundenheit des Dichters an seinen ritterlichen oder geistlichen Stand. Daraus erklärt sich die Wirklichkeitsnähe der mittelalterlichen Kreuzzugsdichtung trotz ihres vorwiegend idealistischen Gedankengutes. Die Dichter reflektieren über die kirchlichen und politischen Ziele der einzelnen Züge, ordnen aber das Zeitgeschehen in ihr religiös bestimmtes Geschichtsbild ein, das eng mit der christlichen Heilsgeschichte verbunden ist. Alle Aussagen werden an den sittlichen und gesellschaftlichen Standesforderungen überprüft. Dabei kommt es einerseits zu einer ausgeprägten Überhöhung der Standesideale, andererseits zu einer scharfen nivellierenden Standeskritik. Der einzelne Dichter setzt seine persönliche Entscheidung zur Kreuznahme in Beziehung zu seiner Pflicht vor Gott oder dem Reich, vor der ‚frouwe' oder dem Lehnsherrn. Schon früh kommt es in der Dichtung zur Erneuerung des Bildes von Karl dem Großen als dem „imperator christianissimus", zur Glorifizierung Barbarossas und zu der Vorstellung vom Endkaiser, dem nach dem Sieg über die Ungläubigen auch der Endkampf mit dem Antichrist übertragen wird.

Immer blickt der Dichter über die Gegenwart hinaus und wird so mit seinen Aussagen zum Richter seiner Zeit. Für die kritische Aussage und die wirklichkeitsnahe Schilderung wählt er den Spruch als dichterische Form, das Lied bleibt der persönlichen Klage im Abschied vorbehalten. Der Leich bewahrt sich seine Eigengesetzlichkeit zwischen beiden Formen und eröffnet weitere Möglichkeiten für die Schilderung der Zuversicht und der Not des Augenblicks.

Solange die Kreuzzüge gegen die Ungläubigen im Mittelalter als gerechte Kriege und als gottgewollte Maßnahmen zur Verteidigung des christlichen Erbes angesehen werden und ihren Platz in einer in Gott ruhenden Weltordnung einnehmen, bleibt der Dichter ihr überzeugter Rufer. Seine Stimme verliert aber an Überzeugungskraft, sobald sich die Idee des heiligen Krieges in der Abenteuerlust und den Machtbestrebungen einzelner verliert. Aus Aufruf und Verkündigung wird rasch anklagende Beschreibung und ironische Kritik, aus der sich nur vereinzelt die Stimme des Dichters zur Fürbitte für die letzten überzeugten Verfechter der Idee im Heiligen Lande erhebt. Mit den späten Gedichten in französischer und deutscher Sprache, in denen die Teilnahme am Kreuzzug unter dem vom Papst gebannten Kaiser als Zeichen der Narrheit bezeichnet wird, öffnet sich die Poesie dem chronikalischen Bericht, der auch für die Kreuzzugsthematik rasch aus dem Bereich der Dichtung hinausführt.

ANHANG

Für ihre Mitarbeit am Anhangs- und Darstellungsteil möchte ich folgenden ehemaligen Seminarmitgliedern besonders danken: Fräulein Föppel, Hofmann, Krötz, Riha, Schrupp, Sohn sowie den Herren Kiefer, Rieger, Riecke, Stoschek.

Anmerkungen

TEIL I

I. Kapitel
Ausbildung und kirchenrechtliche Sicherung einer Kreuzzugsidee unter Urban II. und seinen Vorgängern

[1] Runciman, Hist. of the Crusades Bd. I, Kap. II, S. 183.
[2] Zur Vorgeschichte der Doktrin vom „bellum iustum" können hier nur Hinweise gegeben werden. Ich verweise an anderen Stellen dieser Darstellung auf Einzelforschungen (Erdmann u. a.). Vgl. neuerdings (mit genauen Literaturangaben) Kurt Georg Cram, Iudicium Belli, Zum Rechtscharakter des Krieges im deutschen Mittelalter, Münster/Köln 1955, S. 13 ff., 37 ff., 126 ff. — Friedrich Heer, Kreuzzüge und Kreuzzugsideologien, Neue deutsche Hefte 35 (1957), S. 206 ff. S. 208: Dort der Hinweis, daß die sogenannten Kreuzzüge niemals im Mittelalter diesen Namen trugen, sondern höchstens „Kriegfahrt ins Heilige Land", sonst auch „Jerusalemsfahrt", „Pilgerfahrt ins Heilige Land", „Reise, Kriegfahrt zum Heiligen Grab" genannt wurden. Dazu Fr. Wilcken, Geschichte der Kreuzzüge Bd. I, S. 7 ff. und S. 34 ff. — Vgl. auch die Hinweise bei M. Manitius, Gesch. d. lat. Lit., a. a. O. Bd. III, S. 413 ff. Wichtig dort die Klage des Radulf von Caen über die mangelnde Kreuzzugsbegeisterung (S. 422) und die historischen Beschreibungen des Fulcher v. Chartres (S. 429). Kennzeichnend die Charakteristik Saladins durch Wilhelm v. Tyrus (S. 436, Anm. 5): „vir acris ingenii, armis strennuus et supra modum liberalis." Die Hinweise auf versifizierte Itinerare (Gilo) bei Manitius, Bd. III, S. 667 aus dem ersten Drittel des 12. Jh.s sollten einmal genauer untersucht werden. Für die französischen Prosa-Chronisten wurde der erfolgreiche Anfang gemacht von Peter M. Schon: Studien zum Stil der frühen französischen Prosa (Clari, Villehardouin, Valenciennes). Frankfurt 1960, Analecta Romanica VIII. — und P. Rousset, L'idee de croisade chez les chroniqueurs d'Occident, in: Relazioni del X. Congresso Internat. Vol. III Storia del Medioevo, Firenze 1955, S. 547 ff. Vgl. ebd. zur Kreuzzugsidee die Aufsätze des Abschnitts „L'idee de croisade", S. 543 ff.
[3] Meßbuch. Vgl. auch die etwas andere Form bei H. A. Wilson, The Gelasian Sacramentary, Oxford 1894, S. 76.
[4] Vgl. Waas I, S. 55 aus Gregor I., Registr.lib. I, epist. 73. Waas I, S. 46; dort Zitat aus Widukind von Corvey: Otto I. wird das Schwert bei seiner Krönung mit dem Befehl überreicht, die Feinde Christi, Heiden und schlechte Christen, auszutreiben.
[5] Mansi Concilia, vol. XIV, p. 888; — Runciman S. 84. Kreuzzüge und Mission; Justus Hashagen, Europa im Mittelalter, München 1951, S. 163.
[6] Migne Vol. CXXXVI col. 696, 717, 816. — Mansi, Conc. vol. XVII, p. 104. — Runciman S. 84.

[7] Waas I, S. 229 u. Anm.
[8] Runciman I, S. 84.
[9] Zit. bei Waas I, S. 37.
[10] Pietzner, Schwertleite und Ritterschlag, Diss. Heidelberg 1934, S. 102/103. — Vgl. auch Hinweise bei H. Brinkmann, Dichtung und Volkstum, 1943, S. 1 ff. — Zur Waffenliturgie ders. in: Deutsche Volkserziehung, Heft 4. S. 124 Hinweis auf die Segnung der Waffe im Rahmen einer liturgischen Handlung (Schwertleite). Der Schwertsegen setzt älteren Schwertzauber fort. Später (11. Jh.) wird die liturgische Handlung erweitert zu einer Ordo ad armandum ecclesiae defensorem vel alium militem (Segnung von Fahne, Lanze, Schwert und Schild). Solche Anfänge einer Waffenliturgie werden erweitert durch biblische Vorstellungen (Gideon, Saul, David).
[11] Vgl. für diesen ganzen Abschnitt: Bonizo v. Sutri, Liber de vita christiana, ed. Perels in Texte zur Geschichte des römischen u. kanonischen Rechts Bd. 1, 1930, darin Lib. VII, n. 27, S. 248. Die Abfassungszeit des „Liber de vita christiana" fällt in eine größere Zeitspanne: Die materiellen Fundamente des Werkes, die kanonistische Materialsammlung, ist um die Mitte der siebziger Jahre des 11. Jh.s anzusetzen, in die Zeit, da Bonizo sich mit der Kurie kämpferisch verbunden hatte. Bonizos selbständig ausgearbeitete Teile im „Liber de vita christiana" fallen in die Zeit nach 1090 (vgl. Perels a. a. O. XXI). Das Werk zeichnet eine methodologisch genaue Einteilung aus. Bei seiner planvollen Disposition versteht es Bonizo, im Laufe seiner Abhandlung bei Buch- und Kapitelübergängen zusammenfassend zurückzuverweisen und Folgendes anzukündigen (vgl. Perels a. a. O. und Epilog X, 79 des „L. d. v. chr.").
Das Werk ist seinem I n h a l t nach keine reine Kanonessammlung ohne selbständige Arbeit (Perels a. a. O.), nicht nur eine „Kirchenordnung" (vgl. Th. Sickel, Das Privilegium Ottos I. für die römische Kirche S. 59, Nr. 3), sondern trägt durchaus lehrhaften, asketischen, dogmatischen Charakter. Dabei wird das Leben von Klerus und Laien in kirchenrechtlich-historischer Begründung gesehen und behandelt (W. Martens, Über die Geschichtsschreibung Bonithos von Sutri in: Tübinger Theol. Quartalschrift 65. Jahrgang (1883), Seite 457—483. — Bock, Die Glaubwürdigkeit der Nachrichten Bonizos von Sutri, 1909. — Fournier, Les sources canoniques du „Liber de vita christiana" de Bonizo de Sutri, in: Bibliothèque de l'École des chartes 78, 133 ff. — Paul Schmid, Der Begriff der kanonischen Wahl in den Anfängen des Investiturstreites, 1926, Seite 64.
Nach Giesebrecht stellt der „Liber de vita christiana" ein Mittelding zwischen einer Kanonessammlung und einem theologischen Traktat dar. (In: Münchener Hist. Jahrbuch 1866, 154: Die Gesetzgebung der römischen Kirche zur Zeit Gregors VII.)
Bonizo stellt allgemein fest, daß alles, „was Gott dargebracht wird, als geweiht angesehen" werden muß. (Lib. VIII, n. 3 bei Perels a. a. O. Seite 254: „Quod omnia Deo oblata consecrata habeantur."
„Omnia que Deo offeruntur, consecrata habentur in vineis, terris, silvis, utensilibus, vestimentis, pecoribus, et reliquis possessionibus, et que ecclesiis sine dubio Christo, qui sponsus earum est, offeruntur." (Herardi Turon. capit. c. 65 in: Migne, Patrol. lat. CXXI, 768 ff.)
Im besonderen bezeichnet er den Zehnten als „Gottes Eigentum" und als „Kirchenopfer" (Lib. VIII, n. 4 bei Perels a. a. O. Seite 254: „Quod omnes decime Dei sunt et ecclesiis offerantur." Lib. VIII, n. 5 bei Perels a. a. O. Seite 254:
„Admonemus atque precipimus, ut decimas Deo omnino dare non neglegatur, quas Deus ipse dari sibi constituit, quia timendum est, ut quisquis Deo suum debitum abstrait, ne forte Deus per peccatum suum auferat ei necessaria sua." (Conc. Mogunt. a. 813 c. 38 in MG Concilia II 270). Dieses soll als „Gottes-

zins" „ohne Vorbehalt" gegeben werden. (Lib. VIII. n. 9 bei Perels Seite 256: „Quod decime ex integro debeant dari".)

„Item quod decima, que a fidelibus datur, Dei census nuncupanda est et ideo ex i n t e g r o redanda." (Haiton. Basileens. cap. 15 in: MG Cap. I 364) (Lib. V, n. 68 bei Perels a. a. O. Seite 198: „Quod res ecclesie nonnisi c o m - m u n i t e r uti debeant.")

„Res ecclesie fidelium oblationes apellantur, quia Domino offeruntur. Non ergo debent in aliis usibus quam in ecclesiarum usum vel indigentium Christianorum fratrum converti, quia vota sunt fidelium et pretia peccatorum. Si quis autem, quod absit, secus egerit, videat, ne dampnationem Ananie et Saphire percipiat." (Decreta Urbani I. c. 4 in: Hinschius, Decreta Pseudo- isid. S. 144)

So wird der Entschluß zur Kreuzfahrt und ihre Ausführung als Lebenszehnt gottgeweiht und hat vor Gott und der Kirche bindende Kraft, die das Gewissen aller Kreuzfahrer auf das gemeinsame Gotteswerk verpflichtet.

Bonizo zeichnet dieses Bild des christlichen Soldaten mehrfach in seinem Werke. Er verlangt:

unbedingte Treue (Lib. VII, n. 28 bei Perels a. a. O. S. 248: „De militibus vero quid aliud dicam, nisi quod f i d e m s e r v a n t e s d o m i n i s e t p r e c i p u e regni tenentibus gubernacula sic militent terrene potestati ..."),

unverbrüchlichen Gehorsam (Lib. II, n. 2 bei Perels a. a. O. S. 34: „Prima ac principalis Christianorum virtus est o b e d i e n t i a , humilitatis filia, que traxit Dei Filium de sinu Patris ad publicum nostrum, qui factus est obediens patri usque ad mortem ... Huic contraria est inobedientia, superbie filia, vel contra prelatos rebellio ..." n. 3 S. 35: „Christianorum alii sunt clerici, alii laici, et in his condicionibus alii subditi, alii prelati ... unusquisque modum suum cognoscens, maioribus sua iura conservans prelatis in omnibus debitam offerat obedientiam. Sic de laicis sentiendum est, ut non plebs adversus milites, non milites adversus iudices, non iudices adversus reges in aliquo rebelles existant ..."),

Ergebenheit gegenüber dem Lehensherrn,

Bereitschaft, für Volk und Vaterland zu sterben (Lib. II, n. 43 bei Perels a. a. O. S. 56: „... Sed licet ammoneantur ut iustum est, milites dominis suis fidem servare et *pro salute eorum et pro republica usque ad mortem decertare* ..."),

Schutz der Witwen, Armen und Waisen (vgl. Text der Darstellung!).

Es sollen sein: *Männer ohne Falsch und Arg* (Lib. VII, n. 28 bei Perels a. a. O. Seite 248: „... fidem promissam non violare, nec omnino dominis suis periurare. Non enim leve crimen est periurare; periuros infames esse leges Romane testantur ... Caveant ergo milites, ne diabolico instinctu contra dominos suos audeant conspirare; conspirantes enim seculi leges capitali dampnant sententia et ecclesiastice sanctorum patrum regule a regno Dei iudicant alienos"). Lib. IX, n. 59 bei Perels a. a. O. S. 297: „Quod omnimodo sit cavendum mendacium."

„Cavendum namque est omnibus modis mendacium sive pro malo sive etiam pro bono proferri videatur; quia omne mendacium non ex Deo, set, sicut salvator dicit, a malo est."

(Fournier, Etudes critiques sur le décret de Burchard de Worms S. 106: Hier verweist Fournier auf: Gregor I, Moral. XVII 3. 5),

Gottes Gebot im Herzen (Lib. VII, n. 28 bei Perels a. a. O. S. 248: „... sic militent ..., ut christiane *non obvient religioni*, semper illud dominicum beneficium cordis memoria ruminantes, quod in Romano orbe degentium primitie fuere credentium ...")

und das *Gesetz ihrer Ehre vor Augen* (Lib. III n. 45 bei Perels a. a. O. S. 86: „Qui sint infames."

„*Infames* autem esse eas personas dicimus, qui pro aliqua culpa notantur

infamia, id est, *qui Christiane legis normam abiciunt et statuta ecclesiastica contempnunt,* similter fures, sacrilegos, ... homicidas ... et de bellis fuguentes ..."
(Decret. Stephani c. 2 bei Hinschius, Decret. Pseudoisid. S. 182).

Bonizos Stelle „De militibus" im Lib. VII, n. 28: „De militibus vero quid aliud dicam, nisi quod fidem servantes dominis et precipue regni tenentibus gubernacula sic militent terrene potestati, ut Christiane non obvient religioni, semper illud dominicum beneficium cordis memoria ruminantes, quod in Romano orbe degentium primitie fuere credentium ... His proprium est dominis deferre, prede non iniare, pro vita dominorum suorum tuenda sue vite non parcere, et pro statu reipublice usque ad mortem decertare, scismaticos et hereticos debellare, pauperes quoque et viduas et orphanos defensare, fidem promissam non violare, nec omnino dominis suis periurare. Non enim leve crimen est periurare; periuros infames esse leges Romane testantur, et secundum mandatum est in lege: ‚Non assumes nomen Dei tui in vanum' ... Caveant ergo milites, ne diabolico instinctu contra dominos suos audeant conspirare; conspirantes enim seculi leges capitali dampnant sententia et ecclesiastice sanctorum patrum regule a regno Dei iudicant alienos."

Bonizos Stelle im Lib. II, n. 43 bei Perels S. 56 zum Vergleich:
„... Nec ideo dico, ut nonsint ammonendi fideles, et precipue reges et iudices et milites, ut scismaticos et excommunicatos armis persequantur. Si enim hoc non esset, superfluus videretur ordo pugnatorum in christiana legione, quos Dominus primitias sibi elegit ex omnibus hominibus sub Romano imperio degentibus. Sed licet ammoneantur, ut iustum est, milites dominis suis fidem servare et pro salute eorum et pro republica usque ad mortem decertare, scismaticos et hereticos debellare, tamen ..."

Solchen Kämpfern gibt Gott den heiligen Auftrag, den Kampf gegen die Feinde der Kirche, gegen Schismatiker, Haeretiker und Exkommunizierte, zu wagen. Wenn nun Bonizo bereits vom christlichen Soldaten den Kampf gegen K i r c h e n feinde verlangt, so wird uns verständlich, wie die abendländische Christenheit in den Jahrhunderten der Kreuzzüge den Schlachtruf der Päpste im Kampf gegen G o t t e s feinde, gegen Heiden und Ungläubige im Heiligen Land, hört und ohne Zögern befolgt.

Der Gehorsam gegen das Wort und den Aufruf der Päpste, das Kreuz zum Schutz der Religion zu tragen, findet ferner seine Erklärung in der Unterwürfigkeit der weltlichen Macht unter die geistliche, und in dem Auftrag der Bischöfe, weltliche Fürsten in ihren Pflichtenkreis einzuweisen. Beide Lehren vom Gehorsamsanspruch und von der unbedingten Lehrautorität der Kirche vertritt Bonizo in seinem Werke (Lib. III, n. 33 bei Perels a. a. O. S. 82: „Quod omnes principes terrae episcopis subiecti sint."

„*Omnes principis terre et cunctos homines obedire* et capita sua submittere eorumque adiutores exsistere precipiebat, ut omnes pariter fideles et cooperatores legis Dei monstrarentur ... Omnes ergo, qui eis contradicunt, ita dampnatos et infames usque ad satisfactionem monstrabat, et, nisi converterentur, a liminibus ecclesie alienos esse precipiebat."
(Decret. Clement. c. 38 bei Hinschius, Decret. Pseudoisid. S. 42)

Lib. III, n. 37 bei Perels a. a. O. S. 83:
„Si autem vobis *episcopis* non obedirent omnes presbiteri, diaconi ac subdiaconi et reliqui clerici cuncti omnesque *principes tam maioris ordinis quam et inferioris* atque reliqui populi, tribus et linque non *obtemperaverint,* non solum infames, set et extorres a regno Dei et consortio fidelium, a liminibus sancte Dei ecclesie alieni erunt ..."

Lib. IV, n. 86 bei Perels a. a. O. S. 149:

"Quod omnes sanctiones *Romane ecclesie sic sunt observande, quasi* beati *Petri* ore essent prolate."
Lib. IV, n. 86 a bei Perels a. a. O. S. 149:
"Ergo, imperator, considera, si illos (scribas et phariseos) dixerit audiendos, qui super cathedram Moysi sedebant, quanto pocius his, qui super cathedram Petri resident, esse existimatis obaudiendum? Et si illorum non opers, set dicta facere et observare iubet, quanto pocius horum quicumque si ut ipsi, dicta et monita custodienda sunt et amplectanda? ..."
(Nicolaus I. ad imperatorem Michaelem bei: MG Epist. VI 454 ff.)

[12] Waas I, S. 58 ff.
[13] Zit. bei Wilken, S. 43 aus Mansi Collect. I, 46 Epist. II, 37. Dazu W. Holtzmann, Studien zur Orientpolitik des Reformpapsttums und zur Entstehung des ersten Kreuzzuges, Hist. Viertelj. 22 (1924), S. 167, der die These ablehnt, daß Gregors Plan der Wiederherstellung der Glaubensunion als Vorläufer des Kreuzzugsgedankens angesehen werden könne. Er betont auch die Trennung von Unionsplan und Kreuzzugsgedanken bei Urban II. ebd. S. 199.
[14] Waas I, S. 60.
[15] Hampe, S. 128.
[16] Vgl. diese Arbeit S. 4 f.
[17] Waas I, S. 36/37, alter Schwertsegen aus dem 11. Jh.
[18] Heer, Aufgang Europas, S. 384 ff., S. 389.
Dazu die kritischen Ergänzungen zu Heers "Aufgang Europas" und "Tragödie des Heiligen Reiches" bei Th. Mayer, H. Z. 1954, S. 471. Dort die bibliographischen Angaben weiterer Rezensionen von Oskar Koehler, F. L. Ganshof u. a. S. 475 ff.
[19] Heer, Aufgang Europas, S. 135 und Georg Schreiber, Gemeinschaften des Mittelalters, Regensburg, Münster 1948 passim.
[20] Heer, Aufgang Europas, S. 396—403.
[21] Heer, Aufgang Europas, S. 393.
[22] Runciman erwähnt u. a. Hugh, Count of Vermandois, jüngeren Sohn König Heinrichs I. von Frankreich, der im Orient Macht und Reichtum erwerben wollte, die er in Frankreich nicht hatte, Baldwin, den Bruder Gottfrieds von Bouillon, eigentlich für die Kirche bestimmt und ohne Besitz (S. 146), Bohemunt von Tarent, in Italien in seinem Ehrgeiz behindert (S. 112).
[23] Über die Organisation des Kreuzzuges und das vorbereitende Zusammentreffen mit Ademar von Puy vgl. Waas I, S. 68.
[24] Wilken, S. 51, Anm. 10, Brief des Erzbischofs von Reims an seine Bischöfe. Auch Mansi Conc. I, XX, p. 694.
[25] Näheres bei Waas I, S. 70—76.
[26] Für die Überlieferung der Predigt vgl. Runciman, S. 107 und S. 108, Anm. I und Appendix I, S. 329/330.
[27] Orat. in conc. Claramont. hab. in Migne t. 151 p. 565 C.
[28] Migne a. a. O. t. 151 p. 565 D, vgl. p. 566 B und 567 A.
[29] Migne t. 151, p. 567 C.
[30] Migne t. 151, p. 568.
[31] Wilken, S. 534 ohne Quellenangabe.
[32] Vollständig zitiert bei Heinrich Hagemeyer, Die Kreuzzugsbriefe 1088—1100, Innsbr. 1901, S. 137/138.
Dazu: Choiseul-Daillecourt S. 228 Anm. 19.
2. canon du concile de Clermont (1095): "Quicumque pro sola devotione, non pro honoris vel pecuniae adaptione, ad liberandum ecclesiam Dei Jerusalem profectus fuerit, iter illud pro omni penitentia ei reputetur" (Labbe, Collectio magna Conciliorum, Anm. X, col. 507).

(33) Wirkung der Rede Urbans bei Wilken S. 54 Anm. 16: Hisce et huiuscemodi aliis alii suffundebantur Cachrymis et Domino Apostolico his qui alii trepidabant, alii super hac aderant, luculenter intimatis, re disceptabant. Baldric, bei Bongars, S. 33. Dazu Runciman S. 108/109.

(34) Wilhelm von Tyrus XIX, 10; p. 21—22.
Ménage, Histoire de Sablé, S. 179 und Röhricht, Geschichte der Kreuzzüge Bd. II, S. 97, Anm. 28: „Die Kreuzfahrer stellten ihre Äcker und Häuser durch darauf befestigte Kreuze in den Schutz St. Peters und des Gottesfriedens". Siehe auch Regensburger Chronik I, 240, vgl. Buchner, Gesch. der Bayern IV, 177. „Sie stärkten sich nach alter Weise zum Kampfe durch Gebet vor dem heiligen Kreuze, welches der Erzbischof Peter von Tyrus trug" (Röhricht, a. a. O. S. 107). Die mit der Kreuznahme verbundene kirchliche Zeremonie spiegelt eine bei Wilhelm v. Tyrus erhaltene Schilderung der Kreuznahme franz. Ritter 1158 in Le Mans wider: Sie bezeichneten den Kopf mit einem weißen und roten Kreuze, zogen dann unter Voraustritt eines Priesters um die Kirche, von Klerus und Volk begleitet, und kehrten in die Kirche zurück, wo sie vor dem Altare den Eid leisteten, drei Jahre lang im Heiligen Land zu kämpfen, und der Patron schwor, die Familien der Kreuzfahrer in Schutz zu nehmen. Hierauf machte der Bischof jedem ein Kreuz auf die Stirn, wobei er sprach: „Dir sind deine Sünden vergeben, wenn du tust, was du versprichst." Von den 105 Pilgern, welche nach dieser Feier abzogen, kamen 1162 nur 35 zurück; ceteri occubuerunt pro fide in Sina.

(35) Runciman S. 109 und Anm. 1.

(36) Die Führung der Kreuzfahrerheere lag in der Hand des Papstes und seines Stellvertreters. Urban II. hatte durch seine Reisen innerhalb Frankreichs (vgl. das Itinerar des Papstes bei Waas I, S. 68), durch vorbereitende Gespräche mit Ademar von Puy und Raymund von St. Gilles den Erfolg seiner Kreuzzugsorganisation in persönlichem Einsatz vorbereitet. Er regelte auch persönlich die rechtlichen Seiten der Organisation auf dem Konzil zu Clermont (Runciman S. 109). Seine erste Tat nach dem Erfolg seiner Rede war die Ernennung eines geistlichen Führers, dem sich die weltlichen Fürsten unterordnen sollten.

(37) Runciman, S. 111, 112 u. Anm.

(38) Hampe S. 171.

(39) Heer, Aufgang Europas, S. 148.   (40) Heer, Aufgang Europas, S. 434.

(41) Wilken, S. 4.

(42) Röhricht, G. d. K. II, S. 46, Anm. 17.

(43) Wilken, S. 36 ff. und S. 39—41.

(44) Waas I, S. 79.

(45) Hist. Hierosolymitana I, VII p. 142, vol. IV aus Historiens Occidentaux, 5 vols. 1844—1895.

(46) Weitere Urteile bei Waas I, S. 79; — Runciman, S. 113.

(47) Ausführliche Aufzählung außerordentlicher Naturereignisse mit Titelangabe der Chronisten bei Röhricht, G. d. K. II, S. 15—17, Anm. 12.

(48) Waas I, S. 25 ff.

(49) Waas I, S. 15—17.

(50) Waas I, S. 47.

(51) Zu Wunder und Vision mit genauen Quellenangaben Heer, Aufgang Europas, S. 434 ff. Visionen bei Wilken, S. 213—217 und Röhricht, G. d. K. II, S. 35, 37 und 55, Anm. 98, Waas I, S. 25—29.

(52) Kulturgeschichte der Kreuzzüge, Berlin 1883, S. 12.

(53) Dazu Hampe, S. 166 und Campbell S. 6.

(54) Zusammenhänge mit der Armutsbewegung des Robert von Arbussel bei Waas I, S. 78.

II. Kapitel
Die Aufrufe Eugens III.
und das Wirken Bernhards von Clairvaux

[1] Aufgezählt bei Waas I, S. 158 ff.
[2] Dazu Röhricht, G. d. K. II, S. 95, Anm. 21, Aufzählung der Zeichen und Unglücksfälle mit genauen Quellenangaben. Vesuvausbruch 1140, Überschwemmungen, Orkane, Kometen, Hungersnot, Kälte, Teuerung, Erdbeben.
[3] Heer, Aufgang Europas, S. 436 f. Vgl. auch die Ausführungen zur Massenbewegung beim Bau der Kathedralen: H. Sedlmayr, Die Entstehung der Kathedrale, Zürich 1950, S. 363.
[4] Zit. bei Heer, Anmerkungsband, S. 167, Nr. 436, 4.
[4a] Heer, Aufgang Europas, S. 436.
[5] Heer, Aufgang Europas, S. 437.
[6] Heer, Aufgang Europas, S. 437.
[7] Otto Frisingensis, gesta Friderici imperatoris, I c 36 (ed. Waitz p. 44—47).
[8] Röhricht, G. d. K. II, S. 59 und S. 94, Anm. 7.
Während Kugler und Neumann sie mit dem 1. Dezember 1146 datieren, vertreten Bernhardi und Hüffer die Ansicht, daß die Bulle im Dezember 1145 in Frankreich bekannt gewesen und in der Versammlung von Bourges vorgelesen worden sei. Vacandard schließt einen Kompromiß. Er datiert sie auf den 1. Dezember 1145, sagt aber, die Bulle sei nicht nach Frankreich gekommen.
[8a] Abgedruckt bei Boczek, Codex diplomat. Moraviae I, p. 241—243.
[9] Vgl. dazu Mélanges Saint Bernhard, Dijon 1954, S. 54 oben.
[10] Odo de Diogilo, De Ludovici VII Francorum regis profectione in Orientem, Migne t. 185 p. 1207.
[11] Hampe, S. 231.
[12] Epist. 247 n. 2 in Migne 182, 447 C. Die hier geschilderte Abfolge dieser Geschehnisse gewinnt deswegen besondere Bedeutung, weil sie in den historischen Quellen zum dritten Kreuzzug ihre genaue Entsprechung hat (Hoftage zu Straßburg und Mainz) vgl. S. 132 ff. u. S. 145 dieser Arbeit.
[13] Epist. 363, Migne t. 182, p. 564—566.
[14] Vita Bernh. lib. VI, cap. I n. 1 und Migne t. 185 p. 373.
[15] Vita Bernh. Lib. III cap. II n. 7, Migne t. 185 p. 307.
[16] Zit. bei Röhricht, G. d. K. II, S. 61, ohne Angabe der lat. Quelle. Dort auch ausführliche Beschreibung der Gewinnung Konrads zur Kreuznahme.
[17] Hampe, S. 232.
[18] Vita Bernh. lib. VI cap. IV n. 15.
[19] Vgl. C. Erdmann, Der Kreuzzugsgedanke in Portugal, H. Z., 141 (1930), S. 23—53.
[20] Epist. 288, Migne t. 182 p. 493 geschr. 1153. „Vae principibus nostris. In terra Domini nihil boni fecerunt: in suis, ad quas velociter redierunt, incredibilem exercent malitiam ... Confidimus autem quia non repellet Dominus plebem suam, et haereditatem suam non derelinqueret. Porro dextera Domini faciet virtutem, et bracchium suum auxiliabitur ei: ut cognoscant omnes quia bonum est sperare in Domino, quam sperare in principibus."
[21] Bei Heer, S. 184 ff. über Bernhards „politische Religiosität".
[22] De laude nov. mil. cap. III, Migne t. 182 p. 924.
[23] Migne t. 182, 565 A 9 ff. und A 11 ff.
[24] De laude, cap. III, Migne t. 182 p. 924 D.
[25] Epist. 467, Migne t. 182, p. 671/672.
[26] Mélanges S. 48 oben.

(27) „Der Christ hat die Pflicht in der ‚Ritterschaft Gottes' dem Feind des Menschen, dem Teufel, die Fehde anzusagen und ihn mit den Waffen des Glaubens unter der Schirmherrschaft Christi zu bekämpfen". Heer, S. 158.

(28) Erdmann, S. 199 f., Waas, S. 60 f. und Heer, S. 162.

(29) De Laude, cap. III, Migne t. 182 p. 924 A, B.

(30) „Iuste igitur homo addictus sed misericordia liberatus; sic tamen misericorditer, ut non defuerit iustitia quaedam et in ipsa liberatione: quoniam hoc quoque fuit de misericordia liberantis, ut (quod congruebat remediis liberandi) iustitia magis contra invasorem, quam patientia uteretur. Quid namque ex se agere poterat, ut semel amissam iustitiam recuperaret homo servus peccati, vinctus diaboli? ... quando is (Christus) qui morti nihil debebat, accepta mortis iniuria, iure illum, qui obnoxius erat, et mortis debito, ex diaboli solvit domino, — nec alter iam inveniatur qui forefecit alter qui satisfecit: quia caput et corpus unus est Christus", Migne 182, 1062 ff.

(31) Migne, t. 182, 567 A 1 ff.

(32) In einzelnen Fällen rät Bernhard von der Kreuzfahrt ab. Ep. 399 an den Abt von St. Michael: „neque enim terrenum sed coeleste Jerusalem monacho propositum est et hoc non pedibus pro fiscendo sed affectibus proficiscente".

(33) De laude, cap. V n. 10, Migne t. 182 p. 928 C, D.

(34) Ep. 363, Migne t. 182, p. 564—566.

(35) Ep. 363, Migne t. 182 p. 564—566.

(36) De consid. lib. II cap. I, Migne t. 182 p. 743.

(37) lib. III, c. 1, 2 u. 1, 4; Migne t. 182, 759, 760.

(38) Aus derselben Zeit besitzen wir in dem Bericht Osberns „De expugnatione Lyxbonensi" eine vollständige Kreuzpredigt, die der Bischof von Oporto vor nordischen Pilgern gehalten hat, als er sie zur Bekämpfung der Mauren festhalten wollte. Inhalt: 1. Hinweis auf Angriffe, die die Christen von den Mauren zu erdulden haben. 2. Nicht in Jerusalem gewesen zu sein, sondern fromm gelebt zu haben, ist lobenswert. 3. Kampf gegen die Mauren ist, wegen ihrer Verbrechen, kein Mord, sondern gerecht. 4. 1000 Feinde sollen vor einem von euch fliehen und fallen durch euer Schwert. 5. Der König wird Hilfe und Geld senden und reichlich lohnen. (Stubbs, Itinerarium Richardi, London 1864, p. CXLIV—CLXXXII. p. CXLVIII—CLII.
Röhricht, Beiträge, Bd. 2, S. 81 f. und Kreuzpredigten gegen d. Islam S. 556.

TEIL II

I. Kapitel
Kreuzdeutungen in Hymnen und Pilgerliedern

[1] Dazu Georg Schreiber, Gemeinschaften des Mittelalters, Regensburg, Münster 1948. Allgemeines zum Kreuzholz: Mussafia, sulla legenda del legno della croce. WSB 63, S. 165 f. — W. Meyer, Die Geschichte des Kreuzholzes vor Christus. Abh. d. Münchener Akad. d. Wiss. 16, II, S. 103 ff. und Helm, PBB 24, 124 f.

[2] Schreiber S. 410. Vgl. zur Kreuzkultur auch S. 102 „O gebenedeites Kreuz, du bist aller Bäume bester. Deine Äste trugen die himmlische Bürde. Das Heilige Blut hat dich begossen, deine Frucht ist süß und gut, sie hat das Menschengeschlecht erlöst." Schreiber zeichnet hier die Verbindungslinien nach, die zum Kreuzkult des Volto Santo in Lucca und in der Kümmernisdevotion führen. Vgl. auch S. 88 Anm. 53—57 und S. 410 Anm. 70.

[3] Collect. Pax 1924 p. 103.

[4] Mélanges S. 172.

[5] Epist. Lib. I, IX, Migne t. 189, 57.

[6] Beide Zitate aus dem Artikel: L'ascèse monastique et les origines de Citeaux par Dom Salmon, Rom. Mélanges S. 273.

[7] Heer, Aufgang Europas S. 398/399.

[8] Schreiber verweist a. a. O. S. 346 auf die Praemonstratenserkirche in Ilbenstadt.

[9] Aliscans und Wolframs „Willehalm". — Dazu Gg. Schreiber S. 237, dort auch Spezialliteratur, S. 240, 245 und 256. — Über die Segnung des Brotes als Kommunionsersatz vgl. Schreiber S. 237. — Eine Segensformel für die Brotsegnung von Hinkmar von Reims S. 240. Das Brot soll gesegnet werden, damit es „allen, die es im Glauben, in Ehrfurcht und Dankbarkeit genießen, Heil der Seele und des Körpers und Schutz gegen alle Krankheiten und Nachstellungen der Feinde bringe" (852). Ende des 12. Jh.s ist Brotsegnung nachgewiesen im Bistum Troyes, Chartres, Le Mans, Rouen, Lausanne, Lyon.

[10] Schreiber, S. 338; vgl. auch Heer, Aufgang Europas, S. 398/399.

[11] Vgl. Heer, Aufgang Europas, S. 397 und Schreiber, S. 104, Anm. 139 und S. 106.

[12] Schreiber, S. 367.

[13] Schreiber, S. 355.

[14] Schreiber, S. 356 aus „Das Exordium Parvum" übers. von Gregor Müller, Cisterzienser Chronik 9, 1897, S. 311—315, S. 341—350, S. 371—378. Besonders wichtig S. 372.

[15] Heer, Aufgang Europas, S. 434.

[16] Die Klosterregel des Hl. Benedikt (hg. von d. Erzabtei Beuron 1954[8]), S. 34 ff.

[17] Mélanges St. Bernard, S. 262—264, Citeaux, Précurseur de l'organisation internationale.

[18] Vgl. Werke Bernhards von Clairvaux (Mehrerau) Bd. 3, S. 262/263. Die vier Kreuzarme als Hörner des Heils. In Anlehnung an die Stelle im Neuen Testament: „Siehe, im Kreuz ist unser Heil. Wir müssen nur mannhaft bei ihm ausharren" (1 Kor. 1, 18).
„Das Kreuz selbst ist der Schild, der uns deckt. Seine vier Arme sollen die vierfachen Geschosse der Feinde abwehren." — „Die vier Kreuzarme sind: Enthaltsamkeit, Geduld, Klugheit und Demut".

[19] Summa Theologiae, Waag S. 22 Z. 161 ff., in Hartmanns Rede Vom Glauben, Z. 3026 ff. und Ezzos Gesang Z. 343, 363/364, 366, 390 ff.

[20] Robert Stroppel, Liturgie und geistliche Dichtung zwischen 1050 und 1300, S. 186.

(21) Stroppel, a. a. O., S. 210/211.
(22) Ehrismann, II, 1, S. 42.
(23) Hermann Menhardt, Zur Herkunft der Vorauer Hs. Beiträge (Tübingen) 78 (1956), 394 ff. Dazu: Hugo Kuhn, Frühmhd. Literatur in Reallexikon d. deutschen Literaturgeschichte. 2. Aufl. Bd. I, S. 496 ff. und vor allem: Karl Hauck. Mittellateinische Literatur in: Die deutsche Philologie im Aufriß, Bd. 2, 1954. Vgl. auch: Heinz Rupp, Der Neubeginn d. deutschen religiösen Dichtung um die Mitte des 11. Jh.s. In: Wirkendes Wort, Heft 5 (Jhg. 8), S. 268 ff. Ders., Über das Verhältnis von deutscher und lateinischer Dichtung im 9.—12. Jh. GRM, Bd. VIII, H. 1 (1958), S. 19 ff.
(24) Vgl. de Boor, I, 137 ff. und Vf. Lex. Zu Ezzo neuerdings Heinz Rupp in: Deutsche religiöse Dichtungen des 11. und 12. Jh.s, S. 80 ff. Textherstellung S. 51 ff. In der Auseinandersetzung mit der wissenschaftlichen Forschung, ob die „cantilena" für eine Kreuzfahrt gedichtet wurde, entscheidet sich Rupp für die Ansicht H. Kuhns, der diesen Anlaß für zutreffend hält (gegen die Ansicht Guttenbergs, der auf eine „Festkantate" für Bamberg schließt). Auch Rupp nimmt dafür die „Art der Darstellung des Heilsgeschehens als eines Kampfes zwischen Gott und Teufel" in Anspruch. Dazu verweist er auf die Reisebilder. Die Vorauer „Vorsatzstrophe" scheint ihm ein Zeichen dafür, daß der Beobachter sich das Publikum später anders denkt. Ursprünglich gilt das „herron" Laien und Klerikern, unter denen sich Adlige befanden. Diese Anrede paßt gut zu einem Publikum, das sich zur Kreuzfahrt versammelt oder daran teilnimmt.
Ich meine, daß die Kreuzdeutungen einen Mittelpunkt der ursprünglichen Fassung einnahmen, der noch erhalten blieb, aber von den Einfügungen der Vita Christi mehr und mehr ausgeglichen wurde. Als Preislied auf Gottes Erlösungstat paßt es zum Publikum und zur Umwelt einer Kreuzfahrtgemeinschaft. Vgl. dazu Rupp über „Memento mori". Beiträge zur Geschichte der deutschen Sprache und Literatur, hg. von Th. Frings, Bd. 74, 1952, S. 321—384.
Auf S. 351 ff. wird der beispielhaft seelsorgerische Predigtton nachgewiesen aus dem Predigt-Auftrag der Kirche, wie wir ihn für die frühen Kreuzpredigten annehmen müssen. Die verstärkte Hinwendung zum Laien ist wichtig.
(25) Röhricht, G. d. K. II, S. 97, Anm. 27 aus Gerhoh von Reichersberg: Comment. Psalm. ed. Pez S. 794: „In ore Christo militantium laicorum laus Dei crebescit, quia non est in toto regno Christiano, qui turpes cantilenas cantare in publico audeat, sed tota terra jubilat in Christi laudibus etiam per cantilenas linguae vulgaris, maxime in Teutonicis, quorum lingua magis apta est concinnis canticis." Ebd. ein Hinweis auf ein Pilgerlied, zitiert bei Röhricht G. d. K. II, S. 54, 3/4, Anm. 79. Ebd. ein Kreuzlied aus Kehren, Sequenzen p. 75. Vgl. dazu Muratori, V, 473.
Röhricht spricht ebd. S. 40 von einem „Ultreia-Lied", einem Lied für die Wallfahrt „oultre-mer".
(26) Stroppel, S. 60. — W. Metten, Die ältesten deutschen Pilgerlieder, in: Festgabe für E. Sievers, Halle 1896. Hier werden beide Arten der religiösen Lyrik, Kreuzlied und Pilgerlied, als miteinander verwandt, aber nicht identisch bezeichnet, da das Kreuzlied anfangs nur eine bestimmte „species" des Pilgerliedes darstellt. Die gleiche Auffassung vertritt Schwietering (Litg. S. 125), der auf volkstümliche Pilgerlieder bei deutschen Kreuzfahrern hinweist: „In gotes namen varen wir" ... und auf das formelhafte Zeilenpaar: „nu helf unz diu gotes kraft und daz heilige grap ..." — Hugo Kuhn, Gestalten und Lebenskräfte der mhd. Dichtung (Dt. Vjs. 1953, H. 1, S. 25 ff.). — Siehe auch: Samuel Singer, Die religiöse Lyrik des Mittelalters. Bern 1930, bes. S. 69 ff.
(27) Bodo Mergell, Ezzos Gesang, Beiträge zur Geschichte der deutschen Sprache und Literatur. Bd. 76, 1955, S. 199—216, vgl. bes. S. 206, Taf. I u. S. 210—215,

II. Teil 1. Kapitel

wo auf die Verbindung zu Rhabanus Marurus, De laudibus sanctae Crucis, lib. II, cap. 14, Sp. 279 und cap. 17, Sp. 282 verwiesen wird.

(28) Waag, S. 15, Z. 371/372.
(29) Über den Zusammenhang in Ezzos Kreuzesstrophen mit den im Karfreitagsgottesdienst gesungenen Hymnen des Venantius Fortunatus „Crux fidelis" und „Vexilla regis" vgl. Robert Stroppel, a. a. O. S. 60. Bereits Wilmanns stellt Übereinstimmungen zwischen dem Ezzo-Lied und dem Kreuzeshymnus „Crux fidelis" nicht nur in einzelnen Wendungen, sondern auch in der Thema-Anlage fest. Wilmanns, Wilhelm, Ezzos Gesang v. d. Wundern Christi. Bonner Universitätsprogramm 1887.
(30) Waag, S. 15, Z. 380.
(31) Waag, S. 15, Z. 395.
(32) Waag, S. 15/16, Z. 395—406.
(33) Waag, S. 16, Z. 407.
(34) Waag, S. 16, Z. 415/416.
(34a) Zur Interpretation vgl. Rupp, S. 83 ff.
(35) Waag, S. 21, Z. 145—150.
(36) Ittenbach, S. 37 und S. 77 ff.
(37) De Boor, I, S. 158.
(38) Waag, S. 22, Z. 161—164.
(39) Waag, S. 22, Z. 167/168.
(40) Waag, S. 22, Z. 175—180.
(41) Vgl. Rupp, S. 134. Es bleibt eine Dichtung vom „Menschen". Das Dasein, das den Menschen umgibt, ist nicht ohne *gesetzte* Ordnung. Das Dasein zwischen Gut und Böse, zwischen Gott und Teufel ist genau gesehen, und die Schilderungen zielen auf die Freiheit und Verantwortlichkeit des Menschen. Jeder kann sein Erbe wiedergewinnen über den Dienst, über das Kreuz, dem deswegen eine so genaue Symbolbedeutung gegeben wurde. Hier wie im Ezzolied und wie in der Rede Hartmanns geht es *nicht* um die Steigerung der Angst, sondern um die echte devotio vor Gott und um den Trost, einen gnädigen Gott zu haben. Der Teufel hat nur soviel Gewalt von Gott erhalten, wie der Mensch ihm einräumt. Eine solche Menschen- und Gottesauffassung paßt nur zu einem adligen (vgl. Str. 20 und 26), weltlichen Publikum, bei dem wir aber annehmen sollten, daß es mit theologischen Problemen vertraut war.
(41a) Vgl. Rupp, S. 139 ff.
(42) De Boor I, bes. S. 173.
(43) Massmann, 3026—3038. Ich folge absichtlich diesem Text, nicht v. d. Leyens Edition.
(44) Zu Christus als Heerführer vgl. Heer, S. 153 ff. Steinger, Vf. Lex. II, S. 199, Massmann, D. Ged. 1—42, Ehrismann II, 1, S. 62 ff.
(45) Massmann, 3039—3049.
(46) Massmann, 3054—3057.
(47) Hugo Kuhn, Minne oder Recht, Festschrift für Panzer, S. 29—37; ders., Zwei mittelalterliche Dichtungen vom Tod in Zs. f. Deutschunterricht H. 6, 53, S. 84 ff. Dazu neuerdings Rupp, Religiöse Dichtungen, S. 202 ff.
Mit Recht führt Rupp Predigtstellen des Hrabanus an, in denen vom Kampf unter dem Imperator Christus gesprochen wird. Es geht um das „richtige Verhältnis von Gott und Mensch, um die rechte Ordnung der Werte und des menschlichen Lebens" (S. 202). Der Mensch muß sich selbst die Umkehr zu Gott erkämpfen.
S. 205 weist Rupp hin auf die Bevorzugung des Vokabulars von „Dienst und dienen, von Knecht und Herr. H. spricht vom geistlichen Kriegsdienst in Cristes

scare. Vor diesem Herrn genügt nicht eine äußerliche Art des Dienens. Die echte devotio des Herzens gehört dazu, die dann erst aus vertiefter Buße und Reue zu einer Gottesvorstellung führt, bei der Sünde und Gnade im Gleichgewicht bleiben und die Angst vor Gottes Gericht als überwunden erscheint. Daraus entsteht dann ein Traktat über den Glauben an das aus Gott fließende Heil.

Vom Kreuzzugsgedanken her bestätigt sich eine neue Auffassung der frühmittelhochdeutschen Dichtung, die bereits von De Boor als Leitgedanke für seine Darstellung dieser Epoche (De Boor, Literaturgeschichte I) angedeutet und von Hugo Kuhn (Panzer-Festschrift S. 30, DVj. 1953, S. 25 ff.) häufiger betont wurde. Wir sehen heute wie Rupp in der sogenannten kluniazensischen Dichtung keine „Weltfeindschaft", die sich in der Askesepredigt erschöpft, und suchen in ihr keine „versteckte germanische Weltfreude". In der ausgeprägten Kreuzessymbolik und in der echten Vertiefung der gottförmigen Lebensschau offenbart sich der großartige Versuch eines neuen, auch für den Laien bestimmten Weltbaues aus Geschichte und Gegenwart. Die dichterischen Mittel sind oft einfach, die Symbole dunkel, aber sie bereiten sprachlich die Ausdrucksmöglichkeiten der höfischen Epoche vor.

[48] E. Wolfram, Kreuzpredigt und Kreuzlied, ZfdA 30, S. 89 ff.

[49] Vgl. dazu meine ausführlichere Darlegung in Kreuzzugsdichtung und mittelalterl. Weltbild, DVJ 1956, Heft I. — *Walter Holtzmann*, Studien zur Orientpolitik des Reformpapsttums und zur Entstehung des ersten Kreuzzugs: Hist. Vjs. 22 (1924/1925), S. 167—199. *Carl Erdmann*, Der Kreuzzugsgedanke in Portugal: H. Z. 141 (1929), S. 23—53). Ders., Endkaiserglaube und Kreuzzugsgedanke im 11. Jh.: Zs. f. Kirchengesch. 51 (1932), S. 384—414: „Es war beim ersten Kreuzzug gerade ein wesentliches Moment, daß er ohne den Kaiser stattfand. Aber im Volk gab es Leute, die damit nicht zufrieden waren. Ekkehard von Aura berichtet uns, daß viele damals glaubten, Karl der Große sei aus dem Grabe auferstanden und führe die Kreuzfahrer an; ... Ein Kaiser, der wieder aufersteht, ist sicherlich der Endkaiser, so wie nachmals der Kaiser Friedrich, hier ging etwa die Vorstellung um, der Kreuzzug wäre die geweissagte Jerusalemsfahrt des Endkaisers. Was würde da besser passen als eine Umwandlung des alten Vatiziniums, die die fehlende Beziehung zum Heiligen Grabe herstellte? — Soviel ist klar: von einer allgemeinen Erwartung des Weltendes am Ende des 11. Jahrhunderts kann nicht die Rede sein, und eine durchgehende, eschatologische Lehre hat die Zeit nur sehr teilweise gekannt. — Aber Fäden, die von hier zum Vaticinium und Kreuzzugsgedanken hinüberführten, waren vorhanden und Möglichkeiten einer wechselseitigen Beeinflussung hier und da gegeben."

[49a] Text nach Jeanroy, S. 28, Str. 7—9; vgl. Anm. 50.

[50] Dazu Samuel Singer, Die relig. Lyrik des Mittelalters. Bern 1933, bes. S. 69—92. — Artur Simon, Vom Geist und Stil der frühmittelhochdeutschen Dichtung. Diss. Heidelberg 1933. Hinweis auf die Wirkung des Rupert von Deutz im 12. Jh. S. 24 ff. — H. Schindler. Die Kreuzzüge in der altprovenzalischen und mittelhochdeutschen Dichtung. Programm Dresden 1889. — Über Wilhelm von Poitiers (1087—1127) Pillet-Carstens, Bibliographie der Troubadours, Halle 1933, S. 155 ff. Dazu Diez-Bartsch, Leben und Werke der Troubadours, Leipzig 1882, S. 12 ff. Gegen Kreuzliedcharakter, ebenso wie Kurt Lewent, Das altprovenzalische Kreuzlied, Diss. Berlin 1905, S. 12 und 99. — Als erstes Kreuzlied oder Pilgerlied für die Troubadourdichtung interpretiert bei Ernest Hoepffner, Les Troubadours. Paris 1955, S. 19 ff. — Text bei Alfred Jeanroy, Les Chansons de Guillaume IX (Collection des Classiques français du Moyen-Age, fasc. IX, S. 28. — Für den ganzen Abschnitt vgl. Karl Bartsch: Grundriß zur Geschichte der Provenzalischen Literatur, Elberfeld 1872, S. 13 zu Wilh. IX. v. Poitiers, S. 15/16.

(51) Bédier, Les Chansons de Croisade, S. 4—5 u. S. 8. Gegen Kurt Lewent (ebd. S. 79) sollen hier doch zwei Beispiele für ein anonymes Kreuzlied gegeben werden, weil sich davon der individuelle Charakter anderer provenzalischer Lieder abhebt.
(52) Carmina burana 46, auf 1148/1149 anzusetzen, vgl. S. 53 ff. dieser Arbeit.
(53) Dazu den Kommentar zu Carmina burana ed. Hilka und Schumann, S. 95 und Heer, Die Tragödie des Reiches, S. 173/174.
(54) Chrestomathie du Moyen-Age par. L. Clédat. Paris 1884, S. 326.
(55) Vgl. auch Carmina burana Nr. 46, Str. II und Kommentar S. 96.
(56) Chrestomathie, S. 327.
(57) Chrestomathie, S. 328.
(58) Bédier, Les Chansons de Croisade, Paris 1909, S. 22. La keute lait, si prant l'estrain; übers. S. 23: il laisse son lit de plume, il préfère une litière de paille. Dazu Bédier: Anm. S. 24.
(59) Zu Marcabru vgl. Pillet-Carstens, Bibliographie d. Troubadours a. a. O. S. 256 ff. — Dazu: Karl Voßler, Der Trobador Marcabru. Sitzungsberichte der Bayerischen Akademie der Wissenschaften, München 1913, S. 31. — Text des Liedes: „Pax in nomine Domini", nach Erhard Lommatzsch, Leben und Lieder der provenzalischen Troubadours, Bd. II, Berlin 1959. — Ausgabe: J. M. L. Dejeaune, Poésies complètes du Troubadour Marcabru, Toulouse 1909, bes. S. 169 ff. — Vgl. auch K. Lewent, a. a. O. S. 78.
(60) Bereits bei Cercamon ist dieser Gedanke des Reinigungsbades (lavador), den jede Kreuznahme in sich schließt, vorweggenommen. Vgl. dazu Samuel Singer, Die religiöse Lyrik des Mittelalters, Bern 1933, S. 71 ff. Dort auch die Übersetzungen der zitierten Stellen, die allerdings sehr frei sind.
(61) Vgl. dazu K. Voßler, Der Trobador Marcabru, a. a. O. S. 57 ff. Text bei Erhard Lommatzsch, Bd. I, 1957, S. 5. — Die sehr freie Übersetzung steht bei S. Singer a. a. O. S. 74, der dem Text von Diez folgt. Ich habe den besseren von Lommatzsch wiedergegeben. Eine genaue Inhaltswiedergabe in spanischer Sprache bei Martin de Riquer, La Lírica de los Trovadores, Barcelona 1948, S. 47, wo sich auch ein guter Text mit genauen bibliogr. Angaben findet.
(62) Die Übersetzung der Zeilen 17—21 und 26—30 stammt von K. Voßler, gedruckt in Marcabru, Akademie-Abhandlg. a. a. O. S. 57. Voßler verweist auf ähnliche Gedanken in dem Lied des Rinaldo d'Aquino. Vgl. diese Arbeit S. 232 f.
(63) Vgl. Pillet-Carstens, Bibliographie d. Troubadours, a. a. O. S. 238. — Kurt Lewent, a. a. O. S. 99. Leo Spitzer, L'amour lointain de Jaufré Rudel et le sens de la poésie des troubadours, in: Romanische Literaturstudien 1936—1956. Tübingen 1959, bes. S. 409 ff. — Antonio Viscardi, Storia delle literature d'Oc e d'Oil, Mailand, o. J., S. 138. Neuer franz. Text in: Poètes et Romanciers du Moyen Age, ed. A. Pauphilet, Pléiade, Bd. 52, S. 778 ff. Übersetzungen von Fr. Wellner, Die Troubadours, in Sammlung Dieterich Bd. 104. Leipzig 1942, S. 11 ff.
(64) Für Literatur-Angaben zur geistl. mittellateinischen Literatur und zu den Carmina burana vgl. F. J. E. Raby, A History of Christian Latin Poetry. Oxford 1953², Bd. I, S. 463, Bd. II, S. 359. — Ders.: Secular Poetry. Ebd. S. 150.
(65) Kommentar der Carmina burana S. 95. — Heer, Tragödie des Reiches, S. 172/173.
(66) Erste dt. Gesamtausgabe der Schriften Bernhards, ed. Eberhard Friedrich, Verl. Georg Fischer, Wittlich, Bd. I, 1934, S. 21.
(67) Die hier angeredete Syrophenissa steht stellvertretend für das Heidentum. Es ist die Heidin aus Mc. 7, 24 und Matth. 15, 21.
(68) Ep. 363, Migne t. 182, 564 C.
(69) Vgl. auch S. 24 dieser Arbeit.
(70) Ep. 363, Migne t. 182, 565 B.
(71) Für die ersten zwei Zeilen dieser Strophe vgl. Matth. 20, 16.

(71a) Vgl. dazu CB Komm. p. 97.
(72) Es ist umstritten, ob die Strophen des Liedes 51 wie bei Schumann von diesem Lied abgetrennt werden müssen und als selbständiges Lied des gleichen Verfassers anzusehen sind, oder ob — wie Schmeller annimmt — beide Teile ein Ganzes bilden. Dadurch wird auch die Entstehungszeit unsicher. Vgl. Kommentar S. 112.

II. Kapitel
Die Kreuzzugsthematik in den geschichtlichen und spielmännischen Epen des 11. und 12. Jahrhunderts

(1) Vgl. E. F. Ohly: Sage und Legende in der Kaiserchronik, Münster 1940, S. 29: „Die alttestamentliche Dichtung dieser Epoche bot ... sowohl Raum für diese biblische Typologie, wie vor allem für halb-biblisch-typologisches Verständnis der durch die Kreuzzugsbewegung erregten Gegenwart und ihres hierin gründenden Heldentums als einer Sinnerfüllung alttestamentlicher Verheißungen." Ohly weist weiter auf die Einwirkung der Kreuzzugsstimmung aus dem Miterleben des ersten und zweiten Kreuzzuges auf die Abschnitte hin, die als erzählende Zutaten gelten müssen (Kaiserchronik 5099 ff.). Vgl. weiter Ohly, S. 107: die Schilderung des Rachefeldzuges der Römer gegen den babylonischen Feind (Milian) wird mit der Stimmung der christlichen Kreuzfahrer um Gottfried von Bouillon erfüllt. Auch die Rede des Titus an das römische Heer hat ihre typologische Entsprechung in der Rede des Heraclius an das Christenheer (ebd. S. 184). Heraclius erscheint in der Legende als Diener Gottes, der ein Werkzeug in Gottes Hand ist, um das Heilige Kreuz aus der Hand der Heiden wiederzugewinnen. Hier wird zum ersten Mal die Engelsvision verwendet. Aufbruchsschilderung und Rede an das Heer der Kreuzfahrer erinnern an die Kreuzfahrersituation der ersten Ausfahrt.
Zur Kaiserchronik vgl.:
1. Die Kaiserchronik eines Regensburger Geistlichen, ed. Edward Schröder in MGH, I. Bd., 1. Abtl. Hannover 1892.
2. Die Kaiserchronik. Mit Einleitung, Anmerkungen und Lesarten ed. Joseph Diemer, Wien 1849.
3. Marta Maria Helff, Studien zur Kaiserchronik, erschienen in Bd. 41 der Beiträge zur Kulturgeschichte, ed. W. Goetz, Leipzig 1930. Vgl. die bibliographischen Angaben in dieser Arbeit.

(2) Ehrismann II, 1, S. 3, 1 gibt Literatur.
(3) Schwietering, Literaturgesch. S. 96: „Durch Einführung des Christentums unter Konstantin erhält der Gottesstaat — in seiner mystischen Bedeutung die Gemeinschaft der Frommen — die geschichtliche Erscheinungsform des christlichen Reiches, in dem Kaiser und Papst vereint miteinander herrschen, wie es der Dichter für Karl den Großen und Papst Leo durch ihre leibliche Bruderschaft symbolisiert."
(4) Vgl. die Schilderungen von 1096 u. 1146, S. 9 ff. u. S. 18 dieser Arbeit.
(5) Diemer, 446, 6 ff.
(6) Diemer, 452, 1.
(7) Schwietering, Literaturgesch., S. 96.
(8) Ohly, S. 184, Anm. 19.
(9) Ebd. S. 184, Anm. 19.
(10) Es ließe sich auf mehrere ähnlich geformte Reden in den Legendenabschnitten der Kaiserchronik verweisen: Rede Gottfrieds (16 720 ff.), Erwähnung Bernhards

II. Teil 2. Kapitel

von Clairvaux, der bereits in der Kaiserchronik als der große Rufer zum Kreuzzug erscheint (17 270—283). Vgl. auch Ohly, Hinweise auf die Kreuzzugsthematik in den Abschnitten über Diokletian (S. 141—143), Hadrian und Constantin.

(11) Das Wort „rîter" selbst wird in der Kaiserchronik nicht häufiger verwendet als seine Synonyme „kneht, degen, helt und rekke". Das Wort „rîter" ist also damals noch nicht zum Inbegriff eines Standes und seiner Haltung geworden. Das unbekümmerte Nebeneinanderstellen des germanischen „rekke" neben das höfische „rîter" läßt darauf schließen, daß wir es sicher nicht mit einem einheitlichen Ritterbild zu tun haben.

Der historische Hintergrund der Entstehungszeit ist mannigfaltig: der Kampf zwischen Welfen und Staufen ist mit der Wahl Konrads III. nur zu einem vorläufigen Ruhestadium gekommen, die Reformgedanken aus Cluny und Hirsau haben Früchte getragen und neue geistige Kräfte geweckt, das Lehenswesen ist in einer Umgestaltung begriffen, das erstarkende Rittertum wird mehr und mehr ein Widerpart des Königs, die Kreuzzüge haben die Menschen allmählich erfaßt, enttäuscht und von neuem begeistert. Neben diesem geschichtlichen Rahmen das literarische Erbe: die Vorauer Bücher Moses, die um 1130 erstmals das Wort „rîter" als Standesbezeichnung verwenden, die Wiener Genesis mit ihren ersten Anzeichen einer ritterlichen Kultur, das Annolied, das als Vorlage benutzt wurde, die Kreuzzugspredigten, im Kloster aber allen voran das Werk Augustinus', dessen Geschichtsauffassung der Kaiserchronik zugrunde liegt. Die Bewegtheit seiner Zeit wird dem Bearbeiter der Kaiserchronik aber vielleicht gar nicht bewußt. Jedenfalls will er nicht revolutionär sein oder neues Gedankengut propagieren. Aber er schreibt unbefangen das nieder, was ihn und seine Zeitgenossen bewegt. Und eben darin zeigt sich, daß die Kaiserchronik an der Wende zwischen kirchlich-geistlich geprägtem Schrifttum und der neu sich anbahnenden höfischen Dichtung steht, deren Träger in hohem Maße die Laienwelt ist.

(12) Wilhelm, S. 10. Ludus de Antichristo ed. Bernhard Pez in: Thesaurus anecdotorum. 1721 (Ludus paschalis de adventu et interitu Antichristi). G. von Zezschwitz, Vom römischen Kaisertum deutscher Nation, ein mittelalterliches Drama. 1877. Außerdem W. Meyer, Fr. Wilhelm und Langosch. Übersetzungen von Zezschwitz, Wedde, Bennighoff, Hasenkamp, Kusch (abschnittweise in: Einführung in das lateinische Mittelalter, 1957).

Literatur: Manitius, III, S. 1056; Karl Hauck, GRM, 1951, S. 2 ff.; Karl Langosch, Geistliche Spiele, Darmstadt 1957.

Vgl. dazu das Beispiel für spätmittelalterliche Antichrist-Vorstellungen (um 1377) bei Dreves, XXX, 313. Hier findet sich ein Gedicht „Versus de Adventu Antichristi", in dem die für eine Wiederkehr des Antichrist geeignete Situation der Schwäche der Christenheit geschildert wird. „Antichriste, quid moraris ...", so lautet die erste Zeile. In ihr liegt das Thema des ganzen Gedichtes, das in den folgenden 6 Strophen die Gefahr charakterisiert, in der sich vor allem die Priesterschaft befindet. In fortlaufender Ironisierung der derzeitigen Schäden der Christenheit gipfelt das Gedicht in der Schlußstrophe:

Antichriste, huc festina,
Cum sit clerus in ruina,
Sine omni disciplina
    Cuius decet esse vas.
Evangelium ignorat
Nec pro oribus exorat,
Philargyia laborat,
    Favet tibi, si tu das.
    Veni, neque differ cras;
Nam, si fiet inter clerum

Quod, ut debet, noscat verum
Nihil cupiatque rerum
Si tunc venis, male stas.
(Cln. Monacen. 24 514 „Modo completum sub anno Domini 1377 feria sexta post Vincentii Martyris".)

[13] Wilhelm, S. 10.
[14] Wilhelm, S. 11.
[15] Wilhelm, S. 16.
[16] Wilhelm, S. 21.
[17] Wilhelm, S. 21.
[18] Wilhelm, S. 23.
[19] Wilhelm, S. 28.
[20] Vgl. defensor ecclesiae, hereditas Dei, pedes Christi.
[21] Zit. bei Waas I, S. 181.
[22] Waas I, S. 181.
[23] „De consideratione II, I; Migne, t. 182, 744, zit. bei Waas I, S. 181.
[24] Manitius III, S. 1056.
[25] GRM N. F. Bd. 2, 1951/1952, S. 11—26 und Langosch, Geistliche Spiele, Darmstadt 1957, S. 268.
[26] Hermann Hempel, Französischer und deutscher Stil im höfischen Epos, GRM 1935, 23. Jhg., S. 1 u. 3 ff.
[27] Léon Gautier, Chevalerie, Paris 1883: Erst in zweiter Linie stehen die Pflichten des Vasallen gegen seinen Lehensherrn und die allgemein menschlichen Pflichten des Ritters, wie z. B. Schutz der Schwachen, Tapferkeit, Freigiebigkeit usw. (soweit dadurch nicht Gesetze der Kirche verletzt werden). Gautier definiert den Ritter der Chanson de geste als christlichen Soldaten: „Le chevalier, c'est le soldat chrétien". Chevalerie ist ein Ideal: Ernst Troeltsch hat in seiner „Soziallehre", S. 249, diesen Vorgang folgendermaßen charakterisiert: Die Kirche unternahm es, gerade diesen feudal-kriegerischen Geist „in ihrem Sinne zu moralisieren, indem sie das Rittertum zu einer halb geistlichen Würde machte, seine Waffenfähigkeit für ideale Zwecke, den Schutz von Witwen, Waisen und Bedrängten weihte, den Ehrbegriff zu einer Verpflichtung gegen Gott und Menschen, zur Mannentreue gegen Christus und die Heiligen, den Frauenkult zum Dienst für die Gottesmutter machte und damit das Kriegswesen und die Gewalt wenigstens durch die Lenkung auf christliche Zwecke dem System einfügte."
[28] Chevalerie, S. 89. Der ideale Held, Prototyp der Chanson de geste, bleibt Roland. „Il est le type le plus parfait du chevalier dans la légende."
[29] Einen Überblick über den Stand der Forschung und die Datierungsfrage gibt Albert Junker: Der Stand der Forschung zum Rolandslied, GRM VI (1956), S. 97—144. S. 119: über eine ältere Rolandsdichtung um 1000 in der Form einer Legende (Mireaux, Ruggieri, A. Henry, Petriconi, A. Burger, Li Gotti, Horrent); S. 134 ff.: über spätere Bearbeiter, über Turolds Anteil, über die Endkaisergestalt Karls (Heisig — dagegen Curtius); S. 144: Zusammenfassung ohne zeitliche Festlegung von Ergebnissen. Zur Kreuzzugs- und Datierungsfrage schreiben auf französischer Seite folgende Forscher der Chanson bedingt Kreuzzugscharakter zu: Tavernier passim, Boissonnade passim, Bédier, Les légendes épiques III, S. 368 und IV, S. 401 f. und 462; auf deutscher Seite M. Ries, A. Bieling, K. Bartsch, P. A. Weiss, während Golther und E. Winkler ein klares Überwiegen der nationalen Tendenz feststellen. In entschiedenem Ton sprechen sich Vogt und de Boor für den deutlichen Unterschied von Chanson und deutscher Bearbeitung aus. Scheunemann, Saran und zuletzt Fliegner sehen das Heldenideal der Chanson unabhängig vom Kreuzzugsgedanken und vom Christlichen überhaupt. Die Unentschiedenheit innerhalb der Forschung erklärt sich erstens aus der

II. Teil   2. Kapitel   345

Unklarheit darüber, was unter Kreuzzugsthematik zu verstehen ist, zweitens aus der unsicheren Datierung der einzelnen Partien der Chanson. Borkenau wird darin zuzustimmen sein, daß als erster Bearbeiter Thuroldus von Baieux bereits um 1065 die Zusammenstellung des Stoffes vornahm (vor der Schlacht von Hastings). Später wird um 1100 oder 1110 ein anderer Bearbeiter tätig gewesen sein, dem die Verbindungen zum ersten Kreuzzug am Herzen lagen und der die ganze Baligantepisode ausbaute. In jedem Fall ist die Verbindung der französischen Chanson zur Kreuzzugsthematik von dem deutschen Rolandslied her zu sehen. Vgl. dazu Maurice Delbauille: Sur la genèse de la Chanson de Roland, Bruxelles 1954, S. 32 ff.

(30) M. Ries, S. 30 f. Vgl. für die folgenden Anmerkungen die bibliographischen Angaben bei A. Junker. S. o. Anm. 29.
(30a) Vgl. dazu Delbauille, S. 41.
(31) Tavernier, S. 151; Ries, S. 33; Röhricht, Beiträge II, S. 35.
(32) Boissonade, der auf orientalische Namensähnlichkeiten hinweist, S. 199 ff.; Ries, S. 9; Bieling, S. 12.
(33) Zum Karlsbild vgl. neuerdings Waldtraut Ingeborg Geppert, Christus und Kaiser Karl in dem deutschen Rolandslied, in: Beiträge zur Geschichte der deutschen Sprache und Literatur, Bd. 78, S. 349 ff. Darin über die Zwölfzahl (Apostel) der Paladine S. 354, über den Krieg, den die Heiden gegen ein gottgewolltes Regiment führen (Karls Reich als die „irdische Verwirklichung der Kirche Gottes", S. 366 und Karls Gebete = Christus in Gethsemane) S. 371—373.
(34) Ehrismann, II, I, S. 265 f.
(35) L. Denecke, Ritterdichter und Heidengötter, Form und Geist, ed. Mackensen, Heft 13, Leipzig 1930, S. 74 ff.; Golther, S. 116 ff. nimmt an, es seien keine Einschübe, sondern verlorengegangene Stücke der wirklichen Vorlage Konrads. Denecke betont dagegen, daß in diesen Stücken der Geist Konrads zum Ausdruck kommt und Anklänge an die Kaiserchronik besonders häufig sind. Vgl. weiter Peter Wapnewski, Der Epilog und die Datierung des deutschen Rolandsliedes, Euphorion 49 (1955), S. 261—282. Als Ergebnisse S. 279 ff.: Terminus post quem (1139—1143), Terminus ante quem 1155. Verklärung und Verherrlichung des Kreuzrittertums, S. 280. Fertigstellung wegen des darin enthaltenen Kreuzzugsaufrufes 1145, also vor dem 2. Kreuzzug. Kanonisation Karls des Großen vorbereitet. Die Verse auf Heinrich den Löwen (9046—9047) darin um 1180 (?) Zur Datierung des deutschen Rolandsliedes neuerdings F. R. Schröder, in PBB 78 (1956), S. 57—60.
(36) H. Bach, Det femte korstog i samtidens franske og tyske digtning, 1952, S. 43; Thomasin 11 356—11 376.
(37) Vgl. dazu Buchberger, Lexikon für Theologie und Kirche, Freiburg 1938, Bd. 10, Sp. 10 ff. im Artikel: Teufel.
(38) Nach Papst Pelagius I. (im Jahre 557), Denzinger, Enchiridion symbolorum, 3028.
(39) Vgl. S. 27 dieser Arbeit.
(40) Migne, 182, Sp. 925.
(41) Migne, 182, Sp. 922.
(42) De laude III, Migne, 182, p. 924 C.
(43) Eugen III. verspricht denjenigen Freisprechung von Zinsen, die „tam sanctum iter puro corde inceperint". Vgl. E. Caspar, Die Kreuzzugsbulle Eugens III. S. 304.
(44) Ep. 363, H. Michel, Briefe des hl. Bernhard, Mainz 1928, S. 187.
(45) Philipp von Oxford: „Was werdet ihr einst sagen am Jüngsten Tag, wenn der Herr euch fragen wird, was ihr für ihn getan habt? Er wird euch abweisen: Ich kenne euch nicht" (Matth. 25, 12); Röhricht, Kreuzpredigten, S. 561.
(46) Migne, 151, Sp. 567.
(47) 60, 34 nach Golther, S. 150.

(48) Dazu Bernhard: „Si ergo ex Deo nati et in Christo electi sumus", Migne, 182, Sp. 935.
(49) Migne, 182, Sp. 564 ff.
(50) Vgl. auch Jakob von Vitry bei Röhricht, Kreuzpredigten, S. 565: „Jetzt ist die Zeit da, wo ihr euch als Söhne Gottes erweisen könnt."
Vgl. dazu C. Wesle, Jen. Germ. Forschungen 9, Jena 1925, S. 20 ff.; M. Lintzel, Zur Datierung des deutschen Rolandsliedes, ZfdPh. 51 (1926), S. 13 und E. Schroeders Datierung des Deutschen Rolandsliedes, ZfdPh. 54 (1929), S. 168; W. Grimm, Ruolante liet, Göttingen 1838, S. XXXI; ZfdA 18 (1875), S. 304; C. Wesle, Das Rolandslied des Pfaffen Konrad, In Rhein. Beitr. und Hilfsbücher z. germ. Phil. und Volksk. Bd. 15 (1928), S. XII; ZfdA 50, S. 137 ff.
(51) Leitzmann, PBB 43, 1918, S. 26 ff., Wesle, PBB 48, 1924, S. 229 ff., Lintzel, ZfdPh. 51 (1926), S. 15 ff. und J. K. Bauer, ZfdPh. 56 (1931), S. 2 ff. bewiesen die Priorität der Kaiserchronik.
(52) Kaiserchronik, 71, 11—17.
(53) Migne, 151, Sp. 571, 3. Fassung.
(54) Migne, 151, Sp. 565, 1. Fassung.
(55) Migne, 182, Sp. 925.
(56) Migne, 151, Sp. 566, 1. Fassung; Röhricht, Beiträge, S. 22.
(57) Migne, 151, Sp. 565/566.
(58) Migne, 182, Sp. 926.
(59) Migne, 182, Sp. 924.
(60) Ehrismann, a. a. O. II, 1, S. 263.
(61) Bened. Regel, Kap. 16.
(62) Migne, 182, Sp. 926.
(63) Bened. Regel, Vorrede, S. 8.
(64) Bened. Regel, Kap. 7.
(65) Migne, 182, Sp. 927.
(66) Golther, a. a. O. S. 149.
(67) De Boor, Literaturgeschichte, I, S. 180.
(68) Ehrismann, a. a. O. II, 1, S. 263.
(69) Migne, 182, Sp. 926.
(70) Vgl. Z. 4573 ff. Minnegespräch. Dazu auch E. Färber, Höfisches und Spielmännisches im Rolandslied des Pfaffen Konrad, Diss. Erlangen 1934, S. 23 ff. und Ehrismann, a. a. O. S. 262; vgl. de Boor, S. 234: „der Glanz der Welt ist erlaubt, weil er innerlich überwunden ist."
(71) Vgl. dazu Bernhard von Clairvaux, Migne, 182, Sp. 932, in der Schrift „De laude", Abschnitt „De loco Calvariae": „... probasse et austerae mortis tam non erubui ignominiam, quam nec poenam exhorruit, ut nos opprobrio sempiterno eripiet, restitueret gloriae."
(72) Dazu Bernhard, Migne, 182, Sp. 922: „Si bona fuerit causa pugnantis pugnae exitus male exitus esse non poterit; sicut nec bonus judicabitur finis, ubi causa non bona et intentia non recta praecesserit."
(73) Migne, 182, Sp. 925.
(74) Diese Zeilen bringt Fliegner, a. a. O. S. 56 in Zusammenhang mit Responsorien aus dem Märtyrerofficium —" quia unus fuit semper spiritus in eis et una fides."
(75) Migne, 182, Sp. 926.
(76) Migne, 182, Sp. 922.
(77) Ähnlich dieses hodie auch noch am Fest der Epiphanie, am Pfingstfest, am Fest der Apostel Peter und Paul (29. 6.) und an drei Marienfesten: Purificatio (2. 2.), Assumptio (15. 8.) und Conceptio Immaculatae beatae Mariae Virginis (8. 12.). Es handelt sich stets um die Magnificat Antiphon der 2. Vesper des Festes, die am Tage selbst — hodie — gesungen wird. Vgl. auch die Hinweise auf die Bene-

II. Teil 2. Kapitel 347

diktinische Liturgie an den großen Heiligenfesten Benediktus, Scholastica und Maurus in: Das Tageszeitenbuch des monastischen Breviers, hrsg. v. d. Erzabtei Beuron, 1949, S. 8.
(78) Scholastica, Maurus.
(79) Migne, 182, Sp. 992.
(80) Dazu W. Stach, Die Gongolf-Legende bei Hrotswith, Hist. Vjs. 30 (1935), S. 395. Wichtig der Nachweis früher Erzählerschichten des 10. Jahrhunderts. Vgl. auch Siegmar Schultze, Die Entwicklung der Oswald-Legende, Diss. Halle 1888, S. 57—59. Bei Stach, S. 395: „Ihre Verfasser trachteten insgesamt danach, Geschehenes interessant zu berichten, und zwar richtig oder mit dem gewollten Anschein von Richtigkeit; sie alle verknüpften das Geschehen auf Erden mit dem Heilsplan Gottes und richteten es im Glauben an die christliche Weltordnung aus", so waren sie „Chronisten, Kritiker, Philosophen und Politiker in einem." Ähnlich erscheint auch in der frühmittelalterlichen Zeit die Einheit von Glaubenssubstanz, geschichtlichem Erleben und dichterischer Aussage, so daß sich für ein literarisches Zeugnis theologische und historische Ausgangspunkte als Quellen finden lassen.
(81) Dazu Klaus Fuss, Der frühgotische Roman, Würzburg 1941, S. 124—125. Dort Hinweis auf die Taufe im Oswald.
(82) Hans Steinger, Überlieferung des Orendel.
(83) W. Stach hat die Übergangsposition der Dichtung des frühen 12. Jahrhunderts treffend gekennzeichnet. Für Orendel wie für den Wiener Oswald gilt als Grundstruktur der dritte Typus der Heiligenbiographie, wenn auch überdeckt durch komische Züge, in der mit dem praktischen Zweck der Werbung für den Heiligen in seiner Diözese (Oswald Wien, Orendel Trier) der höhere Zweck des Heiligenlebens verbunden wird. W. Stach, Die Gongolflegende bei Hrotsvit, Hist. Vjs. 30 (1935).
(84) Fr. Vogt gibt in seinem Kommentar zur Salman-Ausgabe (Abschnitt III, S. XLI—LXXIII) andere Hinweise auf Stätten des Kreuzzugsgeschehens. Er setzt ihn deswegen auch auf 1190/1192 an.
(85) Hier ist auf Curtius' Begriff von der hagiographischen Komik hinzuweisen (E. R. Curtius, Europ. Lit. und lat. Mittelalter, S. 429): „Die Heiden, der Teufel, die schlechten Menschen mögen sich noch so wild gebärden; sie sind die Dummen und werden von den Heiligen ad absurdum geführt, entlarvt, übertölpelt ..." Komischer Einschlag in der mittellateinischen, altspanischen und altfranzösischen Erzählung, S. 430: „Humoristische Elemente gehören also zum Stil der mittelalterlichen Heiligenvita. Sie waren im Stoff selbst gegeben, aber wir dürfen sicher sein, daß das Publikum sie auch erwartete. Genau dasselbe gilt nun von der profanen erzählenden Dichtung."
(86) Hans Neumann, Die deutsche Kernfabel des Herzog-Ernst-Epos. Euphorion 45 (1951), S. 140—164 (Nachweise über die Auflösung der Fabel).
(87) Bei de Boor, Literaturgeschichte Bd. I, S. 246: Hinweis auf Sindbad den Seefahrer.
(88) De Boor, Literaturgeschichte, Bd. I, S. 245 ff.
(89) De Boor, Literaturgeschichte, Bd. I, S. 247.
(90) Schwietering, Lit. Gesch. S. 111, Athenäum Verl. Potsdam.
(91) Kürschner, Nat. Lit. Bd. II, 1, S. 143/144.
(92) Vgl. die Zeilen: 2501, 2717, 3286, 3472, 3508, 3586, bes. 3970—3983 und 4442.
(93) Der große Herder, Bd. 4, Sp. 765/766, Freiburg im Breisgau, 1954 f.
(94) Man darf dabei nicht mehr mit der undifferenzierten Vorstellung vom „Spielmann" arbeiten. Hier haben für den „Rother" W. Stach a. a. O., Gongolf, E. R. Curtius, Europ. Lit. S. 420, de Vries, zuletzt W. J. Schröder und de Boor neue Gesichtspunkte gegenüber Ehrismann, Bd. II, 1 (1922), S. 290—345 und Naumann,

Reallexikon Sp. 253—269, gebracht. De Vries (Kommentar zu Rother, Heidelberg 22, S. CXIII), versucht entgegen Ehrismann den „Rother" aus der Zahl der zeitgenössischen Spielmannsepen herauszulösen. „Sobald man durch eingehende Untersuchung gezeigt hat, daß ein älteres, reineres, kunstvolleres Gedicht hinter diesem spät niedergeschriebenen Werke liegen muß, soll man auch nicht mehr den Namen Spielmannsepos auf diese älteren Epen anwenden." De Vries mißt dem zugrunde liegenden Gedicht eine höhere Bedeutung bei. Diese Auffassung ist gerechtfertigt, wenn man die Zusammenhänge zwischen Heilsgeschichte und Kreuzzugsgeschichte in der ältesten Erzählschicht ernst nimmt. In den späteren Fassungen haben sich Zeitstimmung und Zeitgeschehen eng verbunden und dieser Verbindung dürfte die Endform der Erzählung von Rother entstammen, die von W. J. Schröder nach der Heiligsprechung Karls 1165 angesetzt wird. Er nimmt für die Endgestaltung des Rother einen planvollen und zielsicheren Vf. an, dem an der Erneuerung des christlichen Karlsbildes in der Rother-Barbarossa-Gestalt lag. Walter Joh. Schröder, König Rother, Gehalt und Struktur. Dt. Vjs. 1955, S. 301—322. Dazu jetzt Klaus Siegmund, Zeitgeschichte und Dichtung, Berlin 1959; vgl. dazu Anm .95.

[95] Die Rothersage ist historisch gedeutet worden als die Werbung des Langobardenkönigs Authari um die Herzogstochter Theodolinde (580 n. Chr.), die dann bei den Langobarden das Christentum verbreitete. — K. Reich, Das mhd. Rotherepos und seine Beziehungen zu Bayern und Regensburg. München 1926 und K. Bosl, Geschichte Bayerns I, München 1952, S. 36. — De Vries, Kommentar S. XCII und de Boor, Lit. Gesch. I, S. 243 ff. bringen Rother in Verbindung mit Roger II. von Sizilien, der 1137 von Kaiser Lothar besiegt wurde und Bari verlor, für seinen Sohn Wilhelm um die byzantinische Prinzessin warb, dabei aber Hohn erfuhr. Roger rüstete daraufhin eine Flotte gegen Byzanz aus. — J. de Vries läßt den „Rother" um 1140 im niederfränkischen Gebiet entstanden sein. Von da sei das Epos nach Süden gewandert, habe eine thematische und umfangmäßige Erweiterung erfahren, dazu Überarbeitungen. Das Ende dieses Weges ist mit dem Jahre 1190 in Bayern gegeben. — Neuerdings gibt W. J. Schröder eine ganz auf Barbarossa bezogene Interpretation, die aber von K. Siegmund bereits auf Heinrich VI. (?) verlagert wird. Über einzelne Identifizierungen mit historischen Persönlichkeiten vgl. Siegmund a. a. O., S. 47 ff.

[96] Vgl. neuerdings dazu die Gedanken W. J. Schröders über diese Möglichkeiten der Rother-Interpretation. Dt. Vjs. H. 3 1955, S. 319—332 und K. Siegmund, S. 49 ff. Dort wird Berker mit Berthold von Meran gleichgesetzt.

[97] Beschreibung der Hss. W. Grimm, Graf Rudolf, Göttingen 1844 bei Dieterich, 2. Ausg.

[98] Grimm, v. Kraus, Singer ZfdA 30, S. 381. Grimm setzt die Handschrift, „soweit sich in dieser schwierigen Sache etwas bestimmen läßt, noch in das 12. Jh." (S. 3). Für diese Zeit scheint ihm auch die Behandlung des Reimes zu sprechen, doch „ist es in Rücksicht auf die metrischen Gesetze der folgenden Periode viel näher gerückt" (S. 12). Aus Anspielungen im Text schließt er auf eine Entstehungszeit um 1173 (S. 44).

[99] Bei Grimm an 3. Stelle.

[100] Graf Rudolf, v. Kraus, Mhd. Übungsbuch, Heidelberg 1912, S. 54 ff.

[101] S. 133 dieser Arbeit.

[102] Der König von Böhmen als Mundschenk.

[103] Vgl. „starkiu mere" in H. v. Rugges Kreuzleich (M. F. 97, 7).

[104] (1—13) v. Kraus S. 55.

[105] (B 7—9) v. Kraus S. 56.

[106] Ähnliche Schilderungen vgl. Grimm S. 30.

[107] (4—14) v. Kraus S. 56.

[108] (1—16) v. Kraus S. 56/57.
[109] Grousset, Das Heldenlied der Kreuzzüge, 1951, S. 266.
[110] De Boor S. 37 ff. über die höfischen Elemente in „Graf Rudolf". Er verweist auf Wernher von Elmendorf als möglichen Einfluß. — Dazu auch: J. Schwietering, Literaturgeschichte, S. 139, mit dem Hinweis auf die wirklichkeitsnahe Darstellung der Kreuzfahrt als einer „rein" politischen Angelegenheit.
[111] Grousset S. 258.
[112] Grimm a. a. O. S. 42 hebt die Anschaulichkeit der Ortsschilderungen hervor und schließt daraus, daß der Dichter in Syrien gewesen ist. Über seine Teilnahme an einem Kreuzzug läßt sich nichts aussagen.

TEIL III

I. Kapitel
Politische und geistige Voraussetzungen im Orient und im Abendland

(1) Waas I, S. 186, Anm. 105. Dazu jetzt als korrigierende Ergänzung: H. E. Mayer, in Göttingische Gelehrte Anzeigen, Jhg. 211 (1957), Nr. 2/3, S. 234—246.
(2) Quellen über Heinrich von Albano bei Giesebrecht, Die Zeit Kaiser Friedrich Rotbarts, Leipzig 1895, S. 672/673, Anm. zu Bd. VI, S. 173/174.
(3) Bei Giesebrecht a. a. O. S. 674 über die verschiedenen Fassungen des Einladungsschreibens zur Curia Christi. Quellen über den Straßburger Hoftag ebd. S. 677 f. Angabe aller Chroniken, die Einzelheiten über den Hoftag Christi in Mainz berichten. Vgl. besonders dazu: Heinrich Schrohé, Beiträge zur Geschichte der Stadt Mainz, 1915, Bd. 4, S. 44/45.
(4) Waas I, S. 188.
(5) Giesebrecht, Zeit Fr. Rotbarts, a. a. O. II, S. 187.
(6) Über die Echtheit der zwischen Friedrich und Saladin gewechselten Briefe und ihre Überlieferung bei Waas, S. 190, Anm. 114. Jetzt dazu: H. E. Mayer in Göttingische Gelehrte Anzeigen, Jhg. 211 (1957), Nr. 3/4, S. 239.
(7) Vgl. dazu: A. Lüders, Die Kreuzzüge im Urteil syrischer und armenischer Quellen. Diss. Hamburg 1952, bes. S. 141 ff., S. 154 ff.
(8) Vgl. Röhricht, Beiträge I, S. 136/137, Rede Saladins über Jerusalem als heil. Stadt des Islam in „Die Kämpfe Saladins mit den Christen in den Jahren 1187 und 1188": „Die Aksa-Moschee, die sich dort befindet, ist das Werk des Glaubens, ist der Aufenthalt des Propheten, der Ort, wo die Heiligen ruhen, der Wallfahrtsort der himmlischen Engel; dort wird die allgemeine Auferstehung und das jüngste Gericht erfolgen, dorthin werden sich die Auserwählten des Herrn begeben, dort ist der Stern, dessen Schönheit unversehrt ist und von dem aus Muhammed in den Himmel gefahren, dort war es, wo der Blitz gestrahlt, wo die Nacht des Geheimnisses geglänzt, und wo die Strahlen ausbrachen, welche alle Teile der Welt erleuchteten. Unter der Zahl der Tore der hl. Stadt ist das Tor des Erbarmens; wer durch dieses Tor eintritt, ist des Paradieses würdig; dort ist der Thron Salomos, die Capelle Davids, und die Quelle Siloah, dem Paradiesflusse vergleichbar. Der Tempel Jerusalems ist eine der drei Moscheen, von denen Muhammed im Koran gesprochen. Ohne Zweifel wird uns Allah sie in einem besseren Zustande zurückgeben, weil er ihr die Ehre angetan, von ihr in diesem hl. Buche zu sprechen."
(9) Bei Waas I, S. 213/214.
(10) Waas I, S. 221, Anm.
(11) Hampe, S. 347.

II. Kapitel
Die kirchlichen Aufrufe und Predigten und ihre Wirkung auf das höfische Rittertum

(1) Vgl. Kurt Lewent, Das altprovenzalische Kreuzlied, a. a. O. S. 12.
(2) Alexander III.: Ad omnes principes (1181), Migne 200, 1295 B 1 ff.
(3) Migne 200, 1295 B 10 ff.
(4) Migne 200, 1296 (aus dem Jahr 1181), MDV: Archiepiscopis, episcopis, abbatibus milites Templi missos qui terrae Orientali auxilium peterent commendat.

(5) Vier Kreuzpredigten des Jakob von Vitry, Pariser Codex Nr. 17 509 fol. 93 b ff. Ausführliche Inhaltsangabe bei Röhricht, a. a. O. S. 562—572.

(6) „Frauen, Söhne, soweit sie die Ausgaben für die Ausrüstung mitgetragen, werden nicht leer ausgehen, sondern verhältnismäßig an dem Verdienst jener Fahrt teilhaben, ebenso die Eltern, welche noch lebend oder vor ihrem Tode Geld zur Unterstützung der Kreuzpilger bestimmt haben", Röhricht, a. a. O. S. 568.

(7) Vgl. S. 31 ff. dieser Arbeit.

(8) Röhricht, a. a. O. S. 567.

(9) Eine Pilgerfahrt ist ein Fest, ein Kreuzzug ist eine Freudenzeit, wie der siegreiche Kampf des Judas gewesen war (2 Macc. 15, 28—29); kehrt ihr einst nach Hause, so bringt ihr die Schätze des Ablasses mit heim, fallt ihr aber, so tretet ihr ein in das Paradies; darum ist Christus euer Leben und sterben euer Gewinn (Phil. I, 21), Röhricht, a. a. O. S. 566.

(10) Röhricht, a. a. O. S. 572.

(11) Röhricht, a. a. O. S. 572.

(12) Migne, 204, 251—402.

(13) Migne, 204, 247 XXXI: Epistola Henrici episcopi Albanensis ad universos ecclesiae praelatos.

(14) Migne 204, 247 B 12 ff.

(15) Migne 204, 249 passim.

(16) Migne 204, 249 D 1 ff.

(17) Migne 204, 249 D 6 f.

(18) Migne 204, 250 A 8 ff.

(19) Migne 204, 250 A 8 ff.

(20) Migne 204, 250 A 8 ff.

(21) Migne 204, 250 B 12 ff.

(22) Migne 204, 250 D 12 ff.

(23) Friderici primi imperatoris, cognomento Barbarossae, expeditio asiatica ad sepulchrum Domini, ab Aequaevo Auctore conscripta.
In: Thesaurus Monumentorum Ecclesiasticorum et Historicorum, sive
    Henrici Canisii Lectiones Antiquae III, 2. Teil, 497/526,
    Antwerpiae MDCCXXV.

(24) „Der Herzog von Österreich, die Bischöfe Gottfried von Würzburg, Hermann von Münster, Martin von Meißen, Rudolf von Lüttich, Heinrich von Straßburg und andere, ferner Landgraf Ludwig von Thüringen, Poppo, Graf von Henneberg, Adalbert von Grumbach, Adalbert von Hiltenburg sowie viele Fürsten, Grafen und Adlige, endlich zahlreiche Geistliche und Laien.
Unter dem Eindruck der Kreuzzugspredigt machten der Bischof von Utrecht und der Graf von Geldern, vorher zwei unversöhnliche Feinde, ihren Frieden miteinander. Ebenso taten es andere, und viele von diesen nahmen in ihrer Freude hierüber ebenfalls das Kreuz.
Die Gesamtzahl derer, die sich in Mainz unter die Kreuzesfahne scharten, wird auf 13 000 angegeben, gewiß eine zu hoch gegriffene Ziffer. Andere Quellen sprechen davon, daß das Heer des Kaisers 6000 bzw. 4000 Bewaffnete zählte. Die Zahl der Fürsten, die sich zur Kreuzfahrt bereit erklärten, wird auf 68 angegeben. Diese selbst sollte am 23. April 1189 von Regensburg ihren Ausgang nehmen." Schrohé a. a. O. S. 45.
Urkundenbelege ebenda.

(25) Es folgen hier einige Auszüge aus den Urkunden, die den Grad der Wirkung der Kreuznahme genauer bezeichnen und die Entstehung der Massenbewegung im deutschen Rittertum bezeugen, nachdem der Kaiser das große Beispiel mit der eigenen Kreuznahme gegeben hatte:

Chronicon Magni Presbiteri in MG SS XVII, p. 509
Anno 1188 ...
Imperator etiam curiam habuit valde celebrem
eodem anno apud Mogunciacum in media quadra-
gesima, quae evenerat in 6. Kal. Aprilis.
Legatus domini papae, Albanensis videlicet
episcopus cardinalis, curiae interfuit. Reci-
tata ibi in publico miserabili tragedia de
vastatione et direptione populi christiani,
quae facta fuit in orientali ecclesia, hoc
est apud Ierosolimam, superiori anno, dominus
imperator fide Christi succensus signo se sanctae
crucis statim signavit cum multis episcopis
et principibus.

Gestorum Treverorum continuatio III in: MG SS XXIV, 388
Unde factum est, ut gravissimi motus
inter imperatorem et ipsum Coloniensem
principem emergerent, qui totum imperium
commovere potuissent, nisi quod, divina
favente clementia, in curia apud Mogontiam
celebrata, quae appellabatur curia Christi,
mediantibus principibus et multiplicatis
intercessoribus, sopiti sunt.

Continuatio Sanblasiana in: MG SS XX, p. 319
Cardinales autem his patratis a curia
digressi, verbo predicationis per di-
versas imperii partes instabant, mul-
tisque relinquere patrem et matrem,
uxorem et filios et agros propter nomen Christi, et crucem tollere, ipsum
sequi in expeditionem transmarinam per-
suaserunt, et innumerabilem exercitum
contraxerunt. Quibus omnibus imperator
sequentis anni Maio tempus profectionis
constituit, pauperioribus ad minus trium
marcarum expensam, ditioribus pro posse
expensis preparari, indicens; egentibus
autem pondo trium marcarum sub anathe-
mate profectionem fecit interdici,
nolens exercitum vulgo minus idoneo
pregravari.

Ystoria de expeditione Friderici imperatoris edita a quodam austriensi clerico,
qui eidem interfuit, nomine Ansbertus.
In: Codex Strahoviensis, ed. in Fontes rerum austracarum,
Wien 1863, 1. Abt., 5. Bd.
Nemo tunc pene alicuius uirilis con-
stantie in tota Teutonia reputabatur,
qui absque salutifero signaculo in-
spiciebatur et signatorum Christi
contubernio associatus.

III. Kapitel
Die christlichen Ideale des höfischen Ritterstandes zur Stauferzeit

[1] Robert Stroppel, Liturgie und geistliche Dichtung zwischen 1050 und 1300, Frankfurt a. M. 1927, S. 26: „Das kirchliche Jahr mit seinen liturgischen Zeiten durchdrang das ganze Volksleben. Die Datierung der Urkunden war bis weit über die Reformation hinaus vom Kalendarium des Kirchenjahres bestimmt."
I. Herwegen, Die Liturgie als Lebensstil in „Alte Quellen neuer Kraft", S. 74: „Der kirchliche Gemeinschaftsgedanke ... heiligt die ganze Staatsordnung, weiht den Kaiser und König und erhebt sie zu Schirmherren und Verteidigern der Kirche. Der Schützer der Witwen und Waisen empfängt die Ritterweihe. Aber nicht nur segnet die Liturgie Schwert und Fahne derer, die gegen die Feinde der Kirche und des Vaterlandes zu Felde ziehen, sie heiligt auch die Verbände der Handwerker in Innungen und Zünften, sie schafft in Städten und Ländern aus der Eigenart des Volkscharakters, unterstützt durch historische und geographische Momente, kirchliche Feste und Gebräuche, die zugleich zum Ausdruck des tiefsten Volksempfindens und zu Pallodien städtischer oder völkischer Zusammengehörigkeit werden."

[2] Weitere Beispiele für Schwertsegen bei Waas I, S. 37 und Anm. 149. Vgl. auch diese Arbeit I. Teil, 1. Kap., Anm. 10.

[3] Beispiele für die Majestas Domini Auffassung und Darstellung bei Heer, Aufgang Europas, S. 107 ff.

[4] Vgl. dazu m. Aufsatz: „Ritterliche Lebenslehre u. antike Ethik", in: D. Vjs., 23. Jhg. (1949), S. 252—273, und die weitere Diskussion ebd. und in: D. Vjs., 24. Jhg. (1950), S. 526—529 (Fr. Maurer).

TEIL IV

I. Kapitel
Provenzalische und altfranzösische Lieder

[1] Vgl. dazu Kurt Lewent, Das altprovenzalische Kreuzlied, S. 101 ff. Lewent gibt dort den französischen Text mit Übersetzung, die hier zugrunde gelegt ist. Das Lied muß vor dem 21. Januar 1188 entstanden sein. Vgl. Lewent S. 126. Es können in diesem Abschnitt wieder nur einige typische Lieder herangezogen werden. Für die vollständige Übersicht vgl. Hermann Schindler, Die Kreuzzüge in der altprovenzalischen und mittelhochdeutschen Lyrik, Dresden 1889 (Programm der Annenschule). Trotz mancher heute verbesserter Datierungen und trotz der allzu summarischen dreifachen Gruppenbildung der Lieder (S. 2 ff.) ist die (S. 42 ff.) von Schindler gegebene Zuweisung der provenzalischen und altfranzösischen Lieder zum dritten Kreuzzug unter Hinzuziehung der unten angegebenen Spezialuntersuchungen brauchbar.

[1a] Text nach K. Lewent, Das altprovenzalische Kreuzlied, S. 101. Übersetzung von Lewent, S. 103.

[2] Vgl. meinen Aufsatz in D. Vjs. (1956), S. 78 ff. und die Einzelheiten der Textproblematik in den reichen bibliographischen Angaben bei Istvan Frank, Trouvères et Minnesinger, Saarbrücken 1952, S. 145 ff. Dazu Hennig Brinkmann, Friedrich von Hausen, Minden 1946, S. 102 ff., der die Selbständigkeit von Hausens Gedicht in beispielhafter Interpretation begründet.

[3] Er stimmt mit den Gedanken überein, die ich im Abschnitt über die Dichtung des 1. und 2. Kreuzzugs dargelegt habe, vgl. diese Arbeit S. 43 f. und auch D. Vjs., 30. Jhg., H. 1 (1956), S. 78.

[4] I. Frank, S. 31.

[5] I. Frank, S. 31.

[6] I. Frank, S. 146.

[7] I. Frank, S. 146.

[8] Vgl. Poètes et Romanciers du Moyen Age. Ed. Albert Pauphilet, Edition Pléiade, Bd. 52, Paris 1952, S. 866.

[9] Vgl. dazu Bédier, a. a. O. S. 53 ff., der auf ein nicht eingehaltenes Kreuzzugsversprechen des Königs Philipp II. August anspielt, der den Krieg gegen Heinrich II. von England wieder aufnahm, anstatt ins Heilige Land zu ziehen. Vgl. dazu auch Ph. A. Becker, Die Kreuzlieder von Conon de Béthune und Huon d'Oisy. Zs. f. franz. Sprache und Literatur Bd. LXIV (1942), S. 305 ff. Dort wird das Verhalten Conons und seiner Angreifer entschuldigt.

[10] I. Frank, S. 143 ff.

[11] I. Frank, S. 28—30.

[12] I. Frank, S. 28—32 und S. 142—146.
Vgl. dazu F. Gennrich, Zu den Liedern des Conon de Béthune. Z. f. R. Ph. XLII (1922), S. 235. Dort Datierung auf 1188 und Nachweis mehrerer Kontrafakturen. Die Reihenfolge der Strophen wird in Frage gestellt. Dazu Erika Fickel, Die Bedeutung von „sêle", „lîp" und „herze" in der frmhd. Dichtung und in den Texten der mhd. Klassik. Diss. Tübingen 1948 (Ms.).

[13] Text bei Bédier, S. 109 ff. und in „Les classiques français du moyen âge", Paris 1929, ed. Elisabeth Nissen, S. 1 und Ed. Pléiade, Bd. 52, S. 905.

[14] Pléiade, a. a. O. S. 905.

[15] Pléiade, S. 906.

[16] Pléiade, S. 906.

[17] Pléiade, S. 906.

[18] Bédier, S. 135.
[19] Zu Giraut de Bornelh: Pillet-Carstens, Bibliographie der Troubadours, Halle 1933, S. 202 ff. Adolf Kolsen, Sämtliche Lieder des Trobadors Giraut de Bornelh, ed. Halle 1910, S. 384 ff. Kurt Lewent, Das altprovenzalische Kreuzlied, Diss. Berlin 1905, bes. S. 20, 79, 87. — Fr. Diez, Leben und Werke der Troubadours. Leipzig 1882², S. 110. — Schindler, a. a. O. S. 44.
[20] Lewent, a. a. O. S. 20.
[21] Übers. v. A. Kolsen, a. a. O. S. 385.
[22] Nach Lewent, a. a. O. S. 21, Anm. 2.
[23] Pillet-Carstens, a. a. O. S. 125 ff. K. Lewent, Das altprovenzalische Kreuzlied, S. 104 ff. Dort auch die Textvorlage. Schindler, a. a. O. S. 23 und S. 42 ff.
[24] Diez, a. a. O. S. 204 und Lewent, a. a. O. S. 79 und 113.
[25] Str. 6 Lewent, S. 110.
[26] Übers. Lewent, S. 111.

II. Kapitel
Lateinische Lieder

[1] Zu Carmina burana 50 vgl. Dreves XXI (Anal. hymn. Nr. 234), S. 164 und S. 165 (Nr. 235), „De excidio Hierosolymae". Dieses Lied trägt keine besonderen Kennzeichen für die Kreuzzugsthematik. Es ist auch keinerlei Aufruf damit verbunden. Zu verweisen bliebe auf das Gedicht Dreves XXI (Nr. 233), S. 163: „Nomen a solemnibus". Das Gedicht erinnert an Carmina burana Nr. 28 S. 33 ff. Das Thema der Responsio zielt auf die Wiedergewinnung Jerusalems:
„Jerusalem eripitur,
Christianis redditur
Diem colamus igitur."
Vgl. auch Dreves XXI (Nr. 231), S. 161 und die Hinweise auf Carmina burana, S. 25 (crucifigat omnes) „Exhortatio ad bellum sacrum":
„Domini crux altera,
Nova Christi vulnera,
Arbor salutifera,
Perditum sepulcrum."
Dieses Gedicht wird häufig mit Zusätzen überliefert. Vgl. Dreves XXI, S. 162. Anmerkung 6. Vgl. allgemein: Hennig Brinkmann, Entstehungsgeschichte des Minnesangs, Halle 1926, S. 70—76. Hier wichtige Ergänzungen!
[2] „Quid dormis, vigila" lautet die erste inhaltlich gleiche Zeile in dem kaum bekannten Carmen Sangallense: vgl. diese Arbeit S. 168 ff.
[3] Um Metrum und Reim beibehalten zu können, wird der Hauptsatz zwischen die Konditionalsätze gestellt und das vom Sinn verlangte Futur I in Futur II verwandelt.
[4] Zit. bei Wolfram, Kreuzpredigt u. Kreuzlied, a. a. O. S. 102.
[5] Vgl. die auf S. 26 dieser Arbeit zitierten Stellen bei Bernhard von Clairvaux. Bernhard betont, daß der Kreuzzug eine durch Gottes Gnade geschaffene Möglichkeit für den sündigen Menschen sei, seine Schuld zu büßen und das ewige Leben zu erwerben.
[6] Vgl. Faral, S. 29 und bibliogr. Angaben in dieser Arbeit.
[7] Die Annahme Farals, hier einen Dialog zwischen dem Kreuz und dem Kreuzträger zu vermuten, läßt sich nur bedingt halten. „La croix se plaint de la captivité où les chrétiens la laissent languir." Faral, S. 29.

(8) Richtig datiert bei Hagenmeyer (vgl. unten Anmerkung 11). Jede Halbzeile paßt zum Jahr 1187, kein Argument Farals behindert diese Annahme (vgl. Faral, S. 16 und S. 30).

(9) Vgl. dazu Zs. f. R. Phil. 58, S. 139 und E. R. Curtius, Europ. Lit., S. 139.

(10) Mit Faral sollte man dabei allerdings in der 13. Zeile Martis statt mortis lesen, wozu die St. Gallener Hs., die ich eingesehen habe, die Möglichkeit bietet.

(11) „Archives de l'Orient Latin" Tom. I, Paris 1881, p. 580 ff. Vgl. auch Cat. des manuss. des bibl. des départ. I, 252. Nach Hagenmeyer entstand das Gedicht vor der Einnahme Jerusalems durch Saladin. Die gefährliche Lage des christlichen Staates wird klar erkannt und ein neuer Weg zu seiner Sicherung gewiesen. Dieser Weg soll mit der Einschränkung des jüdischen Einflusses im Heiligen Lande, nötigenfalls mit der Vertreibung der Juden beginnen, da sie ihre Stellung in der Gemeinschaft der christlichen Völker falsch einschätzen. Die gesammelte Macht des christlichen Abendlandes müßte zur Hilfe bereit sein, denn der Angriff der Heiden stehe unmittelbar bevor.

(12) „Quelque soit l'auteur du poème, il est certain, qu'il est à la fois animé d'une haine passionée contre les Juifs et fort initié à leurs usages et qu'il a dû connaître quelqu'un des ouvrages dirigés contre eux" Hagenmeyer, a. a. O. S. 580 ff.

(13) Waas II, S. 177. Anm. 77 und Ernst L. Dietrich, Das Judentum im Zeitalter der Kreuzzüge, Saeculum III, 1952, S. 94 ff., bes. S. 105 und S. 119; dazu auch S. 123 ff., 3. Kreuzzug 1189/1190:
Der Kaiser verhindert Judenverfolgung.
S. 124: Heinrich VI. verhindert Judenprogrome. 1196.
Vgl. S. 129 das Schrifttum zum Judenproblem:
I. L. Palace, De hebreeuwsche Litteratuur, Amsterdam o. J. Vgl. die Literaturhinweise ebd. S. V, besonders auch J. Winter-A. Wünsche, Die jüdische Literatur. Bln. 1897. — J. Höxter, Quellenbuch zur jüd. Geschichte und Literatur. 5 Bde. Frankfurt a. M. 1927—1930. Darin besonders Bd. III (1927) S. 61 ff. Lieder und Chroniktexte zu den schweren Ausschreitungen gegen die Juden in Frankreich u. Deutschland während der Kreuzzüge. Sehr klar tritt darin die Haltung Bernhards hervor (bes. S. 74), der diese Verfolgungen verbietet. Die dort abgedruckten und übersetzten Quellen sind entnommen aus: Neubauer-Stern, Quellen zur Gesch. d. Juden in Deutschland, Bd. 2, Bln. 1892. —
Bei Höxter S. 89 Hinweis und Belege für die Verhinderung der Judenverfolgungen in Mainz und Worms durch Friedrich I. (29. März 1188).
Vgl. zur Entehrung und Entrechtung der Juden während der Kreuzzüge S. 61 bis 88. — Zur Dichtung selbst vgl. die Klagelieder über die jüdischen Märtyrer S. 61 u. S. 71 aus der Zeit der ersten beiden Kreuzzüge. —
Vgl. Runciman, a. a. O. S. 323.

(14) „Plange Syon et Judea". Text bei Dreves, Anal. hymn. Bd. 33, S. 315 und kürzer in Bd. 21, S. 165. Dazu H. Brinkmann, Minnesang S. 71—74.

(15) Zum historischen Hintergrund:
Histoire du Moyen Age, Tome IX, 1: L'europe orientale de 1081—1453 par Charles Diehl, Radolph Guilland, Lysimaque Oeconomos et René Grousset, Paris 1945.
Histoire des Croisades et du royaume franc de Jerusalem, par René Grousset, 3 Bde. Paris 1934—1936.
Anhaltspunkte für die zeitliche Einordnung bieten die beiden Namen der Städte im Gedicht (Aconensis, Berytensis). Der Name „Aconensis" weist ganz sicher auf die Hafenstadt Akkon hin. Diese wichtige Seefeste bildete in den Jahrhunderten der Kreuzzüge oft den Mittelpunkt der Auseinandersetzungen zwischen Christen und Heiden. Balduin I., der Bruder Gottfrieds, hatte nach

dessen Tod 1100 die Nachfolge im Königreich Jerusalem angetreten und war am Weihnachtstag 1100 in Bethlehem zum König gekrönt worden. In den folgenden Jahren baute er sein Herrschaftsgebiet aus, besonders an der Küste, und am 26. Mai 1104 entriß er Akkon den Ägyptern mit Hilfe eines genuesischen Seegeschwaders. Die Ägypter verzichteten aber nicht auf Palästina. Die Jahre seiner Königsherrschaft waren ausgefüllt mit Kämpfen. Neue Hilfe aus Genua und Pisa machte es Balduin möglich, am 13. Mai 1110 im Norden Beirut zu nehmen. Noch im gleichen Jahr fiel ihm auch Sidon zu. Somit war die Küste bis auf Tyrus und Ascalon erobert (S. 439 ff.).

III. Kapitel
Deutsche Lieder

[1] H. Brinkmann hat mit Recht darauf hingewiesen, daß bei Hausen ein Neubeginn des Minnesangs festzustellen sei: „Reinmar und Walther wären ohne Hausens Vorgang nicht denkbar." H. Brinkmann, Friedrich von Hausen, Minden 1948, S. 146. Vgl. dazu auch F. Gennrich, Zs. f. Musikwissenschaft 7, S. 92 ff.

[2] Gespräch zwischen Friedrich I. u. König Phil. August v. Frankreich.

[3] Vgl. Erika Mergell, Die Frauenrede, S. 25 f.

[4] Brinkmann spricht ihm — vor allem auf Grund seiner metrischen Untersuchungen — überhaupt die Zugehörigkeit zur Kreuzzugslyrik ab (a. a. O. S. 74).

[5] v. Kraus, Untersuchungen S. 143 ff.

[6] Frauendienst, der nicht zur Vernachlässigung der Pflicht gegen Gott führte, galt als erlaubt, und damit war die Entscheidung des Ritters berechtigt: „so wil ich mich an got gehaben und ir darnach ein holdes herze tragen" (47, 7/8).

[7] Vgl. S. 152 dieser Arbeit; v. Kraus, Untersuchungen, S. 149.

[8] Das Bild ist nicht neu: Ecker (a. a. O. p. 55 ff.) weist eine ganze Reihe provenzalischer und arabischer Parallelen nach; cf. auch Hausen 51, 29:
„vert der lîp in ellende,
min herze belîbet dâ."

[8a] Anmerkung über die 4. Str. bei Colleville, v. Kraus, Brinkmann.

[9] Vgl. dazu den Abschnitt über Conon de Béthune, S. 152 ff. dieser Arbeit. Brinkmann, Entstehungsgeschichte des Minnesangs, S. 133, hält eine Entlehnung von Conon durch Hausen für unmöglich. Aber erstens dürfen wir uns die Kulturbeziehungen zwischen den maßgebenden Höfen doch recht eng vorstellen und zweitens war ja Hausen selbst 1187 als Begleiter Friedrichs I. in Nordfrankreich. Jedenfalls ist es ausgeschlossen, daß die Übereinstimmung des „Tones" und des Inhalts, ja sogar einzelner Verse, auf bloßem Zufall beruht:
„der lîp wil gerne vehten an die heiden
so hat iedoch daz herze erwelt ein wîp."
„Se li cors vait servir nostre Seignour,
li cuers remaint don tout en sa baillie."
Für eine zusammenhängende Interpretation verweise ich auf H. Brinkmann, Fr. v. Hausen, S. 102 ff. Vgl. dazu auch Istvan Frank, Trouvères et Minnesinger, S. 16 und die dort gegebene Parallele zu Guiot de Provins. Friedrich Jungbluth: Mîn herze und mîn lîp diu wellent scheiden. Zu F. v. Hausen 47, 9. Euphorion 47 (1953), S. 241—259, gibt vor allem eine Auseinandersetzung mit Brinkmann und Zingerle über die Textfassung des Liedes.

[10] Schwietering: Gottfrieds Tristan und die Bernhardische Mystik. Abh. d. Preuß. Akad. d. Wissenschaften, Jahrgang 1943, Phil.-hist. Klasse, Nr. 5, S. 25 ff.
Vgl. auch Joseph Bernhart: Die philosophische Mystik des Mittelalters, München 1922, S. 113.

(11) Fickel, a. a. O. S. 200 und S. 252.
(12) Dazu Brinkmann, der diese Lieder 48, 3 und 53, 31 an das Ende von Hausens dichterischem Werk stellt.
(13) Wolfram, a. a. O. S. 109, Predigt Alexanders III. 1181: „Uxores quoque et filios earum et bona et possessiones suas sub Petri et Nostra decernimus protectione manere", und Bonizo, S. 6 dieser Arbeit.
(14) Diese Klage über die Ritter, die sich der Kreuzfahrt zu entziehen suchen, ist ein häufiges Thema der Bullen und Predigten, die mit der Androhung ewiger Verdammnis dagegen vorgehen (Wolfram, S. 110).
Heinrich von Straßburg: „turpiter alget et torpescit vestra devotio: quod obliti estis virtutis assuetae velut degeneres et ignavi."
Erzbischof von Canterbury: „multi sunt in Anglia, qui crucem assumpserunt et licet votum possint perficere, tamen ab executione eiusdem se subtrahebant in suarum periculum animarum."
(15) H. Schneider, Heldendichtung, Geistlichendichtung, Ritterdichtung, deutet die Stelle als Ironie. Aber die im Angesicht der Trennung empfundenen Schmerzen sind zu echt und zu natürlich dargestellt, als daß sie in der Formelsprache einer Fiktionslyrik ausgedrückt werden könnten. Ich kann auch nicht den Parallelen zu Walther zustimmen, die Halbach mehrfach, z. B. zu 91, 10 annimmt. Vgl. C. v. Kraus, Untersuchungen, S. 229.
(16) Die von Wolfram, S. 112, angeführte Parallelstelle sagt nur „quis crucem salvificam non *deploret* et sanctuarium domini prophanatum" (Henr. Alb.) und „non est quem sui *moveat* salvatoris iniuria" (Henr. Strasb.).
(17) v. Kraus, Untersuchungen, S. 220.
(18) v. Kraus, Untersuchungen, S. 221, Anm. 6.
(19) Für das ganze Gedicht 87, 5 den Einfluß Conons de Béthune anzunehmen, ist weder im Inhalt noch in der Form entsprechend begründet. Vgl. v. Kraus, Untersuchungen, S. 220; dazu Istvan Franck, Trouvères et Minnesinger, Saarbrücken, 1952, S. 33 u. 146. Eine ausführliche Interpretation dieses Liedes im Zusammenhang mit dem Kreuzlied Fr. v. Hausens und mit der geschichtlichen Wirklichkeit des Barbarossa-Kreuzzuges habe ich gegeben in Festgabe Lortz, Bd. II, S. 273 ff.
(20) E. Wolframs genauer Vergleich der Stellen, S. 112 f.
(21) Vgl. hierzu die Forschungen von de Boor, bes. Literaturgeschichte Bd. II passim. Die Datierungsfrage wird behandelt bei Günther Jungbluth, Das dritte Kreuzlied Hartmanns, 218, 19. Euphorion 49 (1955), S. 145 ff. — Heinz Stolte, Hartmanns sogenannte Witwenklage und sein drittes Kreuzlied, Dt. Vjs. 27 (1953), S. 184—198, führt den Nachweis, daß Hartmann Kreuzritter von 1189 war, nicht von 1197. Zur Datierungsfrage Hendricus Sparnay, Zu Hartmanns Kreuzzugslyrik. Dt. Vjs. 26 (1952), S. 162—177. Seine Interpretationen enden in dem Nachweis, daß Hartmann Teilnehmer des Kreuzzuges 1197, nicht 1189, war, wobei alle Kreuzlieder als echt und in dem von C. von Kraus hergestellten Text angenommen werden, auch die Witwenklage.
(22) Friedrich Maurer, Über das Leid in der Dichtung Hartmanns von Aue. Euphorion 45 (1951), S. 165—185. Dort der Hinweis auf das Suchen nach der eigenen Schuld. Vgl. auch Anm. 21.
(23) Dazu S. 142 ff. dieser Arbeit.
(24) In E. Wolframs Aufsatz „Kreuzpredigt und Kreuzlied", a. a. O. S. 89 ff. sind die einzelnen Entsprechungen der Gedanken in Hartmanns Kreuzzugslyrik und den Kreuzzugsaufrufen und -bullen gegenübergestellt.
(25) Vgl. dazu A. Röttger, Die Leiderfahrung in der Dichtung Hartmanns von Aue. Diss. Straßburg 1944, S. 145 (Ms.).
(26) F. Saran, Hartmann von Aue als Lyriker. Halle 1889, S. 26 ff.: minne = die personifizierte Liebe Gottes oder klarer „Gott, die Liebe". Gott und Minne ist

hier identisch, vgl. 1. Joh. 4, 8 „quoniam Deus charitas est. ib./6: Deus charitas est, et qui manet in charitate in Deo manet." Die alte Chronologie der Kreuzzugslieder, die H. Sparnay, Hartmann v. Aue, Halle 1933, S. 3 ff. gegeben hat, ist von ihm selbst korrigiert, vgl. Anm. 18.

[27] Jungbluths neueste Forschungen, vgl. Anm. 21, zum dritten Kreuzlied Hartmanns als einem „Rollenlied" Barbarossas haben mich bisher nicht überzeugen können, wohl aber die Argumente für die Teilnahme Hartmanns am Barbarossa-Kreuzzug und für den Zusammenhang der Lieder mit diesem Zug. — Dazu jetzt Ludwig Wolf, Hartmann v. Aue, Wirkendes Wort (1959), H. 1. S. 12 ff.

[28] Schönbach, S. 19.

[29] Schönbach, S. 91 ff.

[30] Für die zweite Sentenz gibt es eine fast wörtliche Entsprechung bei Ps.-Walther 123, 35. Dieses Thema, die Nichtigkeit der Welt, die durch das Motiv der Kürze des Lebens dargestellt wird, findet sich nicht in der Kreuzpredigt und wird von Arthur Hübner, Geißlerlieder, S. 257, als ein Anklang an geistliche Liederdichtung, vielleicht an geistliche Volksdichtung erklärt. v. Kraus, Untersuchungen, S. 239.

[31] Zu Andreas Capellanus vgl. Wechsler, Kulturprobleme, S. 126 u. v. Kraus, Untersuchungen, S. 239.

TEIL V

I. Kapitel
Der Kampf zwischen Kaisertum und Papsttum

(1) Vgl. bei Waas, a. a. O. S. 228 den Hinweis auf Mansi Concilia XXII, S. 1058 bis 1068.
(2) Vgl. Waas I, S. 230.
(3) Über den Wunderglauben auf den Kreuzzügen nach den Berichten der Chroniken vgl. Waas I, passim und Campbell, Tempelritter, a. a. O. S. 130.
(4) Vgl. St. Runciman, The decline of the crusading idea, Storia del Medioevo Vol. III, Firenze 1955 S. 637 ff. Dort werden die Ablaßversprechen Innozenz' III. aufgezählt. 1198 verspricht er den Kämpfern gegen die Ketzer soviel Ablaß wie für eine Wallfahrt nach Rom oder Compostella. 1199 verheißt er den Soldaten, die Sizilien wiedererobern, Kreuzzugsablaß, 1204 und 1207 den Teilnehmern an den Albigenserkreuzzügen, 1208 und 1209 wird schon für einen Heeresdienst von 40 Tagen Kreuzzugsablaß verkündet.
(5) Zit. bei Runciman, a. a. O. S. 645 aus Migne Patrologia 216, col. 153. Runciman führt auch Klagen über den erweiterten Begriff des heiligen Krieges an von Guyot de Provins und Guillem Figueira. Er erwähnt die ablehnende Einstellung des französischen Königs Ludwig gegen den Hohenstaufenkreuzzug und die der Königin Blanche gegen den Kreuzzug gegen Friedrichs II. Sohn Konrad.
(6) Innozenz IV. wurde beschuldigt, das Kreuz sogar Sterbenden verliehen zu haben, um das Geld dafür von den Erben einziehen zu können. Vgl. Runciman, a. a. O. S. 647 f.
(7) Vgl. Runciman, a. a. O. S. 643.
(8) Weitere Belege bei Runciman, a. a. O. S. 650 ff.

II. Kapitel
Die kirchlichen Aufrufe und Predigten

(1) Vgl. S. 138 ff. dieser Arbeit.
(2) (Aus dem Jahr 1198) XIII: Duci Lavanniae, Landgravio Duringiae, et aliis de regno Alemanniae in Ultramarinis partibus constitutis. Migne CCXIV, 10.
(3) Syracusano episcopo et abbati sambucien. „Ut crucem praedicent et homines ad terrae sanctae recuperationem adhortentur." (Datum Romae) Migne, Patrologia t. 214, S. 263 ff.
(4) Archiepiscopo Magdeburgensi et suffraganeis ejus, abbatibus, prioribus, decanis, archidiaconis et universis clericis tam subditis quam praelatis in Magdeburgensi provincia constitutis. Ut Christianos in Oriente pecunia et viris contra Sarracenos adjuvent. . . . In eumdem modum scriptum est per totam Alemaniam, per Tusciam, per Lombardiam, per regnum Franciae, per regnum Anglae, per regnum Ungariae per Sclavoniam, per Hyberniam, per regnum Scotiae. Migne, Patrologia t. 214, 828 C 1 ff.
(5) Guntheri Parisiensis Historia Constantinopolitana, seu de expugnatione urbis Constantinopolitane, unde, inter alias reliquias, magna pars sancte crucis in Alemanniam est allata. In: Exuviae sacrae constantinopolitanae ed. Paul Riant, Genevae MDCCCLXXVII (1. Bd.). Nachfolgende Zitate sind dieser Quelle entnommen:

(6) ... „Fuit vir quidam in superiori Germania, Martinus vocabulo, abbas cuiusdam cenobij de ordine Cisterciense, quod in episcopio Basiliensi positum, ipsumque Parisius appellabatur...
Hic a summo pontifice Innocentio, qui tunc sancte romane ecclesie tertius sub hoc nomine presidebat, mandatum accepit, ut & ipse indubitanter signum crucis acciperet, & hoc idem aliis, in partibus illis, publice predicaret...
Habuit itaque sermonem ad clerum & populum in civitate sua, que greco vocabulo Basilea, id est regalis, dicta est, in celebri ecclesia beate Virginis Marie, ubi magna utriusque ordinis, novis excitata rumoribus, convenerat multitudo..."
(a. a. O. S. 60/61).

(7) „Verbum mihi ad vos, domini mei & fratres mei,
verbum mihi ad vos! non meum utique, sed Christi. Christus ipse verborum auctor est; ego
fragile instrumentum; Christus vos hodie per
os meum suis alloquitur verbis, suas vobis deplorat iniurias" (a. a. O. S. 62).

(8) „Sacrosanctum illud & venerabile crucis lignum, quod
Christi sanguine perfusum est, ab his, quibus
verbum crucis stultitia est, ita suppressum
occultatur, ita, ut nemo christianus, quid de
illo actum sit vel unde requiri debeat, scire possit" (a. a. O. S. 63).

(9) „Nunc itaque, validi bellatores,
succurite Christo, date nomina vestra militie
christiane, felicibus castris aggregari satagite! Vos hodie causam Christi committo, vobis
ipsum, ut ita loquar, in manus trado, ut eum
in hereditatem suam, de qua crudeliter eiectus
est, restituere studeatis" (a. a. O. S. 63).

(10) ... „certissime vobis polliceor
quia quisquis signum crucis acceperit, & puram fecerit confessionem, ab omni prorsus
mundabitur peccato, & quocunque loco, vel tempore, seu casu, presentem reliquerit vitam,
eternam accipiet" (a. a. O. S. 64).

(11) „Nunc videte, fratres,
quanta sit in hac peregrinatione securitas,
in qua & de regno celorum promissio certa est,
& de temporali prosperitate spes amplior. Ego
ipse me spondeo socium itineris & laboris; &,
prout Deo placuerit, prospera vobiscum & adversa
partiri desidero. Nunc igitur, fratres, letis
mentibus triumphale signum crucis accipite,
ut & causam Crucifixi fideliter exequentes,
pro labore breve & modico, magna & eterna percipere valeatis stipendia" (a. a. O. S. 64).

(12) ... „Nullus in hac acie vultu vel pectore tristi;
Cantica letitie resonant sub nomine Christi" (a. a. O. S. 67).

TEIL VI

I. Kapitel
Altfranzösische und italienische Kreuzzugslieder

[1] Dazu F. Gennrich in Zs. f. R. Ph. XLII, 1922, S. 720 ff. Besondere Literaturangaben S. 731.

[2] Bédier, Les Chansons de Croisade, 1909, S. 126. Für die französischen Lieder dieses Zeitraumes zwischen 1200—1250 müßte eine romanistische Sonderuntersuchung angesetzt werden. Viel Textmaterial bietet Bédier, Les Chansons de Croisade a. a. O. S. 144—295, allerdings ohne feste Zuweisung an bestimmte Verfasser und ohne sichere Chronologie der Lieder. Die Einbeziehung dieser Lieder mußte deswegen aufgeschoben werden. Ich beschränke mich hier auf wenige Beispiele, für die die Verfasser bekannt und die Entstehungszeiten gesicherter sind.

[3] Übersetzung nach Bédier, Les Chansons de Croisade, a. a. O. S. 130: Bien fou qui s'en va outre mer, s'il prend, congé de sa dame; qu'il lui mande plutôt de Lombardie son départ, car le congé double le désir.

[4] Dokumentarisch erwähnt 1196—1220. Er soll vor 1236 gestorben sein. Ob er das Heilige Land betrat, ist ungewiß. Drei Kreuzlieder, Gr. 375, 2; 375, 22; 375, 8, darunter das hier besprochene, sind auf die Mitte des Jahres 1213 datiert. Vgl. dazu Kurt Lewent, a. a. O. S. 30 und S. 97 ff. gegen Diez, Leben der Troubadours, S. 212 ff.

[5] Text bei Lommatzsch II, S. 29.
Übersetzung bei Wellner, a. a. O. S. 133.

[6] Text bei Lommatzsch II, S. 29.
Übersetzung bei Wellner, a. a. O. S. 134.

[7] Über die Datierung vgl. K. Lewent, Das altprovenzalische Kreuzlied, S. 33 und S. 127.

[8] Text bei Lewent, a. a. O. S. 116/117.
Übersetzung bei Lewent, a. a. O. S. 118.

[9] Vgl. S. 49 dieser Arbeit.

[10] Dazu Lewent, a. a. O. S. 6 und K. Vossler, Die philosophischen Grundlagen zum süßen neuen Stil, Heidelberg 1904, S. 16: „Allmählich kommt in Frankreich und Italien eine offene Auflehnung gegen alle sittlichen und religiösen Schranken zum Durchbruch."

[11] Text der ersten Strophe nach K. Vossler, Die philosophischen Grundlagen ... S. 16/17. Text der zweiten Strophe nach Antiche Rime Volgari, ed. D'Ancona-Comparetti, Bologna 1875—1888, Bd. I, S. 91 und S. 513. Dort auch zahlreiche Literaturangaben.
Text und Übersetzung ebenfalls bei Hans Frederick, Italienischer Parnass, Einsiedeln 1943, S. 9.

[12] Text in Antiche Rime Volgari, a. a. O. S. 141 ff. Vgl. außerdem Le rime di Fra Guittone d'Arezzo, ed. Pellegrini, Bologna 1901, S. 240. Außerdem Text und Übersetzung bei Hans Frederick, a. a. O. S. 18.

II. Kapitel
Die Kreuzzugsthematik in den Sprüchen und Liedern Walthers von der Vogelweide

[1] Dazu jetzt K. Siegmund, Zeitgeschichte und Dichtung im König Rother, Berlin 1959, passim.
[2] Vgl. Burdach, W. v. d. Vogelweide, Vorspiel Bd. I, 1925, S. 334—400 passim.
[3] Vgl. die ausführliche Stellungnahme dazu bei v. Kraus, Die Ged. Walthers v. d. Vogelweide, Berlin 1950[11], S. 177 u. 178.
[4] Die Sprüche 85, 17 und 13, 5; 13, 12; 13, 19; 13, 26 beziehen sich nach Maurer auf die Jahre nach 1225. Vgl. dazu Friedrich Maurer, Die politischen Lieder Walthers v. d. Vogelweide, Tübingen 1954. Maurer faßt die Sprüche 13, 5—26 zu einer einheitlichen, liedähnlichen „Aufforderung zum Kreuzzug" zusammen, deren Strophen jeweils in der letzten Zeile den entscheidenden Grundgedanken enthalten. A. a. O. S. 121 ff.
[5] F. Maurer, a. a. O. datiert die Strophen auf 1224—1227 (S. 10, 107) und ordnet sie in einen größeren Zusammenhang der Strophen des Kaiser Friedrichs- und Engelbrechtstons ein.
[6] Die Deutung der Mahnung Walthers an den Landgrafen nur auf eine Bitte um milte im eigenen Interesse (v. Kraus, Untersuchungen, S. 338) scheint deswegen unwahrscheinlich, weil die milte bereits unter den drei gelobten Tugenden aufgezählt ist und ausdrücklich von einer vierten Tugend gesprochen wird. Zu der Datierung des Spruches durch v. Kraus 1215/1216 in die Zeit der ersten Kreuznahme Friedrichs II. würde auch äußerlich die Beziehung auf den Kreuzzug passen, die vom Inhaltlichen her möglich scheint. Aber auch die Datierung durch Maurer auf 1224—1227 hat viel für sich. Vgl. dazu jetzt: J. Bumke, Wolframs Willehalm, a. a. O. 181 ff.
[7] Vgl. den Hinweis bei v. Kraus, Untersuchungen zu Walther, S. 32, daß die Parabel von der Ameise (13, 28) aus der zeitgenössischen Kreuzzugspredigt stammt.
[8] Vgl. S. 26 dieser Arbeit.
[9] Vgl. v. Kraus, der in der Strophe eine Entschuldigung für den Kaiser sieht: „... die tiefere Absicht scheint mir nicht ein Tadel oder eine Ermahnung an die Fürsten und kirchlichen Kreise zu sein, sondern eine Entschuldigung für den Kaiser, an die Adresse des Papstes gerichtet. Selbst die Erzengel, die unsichtbar und unhörbar sind, dazu weise, stark und heilkundig etc., also Gott im stillen rächen könnten, ohne sich mit jemandem zu verabreden, haben den Heiden bisher nichts angetan. Und sie soll man preisen? Wie denn, ergibt sich als stiller Gegensatz, soll man den Kaiser tadeln, der nicht ungesehen und ungehört vorgehen kann, der nur über widerspenstige Menschen in geringer Zahl gebietet, der nicht die Stärke Michaels, die Weisheit Gabriels besitzt, noch auch die Opfer eines Kreuzzugs durch die Kunst Raphaels zu heilen vermag? Man soll ihn also „ruowen lân" wie es Walther gegenüber den Erzengeln täte, wenn er über ihre Gaben und Scharen verfügte." v. Kraus, Untersuchungen, S. 314.
[10] Die Datierung schwankt zwischen 1204 (Wolfram) und 1227 (Burdach, Halbach, v. Kraus). Dieser betont die starke Abhängigkeit von dem lat. Kreuzlied der Carmina burana Nr. 26, das den Fall Jerusalems 1187 behandelt. A. a. O. S. 42—43. Wilmanns hält es für eine bestellte Arbeit.
[11] Vgl. A. Hübner: Die deutschen Geißlerlieder, S. 250 ff.
[12] Vgl. die von H. Kuhn hergestellte Fassung des Liedes in: Über Walthers Kreuzlied und Preislied, Würzburg 1936, der die Echtheit der einzelnen Strophen behandelt, und den von F. Maurer hergestellten Text, Zu den religiösen Liedern

Walthers von der Vogelweide, Euphorion 49 (1955), S. 29 ff. Jetzt dazu Jungbluth, vgl. Anm. 13.

(13) Hier nur Summierung der Predigtgedanken — wie sie in Martin von Paris' Baseler Aufrufspredigt in genauer Abfolge wiederzuerkennen sind — festzustellen, oder die Deutung der septem sigilla der Apokalypse (Wilmanns) und die sieben Heilsversprechungen aus dem Ezzolied wiederholt zu sehen, führt nicht zum tieferen Verständnis des Gedichtes. Auch die mögliche Abhängigkeit der Eingangszeilen von dem Provenzalen Peirol 1221 bedeutet nicht viel, zumal Walther in seinem „Preislied" die gleiche Erhöhung des Heimatlandes für das Land deutscher Zunge verwertet. Vgl. auch die Interpretation von Günther Jungbluth, Walthers Abschied, Dt. Vjs. 32 (1958), S. 372 ff., deren Ergebnissen ich nicht zustimme, so sehr sie meine Auffassung von der Bedeutung der Kreuzlieder Walthers stützen würden.

(14) v. Kraus, Untersuchungen, S. 312/313.

(15) Vgl. dazu v. Kraus, Untersuchungen, S. 312 ff. (mit Hinweisen auf A. Hübners Geißlerlied-Forschungen Berlin 1931, S. 231 ff.) und Dietrich von Kralik, Die Elegie W. v. Vogelweide, Wien 1952. Dazu: F. Maurer, Die politischen Lieder W. v. d. Vogelweide, Tübingen 1954, S. 215 ff.

III. Kapitel
Wolframs von Eschenbach „Willehalm" als Kreuzzugsdichtung

(1) Es spricht vieles für die Jahre 1215—1225, weil die Kreuzzugsidee von Wolfram immer noch verhüllt dargestellt wird, manches aber auch für die Haupt-Entstehungszeit 1217—1227 unter Ludwig IV. von Thüringen, weil von diesem die Verwirklichung der Kreuzzugspläne viel intensiver betrieben wurde als von seinem Vater, und weil seine Anhängerschaft zu Friedrich II. zuverlässiger war. Vgl. dazu die einleuchtenden Erklärungen und Belege von J. Bumke, Willehalm, S. 189 ff. und seine Parallele zwischen der Heiligen Elisabeth und Gyburc, die mir allerdings stark konstruktiv erscheint. S. 193 ff.

(2) Schwietering, a. a. O. S. 178: „An der metaphysischen Notwendigkeit des Heidenkampfes, dem sich christliches und heidnisches Einzelschicksal fügen muß, läßt der Dichter keinen Zweifel." Vgl. dazu J. Bumke, a. a. O. S. 79.

(3) Im scharfen Kontrast zur Quelle. Mergell, Willehalm, S. 72.

(4) Mergell, a. a. O. S. 22.

(5) Dazu: Verteidigung des Glaubens (17, 3—7 und 17, 20—22)
Mahnung an die Heilstat Christi (17, 8—14)
Verpflichtung durch die Kreuznahme (17, 15—16)
Trost in Gottes Hilfe (17, 17—18)
Mahnung an ritterliche Haltung und „manheit" (16, 25—29)
Kampf für Frauenminne und Gottesminne (16, 30)
Zweierlei Lohn (17, 1—2)
Vgl. auch die Hinweise bei Elisabeth Schenkheld, Die Religionsgespräche d. dtsch. erz. Dichtung bis zum Ausgang d. 13. Jh.s. Diss. Marburg 1930, bes. S. 22 ff., S. 30 ff., S. 42 ff.

(6) Die Erinnerung an die Taten der Vorfahren ist ein Teil der Kreuzzugswerbung. Innozenz an Friedrich II.: certe clare memore avus tuus Fredericus ad id se totis viribus accinxerat. Quid erit si et tu nepos eius illius memoriam non solum presentibus renovabis in nomine, sed etiam ad posteros prorogabis in opere, si quod ille ferventer in affectu assumpserat, tu salubriter perduxeris ad affectum!

VI. Teil 3. Kapitel

Für den römischen König Ludwig sind die Taten seines Vaters Karl Ansporn und Vorbild:

    der roemsche keiser Karl nie
    eins tages sô manegen helt verlôs,
    die man ze fürsten ûz erkôs   (180, 28—30)
    Heimrîch und des gesinde
    vor dem Karls kinde
    mit grôzer zuht stuonden:
    werben si beguonden,
    daz er helfe wurde ermant.
    dicke Karl wart genant:
    des ellen solt er erben.   (182, 11—17)

[7] In dem Wechselgespräch zwischen Willehalm und seiner Sippe (297, 5—304, 30) erscheinen folgende Motive der Kreuzpredigten:
Untaten der Heiden (297, 14—19)
Mahnung an die Schwertleite; Schutz der Witwen und Waisen (299, 13—19)
Zweierlei Lohn (299, 20—27)
Verachtung der Feigen durch Gott und durch die Frauen (303, 8—15)
Mahnung, die Heilstat Christi zu vergelten (303, 17—30)
Innere Bereitung vor dem Kampf (304, 29—30).

[8] Über das Verhältnis zur Quelle vgl. Mergell, a. a. O. S. 148.

[9] Mergell, a. a. O. S. 62.

[10] In der letzten Kreuzrede Willehalms 322, 4—26 vgl.:
Himmlischer Lohn (322, 4—7 und 10—13)
Heilstat Christi (322, 7—9)
Tadel der Frauen (322, 22—24)
Zweierlei Lohn (322, 25—26).

[11] J. Bumke, a. a. O. S. 78—79, Über die Bedeutung des Sieges der Christen für das „rîche".

[12] Dazu Papst Alexander 1181: cum enim Christus pro salute nostra opprobria multa et demum crucis patitulum sustinuit, ut nos offenderet deo mortificatos quidem carne, iustificatos autem spiritu, expedit admodum saluti fidelium, ut pro ipso corpora nostra periculis et laboris exponamus, ne pretium sanguinis, quem pro nobis effudit, videamur obliti. Nach Wolfram S. 98; und Innozenz III. 1198 an den Landgrafen von Thüringen: ... unigenitus siquidem dei filius ut hominem ad regna coelestia revocaret a dextra patris in inferiores partes terrae descendens exinanivit semet ipsum. Formam servi accipiens et se usque ad mortem humilians pro nobis crucis non dubitavit subire tormentum. Quid igitur retribuemus domino pro omnibus quae retribuit nobis. Nach Wolfram, a. a. O. S. 98.

[13] Vgl. zu der Fahne: J. Bumke, a. a. O. S. 130 ff. und zu Willehalms Fahne den Exkurs bei J. Bumke, a. a. O. S. 124 ff.

[14] Vgl. den genauen Vergleich beider Fassungen dieser Szene bei Mergell, a. a. O. S. 62—64.

[15] Zur Lohnverheißung in der zeitgenössischen Kreuzzugswerbung vgl. Gregors Encyklika: eis autem, qui corde contrito et humiliato spiritu itineris huius laborem assumpserint et in poenitentia peccatorum decesserint et in fide recta, plenam criminum suorum indulgentiam et vitam pollicemur aeternam. Dieser und weitere Belege bei Wolfram, a. a. O. S. 107.
Aus Innozenz' Bulle an den Erzbischof von Syrakus 1198: Quis sua denegat illi, qui nobis et esse contulit et habere, qui centuplum retribuit in praesenti et in futuro praemia pollicetur aeterna? Nam et secundum apostolum pietas promissionem habet vitae, quae nunc est et futura. Quis pro eo mori denegat, qui ... brevi temporis spatio mortis compendio vitam istam in aeternam potens et

commutare. Zit. b. U. Schwerin, Die Aufrufe der Päpste zur Befreiung des hlg. Landes, a. a. O. S. 49.
Willehalm 31, 12—20:
>swer sich vinden lât durh in in nôt,
>der enpfahetn endelôsen solt:
>dem sint die singaere holt,
>der dôn sô hell erklinget.
>wol im derz dar zuo bringet,
>daz er sô nâhen muoz gestên
>daz in der dôn niht sol vergên;
>ich mein ze himel der engel klanc:
>der ist süezer denne süezer sanc.

32, 6—7 des lîbes tôt, der sêle vride
erwurben Franzoysaere dâ.

37, 19—21 dô die getouften sturben
die mit hôhem prîse erwurben
den solt des êwegen lebennes.

37, 29—30 swer durh Willalm erstarp,
der sêle sigenunft erwarp, ...

216, 28—29 unt des lîbes armuot letzen
mit der sêle rîcheit.

400, 1—5 owê kristen liute,
guoter wîbe getriute,
und ir gruoz unde ir minne,
und die hoehern gewinne
(ich mein die ruowe âne ende) ...

[16] 14, 20—28; 19, 28; 225, 6—7; 322, 25—26; 344, 28—30; 363, 28—30; 435, 1; 450, 29—30; 451, 4—5; 451, 10.

[17] Waas I, S. 20 u. 21 zitiert zeitgenössische Chroniken, in denen die im Kreuzzug fallenden Ritter als Märtyrer bezeichnet werden. — Dazu auch J. Bumke, der die Rachepflicht für Märtyrer betont, a. a. O. S. 63—64.

[18] Über die Engel als Kampfhelfer vgl. Waas I, S. 16 ff.

[19] Waas I, S. 20.

[20] Waas I, S. 19.

[21] Dazu: Quid igitur retribuemus Domino pro omnibus, quae retribuit nobis? (Innozenz III. 1198). Vgl. oben Anm. 12.

[22] Wie sehr sich Wolfram im Willehalm an die Kreuzzugsaufrufe seiner Zeit und somit letztlich an die Kreuzzugsenzykliken anlehnt, zeigt die ausdrückliche Betonung, daß auch Arme an der Kreuzfahrt teilnehmen können in 170, 7—19, 186, 2—7, 304, 27—28. Diese Erlaubnis wurde bereits 1198 in den oben erwähnten Sendschreiben Innozenz' III. an den Erzbischof von Magdeburg gegeben und von da an oft in Enzykliken hervorgehoben. Bis dahin galt die Bestimmung, daß jeder, der am Kreuzzug teilnehmen wollte, für ein Jahr seinen Unterhalt bestreiten können und außerdem im Waffenhandwerk geübt sein mußte. Vgl. S. 133 dieser Arbeit. Für die v o r 1198 geltende Bestimmung sei hier nur ein Beispiel zitiert aus der Continuatio Sanblasiana, die von Friedrich I. überliefert ist: „Tempus profectionis constituit pauperioribus ad minus trium marcarum expensam, ditioribus pro posse expensis preparari indicens; egentibus autem pondo trium marcarum sub anthemate profectionem interdicit, volens exercitum vulgo minus idoneo pregravari." Der Wandel in dieser Frage der kreuzzugsfähigen Ritter zeigt sich auch in dem Brief Innozenz' III. Vgl. diese Arbeit S. 222. Vgl. damit Willehalm 170, 7—16:

VI. Teil 4. Kapitel   367

                   swaz ich hie fürsten mâge hân,
                   die gelîch ich dem armman,
                   den grâven und den barûn.
                   ob halt ein wackerr garzûn
                   von mîme geslähte waere erborn,
                   derne hete sippe niht verlorn.
                   swer mir diz leit hilfet tragen,
                   der sol mir billîch armuot klagen:
                   den verteg ich alsô mit habe,
                   daz er niht darf wenken abe.
und 186, 4—7   dâ wolt der künec sîne man
                   schouwen unde in danken,
                   den starken und den kranken,
                   al dar nâch si wâren komen.
304, 27—28   beidiu arme unde rîche
                   nâmenz kriuce al gelîche.

[23] Einzelheiten bei Mergell, a. a. O. S. 23 ff. und S. 47 ff. Dazu ergänzend J. Bumke, a. a. O. S. 13 ff. und 44 ff.
[24] Auch die lebendige Gegenwart eines Engels im Augenblick der höchsten Not ist in Annalen und Chroniken häufig beschrieben, Waas I, S. 17.
[25] Dazu G. Schreiber, Gemeinschaften des Mittelalters, Münster 1948, S. 213—282.
[26] Mergell, a. a. O. S. 47 ff. und J. Bumke, a. a. O. S. 44.
[27] Mergell, a. a. O. S. 101, 113 und 120.
[28] Bernhard v. Clairvaux S. 21 ff. dieser Arbeit.
[29] Mergell, a. a. O. S. 96.

IV. Kapitel
Kreuzzugsthematik in der nachhöfischen Epik des 13. und 14. Jahrhunderts

[1] Ausgabe: S. Singer, 1893. Vgl. Vf. Lex. IV, Sp. 612.
[2] Ausgabe: A. Hübner, DTM Bd. 39, Bln. 1938.
Literatur: de Boor, Lit.-Gesch. II, S. 192 u. Vf. Lex. Bd. IV, Sp. 603 ff.
[3] Ausgabe: Ed. Hartl, Gesamtausgabe, Berlin 1926. — A. Leitzmann, Gesamtausgabe, Halle 1947—1950. Literatur: de Boor, Lit.-Gesch. II, S. 125.
[3a] Ausgabe: Vgl. die bibl. Angaben in dieser Arbeit.
Literatur: Hermann Schneider, Germanische Heldensage I, S. 344—361. — Zum Wolfdietrich D jetzt: Linde Baecker, Die Sage von Wolfdietrich, Diss. Mainz 1958.
Die Ortnitfabel wird etwas älter sein als das Ortnitgedicht A, dessen besondere Leistung offensichtlich in der Einführung des Zwergen Alberich zu suchen ist, sowie darin, daß es die Brautfahrt in die Szenerie des Kreuzzuges von 1217 versetzt. Elard Hugo Meyer (Mittelhochdeutsche Spielmannsdichtung, ZfdA 38, 1894, S. 65 ff.) führt eine ganze Reihe von zeitgeschichtlichen Parallelen zu den Berichten des Ortnit A an. So z. B. soll der Name Machorel auf den Sultan Malek-el-Abel von Syrien und Ägypten verweisen, der den Teilnehmern des Kreuzzugs von 1217 entgegentrat. (In „Dietrichs Flucht" heißt der Heidenkönig Gôdian.) — Gestalten der niederen Mythologie werden häufig mit Heiden (Sarazenen) gleichgesetzt. 394.3 f., 396.3, 398.1, 403.3, 420.1, 424.4, 430.2, 444 u. a. Vgl. auch 789 und 893—907 („Polyphem"-Abenteuer). — Christentum und Heidentum werden recht primitiv gegeneinander ausgespielt: 983—985, 1009,

1147 f., 1156 f., 1197, 1208, 1223, 1233. — „Heidnische" Glaubenshaltung: 1147 (Machmet gibt Gold und Seide ...). Besiegte Heiden finden den Tod, wenn sie sich nicht taufen lassen: 450—453; etwas differenzierter: 2218 ff. — Derbheit der Taufszenen: 933—935, 1250 ff., 2222—2226 (vgl. auch 1146.2 f.). Verweigerung der Taufe an Belian (dreimal): 1203, 1211 f., 1229 f. Rohheiten im Kampf gegen Heiden: 453, 484 f., 931, 1235.3 f., 2204.3 f. — Dagegen die Heiden als Helfer des Helden: 1035; 1243 (ein „ritter gut und edel von heidenscher art"). — Historische Hinweise im Zusammenhang mit den Kreuzzügen: Deutschordensritter 943 ff. Deutsches Spital in Akkon, Tempelherren 2177 ff.

(4) Über die Zusammenhänge mit Wolframs „Willehalm" vgl. Ed. H. F. Rosenfeld, Berlin 1957, Lit.-Ang. vgl. Vf. Lex. Bd. IV, Sp. 581/582.

(5) Über die historischen Beziehungen des Romans, der zur Verherrlichung des böhmischen Königs Wenzel II. und seiner Frau Guta geschrieben wurde, vgl. Rosenfeld, Edition; Einleitung S. XXIX—XXX.

(6) Über die Beziehungen zu Wolfram und Ulrichs von Etzenbach Wilhalm von Wenden und Herzog Ernst D vgl. H. Naumann in der Einleitung zu seiner Edition in MGH Berlin 1923. Naumann legt hier auch die Entstehungszeit des Gedichtes auf das Jahr 1301 fest. S. 194.

(7) Über die historischen Irrtümer vgl. Naumann, a. a. O. S. 201 f.

(8) Naumann hat in seiner Einleitung, a. a. O. S. 199, mit Beispielen belegt, wie aller Glanz weltlichen Rittertums auf die Heiden und ihren Führer Saladin versammelt wird, wie auch die heidnischen Fürstinnen dem Ideal der höfischen vrouwe entsprechen.

(9) Text: hg. von Karl Bartsch, Stuttgart 1871. Bibl. d. Lit. Vereins Stuttgart. Dazu Hermann Schneider im Vf. Lex. III. Sp. 1046 ff. und Ehrismann, Schlußbd., S. 87 f.

(10) Text: hg. von Ernst Regel, Berlin 1906. Dazu W. Krogmann im Vf. Lex. II, Sp. 650 ff.

(11) Kronike von Pruzinlant, v. 340 ff. und 18196. — Vgl. auch Helm-Ziesemer, Die Literatur des deutschen Ritterordens. Zu Akkon S. 141; zum heiligen Krieg S. 150.

(12) H. M. S. II, S. 361; dazu Helm-Ziesemer, S. 17 ff. mit Wiedergabe des Liedes.

(13) Hg. v. Ernst Strehlke, Leipzig 1861, v. 2274—3390.

(14) Vgl. dazu Helm-Ziesemer, Deutschordensdichtung, S. 97 und S. 193.

(15) Ebd. S. 97.
Wollte man derartige Rezeptionen von biblischen Themen weiter verfolgen, so müßten alle Ordensdichtungen bis zu Jörg Stuler (1479) herangezogen werden, denn der „Fall von Akkon" wie die „Judith" sind Prosa-Auflösungen der biblischen Erzählung aus rein stofflichem Interesse. Vgl. Helm-Ziesemer, S. 71 und S. 141 ff. Hier müßte eine sorgfältige Spezialforschung einsetzen, denn die Zugehörigkeit der „Judith" zur Deutschordensdichtung, wie sie Helm-Ziesemer vorbehaltlos annehmen, läßt sich mit den dort gegebenen Argumenten nicht ohne weiteres halten. Vgl. dazu auch Rudolf Palgen, Judith. Halle 1924, S. IV der Einleitung, der die Zuweisung zur Deutschordensdichtung mit größter Vorsicht aufnimmt.

(16) Nach dem Verlust Jerusalems 1187 hatte Barbarossas Sohn Friedrich von Schwaben in Verbindung mit Adolf von Holstein diesen Orden gegründet, wobei die gleichen Gelübde der Armut, der Keuschheit und des Gehorsams beschworen wurden. Als Habit galt der weiße Mantel mit dem schwarzen Kreuz. Das erste Haus dieser 1191 von Papst Clemens IV. bestätigten Bruderschaft stand in Akkon, weswegen auch dieser Name häufig in den Ordenschroniken erscheint. Vgl. Helm-Ziesemer, S. 10.

(17) Vgl. dazu S. Runciman, The Decline of the Crusading Idea, a. a. O. S. 637 ff.

V. Kapitel
Deutsche Kreuzzugslieder und -sprüche des 13. und 14. Jahrhunderts

[1] Vgl. zu Rubin die biographischen und bibliographischen Angaben in dieser Arbeit.
[2] Vgl. S. 219 ff. dieser Arbeit.
[3] Kuhn, Minnesinger des 13. Jh.s I, Nr. VII A, S. 344.
[4] Vgl. dazu die biographischen u. bibliographischen Angaben in dieser Arbeit. Der Kreuzlied-Text bei Kuhn, a. a. O. S. 170, Nr. XVII. Seit Kuhns Textedition und seinem sorgfältig vergleichenden Kommentar rechnet man es zum späten Minnesang. Die Gründe, die H. Kuhn für die Entstehung des Liedes in den Aufrufszeiten zum Kreuzzug Friedrichs II. anführt, werden vom Text her gestützt. Allerdings gelingt die Übereinstimmung von Liedtext und Liedgehalt nur dann, wenn die von Kuhn gegebene Fassung akzeptiert wird. Im Rahmen der Kreuzzugsthematik entspricht — über Kuhns sorgfältig erwogene Begründungen weit hinausreichend — die Zuweisung Hiltbolts zur Generation der Kreuzzugsteilnehmer von 1227/1228 genau der Zeitlage, die in Walthers Elegie und Hartmanns späten Liedern gegeben ist.
[5] H. Kuhn II, S. 215.
[6] Vgl. die biographischen u. bibliographischen Angaben in dieser Arbeit.
[7] Friunde wohl verhüllend statt friundin, vgl. Kuhn II, S. 302.
[8] Vgl. dazu die biographischen u. bibliographischen Angaben in dieser Arbeit und H. Kuhn, Minnesinger, Bd. II, S. 376, Text: Bd. I, S. 314.
[9] Kuhns Versuch, die beiden Strophen in Briefform umzusetzen, zeigt das deutlich, II, S. 377.
[10] I, 7 vgl. Angermann, S. 641.
[11] Dazu die biographischen u. bibliographischen Angaben in dieser Arbeit.
[12] Schönbach, 1. Abh., S. 65.
[13] Schönbach, Bd. 148, Abh. VII, S. 9.
[14] Über die historischen Hintergründe vgl. Schönbach, S. 12—13, der Briefe Gregors IX. auswertet.
[15] Schönbach, S. 73. Vgl. Reallex. III, Sp. 292 b. Die Datierung schwankt zwischen 1217—1224.
[16] Schönbach, 1. Abh., S. 1—3.
[17] Vgl. auch Spruch 56 mit dem Hinweis auf die beispielhafte Freigiebigkeit Saladins (Z. 10—12), die wohl auf Walthers Anspielung in 19, 23 zurückgeht.
[18] Schönbach gibt die Parallelen zu Walther in Gedanken und Ausdruck, S. 7.
[19] Vgl. die biographischen und bibliographischen Angaben in dieser Arbeit.
[20] Vgl. diese Arbeit S. 294.
[21] Text nach Haupt-Wiessner, S. 14—18. Vgl. die biographischen und bibliographischen Angaben in dieser Arbeit.
[22] Vgl. diese Arbeit S. 218 und Wiessner, Wörterbuch zu Neidharts Liedern, Leipzig 1954, S. 434, Stichwort „wandelunge".
[23] Vgl. Wiessner, Kommentar zu Neidharts Liedern, Leipzig 1954, S. 23 ff.
[24] Wiessner, Kommentar, a. a. O. S. 26.
[25] Vgl. die biographischen und bibliographischen Angaben in dieser Arbeit.
[26] Vgl. diese Arbeit S. 216 ff., Runciman, S. 646.
[27] Vgl. die biographischen und bibliographischen Angaben in dieser Arbeit.
[27a] Zum Seefahrtepos vgl. Marg. Lang, Thannhäuser, passim.
[28] Vgl. die biographischen und bibliographischen Angaben in dieser Arbeit.
[29] Spielmannsdichtung II, hg. v. Piper, S. 113 ff. und de Boor, Lit. Gesch. II, S. 192 ff.

[30] In der Auswertung der Gebetsdichtung sind wir durch das Fehlen einer kritischen Ausgabe behindert. Ich verdanke die hier verwendeten Texte der Freundlichkeit von Frl. Dr. Ute Schwab, Neapel, die sie mir nach Mikro-Photographien der Wiener Hs.A. (Wien 2705) und nach einer Abschrift Zwierzinas zur Verfügung stellte. Die Texte gehen über das von C. von Kraus Mitgeteilte weit hinaus. Kraus, Mhd. Übungsbuch, S. 279 ff. Vgl. dazu Ute Schwab, Zur Interpretation der geistlichen Bîspelrede. Annali del' Istituto Universitario Orientale Sezione Germani. Napoli 1958, S. 153 ff., bes. S. 181.

[31] Ich verwende hier ausführliche Zitate, da diese Texte bisher nicht ediert sind. Vgl. für die Zeilen Hs. A 156, Z. 223 ff. die Varianten zu dem nach der Melker Hs. abgedruckten Bîspel bei Leitzmann, a. a. O. Nr. 6.

[32] Der Text ist jetzt veröffentlicht: Ute Schwab, Die bisher unveröffentlichten geistlichen Bîspelreden des Strickers, Göttingen 1959, bes. S. 151 ff.

Abkürzungsverzeichnis

Arch. f. n. Spr.	Archiv für das Studium der neueren Sprachen und Literaturen, 1846 ff.
BSB	Sitzungsberichte der Akademie d. Wissenschaften zu Berlin. Phil.-hist. Klasse, 1836 ff.
Dt. Vjs.	Deutsche Vierteljahrsschrift für Literaturwissenschaft und Geistesgeschichte, 1923 ff.
Euphor.	Euphorion, Zeitschrift für Literaturgeschichte, 1894 ff.
Germania	Germania, Vierteljahrsschrift für deutsche Altertumskunde, hrsg. v. F. Pfeiffer u. a., 1856—1892.
GGN	Nachrichten der Göttinger Gesellschaft der Wissenschaften. Phil.-hist. Klasse, 1850 ff.
GRM.	Germanisch-Romanische Monatsschrift, 1909 ff.
HMS.	Minnesinger. Gesammelt u. hrsg. v. F. H. v. d. Hagen, Leipzig 1838.
MF	Des Minnesangs Frühling, 1940, neu bearbeitet von C. v. Kraus.
MGH	Monumenta Germaniae historica
Neophil.	Neophilologus, hrsg. v. J. J. A. A. Frantzen u. a. 1915 ff.
PBB	Beiträge zur Geschichte der deutschen Sprache und Literatur, hrsg. v. H. Paul, W. Braune, E. Sievers, H. de Boor u. I. Schröbler 1874 ff.
QF.	Quellen und Forschungen zur Sprach- und Kulturgeschichte der germanischen Völker, Straßburg 1874 ff.
Verf.Lex.	Verfasserlexikon, hrsg. von Wolg. Stammler, Berlin u. Leipzig 1933 ff.
Wirk.Wort	Wirkendes Wort, Düsseldorf 1950/51 ff.
WSB	Sitzungsberichte der Akademie der Wissenschaften zu Wien. Phil.-hist. Klasse, 1848 ff.
ZfdA	Zeitschr. für deutsches Altertum und deutsche Literatur, 1841 ff.
ZfD	Zeitschrift für Deutschkunde, 1920 ff.
ZfdPh	Zeitschrift für deutsche Philologie, 1868 ff.

Biographische und bibliographische Hinweise

Vorbemerkungen

Auf den nachfolgenden Seiten ist biographisch und bibliographisch nur das vermerkt, was der zukünftigen Forschung als Ausgangsbasis dienen kann. Die knappen Notizen sind lediglich als Ergänzung der Gesamtdarstellung gedacht, die dadurch von biographischem Material entlastet werden sollte. Manche chronologischen Fragen konnten noch nicht beantwortet werden, weil die wissenschaftliche Forschung noch keine sichere Entscheidung getroffen hat. Für die äußere Einteilung bleibt die Kapitelanordnung verbindlich. Die Nennung der Autoren erfolgt alphabetisch.

Für die historischen und allgemein geistesgeschichtlichen Forschungen müssen die Hinweise auf die soeben erschienene Bibliographie zur Geschichte der Kreuzzüge und auf die Artikel zur Kreuzzugsdichtung in den meist neu aufgelegten bekannten wissenschaftlichen Handbüchern genügen.

1. H. E. Mayer, Bibliographie zur Geschichte der Kreuzzüge. München 1960.
2. Reallexikon der deutschen Literaturgeschichte. Berlin 1958 ff. 2. Aufl. Bd. I. S. 885 ff.
3. Die Religion in Geschichte und Gegenwart. 3. Auflage. Tübingen 1960. Bd. 4. Sp. 59—62.
4. Die deutsche Literatur des Mittelalters, Verfasserlexikon, hrsg. von Wolfgang Stammler, Berlin, Leipzig 1933 ff.
5. Allgemeine deutsche Biographie, 56 Bde., Leipzig 1875 ff. und Neue Deutsche Biographie. 2. Auflage.
6. Wetzer und Weltes Kirchenlexikon, 13 Bde. Freiburg 1903. 2. Aufl.
7. Lexikon für Theologie und Kirche, hrsg. von M. Buchberger, 10 Bde., Freiburg 1930—1938.
8. Realenzyklopädie für protestantische Theologie und Kirche, hrsg. von Albert Hauck, 21 Bde., Leipzig 1896—1908.

ZU TEIL I: ZUR GESCHICHTLICHEN SITUATION DER ERSTEN BEIDEN KREUZZÜGE (1096—1149)

Annolied

Verfaßt um 1080 von einem bayerischen (Rödiger, Kraus) oder mittelfränkischen (de Boor) Dichter, der in der Nähe Annos, in Köln oder Siegburg lebte. Als Quelle für die etwa siebzig Jahre später entstandene „Kaiserchronik" verwertet. Eine Hs.

ist nicht erhalten. Bekannt nur aus dem Abdruck des Martin Opitz aus dem Jahre 1639 „Incerti Poetae Teutonici Rhythmus de Sancto Annone".

Ausgaben

Ehrismann, Gesch. d. dt. Lit. II, 1 S. 144.
M. Rödiger, MGH Script. vern. lingua, I, 2 (1895) (krit. Ausgabe).
W. Bulst, Editiones Heidelbergenses, Heft 2 (1946) (diplom. Abdruck des Druckes von Martin Opitz).

Literatur

Bauernfeind, G., Anno II. von Köln, Diss. Münster 1924.
de Boor, H., Gesch. d. dt. Lit. Bd. 1, S. 144—146.
Eberhard, G., Die Metrik des Annoliedes, PBB 34 (1909), S. 1—100.
Ehrismann, G., Gesch. d. dt. Lit. II, 1, S. 144—151 (Lit.-Ang. S. 144).
Fritschi, K., Das Annolied, Diss. Zürich 1957.
Holtzmann, A., Der Dichter des Annoliedes, Germ. 2, (1857), S. 1—48.
Ittenbach, M. Dichtungen der salischen Kaiserzeit 1937. S. 62 ff.
—, Das Annolied, Dichtung und Volkstum (Euphorion) 39 (1938), S. 17—28.
Kettner, E., Untersuchungen über das Annolied, ZfdPh 9 (1878), S. 257—337.
—, Zum Annolied, ZfdPh 19 (1887), S. 321—338.
Kohlmann, Ph., Kleine Beiträge zu den Quellen des Annoliedes, PBB 35 (1909), S. 554—567.
Kuhn, H., Minne oder reht, Festschrift f. Panzer 1950, S. 29—37.
—, Gestalten und Lebenskräfte der frühmhd. Dichtung (Ezzos Lied, Genesis, Annolied, Memento mori) Dt. Vjs. 27 (1953), S. 1—30.
Linder, Th., Anno II, der Heilige, Erzbischof von Köln. 1896.
Mergell, B., Annolied und Kaiserchronik, PBB 77 (1955), S. 124—146.
Scherer, W., Rolandslied, Kaiserchronik, Rother. ZfdA 18 (1875), S. 298—306.
Schröder, E., Zur Kritik des Annoliedes, ZfdA 58 (1921), S. 92—96.
Seemüller, J., Zum Annolied, ZfdA 42 (1898), S. 322—338.
Steinger, H., Verf. Lex. Bd. 1, Sp. 87—90.
Wilmanns, W., Über das Annolied, Wilm. Beitr. H. 2 (1886).

ZU TEIL II: ERSTE KREUZZUGSDICHTUNGEN UND IHRE VORFORMEN

Ezzos Gesang

Auf Veranlassung Bischof Gunthers von Bamberg (1057—65) von dem Priester Ezzo zur Einweihung des Kollegiatstiftes St. Gangolph in Bamberg 1063 gedichet, von Wille komponiert. Auf dem Kreuzzug von 1065, an dem sowohl Ezzo als auch sein Auftraggeber teilnahmen — letzterer fand dabei den Tod —, zum Kreuzlied geworden.

Ausgaben

Müllenhoff-Scherer, Denkmäler dt. Poesie u. Prosa aus dem VIII.—XII. Jh. ³1892 I, S. 78—92.
Diemer, Dt. Gedichte des 11. u. 12. Jhs., S. 317—330.
Waag, Kleinere dt. Gedichte des 11. u. 12. Jhs. ²1916, S. 1—16.
Braune-Helm, Ahd. Lesebuch 12 1952, S. 126 f.

Literatur

de Boor, H., Gesch. d. dt. Lit. Bd. 1, S. 145—147.
—, Analyse des Ezzoliedes ZfdPh 51 (1926), S. 246—274.
—, ZfdA 68 (1931), S. 226—232.

Ehrismann, G., Gesch. d. dt. Lit. II, 2, S. 40—53.
Erdmann, C., Fabulae curiales, Neues zum Spielmannsgesang u. zum Ezzolied. ZfdA 73 (1936), S. 87—98.
Ittenbach, M., Dichtungen der salischen Kaiserzeit, S. 8—10.
Mergell, B., Ezzos Gesang PBB 76 (1954), S. 199—216.
Pössl, E., Wörterbuch und Reimverzeichnis zu dem Ezzoliede Diss. Wien 1950.
Rupp, H., Dt. religiöse Dichtungen des 11. u. 12. Jhs. (1958), S. 26—82.
Schneider, H., Ezzos Gesang ZfdA 68 (1931), S. 1—16.
Steinger, H., Verf. Lex. Bd. 1 Sp. 594—598.
Wilmanns, W., Ezzos Gesang von den Wundern Christi. Bonner Univers.-Progr. (1887).

Summa Theologiae

Verfasser dieser heilsdogmatischen Dichtung unbekannt. Er war sicher Geistlicher und lebte wohl in der ersten Hälfte des 12. Jhs. Genauere Bestimmung der Entstehungszeit des Werkes nicht möglich. Als Vorlage dürfte eine nicht erhaltene lat. Glaubenslehre in Betracht kommen.

Ausgaben

Müllenhoff-Scherer, Denkmäler dt. Poesie u. Prosa aus dem VIII.—XII. Jh. [3]1892, I, S. 114—124.
Diemer, Dt. Gedichte des 11. u. 12. Jhs., S. 91—103.
Waag, Kleinere dt. Gedichte des 11. u. 12. Jhs. [2]1916, S. 16—27.

Literatur

de Boor, H., Gesch. d. dt. Lit. Bd. 1, S. 165—167.
Buttel, P., Relig. Ideology and Christian humanism in German Cluniac verse 1948, S. 84—89.
Ehrismann, G., Gesch. d. dt. Lit. II 1, S. 53—58.
Ittenbach, M., Dt. Dicht. der salischen Kaiserzeit. 1937, S. 74—85.
Lieberth, L., Glossar u. Reimwörterbuch zur Summa Theologiae. Diss. Wien 1949 (Masch.-Schr.).
Perjus, E., Verf. Lex. Bd. 4, Sp. 318—325.
Pretzel, N., Frühgeschichte des dt. Reims I. 1941, S. 111—117.
Rupp, H., Dt. religiöse Dichtung des 11. u. 12. Jhs. 1958, S. 83—138.
Waag, A., Die Zusammensetzung der Vorauer Hs. PBB 11 (1886), S. 77—158; besonders S. 109—119.

Des armen Hartmanns „Credo"

Das dogmatische Werk entstand kurz vor 1150; es war dem Dichter der Kaiserchronik bekannt. Der Verfasser rechnet sich nicht zu den Geistlichen, versteht aber Latein und verfügt über eine gute Bibelkenntnis. Eine theologische Ausbildung kann bei ihm nicht vorausgesetzt werden.

Ausgaben

Fr. v. d. Leyen, Des armen Hartmann Rede vom Glauben. Germ. Abh. XIV (1897).
Maßmann, Dt. Gedichte des 12. Jhs., S. 1—42.

Literatur

de Boor, H., Gesch. d. dt. Lit. Bd. 1, S. 181—182.
Brück, J., Zur Sprache der Rede vom Glauben des armen Hartmann. Prager dt. Studien 17 (1910).

Ehrismann, G., Gesch. d. dt. Lit. II, 1, S. 62—65.
Leitzmann, A., Zu Hartmanns Rede vom Glauben. PBB 24 (1899), S. 206—220.
v. d. Leyen, F., Zu Hartmanns Rede vom Glauben. PBB 24 (1899), S. 522—528.
Rupp, H., Dt. religiöse Dichtung des 11. u. 12. Jhs. 1958, S. 139—230.
Schröder, E., Aus der Reimpraxis frühmhd. Dichter. ZfdA 75 (1938), S. 201—215; bes. S. 201—205.
Schröder, W., Der Geist von Cluny und die Anfänge des frühmhd. Schrifttums. PBB 72 (1950), S. 333—386.
Steinger, H., Verf.-Lex. Bd. 2, Sp. 199—202.
Thiele, G., Zu Hartmanns Credo. ZfdA 77 (1940), S. 64—65.

Wilhelms IX. von Poitiers Pilgerlied und zwei provenzalische Kreuzlieder aus der Zeit der ersten Kreuzzüge

Als Herzog von Aquitanien Wilhelm IX. (1071—1127). Während des ersten Kreuzzuges 1098 dringt er in die Grafschaft Toulouse ein, da der berühmte Raimon IV. im Heiligen Land war, muß sie aber, vermutlich auf Einspruch des Papstes, 1101 wieder abgeben. Sammelt selbst ein großes Heer zu einem Kreuzzug, das bereits auf der Fahrt schwere Verluste hatte und in Kleinasien nahezu vernichtet wurde. Er selbst gelangt nach Antiochia, besucht Jerusalem und kehrt 1102 nach Europa zurück. 1124 versucht er nochmals die Grafschaft Toulouse zu erobern, kann sie aber nicht halten. Er stirbt 1127, nachdem er selbst eine religiöse Umkehr erlebt hat.

Text

Jeanroy, Alf., Les chansons de Guillaume IX. (Collections des Classiques français des Moyen-Age, facs. IX).

Übersetzungen

Fr. Diez u. Karl Bartsch: Leben und Werke der Troubadours. Leipzig 1882², S. 3.

Literatur

Pillet-Carstens, Bibliographie der Troubadours.
Halle 1933, S. 155 ff. — Jeanroy, Alf., La Poésie lyrique des Troubadours, Bd. I, Toulouse—Paris 1934.

Zwei provenzalische Kreuzlieder (anonym).

Bisher nur unvollständige Angaben. Die meisten Gedichtanfänge (Reimregister) bei Pillet-Carstens, Bibliographie der Troubadours Halle 1933, S. 418 ff. — Dazu Karl Bartsch, Grundriß zur Geschichte der Provençalischen Literatur, Elberfeld 1872, S. 197 (Anonyma unter 461, 1—251).

Literatur

Bédier, Jos., Les Chansons de Croisade., Paris 1909, passim.

Marcabru (zwischen 1130—1183)

Als Findelkind durch Herrn Aldric von Vilar aufgezogen oder als Sohn eines armen Weibes in der Gascogne von seinem Lehrer Cercamon in der Kunst der Troubadours ausgebildet. Teilnahme an den Spanien-Kämpfen 1138 (Alfons VII). Der starke Eindruck der Aufrufe zum 2. Kreuzzug 1146 veranlaßt wohl das auf die Kreuznahme König Ludwigs VII. von Frankreich bezogene Abschiedslied.

Text

Dejeanne, J. M. L., Poésies complètes du Troubadour Marcabru, Toulouse 1909.

Übersetzungen

Franz Weller, Die Troubadours, Leben und Lieder. Leipzig 1942. Sammlung Dieterich Bd. 104, S. 46 ff. Für Einzellieder in Übersetzungen vgl. die Anmerkungen zu diesem Abschnitt; besonders auch Samuel Singer, Die religiöse Lyrik des Mittelalters, Bern 1933.

Literatur

Pillet-Carstens, Bibliographie der Troubadours, Halle 1933, S. 256 ff. und in den Anmerkungen zu diesem Abschnitt. (S. 341 dieser Arbeit). Neuere Forsch. bei: H. Spanke, Markabru-Studien I u. II, GGN, III, 24 (1940).

Jaufre Rudel

Über ihn sind wenig biographische Tatsachen bekannt. Aufgewachsen in der Umgebung des Grafen Alfons Jordan von Toulouse (1109—1148), nahm er 1148 das Kreuz (als Prince de Haye) und begleitete ihn auf dem zweiten Kreuzzug. J. Rudel übersandte vom Heiligen Land ein Gedicht an Raimon V. (1148—1194), den Nachfolger. Er hatte enge Beziehungen zum Grafen von Tripolis in Syrien, Bertran von Toulouse, dem älteren Bruder des Alfons Jordan von Toulouse. Eine Liebesbindung an die Tochter des Raimon I. von Tripolis, Melisante, auf die das berühmteste Fernweh-Minnegedicht Jaufre Rudels bezogen wird, wird historisch nicht bestätigt.

Text

Kritische Ausgabe durch: Albert Stimming, Der Troubadour Jaufré Rudel, sein Leben und seine Werke. Kiel 1873.

Jeanroy, A., Les chansons de Jaufré Rudel, Paris 1942² (Les Classiques français du moyen âge, 1915, fasc. 15).

Literatur

Pillet-Carstens, Bibliographie der Troubadours, Halle 1933, S. 258 ff. — Leo Spitzer, L'amour lointain de Jaufre Rudel et le sens de la poésie des Troubadours, in: Romanische Literaturstudien 1936—56, Tübingen 1959, bes. S. 409 ff. Vgl. dazu die Anmerkungen zu diesem Abschnitt. (Diese Arbeit S. 341.)

Die Kreuzzugslieder der Carmina burana aus der Zeit der ersten Kreuzzüge

Ausgabe

Alf. Hilka, Otto Schumann, Bd. I, Die moralisch-satirische Dichtung der C. B., Heidelberg 1930; Bd. II. Kommentar, Heidelberg 1930. K. Schmeller, Stuttgart, 4. Aufl. 1904; dazu: Holm-Süßmilch: Die lat. Vagantenpoesie des 12. u. 13. Jhs. als Kulturerscheinung; in Beitr. zur Kulturgesch. des Ma. s. Bd. 25 (1927).

N. Spiegel, Die Grundlagen der Vagantenpoesie. Würzb. Gymn. Progr. 1908.

H. Brinkmann, Über Werden und Wesen der Vaganten. Preuß. Jahrb. 195 (1924).

W. Bulst, Studia Burana, Hist. Vj. 28 (1933).

P. Lehmann, „Vagantendichtung", Bayr. Blätter für das Gymnasialwesen, Bd. 59 (1923), S. 129 ff.

W. Süß, „Das Problem der Bibelsprache, Hist. Vj. 1932.

Die Kaiserchronik

Verfaßt um 1152—1155 wahrscheinlich von dem Pfalzgrafen Otto V. von Wittelsbach. Die Chronik schließt mit dem Jahre 1147 (Höhepunkt der Aufbruchsbewegung zum zweiten Kreuzzug). Die Annahme, der Dichter des Rolandsliedes, der Pfaffe Konrad, sei auch als Verfasser der Kaiserchronik anzusehen, hat die neuere Forschung nicht bestätigen können. Als Quelle wurde u. a. das etwa siebzig Jahre früher verfaßte Annolied benutzt. In der Verbindung von imperium und sacerdotium wird Zusammenhang mit Kreuzzugsidee deutlich (Kaiserbild Karls des Großen). In der neuesten Forschung (Urbanek) bestätigt sich die Verbindung zu Friedrichs I. Imperiumspolitik.

Ausgaben

s. Ehrismann, Gesch. d. dt. Lit. II, 1., S. 267 u. Verf. Lex. Bd. 2, Sp. 733 f.

grundl. Ausgabe

E. Schröder, Die Kaiserchronik eines Regensburger Geistlichen, MGH, Dt. Chron. I, I (1892).

Literatur

Bauer, G. K., Kaiserchr. und Rolandslied; ZfdPh 56 (1931), S. 1—14.
de Boor, H., Gesch. d. dt. Lit. Bd. 1, S. 223—232.
Crossley, R. G., Die Kaiserchronik, ein literarhistor. Problem der altdt. Literaturgesch., Diss. Freiburg 1937 (ersch. 1939).
Debo, F., Über die Einheit der Kaiserchronik, Diss. Graz 1877.
Ehrismann, G., Gesch. d. dt. Lit. II, 1, S. 267—290.
Ittenbach, M., Über die Kaiserchronik als stroph. Dichtung. Euphorion 42 (1942), S. 15—46.
Mergell, B., Annolied und Kaiserchronik. PBB 77 (1955), S. 124—146.
Mohr, W., Lucretia in der Kaiserchronik, Dt. Vjs. 26 (1952), S. 433—446.
Ohly, F., Sage und Legende in der Kaiserchronik, Münster 1940.
Röhrscheidt, C., Studien zur Kaiserchronik. Diss. Erlangen 1907.
Urbanek, F., Zur Datierung der Kaiserchronik. Euphorion 53 (1959), S. 1—152; vgl. besonders S. 141 u. S. 151 f.
Scherer, W., Rolandslied, Kaiserchronik, Rother. ZfdA. 18 (1875), S. 298—306.
Scheunemann, E., Verf. Lex. Bd. 2, Sp. 732—746.
Sitte, E., Die Datierung von Lambrechts Alexander, Halle 1940 (dort relat. Chronologie: Kaiserchr., Alexander, Rolandslied).
Vogt, F., Zur Kaiserchronik, ZfdPh 27 (1895), S. 145—148.
Welzhofer, H., Untersuchungen über die deutsche Kaiserchronik, 1874.
Wesle, C., Kaiserchronik und Rolandslied. PBB 48 (1924), S. 223—258.

Der Ludus de Antichristo

Das heilsgeschichtliche Drama entstand um 1160 (spätere Datierung 1189). Name des Verfassers unbekannt. Sprache und Bildung weisen ihn als einen obd. Geistlichen aus, der auch mit dem ritterlichen Leben vertraut war. In der Herrschaft des Antichrist auf dem Thron zu Jerusalem liegt die Beziehung zur Kreuzzugsthematik begründet.

Ausgaben

Bern. Pez, Thessaurus Anecdotorum novissimus II$_3$ (1721), S. 186—196.
J. P. Migne, Patrologia latina 213 (1855) Sp. 950—959.
W. Meyer, Der „Ludus de Antichristo" u. die lat. Rhythmen. Ges. Abhandlungen zur ma. Rhythmik I (1905) S. 136—339.
L. Benninghoff, Ludus de Antichristo, Das Spiel vom Kaiserreich u. vom Antichrist, der lat. Urtext u. die dt. Übersetzung. 1922.
Das Tegernseer Antichristspiel Ludus de adventu et introitu Antichristi hrsg. v. K. Schultze-Jahde, Eclogae Graeco-Latinae 1932.
Weitere Ausgaben vgl. A. Dörrer, Verf.-Lex. Bd. 3, Sp. 179 u. M. Manitius, Gesch. der lat. Lit. 1931, S. 1056.

Literatur

Ehrismann, G., Gesch. d. dt. Lit. Schlußband, S. 555—557.
Manitius, M., Gesch. d. lat. Lit. 1931, S. 1052—1056.
Dörrer, A., Verf.-Lex. Bd. 3, Sp. 87—185.
Hauck, K., Zur Genealogie u. Gestalt des staufischen Ludus de Antichristo. GRM 33 (1951/52). S. 11—26, bes. S. 22 u. 23 zur Datierung.
Weitere Literaturang. vgl. Dörrer a. a. O. Sp. 179—185 u. Verf.-Lex. Bd. 5, Sp. 632—634 (Nachtrag).

Das Rolandslied des Pfaffen Konrad

Verfasser urkundlich nicht bezeugt, nennt sich aber selbst in seinem Werk. Als Quelle wurde für das um 1145 (?) oder 1170 (?) entstandene Lied, die altfranzösische „Chanson de Roland" (Zeit der Entstehung ungewiß) benutzt, die vom Dichter zunächst ins Lateinische, dann weiter ins Deutsche übertragen wurde. Lateinische Zwischenfassung nicht erhalten. Auftraggeber Konrads war Heinrich der Löwe. Entgegen dem französischen Vorbild wird im deutschen Rolandslied der Kampf gegen die heidnischen Sarazenen als Kreuzzug verstanden.

Ausgaben des deutschen und französischen Rolandsliedes

s. Ehrismann, Gesch. d. dt. Lit. II, 1, S. 255.
Verf. Lex. Bd. 2, Sp. 870 f.

krit. Ausgaben

C. Wesle, Das Rolandslied des Pfaffen Konrad, 1928.
J. Bédier, La chanson de Roland, 1924.
Chanson de Roland. Das altfrz. Rolandslied nach der Oxforder Hs. Hrsg. von Alfons Hilka, 2. Aufl. besorgt von Gerhard Rohlfs. Halle 1942 (Sammlung roman. Übungstexte 3/4).

Literatur

Ackermann, O., German. Gefolgschaft und ecclesia militans GRM 26 (1938), S. 329—341.
Bauer, G. K., Kaiserchr. u. Rolandslied. ZfdPh 56 (1931), S. 1—14.
Becker, Ph. A., Zum dt. Rolandslied. PBB 68 (1945/46), S. 134—138.
Bieling, A., Das dt. Rolandslied im Spiegel des frz. Rolandsliedes. Diss. Göttingen 1934 (gedr. 1936).
Ehrismann, G., Gesch. d. dt. Lit. II, 1, S. 255—267 (Lit.-Ang. S. 255).
Färber, E., Höfisches und Spielmännisches im Rolandslied des Pfaffen Konrad. Diss. Erlangen 1934.
Fliegner, G., Geistl. und weltl. Rittertum im Rolandslied des Pfaffen Konrad. Diss. Breslau 1937.
Geppert, W. I., Christus und Kaiser Karl im deutschen Rolandslied. PBB 78 (1956), S. 349—373.
Glatz, G., Die Eigenart des Pfaffen Konrad in der Gestaltung seines christlichen Weltbildes. Diss. Freiburg 1949 (Masch.-Schr.).
Golther, W., Das Rolandslied des Pfaffen Konrad. Diss. München, Teildruck 1886.
Hoppe, R., Die roman. Geste im Rolandslied (Schriften der Albert-Universität, Geisteswiss. Reihe 10, Königsberg 1938).
Ibach, H., Reckentum und Reichsdienst, Neues Abendland 8 (1953), S. 680—686.
Junker, A., Stand der Forschung zum Rolandslied, GRM 37 (1956), S. 97—144.
Lintzel, M., Edw. Schröders Datierung des dt. Rolandsliedes ZfdPh 54 (1929), S. 168—174.

Ohly, F., Zum Reichsgedanken d. dt. Rolandsliedes. ZfdA 77 (1940), S. 189—217.
—, Zu Rolandslied Vers. 3944 ff. ZfdA 86 (1955/56), S. 79—80.
Scherer, W., Rolandslied, Kaiserchronik, Rother. ZfdA 18 (1875), S. 298—306.
Schröder, E., Die Datierung d. dt. Rolandsliedes. ZfdA 65 (1928), S. 289—296.
—, Aus der Überlieferung des Rolandsliedes. ZfdA 76 (1939), S. 300—301.
—, Die Heimat des dt. Rolandsliedes, ZfdA 27 (1883), S. 70—82.
Schröder, F. R., Zur Datierung des dt. Rolandsliedes, PBB 78 (1956), S. 57—60.
Schultze, E., Wirkung und Verbreitung des dt. Rolandsliedes. Diss. Hamburg 1927.
Scheunemann, E., Verf. Lex. Bd. 2, Sp. 870—887 (m. zahlr. Literaturang.). Lit. seit Ehrismann: Ausg. Wesle, S. X—XII.
Wapnewski, P., Der Epilog u. d. Datierung d. dt. Rolandsliedes. Euphorion 49 (1955), S. 261—282.
Wesle, C., Kaiserchr. u. Rolandslied (zur Verfasserfrage) PBB 48 (1924), S. 223—258.
Wolker, E. M., Menschengestaltung in vorhöf. Epen des 12. Jhs. Chanson de Roland, Rolandsl. des Pf. Konrad, König Rother. 1940.
Wolff, L., Ze gerichte er im nu stat. (Zur Datierung des Rolandsliedes), PBB 78 (1956), S. 185—193.
Zastrau, A., Das dt. Rolandslied als nationales Problem. Diss. Königsberg 1937.

Oswald

Überliefert in drei Fassungen. 1. Münchener Oswald (M. O.), 2. Prosafassung zn. 3. Wiener Oswald (W. O.). Die Handschriften der drei Fassungen entstanden im 15. Jh. Die drei Fassungen greifen auf eine mittelfränkische Dichtung zurück, wobei M. O. und die Prosafass. zn. noch eine gemeinsame bair.-österr. Vorlage voraussetzen, W. O. die Bearbeitung durch einen schlesischen Geistlichen darstellt. Das ursprüngliche Spielmannsepos stammt aus dem 12. Jh. M. O. hat es vermutlich am besten bewahrt.

Ausgaben

Sant Oswaldes Leben, ein Gedicht aus dem 12. Jh. hrsg. von Ludw. Ettmüller, Zürich 1835.
Münchener Oswald, hrsg. v. G. Baesecke (Germ. Abh. 28) Breslau 1907.
Wiener Oswald, hrsg. v. G. Baesecke (Germ. Bibliothek), Heidelberg 1912.
Wiener Oswald unter Heranziehung der Hs. D. hrsg. v. Gertr. Fuchs 1920.

Literatur

Baesecke, G., Zur Kritik des Münchener Oswald. ZfdA 53 (1912), S. 384—395.
Bartsch, K., Die dt. Gedichte von Sanct Oswald. Germania 5 (1860), S. 129—174.
Berger, A., Die Oswaldlegende in der dt. Literatur; ihre Entwicklung u. ihre Verbreitung. PBB 11 (1886), S. 365—469.
de Boor, H., Gesch. d. dt. Lit. Bd. 1, S. 266—268.
Edzardi, A., Untersuchungen über das Gedicht v. St. Oswald. 1876.
Ehrismann, G., Geschichte d. dt. Lit. II, 1; S. 328—337 (Lit.-Ang.).
Helm, K., Beiträge zur Überlieferung und Kritik des Wiener Oswald. PBB 40 (1915), S. 1—47.
Krogmann, W., Verf. Lex. Bd. 5, Sp. 814—817.
Meyer, E. H., Über das Alter des Orendel und Oswald. ZfdA 12 (1860), S. 387—395.
Schneider, H., Heldendichtung, Geistlichendichtung, Ritterdichtung (1943[2]), S. 247 f.
v. Zingerle, J., Die Oswaldlegende u. ihre Beziehung zur dt. Mythologie 1856.

Orendel

Entstanden in Trier. Terminus post quem 1196. Ursprünglich wohl in der Form eines richtigen Kreuzfahrerromans gedichtet, im Spätmittelalter vergröbert und nach dem Schema der Brautfahrt umgestaltet. Grundlinien der Handlung aus dem spätgriechischen Roman „Apollonius von Tyrus" entnommen, den der Dichter vermutlich in der französischen Umarbeitung „Jourdain de Blaivies" kannte.

Ausgaben

ältere Ausgaben: s. Ehrismann, Gesch. d. dt. Lit. II, 1, S. 337 und Verf.-Lex. Bd. 5, Sp. 794 f.
krit. Ausgabe: A. E. Berger, Bonn 1888 (bespr. v. F. Vogt, ZfdPh 22 [1890], S. 468—491). H. Steinger, Halle 1935.

Literatur

Beer, L., Zur Orendelfrage, ZfdPh 23 (1891), S. 493—496.
de Boor, H., Gesch. dt. Lit. Bd. 1, S. 268—270.
Ehrismann, G., Gesch. d. dt. Lit. II, 1, S. 337—345.
Harkensee, H., Untersuchungen über das Spielmannsgedicht Orendel. Diss. Kiel 1879.
Heinzel, R., Über das Gedicht vom König Orendel. WSB phil.-hist. Kl. 126 (1892) Nr. 1; dazu Besprechung von
Vogt, F., ZfdPh 26 (1894), S. 406—415.
Kettner, E., Zum Orendel, ZfdPh 26 (1894), S. 449—451.
Krogmann, W., Verf. Lex. Bd. 5, Sp. 791—795.
Laistner, L., Der german. Orendel, ZfdA 38 (1894), S. 113—134.
Meyer, E. H., Quellenstudien zur mhd. Spielmannsdichtung. ZfdA 37 (1893), S. 321—356.
Naumann, H., Versuch einer Einschränkung d. romant. Begriffs Spielmannsdichtung, Dt. Vjs. 2 (1924), S. 777—794.
zur Nieden, K., Über die Verf. d. mhd. Heldenepen, Diss. Bonn 1930.
Singer, S., Apollonius v. Tyrus 1895 (zur Quellenfrage).
Tardel, H., Untersuchungen zur mhd. Spielmannspoesie, Diss. Rostock 1894, S. 1—32.

Salman und Morolf

Eine im 12. Jh. (de Boor: vor 1150, Rosenfeld u. a. m.: um 1190) entstandene Salomonlegende in Form eines Spielmannsepos. Erhalten in der Überlieferung des frühen 15. Jhs. Der Dichter war vermutlich am Niederrhein beheimatet. Ursprung der Sage im Orient, durch griechisch-byzantinische Vermittlung nach Deutschland gelangt. Nimmt man 1190 als Entstehungszeit an, so muß man mit einem älteren, nicht erhaltenen Lied von Salman und Morolf rechnen, das auf König Rohter wirkte.

Ausgaben

Fr. H. v. d. Hagen, in Dt. Ged. d. MA-s I, S. 9—91.
Fr. Vogt, Die dt. Dichtungen von Salomon und Markolf, 1880.

Literatur

Baesecke, G., ZfdPh 52 (1927), S. 17—19.
de Boor, H., Gesch. d. dt. Lit. Bd. 1, S. 262—266.
Ehrismann, G., Gesch. d. dt. Lit. II, 1, S. 313—328.
Frings, Th., Die Entstehung der dt. Spielmannsepen, Zfd Geisteswiss. 2 (1939), S. 306—321.
Rosenfeld, H. F., Verf. Lex. Bd. 4, Sp. 4—21.
Schaumberg, W., Untersuchungen über das dt. Spruchgedicht Salomo und Morolf. PBB 2 (1876), S. 1—63.
Schmid, G., Christl. Gehalt und german. Ethos in der vorhöfischen Geistlichendichtung 1937, S. 119 f.

Schröder, E., Zu Salomon und Morolf, ZfdA 70 (1933), S. 196.
Singer, S., Salomonsagen in Dtschl. ZfdA 35 (1891), S. 177—187.
Tardel, H., Untersuchungen zur mhd. Spielmannspoesie, Diss. Rostock 1894, S. 33—72.

Herzog Ernst

Entstanden kurz nach 1180. Von der ursprünglichen Fassung (A) nur einige Bruchstücke aus Marburg, Prag und Sagan erhalten. Große Wirkung auf folgende Jahrhunderte, daher viele spätere Bearbeitungen. Verfaßt von einem mittelfränkischen Dichter, der vermutlich als Geistlicher in der bischöflichen Kanzlei von Bamberg tätig war. Im Werk wird Bamberg als Fundort der lateinischen Quelle genannt. Das Gedicht vereinigt zwei von einander unabhängige Stoffkreise: den eigentlichen Stoff vom Herzog Ernst von Schwaben und den der orientalischen Abenteuer von Sindbad dem Seefahrer. Die Kreuzfahrt Herzog Ernsts erinnert stark an die historische Heinrichs des Löwen von 1172. Ihre bewußte Verwertung im Epos ist wahrscheinlich. Hinter der Person des Kaisers wird man Barbarossa zu sehen haben.

Ausgaben

Fr. H. v. d. Hagen, Dt. Ged. d. MAs Bd. 1 (D) (1808).
K. Bartsch, Wien 1869 (Bruchst. A u. Fass. B).
Ausgaben weiterer Fass. s. de Boor, Gesch. d. dt. Lit. Bd. 1, S. 270.

Literatur

Ahlgrimm, F., Untersuchungen über die Gothaer Hs. des „Herzog Ernst". Diss. Kiel 1890. (Bespr. v. G. Voss in ZfdPh 23 (1891), S. 492 f.).
de Boor, H., Gesch. d. dt. Lit. Bd. 1, S. 257—262.
Bönsel, G., Die hist. Voraussetzungen des Herzog Ernst. Diss. Tübingen 1943 (1944) (Masch.-Schr.).
Ehrismann, G., Gesch. d. dt. Lit. II$_{II}$, 1, S. 39—58.
Engelhardt, O., Huon de Bordeaux und Herzog Ernst, Diss. Tübingen 1903.
Fuckel, A., Der Ernestus des Otto von Magdeburg und sein Verhältnis zu d. übrigen älteren Bearbeitungen der Sage vom Herzog Ernst. Diss. Marburg 1895.
Hainer, C., Das epische Element bei den Geschichtsschreibern des früheren MAs. Diss. Gießen 1914, bes. S. 55, 64 ff., 73.
Heselhaus, C., Die Herzog-Ernst-Dichtung. Dt. Vjs. 20 (1942), S. 170—199.
Hildebrand, E., Über die Stellung des Liedes vom Herzog Ernst in der mal. Literaturgesch. und Volkskunde. Volk 2 (1937).
Jordan, L., Quellen und Komp. von Herz. Ernst, Arch. f. n. Spr. 112 (1904), S. 328, 343 u. 457—460.
King, K. C., Das strophische Gedicht von Herzog Ernst, PBB 78 (1959), S. 269—291.
Neumann, H., Die dt. Kernfabel des Herzog-Ernst-Epos. Euphorion 45 (1951), S. 140—164.
Reitzenstein, R., Studien zu den Fassungen A und B des Herzog Ernst. Diss. Gött. 1922 (Masch.-Schrift). Auszug im Jahrb. d. Phil. Fak. 1922, 2. H. S. 125 f.
Ringhand, E., Das Herzog-Ernst-Epos. Vergleich der deutschen Fassungen A, B, D, F. Diss. Berlin (Freie Universität) 1955 (Masch.-Schr.).
Rosenfeld, H.-F., Herzog Ernst D. und Ulrich von Eschenbach, Palaestra 164 (1929).
—, Verf. Lex. Bd. 5, Sp. 386—406.
—, Der Saganer Herzog Ernst. Annales Academiae Scientiarum Fennicae B XXX, 1934, S. 579 ff.
Scholte, J. H., Die Sage von Herzog Ernst. Neophil. 27 (1942), S. 133—134.
Schwenn, W., Stilist. Untersuchungen zum Volksbuch vom Herzog Ernst. Diss. Greifswald 1924 (Masch.-Schr.).

Sonneborn, K., Die Gestaltung der Sage vom Herzog Ernst in der altd. Lit. Diss. Göttingen 1914.
Stickelberger, H., Zum Liede und zum Volksbuch von Herzog Ernst. ZfdA 46 (1902), S. 101—112.
Voss, G., Die Sage vom Herzog Ernst unter d. Einflusse Wolfr. v. Eschenbach. Progr. Buchsweiler 1886.

König Rother

Entstehungszeit um 1150 oder 1195—1197. Dichter unbekannt. Seine Sprache weist ihn als Rheinländer aus (de Boor). Er dichtet als „Spielmann" in Bayern für bayrische Gönner (am Hofe des späteren Bischofs Ekbert v. Bonnberg). Über Quellen des Werkes ist nichts bekannt. Unmittelbare Beziehungen zum Kreuzzugsthema sind gegeben. Verwertete Kreuzzugserlebnisse mögen aus Fahrtberichten stammen. Überliefert in einer Heidelberger Hs. (H) aus dem späten 12. Jh. und in Bruchstücken von drei Hss. des 12.—14. Jhs. Zur Entstehungsfrage siehe jetzt: Siegmund Klaus: Zeitgeschichte u. Dichtung im König Rother Bln. 1959. S. 136 ff., wo versucht wird, die Kreuzzugsidee Heinrich VI. als bestimmend für die Rotherdichtung anzusehen.

Ausgaben

ältere Ausg. s. Verf. Lex. Bd. 2, Sp. 860 f.
K. v. Bahder, Halle 1884.
Frings u. Kuhnt, Bonn 1922.
J. d. Vries, Heidelberg 1922.

Literatur

Bach, A., Der Aufbau des König Rother. Diss. Jena 1945 (Masch.-Schr.).
v. Bahder, K., Zum König Rother. Germania 29 (1884), S. 257—300.
Bahr, J., Der König Rother und die frühmhd. Dichtung. Diss. Göttingen 1951 (Masch.-Schr.).
Bechmann, A., Das germ. Kontinuitätsproblem u. d. dt. Dicht. d. frühen Mittelalters. Diss. Würzburg 1946 (Masch.-Schr.), S. 54 ff.
Bernatzky, F., Entwicklung der typischen Motive in den mhd. Spielmannsdichtungen. Diss. Greifswald 1909.
Berndt, G., Die Reime im König Rother, Diss. Greifswald 1912.
de Boor, H., Gesch. d. dt. Lit. Bd. 1, S. 252—257.
Bührig, H., Die Sage vom König Rother. Diss. Gött. 1889.
Edzardi, A., Zur Textkritik des Rother, Germania 20 (1875), S. 403—421.
—, Untersuchungen über König Rother, Germania 18 (1873).
Ehrismann, G., Gesch. d. dt. Lit. II, 1, S. 290—313 (Liter.-Ang.).
Frings, Th., Rothari-Roger-Rother. PBB 67 (1944), S. 368—370.
Klassen, E., Geschichts- u. Reichsbetrachtung in d. Epik d. 12. Jh. 5. Diss. Würzburg 1938.
Kirchenbauer, L., Raumvorstellungen in der frühmhd. Epik. Diss. Heidelberg 1932.
Krogmann, W., Verf. Lex. Bd. 2, Sp. 847—861.
Kuhn, H., Gestalten und Lebenskräfte der frühmhd. Dichtung Dt. Vjs. 27 (1953), S. 1—30.
Leitzmann, A., Zum König Rother. PBB 42 (1917), S. 512—516.
Naumann, H., Versuch einer Einschränkung des romantischen Begriffs Spielmannsdichtung. Dt. Vjs. 2 (1924), S. 777—794.
Panzer, F., Italienische Normannen in dt. Heldensage. 1925.
Pogatscher, F., Zur Entstehungsgeschichte des mhd. Gedichts vom König Rother. Halle 1913.

Scherer, W., Rolandslied, Kaiserchronik, Rother. ZfdA 18 (1875), S. 298—306.
Schröder, E., Berchtung u. Berchter v. Meran. ZfdA 59 (1922), S. 179 ff.
Schröder, W. J., König Rother, Gehalt und Struktur. Dt. Vjs. 29 (1955), S. 301—322.
—, Zu König Rother v. 45—133. PBB 80 (1958), S. 67—71.
Schuster, A., König Rother im Lichte der mod. Forschung. Diss. Wien 1945 (Masch.-Schr.).
Schwietering, J., Der Wandel des Heldenideals i. d. erz. Dichtung d. 12. Jhs. ZfdA 64 (1927), S. 140 ff.
Siegmund, K., Zeitgedichte u. Dichtung im König Rother, Bln. 1959 (mit guten bibliogr. Angaben zur damaligen Zeitgeschichte).
Singer, L., Zur Rothersage. Jahresber. über das KK. Akademische Gymnasium in Wien. Wien 1889.
Suolahti, H., Textkrit. Bemerkungen zum König Rother. Kluge-Festschrift. 1926, S. 140 ff.
Tardel, H., Untersuchungen zur mhd. Spielmannspoesie. Diss. Rostock 1894.
Thien, J., Übereinstimmende und verwandte Motive in den dt. Spielmannsepen im Anschluß an ‚König Rother'. Progr. d. höh. Bürgerschule zu Hamburg 1882.
Turrel, Ch. A., A contribution to the study of König Rother, Modern Language Notes 18 (1903), S. 35 ff.
de Vries, J., Het Epos van Koning Rother. Tijdschrift voor Nederlandsche Taal- en Letterkunde 39 (1920), S. 1—74.
—, Rother en Wolfdietrich. Neophil. 5 (1920), S. 121—129.
Weisleder, O., Die Sprache d. Heidelb. Hs. d. König Rother (Lautlehre). Diss. Greifswald 1914.
Weyhe, H., Die Heimat der Riesen des Rother. Festschr. f. G. Baesecke 1941, S. 153—159.
Wölker, E. M., Menschengestaltung in vorhöf. Epen des 12. Jhs., Chanson de Roland, Rolandslied des Pf. Konr., Kön. Rother. Bln. 1940.

Graf Rudolf

Das kurz vor 1173 entstandene Gedicht ist nur bruchstückhaft erhalten. Überliefert sind etwa 1300 Verse einer noch vor 1200 angefertigten Handschrift. Der unbekannte Dichter stammte aus Hessen oder Thüringen, war vermutlich ein Laie, beherrschte aber die lateinische Sprache. Rudolf gehört der Welt des höfischen Rittertums an, ihm gelingt die Überbrückung der Gegensätze zwischen Heidentum und Christentum. Um das Ideal dieser Überbrückung ist es dem Dichter vornehmlich zu tun.

Ausgaben

W. Grimm (1844[2]).
C. v. Kraus, mhd. Übungsbuch (1912), S. 55—71.

Literatur

Bethmann, J., Untersuchungen über die mhd. Dichtung vom Grafen Rudolf. Palaestra 30 (1904).
de Boor, H., Gesch. d. dt. Lit. Bd. 2, S. 36—39.
van Dam, J., Verf. Lex. Bd. 2, Sp. 78—81.
Ehrismann, G., Geschichte d. dt. Lit. II$_{II}$, 1, S. 58—64.
Holz, G., Zum Grafen Rudolf. PBB 18 (1894), S. 562—569.
Schröder, E., ZfdA 69, S. 295.
Singer, S., Graf Rudolf. ZfdA 30 (1886), S. 379—389.
Tertsch, E. H. J., Studien zur Quellengeschichte des mhd. Gedichts vom Grafen Rudolf. Diss. Wien 1928 (Masch.-Schr.).

384   Biographische und bibliographische Hinweise

ZU TEIL IV: KREUZZUGSDICHTUNGEN DER JAHRE 1187—1198

Aimeric de Belenoi (um 1140—1190)

Herkunft aus Lesparre in Bourdelais. In geistlichen Schulen gebildet, entwickelte er sich zum Hofdichter. Von der Gascogne ging er nach Catalonien. Einen Klagegesang auf den Grafen von Roussillon, seinen Gönner, kann man auf 1140/41 datieren (Diez, Troubadours, S. 449.) Sein Kreuzlied entstand auf Grund der Nachrichten von Hattin vor dem 21. Januar 1187, aber die Teilnahme am Kreuzzug selbst bleibt ungewiß.

Text
K. Lewent, S. 101.

Übersetzung
ebenda S. 103 und bei Diez S. 450.

Literatur
Pillet-Carstens, Bibliographie des Troubadours S. 5 ff.

Conon de Béthune

Er stammt aus dem Artois. Über seine Teilnahme an Kreuzzügen liegt keine Gewißheit vor. Sein Name wird aber oft genannt bei der Gründung des Lateinischen Königreiches in Konstantinopel (Villehardouin). Sein Tod wird dort um 1220 bezeugt. Er begleitete wohl den Grafen von Flandern, Baudoin, auf dem 4. Kreuzzug. Neun Lieder sind erhalten.

Texte und Übersetzungen
Seines Kreuzliedes: Vgl. Istvan Frank, Trouvères et Minnesinger, S. 31.

Literatur
Gute Angaben bei Frank, ebenda S. 143—45. Wichtig: Ph. A. Becker, Die Kreuzlieder von Conon de Béthune und Huon d'Oisi. Zs. f. franz. Spr. u. Lit. 64 (1942), p. 305—312.

Guiot de Dijon

Es sind keine genauen Lebensdaten überliefert. Das Kreuzlied wird von Bédier in der Zeit des Barbarossazuges angesetzt.

Übersetzung
Fehlt.

Literatur
Bédier, Les Chansons de Croisade. S. 109 ff.

Chatelain d'Arras

Keine sicheren Daten. Das wenige über ihn Bekannte bei Bédier, Chansons de Croisade S. 135 ff.

Giraut de Bornelh (1175—1220)

Von einfacher Herkunft aus dem Raum von Limoges. Schon zu Lebenszeiten berühmt als „máitre des troubadours" und vielgenannt (Peire von Auvergne). Eine hohe Auffassung von seinem Beruf leitet ihn. Längere Zeit hat er wohl in Spanien verbracht. (Petrus II. von Arragon). In seinem Kreuzlied (Gr. 242,6) wird die politische Situation in Gisors 21. I. 1188 erwähnt.

IV. Teil

Text und Übersetzung
Adolf Kolsen, Sämtliche Werke und Lieder des Trobadors Giraut de Bornelh. Halle 1910, S. 384 ff.

Literatur
Pillet-Carstens, Bibliographie des Troubadours. Halle 1933, S. 202 ff. — K. Lewent, Kreuzlieder S. 20, 79 — Diez, Leben und Werke der Troubadours S. 110 ff. Ernest Hoepfner, Les Troubadours, Paris 1955, S. 77 ff.

Folquet de Marseilla
Er ist 1160 in Marseille geboren. Erwarb sich das Vertrauen des Grafen Raimund V. von Toulouse. Vor allem schätzte ihn der Vizegraf von Marseille Barral (Klagelied auf dessen Tod). Auf des Grafen Gattin entstehen mehrere Lieder. Nach 1195 entstehen seine Kreuzzugsaufrufe. Nach 1200 erfolgt sein Eintritt in den Cisterzienserorden und 1205 seine Ernennung zum Bischof von Toulouse. Als erbitterter Gegner der Albigenser stirbt er 1231.

Text und Übersetzung
K. Lewent, Kreuzlied, S. 106 ff.

Literatur
Pillet-Carstens, Bibliographie des Troubadours, S. 125 ff. Ausgabe v. S. Stronski, Krakau 1910.

Lateinische Lieder (III. Kreuzzug)
vgl. die Angaben auf S. 355 ff. dieser Arbeit.

Friedrich von Hausen
Geboren um 1150 im rheinfränkischen Raum. 1171 zum erstenmal erwähnt in einer Urkunde Christians I. von Mainz, seines Gefolgsherrn, mit dem er sich 1175 in Pavia aufhält. 1186/87 erneut in Italien bezeugt, diesmal in Gefolgschaft Heinrichs VI. Als Hofdichter Barbarossas nimmt er an den Hoftagen in Straßburg (1187) und in Mainz (1188) teil. Kreuznahme vermutlich im März 1188 zusammen mit seinem Kaiser. Seine Kreuzzugslyrik erwächst unmittelbar aus der persönlich miterlebten Aufbruchsbewegung zum dritten Kreuzzug. Als Teilnehmer am Kreuzzug kurz vor dem Tode seines Kaisers am 6. Mai 1190 in Kleinasien gefallen.

Text
MF IX, S. 45—63.
HMS 1. u. 2. Teil, S. 214 f.
K. Bartsch, Dt. Liederdichter des 12.—14. Jhs. 1901[4], Nr. 8, S. 23—32.
H. Brinkmann, Friedrich von Hausen, Studienbogen. Spr. u. Lit. Dt. Reihe (1948).
H. Brinkmann, Liebeslyrik der dt. Frühe. 1952, S. 137 f.

Literatur
Baumgarten, O., Die Chronologie der Gedichte Fr. von Hausen. ZfdA 26 (1882), S. 105—145.
Becker, R., Zu Fr. v. Hausen. Germania 28 (1883), S. 272—296.
de Boor, H., Gesch. d. dt. Lit. Bd. 2, S. 256—259.
—, Friedr. v. Hausen: Mîn herze und mîn lîp diu wellent scheiden. Die dt. Lyrik Bd. 1 hrsg. v. Benno v. Wiese. 1956, S. 35—42.
Brinkmann, H., Fr. von Hausen. Studienbogen. Sprache u. Literatur Dt. Reihe Minden 1948.

Ehrismann, G., Gesch. d. dt. Lit., Schlußband, S. 228—230.
Ittenbach, M., Der frühe dt. Minnesang. 1939, S. 190—197.
Jungbluth, G., Mîn herze und mîn lîp diu wellent scheiden. Zu Fr. v. Hausen 47,9. Euphorion 47 (1953), S. 241—259.
Korn, K., Studien über Freude und Trûren, 1932, S. 42—46.
—, Verf. Lex. Bd. 1, Sp. 682—688.
v. Kraus, C., MF. Untersuchungen, 1939, S. 115—160.
—, MF. (Anmerkungen), S. 386—397.
Langenbucher, H., Das Gesicht des dt. Minnesangs. 1930, S. 26—31.
Lehfeld, R., Über Friedrich v. Hausen. PBB 2 (1876), S. 345—405.
Müllenhoff, K., Zu Fr. v. Hausen. ZfdA 14 (1869), S. 133—143.
Paul, H., Krit. Beiträge zu den Minnesingern. PBB 2 (1876), S. 406—560 (Über Fr. v. Hausen S. 443—450).
Patzig, H., Zu Fr. v. Hausen. ZfdA 65 (1928), S. 142—144.
Schröder, E., Kleinigkeiten zu Fr. v. Hausen. ZfdA 69 (1932), S. 301 f.
Seibold, L., Studien über die Huote. 1932, S. 52 ff.
Singer, S., Studien zu den Minnesängern. PBB 44 (1920), S. 426—473 (Über Fr. v. Hausen: S. 432—434).
Wallner, A., Eine Hampfel Grübelnüsse. ZfdA 64 (1927), S. 81—96 (Zu Fr. v. Hausen: S. 88 f.).

Albrecht von Johansdorf

Altersgenosse Morungens und Reinmars. Zwischen 1180 und 1209 im Dienst des Passauer Bistums urkundlich bezeugt. Der Stammsitz des Geschlechts ist unbekannt, lag aber vermutlich im ostbayrischen Raum. Seine Kreuzzugswerbung wird sich auf den dritten Zug von 1189 beziehen, an dem fast alle weltlichen und geistlichen Fürsten Österreichs und Bayerns teilnahmen, unter ihnen auch Heinrich von Rugge, Hartmann von Aue und der Dichter selbst.

Text
MF XIII, S. 112—125.

Literatur
Angermann, A., Der Wechsel in der mhd. Lyrik. Diss. Marburg 1910, S. 71.
de Boor, H., Gesch. d. dt. Lit. Bd. 2, S. 274—277.
Braune, W., Zu Albr. v. Joh. PBB 27 (1902), S. 69—74.
Ehrismann, G., Gesch. d. dt. Lit., Schlußband, S. 233 f.
Hornoff, J., Der Minnesänger Albr. v. Joh. Germania 33 (1888), S. 385—437 u. ebd. 34 (1889) S. 75—112.
v. Kraus, C., MF. Untersuchungen. 1939, S. 219—237.
—, MF. (Anmerkungen), S. 429 ff.
Mülder, D., Albr. v. Joh., Ein Beitrag zur mhd. Metrik. Progr. Osnabrück 1894.
Schneider, H., Eine mhd. Liedersammlung als Kunstwerk. PBB 47 (1923), S. 225—260. Über Joh.: S. 231.
Wallner, A., Verf. Lex., Bd. 1, Sp. 49—51.

Hartmann von Aue

Urkundlich nicht bezeugt. Aufschlüsse über sein Leben geben seine Werke und die seiner Zeitgenossen. Geboren um 1170[*]). Hartmann war ritterlichen Standes, zunächst Ministeriale eines der in Schwaben ansässigen Herren von Aue, später Ritter. Kreuznahme vermutlich 1195 auf dem Reichstag zu Worms unter Kaiser

---

[*]) nach de Boor zwischen 1160 und 65.

Heinrich VI. Teilnahme am Kreuzzug 1197/98**). Um 1210 noch als lebend erwähnt im literarischen Exkurs von Gottfrieds Tristan. Gestorben zwischen 1210 und 1220.

Text

MF XXI, S. 289—309.
H. Brinkmann, Liebeslyrik der dt. Frühe. 1952, S. 174—188.

Literatur

de Boor, H., Gesch. d. dt. Lit. Bd. 2, S. 67—83 (Lit.-Ang. S. 83—84) u. S. 270—274 (Lit.-Ang. S. 321).
Druhe, H., Hartmann u. Chrétien. Diss. Münster 1931.
Ehrismann, G., Gesch. d. dt. Lit. II, II$_1$, S. 147—151.
Eis, G., Stammt das Kreuzlied „Ich var mit iuvern hulden" v. H. v. Aue? Euphorion 46 (1952), S. 276—279.
Gutenbrunner, S., Hartmanns Ausfahrt im Zeichen des Evangelisten und des Täufers. ZfdPh 78 (1959), S. 239—258.
Jellinek, M. H., Zu H.'s Lyrik. PBB 45 (1921), S. 59—71.
Jungbluth, G., Das dritte Kreuzlied Hartmanns. Ein Baustein zum neuen Hartmannbild. Euphorion 49 (1955), S. 145—162.
Kauffmann, H., Über H.'s Lyrik. Diss. Leipzig 1884.
Klöckner, M., Das Verhältnis von Gott und Welt in der Dichtung H.'s von Aue. Diss. Bonn 1948 (Masch.-Schr.).
v. Kraus, C., MF. Untersuchungen, 1939, S. 423—448.
—, MF. (Anmerkungen), S. 507—519.
Kuhn, H., H. v. Aue als Dichter. Der Deutschunterricht 5, H 2 (1953), S. 11—27.
van der Lee, A. Noch einmal die Datierung von Hartmanns Werken. Levense Bijdragen 41 (1951), S. 110 ff.
Maurer, F., Über das Leid in den Dichtungen H.'s v. Aue. Euphorion 45 (1950), S. 165—185.
Naumann, H., Zu H.'s Lyrik. PBB 44 (1920), S. 289—301.
Neumann, F., Wann dichtete H. v. Aue. Studien zur dt. Philologie des MA.s. Festschr. für Fr. Panzer. 1950, S. 59 ff.
—, Verf. Lex. Bd. 5, Sp. 322—331.
Saran, F., Hartman v. Aue als Lyriker. 1889.
—, Über H. v. Aue. PBB 23 (1889), S. 1—108. Forts.: PBB 24 (1890), S. 1—71.
Schönbach, A., Über H. v. Aue. Drei Bücher Untersuchungen. 1894.
Schwarz, B., Verf. Lex. Bd. 1, Sp. 202—216.
Sievers, E., Zur inneren u. äußeren Chronologie der Werke H.s v. Aue. Festschr. Philipp Strauch = Hermäa Bd. 31 (1932).
Sparnay, H., Zu Hartmanns Kreuzzugslyrik. Dt. Vjs. 26 (1952), S. 162—177.
—, H. v. Aue. Studien zu einer Biographie 2 Bd., (1933 u. 1938) (Lit.-Ang.).
—, Nachträge zu H. v. Aue. Neoph. 29 (1944), S. 107—116.
Stolte, H., Hartmanns sogen. Witwenklage u. sein drittes Kreuzlied. Dt. Vjs. 25 (1951), S. 184—198.
Wentzlaff-Eggebert, F. W., Hartmanns Kreuzlied: Dem kriuze zimt wol reiner muot. Wege zum Gedicht. 1956, S. 45—53.
Wilmanns, W., Zu H.s Liedern u. Büchlein. ZfdA 14 (1869), S. 144—155.
Witte, A., Hartmann v. Aue u. Kristian v. Troyes. PBB 53 (1929), S. 65—192.

**) nach C. v. Kraus und H. de Boors Untersuchungen Teilnahme am dritten Kreuzzug (1189—92). Nach anderen Auffassungen: am Zuge 1197.

Heinrich von Rugge

Urkundlich bezeugt ist ein Henricus de Rugge zwischen 1175 u. 1191, der vermutlich mit dem Minnesänger identisch ist. Die Herren von Rugge oder Rucke waren Ministerialen der Pfalzgrafen von Tübingen und hatten ihren Stammsitz auf Burg Ruck bei Blaubeuren. Auf die Nachricht von Barbarossas Tod hin dichtet Heinrich von Rugge seinen Kreuzleich. Er ist selbst zur Kreuznahme entschlossen. Nach 1191 nicht mehr erwähnt. Vermutlich vom Kreuzzug 1191 nicht zurückgekehrt.

Text

MF XIV, S. 126—145 (96—111) Kreuzleich, S. 126—129.
Dt. Liederdichter des 12.—14. Jhs., hrsg. v. K. Bartsch, (1901[4]) Nr. 10, S. 33—39.

Literatur

Brinkmann, H., Rugge und die Anfänge Reinmars. Festschr. f. Kluckhohn u. Schneider (1948), S. 498—517.
—, Liebeslyrik der dt. Frühe. 1952, S. 159—163.
Halbach, K. H., W. v. d. Vogelweide, H. v. Rugge u. Ps.-Reimar. ZfdA 65 (1928), S. 145—176.
v. Kraus, C., MF. Untersuchungen. 1939, S. 237—255.
—, MF. (Anmerkungen) S. 437—441.
Paul, H., Kritische Beiträge zu den Minnesingern, darin: Reinmar u. H. v. Rugge. PBB 2 (1876), S. 487—545.
Pfeiffer, F., Heinrich von Rucke. Germania 7 (1862), S. 110—112.
Schmidt, E., Reinm. v. Hagenau u. H. v. Rugge. QF 4 (1874).
Wallner, A., Verf. Lex., Bd. 2, Sp. 328—330.

ZU TEIL VI: KREUZZUGSDICHTUNGEN DER JAHRE 1198—1230

Altfranzösische und italienische Kreuzzugslieder

Für diesen Abschnitt wurde auf biographische und bibliographische Hinweise verzichtet, weil dafür kaum sichere Angaben gemacht werden können! Für den Stand der Forschung vgl. in dieser Arbeit die Anmerkungen S. 362.

Walther von der Vogelweide

Geboren um 1170. Geburtsort unbekannt. Walther war ritterlichen Standes, wohl der jüngere Sohn eines in Österreich beheimateten unbegüterten Ministerialen. Jugend- und Lehrjahre verbringt er am Babenberger Hof zu Wien. Auseinandersetzungen mit Reinmar. Spätestens 1198 verläßt Walther Wien. Noch im selben Jahre befindet er sich im Gefolge Philipps von Schwaben, mit dem er zu dessen Krönung nach Mainz zieht und weiter nach Magdeburg. 1203 erneut kurzer Aufenthalt in Wien. Später im Dienst Ottos IV. und Friedrichs II. Vom letzteren erhält er 1220 sein Lehen, vermutlich in oder bei Würzburg. Als letztes Ereignis erwähnt er in seinen Gedichten den Kreuzzug von 1227/29. Gestorben um 1230 wahrscheinlich in Würzburg. Teilnahme an einem Kreuzzug unbestimmt.

Ausgaben

Die Gedichte Walthers von der Vogelweide, hrsg. v. K. Lachmann. 11. Aufl. hrsg. v. C. v. Kraus (1950).
W. v. d. Vogelweide. Die Gedichte, hrsg. v. H. Paul (Altdt. Textbibl.), 1953[8], neu hrsg. v. A. Leitzmann. Altdt. Textbibl.
ält. Ausg. s. Ehrismann, Gesch. d. dt. Lit., Schlußband, S. 244.

Die Lieder Walthers v. d. Vogelw. unter Beifügung erhaltener u. erschloss. Melodien, hrsg. v. F. Maurer. Bd. 1: die relig. u. pol. Lieder (Altdt. Textbibl. 43) 1955. Bd. 2: die Liebeslieder (Altdt. Textbibl. 47) 1956.

Literatur

Die Literatur bis 1935 verz. Ehrismann im Schlußband, S. 244 ff. u. Nachträge S. 691.
de Boor, H., Gesch. d. dt. Lit. Bd. 2, S. 292—321 (Lit.-Ang. S. 322—324).
Brinkmann, H., Studien zu Walther v. d. V. PBB 63 (1939), S. 346—398.
—, Walther v. d. V., ein Frankfurter Bürger. Wirkendes Wort 6 (1955/56), S. 382.
—, Ein ritterl. Credo. Zu einem Lied Walthers v. d. V. Wirkendes Wort 1 (1950/51), S. 145—148.
Bützler, C., Untersuch. zu den Melodien Walthers v. d. V. Dtsche. Arbeiten d. Univ. Köln 12, Jena 1940.
Burdach, K., W.s Aufruf zum Kreuzzug Kaiser Friedr. II. Euphor. 36 (1955), S. 50—68; dazu: Nachtrag zu W.s Kreuzzugsaufruf. ebd. S. 382—384.
—, Reinmar der Alte u. Walther v. d. V. 1928².
—, Der gute Klausner Walthers v. d. V. als Typus unpolitischer christlicher Frömmigkeit. ZfdPh 60 (1935), S. 313—330.
—, Der mittelalterl. Streit um das Imperium in den Gedichten Walthers v. d. V. Dt. Vjs. 13 (1935), S. 509—562.
Ehrismann, G., Gesch. d. dt. Lit. Schlußband, S. 246—254. (Lit.-Ang. S. 244 ff.)
Gerstmeyer, G., Walther v. d. V. im Wandel der Jh. Germ. Abh. H. 68, Breslau 1934.
Gennrich, F., Zur Liedkunst Walthers v. d. V. ZfdA 85 (1954/55), S. 203—209.
—, Melodien Walthers. ZfdA 79 (1942), S. 24—48.
Halbach, K. H., Waltherstudien. ZfdPh 65 (1940), S. 142—172.
—, Walther v. d. V. u. die Dichter von MF. Tüb. germ. Arbeiten 3 (1927).
—, Walther v. d. V., Heinrich von Rugge u. Pseudo-Reinmar. ZfdA 65 (1928), S. 145—176.
Hatto, A. T., Walthers v. d. V. s Ottonian Poems: A new Interpretation. Speculum 24 (1949), S. 542—553.
—, Were Walther and Wolfram once at the same court? Mod. Lang. Rev. 35 (1940), S. 529—30.
Hechtle. M., Walther v. d. V. Studien zur Gesch. d. Forsch. Dtsch. Arb. d. Univ. Köln 6. Jena 1937.
Heffner, R. M. S., Notes on Walthers use of können and mögen. Studies in Honor J. v. Walz. Lancaster, Pa. 1941, S. 49—65.
—, Zum Leich Walthers v. d. V. Mod. Lang. Notes 56 (1941), S. 54—56.
Hein, A., Walther v. d. V. im Urteil der Jh. (bis 1700). Diss. Greifswald 1934.
Huismann, J. A., Neue Werke zur dichterischen und musikalischen Technik Walthers v. d. V. Mit einem Exkurs über symmetr. Zahlenkomposition im MA. Studia Litteraria Rheno-Traiectina I. Utrecht 1950.
Husmann, H., Das Prinzip der Silbenzählung im Lied des zentralen Mittelalters, in: Die Musikforschung 6 (1953), S. 17 f. (Untersuch. über die Melodie, sie sei ein Kontrafakt, keine Neuschöpfung Walthers).
Jungbluth, G., Walthers Abschied. Dt. Vjs. 32 (1958), S. 372—390.
Klein, K. K., Zur Spruchdicht. u. Heimatfr. W.s v. d. V., Schlernschriften Bd. 90, Innsbruck 1952.
—, Walthers Scheiden aus Österreich. ZfdA 86 (1955/1956), S. 215—250.
Kracher, A., Beiträge zur Waltherkritik. PBB 78 (1956), S. 194—225.
v. Kraus, C., Aufgaben der Forschung über Walther v. d. V., Forsch. u. Fortschr. 11 (1935), S. 334—335.
—, Walther v. d. V., Untersuchungen 1935. (bes. S. 33 ff.: Zusammenstellung der Beiträge zur Frage, welche Strophen des Palästinaliedes echt sind).

—, Walther v. d. V., (Anmerkungen) 1950.
—, Die Waltherforschung des letzten Jahrzehnts. Ztschr. f. bayr. Bildungswesen 4 (1930), S. 257—269.
Kroes, H. W. J., Vogelweide. Neophil. 31 (1947), S. 172—174.
—, Zu den Sprüchen Walthers v. d. V., Neophil. 34 (1950), S. 143—146.
Kuhn, H., Walthers Kreuzzugslied (14, 38) und Preislied (56, 14). Diss. Tübingen 1935.
Lachenmeyer, G., Walther- u. Reinmarfragen. ZfdPh 60 (1936), S. 1—11.
Maurer, F., Zu den religiösen Liedern Walthers v. d. V., Euphorion 49 (1955), S. 29—49.
Mohr, W., Zu Walthers „Hofweise" u. „Feinem Ton". ZfdA 85 (1954/55), S. 38—43.
Müller, J., Walther v. d. V. u. der Reichsgedanke. Neue Jbb. f. Wiss. u. Jugendbildung 12 (1936), S. 206—218.
Naumann, H., Die Hohenstaufen als Lyriker u. ihre Dichterkreise. Euphorion 36 (1935), S. 21—49. (über Walther: S. 35 ff.).
—, Ein Meister las, troum und spiegelglas. Dicht. u. Volkstum (Euphorion) 43 (1943), S. 220—224.
—, Verf. Lex. Bd. 4, Sp. 807—822.
—, Walther v. d. V. ZfDtschkde 1930, S. 305—316.
Neumann, F., Walther v. d. V., Mitt. d. Univ.-Bundes Göttingen 10 (1929), S. 1—21.
—, Walther v. d. V., Zfdtsche Bildg. 14 (1938), S. 517—521.
—, Walther v. d. V. u. das Reich. Dt. Vjs. 1 (1923), S. 503—528.
Newald, R., Walther v. d. V. und der Passauer Hof. Arch. f. Lit. u. Volksdicht. 1 (1949), S. 114—118.
Nölle, A., Das Erwachen der Persönlichkeit im Werk Walthers v. d. V. Diss. Innsbruck 1945 (Masch.-Schr.).
Rompelmann, T. A., Walther u. Wolfram. Ein Beitrag zur Kenntnis ihres persönlich-künstlerischen Verhältnisses. Neophil. 27 (1942), S. 181—205.
Schauber, I., Zur Entwicklung des Minnebegriffs von Walther v. d. V. Diss. Freiburg 1945 (Masch.-Schr.).
Schmid, P., Entwicklung der Begriffe Minne u. Liebe im Minnesang bis Walther ZfdPh 66, S. 137 ff.
Schneider, H., Drei Waltherlieder. ZfdA 73 (1936), S. 165—174.
Schönbach, A. E., Walther v. d. V., Geisteshelden [4]1923 neu bearb. v. H. Schneider.
Schröder, F. R., Zu Walther v. d. V., GRM 32 (1950/51), S. 149—151.
Sperber, H., Kaiser Ottos Ehre (Walther 26, 33). Corona f. S. Singer. 1941.
Teske, H., Walther v. d. V., Rufer u. Mahner zu dt. Art. Quellen-Reihe zur volkspol. Erziehung 1939.
—, Walther v. d. V., der Sänger des dt. Reiches. Colsmans kl. Biogr. 49 (1934).
Wagemann, F., Die Religiosität Walthers v. d. V. Diss. Heidelberg 1938.
Wehrli, M., Die Elegie Walthers v. d. V. Trivium 1 (1943), S. 12—29.
Wiegand, J., Zur lyr. Kunst Walthers, Klopstocks u. Goethes. 1956.
Wiessner, E., Berührungen zwischen Walthers u. Neidharts Liedern. ZfdA 84 (1952/53), S. 241—264.
Wilmanns, W., u. Michels, V., Leben u. Dichten Walthers v. d. V. [4]1916—1924.
Zitzmann, R., Der Ordo-Gedanke des mal. Weltbildes u. Walthers Sprüche im ersten Reichston. Dt. Vjs. 25 (1951), S. 40—53.

Der „Willehalm" Wolframs von Eschenbach

Wolfram urkundlich nicht faßbar. Eigene Aussagen des Dichters geben Auskunft über dessen Leben. Geboren um 1170 in Eschenbach, unweit Ansbach, gestorben nach 1220. Wolfram war ritterlicher Herkunft, hat im Gegensatz zu Veldecke, Hartmann und Gottfried keine geistliche Schulbildung genossen. Sein großer Gönner, Hermann von Thüringen, gab ihm die Anregung zum „Willehalm". Das zwischen 1215 und 1225 entstandene Werk blieb unvollendet. Es ist in vielen Handschriften überliefert. Den Stoff entnahm Wolfram einer französischen Quelle, der Chanson de geste „Bataille d'Alischanz".

Ausgaben

Karl Lachmann, Gesamtausgabe Wolframs v. Eschenbach, 6. Aufl. 1926 durch Ed. Hartl.
Hermann Paul, 3. Aufl. 1947—50; Altdt. Textbibl. 12—16 durch Albert Leitzmann (Gesamtausgabe).
Dazu jetzt: J. Bumke, Wolframs Willehalm, Heidelberg 1959, S. 11—15 mit Anmerkungen.

Bibliographien

Boetticher, G., Die Wolfram-Literatur seit Lachmann. 1880.
Ehrismann, G., Wolfram-Probleme. GRM 1 (1909), S. 657—674.
Panzer, F., Bibliographie zu W. v. Eschenbach. 1897.
Bibliographie der Neuerscheinungen s. das jährlich erscheinende „Bulletin bibliographique de la société international arthurienne" (seit 1949).

Literatur

Bacon, S. A., The Source of W.s Willehalm. 1910.
de Boor, H., Gesch. d. dt. Lit. Bd. 2, S. 114—121 (Lit.-Ang. S. 127).
Bumke, J., Wolframs Willehalm, Studien zur Epenstruktur und zum Heiligkeitsbegriff d. ausgehenden Blütezeit. Heidelberg 1959. (Mit sehr reichen Literaturangaben in den Fußnoten).
Casparson, W. J. C. G., Wilhelm der Heilige von Oranse. 1784.
Ehrismann, G., Über Wolframs Ethik. ZfdA 49 (1908) Willehalm, S. 458—62.
—, Gesch. d. dt. Lit. II, II, 1, S. 270—287 (Lit.-Ang.).
Eggers, H., Wolframforschung in der Krise? Wirk. Wort 4 (1953/54), S. 274—290.
Eis, G., Zur Überlieferung von Wolframs Willehalm und Heslers Evangelium Nicodemi. ZfdPh 73 (1954), S. 103—110.
Gartner, Th., Handschriftliches zu Wolframs Willehalm. ZfdA 48 (1906), S. 409—415.
Goetz, G., Die Idee der sozialen Nothilfe in der Dichtung W.s v. E. Diss. Freib./Br. 1936.
Hartl, E., Verf. Lex. Bd. 4, Sp. 1080—1091 (Lit.-Ang.).
Horacek, B., Die Kunst des Enjambements bei Wolfr. v. Eschenbach. ZfdA 85 (1954/55), S. 210—229.
Jonckbloet, M. W. J., Quillaume d'Orange. Chansons de geste des XI e et XII e siècles. 1854.
Karajan, Th., Der Ehrenbrief Jacob Püterichs von Reichertshausen. ZfdA 6 (1848), S. 31—60.
Kinzel, H., Zur Charakteristik des Wolframschen Stils. ZfdPh 5 (1874), S. 1—36.
Kienast, R., Zur Tektonik von Wolframs Willehalm. Festschr. f. Fr. Panzer zum 80. Geb. (1950), S. 96—115.
Klein, K. K., Wolframs Selbstverteidigung. ZfdA 85 (1954/55), S. 150—162.
Kuhn, H., Die Klassik des Rittertums in der Stauferzeit. Annalen d. dt. Lit., 1952, S. 164—165.
Maurer, F., Leid. 1951, S. 168—204.
Mergell, B., W. v. E. und seine frz. Quellen. Teil I Wolframs Willehalm. 1936.
Panzer, F., Die Quellen zu Wolframs Willehalm. Forsch. u. Fortschr. 16, S. 113 f.
Richter, J., Die Kreuzzugsidee in W.s Willehalm. Wolframjahrbuch. 1956, S. 23—33.

Sailer, K., Die Menschengestaltung von Wolframs „Willehalm". Diss. München 1950 (MS).
Sattler, A., Die relig. Anschauungen W.s v. E. 1895.
Schreiber, A., Neue Bausteine zu einer Lebensgeschichte. Wolframs v. E. Dt. Forsch. Bd. 7 (1922).
Schröder, W. J., Verf. Lex. Bd. 5, Sp. 1135—1138 (Lit.-Angaben).
Singer, S., Wolframs Willehalm. 1918.
Wolff, L., Der Willehalm W.s v. E. Dt. Vjs. 12 (1934), S. 504—539.

Die Fortsetzer von Wolframs „Willehalm"

Zu *Heinrich von dem Türlin* und *Ulrich von Türheim* vgl. die Anmerkungen in dieser Arbeit S. 367.

Wolfdietrich D—Ortnit

Das Doppelepos entstand vor 1250. Beide Stoffe sind ursprünglich nicht verbunden. Der Dichter des 13. Jhs. fügte sie zusammen. Ortnit wird zu einer Art Vorgeschichte des Wolfdietrich, indem Wolfdietrich jenen Drachen besiegt, der Ortnit getötet hatte, und dadurch die Hand der Witwe Ortnits gewinnt. Der Kreuzzugsgedanke darin erscheint nur in dort geschilderter Orientfahrt.

Ausgaben

A. Amelung, Dt. Heldenbuch Bd. 3, 1871.
H. Schneider (Wolfd. A), Ad. Textbl. Bd. 28, 1931.
Fr. H. v. d. Hagen u. A. Primisser, (Wolfd. K = Dresdener Heldenbuch) Der Helden Buch in der Ursprache. Teil I. 1820.
E. A. H. Fuchs, Studies in the Dresdner Heldenbuch. An Edition of Wolfdietr. K. Chicago 1935.
O. Jänicke, (Wolfd. B) Dt. Heldenbuch Bd. 3, S. 165 ff., 1871.
A. Holzmann, (Wolfd. C u. D) 1865.
A. Amelung u. O. Jänicke, Dt. Heldenbuch Bd. 4, 1873.
J. Lunzer, Ortneit u. Wolfdietrich nach der Wiener Piaristen-Hs. Lit.-Ver. 239, 1906.

Literatur

Baecker, L., Die Sage von Wolfdietrich und das Gedicht Wolfdietrich A. Diss. Mainz 1958.
Baesecke, G., Vor- und Frühgesch. des dt. Schrifttums I (1940), S. 402 ff.
Bernatzky, F., Über die Entwicklung der typ. Motive in den mhd. Spielmannsgedichten, bes. in den Wolfdietrichen. Diss. Greifswald 1909.
de Boor, H., Gesch. d. dt. Lit. Bd. 2, S. 206—210.
Ehrismann, G., Gesch. d. dt. Lit. Schlußband, S. 160—162 (Literaturangaben).
Jänicke, O., Beiträge zur Kritik des gr. Wolfd. 1871.
v. Kraus, C., Vorschläge zum Wolfdietrich A. Festschr. f. Leidinger. 1930, S. 135 bis 144.
Krogmann, W., Verf. Lex. Bd. 5, Sp. 795—799.
Kuhn, H., Verf. Lex. Bd. 4. 4, Sp. 1046—1049.
Lehnert, W., Die Anwendung der Beiwörter in d. mhd. Epen von Ortnit u. Wolfdietrich. 1910.
Lukmann, N., Der historische Wolfdietrich (Theod. D. Gr.) I Classica at Mediaevalia. Revue Danoise de philol. et d'hist. 3 (1940), S. 253 ff.
Meyer, E. H., Zum Wolfdietrich. ZfdA 38 (1894), S. 87—95.
Müllenhoff, K., Das Alter des Ortnit. ZfdA 13 (1867), S. 185—192.

Müller, W., Myth. d. dt. Heldensage. 1886, S. 190—214 (Rother, Ortnit und Wolfdietrich).
Neumann, F., Zur Gesch. d. Wolfdietrich. Germ. 28 (1883), S. 346—358.
Sarrazin, G., Zur Wolfdietrichsage, ZfdPh 29 (1897), S. 564.
Scheludko, D., Versuch neuer Interpretation d. Wolfdietrichstoffes. ZfdPh 55 (1930), S. 1—49.
Schneider, H., German. Heldensage, I (1928), S. 344—361.
—, Ehrismann-Festschrift 1925, S. 117—118.
—, Heldendichtung, Geistlichendichtung, Ritterdichtung. 1943², S. 387, 396 f.
—, Die Gesch. u. d. Sage von Wolfdietrich. Untersuchungen über ihre Entstehungsgeschichte 1913.
Schröder, E., Zum Ambraser Wolfdietr. ZfdA 68 (1931), S. 274.
—, Der Ambraser Wolfdietrich, Grundlagen und Grundsätze der Textkritik. Gött. Nachtr. 1931, S. 210—240.
Seemann, E., Wolfdietrich und Volksballade, ein Beitrag zur Gesch. der mal. Balladendichtung. Arch. f. Lit. u. Volksdicht. I. (1949), S. 119—176.
Vogt, W., Die Wortwiederholung, ein Stilmittel im Ortnit 1902.
de Vries, J., Die Sage von Wolfdietrich, GRM 39 (1958), S. 1—18.

Der „Wilhelm von Wenden" des Ulrich von Etzenbach

Geboren um die Mitte des 13. Jhs. in Böhmen. Der Dichter war wohl kein Geistlicher, hat aber zweifellos eine geistlich-gelehrte Ausbildung erhalten. Vermutlich zog er als fahrender Sänger umher und lebte vom Vortrag eigener und fremder Dichtung. Längerer Aufenthalt am Prager Hof, wohl als Hofdichter unter König Wenzel II (1278—1305). Auf Grund historischer Anspielungen läßt sich die Abfassungszeit des „Willehalm von Wenden" mit Sicherheit in die Zeit zwischen 1287 und 1297 festsetzen.

Ausgaben

Wilhelm von Wenden, hrsg. v. W. Toischer. Bibl. d. mhd. Lit. in Böhmen 1 (1876).
Ulrich von Etzenbach, Wilh. v. Wenden. Krit. hrsg. von Hans-Friedr. Rosenfeld. Dt. Texte des Mas. Bd. 49. Berlin (Akademie Verlag) 1957.

Literatur

Ehrismann, G., Gesch. d. dt. Lit. Schlußband, S. 82—84.
Dziobek, W., Problemgeschichtliches zur mhd. Epik Ulrichs von Eschenbach.
Jahncke, E., Studien zu W. v. W. des U. v. E. Diss. Gött. 1903.
Leonhard, K., Quellengeschichtl. Untersuchungen zum W. v. W. des U. v. E. Diss. Tübingen 1931.
Loserth, J., Die geschichtl. Momente in U. v. E's W. v. W. Mitt. d. Ver. f. Gesch. d. Dt. in Böhmen 21 (1883).
Repp, F., Reimwörterbuch zu U. v. E. 1940.
Rosenfeld, H. F., Zum W. v. W. des U. v. E. Neophilologus 12 (1927), S. 173 ff.
—, Verf. Lex. Bd. 5, Sp. 572—582.
Toischer, W., Der älteste Dichter Böhmens. Mitt. d. Ver. f. d. Gesch. d. Dt. in Böhmen 28 (1890), S. 232—51.

Die „Kreuzfahrt Ludwigs des Frommen"

Das 1301 vollendete Werk behandelte die Kreuzfahrt des Landgrafen Ludwigs des Frommen von 1189/90. Verfasser unbekannt. Er dichtete im Auftrag des Herzogs Bolko I. von Schweidnitz-Jauer-Münsterberg und war vermutlich Geistlicher. Als Vorbild diente ihm vor allem der „Herzog Ernst" des Ulrich von Etzenbach. Der historische Wert dieser Kreuzzugsdarstellung ist sehr gering, der dichterische erheblich größer.

Ausgaben

Ludw.s d. Fr. Kreuzfahrt, hrsg. v. Fr. H. von der Hagen. 1854.
Ludw.s d. Fr. Kreuzfahrt, hrsg. v. H. Naumann, MGH, Dt. Chron. IV, 2 (1923).

Literatur

Ehrismann, G., Gesch. d. dt. Lit., Schlußband, S. 85—87.
Jantzen, H., Untersuchungen über die Kreuzf. Ludw.s d. Frommen. ZfdPh 36 (1904), S. 1—57.
Kinzel, K., Das Gedicht von des Landgr. Ludw. Kreuzfahrt nach Sprache und Komposition. ZfdPh 8 (1877), S. 379—419.
dazu Röhricht, R., Erläuterungen nach seiner histor. Seite, S. 419—446.
Littmann, Hübner, Schröder, Beiträge zur Erklärung und Kritik von Landgr. Ludw.s Kreuzfahrt, ZfdA 63 (1926), S. 217—223.
Gierach, E., Verf. Lex. Bd. 2, Sp. 947 f.

„Reinfrid von Braunschweig"

Verfaßt um 1300 von einem unbekannten alemannischen Schüler Konrads von Würzburg. Teilweise enger Anschluß an den Meister. Der Dichter lebte vermutlich in bürgerlichen Verhältnissen, er war von großer Gelehrsamkeit und besaß gute Kenntnis der mhd. und auch lat. Dichtung. Das Werk schildert die Erlebnisse und Heldentaten des Kreuzfahrers Reinfried. Reiche Entlehnungen aus Epik und Lyrik der Blütezeit. Das übermäßig gedehnte Gedicht blieb unvollendet, überliefert sind annähernd 28 000 Verse. Im 15. Jh. Übertragung dieses Stoffes auf Heinrich den Löwen.

Ausgaben

Reinfried v. Braunschweig, hrsg. v. Karl Bartsch, Stuttgart. Lit. Verein 109 (1871).

Literatur

Ehrismann, G., Gesch. d. dt. Lit. Schlußband, S. 87 f.
Eichhorn, K., Reinfriedstudien I. II, Progr. Meiningen 1892.
Gereke, P., Studien zu Reinfr. v. Braunschw. PBB 23 (1898), S. 358—483.
Jänicke, O., Zur Kritik d. Reinfr. v. Braunschw. ZfdA 17 (1874), S. 505—518.
Kluxen, W., Studien über die Nachwirkung Konr. v. Würzburg. Diss. Köln 1948 (Masch.-Schr.).
Schneider, H., Verf. Lex. Bd. 3, Sp. 1046—1051.
Siebert, J., Virgils Fahrt zum Agetstein. PBB 74 (1952), S. 193—225.
Skrabal, E., Reimwörterbuch zum Reinfr. v. Braunschw. Diss. München 1937.

Der „Wilhelm von Österreich" des Johannes von Würzburg

Urkundlich nicht nachweisbar. Allein sein Epos „Wilhelm von Österreich" gibt Aufschluß über sein Leben. Das Werk zeugt von umfassender Bildung, Vertrautheit mit höfischer Lebenshaltung und Kenntnis des Lateinischen. Johann war sicher Bürgerlicher, lebte aber längere Zeit in ritterlicher Umgebung und bei den Grafen von Hohenberg-Haigerloch. Ein Eßlinger Bürger namens Dieprecht besorgte ihm die Quelle für sein Werk. Seine Vorbilder sind Wolfram, Gottfried und Rudolf von Ems. Als einziges Lebensdatum ist das Jahr 1314 faßbar, in dem Johann als alternder Mann sein Werk vollendete.

Ausgabe

J. v. Würzburg, Wilh. v. Österreich. hrsg. von Ernst Regel, DTMA 3 (1903).

Literatur

Beckmann, B., Sprachl. und textkrit. Untersuchungen zu Joh. v. Würzb., Berliner Diss., Emsdetten 1937.
Ehrismann, G., Gesch. d. dt. Lit. Schlußband, S. 92 f.
Fechter, W., Ein Karlsruher Bruchstück des Wilhelm von Österreich, ZfdA 80 (1944), S. 83—85.
Frenzel, E., Studien zur Persönlichkeit Joh.s v. Würzb. Germ. Stud. 84 (1930).
Göhrke, F., Die Überlieferung von Joh. v. Würzb.s Wilh. v. Österr. nebst einer Reimgrammatik. Diss. Berlin 1912.
Mayser, E., Studien zur Dichtung Joh.s v. Würzb., Germ. Studien 101 (1931).
Schröder, E., Mhd. Bruchstücke aus Duisburg (I. Zum Wilh. v. Orlens; II. Zum Wilh. v. Österr.). ZfdA 68 (1931), S. 89—95.

Die Deutschordensdichtung

Seit der Ostkolonisierung und der damit verbundenen Missionierung des Hermann von Salza 1226 verbindet sich dieses Geschehen literarisch mit der Kreuzzugsthematik und taucht so in N. von Jeroschins Kronike von Pruzinlant wieder auf. Die Reimchronik entstand auf Anraten Luders von Braunschweig (1331—35). Als die ersten Bogen der Handschrift zerstört wurden, übergab ihm Dietrich von Altenberg, der Nachfolger Luders, die Chronik des Peter von Dusberg, die dieser 1326 lateinisch verfaßt hatte. In sehr freier Behandlung dieser Quelle fügt Nikolaus von Jeroschin Tatsachen mit Legenden und Schlachtschilderungen zusammen, wobei er das stilistische Vorbild eines Rudolf von Ems und Konrad von Würzburg für die Reimtechnik nutzt. Auffallend ist der Zusammenhang mit der Kreuzzugsidee, die neu belebt erscheint unter den politischen Verhältnissen der Ostkolonisation. Daß nicht nur ein Rezeptionsvorgang geschichtlicher Parallelen vorliegt, zeigen die anderen geistlichen Dichtungen in diesem Raum, von denen die sogenannte „Judith" und das „Maccabäerbuch" in der märtyrerhaften Erhöhung der Glaubensheldin und der Gottesstreiter symbolische Bedeutung für das opferbereite Kampfesleben der Deutschordensritter erhalten.

Texte

Ernst Strehlke, Die Kronike von Pruzinland, Leipzig 1861; dazu Ehrismann (Schlußband), S. 669—676.
Verf.-Lex., Deutschordensliteratur, Bd. III, Sp. 588—599 (W. Krogmann).

Literatur

Karl Helm und Walther Ziesemer, Die Literatur des Deutschen Ritterordens. Gießen 1951 (Dort auch die Textausgaben der genannten Deutschordensdichtung).

Rubin

Ein aus Tirol stammender Adliger. Enge Anlehnung an Reinmar und Walther. Seine beiden Kreuzlieder gelten vermutlich dem Kreuzzug von 1228/29 unter Friedrich II., an dem der Dichter selbst teilgenommen haben dürfte.

Text

v. Kraus, C., Dt. Liederdichter des 13. Jhs., Bd. I, 1952, Nr. 47, S. 338—358.
Zupitza, J., Gedichte Rubins kritisch bearbeitet. 1867.
Weitere Abdrucke der Gedichte Rubins s. Verf.-Lex. Bd. 3, Sp. 1116 f.

Literatur

de Boor, H., Gesch. d. dt. Lit. Bd. 2, S. 336.

Ehrismann, G., Gesch. d. dt. Lit., Schlußband, S. 268.
Karg-Gasterstädt, E., Verf.-Lex. Bd. 3, Sp. 1115—1117.
v. Kraus, C., Dt. Liederdichter d. 13. Jhs., Bd. II, 1958 (Kommentar, besorgt v. H. Kuhn), S. 399—429.
Schneider, H., Eine mhd. Liedersammlung. PBB 47 (1923), S. 225—260. (Über Rubin: S. 255—256).
Wallner, A., Herren u. Spielleute im Heidelberger Liederkodex. PBB 33 (1908), S. 484—540. (Über Rubin: S. 524—526).

Hiltbolt von Swanegöi

Burg von Schwangau am rechten Ufer des oberen Lech gelegen. Ihre Besitzer waren Ministerialen der schwäbischen Herzöge, bis 1181 der Welfen, später der Hohenstaufen. Der Minnesinger Hiltbolt ist urkundlich nicht faßbar. Seine Lieder stammen etwa aus der Zeit von 1190—1210. Aus ihnen ist die Teilnahme an einem Kreuzzug erkennbar (1190, 1197 oder 1217). In der Abfassung seiner Kreuzlieder enge Anlehnung an Friedrich von Hausen.

Text

K. Bartsch, Dt. Liederdichter des 12.—14. Jhs. 1901[4], Nr. 20, S. 93—97.
von Kraus, Dt. Liederdichter des 13. Jhs., Bd. 1, 1952, Nr. 24, S. 163—174.

Literatur

de Boor, H., Gesch. d. dt. Lit. Bd. 2, S. 324 f.
Ehrismann, G., Gesch. d. dt. Lit., Schlußband, S. 271 f.
Juethe, E., Der Minnesänger Hiltbolt von Schwangau. Germ. Abhandlungen 44 (1913).
Keim, H. W., Über Juethe, Hiltb. v. Schwangau, Anz. 38 (1919), S. 142—146.
v. Kraus, C., Dt. Liederdichter des 13. Jhs., Bd. 2, 1958 (Kommentar, besorgt v. Hugo Kuhn), S. 190—223.
Rosenhagen, G., Verf.-Lex., Bd. 2, Sp. 453 f.
Zollhöfer, F., Schwabenland 7 (1940), S. 246—253.

Der Burggraf von Lüenz

Zwei Träger dieses Namens nachweisbar (Vater Heinrich u. Sohn Konrad). Als der Dichter kommt mit größerer Wahrscheinlichkeit Heinrich in Betracht, der von 1231—1258 urkundlich belegt ist. Eines der zwei überlieferten Lieder erwähnt eine beabsichtigte Kreuzfahrt. In Frage käme die Kreuzfahrt von 1228/29.

Text

K. Bartsch, Dt. Liederdichter des 12.—14. Jhs. 1901, S. 197—199.
C. v. Kraus, Dt. Liederdichter des 13. Jhs. Bd. 1, 1952, Nr. 36, S. 250—252.

Literatur

Ehrismann, G., Gesch. d. dt. Lit., Schlußband, S. 269.
v. Kraus, C., Dt. Liederdichter des 13. Jhs. Bd. 2, 1958 (Kommentar, besorgt von H. Kuhn).
Rosenhagen, G., Verf.-Lex. Bd. 3, Sp. 51—52.
Thurnher, E., Wort u. Wesen in Südtirol. 1947, S. 102 u. 217.

Otte von Bottenlouben

Sohn des großen Henneberger Grafengeschlechts. Er benennt sich nach seinem Burgsitz Botenlauben bei Kissingen. Er erscheint als Zeuge im Gefolge Heinrichs VI.

in Italien. 1197 als Kreuzzugsteilnehmer nach Palästina, wo er mit kleinen Unterbrechungen zwanzig Jahre verbleibt. Dort Heirat mit der reichen Erbin Beatrix, der Tochter des Seneschalls von Jerusalem, Joscelin von Courtenay. 1220 Verkauf seines um Akkon gelegenen Grundbesitzes, dabei Zuwendungen an die Johanniter und an den deutschen Orden. Nach seiner Rückkehr in die Heimat verkauft er 1234 Burg und Herrschaft Botenlauben an den Bischof von Würzburg und zieht sich in das von ihm gestiftete Kloster Frauenrode zurück. Dort um 1244 gestorben und begraben. Erhalten ist der Grabstein Ottos und seiner Gemahlin.

Text

Bartsch, K., Dt. Liederdichter des 12.—14. Jhs. 1901[4], Nr. 26, S. 160—163.
HMS, Bd. 1 u. 2, S. 27—32.
v. Kraus, C., Dt. Liederdichter des 13. Jhs., Bd. 1, 1952, Nr. 41, S. 307—316.

Literatur

Bechstein, L., Geschichte und Gedichte des Minnesängers Otto von Botenlauben, Grafen von Henneberg. 1845.
de Boor, H., Gesch. d. dt. Lit., Bd. 2, S. 325—327.
Ehrismann, G., Gesch. d. dt. Lit., Schlußband, S. 283.
v. d. Hagen, F. H., Minnesinger, Teil 4 1838, S. 62—68.
v. Kraus, C., Dt. Liederdichter des 13. Jhs., Bd. 2, 1958 (Kommentar, besorgt v. Hugo Kuhn), S. 358—380.
Kuhn, H., Minnesangs Wende. 1952, S. 81—83.
Rosenhagen, G., Verf. Lex. Bd. 3, Sp. 675—677.
Schneider, H., Eine mhd. Liedersammlung als Kunstwerk. PBB 47 (1923), S. 225—260 (Über Botenlauben: S. 231 f.).
Schuchard, H. K., Der Minnesinger O. v. Botenlauben. Diss. Univ. of Pennsylvania, Philadelphia 1940.
Stöckel, O., Otto von Botenlauben. 1882.

Bruder Wernher

Gehört der Generation nach Walther an und stammt wie dieser aus Österreich. Er führt ein ebenso unruhiges Wanderleben wie Walther, der sein Vorbild und vielleicht auch sein Lehrmeister war. Als frühestes Ereignis erwähnt er die Kreuzfahrt Leopolds von Bamberg (1217—1219). Später nahm er selbst an einer Kreuzfahrt teil, vermutlich an der von 1228/29 unter Friedrich II. Seine Wirksamkeit wird kaum über 1250 hinausreichen. Überliefert sind annähernd 80 Strophen Spruchdichtung.

Text

Die Sprüche des Bruders Wernher, hrsg. von A. E. Schönbach. SB Wien 148, Nr. 7 (1904) u. 150, Nr. 6 (1905).

Literatur

Bartsch, K., Jenaer Liederhandschrift. 1923, S. 96—100.
Bernt, A., Tetschener Bruchstück einer mhd. Spruchhandschrift. ZfdA 47 (1904) S. 237—241.
de Boor, H., Gesch. d. dt. Lit. Bd. 2, S. 417 ff.
Doerks, H., Bruder Wernher. Progr. Treptow a. R. 1879.
Ehrismann, G., Gesch. d. dt. Lit., Schlußband, S. 294.
Leitzmann, A., Zu Bruder Wernhers Sprüchen. PBB 65 (1941), S. 159—164.
Reuschel, H., Verf. Lex. Bd. 4, Sp. 899—901.

Schneider, H., Heldendichtung, Geistlichendichtung, Ritterdichtung. 1943², S. 528
—529.
Vetter, H., Die Sprüche Bruder Wernhers. PBB 44 (1920), S. 242—267.

Meister Sigeher

Bürgerlicher Spruchdichter aus der zweiten Hälfte des 13. Jhs., der auch religiöse Lieder dichtete. Gehört dem obd. Sprachraum an, genauere Festlegung seiner Heimat nicht möglich. Er gehört nicht zu den Fahrenden, bemüht sich vielmehr, nach Art eines Ritters zu leben. Längerer Aufenthalt am Königshof in Prag, hauptsächlich wohl unter König Ottokar.

Vorbilder für seine Spruchdichtung: Reinmar von Zweter und Bruder Wernher.

Text

K. Bartsch, Dt. Liederdichter des 12.—14. Jhs. 1901⁴, S. 272—275.
F. Pfaff, Die große Heidelberger Liederhs. I (1909), Sp. 1369—1377.

Literatur

Brodt, H. P., Meister Sigeher. Germ. Abh. 42 (1913).
Ehrismann, G., Gesch. d. dt. Lit., Schlußband, S. 294.
Karg-Gasterstädt, E., Verf.-Lex. Bd. 4, Sp. 207 f.

Neithart von Reuenthal

Geboren zwischen 1180 und 1190 in Bayern. Er gehörte dem unteren Ministerialenadel an. Mit eigenen Gedichten tritt er 1210 oder früher hervor. Teilnahme an einem Kreuzzug 1217/19 oder 1228/29 unter Friedrich II, von dem er Kreuzzugslieder in seine bayrische Heimat entsendet. Nach 1230 Zerwürfnis mit dem bayrischen Herzog. Zuflucht bei Friedrich dem Streitbaren in Österreich, von dem er ein Lehen in der Gegend von Tulln erhält. Gestorben um 1240.

Text

Neidhart v. R.; hrsg. v. Moritz Haupt. 1858, 2. Aufl. hrsg. v. Edm. Wiessner. 1923.
Die Lieder Neidharts v. R., hrsg. v. Fr. Keinz. 1910.
Die Lieder Neidharts, hrsg. v. Edm. Wiessner. 1955.

Literatur

Alewyn, R., Naturalism. bei N. v. Reuenth. ZfdPh 56 (1931), S. 37—69.
Böckmann, F., Formgesch. d. dt. Dichtung 1 (1949), S. 176—198.
de Boor, H., Gesch. d. dt. Lit., Bd. 2, S. 359—370.
Bornemann, H. W., Neidhart-Probleme. Diss. Hamburg 1937.
Brill, R., Die Schule Neidharts. Palaestra 37 (1908).
Credner, K., Neidhartstudien. Diss. Leipzig 1897.
Grünbaum, J., Probl. der Stroph. Neidharts v. R. Arch. v. Neophil. 1 (1934), S. 267—297.
Günther, F., Minneparodie bei Neidhart. Diss. Jena 1931.
Gusinde, K., Neidh. mit dem Veilchen. Germ. Abh. 17, (1898).
Heberling, E., Etymol. u. philol. Untersuchungen im Anschluß an einige Tanzwörter Neidharts und seiner Schule. Diss. Münster 1947 (Masch.-Schr.).
Keinz, F., Beitr. zur Neidhartforschung. Münch. Akd. II, H. 3.
Leitzmann, A., Neidhart 47, 12 stundic. ZfdPh 65 (1940), S. 33—34.
Mack, A., Der Sprachschatz N. sv. Reuenthal. Diss. Tüb. 1910.
Martini, F., Das Bauerntum im dt. Schrifttum. 1944, S. 41—92.
Meyer, R. M., Die Reihenfolge der Lieder Neidharts v. R. Diss. Berlin 1883.

Mohr, F., Das unhöf. Element in der mhd. Lyrik. Diss. Tüb. 1913.
Müller, G., Zu Neidharts Reihenstrophik. PBB 48 (1924), S. 492—494.
Osterdell, J., Inhaltliche u. stilistische Übereinstimmungen der Lieder N.s v. Reuenthal mit den Vagantenliedern der Carmina Burana. Diss. Köln 1928.
Rosenhagen, G., Verf. Lex., Bd. 3, Sp. 501—510.
Schmieder, W., Die Melodien zu den Liedern Neidharts. Denkmäler der Tonkunst in Österreich 37 (1930).
Schürmann, Die Entwicklung der parodist. Richtung bei N. v. R. Progr. Düren 1898.
Seemüller, J., Zur Poesie Neidharts. Prager dt. Studien 8 (1898).
Singer, S., Neidhartstudien. 1920.
Stoy, P., Zu den Tanzformen Neidharts v. R. Diss. Leipz. 1923.
Wallner, A., Herren u. Spielleute im Heidelb. Liederkod. PBB 33 (1908), S. 483—540. (Über Neidhart: S. 532 f.).
Walter, Th., Zu den Dialogstr. Neidharts v. R. Lund 1896.
Weidmann, W., Studien zur Entwicklung von Neidharts Lyrik. Basl. Stud. zur dt. Spr. u. Lit. 5 (1947).
Wiessner, E., Krit. Beiträge zur Textgest. der Lieder N.s. ZfdA 61 (1924), S. 141—177.
—, Die Preislieder Neidharts u. des Tannhäusers auf Herzog Friedrich II. von Babenberg. ZfdA 73 (1936), S. 117—130.
—, Berührungen zwischen Walters u. Neidharts Liedern. ZfdA 84 (1952/53), S. 241—264.
—, Vollst. Wörterbuch zu Neidharts Liedern. 1954.
—, Kommentar zu Neidharts Liedern. 1954.
Wilhelm, F., Neidhart v. R. in Oberbayern. Münchener Museum 4 (1924), S. 228—229.
Wilmanns, W., Über Neidharts Reien. ZfdA 29 (1885), S. 64—85.
Winkler, K., Lit.-Gesch. des oberpfälz.-egerländ. Stammes 1 (1940), S. 48—68 u. 653—671 u. 2 (1940), S. 357 ff.
—, Neidhart v. R., Leben, Liebe, Lieder. 1956.

Freidank

Zuerst erwähnt um 1235 durch Rudolf von Ems. Er stammte aus dem süddeutschen Raum; genauere Festlegung seiner Heimat nicht möglich; Österreich und Tirol scheiden aus sprachgeographischen Gründen aus. Nachgewiesen sind Beziehungen zur schwäbischen Ritterschaft um 1230. Teilnahme am Kreuzzug 1228/29 unter Friedrich II. Seine Spruchsammlung „Bescheidenheit" entstand zwischen 1215 und 1230. Das bayr. Kloster Kaisheim verzeichnet für 1233 den Tod des magister Fridancus, der vermutlich mit dem Dichter identisch ist. W. Grimms Vermutung, daß sich hinter dem Namen Freidank Walther von der Vogelweide verberge, erwies sich als irrtümlich.

Text

Bezzenberger, H. E., Fridankes Bescheidenheit. 1872.
Grimm, W., Vridankes Bescheidenheit. 1860[2]. (1834[1]).
Joachim, R., Freidanks Bescheidenheit, lat. u. dt. nach der Görlitzer Hs. veröffentlicht. Neues Lausitzisches Magazin 50 (1874).
Lemcke, H., Fridangi discrecio, Freidanks Bescheidenheit, lat. u. dt. aus der Stett. Hs. Progr. Stettin 1868.
Myller, Ch. H., Sammlung dt. Gedichte aus dem 12., 13. u. 14. Jh., Bd. 2 (1785).
Paul, H., Über die ursprüngliche Anordnung von Freidanks Bescheidenheit. SB München 1899, Heft 2, S, 167—294.

Literatur

de Boor, H., Gesch. d. dt. Lit., Bd. 2, S. 411—416 (Lit.-Ang.).
Ehrismann, G., Gesch. d. dt. Lit., Schlußband, S. 316—323 (Lit.-Ang.).

Grimm, W., Über Freidank. Abh. d. Berl. Ak. d. Wiss. 1850.
—, Über Freidank. Zweiter Nachtrag. Abh. d. Berl. Ak. d. Wiss. 1855 (erster Nachtrag 1851).
Gumbel, H., Brants Narrenschiff u. Freidanks Bescheidenheit. Beitr. z. Geistes- u. Kulturgesch. d. Oberrheinlande. 1938, S. 24—39.
Leidinger, G., „Annales Caesarienses". SB München 1910, 7. Abh. (Erwähnung des Todesdatums).
Leitzmann, A., Studien zu Freidanks Bescheidenheit. BSB, Phil.-hist. Kl. 1948. Nr. 2, Berlin 1950.
Loewer, C., Patrist. Quellenstudien zu Freidanks Bescheidenheit. Leipz. Diss., Berlin 1900.
Neumann, F., Meister Freidank. Wirk. Wort 1 (1950/51), S. 321—331.
—, Freidanks Lehre von der Seele. Festschr. f. M. H. Jellinek. 1928.
—, Scholastik u. mhd. Liter. Neue Jhb. f. d. klass. Altertum, Gesch. u. dt. Lit. 50 (1922), S. 388—404.
—, Verf.-Lex., Bd. 1, Sp. 660—670 (Lit.-Ang.).
—, Freidanks Auffassung der Sakramente. GGN (1930), S. 363—380.
Pfeifer, F., Zur dt. Literaturgesch., Untersuchungen III, über Freidank (1855).
—, Über Bernhard Freidank. Germania 2 (1857), S. 129—163.
Pinnow, H., Untersuchungen zur Gesch. d. pol. Spruchdichtung im 13. Jh. Diss. Bonn 1906.
Ranke, F., Sprache u. Stil im „Wälschen Gast". 1908, S. 76 (Zur Frage, ob Freidank den Wälschen Gast kannte).
Reinardt, F., Walther v. d. Vogelweide u. Fridank. Progr. Aschersleben 1878.
Schröder, E., Rudolf von Ems und sein Literaturkreis. ZfdA 67 (1930), S. 209—252. Über Freidank: S. 234 ff.
Schwietering, J., Die Demutsformel mhd. Dichter. Abh. d. Ges. d. Wiss. zu Göttingen. 1921, S. 38 ff.
Singer, S., Freidanks Bescheidenheit. Sprichwörter des MA.s Bern 1946/47, Bd. 2, S. 155—187, Bd. 3, S. 9—119.
v. Zingerle, O., Freidanks Grabmal in Trevisa. 1914.
—, Die Heimat des Dichters Freidank. ZfdPh 52 (1927), S. 93—110.

Der Tannhäuser

Vermutlich ritterlicher Herkunft. Geboren kurz nach 1200 bei Neumarkt in der bayrischen Oberpfalz. 1228/29 Teilnahme am Kreuzzug Friedrichs II., vermutlich längerer Aufenthalt im Orient. Später findet er wie Neidhart in Friedrich dem Streitbaren einen großzügigen Gönner, von dem er ein ansehnliches Lehen in und um Wien erhält. 1246 beklagt er nach dem Tode seines Herren seine erneute Heimatlosigkeit, offenbar hat er seine Besitzungen verschleudert. Für ihn beginnt ein unruhiges Wanderleben vor allem an Höfen der Stauferanhänger. Seine staufische Gesinnung ist unverkennbar. Noch 1265 widmet er Friedrich II. und seinen Söhnen Heinrich und Konrad einen Nachruf, wobei er die Zeit des Interregnums beklagt. Kurz darauf wird er gestorben sein.

Text

Siebert, Johann, Der Dichter Tannhäuser. Leben, Gedichte, Sage. 1934.
Der Tannhäuser, hrsg. v. S. Singer. 1922.

Literatur

de Boor, H., Gesch. d. dt. Lit., Bd. 2, S. 370—375.
Brauns, W., Tannhäuser, ZfdA 73 (1936), S. 193—195.

Denk, O., Der Minnesang Tannhäusers und seine Heimat. Das Bayerland 28 (1917/18).
Elster, E., Tannhäuser in Geschichte, Sage u. Dichtung. 1908.
Ehrismann, G., Gesch. d. dt. Lit., Schlußband, S. 265—270.
Fürst, M., Zur Heimatfrage Tannhäusers. 1910.
Golther, W., Tannhäuser in Sage und Dichtung des MA.s und der neuen Zeit. 1907.
Krappe, A. H., Die Sage vom Tannhäuser. Mitt. d. Schles. Ges. f. Vkde 36 (1937), S. 106—132.
Kuhn, H., Minnesangs Wende. 1952, S. 110—119.
Lang, M., Tannhäuser. (Von dt. Poeterey, Bd. 17), 1936 (Lit.-Ang.).
Lang, M. u. Naumann, H., Zu Tannhäusers Balladengestalt. Jb. f. Volksliedforsch. 5 (1936), S. 123—130.
Lennartz, W., Die Lieder u. Leiche Tannhäusers im Lichte der neueren Metrik. Diss. Köln 1931.
Meier, J., Dt. Volkslieder mit ihren Melodien I_I (1935), S. 145—161.
Mohr, F., Das unhöfische Element in der mhd. Lyrik von Walther an. Diss. Tübingen 1913, S. 60—68.
Reischl, F., Das Buch von der schönen Stadt Salzburg. 1923, S. 134—147.
Rosenhagen, G., Die Leiche des Tannhäusers und des Ulrich von Winterstetten. ZfdPh 61 (1936), S. 269—274.
Sandweg, W., Die Fremdwörter bei Tannhäuser. Diss. Bonn 1931.
Siebert, J., Zum Tannhäuser. ZfdA 77 (1940), S. 55—60.
—, Tannhäusers Mäuseberg. ZfdA 82 (1948—50), S. 264—267.
—, Tannhäuser, Inhalt u. Form seiner Gedichte. 1894.
Spanke, H., Eine mal. Musikhandschrift. ZfdA 69 (1932), S. 49—70.
Taylor, A., „Zu Künis erbent ouch diu wîp und niht die man", Tannhäuser 5, 29. Mod. Lang. Notes 53 (1938), S. 509.
Wallner, A., Tannhäuser. ZfdA 72 (1935), S. 272—280.
—, Eine Hampfel Grübelnüsse. ZfdA 64 (1927), S. 81—96. (Darin: T.s Rätselspruch u. Totenklage, S. 81—83).
Weller, K., Zur Lebensgeschichte des Tannhäusers. Festg. f. K. Bohnenberger 1938, S. 155—163.
Wiessner, E., Die Preislieder Neidharts u. d. Tannhäusers auf Herz. Friedr. II. von Babenberg. ZfdA 73 (1936), S. 117—130.
Wolff, L., Verf. Lex., Bd. IV, Sp. 355—368.

Der Stricker

Zeit seiner dichterischen Tätigkeit etwa 1220—50. Er stammt aus dem südrheinfränkischen Sprachgebiet, muß sich aber in späteren Jahren längere Zeit in Österreich aufgehalten haben. Sein Name kennzeichnet ihn als Angehörigen des bürgerlichen Standes. Er wendet sich bewußt von der höfischen Gesinnung ab. Die ihn kennzeichnende Kunstgestaltung ist die kurze lehrhafte Verserzählung.

Text
Die bisher unveröffentlichten geistlichen Bîspelreden des Strickers, hrsg. von Ute Schwab, Göttingen 1959.

Literatur
de Boor, H., Gesch. d. dt. Lit., Bd. 2, S. 192—195.
Ehrismann, G., Gesch. d. dt. Lit., Schlußband, S. 13—15, 106—109, 345—347.
Jensen, L., Über den Stricker als Bîspel-Dichter. Seine Sprache u. seine Technik unter Berücksichtigung des „Karl" u. „Amis". 1886.
Leitzmann, A., Strickerstudien. ZfdA 81 (1944), S. 69—84.

Mast, H., Stilist. Untersuchungen an den kleinen Ged. des Strickers mit besonderer Berücksichtigung des volkstümlichen u. des formelhaften Elements. Diss. Basel 1929.
Rosenhagen, G., Verf.-Lex. Bd. 4, Sp. 292—299.
Sudhof, S., Verf.-Lex. Bd. 5, Sp. 1069—1072.
Über die Hss. vgl. v. Kraus, C., Mhd. Übungsbuch ²1926, S. 279—287 (Literaturhinweise).

Namenregister

für den Darstellungsteil

Aimeric de Belenoi 151 f.
Alexander III. 138 f., 219, 223
Annalen, Brauweiler 76
Annalen, Würzburger 76
Anselm v. Canterbury 33
Antonius v. Padua 216
Augustinus 3, 21, 60 f., 64, 81

Balduin v. Canterbury 140
Balduin IV., König v. Jerusalem 175
Balduin V., König v. Jerusalem 175
Barbarossa (s. Friedr. I.)
Baudri 9
Benedikt VIII. 33
Benediktinerregel 23 f., 34 f., 87, 89 f., 94
Bernhard v. Clairvaux 17—28, 33, 35, 39, 44, 47, 54 ff., 57, 70, 72, 76, 81 f., 83, 84, 86 f., 89—96, 98, 118, 124, 138, 141, 147, 151, 153, 163, 171, 184, 207, 209, 218 f., 240, 289, 299
Bertran de Born 159 f.
Bonifazius VIII. 224
Bonizo v. Sutri 3, 5 f., 21, 76, 86
Bruder Wernher 303—306
Burggraf v. Lüenz 301—303

„Carmen Sangallense" 168—172, 173
„Carmina burana" 46, 52—59, 161—168, 169, 171, 207
Chatelain d'Arras 157—159
Coelestin III. 135
Conon de Béthune 132, 152—155, 182 ff.
Christian v. Mainz 179

Elias Cairel 232
Elisabeth v. Thüringen 216
Enrico Dandolo 214
Eugen III. 17, 18, 26, 76
„Ezzolied" 32, 35—38, 39, 41, 42

Folquet de Marseilla 159 f., 181
Fra Guittone d'Arezzo 232 f.
Franz v. Assisi 216, 218

Freidank 307, 311—314, 315
Friedrich I. 112 f., 120 f., 131 ff., 134, 148, 162, 206 f., 213, 215, 234
Friedrich II. 213, 216 f., 223, 232, 237, 245, 247, 303, 304, 305, 311, 312, 313, 314
Fulco v. Chartres 9
Fulco v. Neuilly 140

Gerardus de Vino Salvo 168
Gerhoh v. Reichertsberg 36
Giraut de Bornelh 159 f.
Gottfried v. Bouillon 14, 66, 225
Gottfried v. Straßburg 184
Gottfried v. Würzburg 131 f., 146
„Graf Rudolf" 123—128
Gregor I. 4
Gregor VII. 4 ff., 7, 23, 214
Gregor VIII. 131
Gregor IX. 216 f., 303, 311, 312
Gregor X. 217
Guibert v. Nogent 9, 12
Guiot de Dijon 156 f.
Guiot de Provins 132
Guido de Lusignan 175

Hartmann, d. arme 8, 40—43, 89, 118, 158, 182, 185
Hartmann v. Aue 195—203, 204, 234, 236, 241, 242, 259, 300, 302
Hausen, Friedrich v. 51, 132, 152, 155, 158, 179—186, 191 f., 195, 259, 302
Heinrich v. Albano 131 f., 138, 140, 142 ff., 145, 151, 166, 196
Heinrich der Löwe 20, 112, 131
Heinrich v. Melk 41, 90, 96
Heinrich v. Straßburg 131 f., 138, 144—146
Heinrich II., dt. König 33
Heinrich II., engl. König 134, 159
Heinrich IV. 214
Heinrich VI. 120 f., 135 ff., 213, 234

Hermann I., Landgraf v. Thüringen 238, 247
„Herzog Ernst" 112—114, 126
Hiltbolt v. Swanegöi 300 f.
Honorius III. 294
Hughes de Breghi (Berzé) 229 f.
Huon d'Oisy 151, 154 f.
Innozenz III. 124, 138, 213 ff., 217, 219— 224, 225, 230 f., 234, 235 f., 298, 299
Jaufre Rudel 48, 51 f.
Johannes VIII. 4
Johannes v. Würzburg 290—293
Johansdorf, Albrecht v. 51, 132, 155 f., 158, 185 f., 195, 200, 259, 302
Jakob v. Vitry 140 ff.
d. „Jüngere Titurel" 279
„Kaiserchronik" 60—72, 73, 77, 81, 85, 87, 90, 98, 107, 109, 314
Klemens III. 131
„König Rother" 99, 114—123
Konrad v. Montferrat 160, 175
Konrad III., dt. König 18 f.
„Kreuzfahrt d. Landgrafen Ludwigs d. Frommen v. Thüringen" 284—287

Leo IV. 4
Leo IX. 7
„Ludus de Antichristo" 52, 73—77, 79
Ludwig IV., Landgraf v. Thüringen 247
Ludwig VII., frz. König 17, 18 ff., 44 ff., 50, 54
Ludwig IX., d. Heilige, frz. König 218

Marcabru 48—51, 52, 232
Martin v. Paris 224 f., 234 ff., 237
Meister Eckhart 319
Meister Sigeher 294, 303, 306
„Memento mori" 42

Neithart v. Reuental 303, 307—310, 314, 315
Nicolaus v. Jeroschin 294 f.

Odo, Abt v. Cluny 8
„Orendel" 98—105, 109 ff.
„Oswald" 98 f., 100, 101, 104—109
Otte v. Bottenlouben 301—303
Otto v. Freising 15, 47
Ottokar II. v. Böhmen 294, 306
Otto IV., dt. König 237, 238

Peter v. Amiens 12, 13, 16
Philipp II., frz. König 132 f., 134, 155, 159
Philipp II. v. Schwaben 235 ff.

Pierre le Vénérable v. Cluny 27, 33
„Plange syon et Judea" (Salzburg. Kreuzlied) 174—178
Pons de Capduelh 230 f.

Raymond III. 175
„Reinfrid von Braunschweig" 287—290
Reinmar der Videler 306
Renaud de Chatillon 175
Rhabanus Maurus 54
Richard v. Cornwall 218
Richard Löwenherz 124, 132 f., 135, 159
Rinaldo d'Aquino 232 f.
Robert der Mönch 9
„Rolandslied" (frz.) 77 ff., 80, 82, 92
„Rolandslied" (dtsch.) 37, 41, 60, 61, 72, 77—98, 99, 103, 109, 112, 115, 126, 316
Rubin 296—299, 300, 313
Rugge, Heinrich v. 186 f., 204—209, 237, 258, 259

Saladin 124, 131, 133 ff., 142, 160 f., 173 ff., 176, 248, 284
„Salman und Morolf" 98 f., 102 f., 105, 111
Sergius IV. 7
Spielmannsepos 98 f., 102—106, 109 f., 114
Stricker 307, 315, 316—322
„Summa Theologiae" 38—40, 90

Tannhäuser 307, 314 f.
Tauler 319

Ulrich v. Etzenbach 280—283, 284
Ulrich von Türheim 278 f.
Ulrich von dem Türlin 278
Urban II. 3, 9 ff., 17 f., 20, 24, 79, 83 ff., 86 f., 209, 219
Urban III. 131 f.

Venantius Fortunatus 31 f., 36 f.
Vergil 314
Victor III. 7

Walther v. d. Vogelweide 159, 186 f., 198, 223, 230 ff., 234—246, 247, 248, 255, 258, 259, 275, 296 f., 298, 299, 300, 303, 304, 307, 308, 309, 310, 311, 313, 314
William of Malmesbury 9
Wilhelm von Montferrat 232
Wilhelm IX. v. Poitiers 43 f.
„Wolfdietrich" D 279 f.
Wolfram v. Eschenbach 8, 28, 127 f., 158, 188 f., 191, 198, 243, 246, 247—277, 279, 283, 284, 286, 289, 290